北大国际关系理论创新丛书

总主编 唐士其

反思全球化

理论、历史与趋势

王正毅 主编

Rethinking Globalization:
Theories, Histories and Prospects

社会科学文献出版社
SOCIAL SCIENCES ACADEMIC PRESS (CHINA)

本书作者简介

（按作者姓名排序）

陈长伟 北京大学国际关系学院外交学与外事管理系副教授。先后获得北京大学历史学博士学位和澳大利亚悉尼大学哲学博士学位，研究专长为外交学理论与实践以及中、美、澳等国的外交史，其当前的研究聚焦于冷战时期的美台关系、美国亚太同盟体系，以及大国竞争背景下亚太地区中小国家的外交取向。他曾在《历史研究》、《美国研究》、《国际政治研究》、《中共党史研究》、*Journal of Imperial and Commonwealth History*，*Australian Journal of Politics and History*，*History Australia*，*Journal of Australian Studies* 等国内外学术期刊上发表了多篇中英文论文。他曾获得来自全国哲学社会科学工作办公室、教育部、北京大学区域与国别研究院等机构的多项研究资助，曾受邀往耶鲁大学、台湾政治大学、澳大利亚国立大学、澳大利亚总理研究中心、匈牙利国家公共服务大学、意大利都灵大学、帕维亚大学、东京大学、韩国首尔大学、泰国法政大学等高校和研究机构从事学术交流与访问。

陈沐阳 北京大学国际关系学院助理教授。北京大学、早稻田大学学士，加州大学伯克利分校硕士，华盛顿大学博士。曾任波士顿大学全球发展政策中心、日本政策研究大学院大学访问研究员。主要研究领域为发展融资、全球发展治理、政府市场关系等。曾在 *European Journal of International Relations*，*World Development*，*Studies in Comparative International Development*，*Development Policy Review*，*New Political Economy*，*China International Strategy Review*，《美国研究》、《日本学刊》、《海外投资与出口信贷》等期刊发表论文。主持国家社会科学基金青年项目"中国崛起与国际发展秩序的变革"。

陈绍锋 北京大学国际关系学院副教授。2007年在新加坡国立大学获得博士学位，此后加入新加坡东亚研究所工作。2009年9月开始在北京大学国际关系学院工作。曾在纽约大学和香港大学访学。主要研究专长：国际关系视角下的能源问题、区域一体化、全球经济治理。发表中英文论文40余篇。

初晓波 北京大学国际关系学院教授、国际政治专业主任、亚非研究所所长、北京大学日本研究中心主任，中华日本学会常务理事、副秘书长，主要从事日本政治外交、国际冲突与危机管理研究。有专著《从华夷到万国的先声：徐光启对外观念研究》（北京大学出版社2008年），合著《中日关系史（1978-2008）》（东京大学出版会2009年）等8部，译著《岩波日本史：帝国时代》（新星出版社2020年）等3部，发表中、英、日文论文60余篇。

董昭华 北京大学国际关系学院副院长、副教授，先后获得北京大学法学博士、日本早稻田大学博士学位。主要从事国际政治经济学、全球化与全球治理、日本对外经济政策等方面的教学研究。在国内外学术期刊发表《日本产业发展战略的历史实践》、《日本金本位制重建的战略含义》、"Rethinking Regional Cooperation in an Era of De-globalization：The Case of Japan"等论文，讲授"国际政治经济学""全球治理的政治经济分析""全球化的政治经济学"等课程。

归泳涛 北京大学国际关系学院副院长、国际战略研究院副院长。主要研究领域为中美日关系。近年来发表了《经济方略、经济安全政策与美日对华战略新动向》《日本与中美战略竞争——贸易战、科技战与印太战略》《冲绳基地战略价值的变化与美日同盟的转型》《"灰色地带"之争：美日对华博弈的新态势》《TPP的政治学：美日协作的动因与困境》等论文。曾在日本东京大学、早稻田大学、北海道大学，奥地利维也纳大学，德国维尔茨堡大学讲学。2018年获北京市高等学校青年教学名师奖。

郭洁 北京大学国际关系学院副教授，主要研究领域为拉丁美洲地区与国别、中国与拉丁美洲关系、中东欧政治与外交、国际冷战史等。代表性著作有：《中国与拉丁美洲的农业合作》（2017年）、《战后东欧政治发展研究》

（2014 年）、《匈牙利事件：美国的政策与反应》（2011 年）、《悲剧与困惑：纳吉与 20 世纪 50 年代的匈牙利》（2007 年）、*Cutting the Distance：Benefits and Tensions from Recent Active Engagement of China，Japan，and Korea in Latin America*（与 Nobuaki Hamaguchi 和 Chong-Sup Kim 合著，2018 年）。

韩 华 北京大学国际关系学院副教授，曾在哈佛大学 Belfer 中心、美国乔治亚理工学院、美国的 Stimson 中心、瑞典的斯德哥尔摩国际和平研究所、瑞典的 Uppsala 大学做访问学者。在德国维尔斯堡大学、日本大学国际关系学院等大学做讲席教授。主要学术专长为国际军备控制与不扩散问题、南亚安全与南亚国家外交（包括中国与南亚国家关系与印巴核问题）。参加牛津大学出版社出版的《全面禁止核试验条约后的南亚军备控制》，社会科学文献出版社的《当代中国与南亚国家关系》等专著的撰写。也在多家学术刊物与报纸上发表文章，包括 *Bulletin of the Concerned Scientists*、《国际战略研究》、《南亚研究》、《中国日报》等。

赫佳妮 北京大学国际关系学院外交学与外事管理系助理教授。北京大学法学学士、法学硕士，剑桥大学博士。主要研究和教学领域为 19 至 20 世纪中国对外关系史、边疆问题研究、中国政治与外交等。目前主要研究兴趣为 20 世纪中国现代外交叙事的演进。

刘莲莲 北京大学国际关系学院长聘副教授，北京大学国际组织研究中心副主任。主要研究国际组织基础理论与国家海外利益安全保护相关国际法问题。出版中文专著《国际组织学：知识论》和英文专著 *The Global Collaboration against Transnational Corruption*，在 *International Review of Administrative Sciences*、《学术月刊》、《世界经济与政治》、《国际政治研究》等中英文刊物上发表学术论文 20 余篇。

罗艳华 北京大学国际关系学院教授，中国人权研究会常务理事，先后获得北京大学法学学士、硕士和博士学位。主要研究领域：人权与国际关系、国际关系史、非传统安全等。主要著作包括：《国际关系中的主权与人权——对两者关系的多维透视》、《东方人看人权——东亚国家人权观透视》、《美国输出民主的历史与现实》、《中国人权建设 70 年》、《国际关系史》（第十二卷，1990-1999 年）、《国际关系史》（第八卷，1949-1959 年）等。

吕晓宇 北京大学国际关系学院助理教授，英国牛津大学政治学硕士、博士，曾担任澳大利亚国立大学研究员。研究方向是国际关系理论和国际冲突的实地研究。代表性著作有 *Norms，Storytelling and International Institutions in China：The Imperative to Narrate*（Palgrave MacMillan 2021 年版），《利马之梦》（上海文艺出版社 2021 年版）。

梅 然 北京大学国际关系学院副教授，主要研究方向是国际安全与战略、战略史和国际关系史，撰有《德意志帝国的大战略：德国与大战的来临》、《战争、帝国与国际政治变迁》等著述。

钱雪梅 北京大学国际关系学院教授，研究领域涉及民族宗教理论、阿富汗和巴基斯坦问题。发表过《民族自决原则的国际政治限制及其含义》（2005 年）、《宗教民族主义探析》（2007 年）、《基地的"进化"》（2015 年）、《阿富汗的大国政治》（中国社会科学出版社 2017 年）、《普什图社会的政治生活》（中国社会科学出版社 2019 年）、《伊斯兰主义探源》（2021 年）、《论"中华民族"：概念内涵及其与国家和各民族的关系》（2022 年）等论文和著作。

唐士其 北京大学国际关系学院院长、教授，北京大学东西方文化研究中心主任。主要研究领域包括西方政治思想史、当代西方政治哲学、比较政治学。主要著作包括《美国政府与政治》《国家与社会的关系》《西方政治思想史》《全球化与地域性》《理性主义的政治学》等。

王 栋 北京大学国际关系学院教授、中外人文交流研究基地执行主任，北京大学社会科学部副部长兼智库办主任，中华美国学会常务理事兼中美人文交流研究分会会长，主要从事国际关系理论、全球化、中美关系等方面的教学与研究。代表性著作有：《再全球化：理解中国与世界互动的新视角》（社科文献出版社 2018 年版）、《跨越"修昔底德陷阱"：战略领域的中美关系》（香港和平图书有限公司 2020 年版），*Reglobalisation：When China Meets the World*

Again（Routledge，2020），*Avoiding the Thucydides Trap：US-China Relations in Strategic Domains*（Routledge，2020），*U.S. - China Foreign Relations：Power Transition and Implications for Europe and Asia*（Routledge，2020），*Rebooting Multilateral Trade Cooperation：Perspectives from China and Europe*（CEPR Press，2021）。2018 年入选首届北京高校"卓越青年科学家"计划。

王 勇 北京大学国际关系学院教授、北京大学美国研究中心主任。研究领域包括国际政治经济学、中美关系、中美经济关系、贸易政治与全球治理等。出版著作 11 部，包括《中国与国际政治经济学：全球对话》、《奥巴马政治经济学》、《国际贸易政治经济学》、《中美经贸关系》、《最惠国待遇的回合：1989-1997 年中美经贸关系》等，发表中、英、日、西班牙、韩文学术论文数十篇。现任英文杂志《全球亚洲》（*Global Asia*）、《全球治理》（*Global Governance*）等编委。

王正毅 教育部长江学者，北京大学博雅特聘教授、北京大学校学术委员会委员、北京大学社会科学学部副主任、国际关系学院学术委员会主任。主要从事国际政治经济学理论、区域化比较、发展和转型的政治经济学、世界体系与中国等方面的教学与研究。代表性著作有：《边缘地带发展论：世界体系与东南亚的发展》、《世界体系论与中国》、《世界体系与国家兴衰》和《国际政治经济学通论》。

项佐涛 北京大学国际关系学院党委副书记、副教授，世界社会主义研究所所长，北京市国际共运史学会副会长、中国国际共产主义运动史学会副秘书长。先后获得北京大学法学学士、硕士和博士学位。研究方向为马克思主义政治学、欧洲政党政治。著有《米洛万·吉拉斯的政治思想演变研究》一书；发表论文 30 余篇，其中多篇论文被《新华文摘》《人大报刊复印资料》《社会科学文摘》转载。

许 亮 北京大学国际关系学院助理教授，北京大学非洲研究中心秘书长，先后获得北京大学法学学士、法学硕士，哈佛大学博士学位。主要研究和教学兴趣包括南部非洲社会史、非洲华侨华人和中非关系研究，代表性论文主

要发表在 *The China Quarterly*，*Economic History of Developing Regions*，*Oxford Handbook of Africa and Economics*，以及《西亚非洲》《中国非洲研究评论》等国内外刊物和文集中。

翟　崑　北京大学国际关系学院教授、北京大学区域与国别研究院副院长，兼任中国东南亚研究会副会长、新兴经济体研究会副会长。主要研究领域包括东南亚、"一带一路"、国际战略、世界政治等。主要代表作有《"一带一路"沿线国家五通指数报告（2017）》（商务印书馆2018年）、《"一带一路"青年命运共同体》（商务印书馆2018年）、《"一带一路"案例实践与风险防范》（海洋出版社2017年）《博望天下（第一辑）》（世界知识出版社2022年）等。

张海滨　北京大学国际关系学院副院长、国际组织与国际公共政策系主任、教授、博士生导师，北京大学碳中和研究院副院长、北京大学全球健康发展研究院副院长，北京大学国际组织研究中心主任，中国国家气候变化专家委员会委员。主要研究领域包括国际组织与全球治理、国际环境和气候政治、中国环境与气候外交等。出版 *China and Global Climate Governance*、《环境与国际关系：全球环境问题的理性思考》等著作9部，发表中英文论文百余篇，主持各类课题50余项。

张小明　北京大学国际关系学院教授，主要从事国际关系史、国际关系理论、美国与东亚关系的研究与教学工作，已出版的学术著作包括：《乔治·凯南遏制思想研究》（1994年第一版，2021年增订本）、《冷战及其遗产》（1998年）、《国际关系英国学派：历史、理论与中国观》（2010年）、《美国与东亚关系导论》（2011年）以及《从"文明标准"到"新文明标准"：中国与国际规范变迁》（2018年第一版，2021年再版）。

朱文莉　北京大学国际关系学院教授，主要从事国际政治经济学、美国内政与外交、比较政治经济、国家竞争力等方面的教学与研究。代表性著述包括：《国际政治经济学》，北京大学出版社，2004年、2009年、2021年）、《咫尺天涯——美国与21世纪进步时代的开启》、《中国的美国研究现状与未来发展》、《富豪民粹考验美国政治》等。

北大国际关系理论创新丛书总序

唐士其

北京大学国际关系学院的直接前身是成立于 1963 年的北京大学国际政治系。作为中国最早的三个国际政治系之一，北大国政系自建系以来，即致力于国际关系基础理论的研究、学科体系的建立和发展，以及课程建设和教材编写等开创性的工作，为中国国际关系相关学科的发展奠定了重要的基础。

改革开放既为中国国际关系学科的发展带来了人们期盼已久的春天，同时也给这个学科带来了巨大的压力和挑战。40 余年来，中国国际关系学科取得了长足的进步，相关教学科研单位几乎遍及全国，学科体系和学术体系业已初步建立，这个学科的中国话语体系也呼之欲出。

在新的形势下，如何继承和发挥北大国关优秀的学术传统，在中国国际关系学科的发展过程中做出自身应有的贡献，一直是这些年我们不断在思考和探索的。一方面，学院始终鼓励老师们找准并发挥自己的学术兴趣和学术专长，跟踪和探究各自研究领域的前沿动态，推动相关研究的持续深化，使北大国关的学术水平保持国内领先地位。另一方面，学院也通过对新的教学和研究领域的开拓，引领国内国际关系学科的发展。这些年，我们先后率先成立了外交学专业、国际政治经济学专业、比较政治学专业、国际组织与国际公共政策专业，以及国家安全学专业等，使国际关系的学科结构更为齐整、完善。

与国内其他的国际问题教学和研究单位相比，北大国关具有自己的特色。一是我们的研究领域比较全面，几乎涵盖了国际关系研究中所有的区域和功能性领域；二是我们始终重视研究的历史性和理论性；三是我们有比较高的国际化水平。这样的一些特点，使我们有可能从自身的角度，对中国的国际问题研究进行某种总结和前瞻。这一考虑，就是我们开始编写和出版"北大国际关系理论创新丛书"的初衷。我们的打算是，主要依靠学院的师资力量，以每年一本论文集的形式，从历史、理论和政策等不同角度，对国际关系研究中的一些重大问题领域进行集中阐述，展现国内外相关研究的最新成果、北大国关学者的思考、该问题对中国的实践意义以及中国的应对方式等，既向国内外同行展示北大国关在这些问题上的学术成果，也能为相关问题的研究者和学习者提供一种相对全面的借鉴和参考。我们希望，只要有可能，我们就一个问题一个问题地写下去，最终汇集成为中国国际问题研究的百科全书。

当然，这样一项工作，单靠北大国关一个单位恐怕难以完成，所以我们也期待学界同仁的支持、参与、批评和指正。

北京大学国际关系学院院长

唐士其

2022 年 6 月 9 日

目 录

二　全球化的历史及其趋势

四 全球化与中国方案

《反思全球化：理论、历史与趋势》导读

王正毅

2021 年北京大学国际关系学院决定出版"北大国际关系理论创新丛书"，以回应百年未有之大变局提出的时代重大命题。《反思全球化：理论、历史与趋势》作为该丛书的第一卷，努力从理论、历史以及地区国别三个视角回答全球化提出的 24 个重大问题。

一　全球化与国际关系

全球化既让许多发达国家经济繁荣，也帮助许多发展中国家解决了其经济发展过程中所面临的难题，但现实中却出现了许多反全球化的社会运动，全球化也成为我们所生活的时代最富有争议的议题。在过去 30 年间，围绕着全球化，不同的学科从不同的角度进行了富有成效的研究。那么，在国际关系研究领域，全球化提出了哪些最富有挑战性的理论问题需要深入思考呢？

全球化对国际关系研究有何影响？ 王正毅的《全球化的政治经济学》主要回答三个基本问题：全球化有哪些最基本的特征和表现形式；全球化在何种程度上对之前的国际关系大理论（相互依存论、霸权稳定论以及世界体系论）进行了修正和发展；面对频繁发生的全球性危机，全球化得以延续面临哪些挑战。

区域化是全球化的垫脚石还是绊脚石？ 朱文莉的《全球化与区域化的理论与实践》全面回顾全球化趋势下区域化理论的沿革发展，辨析旧区域主义与新区域主义的异同。重点讨论经济全球化的理想成为现实之后，区域化与全球化之间的动态平衡关系，并选择具体案例验证相关理论假设，说明国家政府

政策对区域化与全球化趋势的影响。

全球化改变了民族国家的自主性？ 钱雪梅的《全球化与民族国家》从民族国家的形成、民族国家对全球化的贡献以及全球化对民族国家的改变三个维度探讨了全球化和民族国家之间的关系，最后得出结论认为，全球化加强了国家间联系，改变了国家的经济基础、生存环境和运转方式，削弱了国家的独立性，但没有改变国家的职能和使命，没有销蚀国家的自主性，也没有改变国家之间的不平等。

全球化是现代国际社会的全球化？ 张小明的《全球化与国际社会》认为，我们今天通常所理解的国际社会，指的是由主权国家所构成的现代国际社会。主权国家组成的现代国际社会并非自古以来就有，它实际上最早产生于近代欧洲，开始为一个欧洲地区性国际社会，历经几百年的时间才逐渐扩展成为一个全球性国际社会。现代国际社会从欧洲向世界其他地区扩展，可以被视为现代国际社会的全球化过程，这个过程在第二次世界大战结束以后才最后得以完成。在现代国际社会的全球化过程中，主权国家本身以及由主权国家所构成的现代国际社会一直都在发生着变迁，今后也必然继续发生变化，并深刻影响和塑造人类的生活。

非国家行为体在何种意义上改变了国际关系？ 刘莲莲的《全球化与非国家行为体》对非国家行为体在当代国际社会中的地位与作用展开讨论。随着非国家行为体的不断兴起，国家不再被视为解决社会问题的唯一权威，非国家行为体不只是国家的管理对象，也是社会治理的重要主体。特别是 20 世纪 90 年代全球治理议题的兴起，进一步促使人们对世界政治的认知发生了改变，并试图在某种程度上找到处理非国家行为体和主权国家之间紧张关系的路径。

全球化会中断吗？ 王栋的《全球化、逆全球化和再全球化》认为，在全球化的演进与变迁中，全球化不断创造福利与收益，也在不断产生公害，全球化的影响利弊共存。随着新兴经济体的崛起、数字技术的普及，全球性问题日益凸显，部分国家社会共识开始分裂，全球不平等仍然存在甚至鸿沟进一步加大。全球化的负面效应不断积累催生了逆全球化浪潮。然而，经济规律与历史经验证明，尽管全球化的发展会伴随着逆全球化的产生，但全球化进程已经不可逆转，逆全球化不会成为主流趋势。

全球气候治理可行吗？ 张海滨的《全球化与气候变化：风险、治理及重塑》首先从风险角度讨论全球化的负面影响，即全球化如何加剧气候变化；

然后从治理角度探讨全球化的积极影响，分析了全球化如何促进应对气候变化的国际合作和全球气候治理；最后对碳中和背景下如何重塑全球化以有效推进全球气候治理、维护地球生态安全、构建人与自然命运共同体提出对策建议。

全球化使国际冲突复杂化？ 初晓波的《全球化与国际冲突》认为，全球化是一把双刃剑。一方面，全球化促进了商品和资本流动、科技和文明进步以及各国人民交往，意味着世界范围内相互依存网络的形成；另一方面，全球市场的形成，意味着增长和分配、资本和劳动、效率和公平的矛盾更加突出，国内不同地区与各国之间的发展水平以及身份差异更为凸显。全球化引发的网络效应有利于遏制冲突，但全球化引发的体系效应则使冲突的传播加快。交通、信息、技术的高速发展，也给制定应对冲突的政策增加诸多不确定性和难度。全球范围内国际冲突的国内化特征，叠加了全球化带来的文化、身份冲突等因素，使国际冲突呈现出更加复杂的态势。

二　全球化的历史及其趋势

全球化无论是作为一个概念还是作为一种思潮，都经历了一个相当长的历史发展进程，因而，严肃认真地探究、反思、总结全球化的历史，是我们今天深刻认识和理解全球化时无法回避的思想任务。

全球化起源于何时？ 陈长伟的《全球化发轫于何时？》对关于全球化界定的主要著作和观点进行梳理，发现在关于全球化起源上存在两种截然不同的观点，即"突变论"和"渐变论"。"突变论"以单个或者一系列重大的历史事件作为全球化进程开启的标识，认为全球化是人类历史上某些重大历史事件所带来的革命性的后果，以这些历史事件为标志，人类历史可以分为"前全球化时代"和"全球化时代"；"渐变论"则认为全球化是人类历史漫长演进的结果，人类历史在不同阶段、不同地区皆存在不同程度的"全球化现象"。

经济不平衡是导致第一次世界大战的主要根源吗？ 梅然的《全球化与第一次世界大战的来临》认为，全球化对第一次世界大战的发生具有刺激作用，但难言有直接影响。全球化也不是一战前20年间国际冲突的主要根源，因为一战前国际冲突的重要地缘政治铺垫在全球化的巅峰时代前就已形成，且与全球化无密切关系。即便全球化背景下俄国力量的上升推动了德国走向大战，但德国高层在更早时便有预防性战争意向。德国当局未回避大战的主要原因是，国家间力量对比以及德国军方的职业和组织自恋。最终在七月危机的驱使下，德国半推半就地走向大战，是偶然的历史事件使然。

冷战促进了经济全球化的发展？ 罗艳华的《冷战与经济全球化》认为，第二次世界大战结束后初期美苏本来有共同推动经济全球化发展的契机，但因冷战的爆发而错失。冷战的经济含义在于社会主义和资本主义两大阵营的经济切割，马歇尔计划是两大阵营经济切割的起点。冷战的不同阶段对经济全球化的影响是不同的。冷战时期，东西方政治关系的好坏决定了经济关系的发展程度。冷战爆发虽然在一定程度上阻碍了经济全球化的发展势头，但也孕育着促进经济全球化发展的因素。冷战时期的两极格局、美苏争夺第三世界、跨国公司等都在客观上促进了全球化的发展。

谁是经济全球化的真正受益者？ 董昭华的《冷战的结束与全球化的进展》认为，20世纪90年代以来，随着技术的变革和冷战的终结，世界经济的地理屏障和政治藩篱被迅速打破。无论是在生产、贸易领域还是在金融领域，世界市场都发生了深刻的变革。经济全球化在国与国之间和一国内部形成了新的受益者与受损者，造成了国家间发展不平衡与国内贫富差距的加大。历史经验表明，全球化的存续取决于参与全球化进程的各国的自主选择，而全球化的有效运转有赖于国际和国内政治的有效治理。

全球化的历史趋势是什么？ 唐士其的《全球化的历史总结与前瞻》认为，人类社会的联系方式存在着扩张与内聚两个基本的方向。一定时代的生产发展水平、技术条件、政治经济制度决定了这两个方向的基本平衡点。全球化的两个波次的历史经验表明，人类总是在扩张性的经济联系与内聚性的再分配这一难以克服的矛盾中寻求平衡。对于全球化的未来，作者认为，在不出现大的政治经济变动的情况下，全球化的基本趋势不会逆转，但全球化需要全球性的治理和机制的创新，须在观念和制度上突破传统自由主义和新古典自由主义的基本逻辑。

三　全球化与地区国别应对的经验

面对全球化的浪潮，主要国家和地区都做出了哪些回应，面临哪些挑战，是需要我们认真总结和反思的。特别是近年来国内学术界不断强调地区国别研究，因而，比较主要地区和国家对待全球化的战略的差异性和共同性，能够为我们深化国际关系研究提供扎实的经验基础。

作为区域一体化经典范例的欧洲是如何应对全球化的？ 吕晓宇的《欧洲与全球化：一体化的合法性危机》通过系统梳理欧洲一体化如何由依赖全球化转向管理全球化的过程发现，民族国家、区域组织和全球化的内在矛盾，是区域化进程普遍需要解决的政治合法性问题。文章认为，尽管二战结束后欧洲的一体化依托和补充了全球化体系，是全球化的产物，但在区域化进程中，欧洲也探索出应对全球化的区域方案"管理全球化"，并在冷战结束后以区域化的方式加深推进了全球化进程。然而，近年来欧洲这种以区域化应对全球化的方案陷入了困境，遭到全球化的支持者和反对者的双重诘难，其根本原因是欧洲一体化的历史过程中制度设计的目的不明确，致使区域一体化组织无法处理国家核心利益和主权议题。

被誉为创造区域合作亚洲方式的东南亚国家是如何应对全球化的？ 陈绍锋的《东南亚与全球化》认为，在经历近代的殖民历史和大国侵略后，当代东南亚地区可谓全球化时代的宠儿。一方面，经济全球化的潮水托起了东南亚国家经济发展的大船，在经济全球化的浪潮中，东南亚经济乘势崛起，各国的经济实力增强；另一方面，在东盟主导下，经过多年的区域整合，东南亚这一传统的分裂地带不仅大体实现了区域和平与稳定，而且区域经济整合也取得长足进步，区域产业分工在不断深化，生产要素的跨境流动更加便捷。随着东盟的整体性崛起，各大国纷纷转向亚太，竞相发展与东盟的关系。大国的垂青和相互竞争，既为东盟在亚太地区合作中发挥中心性作用提供了助力，又使得东南亚发展成为亚太经济重要的增长极和国际生产网络的重要节点，为区域合作方式的多样性提供了范例。

非洲国家能走出"融入式边缘化"困境吗？ 许亮的《非洲与全球化》基于 8 项经济发展指标考察了 1981~2020 年非洲参与经济全球化的历程后认为，尽管非洲在全球化进程中一直处于边缘化状态，但非洲一直积极融入全球化并取得了不俗的成绩。为了走出这种"融入式边缘化"困境，非洲正在积极修正其与外部世界的经济交往模式，这就是以非洲大陆自贸区为代表的非洲经济一体化进程和以中非合作为代表的南南合作的兴起。始于 2020 年的新冠肺炎疫情大流行给"超级全球化"来了一次急刹车，但也给非洲带来了重新调整国家与市场关系的契机。

经济全球化帮助拉丁美洲摆脱依附性发展境遇了吗？ 郭洁的《拉丁美洲

与全球化》认为，拉丁美洲一直受外部世界的影响，先是 20 世纪 50~70 年代的进口替代战略，之后是全面转向出口导向型战略。冷战结束以来新一轮全球化浪潮进一步加大了国际环境变化对该地区的溢出效应。市场亲善的包容性政策与出口导向型增长战略在拉丁美洲不断扩散，金融类和非金融类跨国资本在整个地区范围内扩张和流动加速。这些都为拉丁美洲带来了进一步发展的外部条件，然而这一过程也叠加着风险甚至代价。如何打破历史循环，使全球化带来的利益最大化，将外部冲击的负面影响最小化，仍然是摆在拉丁美洲国家面前的一项持续挑战。

全球化改变了原苏联东欧地区的地缘政治吗？ 项佐涛的《原苏联东欧地区的全球化：由拒绝参与到热情拥抱》认为，东欧剧变、苏联解体后，原苏联和东欧地区分别以不同的形式参与到全球化进程之中，不仅社会制度向西方靠拢，而且致力于消除阻碍资本、技术、商品、劳动力等全球流动的壁垒，全球化因而变得"名副其实"。然而，出于国情不同以及地缘政治竞争等因素，包括俄罗斯在内的原苏联地区和中东欧地区走上了差异明显的全球化之路。俄罗斯从初期的西方国家主导的全球化的完全融入者，逐渐致力于成为新的全球化秩序的倡导者、推动者。中东欧国家主要是通过加入欧洲一体化来参与全球经济活动，与俄罗斯相比更顺利地融入了西方主导的全球化进程，成为资本主义经济体系中的末端链条。

全球化是美国霸权的全球化？ 王勇的《美国与全球化》认为，美国既是经济全球化的发动者也是最大的受益者。一方面，经济全球化推动美国经济快速增长，并于 2008 年全球金融危机前达至顶峰；另一方面，美国经济同时出现服务经济化、经济金融化、知识产权化等结构性变化特点，在国际经济影响力扩张过程中，美国极大地加强了对全球政治、社会文化的影响力及对国际关系与世界秩序的控制力。然而，全球化的发展加强了资本对美国公共政策的影响，贫富差距急剧扩大，政治极化、种族关系紧张、枪支暴力等问题日益突出；而美国在国际上滥用霸权地位的情况日益严重，导致其国际信誉与影响力日益下降；新冠肺炎疫情危机更是暴露出美国国家治理体制与社会政治文化的结构性问题，彰显美国全面衰落趋势加剧。美国未来能否克服内外危机与挑战、保持全球领先地位，取决于其能否推动国内改革并保持国内外目标之间的平衡。

日本以何种特别方式拥抱和深化全球化？ 归泳涛的《日本与全球化的新

阶段——对美国保护主义和对华"脱钩"政策的反应》认为，随着美国转向保护主义和对华"脱钩"政策，全球化进入新的阶段。为了应对这一变化，日本一方面推动 CPTPP、日欧 EPA 和 RCEP 三个大型 FTA 的签署和生效，以此引领国际规则的制定，同时稳定和拓展供应链；另一方面提出自身的经济安全政策，在追随美国加强技术管制、纠集供应链联盟的同时，谋求确保对华出口。日本还启动了重振国内半导体产业等战略，但其效果有待观察。日本的长远目标是构筑更高水平、更广泛的自由贸易圈，并通过分散化等措施加强供应链韧性。日本未来的战略选择是进一步深化和扩大全球化，并在经济利益和国家安全之间保持平衡。

印度参与全球化的特色有哪些？ 韩华的《印度与全球化：印度发展模式的悖论？》认为，全球化促使印度改变了其独立以来实行的"自给自足"与"内向"的社会主义经济发展道路。随着全球化的推进，印度不仅出现了类似信实集团与塔塔集团这样跻身全球 500 强的行业"独角兽"，也孕育出在全球价值链中不可或缺的信息服务业与生物制药业等关键行业。印度参与全球化进程带有三个明显特征，即政府选择性的全球化政策、强化印度在全球供应链中的特殊位置与角色、缺乏"地区化"的全球化。

四　全球化与中国方案

伴随改革和开放，中国在受益于全球化的同时，也在积极参与并努力引领全球化。这不仅体现在中国在过去 40 年世界观的转变中，而且也体现在中国对外政策实践所提供的"中国方案"上。

全球化如何影响中国的世界观念？ 赫佳妮的《中国世界观的变迁：从改革开放到经济全球化》认为，中国的改革开放与经济全球化的互动不是一个简单的由封闭到开放的线性进程，而是一个多维度交织、多线重叠的过程，其中既有物质利益的交往，也涉及价值观念的变革。首先是从之前追寻世界革命到以改革开放实现现代化为目标，然后是在 20 世纪 90 年代中期逐步了解并积极参与和融入经济全球化并从中受益。进入 21 世纪，特别是党的十八大以来，基于对以欧美为中心的全球化造成的不平等、不公正的担忧，中国站在人类命运共同体的高度重新审视经济全球化的两面性，并以"中国方案"推动国际合作，引领经济全球化朝着造福所有国家和所有人的方向发展。

"一带一路"倡议之于经济全球化的意义何在？ 翟崑的《全球互联互通：
"一带一路"推进经济全球化的新标识》认为，"一带一路"是中国参与和引
领经济全球化的体现，其政策实践已经成形。对于经济全球化的持续发展，
"一带一路"倡议的意义如下。（1）"一带一路"标志着中国参与和推进经济
全球化的进程，已经从"借船出海"发展到"造船引航"阶段。（2）"一带
一路"倡议的政策体系已经成形，服务于中国引领的经济全球化，具有鲜明
的中国特色。（3）"一带一路"可以促进全球互联互通，重构各国关于经济全
球化的共识和阶段性目标。

中国发展经验的国际化如何重塑全球治理？ 陈沐阳的《中国与全球发展
治理》认为，伴随大量海外项目输出到世界各地的不仅仅是中国的资金、人
员和技术，更是中国的发展经验与发展理念。中国的发展经验具有"政府性"
与"市场性"的双重属性。政府发挥积极作用为发展类项目增信，使得商业
行为体不感兴趣的项目也能通过市场化的方式实施。对于既没有较好财政能力
也没有完善资本市场的欠发达国家而言，中国这一介于政府与市场之间的发展
经验为其发展提供了另一种可能路径。中国发展经验的国际化加快了全球发展
治理的变革，原先倡导通过优惠性政府援助促进国际发展的发达工业化国家开
始转而鼓励通过政府—市场相结合的方式开展发展合作。

编辑一本既要整体反映国际学术界前沿动态又体现中国学者的视角，既有
内在逻辑关联又能单独成章的文集并非易事。我的同事们都是在相关领域素有
学养和建树的专家，在近两年的时间里，我们就编写大纲、初稿、修改稿、定
稿共召开了四次会议，在逐章逐节的讨论中相互学习，取长补短，数易其稿。
作为编者，我万不敢说本书是关于全球化研究的顶天立地之作，但我可以肯定
的是，我和我的同事们倾心尽力，努力为反思全球化这一时代主题贡献我们的
绵薄之力，以此抛砖引玉。当然，书中谬误在所难免，还望学界方家同行给予
批评指正。

王正毅

2022 年 5 月 23 日

一

全球化与国际关系

第一章 全球化的政治经济学

王正毅

内容提要 全球化不但让许多发达国家经济繁荣，也帮助许多发展中国家解决了其经济发展过程中所面临的难题。然而，无论是在发达国家还是在发展中国家，关于全球化一直存在各种理论争论。本章试图从国际政治经济学的视角回答如下三个基本问题：全球化有哪些最基本的特征和表现形式；全球化在何种程度上对之前的相互依存、霸权稳定以及世界体系理论进行了修正和发展；面对频繁发生的全球性危机，全球化得以延续面临哪些挑战。本章认为，全球化好似一把双刃剑，它使得每个国家都面临政策选择困境，这些困境既关乎物质利益，也涉及价值观念。唯有加强国家之间的政治合作、尊重并融合多元的价值观念、构建与经济全球化相匹配的权力结构，才能真正使全球化得以延续并健康发展，真正造福所有国家和所有人。

一 全球化与国家的困境

（一）全球化的定义及表现

全球化作为一个概念，是当前学术界以及人们日常生活中最为流行的话题之一；作为一种历史潮流和经验现象，全球化一般被学术界分为两个阶段：第一阶段盛行于 19 世纪 70 年代至 1914 年，并在 20 世纪 20 年代早期有所复兴，随后完全终止于 20 世纪 30 年代危机之中；第二阶段则始于第二次世界大战结束，盛行于20世纪90年代，并在2008年全球金融危机以及全球新冠肺炎疫情中受到前所未有的挑战。

关于全球化的定义也是五花八门。目前学术界主要有如下四种观点。① 第一种观点认为，全球化就是国际化（internationalization），它意味着国家之间通过签订协定，促进贸易、资本流动以及跨国生产等跨国界经济活动，并通过制定国内政策鼓励私人企业走向国外。第二种观点认为，全球化是自由化（liberalization），它意味着市场的自由化和非规则化、财产的私有化、国家福利功能的衰退、技术的扩散、跨国生产和对外投资以及资本市场的融合。第三种观点认为，全球化是西方化（westernization），它意味着历史在意识形态领域的终结以及盎格鲁—撒克逊式的市场活动组织在经济领域的胜利。第四种观点认为，全球化是一场技术革命（technological revolution），它意味着全球社会由于技术革命正在从工业资本主义走向后工业时代。

尽管没有形成统一的全球化定义，但几乎所有学者都认为，全球化具有以下三个最基本的特征。

第一，跨国生产与国际生产体系的不断拓展。这主要源于跨国公司的飞速发展及其所采取的投资战略。冷战结束以后，跨国公司不仅在数量上急剧增加，而且在地理空间上分布更广。跨国公司通过在全球范围实施"垂直型"投资战略（生产过程的不同阶段在不同的国家由同一家公司来完成）和"水平型"投资战略（同一家公司在不同的国家生产同一产品），将国内生产的专业化和国际生产过程的地理扩散结合起来，从而形成全球价值链和地区性生产网络。在全球价值链和地区性生产网络中，产业各个部门之间的分工逐渐转变为各个产业部门内部的分工，各个产业之间的贸易逐渐被产业内部的贸易所取代。更为重要的是，全球价值链和地区生产网络改变了各国在国际生产体系中的传统分工。为了加入全球价值链，各国竞相改善国内投资环境，吸引跨国公司来本国进行投资。跨国公司已经成为一种强大的国际力量，不但在世界经济中而且在世界政治事务中发挥着越来越重要的作用。

第二，国际贸易的自由化和便利化。这主要表现为国际贸易（货物贸易

---

① John Baylis，Steve Smith and Patricia Owens，*The Globalization of World Politics：An Introduction to International Relations*，6th edition，Oxford University Press，2014，p. 252；Robert O'Brien and Marc Williams，*Global Political Economy：Evolution and Dynamics*，5th edition，Palgrave，2016，p. 26.

和服务贸易）的飞速发展。无论是在全球层面、区域层面，还是在国家层面，促进贸易便利化和自由化都受到追捧。在全球层面，各国相互合作结束了第二次世界大战结束之后长达 47 年之久的作为临时多边协定的关税及贸易总协定（GATT），于 1995 年建立了全球性的世界贸易组织（WTO）；在区域层面，出现了欧盟（EU）、北美自由贸易协定（NAFTA）、亚太经济合作组织（APEC）、东盟自由贸易区（AFTA）；而在国家层面，几乎所有国家都在争取加入世界贸易组织的同时，将贸易便利化和自由化作为对外经济政策的重要组成部分。就连中国、越南这些以前实行中央计划经济的国家，也积极申请加入世界贸易组织，推行贸易导向型的国家发展战略。

第三，资本流动自由化与全球金融市场的日益融合。固定汇率和资本管制作为布雷顿森林体系的两大支柱，曾对战后世界经济的稳定以及快速增长发挥了重要作用。然而，随着布雷顿森林体系的解体和冷战的结束，放松资本管制成为各国竞相实施的政策。首先是欧洲各国在推进一体化进程中相互之间逐渐放松资本管制，并在 1992 年将资本自由流动作为规范性条文纳入《马斯特里赫特条约》。随后，法国将该条文引入经济合作与发展组织（OECD），并于 2011 年将其纳入《经合组织资本自由流动守则》（*OECD Code of Liberalization of Capital Movement*）修订版中，使其成为加入该组织的一个先决条件。为了吸引跨国资本，许多国家纷纷效仿，竞相推出资本自由化政策，放松资本管制，推动本国金融服务业的发展。

（二）全球化的弊端与国家的困境

然而，全球化并不是完美无缺的。事实上，随着全球化的深入与拓展，全球化不但在发展中国家引起了不满，而且在发达国家也引起了不满。经济学家斯蒂格利茨曾将这些不满归纳为五个方面：专门为发达工业化国家的利益而制定的不公平的制度和规则，太过物质主义而轻视环境保护，剥夺了国家在国民福利重要领域的自主决策权，国家之间以及国家内部的收入差距不断加大，经济政策和文化的美国化。[①] 这些不满既体现在各国在贸易领域出现的新保护主义中，也体现在投资领域竞相制定的国家安全审查机制上，同时还体现在金融

---

① 〔美〕约瑟夫·E. 斯蒂格利茨：《让全球化造福全球》，雷达等译，中国人民大学出版社，2013，第 6 页。

领域不断被强调的国家自主性上。

1. 自由贸易与不公平的贸易协定

经济全球化理论的倡导者坚信，自由贸易不但有利于世界财富的增长，也有利于参与国整体社会福利的提高。然而，全球化的现实经验表明，贸易自由化不但造成发达国家和发展中国家之间的不公平贸易，而且造成发达国家和发展中国家内部的收入分配不平等。

发达国家和发展中国家之间的不公平贸易主要体现在各种贸易协定中。为了推动贸易自由化，国家之间通常签订多边或双边贸易协定。尽管发展中国家努力通过签订各种贸易协定（全球的、地区的或双边的）推动本国经济的发展和社会福利的提高，但它们越来越发现，由于这些贸易协定中的规则更有利于发达国家，因此造成不公平贸易。比如，无论是 GATT 的"东京回合"谈判和"乌拉圭回合"谈判，还是 WTO 建立以后的"多哈回合"谈判，虽然发展中国家的发展与贸易问题一直是国际谈判的主要议题，"多哈回合"谈判甚至被称为"多哈发展议程"（Doha Development Agenda），但由于发达国家和发展中国家在特殊与差别待遇问题上态度相左，谈判并没有多大进展。有研究者甚至发现，北美自由贸易区不但没有使墨西哥经济得到大幅度增长，反而在某种程度上加剧了墨西哥的贫困，因为墨西哥贫穷的玉米种植户不得不与享受高额补贴的美国玉米种植户竞争。①

即使自由贸易能够提高参与国的整体社会福利，贸易自由化仍然不能造福每个人或每个行业。由于贸易会对国内收入分配产生影响，所以，无论是在发达国家还是在发展中国家，仍然会出现贸易自由化的受益者和受损者。贸易对国内收入的影响主要表现在两个方面。一是要素收入，主要是指生产要素及其所有者的收入，即劳动力（工人）与资本（资本家）的收入，而资本所有者通常是贸易自由化的受益者，这很容易导致国内出现阶级冲突和城乡分化。二是行业收入，主要是指行业及相关从业者的收入，即进口竞争行业与出口导向行业的收入。出口导向部门通常是国际贸易的受益者，而进口竞争部门则是国际贸易的受损者。这些贸易自由化的受损者，最终成为反全球化的坚定支持者。

---

① 〔美〕约瑟夫·E. 斯蒂格利茨：《让全球化造福全球》，第 55~58 页。

2. 跨国投资与国家安全

面对由跨国公司主导和协调的全球生产链和区域生产网络，任何国家，不管是母国还是东道国，也不管是发达国家还是发展中国家，都面临"两难困境"选择。① 如果要促进经济增长，就必须推动投资便利化和自由化；如果要保证本国经济不被跨国公司所控制，就必须对跨国投资进行监管和限制。对于全球生产链引起的国家的"两难困境"，东道国通常通过如下两种方式来影响本国企业的选择，进而改变生产链的空间分布。一种方式是将国家安全直接植入跨国投资政策中，通过列出"敏感性工业"或"战略性工业"目录，监管或限制跨国投资对相关产业的参与。例如，美国在 2008 年提出的《外国直接投资与国家安全》报告，其监管对象不仅适用于美国跨国直接投资的流出，也适用于跨国直接投资的流入，特别是对来自发展中国家的主权财富基金的监管；俄罗斯联邦总统也于 2008 年就战略工业签署了一项法令《关于对俄罗斯联邦国家安全产生影响的公司的外资管理》，对那些被视为对国家安全或战略重要性工业的外国投资提出了一个详细的管理框架；2012 年，意大利政府成立新的机构，审查在战略性行业经营的公司的资产交易；2015 年中国通过《国家安全法》，允许国家建立外国投资国家安全审查和监督机制；2017 年德国扩大了国家安全审查范围，将关键性行业包括在内。

另一种方式是通过签署多边投资协定和双边投资协定来引导和塑造生产网络。由于国际社会长期未能在全球层面达成一项类似贸易领域的国际投资协定，所以，面对跨国公司不断拓展的国际生产体系，各国竞相签订区域性投资协定和双边投资协定。在欧洲，2009 年 12 月生效的《里斯本条约》将欧盟成员国关于外国直接投资协定的谈判权转交给欧盟。在亚太，《全面与进步跨太平洋伙伴关系协定》（CPTPP）和《区域全面经济伙伴关系协定》（RCEP）都已生效。在北美，美国、加拿大和墨西哥三国完成《美加墨自由贸易协定》的谈判。至于双边投资协定则更是成为各国用来鼓励投资而垂青的手段。

3. 资本流动与国家自主性

资本流动的自由化促进了相关国家的发展，这是不争的事实，但资本自由流动所引发的金融危机也成为许多国家挥之不去的心理阴影，如 20 世纪 80 年

---

① 王正毅：《物质利益与价值观念：全球疫情下的国际冲突与合作》，《国际政治研究》2020 年第 3 期，第 183~196 页。

代的拉丁美洲债务危机、1992~1993 年的欧洲汇率机制危机、1994 年的墨西哥比索危机、1997 年席卷东南亚的亚洲金融危机，以及 2008 年产生于美国然后向全球蔓延的全球性金融危机。频繁的金融危机使得各国不得不严肃认真地面对长期困扰资本市场的"汇率政治三难"，即国际体系中的任何开放国家都在努力追求三个政策目标：固定的汇率、自主的货币政策（运用货币政策来管理国内经济）以及资本流动（允许金融资本从国内金融体系中自由流入与流出）。但研究者们发现，任何一个国家只能同时实现三个政策目标中的两个：如果一个国家坚持货币政策的自主性，它就只能在资本流动和固定汇率之间选其一；如果一个国家坚持固定汇率，那它就必须在货币政策的自主性和资本流动之间选其一。[①] 就各国国内政治而言，构成"汇率政治三难"的核心议题是其中的货币政策。究竟是采取独立的货币政策还是放弃货币政策的自主性，成为各国国内政治以及对外经济政策争论的核心问题。

所以，无论我们观察到何种形式的全球化，也不管我们如何定义全球化，经济要素（资本、技术、信息、劳动力）的跨国流动以及国际社会的无政府状态，都会使得国家这个国际社会的主要行为体面临难以抉择的困境。这不仅需要决策者在现实政策中做出富有智慧的选择，更需要学术界在理论上进行创新。

二　全球化与国际关系理论的创新

经济全球化及其所带来的国家安全困境，不仅对现实中国家之间的关系产生了影响，也推动了国际关系理论的创新，其中最为引人注目的是对 20 世纪 70 年代国际关系学界构建的三种大理论（相互依存论、霸权稳定论以及世界体系论）的修正和扩展。

（一）新相互依存论：全球化与相互依存

跨国经济活动的日益兴起如何影响国家在世界政治中的权力，是 20 世纪 70 年代世界政治经济变革中最受关注的议题。这个问题首先由哈佛大学经济

[①] 〔美〕杰弗里·A. 弗里登：《货币政治：汇率政策的政治经济学》，孙丹、刘东旭、王颖樑译，机械工业出版社，2016，第 221~223 页。

学家库珀（Richard Cooper）提出，[①] 随后由政治学家基欧汉等不断完善，形成了著名的相互依存论。[②] 进入 21 世纪之后，伴随经济全球化的深入，新一代学者对早期相互依存论的倡导者将国内各行为体置于国内/国际二分法假设提出质疑，并对早期的相互依存论将全球化作为一个外在变量进行修正，提出了新相互依存论。[③]

新相互依存论认为，经济全球化的深入已经产生了一个全新的相互依存世界，相互依存不仅为国内相关行为体带来了利益，而且还超越国家为国内各行为体创造了更多的机会和渠道来追逐利益。新相互依存论对早期相互依存论的修正和发展主要体现在如下三个假设上。

第一，早期相互依存论假设，国家是最基本的行为体，国内所有行为体（个人、企业、利益团体）都存在于国内/国际二分法之中。而新相互依存论认为，全球化并不是在无政府状态之中进行的，而是在一种规则重叠（rule overlap）的状态下进行的。在新相互依存论者看来，随着国家之间相互渗透，市场规则与全球性机制之间的冲突不断增加，这就迫使那些不断国际化的私人行为体不得不面对这些相互冲突的规则，它们为了寻求全球市场的稳定性，可能在政治上偏离支持它们母国的市场规则。正是在这种意义上，可以说，随着

① Richard Cooper, *Economics of Interdependence*, Mcgraw-Hill, 1968.

② Robert R. Keohane, Joseph Nye, *Power and Interdependence: World Politics in Transition*, Little Brown, 1977; Robert R. Keohane, *After Hegemony: Cooperation and Discord in the World Political Economy*, Princeton University Press, 1984.

③ Henry Farrell and Abraham Newman, "The New Interdependence Approach: Theoretical Development and Empirical Demonstration," *Review of International Political Economy*, Vol. 23, No. 5, 2016, pp. 713-736; Tana Johnson, "Cooperation, Co-optation, Competition, Conflict: International Bureaucracies and Non-governmental Organizations in an Interdependent World," *Review of International Political Economy*, Vol. 23, No. 5, 2016, pp. 737-767; Abraham Newman & Elliot Posner, "Structuring Transnational Interests: The Second-order Effects of Soft Law in the Politics of Global Finance," *Review of International Political Economy*, Vol. 23, No. 5, 2016, pp. 768-798; Miles Kahler, "Complex Governance and the New Interdependence Approach (NIA)," *Review of International Political Economy*, Vol. 23, No. 5, 2016, pp. 825-839; Lisa Lechner, "The Domestic Battle over the Design of Non-trade Issues in Preferential Trade Agreements," *Review of International Political Economy*, Vol. 23, No. 5, 2016, pp. 840-871; Henry Farrell and Abraham L. Newman, "Linkage Politics and Complex Governance in Transatlantic Surveillance," *World Politics*, Vol. 70, No. 4, October 2018, pp. 515-554; Henry Farrell and Abraham L. Newman, "Weaponized Interdependence: How Global Economic Networks Shape State Coercion," *International Security*, Vol. 44, No. 1, 2019, pp. 42-79; Daniel W. Drezner, Henry Farrell and Abraham L. Newman, eds., *The Uses and Abuses of Weaponized Interdependence*, Brookings Institution Press, 2021.

市场规则重叠程度的提高，全球化降低了国家之间现存的政治妥协性。

第二，早期相互依存论假设，个人、企业、利益团体这些行为体，主要是通过国内政治制度和政治渠道来表达各自的偏好，并通过相互之间的博弈进而影响国家的对外经济政策。新相互依存论则认为，全球化为集体行动者进行各种跨国联盟创造了机会结构（opportunity structure）。全球化不但会对现存的国内收益分配规则产生影响，还能为那些国内不满分子创造新的政治渠道与跨国的或者国际行为体进行跨国政治联盟。基于这种跨国政治联盟的利益群体不但会加深国内社会的裂痕，而且会产生跨国性分裂以及形成跨国性的新联盟。

第三，早期相互依存论假设，经济全球化完全是一个外在变量，国际规则和国际制度主要是国家之间通过相互谈判而制定的。新相互依存论则认为，制度不只是游戏规则，也是权力不对称（asymmetric power）的一种主要来源。制度不仅可以汇集国内行为体的各种偏好，而且会使得有些行为体较其他行为体更具有优势，更易于接近资源，这就很容易导致国内各行为体拥有的权力不对称。

这样，新相互依存论就将经济全球化作为相互依存世界中的一个内在变量，一方面探讨相互依存如何导致单个国家内部各个行为体利益及其权力的不对称，另一方面探讨国内各个行为体如何通过相互依存寻求跨国联盟，进而绕开国家影响国际规则的制定。所以，与早期相互依存论寻求国家之间经济交往的政治基础不同，新相互依存论主要探讨国家之间的经济交往如何引起国内政治和国际政治的转型和变革。

（二）霸权稳定新论：全球化与霸权

霸权和自由开放的世界经济之间的关系问题，是 20 世纪 70 年代以来国际关系学界关注的另一个重要研究议题。这个问题首先由经济学家金德尔伯格提出，[①] 后由政治学家吉尔平系统化为"霸权稳定论"（hegemonic-stability theory）。[②] 进入 21 世纪以后，随着经济全球化的拓展和深入，虽然美国霸权和世界经济之间的关系越来越松散，美国与欧洲国家、日本以及其他盟国之间的冲突时有发

① 〔美〕查尔斯·P. 金德尔伯格：《1929～1939 年世界经济萧条》，宋承先等译，上海译文出版社，1986。
② 〔美〕罗伯特·吉尔平：《世界政治中的战争与变革》，宋新宁等译，上海人民出版社，2007。

生，但霸权稳定论的继承者仍然将美国主导的权力结构解释为经济全球化的基础，并将其概括为"美国霸权的全球化"。① 与早期霸权稳定论主要探讨霸权与世界经济稳定之间的关系不同，霸权稳定论的继承者将其拓展为霸权与国际秩序的关系，并将其称为"霸权秩序论"（hegemonic-order theory）。② 较之早期的霸权稳定论，霸权秩序论有三个最为基本的观点。

第一，霸权塑造的国际秩序远比霸权本身重要。早期的霸权稳定论主张，国际体系需要一个稳定者（stabilizer），否则国际体系就会出现军事冲突或经济混乱，这个稳定者就是霸权。吉尔平从权力结构的角度对国际体系的稳定进行了分析，认为国际体系中有三种权力结构。第一种是帝国主义或霸权主义的结构，即一个单一的强大国家控制或统治该体系内部比较弱小的国家。这种类型是最为普遍的，且一直延续到近代。第二种是二元结构，即两个实力强大的国家控制和调节各自的势力范围内及其相互之间的关系。第三种是均势结构，即三个或更多的国家通过施展外交手段、更换盟友以及挑起公开冲突来控制相互的行为。在这三种权力结构中，相比二元结构和均势结构，霸权主导的权力结构更为稳定。其中，最为典型的是从拿破仑战争结束到第一次世界大战之前英国主导下的和平时期，以及第二次世界大战结束后到 20 世纪 70 年代美国主导的自由经济秩序。③ 与早期霸权稳定论强调霸权本身不同的是，霸权秩序论更为强调霸权塑造的国际秩序。在其看来，霸权或领导者的重要性不在于其作为国际体系的稳定者，而在于其所塑造的国际秩序，即霸权秩序（hegemonic order），霸权塑造的国际秩序远比霸权本身重要。霸权秩序论的倡导者伊肯伯里认为，第二次世界大战结束后自由开放的世界秩序以及随后的经济全球化之所以成为可能，与美国霸权塑造的一系列地区和全球市场秩序密切关联，这些秩序包括：①建立大西洋政治与安全制度，推动欧洲一体化；②剥夺日本的军事能力，与日本建立联盟体系，支持日本融入世界经济；③拓展民主世界秩序。正是在这种意义上，伊肯伯里认为，经济全球化其实就是美国霸

① G. 约翰·伊肯伯里：《美国霸权的全球化》，载〔英〕戴维·赫尔德、安东尼·麦克格鲁主编《全球化理论：研究路径与理论论争》，王生才译，社会科学文献出版社，2009，第 36~59 页。

② 最新研究成果体现在 2019 年《安全研究》杂志发表的由 9 篇文章组成的专刊中。其中，伊肯伯里和尼克森对其进行了总结，参见 G. John Ikenberry and Daniel H. Nexon，"Hegemony Studies 3.0：The Dynamics of Hegemonic Orders，" *Security Studies*，Vol. 28，No. 3，2019。

③ 〔美〕罗伯特·吉尔平：《世界政治中的战争与变革》，第 25~34 页。

权的全球化。①

第二，霸权并不简单是国际秩序的塑造者（order maker），同时也是国际秩序的接受者。早期霸权稳定论强调的重点是霸权国的意愿和能力。霸权国之所以愿意来建立和维持稳定的国际秩序，主要是出于霸权国的目标和利益。每个国家都力图通过使用威胁和高压政治手段、组织联盟国以及建立排他性的势力范围来创立一种国际政治环境和国际体系的规则，以实现其政治、经济和意识形态的利益。而国际体系中的其他国家之所以愿意接受霸权的统治，是因为霸权国能够为国际体系提供公共物品并维持供给。这些公共物品包括建立在非歧视原则和无条件互惠原则基础上的自由开放的贸易制度，也包括有利于人们从事商业活动的稳定的国际货币，同时还包括地区和国际安全。霸权统治下的国际体系既对霸权国有益，也对国际体系的其他成员国有益，所以，稳定的国际体系是相互受益的。② 与霸权稳定论过分突出霸权国的意愿和能力以及国际体系的结果不同，霸权秩序论的倡导者则更强调霸权塑造国际秩序的过程。在他们看来，在霸权塑造国际秩序的过程中，就行为体而言，既有霸权国或领导国家，也有作为追随者的次要国家；既有国家行为体，也有非国家行为体。随着经济全球化的深入，这些非国家行为体尤其是社会行为体，在国际秩序的塑造过程中发挥着越来越重要的作用。③ 就国际秩序塑造过程而言，在领导者和追随者之间，既有合作与联盟，也有竞争与冲突。伴随经济全球化的进程，先前追随者的经济得以飞速发展，成为既存霸权秩序的挑战者和修正者，如欧盟、日本以及后来的俄罗斯和中国。④ 所以，霸权塑造国际秩序的过程，并不完全是霸权将其自身意愿强加于国际体系，也不完全是霸权为国际秩序提供公共产品的简单的静态过程，而是一个领导者与追随者相互讨价还价的复杂的动态过程。霸权并不简单是国际秩序的塑造者，同时也是国际秩序的接受者

---

① G. 约翰·伊肯伯里：《美国霸权的全球化》，载〔英〕戴维·赫尔德、安东尼·麦克格鲁主编《全球化理论：研究路径与理论论争》，第36~37页。

② 〔美〕罗伯特·吉尔平：《国际关系政治经济学》，杨宇光等译，上海人民出版社，2006，第89页。

③ Paul K. MacDonald, *Networks of Domination: The Social Foundations of Peripheral Conquest in International Politics*, Oxford University Press, 2014.

④ T. J. Pempel, "Soft Balancing, Hedging, and Institutional Darwinism: The Economic-Security Nexus and East Asian Regionalism," *Journal of East Asian Studies*, Vol. 10, No. 2, July 2010; Stacie E. Goddard, "Embedded Revisionism: Networks, Institutions, and Challenges to World Order," *International Organization*, Vol. 72, No. 4, Fall 2018, pp. 763–797.

（order taker）。①

第三，基于制度的国际秩序是一种具有自由特征的等级秩序。早期霸权稳定论在产生后不久就受到挑战。这种挑战主要源于其无法解释霸权衰退后国际秩序如何维持。虽然后来的现实主义者克拉斯纳和自由制度主义的倡导者基欧汉强调国际制度的作用，② 认为，国际制度一旦产生，即使霸权国家衰退了，这些国际制度仍然可以按照自身的逻辑运行下去，但这种回答并没有彻底解决"免费搭车"或"以邻为壑"的难题。霸权秩序论的倡导者们则希望通过分析国际制度与霸权及其追随者之间的关系，构建一种新的理解国际秩序的分析框架。在他们看来，在国际秩序的塑造过程中，制度发挥着两种重要作用。一方面，制度对作为领导者的强国或霸权国的权力有着制约作用。就强国与国际制度的关系而言，领导者之所以愿意在制度性秩序中行事，是因为领导者倡导的秩序不但可以获得追随者的支持而不是反对，从而降低其维持自己所偏好的秩序的成本，而且可以使得领导者对秩序的未来可以预期，从而获得更大的回馈。另一方面，制度为作为追随者的弱国提供了讨价还价的工具。就追随者和制度的关系而言，追随者或弱国之所以愿意接受制度，是因为制度不但可以使得强国变成友好的乐于合作的国家，而且弱国可以通过制度发声，将制度变成与强国讨价还价的工具和场所。③ 如果强国不受制度约束而不再遵守其承诺，就会出现帝国秩序或势力均衡状态，强国将为此付出更大代价，而且很容易爆发大的战争；如果强国能约束自身的权力，即使霸权衰退了，其所建立的国际制度仍然可以持续。正是在这种意义上，国际秩序并不像早期霸权稳定论所假设的那样处于无政府状态，而是处于一种由领导者和追随者形成的等级性权力结构之中。④ 而在这种等级性的秩序中，制度允许领导者和追随者相互讨价还

① Michael Mastanduno, "System Maker and Privilege Taker: U. S. Power and the International Political Economy," *World Politics*, Vol. 6, No. 1, January 2009, p. 152.

② Stephen D. Krasner, ed., *International Regimes*, Cornell University Press, 1983; Robert R. Keohane, *After Hegemony: Cooperation and Discord in the World Political Economy*, Princeton University Press, 1984.

③ G. John Ikenberry, *After Victory: Institutions, Strategic Restraint and the Rebuilding of Order after Major Wars*, Princeton University Press, 2001; G. John Ikenberry, "Reflections on after Victory," *The British Journal of Politics and International Relations*, Vol. 21, 2019, pp. 5-19.

④ David A. Lake, *Hierarchy in International Relations*, Cornell University Press, 2009; Janice Bially Mattern and Ayse Zarakol, "Hierarchies in World Politics," *International Organization*, Vol. 70, No. 3, Summer 2016, pp. 623-654.

价。所以，这种秩序是具有自由特征的等级秩序，有学者还将其称为自由的霸权秩序（liberal hegemonic-order）。①

（三）世界体系论：全球化与资本主义世界体系

围绕着为什么欠发达国家一定处于边缘区，并在经济上处于依附地位这一议题，经济学家普雷维什和社会学家沃勒斯坦基于拉丁美洲、非洲等地区欠发达国家的发展经验，于20世纪60~70年代先后发展出依附理论和世界体系理论。依附理论和世界体系理论都认为，发达国家和发展中国家处于一个世界体系之中，这个体系就是起源于欧洲的资本主义世界经济。资本主义世界经济在长期的历史过程中形成了"核心—边缘"（依附理论）或"核心—半边缘—边缘"（世界体系论）的经济结构，这种结构之所以能得以持续，主要是由于核心区和边缘区之间存在一种"不等价交换"关系，处于边缘区的国家只能依附核心区进行发展。进入21世纪之后，伴随经济全球化，出现了世界范围内的经济发展，特别是东亚、拉丁美洲以及撒哈拉以南非洲经济的持续发展，学术界因此而提出了一个令人深思的理论问题，即经济全球化是否意味着依附理论与世界体系论已经过时。② 对此，依附理论和世界体系理论的倡导者和追随者对全球化与资本主义世界体系的关系以及资本主义世界体系的未来做出了回应。③

第一，资本主义世界体系是一个历史体系，经济全球化不过是资本主义生产方式不断向全球扩展的历史进程的表现而已。这种以资本主义生产方式为基础的区域体系的形成主要开始于16世纪的西欧。随后，随着欧洲列强的殖民扩张（这种扩张的特征是领土扩展与经济掠夺并存），西欧之外的许多国家和地区，诸如非洲、拉丁美洲和亚洲逐渐被融入最早起源于欧洲的资本主义世界体系之中。到了19世纪末，这种西欧区域性体系随着欧洲殖民主义体系的建立而成为一种"世界性"的体系。与16世纪以前的区域体系相比，这一体系

① Michael Mastanduno, "Liberal Hegemony, International Order, and US Foreign Policy: A Consideration," *The British Journal of Politics and International Relations*, Vol. 21, 2019, pp. 47-54.

② Robert O. Keohane, "The Old IPE and the New," *Review of International Political Economy*, Vol. 16, No. 1, 2009, pp. 34-46.

③ 特奥托尼奥·多斯桑托斯：《社会科学的新范本"依附论"的历史与理论总结》，载〔美〕弗朗西斯科·洛佩斯·塞格雷拉主编《全球化与世界体系——庆贺特奥托尼奥·多斯桑托斯60华诞论文集》，白凤森等译，社会科学文献出版社，2003，第45~76页。

的特征是：在经济上是以单一的劳动分工（世界经济），即资本主义生产方式为基础；在政治上不存在囊括一切的政治结构，而是以多重国家体系为特征，剩余价值不是通过某一政治结构来分配，而是通过市场来分配的，国家通常是歪曲或阻碍市场的；在文化上是多元文化并存；在地域上比任何区域体系都要大。①

第二，全球化加剧了资本主义世界体系的"资本积累"和"不等价交换"。资本主义世界体系一旦建立起来便围绕着两个二分法运行：一是阶级，即无产阶级和资产阶级；二是经济专业化的空间等级，即核心地区和边缘地区。资本积累过程中的不等价交换不仅存在于无产阶级和资产阶级之间，而且存在于核心地区和边缘地区之间。

"资本积累"和"不等价交换"首先体现在阶级的分化中。资本和劳动力的关系是资本主义世界经济的一个核心关系。正是这种关系强迫每个个人加入资本主义世界经济的生产过程之中，并成为剩余价值的贡献者和获得者。国家在资本主义生产过程中的核心作用就是创造合法的机制，使得剩余价值的分配两极化：一方是通过不断的资本积累而最终成为剩余价值的剥夺者——资产阶级，而另一方是通过工资劳动不断出卖劳动力而最终成为剩余价值的被剥夺者——无产阶级。正是这种阶级分化以及相应的不等价交换的出现，才使得资本积累成为可能，并最终使得资本主义世界经济得以运行和延续。② 随着资本主义世界经济向全球的拓展，阶级分化不但体现在单个国家的国内，同时也体现在资本主义世界体系作为一个历史体系之中。

"资本积累"和"不等价交换"也体现在世界体系的结构之中。劳动分工是资本主义世界经济的基础，国家体系是资本主义世界经济的政治体现。根据资本积累和劳动分工，资本主义世界经济出现了资本积累速度快的核心地区和资本积累速度慢的边缘地区。与此相对应，作为资本主义世界经济的政治特征的国家体系也存在着二重结构：核心国家和边缘国家，或强国和弱国。

在国家体系的变化过程中，存在着两重过程。一个过程是核心区的"中心化"过程，即在世界经济中，国家在几个地区不断地垄断商品，利用国家机器在世界经济市场中使其利润最大化，这些国家也因此成为"核心国家"，

---

① 王正毅：《世界体系论与中国》，第145页。
② 王正毅：《世界体系论与中国》，第156页。

核心国家之间通过相互斗争，出现了"霸权"国家。另一个过程是在边缘区发生的"边缘化"过程，即国家在世界经济市场中利用不太先进的技术以及过剩的劳动力，这些国家也因此成为"边缘国家"。与这种经济两极化过程相对应的是政治两极化，即在核心区出现了强国，而在边缘区出现了弱国。帝国主义的过程之所以成为可能，就是因为核心国家和边缘国家之间的"不等价交换"的经济过程。

因此，劳动分工并不是如自由主义者所主张的那样有利于资源的合理配置，而是导致一部分人的资本积累速度快于另一部分人，一部分地区的资本积累高于另一部分地区，随着世界经济全球化进程的深入，世界范围内资本积累的不平衡不断加剧。

第三，全球化加剧了资本主义世界体系的结构性危机。这种结构性危机主要体现在资本主义世界体系的三个悖论之中。[①] 首先是政治悖论。资本主义世界体系自其产生之日起，从这种制度中受益的就是少数人，而大多数人对这一制度一直存在抵制情绪，他们通过各种途径、以各种方式表达各自的不满，这就导致一个无法解决的悖论：这种抵制改变了力量的对比而且导致新的政治调和，所以每当这些新的调和倾向于抵制运动时，它都在短期内削弱了掌权者的政治力量，而在长期内削弱了掌权者的资本积累能力，然而，每一次调和都将反体系运动融入资本主义世界体系的政治稳定的框架内。其次是经济悖论。在资本主义世界体系中，由于追求利润最大化是每个公司的目标，这样通过降低工资就可以提高公司的利润。但如果每个公司都如此，由于工人工资的相对下降，全球的市场需求就会下降，最终会给所有公司利润的实现带来困难。这种经济悖论导致了资本主义世界经济不断地扩张和收缩。最后是意识形态悖论。资本主义世界体系中的意识形态悖论主要来源于其所创造的国家和民族。国家是由国家体系中的其他国家来定义的，并且受制于这些国家；民族是由民族和国家结构的关系来定义的，而且受制于这些关系。国家和民族的这种特征既被资本家也被其反对者用来作为一种意识形态来捍卫自己的利益，这就导致了资本主义世界体系中的意识形态悖论：资本积累要求国家介入市场的建设以及重建之中，为了达到这一点，国家就必须利用民族主义加强其结构的凝聚力，这样，国家结构在成为社会内部各种力量的调和力量的同时最后成为资本积累的

---

① 王正毅：《世界体系论与中国》，第177~179页。

阻碍力量；反对者的抵制运动要求在国家结构内获得权力以达到他们的目的，为了获得国家权力就必须助长民族主义，然而，国家权力的获得以及民族主义的增长反过来又削弱了抵制运动。

所以，经济全球化不但使得世界经济无休止的资本积累难以为继，而且也使得那些偏中间的自由派不再占据主导地位，从而削弱了世界体系的政治稳定，并最终导致资本主义世界体系的未来更加充满了不确定。①

三　全球性危机与全球化面临的挑战

面对不断深入和拓展的全球化，虽然不同理论的倡导者和追随者基于各自的理论范式，对早期构建的理论进行了修正和发展，但 2008 年发生的全球金融危机、2018 年开始的中美贸易摩擦和冲突以及 2020 年全球新冠肺炎疫情，再次将经济全球化所面临的挑战提上了议事日程，这些挑战主要包括：权力转移的失序、地缘政治的竞争以及全球治理规则的选择。

（一）权力转移的失序

全球化进程导致国际体系的权力流散最为直接的结果，就是国际社会对美国主导的自由世界秩序提出种种质疑，而 2008 年爆发的全球金融危机更是将基于权力转移的多边主义制度建设提上了议事日程。②

冷战结束初期，美国成为唯一的全球性大国，美国政治学家福山因其在 1992 年出版的《历史的终结与最后的人》尽情地为自由和民主的胜利高歌而备受西方学术界热捧。但随之而来的两个事件使得国际社会对美国霸权及其所主导的自由世界秩序提出了质疑。第一个重大事件是 2001 年 9 月 11 日发生的"基地"组织对美国的恐怖主义袭击，之后，恐怖主义袭击遍布全球，冷战时期传统意义上的国际安全结构受到了挑战。第二个重大事件则是 2008 年美国发生的次贷危机以及由此引起的全球性金融危机和经济

---

① 〔美〕伊曼纽尔·沃勒斯坦等：《资本主义还有未来吗?》，徐曦白译，社会科学文献出版社，2014，第 20 页。

② 这一议题的讨论，读者可以参阅 Vaclav Smil, *Why America Is Not a New Rome*, The MIT Press, 2010；Amitav Acharya, *The End of American World Order*, Polity Press Ltd., 2014；Joseph S. Nye Jr., *Is the American Century Over*, Polity Press, 2015。

低迷，冷战时期形成的由美国主导的自由主义国际经济秩序面临前所未有的挑战。

作为对"9·11"恐怖袭击事件的回应，美国随后发动了两场战争，一场是阿富汗战争，另一场是伊拉克战争。2001 年 10 月 7 日，美国总统小布什宣布，以美国为首的联军要在阿富汗进行一场特殊的反恐战争，以彻底消灭制造"9·11"恐怖袭击事件的"基地"组织并推翻其幕后支持者塔利班政府。这场战争从 2001 年 10 月 7 日小布什总统宣布开始到 2014 年 12 月 29 日奥巴马总统宣布结束，再到 2021 年 8 月 15 日美军完全撤离阿富汗，前后历时 20 年，虽然塔利班政府被推翻，"基地"组织领导人本·拉登被击毙，但阿富汗国内政治冲突和战争不断。最令国际社会大跌眼镜的是，塔利班在被推翻 20 年之后又占领了喀布尔，并恢复被以美国为首的联军推翻的酋长国。2003 年 3 月 20 日，美国又以伊拉克藏有大规模杀伤性武器并暗中支持恐怖主义为由，在未经联合国安理会授权的情况下，单方面对伊拉克进行军事打击。这场战争从 2003 年 3 月开始到 2010 年 8 月奥巴马总统宣布结束，持续了 7 年多，虽然萨达姆政权被推翻，但美国既没有找到伊拉克藏有大规模杀伤性武器的明确证据，也没有彻底消灭恐怖主义，更没有为伊拉克带来和平与繁荣，相反，伊拉克陷入了不知何时才能结束的国内混战之中。

如果说 2001 年"9·11"恐怖袭击事件冲击了美国主导的国际安全体系，那么 2008 年全球性金融危机则对美国主导的自由的世界经济秩序构成了严峻挑战。

与 20 世纪 80 年代以来的金融危机（20 世纪 80 年代的拉美债务危机、1992 年的欧洲汇率机制危机、1994 年的墨西哥比索危机、1997 年的亚洲金融危机）相比，2008 年的金融危机起源于美国国内房地产金融市场发生的次贷危机，然后迅速向全球蔓延，成为真正意义上的全球性金融危机。2008 年的全球性金融危机对美国主导的自由的世界经济秩序产生的直接冲击主要有两个。一是 2008 年的全球性金融危机导致国际社会对二战结束之后美国主导建立的国际货币基金组织的信心发生了动摇，并呼吁对国际货币基金组织的结构和功能进行改革。2010 年 12 月，通过不断努力，四个最大的新兴经济体巴西、中国、印度和俄罗斯成功地扩大了其在国际货币基金组织中的份额，从而使得该组织在决策程序上能够从以往由霸权国美国主导向更加民主的多边主义转化。二是 2008 年的全球性金融危机使得"二十国集团"取代冷战时期的

"七国集团"而成为重塑全球经济合作的重要论坛。尽管国际社会对"二十国集团"的合法性以及效率一直存在这样那样的争论，诸如成员国的资格问题、议题设定的范围问题，但有一点似乎是明确的，即完全由美国主导的自由的世界经济秩序的时代似乎正在走向终结。

如果说全球化进程因参与行为体的多样化导致了权力流散，那么 2008 年的全球性金融危机则加剧了权力转移进程。权力转移一方面表现为由以往的主导性大国特别是美国霸权向崛起的新兴大国的转移，[①] 另一方面则表现为由国家行为体向非国家行为体的转移。[②] 这促使国际社会对世界秩序的权力结构进行谨慎思考：是在美国领导的自由世界秩序基础上对其进行修正和改进，还是基于权力转移的现实构建多元的多边主义制度。

（二）地缘政治的竞争

全球性危机对全球化提出的挑战之二，是基于地缘政治竞争而在地区层面设计的双边和多边制度。[③] 地区主义（regionalism）或区域化（regionalization）不仅改变了或正在改变世界地缘政治经济结构，而且影响了相关国家的战略选择。

根据地区合作的方式（正式制度还是非正式制度）和一体化的程度（多个领域还是单一领域），我们可以将冷战结束后的地区主义分为四类：第一类是通过正式的制度建设深入推动地区一体化，这方面最具代表性的是欧洲一体化；第二类是通过正式制度建设推动相关国家在单一领域的合作，这方面最具代表性的是各种各样的地区性自由贸易协定（FTAs）和特惠贸易协定（PTAs）；第三类是通过非正式的制度建设推动地区在多个领域进行合作，最具有代表性的是东盟一体化；第四类是通过非正式的制度建设推动地区在某个领域进行合作，这方面最具代表性的是亚太区域化。其中，欧洲一体化与亚太

---

① 可以参阅 Steve Chan，*China*，*the U. S.*，*and Power-Transition Theory：A Critique*，Routledge，2008。

② 可以参阅 Daphne Josselin and William Wallace，eds.，*Non-State Actors in World Politics*，Palgrave Macmillan，2001。

③ Tanja A. Borzel and Thomas Risse，eds.，*The Oxford Handbook of Comparative Regionalism*，Oxford University Press，2016.

区域化对地缘政治竞争的影响最为引人注目。[①]

欧洲一体化对全球化进程以及欧洲地缘政治产生了广泛的影响。在政治层面，欧洲一体化取得了出人意料的进展，建立了一个超越成员国主权的政治实体——欧洲联盟，欧洲联盟既有监督机构（欧洲议会），也有最高决策机构（欧洲理事会和欧盟理事会）和执行机构（欧盟委员会），还有货币机构（欧洲中央银行）和仲裁机构（欧洲联盟法院）。在经济层面，欧洲一体化签订了《马斯特里赫特条约》，先是取消资本控制，对成员国经济政策进行协调和全面监管，然后是建立欧洲货币管理局以管理欧洲货币体系，协调成员国的货币政策，最后对欧元区成员国之间的汇率予以固定，并于2002年1月1日正式启动"欧元"。欧元以及欧元区的建立改变了世界经济结构。

欧盟在地区一体化的同时还不断进行东扩，改变了欧洲地区的地缘政治结构，加剧了欧盟与俄罗斯的地缘政治竞争和冲突。从1951年欧洲六国开始一体化进程到冷战结束后的1995年瑞典、芬兰和奥地利加入，欧洲一体化进程主要是在原来的西欧地区15个国家进行，欧洲一体化主要是西欧国家加强合作以应对国际政治和经济挑战。但2004年欧盟向原来的中东欧国家的大规模扩张彻底改变了欧洲的地缘政治态势。2007年罗马尼亚和保加利亚两国成为欧盟成员国，2013年克罗地亚成为欧盟成员国。在冷战时期这些国家主要是苏联的势力范围，其成为欧盟成员国之后，由于欧盟不但是经济实体，也在努力成为一个政治实体，实行共同的安全和外交政策，再加上由美国主导的北约的存在，这自然引起俄罗斯的担忧，2014年以来围绕着乌克兰的地缘政治危机就是其中最为突出的表现。

与欧洲一体化无论是在规则上还是在结果上都非常不同的是亚太地区的区域化运动。虽然早在1980年时任澳大利亚总理弗雷泽和日本首相大平正芳就共同发起了"太平洋经济合作理事会"（PECC），但亚太地区经济合作被正式纳入相关经济体的政治议事日程则始于1989年"亚太经济合作组织"（APEC）的创立。以APEC为代表的亚太区域化从一开始就表现得与欧洲一

---

① 王正毅：《边缘地带发展论：世界体系与东南亚的发展》（第二版），上海人民出版社，2018，第220~225页。

体化不同，这主要体现在其强调开放性、灵活性和非强制性的宗旨上。^① 正是这些原则使得该地区出现了相互交错的次区域多边贸易安排和双边贸易安排。就次区域多边贸易安排而言，既有东盟自由贸易区（AFTA）、北美自由贸易协定（NAFTA）、拉丁美洲一体化协会（LAIA）、南太平洋区域贸易和经济合作协定（SPARTECA），也有"东盟+1"、"东盟+3"和"东盟+5"，东盟—澳大利亚—新西兰自贸协定，还有新加坡、文莱与新西兰和智利倡导的《跨太平洋伙伴关系协定》（TPP）。就双边贸易安排而言，亚太地区出现了井喷式的特惠贸易协定和双边贸易协定，诸如日本—新加坡经济伙伴协定（JSEPA）和日本—墨西哥自贸协定、韩国—智利自贸协定、新加坡—澳大利亚自贸协定、新加坡—欧洲自由贸易联盟、新加坡—约旦自贸协定、新加坡—新西兰自贸协定、新加坡—美国自贸协定等双边特惠贸易协定。这些次区域贸易协定和双边特惠贸易协定的交错安排，使得亚太地区的地缘政治经济呈现出"网络化"特征。

　　亚太区域化进程还引发了大国之间特别是美国、中国以及日本在该地区的竞争。与欧洲一体化进程中大国之间尤其是德国和法国之间的合作不同，在亚太区域化进程中出现了大国之间的竞争，其中日本与中国、美国与中国之间的竞争最为引人注目。就日本与中国而言，两国的竞争主要集中在与东南亚地区及相关国家的合作上。比如，尽管在1999年11月马尼拉"东盟+3"峰会上发布了《东亚合作联合声明》，但两国仍然竞相与东盟以及东盟成员国签订双边合作协议，日本与新加坡于2000年签订了《日本—新加坡新时代经济联合协定》之后，中国与东盟于2002年签署了《东盟—中国全面经济合作框架协议》，随后日本与东盟于2003年签署了《东盟与日本全面经济伙伴关系框架协议》，中国于2004年与泰国签订了《中泰自由贸易协议》。此外，2013年中国提出"21世纪海上丝绸之路"倡议之后，日本安倍政府于2016年将"自由开放的印太地区"引入日本外交战略之中，并以此为框架与美国、澳大利亚、印度等建立战略合作伙伴关系。

　　而美国与中国的竞争则是在整个亚太地区。在20世纪90年代至21世纪初期，由于"9·11"恐怖袭击事件，美国将战略重心放在中东地区，中美两

---

① 　王正毅、〔美〕迈尔斯·卡勒、〔日〕高木诚一郎主编《亚洲区域合作的政治经济分析——制度建设、安全合作与经济增长》，上海人民出版社，2007，第85~86页。

国在亚太地区区域化进程中总体上来说是相互合作的，中美两国的分歧主要集中在最惠国待遇、台湾问题、人权问题、核不扩散问题上。但随着中国经济的飞速发展，美国将战略重心从中东地区转移到亚太地区，在"亚太再平衡"（rebalance to the Asia-Pacific）政策的主导下，美国加大了对中国在亚太地区的战略挤压。《跨太平洋伙伴关系协定》就是"亚太再平衡"战略的重要组成部分，其目标主要有如下两个：一是强调合作的地区是跨太平洋，而不是以亚洲为中心，突出美国在亚太地区的长期存在；二是提高自由贸易协定的标准，对亚太地区经济贸易合作进行重新洗牌，突出美国价值的主导作用。2018 年之后，美国与中国在亚太地区的竞争与冲突更是公开化，涉及贸易、科技、领土、人权、价值观念和战略等诸多领域。

面对日益分化的制度设计以及地区主义的种种表现形式，国际社会再次陷入因地缘政治而起的经济政策争论之中：开放的地区主义与排他性的地区主义哪个更为有效？正式的制度建设和非正式的地区合作机制哪个更为持久？地区主义是经济全球化的垫脚石还是绊脚石？

（三）全球治理规则的选择

全球性危机导致全球化面临的第三个挑战是，如果国家之间愿意通过相互合作进行全球治理，那么，基于何种规则进行全球治理才能使全球化得以延续。尽管国际社会在呼吁加强全球治理上是一致的，但在合作机制的设计上却争论不断。争论主要集中在如下三个原则上。[①]

一是继续坚持主权原则还是倡导行为体的多样化？随着经济要素在全球的流动，其最为直接的结果就是参与全球经济的行为体出现了多样化的趋势。在这些行为体中，有国家和国际组织，也有非政府组织和跨国公司，还有独立的专业人士和私人安保公司，甚至还有跨国犯罪团伙以及毒品网络。这些多样化的行为体分布在不同的经济领域（如国际贸易、跨国投资、国际金融），活跃在不同的层级（如跨国、跨地区、全球），这为全球治理带来了巨大挑战：在全球治理中是否仍然需要坚持主权原则？如果继续坚持主权原则，如何避免陷入"免费搭车"或"以邻为壑"的困境？

二是遵循既有的治理规则还是重新制定规则？现存的治理规则主要源于第

---

① 王正毅：《全球治理的政治逻辑及其挑战》，《探索与争鸣》2020 年第 3 期，第 5~8 页。

二次世界大战结束后建立的布雷顿森林体系的遗产。这些遗产无论是在贸易和金融货币领域，还是在直接投资领域，都体现了西方国家特别是美国和英国主导的自由资本主义价值观念，诸如私有化、自律的市场经济以及自由开放的国家和社会。这些价值观念曾经被植于所谓的"华盛顿共识"中，并被相应的国际组织诸如国际货币基金组织、世界贸易组织、世界银行等广泛接受，成为制定全球经济治理规则的基本理念。然而，随着发展中国家特别是一些发展中大国诸如中国、印度、俄罗斯、巴西以及其他新兴经济体加入全球市场，不仅这些国家的经济得到了飞速发展，也对既有的世界权力结构提出了挑战，即出现了学术界所称的权力转移现象。随着这些新兴经济体力量的壮大，它们呼吁改变现存的权力结构，以使自己的地位与自己的经济实力相匹配。这些要求体现在世界经济的各个领域中，诸如"多哈回合"谈判中关于农产品、服务业和知识产权的争论，对国际货币基金组织投票权进行重新分配的要求，等等。在这些争论中，发展中国家将许多新理念带入全球治理的呼吁中，诸如公平贸易、可持续发展、主权财富基金等。因此，全球经济治理面临的重大挑战是：遵循既有的基于西方发达国家观念的治理规则，还是考虑到权力的转移而重新制定规则；如果重新制定治理规则，应该基于什么样的理念。

三是分层级分问题领域的碎片化治理还是跨层级跨功能的网络化治理？在之前的全球治理中，由于参与治理的行为体主要是国家以及基于条约的国际组织，所以，全球治理的议题的设置主要取决于国家力量。强国通常依靠其物质力量（如经济资源和金融资源）强行设置标准条款，以此来决定其他国家是否有资格接近这些资源。如在关税及贸易总协定的"乌拉圭回合"谈判中，针对欧盟、日本和其他农产品出口经济体在农业领域的保护政策，美国坚持将"市场准入"作为一个议题纳入谈判之中。但随着参与全球治理行为体的多样化以及权力转移导致的权力流散，全球治理议题出现了多样化和层级化趋势。议题设置的多样化和层级化表现为不同的行为体对议题优先性的考量不同：国家优先考虑的是那些能提高社会经济福利的议题，如贸易、货币、投资、金融、能源，非政府组织优先考虑设置的议题是基于市民社会和公民个体认知的人权、环境、卫生，而跨国公司优先考虑的议题是符合其有效运行需求的劳动力、技术、知识产权以及市场准入。这就向全球治理提出了另一个挑战：如果采取分层级分问题领域的碎片化治理，如何在满足不同行为体的不同要求的同时而避免全球治理流于一种形式；如果接受跨层级跨功能的网络化治理，如何避免因某些行为体的"免费搭车"行为而使全球治理陷入僵局。

结　语

　　资本、技术、信息以及劳动力在世界市场的流动而形成的全球化，不但让许多发达国家经济繁荣，也帮助许多发展中国家解决了其经济发展过程中所面临的要素稀缺难题，全球化因此成为许多国家促进经济发展过程中不可或缺的力量。然而，全球化也有其难以回避的弱点：经济要素流动的市场是全球的，政府却是每个国家的政府，国际社会处于无政府状态之中，这最终导致有些国家是全球化的受益者，而有些国家成为全球化的受损者；即使在同一个国家，不管是发达国家还是发展中国家，都有一些群体成为全球化的受益者，而另外一些群体却成为受损者。全球化好似一把双刃剑，它使得每个国家都面临政策选择的困境。这些困境既关乎物质利益，也涉及价值观念。所以，唯有加强国家之间的政治合作，尊重并融合多元的价值观念，构建与经济全球化相匹配的权力结构，才能真正使全球化得以延续并健康地发展，真正造福所有国家和所有人。

第二章 全球化与区域化的理论与实践

朱文莉

内容提要 本章回顾了全球化趋势下区域化理论的沿革发展，辨析了旧区域主义与新区域主义的异同。重点讨论经济全球化的理想成为现实之后，区域化与全球化之间的动态平衡关系。介绍近期围绕区域化问题的学术讨论，并选择具体案例验证相关理论假设，说明国家政府政策对区域化与全球化趋势的影响。

在国际关系研究中，全球与区域或称世界与地区，是一对相伴相生的概念。在地理大发现之前，各地的人们含混地把自己认知的群体活动范围称为天下、世界、四海等。随着大航海时代的开始，涵盖全球的世界概念越来越清晰，其下各个地理区域的范围和界线才得以明确和固定。17世纪中叶现代世界体系观念出现，区域作为世界政治与民族国家之间的中层概念，在国家间交往和国际问题讨论中日益扮演着不可或缺的角色。

随着分析与讨论的深入，国际关系学者主张明确区分区域交往实践与区域认知建构两个层次的活动。前者一般被称为区域化，与全球化一样，在行为体产生明晰的区域与全球概念之前早已客观存在。这种长期历史演进和积累并没有明确的目的和指向，而它造成的后果却构成了现代国际关系赖以发展的环境基础。历史性的区域活动可以包括经济、政治、文化、社会各种类型，其影响范围可能有明显差异，但共同点是受到地理条件的制约束缚。所以区域化的核心是自然地理要素[①]，

[①] K. Powers 和 G. Goertz 将之称为"地理+"区域概念。参见 Kathy Powers and Gary Goertz，"The Economic-institutional Construction of Regions：Conceptualisation and Operationalisation," *Review of International Studies*，Vol. 37，2011，pp. 2388–2389。

在地理基础上发展出不同的经济空间、文化空间，累积政治历史传统，塑造区域内国家相互往来的行为模式。

相比之下，区域认知建构完全是现代过程，可以被描述为主动理解、追求、控制区域化的努力。推动这个主观过程的既有民间交流、学术探索，更有国家政府政策、国际组织活动。由此出现的区域合作、区域主义、区域一体化等主张，分别从自上而下和自下而上两个方向影响和改造区域化的客观进程。由于全球与区域理念的伴生性质，率先投身全球化进程的国家和地区往往能够掌握区域化的主动权、控制区域理论建构的话语权。各国的区域政策目标也与它们在全球政治经济体系中的自我定位相辅相成。

一　国际政治经济研究中的区域化理论变迁

区域认知构建与区域化理论的发展大致可以分为三个历史时期。

首先从 17 世纪一直延续到 20 世纪早期，是现代化扩张带来的区域命名探索时期。由于欧洲列强在现代经济发展中占得先机，它们对世界地理知识的了解也在长时间内领先于其他国家和地区，这个阶段的区域概念带有明显的欧洲中心色彩。其中最典型的就是从欧洲地理视角和历史经验出发形成的近东—中东—远东系列称谓，既不符合自然地理边界，也缺乏对被命名者文明文化历史的深入了解，只能暴露命名者的粗率与武断。同时，欧洲国家殖民帝国扩张带来了超越地理范围的经济区域概念，如英镑区、法郎区等。它们一方面体现了世界生产与贸易关系发展的迅猛势头，另一方面又必须依靠军事力量保护维持，所以同样是强大与脆弱并存的人为造物。与此类似地，还有伴随欧洲语言文化传播形成的拉丁美洲概念，建立在早期人类学知识基础上的黑非洲概念，等等。此类区域概念的缺陷显而易见，它们的不成熟不完善与当时民族国家理念尚在发展、世界政治理念尚在探索其实是相互影响的，代表了现代世界体系形成时期的观念试错过程。

其次是地理区域概念复兴与旧区域主义理论兴起的时期，从二战结束开始，基本覆盖了整个冷战阶段。随着现代化成为世界各国主动追求的目标，少数欧洲国家在世界体系中不再占有反常的垄断优势地位，普遍性国际组织在各个领域建立发展，新兴国家与地区加入全球与区域的讨论，工业化和现代化成熟阶段推动经济要素重新组合，种种变化带来了更加平衡、周延的区域划分。

更为重要的是，民族国家和世界政治理念日益成熟，居中的区域层次也得以形成更加清晰的活动范围与目标。基于早期现代化过程中的经验教训，结合此阶段的现实需求，国际关系学界的区域化理论研究开始取得连续突破。

其一是对区域合作理念的阐释。近邻或理念相近的国家开展区域合作被认为是解决集体行动困境的尝试。[①] 具体到安全领域，可以满足共同防御需要、分担军费开支造成的财政压力，在经济领域则可以促进规则一致、降低交易成本、扩散经济发展成果。其二是区域主义理念的诞生。其倡导者认为，在冷战时期两大意识形态阵营壁垒分明、全面对抗的背景下，中间地带国家可以借助区域主义旗帜探索符合自身需求的政治空间和文化空间。[②] 与"普世"性意识形态相比，区域主义追求的范围有限，因而更容易实现内部团结与平等沟通，政策目标也更加务实可行。其三是区域一体化主张。一体化理论的研究者视其为区域合作的最高层次，并以经济合理性、政治安全性、文化一致性作为支持一体化进程的全方位理由。他们指出，区域合作既可以是国家行为，也可以是企业、社会组织、跨国机构等非国家行为体的行动；而区域一体化必须由国家政府自上而下进行推动，通过积极政策协调提供规则与制度保障，一旦成功也会取得最突出的合作成效。[③]

值得注意的是，在摆脱了欧洲中心偏见之后，西欧学者与政策人士在这个时期的区域理论发展中继续发挥了主导作用。上述重要的区域化概念逻辑几乎都是由他们率先提出并进行分析讨论的，欧洲经济共同体的创设与成功发展则为他们提供了强有力的现实依据。欧洲合作起步阶段，曾经出现自上而下的制度主义路径与多元探索的功能主义路径之争。欧共体的实践更多地依循功能建设的思路，通过在核心领域取得突破进展争取对经济一体化的支持，再逐渐向其他领域外溢合作成果，成为区域合作的成功范例。功能主义随之成为这个阶

---

① Tanja A. Borzel and Thomas Risse, "Framework of the Handbook and Conceptual Clarifications," in Tanja Borzel and Thomas Risse, eds., *The Oxford Handbook of Comparative Regionalism*, Oxford University Press, 2016, p. 7.

② Andrew Axiline, "Cross-Regional Comparison and the Theory of Regional Cooperation," in W. A. Axiline, ed., *The Political Economy of Regional Cooperation: Comparative Case Studies*, London: Pinter Publishers, 1994, pp. 178-224.

③ Joseph Nye, "Comparative Regional Integration: Concept and Measurement," *International Organization*, 22 (4), 1968, pp. 855-880; Leon Lindberg, "Political Integration as a Meltidimensional Phenomenon Requiring Multivariate Measurement," *International Organization*, 22 (4), 1968, pp. 649-731.

段流行一时的区域合作理论，并衍生出结构主义、新功能主义、政府间主义等推论。①

建立在欧洲历史经验之上的旧区域主义可以说是对现代化经验教训进行反思的产物。30 年内两次陷入世界大战的惨痛经历，使欧洲学者不再相信单纯依靠密切经济联系和社会交往就能够保障安全。他们对合作理论的阐述尤其强调合作观念的建构，强调区域合作组织正规化，强调合作制度功能和有效奖惩。由于美苏意识形态对峙占据了当时世界政治的中心舞台，西欧国家虽然对此感到不安甚至不满，但又无力纠正，因此将主要注意力转向区域层次，追求独立的政策目标。西欧合作理论与实践的成功恰好为二战结束后成批出现的亚非新兴国家提供了借鉴对象。新兴国家既急于维护政治独立与经济独立，又对自己的外交能力和世界政治影响力尚缺乏信心，所以更愿意通过区域合作巩固自己的国际地位。在此背景下，区域主义很快从书斋中的流行理论，扩展为国际关系中风行一时的政策趋势。世界各地纷纷出现区域合作组织与制度建设，使这一波区域合作浪潮在 20 世纪 70 年代达到巅峰。

但是与欧共体的成功相比，发展中国家组建的区域合作组织无论是结构、功能还是政策成效都暴露出种种不足，很难达到区域一体化标准。有相当一部分区域组织由于无法实现预期的政治经济目标而流于空转，甚至解体。有些学者认为是历史遗留因素造成这些国家的主要经济联系来自域外，与它们追求本区域合作的意愿不匹配；也有学者认为是现代社会基础的薄弱，使它们无力支撑组织官僚制度的发展。②

欧共体建设经验未能顺利普及使得区域主义理论本身也受到质疑。由于它完全基于欧洲经验与历史记忆，所以将民族国家依靠实力平衡维持区域安全视为必须放弃的失败路径，转而强调高标准的区域一体化，要求加入区域合作的

---

① 关于这些理论成果，国内外学术界已经进行大量介绍和讨论。本文限于篇幅不再展开。其代表性论述可参见 Ernst Haas, *The Uniting of Europe：Political, Social and Economic Forces 1950–1957*, Stanford University Press, 1958；E. B. Haas, *Beyond the Nation-State：Functionalism and International Organization*, Stanford University Press, 1964；Stanley Hoffmann, "Obstinate or Obsolete? The Fate of the Nation-state and the Case of Western Europe," *Daedalus*, 95（3），pp. 862–915；Karl Deutsch, S. Burell, R. Kann, M. Lee, M. Lichterman, R. Lindgren, F. Loewenheim, and R. Van Wagenen, *Political Community and the North Atlantic Area：International Organization in the Light of Historical Experience*, Princeton University Press, 1957。

② 参见 Andrew Axline, "Underdevelopment, Dependence and Integration：The Politics of Regionalism in the Third World," *International Organization*, 31（1），1977, pp. 83–105。

国家政府让渡权利甚至让渡部分主权来实现集体安全。① 这种一体化"硬指标"有可能错误地将欧洲的特殊经历普遍化，因而扭曲了区域合作的手段与路径。1973~1984 年欧共体本身的发展也相对停滞，西欧学者开始检讨合作理论的不足，批评过去的阐释过于强调政府机构必须是区域合作机制的主体，忽视非政府实体的自发实践，也就脱离了社会经济活动的现实。

区域化理论发展的第三个时期自 20 世纪 90 年代至今，是区域化与全球化齐头并进的时期，区域合作理论此时也从旧区域主义演进到新区域主义。如果说旧区域主义是基于现代化的经验教训，新区域主义则主要从全球化浪潮中获得灵感；如果说旧区域主义以欧共体为模板、以欧洲经验为单一基础，新区域主义则真正开始拥有全球视野，将世界各地的合作追求和路径探索纳入讨论范围，以多元化标准给予评价；如果说旧区域主义推进了平衡的地理划分概念，新区域主义则在此基础上进一步关注 21 世纪的跨地理区域合作形式，如金砖国家、泛太平洋合作②等。

引致这一重大变化的动力来自全球体系层面。冷战体系瓦解，意识形态对立从世界政治舞台淡出，经济全球化借助技术力量终于从世界市场的长期愿景成为世界各地人类生活的现实。在全球观念深入人心的同时，区域合作也获得了更大的空间、迸发出前所未有的活力。在全球化时代，民族国家的基本安全需要很大程度上得到满足，加快经济发展、提高经济收益成为更普遍的追求，国家政府依托相互依存体系更加灵活地行使经济主权，也就为区域合作的进展松绑助推。

在新区域主义的实践中，适应全球经济竞争的现实发展成为核心目标。这与旧区域主义阶段以经济安排为工具来应对和平安全挑战的思路相比发生了明显变化。如新概念早期阐释者之一比约恩·赫特纳（Björn Hettne）所说的，新区域主义主要体现在对区域化新模式的探寻上。③ 此前强调的区域合作观念先导在近来的合作过程中也发生了微妙变化，政治认同、文化认同不一定是开

---

① Joseph Nye, "Comparative Regional Integration: Concept and Measurement," *International Organization*, 22 (4), 1968, pp. 855 - 880; Leon Lindberg, "Political Integration as a Multidimensional Phenomenon Requiring Multivariate Measurement," *International Organization*, 24 (4), 1968, pp. 649-731.

② 其中最引人注目的当然是亚太经济合作组织及《全面与进步跨太平洋伙伴关系协定》。

③ Björn Hettne, "Globalization and the New Regionalism," in Björn Hettne, A. Inotai and O. Sunkel, eds., *Globalism and the New Regionalism*, Palgrave Macmillan, 1999, pp. 1-24.

展合作的先决条件，现实的经济利益与社会需求足以成为推动合作的理由，其政治文化影响可以通过后续安排处理。这样的思路调整给企业机构、社会组织等非国家行为主体提供了便利。它们出于自身利益积极探索各种合作可能，使得区域合作的形式、领域、范围都更加灵活多样，合作效用也更容易得到调整和评估。① 一些反应灵敏的政府对自下而上的合作进展密切关注，及时使用政策工具认证、提升这些合作实践，通过机制建设使合作模式正规化。

经过近 30 年的讨论与实践，全球化时期的区域合作取得了远超以往的成效。当然在此过程中也经历了学术论辩和政策博弈，经受经济全球化进程波折起伏的考验，一些未能处理好政治生存与地缘安全任务的国家被迫牺牲经济发展目标，部分地区合作进程再次面临空转甚至倒退的危险。接下来，本章将分两个阶段，对全球化时期的区域合作演进及其争议进行梳理，并选择代表性国家的案例验证相关理论假设。

二 全球化第一阶段的区域合作理论（1992～2008年）

经济全球化浪潮的迅猛势头同时带来了区域合作的高涨。世界范围内区域组织的数量并没有发生太大变化，② 但众多冷战时期陷入空转停滞状态的区域组织重新活跃起来，吸收新成员、提出新议程、扩展合作范围，使得全球体系中的区域化热潮成为学术界关注和讨论的对象。

最先出现的是对这一波区域化趋势的质疑。③ 有学者认为突然流行的区域合作不过是全球化的代名词，是两极体系瓦解、西方国家重新追求全球控制、美国试图建立全球霸权的同义语。特别是对发展中国家而言，所谓区域化往往带有鲜明的新自由主义色彩，以追求经济权利为表象推行国际资本规则，迫使

---

① 对跨国公司、企业机构、社会组织、非政府国际组织主动进行区域合作的讨论一度在 20 世纪 90 年代中期形成热潮。参见 Edward Mansfield and Helen Milner, eds., *The Political Economy of Regionalism*, New York: Columbia University Press, 1997; Andrew Hurrell and Louise Fawcett, *Regionalism in World Politics: Regional Organization and International Order*, Oxford University Press, 1995; Jaime de Melo and Arvind Panagariya, eds., *New Dimensions in Region Integration*, Cambridge University Press, 1995。

② Tanja Borzel and Thomas Risse, "Three Cheers for Comparative Regionalism," in Tanja Borzel and Thomas Risse, eds., *The Oxford Handbook of Comparative Regionalism*, Oxford University Press, 2016, p. 622.

③ 参见 Andrew Gamble and Anthony Payne, eds., *Regionalism and Global Order*, Macmillan, 1996。

民族国家放松主权控制。其实施后果可能加剧发展中国家的经济困难，导致政治社会不稳定，使世界体系中的不平等状况进一步恶化。

稍后加入分析讨论的国际关系学者和经济学者并不同意这些悲观预测。他们利用迅速出现的区域经济合作成果证明了全球化与区域化的合理性。于是理论探索的焦点很快从论证区域化的必要合理，转向辨析区域化与全球化的关系。如果说经济全球化能够创造繁荣与安全，那么同时兴起的区域化到底是会帮助还是阻碍全球化的进展呢？对此问题出现了分歧明显的两种答案。

一部分学者认为区域化趋势会带来所谓"意大利面碗"效应，即各种活跃的区域组织会在事实上成为经济全球化的绊脚石。这个形象的比喻是国际贸易学者巴格瓦蒂提出的。① 他警告说，20 世纪 90 年代初蓬勃发展的区域经济组织可能是二战结束之前欧洲殖民国家通过特惠贸易协定（PTA）分割世界市场的重现，其中有所谓霸权国参与的区域组织——如 NAFTA 和 APEC——尤其危险，即便是完全由发展中国家组成的区域合作组织——如南方共同市场——也有转向贸易歧视的可能。② 尽管生产全球分布使原产地认定越来越困难，但志在保护本国市场的政府官僚不会被行政细节束缚手脚，著名学者维纳提出的贸易创造—贸易转移判断标准③仍然适用于判断全球化时代的区域经贸组织。以促进生产、贸易、投资为口号发起的区域合作，完全有可能成为破坏全球自由贸易和投资规则的保护伞。

另一部分学者则认为区域化将发挥"垫脚石"效应，成为全球化进程的中继站。劳伦斯·萨默斯在 1991 年率先使用了垫脚石（building block）④ 的说法。他指出当时重新兴盛的区域贸易协定基本是在所谓天然贸易伙伴（natural trading partners）之间达成的，是早已互为重要贸易对象、在对方进出口份额中占据高比例的国家，现在适应全球化时代的变化重新明确规则和相互约束，

① Jagdish Bhagwati and Anne Krueger, eds., *The Dangerous Drift to Preferential Trade Agreements*, American Enterprise Institute for Public Policy Research, 1995.

② Jagdish Bhagwati and Arvind Panagariya, "Preferential Trading Areas and Multilateralism: Strangers, Friends or Foes?" 1996, https://core.ac.uk/download/pdf/161436517.pdf.

③ Jacob Viner, *The Customs Union Issue*, New York: Carnegie Endowment for International Peace, 1950.

④ 或译基础建材。Lawrence H. Summers, "Regionalism and the World Trading System," Symposium Sponsored by the Federal Reserve Bank of Kansas City, *Policy Implications of Trade and Currency Zones*, 1991, pp. 295-301, https://www.kansascityfed.org/documents/3765/1991-S91SUMME.pdf.

所以不会带来严重的贸易转移损失。所有有助于破除贸易壁垒的区域协定都是朝向正确方向的进展，在区域合作率先对保护主义开火之后，全球合作就可以顺利加入进来、扩大战果。① 弗雷德·伯格斯滕举例说，NAFTA、APEC 等区域安排的出现正是促使 GATT "乌拉圭回合" 谈判突破僵局、达成最终协定的关键。

双方的争论逐步归结到所谓 "动态时间路径问题" （dynamic time-path question）。由于当时尚缺乏足够的经验证据或经济数据，多种博弈模型——如对称模型、中位选民政治经济模型、重复博弈纳什均衡——被用来进行理论假设推导。②

三　全球化第一阶段区域合作实践案例——波兰

今日回顾全球化起始阶段的区域合作前景争论，与其再去重复当时的模型虚拟推演，不如在真实的区域化进程中寻找代表性案例，验证当时学者们提出的各种理论假设，检查他们的预测判断哪些符合全球化与区域化的发展现实，哪些已经被实践推翻。

为此，本文选择波兰作为分析案例。众所周知，在冷战时期波兰是苏联阵营成员国，对外经济联系（除缓和时期少数例外）基本局限于苏联控制的经济互助委员会范围之内。两极体系解体之后，波兰面临政治经济转轨、地缘关系调整、加入全球化竞争等多项艰巨任务。波兰执政者尽管理念、政策各自不同，但都把加入欧盟作为应对内外挑战的关键，也获得了波兰民众的广泛支持。经过多年努力，波兰终于在 2004 年 5 月被欧盟接纳为正式成员国。

波兰的特殊历史经历使它成为考察此阶段区域化与全球化关系的理想案例。由于它过去依托的国际组织的消失，波兰在 20 世纪 90 年代完全是从新起点出发重建国际经济联系，选择区域与国际定位的。那么前述学术界的不同观点谁能够更好解释波兰的主观选择和后来的事实进展呢？波兰追求加入欧盟，

---

① Alan Winters，"Regionalism Versus Multinationalism," World Bank Policy Research Working Paper Series 1996，No. 1687.

② Paul Krugman，"The Move Toward Free Trade Zones," *Economic Review*，Vol. 76，Nov. 1991，pp. 5~25；T. N. 西尼瓦桑：《区域主义和 WTO》，载〔美〕安妮·克鲁格编《作为国际组织的 WTO》，黄理平等译，上海人民出版社，2002，第 461~466 页。

是为了加入欧洲还是希望通过融入欧洲来赶上全球化列车？波兰成功入盟之后的国际经济联系是以欧洲为轴的特惠贸易模式，还是通过欧盟获得通向全球自由贸易体系的钥匙？

可以使用波兰入盟 15 年后积累的经济贸易数据来尝试回答这些问题。首先能清楚地看到，波兰入盟后经济增长势头强劲，宏观数据向好。其中的国际贸易增长更是多年维持在高位，对外贸易扮演着经济发动机的角色（见图 1）。

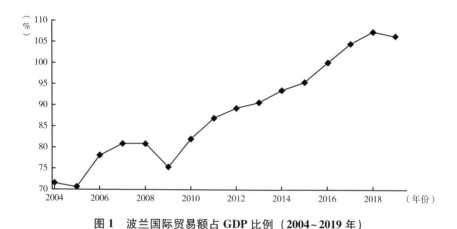

图 1　波兰国际贸易额占 GDP 比例（2004~2019 年）

资料来源：世界银行数据，https：//data. worldbank. org/indicator/NE. TRD. GNFS. ZS? locations＝PL，访问日期：2022 年 2 月 10 日。

而贸易增量当中，波兰与欧盟国家的贸易增长又是主要贡献来源（见图 2、图 3）。

从贸易关系分析，波兰 2020 年对欧盟伙伴的出口占波兰出口总额的 74%，从欧盟其他国家的进口占波兰进口总额的 58.8%。[①] 当年十大出口对象国中有 7 个是欧盟国家，如果加上刚刚完成脱欧的英国，波兰对这 8 个国家的出口合计占比超过 60%（见表 1）。同年波兰十大进口来源国有 6 个是欧盟国家，波兰从这些国家的进口额合计占比达到 40%（见表 2）。

如果再考虑与生产贸易直接相关的直接投资，欧盟国家投资在 2017 年占

---

① Trade and Services Department of Poland，"Foreign Trade Turnover of Goods in Total and by Countries in 2020，" p. 3，http：//stat. gov. pl/en/news-releases/Foreign trade-turnover-of-goods-in-total-and-countries. html，访问日期：2022 年 2 月 12 日。

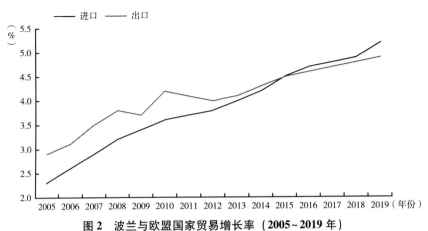

图 2 波兰与欧盟国家贸易增长率（2005~2019 年）

注：在此时段，波兰一直在欧盟货物贸易前十国家之列，只有 2005 年进口量为第
11 位。

资料来源：波兰统计局，https：//stat. gov. pl/en/topics/prices-trade/trade/foreign-trade-
2020-poland-in-the-world，6，14. html，访问日期：2022 年 2 月 10 日。

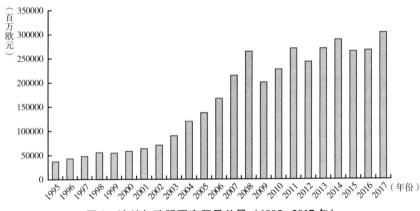

图 3 波兰与欧盟国家贸易总量（1995~2017 年）

注：2009 年贸易下降为全球金融危机影响。

资料来源：经济合作与发展组织，https：//case-research. eu/en/case-report-our-europe-
15-years-of-poland-in-the-european-union-101009，访问日期：2022 年 2 月 10 日。

波兰接受 FDI 总额的比重达到惊人的 91%。[1] 这些情况似乎确实说明，与欧洲
国家的区域合作是波兰经济在全球化时期获得迅速发展的主要原因。

---

① Center for Social and Economic Research，"Our Europe：15 Years of Poland in the European Union，"
May 2019，p. 58，https：//case-research. eu/files/？ id_ plik＝6170，访问日期：2021 年 12 月 22 日。

表1　2020年波兰十大出口对象国

排名	国家	出口额（亿美元）	占比（%）
1	德　国	790	29.0
2	捷　克	160	5.9
3	英　国	156	5.7
4	法　国	153	5.6
5	意大利	118	4.3
6	荷　兰	116	4.3
7	俄罗斯	81	3.0
8	瑞　典	80	2.9
9	美　国	76	2.8
10	匈牙利	69	2.5

资料来源：经济合作与发展组织，https://case-research.eu/en/case-report-our-europe-15-years-of-poland-in-the-european-union-101009，访问日期：2022年2月10日。

表2　2020年波兰十大进口来源国

排名	国家	进口额（亿美元）	占比（%）
1	德　国	570	21.9
2	中　国	376	14.4
3	意大利	134	5.1
4	俄罗斯	116	4.4
5	荷　兰	103	4.0
6	法　国	90	3.5
7	捷　克	83	3.2
8	美　国	81	3.1
9	韩　国	62	2.4
10	比利时	60	2.3

资料来源：经济合作与发展组织，https://case-rcsearch.eu/en/case-report-our-europe-15-years-of-poland-in-the-european-union-101009，访问日期：2022年2月10日。

但是如果对经贸数据进行更深入全面的分析，又会发现事情没有这么简单。在波兰加入欧盟之前，它与当时15个欧盟国家的贸易占比已经非常高，在1994年和1995年波兰70%的出口朝向欧盟，1997年为64%；同期从这些国家的进口占比也在 64% 左右。① 考虑到之后欧盟规模的扩大，新增 12 个成员国与波兰的双边贸易自然计入组织内份额，欧盟在波兰对外贸易中的比重在它入盟后的净增长其实是温和有限的。

以单一国家来看，在 2004 年波兰加入欧盟之后，真正出现与其双边贸易比重明显提升的主要是中德美三国（见表 3、表 4；由于波兰与德国双边贸易数据只有德方使用欧元计价的完整统计，三组双边贸易关系分表展示）。

表 3　2005～2019 年波兰与美国、波兰与中国进出口规模变化

单位：亿美元

波兰	美国		中国	
	出口	进口	出口	进口
2005 年	18.49	12.67	5.90	54.96
2010 年	28.73	29.82	18.61	165.14
2019 年	73.33	59.52	27.01	304.14
增量	54.84	46.85	21.11	249.18
增幅（倍）	2.97	3.70	3.58	4.53

资料来源：联合国商品贸易数据库，https：//comtrade.un.org/data/。原表为 2000～2020 年度双边进出口统计，包括全品类货物贸易。

表 4　2005～2019 年德国与波兰双边贸易

单位：亿欧元

波兰	德国	
	出口	进口
2005 年	222.4	167.9
2010 年	376.6	294.9
2019 年	658.3	635.5
增量	435.9	467.6
增幅（倍）	1.96	2.78

资料来源：Statistics Poland, "Foreign Trade：Poland in the World," Warsaw, 2020, Table 9-16, pp.26-31, https：//stat.gov.pl/en/topics/prices-trade/trade/foreign-trade-2020-poland-in-the-world, 6, 14.html，访问日期：2021 年 12 月 20 日。

---

① International and Constitutional Affairs Division DG IV, European Parliament, *Note on Poland's Political and Economic Situation and Its Relations with the European Union with a View to Accession*, October 2000, p.11, https：//www.europarl.europa.eu/enlargement/briefings/12a3_en.htm，访问日期：2021 年 12 月 22 日。

通过梳理可以看出，波兰加入欧盟后对外贸易发生了两个重要变化。一是对中美两个区域外经济大国的进出口猛增。仅以增长幅度而言对华进口是变化最突出的；而波美双边贸易则从入超变为出超，彻底改变了两国的贸易平衡关系。这清楚地体现了全球贸易格局的变化趋势，而并不是区域内贸易的直接结果。二是波兰入盟导致的贸易转移主要体现在欧盟内部，体现在德国一国在波兰进出口总额中的占比的明显上升。根据波兰贸易部的统计，对德出口在 2020 年占波兰出口总额的 29%，自德进口占波兰进口总额的 21.9%，成为波兰无可争议的最大贸易伙伴。[①] 更有意思的是，有学者在近期的研究中提出波兰对德出口中 30%~40% 是中间产品，最终为德国对世界市场的出口做了贡献。[②]

对波兰贸易数据的进一步剖析似乎更支持"垫脚石"假设：波兰加入区域经济合作组织，积极参与区域化进程，并没有导致它受困于区域大国主导的特别贸易安排，它与区域外经济增长中心的关联在同步加强。回顾起来这也是波兰朝野在 20 世纪 90 年代努力推动适应欧盟规则改造的初衷。在他们看来，完善法律制度、稳定投资环境、遵守财政纪律等，不仅是欧洲主流文化的体现，也是参与全球竞争的门票。[③] 而波兰在顺利加入欧盟之后，迟迟没有加入欧元区，也可以理解为在区域与全球之间保持平衡的微妙举措。

四　全球化第二阶段的区域理论探索（2008年至今）

2008 年全球金融危机爆发给了高歌猛进的全球化致命一击，支撑全球一体化的市场逻辑、信任企业决定的经济理性遭到强烈质疑。在全球层次的政治经济力量出现动摇的时候，作为中间层次的区域视野和理念受到了更多的关注。如果说冷战时期旧区域主义的兴起是超越民族国家概念、为区域合作开辟通路，那么全球化第二阶段区域理论研讨的追求更像是压缩全球"普世"逻

① Trade and Services Department of Poland, "Foreign Trade Turnover of Goods in Total and by Countries in 2020," p. 2, http://stat.gov.pl/en/news-releases/Foreign trade-turnover-of-goods-in-total-and-countries.html，访问日期：2022 年 2 月 12 日。

② Mitchell A. Orenstein, "Poland," *Foreign Affairs*, Vol. 93, Issue 1, Jan./Feb. 2014.

③ Danuta Hübner, "Impact of the Membership in the European Union on Economic Growth in Poland," TIGER Working Paper Series, No. 51, p. 5, http://hdl.handle.net/10419/140703，访问日期：2022 年 1 月 11 日；Davide Secchi, "Poland and the European Union: Key Facts and Commentary," July 2004, p. 8, http://www.unipv.it/cdepv/ause/index.php，访问日期：2022 年 2 月 11 日。

辑的空间，为区域合作争取更大的舞台。

积极参与这一波区域理论探讨的主要是来自两方面的学者。一边是国际政治研究的资深人士，如彼得·卡赞斯坦、巴里·布赞等。他们认为区域政治地位与影响力的上升是世界政治的长期趋势，早在 2008 年全球金融危机之前就已有端倪，如"9·11"恐怖袭击事件之后的反恐战争、金砖国家的崛起、区域性金融动荡等。从这个角度讲，所谓不可抗拒的全球化趋势只是被夸大的错觉，当前的世界秩序其实是"区域世界秩序"（regional world order）。① 两极控制并没有被全球市场的控制所取代，世界各地依托它们的区域安排和区域认同书写着差异巨大的全球化故事。仅仅将其解释为全球竞争的赢家和输家可能过于武断了，哪怕是同样被视为全球化获益者的东亚和欧洲在近 30 年演变出的政治经济路径都存在很大不同，而这很可能与它们习惯的区域治理传统和继承下来的区域组织结构密切关联，这些区域特点构成世界样貌的底色。②

阿查亚据此提出"区域设计师正在建构世界政治大厦"③。区域安排的进展更符合历史文化路径，也不会轻易被世界市场的混乱所动摇。而在此基础上发展出来的跨区域和区域间往来日益活跃，被称为"汇聚区域"（converging regions）④ 或"网络区域"（networking regions）⑤，是国际关系变化中不可忽视的重要趋势。所以，扩展和增强区域研究工具肯定是符合当今政治潮流的。

讨论中另一边的学者来自经济领域。他们尝试使用 2008 年全球金融危机前后的经验证据说明区域化而不是全球化左右着近期世界经济的进展。Hirata、Kose 和 Otrok 在 2013 年的研究中将全球分为七个区域，分别计量评测其1960~2010 年的经济数据，认为以 20 世纪 80 年代中期为界，此前全球化趋势引导

① Peter Katzenstein, *A World of Regions：Asia and Europe in the American Imperium*, Cornell University Press, 2005; Barry Buzan and Ole Waver, *Region and Powers：The Structure of International Security*, Cambridge University Press, 2003.

② Lorenzo Fioramonti, ed., *Regions and Crises：New Challenges for Contemporary Regionalisms*, Palgrave Macmillan, 2012; N. Lenze and C. Schriwer, *Converging Regions：Global Perspectives on Asia and the Middle East*, Ashgate, 2014.

③ Amitav Acharya, "The Emerging Regional Architecture of World Politics," *World Politics*, 59 (4), 2007, pp. 629-652.

④ Nele Lenze and Charlotte Schriwer, *Converging Regions：Global Perspectives on Asia and the Middle East*, Ashgate, 2014.

⑤ Harald Baldersheim, Are Vegard Houg and Morten Ogard, eds., *The Rise of the Networking Region：The Challenges of Regional Collaboration in a Globalized World*, Ashgate, 2011.

经济社会发展，此后全球化影响下降而区域化趋势明显占据上风。在区域内经济贸易联系和资本流动推动下，区域商业周期（regional business cycles）开始形成，北美、欧洲、亚洲等经济成功区域的内部密切经济交往与其说是全球化潮流的表现，不如说是区域内整合的结果。[①]

鲍德温与冈萨雷斯则使用新兴的供应链概念来支持区域经济兴起的判断。[②] 他们借助品类与环节细分的生产贸易统计，试图说明 20 世纪 90 年代以来生产链与供应链的形成带来所谓"全球化的第二次解绑"（globalisation's 2nd unbundling），国际生产呈现"区域化而非全球化趋势"。近年来主要的变化是之前的发展中国家占世界经济的比重提升，他们列举了其中最重要的 6 个上升者（six risers）：韩国、印尼、印度、泰国、土耳其、波兰。这些国家的比较优势产业集中在制造业部门，而贸易数据显示制造业的区域化程度远高于服务贸易和原材料贸易，于是新兴经济体崛起推动了区域经济重要性上升。同时，区域经济协定中含有更多的"深度条款"，因此区域经济安排比全球经济规则的质量更高，更有效地回应了企业诉求。在客观与主观因素的双重作用下，区域化成为基础性、核心性的力量。

应当指出，在全球化遭遇逆风，各种"反全球化""去全球化""逆转全球化"的激烈论争集中爆发的背景下，这些主张区域化重于全球化甚至以区域化取代全球化的理论探讨并不显得突兀刺耳，于是也没有受到强力反弹。相关学者提出的区域视角和区域研究工具，对于分析 2008 年全球金融危机后经济政治与国际关系的调整有明显帮助。不过他们在论证过程中也出现了逻辑跳跃、历史解读过于求新求异、数据处理存在争议等问题。比如只谈论生产环节分布而忽略讨论投资、忽略终端消费市场，可能导致过于强调区域生产过程的独立性，反而没有注意到所谓区域生产中心都需要区域外联系才能实现完整的经济过程；又如他们没有说明不同国家在区域内的不同地位可能决定它们对全球化变迁的感受，部分国家区域中心地位下降和它们所在区域的全球地位下降、全球联系削弱是两回事，将二者混为一谈才会出现"20 世纪 80 年代中期

① Hideaki Hirata, M. Ayhan Kose and Christopher Otrok, "Regionalization vs. Globalization," IMF Working Paper, WP/13/19, January 2013, https：//www. imf. org/external/pubs/ft/wp/2013/wp1319. pdf，访问日期：2022 年 2 月 15 日。

② Richard Baldwin and Javier Lopez-Gonzalez, "Supply-chain Trade：A Portrait of Global Patterns and Several Testable Hypotheses," *The World Economy*, 2015, pp. 1685-1721.

以来全球化影响降低"这样奇怪的判断。类似问题频频出现导致这些学者的分析结论尚未被普遍接受。

五　全球化第二阶段区域合作实践案例——韩国

　　仿照前文的处理方法，我们也选取一个具体案例来验证评估此阶段区域化理论的新进展。韩国是鲍德温与冈萨雷斯认定的上升国家之一，在全球产业链形成的过程中顺利占据有利位置，在成为竞争焦点的信息与通信技术（ICT）产业领域的表现尤其广受赞誉，书写了全球经济动荡之中逆势上扬的故事。那么，在发展全球联系和强化区域经济联系这两条路径上韩国究竟是通过哪一条才做到这一点的？韩国的主动政策选择到底是更倾向支持全球化，还是明确以区域合作优先？

　　还是首先来检查韩国在 2008 年全球金融危机之后的贸易数据。针对上述问题，将韩国与东亚国家的进出口贸易额与区域外国家的贸易额进行对比（见表 5）。

表 5　韩国与东亚—韩国与区域外国家贸易额对比（2008~2020 年）

单位：亿美元

年份	东亚		区域外国家	
	出口	进口	出口	进口
2008	2001.81	1916.73	2218.22	2435.97
2009	1786.45	149.07	1848.86	1740.12
2010	2383.62	1955.65	2280.19	2296.43
2011	2948.85	2248.85	2603.24	299.52
2012	2997.07	2131.99	2481.47	3063.77
2013	3060.05	2129.86	2536.13	3025.86
2014	3048.74	2147.19	2682.01	3108.38
2015	2800.18	1992.82	2467.35	2372.05
2016	2683.43	1967.86	2270.75	2093.96
2017	3181.75	2265.03	2554..53	2519.66
2018	3595.36	2394.55	2452.71	2957.28
2019	3072.83	2284.78	2348.89	2747.85
2020	2938.15	2291.04	2188.95	2383.94
增量	1071.02	368.05	130.67	311.88
增幅（%）	53.5	19.2	5.8	12.8

　　注：此处的东亚经济体包括中国大陆、中国香港、中国台湾、中国澳门，以及日本和东盟 10 个成员国等。考虑到新冠肺炎疫情造成的贸易关系混乱，统计增量与增幅为 2019 年对比 2008 年。

　　资料来源：UN Comtrade Database，https：//comtrade.un.org/data。因其中不包括韩国与中国台湾地区的贸易额，另根据韩国贸易协会（K-stat）数据补充计算，https：//stat.kita.net/，访问日期：2021年 12 月 12~14 日。

从表 5 可以看出，在 2008 年全球金融危机初韩国与区域外国家的进出口贸易额还大于其与东亚的贸易额，而之后的 12 年时间里韩国与东亚的贸易关系发展明显超过与区域外国家的经贸往来，到新冠肺炎疫情暴发之前区域内贸易量已经远大于区域外贸易量，其中最突出的贸易增额来自韩国对其他东亚经济体的出口。这似乎证明了区域化趋势的强劲势头与核心地位。如果将观察起点提前到 2000 年，可以更清楚地看出在金融危机前，韩国的区域内与区域外经贸变化相对同步，而金融危机之后才出现了区域内外贸易增长趋势的明显分野（见图 4）。

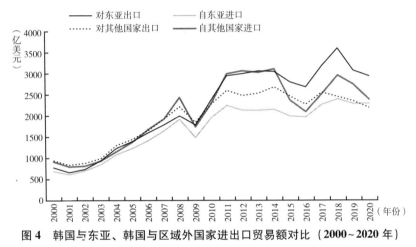

图 4 韩国与东亚、韩国与区域外国家进出口贸易额对比（2000~2020 年）

资料来源：UN Comtrade Database，https：//comtrade. un. org/data。因其中不包括韩国与中国台湾地区贸易额，另根据韩国贸易协会数据补充计算，https：//stat. kita. net/，访问日期：2021 年 12 月 12~14 日。

那么，这是否说明韩国是依靠加强区域经济关系特别是依靠增加对区域内经济体的出口来克服全球化逆转的不利局面的呢？如果将韩国与区域内外三大经济中心国家的双边贸易数据进行对比，则会发现真实情况要更加复杂（见图 5）。

从图 5 可以看出，中国取代美国成为韩国最大贸易伙伴国是在 2008 年全球金融危机爆发之前，确切地说是在中国加入世界贸易组织、经济全球化高速扩展的阶段确立的趋势，是全球化成果的体现。2008 年全球金融危机之后，韩国与中国、韩国与美国的贸易关系仍在这个轨道上朝同一方向变化，只不过规模急剧扩大。这样看来，中韩经济联系日益密切很难解释为是韩国在 2008

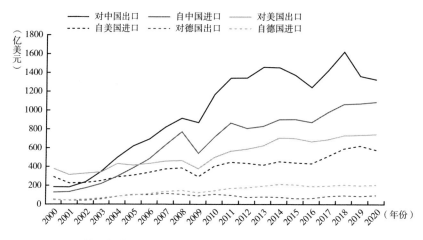

图5　韩国与中国、美国、德国进出口贸易额（2000~2020年）

资料来源：UN Comtrade Database，https：//comtrade. un. org/data，访问日期：2021年12月15日。

年全球金融危机冲击后降低对全球化的期望值，转而以区域化为优先目标带来的。

此外还应当注意到，韩美贸易额在2008年之后一直在明显增长。虽然增量和增幅远不及中韩贸易额，但与世界范围内大多数国家双边进出口数额相比还是属于大幅攀升的。比如将韩美贸易与韩日贸易数额进行比较，2008~2018年韩国对美出口增加265亿美元，同期对日出口增加23亿美元；韩国自美进口增加205亿美元，自日进口增加63亿美元。① 如果仅对比韩美、韩日贸易关系，甚至会得出韩国2008年全球金融危机后的经济表现主要由全球化而非区域化塑造的推断。

要避免片面数据导致错误结论，就必须细致处理证据，进而寻求整体性平衡分析。更接近事实的解释是，在全球化第二阶段韩国在东亚区域面临的不仅是贸易扩展，而且是生产与贸易中心的转移——日本在制造业价值链中的覆盖面收缩而中国成为新的区域经济中心。中国的经济成长并非通过区域封闭保护，而是积极融入全球化趋势的结果。所以中韩贸易的高速发展一方面是区域化调整的结果，另一方面反映的是两国携手加入全球经济竞争的成功。正因为

---

① 根据联合国贸易数据库计算。因2019年韩日爆发贸易争端，所以选择2018年为对比终点，以排除意外事件短期冲击。https：//comtrade. un. org/data，访问日期：2021年12月15日。

如此，在中韩双边经济关系深化的同时，韩国同美国、德国等区域外经济中心的贸易往来可以实现同向扩展。韩国的实践清楚地表明，区域化与全球化是相互促进的过程，而非相互取代的选择。

考察韩国政府的自由贸易协定选择，可以清晰地看到其有意识地平衡全球化与区域化的政策思路（见表6）。

表6　韩国已达成的FTA（1999~2022年）

对象国家或地区	谈判启动时间	协定签署时间	协定生效时间
智利	1999年12月	2003年2月	2004年4月
新加坡	2004年1月	2005年8月	2006年3月
欧洲自由贸易联盟（EFTA）	2005年1月	2005年12月	2006年9月
东盟	2005年2月	2006年8月	2007年6月
印度	2006年3月	2009年8月	2010年1月
欧盟	2007年5月	2010年10月	2011年7月
秘鲁	2009年3月	2011年3月	2011年8月
美国	2006年6月	2007年6月	2012年3月
土耳其	2010年4月	2012年8月	2013年5月
澳大利亚	2009年5月	2014年4月	2014年12月
加拿大	2005年7月	2014年9月	2015年1月
中国	2012年5月	2015年6月	2015年12月
新西兰	2009年6月	2015年3月	2015年12月
越南	2012年8月	2015年5月	2015年12月
哥伦比亚	2009年12月	2013年2月	2016年7月
中美洲五国*	2015年6月	2018年2月	2021年3月
英国	2017年2月	2019年8月	2021年1月
区域全面经济伙伴关系协定	2012年11月	2020年11月	2022年2月

注：中美洲五国指巴拿马、哥斯达黎加、洪都拉斯、萨尔瓦多、尼加拉瓜。
资料来源：北京大学国际关系学院博士研究生李京珍根据韩国产业通商资源部公开资料整理。www.fta.go.kr/main/situation/kfta/ov/，访问日期：2022年2月28日。

截至2022年3月，韩国已经达成的双边和多边FTA共计18项，其中与东亚国家完成的双边FTA协议有4项①。在2008年之前启动并成功完成谈判的FTA有8项（在表6中以斜体显示），2008年之后启动的FTA有10项。在金

————————

① 4项协议分别与新加坡、中国、越南和东盟签署；《区域全面经济伙伴关系协定》成员包括澳大利亚、新西兰，因此未作为东亚区域内贸易合作统计。

融危机之后启动的自由贸易谈判除跨区域多边协定 RCEP 之外，谈判对象国家或区域包括 8 个美洲国家（共完成 3 项协议）、2 个大洋洲国家、1 个欧洲国家，另有西亚国家土耳其，而真正的东亚区域内国家只有中国和越南两国。从韩国政府在 2008 年全球金融危机之后的贸易自由化选择来看，很难说成是以发展区域内关系为优先，更像是出于全球布局的考量。

进一步观察韩国政府启动 FTA 谈判的时点，可以看到两波集中谈判的高峰，分别是在 1997~1998 年亚洲金融危机和 2008 年全球金融危机之后。这体现了韩国的政策思路，即在全球化出现波折、全球层面的规则安排面临不确定性的情况下，通过增加对双边和多边贸易安排的投入，寻求普遍制度之外的保险系数。事实表明在这个过程中，区域内贸易合作并非其政策重心。当然，这也与东亚地区的历史传统更注重非正式规则有关，与日韩等东北亚经济体经济起飞阶段的独特地缘处境有关。但即便考虑到这些区域特点，也仍然可以说韩国的案例并不支持部分学者提出的在全球化第二阶段区域化替代全球化趋势的假设，韩国的政策安排更像是将区域化作为全球化的安全带和保护网，而不是替代品。

结　语

尽管经历着波折动荡，但全球化进程仍然在推进，区域化与全球化的平衡关系也随之不断变化调整。学术界对区域化理论的探索仍然活跃，而且日益呈现更加多元化的特点。欧洲中心视角、以欧盟经验为最高标准的主张都已是明日黄花。各国各区域的政策与社会实践纷纷加入，为区域化理论研究提供了越来越丰富的经验积累。各种跨区域、超区域的社会经济政治实践成为关注热点，带来新的解读与阐释。已经有学者提出将近期的理论进展归结为"比较地区主义"新流派。①

通过回顾以往区域化研究的经验教训，在新一波区域化理论建设的热潮中可能需要注意以下几点。第一，必须同时考察自上而下和自下而上的动力，考

---

① 其中包括但不限于"后霸权地区主义""后新自由地区主义""非传统地区主义""松散地区秩序"等理论假设。参见 Fredrik Soderbaum，"Old, New and Comparative Regionalism: The History and Scholarly Development of the Field," in Tanja Borzel and Thomas Risse, eds., *The Oxford Handbook of Comparative Regionalism*，Oxford University Press，2016，pp. 28-31。

虑政治经济社会需要的异同。没有经济社会基础的支撑，仅以政治意图发动区域一体化前景并不乐观；而缺乏政治规则的支持和保障，仅靠社会经济交往推动的区域合作又往往是脆弱的。第二，应当避免在全球—区域—国家三个层次中畸轻畸重。从本文重点讨论的全球与区域关系发展历程可以发现，区域化与全球化之间的关系明显呈关联性，而不是替代关系。也就是说，在某阶段表现成功的国家经常是区域化与全球化相互促进；表现不理想的国家则往往既没有很好地开展区域合作，也没有融入全球进程。全球化与区域化之间能否实现平衡是真正的考验和挑战。第三，既要承认和重视不同国家不同区域的文化文明特色，也应当明确成功的区域合作需要达到必要的最低标准。这些在全球范围内是一致的，是多年实践积累证实了的。第四，理论假设与推断应当接受实证检验，以及时调整改进，实现智力成果的积累，推动学科与学理取得进展。

第三章　全球化与民族国家

钱雪梅

内容提要　"民族国家"是欧洲 13～17 世纪出现的国家形态，后随欧洲资本主义扩张日渐遍及全球，这是全球化与民族国家关系的第一个维度。第二个维度是，民族国家通过提供基本秩序和法律保障、支持和保护经济要素和跨国公司全球流动、制定规则规范等，助力全球化发展。第三个维度是，全球化加强了国家间的联系，改变了国家的经济基础、生存环境和运转方式，削弱了国家的独立性，但没有改变国家的职能和使命，没有销蚀国家的自主性，也没有改变国家之间的不平等。各国从全球化中所受损益不同，对全球化的态度各异。随着全球化深入发展，许多国家已将全球治理纳入日常行政范围，国家权能有所扩展，主权和民族国家远未终结。"终结论"话语的政治含义值得关注。

全球化与民族国家①的关系问题，是近 40 年来国际学术界的热点话题之一。国内学术界的讨论自 20 世纪和 21 世纪之交开始升温，包括经验研究和理论研究。经验研究主要集中于全球化与具体国家的互动互构，如全球化如何增益或阻滞某国发展，如何影响国家间力量对比及其竞争合作关系，以及特定国家的政策和国家、地区、世界政局变动如何影响全球化进程，等等。理论研究

---

①　在民族政治学领域，"民族国家"是一个见仁见智的概念，屡有争议。本章遵从国际关系研究的一般习惯来使用"民族国家"概念，指称现当代国家形式。

涉及众多专门议题。其中之一是全球化与国家主权的关系，主要有"全球主义"和"国家主义"两类观点：前者认为全球化的发展，尤其是资本、货物、人员的跨国流动以及跨国公司的兴起，使民族国家式微，主权观念和理论均已过时；后者则捍卫国家在世界事务中的中心地位，要么强调国家能力及其自主性从未离场，要么积极"找回国家"。在某种程度上，这两种理论的流行程度与全球化实践过程顺畅与否密切相关。比如，在 2008 年之前，全球主义论拥趸众多，人们津津乐道于全球化对民族国家主权的"革命性"冲击，"主权过时论""国家失能/失控论""国家政权消亡论"广泛流行。阿兰·伯努瓦的表述具有代表性。他说，"全球化的最终结果就是民族国家逐渐失去权力"，国家不得不向资本妥协，即便是发达国家政府也无法控制跨国公司，国家再也无法担当协调社会的历史角色，"已降为一个旁观者，就像一名法庭书记员"，只记录他人的决定，而无权做任何决定。巴蒂宣称，全球化将"毁灭主权国家"，"公民身份已变得毫无意义"。大前研一干脆明确宣告"民族国家的终结"。① 但 2008 年全球金融危机爆发后，西方主要国家对外政策的贸易保护主义和经济民族主义色彩日益浓厚，民粹主义波涛汹涌，"逆全球化"（或"去全球化"）和"国家回归论"从 2010 年前后起逐渐流行。近五六年来，世界舞台上的一系列新事件，如英国"脱欧"、特朗普政府"退群"、2020 年新冠肺炎疫情冲击（尤其是其衍生的"疫苗民族主义"）等，在局部阻滞全球化进程的同时，也促使人们重新审视全球化与民族国家的关系。

"全球主义"和"国家主义"理论看似立场相左，实则有至少两个共同点。其一，以全球化为中心观察全球化与民族国家关系，把全球化视为关系中的施动者（挑起或引发关系变革的主要动力），把民族国家当作被动反应者。其二，以权力为中心，预设全球市场（尤其是金融资本）与民族国家之间存在"权力争夺"，强调全球市场和资本内在的"自由"要求，以及民族国家天然的"管制"倾向。对于全球化与国家间关系的其他维度，二者都有不同程度的忽略或矮化。本章将以国家为立足点，把全球化及其带来的变化视为国家

---

① 阿兰·伯努瓦：《面向全球化》，载王列、杨雪冬编译《全球化与世界》，中央编译出版社，1998，第 17～19 页；Saskia Sassen, *Losing Control？Sovereignty in an Age of Globalization*, Columbia University Press, 1996, pp.2-7；大前研一：《民族国家的终结》，载〔美〕D. 赫尔德、J. 罗西瑙等《国将不国：西方著名学者论全球化与国家主权》，俞可平等译，江西人民出版社，2004，第 183 页。

历史演进过程中的一个特殊阶段和环境，从更宏观的角度探查国家与全球化的关系，辨析国家在全球化进程中的变与常。我们将会看到，首先，"民族国家"是国家历史发展过程中的一种形态，它的全球普及本身是欧洲资本主义全球扩张的产物；全球化与民族国家的关系有多个面向，除了新自由主义论者所强调的权力矛盾和冲突外，二者还长期相生相长。其次，全球化在许多重要方面改变了国家的生存环境、职能和运作方式，但迄今还没有动摇国家的根基，也没有削弱国家的必要性。一方面，所有人都属于某个国家，这是现当代社会的政治事实，也是人口跨国/跨境流动的前提；跨国公司成员和自诩的"世界公民"也只能生活在国家框架中。另一方面，全球化带来的许多问题需要国家协调治理；未来很长一个时期内，跨国公司、国际组织或其他超国家机构仍然无法取代国家在全球治理中的职责和能力。最后，全球主义和新自由主义论者大力宣扬的主权和民族国家"过时论"，其实是以抽象的"绝对主权"和"绝对国家"观念为参照而得出的结论，是对主权理论和国家理论的片面解读，其中包含着福柯所谓"话语"实践，服务于特定的权力结构和价值取向，需审慎分辨。

一 "民族国家"的全球化

当今世界分为若干民族国家的政治景观，其实是欧洲"民族国家"形态世界化/全球化的结果。国家古已有之，如果把国家界定为"规模比家庭大而且不承认任何权力高于它的联合组织或自治组织"，则凡有人类居住的地方就有"国家"。[①] 世界各地都有自己原生的国家形态。今日所见"民族国家"原产于近代欧洲，19~20世纪才普及全球；欧洲资本主义扩张和殖民主义征服在这个过程中发挥了决定性作用。就此而论，"民族国家"体系本身是欧洲资本主义全球化的衍生物。

"民族国家"是欧洲在走出中世纪的过程中逐渐建立起来的新型政治共同体，它从萌芽到最终确立经历了四五百年的坎坷历程。此前欧洲的国家先后经历过城邦（古希腊）、帝国（古罗马）和封建政治共同体（中世纪）等形态。回顾历史，可把"民族国家"的开端追溯到1302年法王腓力四世召开三级会

---

① 〔英〕鲍桑葵：《关于国家的哲学理论》，汪淑钧译，商务印书馆，1996，第46页。

议、对抗教皇卜尼法斯八世的努力。真正的分水岭是 16~17 世纪的宗教改革和战争，以及 1789 年法国大革命。马丁·路德的宗教改革和《奥格斯堡和约》孕育了近现代"国家主权"观念，即一国内政不受外部干涉的权利。16世纪 20~30 年代，英王亨利八世以其饱受争议的宗教改革摆脱了罗马教廷的控制。宗教改革运动引发欧洲社会分裂和政治动荡，各种矛盾累积约百年后爆发了"三十年战争"。1648 年，交战各方签订《威斯特伐利亚和约》，承诺不再支持与所在国发生冲突的教胞（第 5 条和第 30 条）。这意味着签约国在当时欧洲最重要的问题（即宗教信仰问题）上，相互承认彼此的主权。法国大革命对"民族国家"模式的贡献主要有两点。一是革命者正式提出并确立了"国民国家"的政治原则。法国《人权和公民权利宣言》第三条规定，国民（the Nation）是全部主权的来源，任何团体和个人不得行使未经国民明白授予的权力。[①] 由此确立了国家政权与国民意志之间的关系，国民性（nationality）被等同于国籍，国家成为"国民国家/民族国家"（national state）。二是革命引发欧洲局势剧变，尤其是拿破仑的征服在被侵略地区和国家引发了民族主义感情、思想和运动，"民族"与"国家"在捍卫独立的斗争中紧密联系。比如在德意志和意大利，以"民族"名义建立统一国家的呼声日高，它们的思想和实践确立了文化民族主义和政治民族主义的基本模型。反过来，民族主义的兴起又挫败了法国建立"全球帝国"的梦想。

与欧洲历史上其他国家形态相比，"民族国家"模式至少有两大特点，即领土主权、国民国家，二者缺一不可。领土主权是指国家在明确界定的地理范围内享有最高权力，以此有别于帝国和封建王国；因为帝国一般没有明确划定的（固定有限的）地理边界，封建王国则没有排他的独立最高统治权（主权），教皇是中世纪后半期欧洲最大的封建主。国民国家是指国家绝大部分居民为国家公民，原则上享有平等权利，参与国家事务。这一点明显不同于古希腊城邦：在古希腊，公民只占城邦居民的少数，人口大多数（包括妇女儿童、奴隶和部分自由人）不享有公民权。

如果说"民族国家"在欧洲的诞生主要基于"地方性领土共同体"对罗马教会"普世权力"和欧洲封建主义制度的反动，那么，它得以在世界各地

---

① 宣言文本可参见 http：//www. unesco. org/new/en/communication - and - information/memory - of - the-world/register/full-list-of-registered-heritage/registered-heritage-page-6/original-declaration - of-the-rights-of-man-and-of-the-citizen-1789-1791/。

普及，并成为现代国际关系体系的基本元素，则主要"归功于"18~19世纪欧洲资本主义的全球扩张——它推动了"民族国家"模式的全球化。从权力的角度看，"民族国家"在欧洲诞生，是"地方权力"（封建王国）对"普世权力"（教会）的胜利，而亚非拉建立"现代民族国家"，则是"普世权力"（欧洲资本主义的帝国主义和殖民主义实践）重构"地方权力"的产物。其影响主要包括以下几个方面。

首先，欧洲资本主义扩张改变了亚非拉社会的政治命运。欧洲资产阶级到处落户，到处创业，破坏了各地"一切封建的、宗法的和田园诗般的关系"，破除了过去那种地方的和民族的自给自足和闭关自守状态，"迫使一切民族——如果它们不想灭亡的话——采用资产阶级的生产方式；它迫使它们在自己那里推行所谓文明，即变成资产者"。① 欧洲资本主义以"自由贸易"等名义向外扩张，建立起遍布世界的帝国主义殖民体系。殖民者野蛮切断亚非拉社会自然的历史进程，否定地方古老文化传统的价值，使之服从并接受宗主国的统治和宗教语言，使"东方从属于西方"。殖民者在争夺瓜分殖民地以及进行殖民统治的过程中，粗暴划定势力范围和行政区域边界，埋下了亚非拉当代诸多政治冲突的祸根。

其次，世界各地被强行纳入资本主义世界体系。欧洲资产阶级到处建立联系，"挖掉了工业脚下的民族基础"，"使一切国家的生产和消费都成为世界性的了"。② 在这个世界体系中，生产力水平不同的地区担当不同的经济角色和劳动分工，形成沃勒斯坦所称的"中心区—半边缘区—边缘区"的结构。其中，西欧资本主义工业国位于中心，居主导地位，从体系运作中获利最多；亚非拉广大地区作为原材料供应地和商品销售市场，处于边缘和依附地位，服从于中心国家的利益，是体系中的"相对被剥夺者"。尽管一些国家在资本主义世界体系中的结构位置确有变化，但对多数亚非拉国家而言，这个体系结构刚性极强，政治独立没能改变它们在体系中的地位，畸形经济结构也长期存在。

最后，"民族国家"模式普及，成为新的遍布全球的政治共同体。19世纪是"欧洲的世纪"，欧洲主动权和优势空前扩大。③ 超强硬实力通过两大机制

① 《马克思恩格斯选集》（第一卷），人民出版社，2012，第402~404页。
② 《共产党宣言》，第253~256页。
③ 〔德〕于尔根·奥斯特哈默：《世界的演变：19世纪史》，强朝晖、刘风译，社会科学文献出版社，2016，第10页。

衍生出强大软实力：一方面，欧洲殖民者为了确保利益最大化，积极巩固资本主义世界体系基本格局，制定了文化帝国主义和文化殖民主义政策，建构"文明使命论""西方优越论"等话语，通过社会化过程重塑亚非拉民众的思想意识，使之认同西欧的制度、思想和文化价值；另一方面，殖民地半殖民地许多民众为了改变饱受欺凌的屈辱现实，纷纷主动模仿"强盛欧洲"，试图以此摆脱积贫积弱的困境，尽管他们饱受殖民侵略、掠夺和压迫之苦，在精神上却无法抗拒欧洲"榜样"的吸引力，西欧发展道路及其成果（集中体现为政治经济制度）被视为"现代""优胜""先进""成功"的标志，欧洲历史语境中的"现代"和"现代性"被等同于普遍适用于所有人类社会的"现代"和"现代性"。19～20 世纪，欧式"民族国家"形式和民族主义、自由、平等、权利等思想观念逐渐普及，被亚非拉民众当作"先进"文明要素接受下来，用作反殖民斗争的武器。亚非拉民族主义运动和民族解放斗争最终推翻了欧洲的全球殖民政治体系；但它们没有回归传统，没有恢复殖民时代之前的政治共同体形式，而是建立起"现代民族国家"，有的国家还照搬宗主国的政体形式（如印度和巴基斯坦），或者在制度和政策方面效法西方国家。就这样，亚非拉民族解放运动以建立源于西欧的"民族国家"的形式，终结了资本主义全球扩张的政治成果（殖民体系）。反殖民民族主义的胜利是殖民体系的失败，同时也是西欧现代发展道路（民族国家）[1]的胜利。民族国家数量在 20 世纪持续增加（见图 1），联合国成员国数量远远超过 1648 年《威斯特伐利亚和约》的签字国，威斯特伐利亚体系从欧洲政治秩序变成当代全球政治的基本格局。

　　总之，18～19 世纪欧洲资本主义的扩张，把世界绝大多数地方并入资本主义世界体系之中。资本主义全球扩张及其殖民侵略、征服和统治，在很大程度上改变了亚非拉地区原有的政治发展轨迹。第二次世界大战结束以后，欧洲殖民主义政治体系坍塌，资本主义世界经济体系几经震荡而继续存在；亚非拉多数国家在世界体系的边缘和依附地位没有改变，南北差距拉大，南方国家在世界政治事务中的影响力总体较弱。从 20 世纪 70 年代开始，"全球南方"内部出现分化，东亚部分国家和地区经济飞速发展，改变了自身在世界体系中的地位。

---

　　[1]　有学者把建立现代民族国家的历程称为"走向现代"，比较系统的论证可参见 Liah Greefeld，*Nationalism: Five Roads to Modernity*, Harvard University Press, 1992。

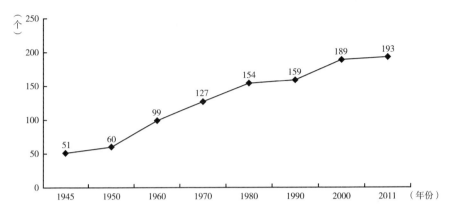

图1 联合国成员国数量变化情况

资料来源：笔者根据联合国官方网站数据绘制，https://www.un.org/en/about-us/growth-in-un-membership，访问日期：2021年7月31日。

二 民族国家助力全球化

全球化的根本动力是资本。与生俱来的逐利性决定了资本的扩张倾向。民族国家助力全球化的基本原理与国家职能息息相关。其一，国家有保护国民生命财产安全的责任，资本安全是其题中应有之义。其二，国家有增益国民福祉的使命，这需要发展国民经济。历史证明，民族国家的发展政策在主观动机和客观结果方面都包含助力资本全球扩张的要素，由此形成民族国家与资本相生相成的关系。资本主义全球化也始终以民族国家为基础。当代各种全球化指数（globalization index）无不以民族国家为主要衡量单位，具体指标都包括要素和人员的跨国流动。同样，国家和国际组织也用全球化要素来衡量各国经济状况和发展成效，如国际贸易和国际收支平衡、外汇储备、本国公司的国际竞争力等。

然而，民族国家并没有被设定为只能支持全球化，在实践中也并不必然提供支持。各国对待全球化的态度和方略，诸如是否参与或拥抱全球化，在多大程度上、何种范围内参与全球化，以及采取怎样的方式方法，等等，都各不相同，关键取决于政府对本国利益及其实现方式的认知和抉择。同一个国家在不同历史条件下对全球化的态度和政策可能发生重大变化。过去50年，巴西、中国、美国、欧盟等都做出过重大调整，并都对自身发展和全球化进程产生了深远影响。总体看，当代民族国家对全球化的政策极少有无条件绝对支持或不加区分一概拒绝的案例。"支持"和"反对"是国家政策光谱的两个端点，即对全球化载体（如商品、资本、人员、技术的跨国自由流动，各种国际机制，等等）彻底敞开，抑或完全关闭国门；绝大多数国家不会执其一端，而主要是在两个端点之间，酌定程度与范围。在这方面的一类特殊案例是，某些国家因受到大国制裁，而失去了选择拥抱全球化的权利。

在此前提下，民族国家助力全球化的方式或着力点主要有三个方面。

第一，鼓励、支持和保护本国资本积累和向外扩张。

从16世纪开始，欧洲国家政府就是资本对外扩张的积极支持者、重要参与者和关键保护者；它们在支持和保护本国资本向外扩张方面尽心竭力，甚至不惜发动战争。近代欧洲列强发动扩张战争的目的之一就是扩大资本市场，夺占更大地盘，赚取更多利润，获得更大利益。战争类型主要有两种：一是侵略市场所在国和原材料产地，如鸦片战争；二是列强为瓜分和争抢殖民地或势力范围而战，如七年战争。20世纪以前，英国资本主义发展的每一个重要环节，包括圈地运动、掠夺和殖民统治（包括美洲、印度和非洲）、侵略中国等，都有政府力量参与协助。东印度公司、哈得孙湾（Hudson Bay）公司等跨国公司反过来也是相关国家在海外殖民利益的代表和执行人。国家政府与资本联手向外扩张的结果是建立起庞大的殖民主义帝国，使不列颠权势和利益实现全球化。

20世纪，民族国家为本国公司的国际化或全球化战略提供多种支持和便利。第二次世界大战结束后，大国不再轻易诉诸战争，但仍继续支持资本扩张，以增强本国经济实力、扩大海外市场、确保原料供应安全、推动本国资本快速积累。欧美国家政府为其公司全球拓展开辟道路、保驾护航；国家的政治、经济和军事实力以及文化影响力常直接转化为该国私人公司海外发展的机遇，降低其成本。美国公司在这方面格外典型，其私人资本从美国国家权力运转中获益良多，包括联邦政府出资补贴新技术新产品研发、美元作为世界主要结算货币的有利地位、美国主导制定和保障行业标准及规范、联邦政府支持并保护美国公司的优势地位等。20世纪末互联网技术的开发利用，以及21世纪围绕电子通信技术主导权而展开的斗争，也都是例证。①

亚非拉国家也积极推动本国经济的国际化和全球化。1997年琳达·韦斯把日本、韩国、新加坡等国的实践经验归纳为三大基本战略：①鼓励本土公司到海外资本市场去融资；②利用海外发展项目，辅助私人在海外投资，助其拓展生意；③为本土企业提供资金支持，推动它们与具有战略价值的跨国公司合作，在全球建立合资企业或技术合作伙伴关系。日本政府还通过推动部分产业的生产线落户海外，"创造性地利用海外发展援助计划"，输出日式经济理念和运营模式，推动地区一体化，结果"使得东南亚的区域化完全不同于美国式的新自由主义资本主义"。其中一些成功经验如今已成国际经济发展的常规方略，推动了全球化和跨国公司的快速发展。由此可见，民族国家与跨国公司、跨国资本、全球市场之间的关系，并不都像全球主义和新自由主义理论所渲染的那样相互冲突或势不两立。相反，民族国家在设计和落实本国经济发展政策的过程中，客观上常常促进跨国公司和全球化的发展。如琳达·韦斯所言，全球化往往是国家推进其公司国际化战略的一个副产品。②

第二，为跨国公司和资本流入提供便利条件。

民族国家体系不同于殖民帝国体系。尽管世界政治至今依然没有实现国家无论大小强弱一律平等的理想，但国家主权还是得到了多重机制的承认和保护。在主权框架中，发达资本主义国家资本跨国流动首先必须得到目的地国家的许可，这是亚非拉国家独立后对全球化发展的参与和贡献。

国家为跨国公司和资本流入提供便利的根本动因是本国发展需要。亚非拉国家都或多或少地遭遇过发展资金不足乃至匮乏的问题，吸引外资就构成其发展政策的内在环节。20世纪以来，除拉美部分国家主动实行进口替代工业化

---

① 因特网起初是美国国防部研究开发的一个军事技术项目，20世纪80年代起政府把因特网的使用范围扩大到大学和科研机构，1995年又将网络运营权转交给几家私人公司，带动了网络经济的迅速发展。但美国政府没有放弃对全球网络的监控权和主导权，联邦通信委员会的顾问曾说，通信网络和新的信息基础设施是全球生产和流通的场所，信息和通信是其商品，其重要性远远超过罗马之路在罗马帝国的作用。参见〔美〕迈克尔·哈特、〔意〕安东尼奥·奈格里《帝国：全球化的政治秩序》，杨建国、范一亭译，江苏人民出版社，2005，第344页。这是理解近年来美国以其国家乃至国际联盟之力打压华为公司的一个背景。换言之，美国政府谋求的不单纯是技术优先，而是要捍卫其在互联网和信息基础设施中的垄断权，以保持对全球生产和流通的有效监控。

② 琳达·韦斯：《"无权力国家"的神话》，载〔美〕D. 赫尔德、J. 罗西瑙等《国将不国：西方著名学者论全球化与国家主权》，第82、103~105页。

战略之外，其余发展中国家大多积极吸引外资，如今已形成吸引外资的标准路径，即设立经济特区、工业园区和自由贸易港，配套实施放松外汇管制、减免税收等优惠政策。这些政策措施在促进跨国资本和跨国公司发展的同时，也促进了流入国的经济发展。新加坡发展的成功经验之一是，政府能为外资和外国公司提供良好的基础设施和营商环境，包括建设工业园区，为潜在的海外投资者提供经济情报、物质奖励、资金配套、投资风险担保和培训项目等优惠条件。

资本只流向有利可图的地方。不少发展中国家很难靠优惠政策吸引外资。为解决发展资金严重匮乏的难题，一些国家只能诉诸国际货币基金组织、世界银行等国际金融机构，或争取外国政府援助，或到金融市场筹集资本；个别重债穷国在金融市场筹措资本时，还需要借助跨国公司的良好信誉，与其结成互帮互助关系。

第三，为全球化制定规则，提供基本秩序和法律保障。

民族国家在第二次世界大战结束后推动建立的国际机构和多边机制，尤其是联合国、国际货币基金组织、世界银行、关贸总协定（世界贸易组织）等国际组织，有利于全球化快速平稳发展。这些机构和机制本身并不完美，存在大国主导、弱国代表性不足或被边缘化等问题，但它们为全球自由贸易、资本市场和跨国公司的顺利运转，为发展中国家深度参与全球事务的讨论和治理提供了必不可少的条件。如果没有可靠的国际贸易规则、通行且稳定的产权制度、相对稳定的汇率机制，全球化进程必会更加坎坷曲折。同样，在全球化过程中出现的诸多问题，诸如市场行为体间纠纷、环境治理、移民、跨国犯罪、流行病等，都需要由国家政府出面，借助国际机制平台，才有可能得到有效治理。近几十年来，国际社会在应对各种挑战和问题的过程中，国际机构和国际/区域一体化机制不断完善更新，数量不断增多。

全球化发展的一个重要内容和表现是，国际规则和国际机制日趋精细复杂，各种地区和国际机制及其成员数量不断增加。全球化规范和机制及其改进属于制度建设范畴，在这方面民族国家迄今仍是首要推动力。当然各国实际发挥的作用和影响力并不相同，相关规则对各国政府和公司的约束力也大相径庭。美国在联合国安理会、国际货币基金组织、世界贸易组织、NAFTA、七国集团等诸多国际机制中独占鳌头，70 年来，它一直扮演着国际规则主要制定者和国际机制主导者的角色，这既是其国家实力超强的体现，也反过来巩固了它的实力优势地位。不过，南方国家在国际社会的发言权相较其独立初期已有所增强，当前和未来一个时期，大国力量对比态势的变化有可能推动形势进一步演进。到目前为止，美国影响、操控全球化的资源在数量和质量方面都远胜其他国家。除了美元在国际金融和贸易中的特殊地位、为数众多的海外军事基地以及强大的联盟体系之外，它还能操控、利用多种国际机制和规则，使之服务于自己的利益、目标。

国际机制和国际规则的制定权如今还主要掌握在政治经济大国手中。众多弱小国家虽然早在殖民地半殖民地时代就被牢牢嵌入资本主义世界经济体系，但至今还主要是全球化的被动参与者，只能在名义上参与国际规则制定过程，没有实际发言权；在经济上，它们的地位也相当脆弱，跨国公司的"超国家"运作、金融资本的全球逐利行为，都可能危及它们的经济安全。换言之，弱小穷国面临程度不一的"全球化挑战"，其典型表现是：一些国家军事上无力自保、经济上不能自立，也无法借助国际社会力量有效地保护自己的正当权益，常受霸权国家、跨国公司和金融资本的干涉或胁迫，国民经济安全和国家政治秩序都相当脆弱。

三　民族国家在全球化中的变与常

20 世纪 70 年代，全球化进入高速发展阶段。人、物、信息的全球（跨国）联系和流动速度明显加快，深度和频率显著提升。这些变化在一定程度上重塑了民族国家和国家体系，引发一些重要变化，但并未改变民族国家的基本特质。

第一，全球化深刻改变了国家的经济基础、政权的生存环境和运转方式，但是没有改变国家的基本要素和使命。

一般认为，民族国家由四大要素构成，即领土、国民、主权和政府。全球化快速发展没有改变国家领土及其边界在物理和政治上的有效性，绝大多数国民仍生活在国家领土范围内。国家主权及其代表（政府）依然主要在领土范围内活动。此外，无论世界局势如何变化，无论采用何种政治制度，国家的使命和正当性根基都是保护国民生命财产安全，维持基本秩序与和平，促进经济繁荣与社会福祉。

但是，全球化改变了民族国家的经济基础，由领土界定的国民经济越来多地融入跨国界经济活动中。20 世纪中叶之前，不少国家还有真正意义上的"国家经济"（国民经济），即经济活动（生产和消费）主要限于本国领土，国际贸易作为补充或延伸，只具有边缘意义。20 世纪 70 年代以前，世界经济还主要以国民经济为基础，跨国金融资本规模和流动性相对有限。但近 50 年来，跨国资本、世界贸易、全球生产和全球销售迅速发展，国家经济日益成为世界经济体系的一个"零部件"；跨国公司、外国资本和世界市场日益成为国民经济的内在组成部分，国民、资金、信息、货物的跨国流动规模和频率倍增。

经济基础的变化逐渐改变了国家权力的运转机制和效能。一方面，国家不能像控制本国领土空间一样管理全球市场和金融资本。要素跨界流动的要求、国际机制（如 WTO）的相关规则、某些外国政府的长臂管辖、各种跨国力量的全球流动等"新"事物，在不断冲击和挑战国家领土主权。国家公共生活中增加了许多行动力强大的行为体，如跨国公司、金融资本集团、媒体帝国、跨国恐怖和犯罪集团等。它们各显其能，影响国家政治经济秩序和政府决策过程，甚至与政府争夺资源和权威。另一方面，国家为适应新环境而逐渐调整其行使权力的方式。国家权力的首要目标依然是自我保全、维护本国和平与安全秩序，但许多国家采用了新的策略，主要有两类。一是通过加强国家间合作，谋求共同发展。国家间合作的基础和纽带多种多样，可能是地缘（如地区一体化），也可能是相近的发展水平（如金砖国家）和意识形态（如 AUKUS）以及共同的挑战和威胁（如禁毒、恐怖主义、环境污染、流行病）等。二是重新分配价值和权力，通过适当赋权给其他行为体，谋求利益最大化或损害最小化。其中，赋权给本国地方行为体被称作"主权向下转移"，加入国际机制（遵守其规则就意味着让渡部分权力）被称作"主权向上转移"。全球主义和新自由主义论者往往以此为据，宣称"主权国家的终结"。必须看到，国家在特定历史条件下让渡权力的行为可能是主动或被动的，但无论如何，行为本身都是"主权者"的一种选择。各国政府每次让渡权力的具体原因错综复杂且千差万别，无论是谋求利益增量，还是为了避免更大损失，归根结底都是"主权者"的意志表达；不让步不妥协的理论选项（如战争）始终存在，在实践中也不乏坚持抵抗到底的例证。

第二，全球化加强国家间相互联系，全球生产和市场日益成为整体。但一体化不等于均质化和平等化，它没有消弭国家间的差异和不平等。全球化始终有不满者和抵抗者，民族国家在成全和阻挠全球化方面的潜力和实效远胜其他类型行为体。

如今，全球化网络已全面覆盖世界各国。在全球和区域层面，国家间联系渠道增多，密度和紧度总体趋强。全球日益成为相互联系的整体。但全球市场和经济的"一体化"不等于各国经济的同质化，更不等于各国政治地位和能力的平等化。相反，由于各国实力地位不同，经济发展起点、资源条件、战略目标各异，所以不同国家从全球化高速发展中所受损益可能有云泥之别。一般认为，经济全球化的受益者主要有四类：一是组织良好的国内公司和利益集团，它们是国家开放经济政策的受益者；二是新兴工业化国家（新兴市场经济体），它们通过开放经济政策成为受益者；三是全球性、地区性或跨国性国际组织；四是具有专业知识的、营利和非营利性的跨国非政府组织机构和专家。[①] 也就是说，不同国家之间、国内不同行为体之间，皆因全球化而出现了不同程度的分层和分化。一些国家贫富分化加剧，社会矛盾和阶级矛盾激化，陷入政治危机、经济危机，甚至长期战乱。

全球化的受损者和失利者以多种方式表达抗议和不满。20世纪末21世纪初，在西雅图、华盛顿、伦敦、热那亚等地爆发了"反全球化"运动，示威者提出反对血汗工厂、解散WTO及其全球化资本组织、政府公平行政、保护环境等主张，引起当时舆论哗然。但事实证明，这些由民间力量组织的"反全球化"运动影响有限。直到2008年全球金融危机发生后，全球化进程才遭遇强大逆流和挫折，关键阻力来自欧美发达国家政府。比如，美国为应对金融危机，先通过量化宽松货币政策向外转嫁危机，继而采取贸易保护主义[②]和单边主义政策，挑起国际贸易争端，到特朗普政府时期又退出一些区域和国际机制。不少评论称特朗普的政策为"孤立主义"、"民粹主义"或"逆全球化"。但他究竟是要"逆转全球化"还是要按照美国的利益需要"再造/重塑全球化"，他想要逆转的是全球化的利益分配结构，还是全球化进程本身，以及他要再造的是怎样的全球化等问题，都还值得进行深入的理论研究。可以确定的

① 王正毅：《全球治理的政治逻辑及其挑战》，《探索与争鸣》2020年第3期。
② 根据英国经济政策研究中心发布的数据，2008年11月到2016年10月，G20成员实施了5560项贸易保护措施，其中美国采取的贸易保护措施超过600项，为世界之最。参见徐坚《逆全球化风潮与全球化的转型发展》，《国际问题研究》2017年第3期。

是，特朗普显然无意放弃美国对世界经济秩序的领导权，[1] 他一再要求新兴大国"遵守国际规则"，其打压新兴大国发展势头以捍卫美国主导地位的意图昭然若揭。

历史一再证明，国家间关系恶化，尤其是主要政治经济大国间的非理性竞争和恶意对抗加剧，是全球化发展的最大障碍。美苏冷战和印巴敌对分别给全球化和南亚区域一体化造成的负面影响是典型例证。2017 年以来，美国和英国的相关政策已被称为"逆全球化"。全球化总体趋势和既有的全球化成果是否真有可能被全盘逆转，还有待观察。但从"逆全球化"假说和"反全球化"现象中，可以得出至少三个理论判断。①反全球化和逆全球化都是相关行为体表达不满的方式和应对策略，它们的不满主要源于未能实现预期收益。必须强调，行为体从全球化中受益多少，主要是一个相对概念。无论在国家层面还是在公司、行业工会层面，相对收益差距往往比绝对收益份额本身更易引发不满。就特朗普政府而言，它看重的与其说是美国在全球化中的绝对收益数额，不如说是相对优势，它试图捍卫的也不是所谓"国际规则"本身，而是规则所维持的不平等秩序，它的核心关切是确保美国在世界政治经济体系中的主导和领先地位，即"美国优先"（America First）。为此，在它看来，唯一可接受的全球化收益分配机制是有助于巩固美国既有优势地位的机制，任何可能动摇或削弱美国地位的收益分配格局都是不可接受的。这是问题的症结所在。②全球化进程中没有固定不变的受益者，大国也不一定持久受益。资本主义世界体系的"中心"国已几经变化。19~20 世纪英国和美国是全球化的最大受益者、关键推动者和引擎。21 世纪初它们改弦更张，转而给全球化设置障碍。③民族国家是决定全球化进程顺利与否的首要力量。"反全球化"（anti-globalization）运动已有 20 多年历史，但直到美英两国政府采取相关措施后，人们才开始认真讨论"去全球化"（de-globalization）或全球化"逆转"的问题。"反全球化"与"去全球化"两个概念之间的微妙差别值得探究。它们表明，民族国家比非政府组织和个人行为体更具"逆转"全球化的潜力和能力。对照历史上的"反体系运动"还可发现一个有趣现象：19 世纪初反对拿破仑帝国征服和"世界主义"浪潮，以及 19~20 世纪欧洲殖民主义体系的最大挑战者和最后掘墓人都是弱小一方的民族主义（民族解放）运动；21 世纪带头

---

[1]　王正毅：《全球治理的政治逻辑及其挑战》，《探索与争鸣》2020 年第 3 期。

"逆全球化"的却是大国政府。在一定意义上，特朗普的"美国优先"和"退群""脱钩"政策，以及英国的脱欧政策，都可被划归民族主义的范畴。但不能由此演绎说民族主义是全球化的对立面，因为历史上也多有实际推动了全球化发展的民族主义实践。比如，欧洲帝国主义和殖民主义是一种侵略性、扩张性的民族主义；19世纪晚期到20世纪上半叶曾盛极一时的、力主跨国联合的各种"泛主义"（如泛斯拉夫主义、泛非主义、泛美主义等）也属于民族主义范畴。

第三，随着全球相互联系加深，国家独立性有所削弱，但没有丧失自主性。国家权能在某些方面有所扩展。

各国全球化程度各异，但当代已没有彻底离群索居、与世隔离的国家。经济贸易、政治关系、社会文化信息流动、人员往来等诸多纽带，已把世界各国变成了全球体系之网的关键结点；网络体系本身以及结点之间的关系都随国家、社会、个人等多种行为体的跨界联系增多而日益精密；国家生活在许多方面已不复具有严格意义上的"外部世界"，国家的"独立性"有所弱化。

但是，要区分"独立"与"自主"。行为体的独立可分物理和精神两个层面；"自主"是指精神独立，是行为体之主体性的根本。日常经验证明，生活在紧密社会关系中的行为体不一定因相互依赖而失去精神自主的倾向和能力，国家亦然。深嵌全球网络体系中的国家并没有丧失自主能力，也没有丧失主体性。一方面，国与国的领土主权范围泾渭分明，国家行动有领土内外之别。甲国法律不能同等程度适用于乙国领土；不经乙国政府同意，甲国公司和资本难以正常进入乙国。另一方面，对拥有大量海外利益的经济大国而言，"提供保护"的国家责任和权能有增无减；至于是否能够切实履行这种权能，能否以及用什么方式有效完成保护，则因国而异，有两大因素最为重要：一是"母国"的实力、行为模式和偏好，以及战略目标；二是"母国"与"东道国"之间既有关系的基础、双方实力对比，以及"东道国"的地缘战略价值等。在这方面，美国70年来在相关问题上对拉美、中东、欧盟、日本、中国等国家和区域的不同态度，以及它的长臂管辖实践可为例证。

当今各国面临的气候变化和环境污染、跨国犯罪和瘟疫等共同挑战，以及谋求可持续发展、维护全球经济秩序正常运转等共同目标，正在把民族国家的政治议程和治权范围扩展到区域和全球层面。全球治理已成为许多国家的日常行政。当然，民族国家不是全球治理的唯一担当者，国际组织（如联合国）和非政府组织（如国际红十字会和乐施会等）在许多方面发挥着重要作用。

但在可预见的将来，国家政府在全球治理中的角色仍是不可或缺和无可替代的。许多国际组织本身由国家政府组建，国际非政府组织的跨国行动也离不开相关国家的许可和支持。即便那些以"世界公民"自居的人，跨国移动也须持有效护照和签证。就人员和地域管辖权而论，全球化和全球治理都是对主权国家权能及其必要性的再确认，而非对国家主权的弱化或动摇。全球治理与跨国公司的良性运转，都既需要在区域或全球层面达成基本共识和协定，更需要在地方（各国）采取切实措施推进落实，二者缺一不可。归根结底，全球正义、和平、秩序与繁荣都必须以各国和各区域层面的正义、和平、秩序与繁荣为基础和前提，不能反其道而行之。人权与主权的关系也是如此。尽管在理论和修辞上可以说人权为"自然权利"，但在实践中，"自然权利"不能自然实现，人权只有转化为政治法律权利，才能得到保障和实现。换言之，人权只有通过国家才能实现。当代欧美难民和非法移民的例子足以表明，如果没有主权国家的确认和保护，人权不过是空洞的口号。

四　主权国家没有终结

过去 50 年，全球化飞速发展，民族国家的生存环境、方式和状态都发生了重大变化，其中一些变化重新激活了欧洲古老的"国家终结/消亡论"传统，于是我们看到，形形色色的"终结论"在 20 世纪和 21 世纪之交一度甚嚣尘上。① 但迄今为止，"主权终结论"还不是严肃的科学理论，更多是言说者的政治偏好或价值取向表达，因为它不符合且不能解释两个经验现实：其一，20 世纪以来似乎没有国家因全球化而消亡；其二，民族国家体系也没有随全球化深入发展而解体。那么，谁、为什么建构"国家终结论"？

当代形形色色的"终结论"主要有两类表达方式。一是直接简单"唱衰"主权国家，不说明替代方案。其重点在"破"，即否定民族国家及其主权的有效性，如称民族国家组织形式和主权观念已经过时、终结、失效，国家已经失能，等等。二是正面论证或展望一种新组织形式（如全球政府、全球共同体、帝国、区域国家等）或新治理方式（如"没有政府的治理"）的合理性乃至

---

① "国家终结/消亡论"其实不是 20 世纪末的新发明，它在西方文化中有深厚文化根基和悠久历史传统，可追溯到基督教信仰。其较早的系统理论阐释见于奥古斯丁的《上帝之城》。之后一再以不同形式登台亮相。当代的"主权终结论"可谓其最新形态之一。

必然性，断言它将取代主权国家。① "民族国家终结论"是"主权终结论"的一种表达形式；主权与国家密不可分，彻底否定民族国家本身，将使理论上"最高的、无所不包的、凌驾于其他一切权力之上"的主权失去现实载体，成为幽灵。

"国家终结论"者无一例外都生活在某个国家，身居于国家之中，同时宣扬国家过时和终结，称其将被另一种人类组织所取代。这种现象属于卡尔·曼海姆所说的"乌托邦"范畴。这种乌托邦既可能是精神和意识内在超越性的产物，也可能是福柯意义上的话语建构，即通过发明和传播特定"知识"，达到重构或建构某种权力关系的目的。琳达·韦斯指出，"主权终结论"和国家无能论"是一种政治设计"。她认为，一些国家的政治领导人，尤其是英语国家信奉新自由主义经济哲学的领导人，在这种论调的形成中扮演了重要角色。斯科尔特则发现，积极宣称国家"末日来临"的，主要是跨国公司的高级管理顾问以及西方国家的公共政策分析家。② "终结论"造势者还包括西方国家操控的一些国际机构，以及金融资本及其操控的媒体。这些力量在 21 世纪联手推动"去国家化"话语。温铁军等研究发现，美国当年积极推动《跨太平洋伙伴关系协定》的目的，是要借助制度建构权的软实力和话语权的巧实力，在以实体经济为主的发展中国家推行"去国家化"，试图以最低成本实现金融资本霸权的全球战略目标，因而是一种建立"半殖民化的治外法权"的努力。③ 可见，"终结论"的各种修辞外观华丽多彩，许多叙事还看似很有道理，但作为一种话语，它的政治深意在于否定国家主权在领土内的最高权力，否定以主权国家平等为基本原则的国际关系秩序，代之以某种新的关系模式。"终结论"者关于替代关系模式的构想各不相同。比如，跨国公司和金融资本可能希望摆脱主权对其营利事业施加的种种不利限制，想要一个无政治障碍以便

---

① 简·阿尔特·斯科尔特：《全球资本主义和国家》，载〔美〕D. 赫尔德、J. 罗西瑙等《国将不国：西方著名学者论全球化与国家主权》，第 150 页；〔美〕迈克尔·哈特、〔意〕安东尼奥·奈格里：《帝国：全球化的政治秩序》，第 13~17 页；Rober Cox, *Production, Power and World Order*, Columbia University Press, 1987; Kenichi Ohmae, *The End of Nation Statep：The Rise of Regional Economies*, The Free Press, 1995, p. 11。

② 琳达·韦斯：《全球化与国家无能的神话》，载王列、杨雪冬编译《全球化与世界》，第 93 页；简·阿尔特·斯科尔特：《全球资本主义和国家》，载〔美〕D. 赫尔德、J. 罗西瑙等《国将不国：西方著名学者论全球化与国家主权》，第 146 页。

③ 温铁军等：《全球化与国家竞争：新兴七国比较研究》，东方出版社，2021，第 365~366 页。

能为所欲为的"新世界";美国政府则可能希望废置主权平等和相互尊重的国际关系准则,延续并不断巩固其霸权地位。

归纳起来,主要有三大力量在建构和传播"主权终结论"话语:一是西方国家某些政治领导人及其操控的国际机构;二是跨国公司和金融资本;三是为"新自由主义"① 摇旗呐喊的媒体和知识分子。三者扮演的角色及其着力点有所不同,客观上构成"分工协作"关系。大体而论,前两者是话语的发明者和强力推广者,常用威逼利诱手段,以目标国政府和经济政治精英为传播对象。第三种力量是话语的普及者和理论建设者,其工作有两个重点:一是负责把作为政治主张的"终结论"包装为"客观知识",以"先进思想"、"前沿观念"、"科学理论"乃至"真理"或"历史趋势"的名义,面向全球知识精英和普通大众进行传播,以培育和操控国际舆论;二是着力塑造或改造重点目标国民众的思想观念,改变他们对"一般国家"(抽象的民族国家)和"具体国家"(其所在国尤其是政府)的认知、忠诚和信念,进而动员"民意",营造"广泛共识""民心所向""大势所趋"等印象,辅助其金主或西方政治家,向目标国政府施压,迫使其在"妥协退让以保全政权"与"颜色革命""合法性/正当性危机"之间做选择。

当代每个国家都已深嵌全球化之网,都不同程度地经历国际机制、跨国资本和公司的"掣肘"。随着经济要素和信息流动性的增强,绝大多数国家在很大程度上确已失去了对投资、生产、贸易等经济活动的全面管控能力,对本国公民观念和认同的塑造能力也有所削弱,因为政府只是"国内"政治经济文化活动的众多行为体之一。不仅如此,绝大多数国家都加入了不止一个国家间组织,在法律上负有遵守组织规则的基本义务,这在某种意义上相当于确认了一种高于国家主权的权力者,或至少"向上"让渡了部分主权。就此而论,民族国家好像的确已失去其"应有的"作用和权能,主权好像的确不再是至高无上的、绝对的和不可分割的,"主权终结论"好像有道理。

然而,从理论和科学研究的角度看,"主权终结论"至少有如下三个方面的问题。

---

① "新自由主义"是"主权终结论"的思想理论武器,也是一种意识形态,其要旨在于以"自由"之名排斥、否定和对抗特定的国家权力。它把国内政治关系模式适用于国际关系,是古典自由主义的变异。新自由主义通过新版的帝国主义实践,把一个属于政治正当性范畴的论题,变成国家间权力斗争和实现一国利益的工具。

第一，缺乏对经典主权理论的基本观照。

"主权终结论"引以为据的是当代关于国家主权属性的规范表述的字面含义（绝对、至高无上、不可分割），以及凭此想象的一种应然状态，而不是经典主权理论本身。博丹、格劳秀斯、霍布斯、普芬道夫、卢梭等主权理论奠基人都曾对主权属性做过不同的限定性说明。博丹认为主权者必须信守契约、服从上帝之法和自然法。格劳秀斯强调主权的至高无上性，但不坚持主权的绝对性。他援引罗马帝国实例，说明主权可以分割。霍布斯虽然雄辩地证成了主权的绝对性、统一性、不可让渡性和永久性，但他反复强调自然法永恒有效，认为主权者可酌情转让某些权力（如铸币权）。普芬道夫则区分了最高权力和绝对权力，认为主权是最高权力，即处于国家权力序列的顶端，但它不必拥有全部的权力，相反，基于人性的弱点，最好对主权者施加某些限制，所以主权不必是绝对的。卢梭强调主权本身不可分割和不可让渡，但认为主权的产物如立法权和行政权是可分的。也就是说，主权理论的核心奠基人其实已经注意到并说明了主权的非绝对性。

无论是出于有意还是无意，当代"主权终结论"者一味强调"绝对、至高无上、不可分割"的字面含义，并以相关国家在实践中所受限制的案例来宣扬"主权终结"，对主权理论奠基人有关主权的限定性说明避而不谈。由此可以说，当代"主权终结论"是关于主权的一种意见和学说，不是严肃的科学理论。

第二，无视政治实践中国家统治权运转的复杂性和多样性。

主权的内核之一是国家在领土范围内的最高统治权。这种理论权力能否实现，取决于国家政府能否切实有效地垄断国内暴力，同时有效抵御外敌入侵和干扰。古往今来，被外国侵略者灭国、被本国反叛者推翻的例子比比皆是。归根结底，国家政府只是国家政治生活中众多权力行为体之一。较大规模的社会共同体是一个精细复杂、盘根错节的权力关系网络。[①] 无论是在主权观念和理论的诞生地欧洲，还是在其他地区，国家统治权从来不是无障碍运转，从来没能在严格意义上真正全面控制其所属疆域和社会。相反，各国政府总是面临国

---

① 迈克尔·曼区分了政治统治权力、军事权力、经济权力和意识形态权力，并论证了四种权力在属性、权威来源、运转方式和存在样态等方面的差异。详见〔英〕迈克尔·曼《社会权力的来源》（第一卷），刘北成、李少军译，上海世纪出版集团、上海人民出版社，2015，第一章。

内外多种力量或明或暗的质疑、挑战、反抗和觊觎，从来没有一劳永逸的正当性和秩序。中世纪西欧国家统治权长期因封建而分割，罗马教会与地方自治力量之间始终有张力。博丹和霍布斯等之所以强调主权的三大基本属性，主要是为了反对教廷"普世权力"的干预、同时抑制国内地方力量的挑战；他们试图通过证成主权者的至高无上、绝对和统一属性，来捍卫政治秩序，实现和平与安宁。诚然，主权理论本身不能改变国家深陷双重（国内和国际）社会权力牵制的政治现实，国家将始终面临内外多种力量的挑战。在道义和原则上，相互承认领土主权是民族国家体系的基石，但在实践中，主权平等和相互尊重领土主权完整，迄今还主要是原则和应然状态，并未成为普遍的政治现实。

就此而论，当代"主权终结论"者所强调的跨国公司、金融资本、生产要素、国际机制和其他跨国力量的"自治""自由"行动权利，不过是国家面临的古老挑战在全球化时代的表现形式。国家一直存在于类似环境中，一直在努力进行适应性调整。"民族国家"及其主权理论本身其实也是国家在应对此类挑战的过程中发生演进的结果。国家面临的挑战不会终结，国家的调整演进也还没有完结。

第三，把部分发展中国家的境遇一般化为抽象的"主权终结论"。

在资本主义世界体系等级结构中，各国的位置和境遇不同。亚非拉一些发展中国家至今还没有完全摆脱殖民地时期的经济角色，没有建立起完整产业结构，缺乏资金技术，自力更生能力较弱。一些穷国不得不长期依赖外资、外援和外债度日，给跨国公司和金融资本投机逐利、给外国势力的政治干预提供了机会。20世纪晚期，世界银行和国际货币基金组织推行的"新自由主义改革"使一些国家失去了对国内经济活动的日常管理权、对国民经济发展道路的选择权，以及自主决定本国政治制度的权利。这些不幸遭遇原本应该是国际社会协力加以改进的，但一些"主权终结论"者却以偏概全地把这些案例演绎为"历史趋势"或"普遍规律"，把"主权国家终结"宣扬为民族国家的历史命运。

那么，"终结论"者或新自由主义者真的希望所有主权国家都消亡？他们真的想要一个无国家的世界么？未必如此。稍加探查便可发现，跨国公司和金融资本想要的是废除于己不利的主权约束和国家管制，同时保有并不断强化其母国和"友好国家"的支持帮助，它们需要国家间协定确立的国际规则和基本秩序来降低运营成本。西方一些政治领导人想要终结的也不是抽象主权和所有国家，而是不服从他们意志的具体国家的具体政府；西方国家政府绝不想自我毁灭，但它们需要让不服从者相信"主权终结论"；它们在宣扬"人权高于主权"、要求所有国家"遵守和尊重既定国际规则"时，针对的也是"除我之外"的其他国家。更进一步，"主权终结论"不过是其信奉者谋取特定利益的工具；如果能够说服相关国家政府和人民相信主权国家/民族国家即将终结，说服其放弃抵抗和保护，便能大大降低"主权终结论"者谋求权势和利益的成本。

结　语

本章研究立足于两个前提。其一，国家的历史早于资本主义全球化的历史。其二，民族国家是国家的一种历史形态，是国家历史演进的一个阶段。广义的全球化与"国家"相生相成。"民族国家"作为一种特殊的国家形态，原产于近代欧洲，后借助资本主义扩张和殖民主义而实现全球化。换言之，民族国家体系是资本主义全球化的衍生物。与此同时，民族国家也是全球化的基础、参照系和重要助力者。15世纪末到20世纪初，欧洲国家政权与资本力量联手对美洲、非洲和亚洲进行殖民扩张，建立起等级化的资本主义世界体系。当代全球化发展离不开民族国家政府的许可与成全。民族国家为全球化提供便利和支持的动因有两类：或是为了利益最大化，或是为了风险和损害最小化。民族国家无论是主动拥抱全球化，还是被迫让步，都是其主权意志的表达。

20世纪70年代以来，全球化进程明显加速，在许多方面重塑了民族国家。首先，全球化改变了国家的经济基础、生存环境和政权运转方式，但没有改变国家的基本要素结构和使命。其次，全球化加强了国家间联系，但没有减少国家间差异，世界没有变得均质化和平等化，各国所受益损不均，所以全球化始终有不满者、反对者和抵抗者。在各种"反体系"力量中，大国政府具有更强大的"逆转"全球化的潜力，远胜于小国和非政府力量。最后，全球化削弱了国家的独立性，但没有改变国家的自主性。各国在全球化中的自主能力和意愿各不相同。

"民族国家终结论""主权终结论"等形形色色的"终结论"本质上属于话语建构和意见学说，以新自由主义为理论支撑。全球化快速发展给民族国家带来的新挑战，是"终结论"的客观依据。跨国公司、金融资本、西方政要和媒体建构"终结论"话语的初衷，不是为了废弃民族国家和主权，而是为了谋取更大利益。全球化的确使一些弱小穷国的主权运转受损受限，但不能以此演绎为民族国家及国家主权的终结。字面意义上的绝对主权只是一种理念，是实践的范导性原则，不是实践本身。在历史实践中，国家主权始终面对三类挑战者：一是超地域权力，如中世纪的罗马教会，当代的跨国公司、国际机制等；二是其他国家及其强权和霸权干涉；三是国内各种地方力量的自治倾向和权利要求。全球化只是改变了挑战者的形式，没有改变其实质和内容。国家主权的实现从来都是有条件的，当代国家需要在次国家—国家间—超国家力量的关系网络中找到新的合作与平衡。归根结底，主权作为一种权力的实现，在很大程度上取决于主权者的能力和实力地位，但它作为一种权利的实现，则有赖于国际制度的公平正义和所有行为体的团结合作。

霍布斯、洛克等把立法权作为国家主权的标志。在全球化背景下，设立国际规则、保护海外利益、参与全球治理等行动，是国家权能的拓展。虽然国际规则制定权迄今还主要掌握在西方国家手中，亚非拉绝大多数国家还主要是被动遵从者，但在未来，随着全球治理更趋多元化、平等化和民主化，随着发展中国家经济实力增强并加强团结协作，这种状况有可能发生变化。

全球化的进一步发展将导致全球资本、跨国公司和"世界公民"数量增加，全球意识也会进一步增强。但在可预见的将来，国家依然是最重要、最有权威的共同体。除极少数职业精英外，"地球村"的绝大多数居民仍将长期居住在自己的祖国，其生命财产安全也主要托靠国家保护。民族国家依然是全球化难以超越的实体，主权国家许可仍是跨国公司和要素跨国流动的必要前提。民族国家的相关政策可能直接影响全球化发展的速度、广度和深度，具体影响力因国而异，并在很大程度上与国家的经济、军事和政治实力成正比。

第四章　全球化与国际社会

张小明

内容提要　我们今天通常所理解的国际社会，指的是由主权国家所构成的现代国际社会。主权国家组成的国际社会并非"自古以来"就有，它实际上最早产生于近代欧洲，开始为一个欧洲地区性国际社会，后来历经几百年的时间才逐渐扩展成为一个全球性国际社会。现代国际社会从欧洲向世界其他地区扩展，可以被视为国际社会的全球化过程，这个过程是在第二次世界大战结束以后才最后得以完成的。在国际社会的全球化过程中，主权国家本身以及由主权国家所构成的国际社会一直都在发生变迁，今后也必将继续发生变化，并深刻影响和塑造人类生活。

"国际社会"（international society, society of nations）和"国际体系"（international system）一样，是国际关系研究中被广泛使用的重要概念，而且两者常常被混用，也有人把它们加以区分。① 国际社会属于社会事实，而非自然事实，因为它是社会建构的产物，有人说"国际社会是一个历史的（而非理论的）建构"。② 国际社会显然有别于国内社会，前者是由国家所组成的社

---

① "国际社会"概念常常和"国际体系"概念被相互混用，尽管国际关系英国学派学者赫德利·布尔（Hedley Bull）把两个概念加以区分。参见张小明《国际关系英国学派——历史、理论与中国观》，人民出版社，2010，第63~71页；张小明《从"文明标准"到"新文明标准"：中国与国际规范变迁》，九州出版社，2018，第18~25页。

② 〔英〕詹姆斯·梅奥尔：《民族主义与国际社会》，王光忠译，中央编译出版社，2009，第179页。

会，而后者则是由个人所组成的社会。因此，英国学者詹姆斯·梅奥尔（James Mayall）明确指出，"国际社会是国家间的社会，而非人与人之间的社会"。[1] 他还说，"它（国际社会）是一个由国家（它们彼此承认对方的主权、在各方之间建立外交关系并且共同支持国际法）组成的社会的概念"。[2]

今天大概很少有人质疑，地球上几乎所有人都是生活在一个由主权国家所构成的国际社会中，而且这个国际社会具有全球性，因为它遍及世界各个角落，我们单从今天联合国有近200个成员国的这个事实即可略见一斑。但是，全球性国际社会并非"自古以来"就有，其历史并不太长，未来也不一定是一种永远存在的现象。主权国家组成的国际社会最早产生于近代欧洲，开始为一个欧洲地区性国际社会，后来历经几百年的时间才逐渐扩展成为一个全球性国际社会。笔者认为这可以被视为一个由主权国家构成的国际社会之全球化过程，这个过程是在第二次世界大战结束以后才完成的。在国际社会的全球化过程中，主权国家本身以及由主权国家构成的国际社会一直在发生变迁，今后也必将继续发生变化，并深刻影响和塑造人类生活。本章将从由欧洲国际社会到全球国际社会的历史演进过程，来诠释国际社会的全球化现象。

一　欧洲国际社会的产生

人是社会动物，两个或两个以上有互动关系的人就可以构成一个社会。同理，两个或两个以上有互动关系的国家也可以构成一个国际社会。从这个意义上说，只要有了国家以及国家之间的互动，那就有了国际社会，于是国际社会的历史应该和国家的历史一样久远。然而，我们今天通常所说的国际社会，是有特定含义的，即它是由主权国家构成的国际社会，也就是所谓的现代（modern，又译"近代"）国际社会，之前的国际社会按西方学界的主流话语则被称为前现代的（pre-modern）国际社会。也就是说，现代国际社会是和主权国家相伴相随的，没有主权国家的出现，也就不可能有现代国际社会的产生。而主权国家及其组成的现代国际社会都发源于欧洲，是近代欧洲的产物，也被认为是欧洲对现代国际关系的一个贡献，其对人类社会的影响极其重大和

---

① 〔英〕詹姆斯·梅奥尔：《民族主义与国际社会》，第2页。
② 〔英〕詹姆斯·梅奥尔：《民族主义与国际社会》，第172页。

深远。

国家以及由国家组成的国际社会的历史，比现代国际社会的历史无疑要长得多。虽然国家产生的时间很久远，但是由于地理上的阻隔和交通技术的落后，在世界的不同地区逐渐发展出很不相同的国际社会或者国际体系，当时不可能存在一个全球性的国际社会。国际关系英国学派（又译"国际关系英格兰学派"）的主要代表人物之一马丁·怀特（Martin Wight）认为，历史上存在三种比较典型的国际体系。① 第一种是现代或者西方国际体系，它产生于15世纪末的欧洲，后来逐渐扩展到世界其他地区，现在已经具有全球性质，它是由主权国家所组成的。这也就是我们今天所通常理解的国际社会/国际体系。第二种是希腊—希腊化国家体系或希腊—罗马国家体系（Hellenic-Hellenistic or Greco-Roman system），它不仅包括马其顿征服之前的希腊或希腊—波斯国家体系，也包括从亚历山大去世到罗马征服之前的希腊化王国体系。怀特认为，古典的希腊城邦国家体系不同于现代西方国家体系，前者建立在共同语言而非政治团结的基础上，并且不存在诸如国际法、常设使馆等对现代国家体系至关重要的那些制度。第三种就是中国战国时期的国家体系。怀特进一步把历史上存在的国家体系抽象为几种类型：主权国家体系、宗主国国家体系、由国家体系或帝国组成的国际体系。② 怀特强调在这些国际体系中存在国家间交往的一系列制度。正如他自己所归纳的，国家体系中的成员相互之间保持着某种程度上的持久关系，它们总是通过四种制度进行沟通和交往。怀特所说的这四种制度就是：信使（messengers），包括外交与军事信使，其在历史上的表现形式有传令官、常驻使节、间谍等；会议和国际制度（conferences and international institutions）；一种外交语言（a diplomatic language），现代国际体系中的共同外交语言先后为拉丁语、法语以及英语，希腊—希腊化国际体系中的共同语言为希腊语；贸易（trade）。③ 而美国历史学家斯塔夫里阿诺斯则认为，在公元1500年以前，人类基本上生活在彼此隔绝的地区中，形成了欧洲

① 在马丁·怀特那里，"国际体系"和"国际社会"是混用的，他所说的"国际体系"实际上就是赫德利·布尔所说的"国际社会"。参见张小明《国际关系英国学派——历史、理论与中国观》，第37~56页。

② Martin Wight, *Systems of States*, London：Leicester University Press in association with London School of Economics and Political Science, 1977, pp. 22-29.

③ Martin Wight, *Systems of States*, London：Leicester University Press in association with London School of Economics and Political Science, 1977, pp. 29-33.

基督教世界、中东和南亚的伊斯兰世界及东亚的儒家世界并存和基本上相互隔绝的状况。他所说的东亚儒家世界，实际上就是以中国为中心的东亚地区国际社会或国际体系，有人将之称为东亚朝贡体系。① 中国学者尚会鹏指出，古代南亚地区也曾存在一个与西方罗马体系、东亚朝贡体系和近代国际体系并列的国际体系，即孔雀王朝时代阿育王建立并对后世产生极大影响的"大法体系"，这个体系以印度宗教中的"法"（Dharma）为合法性基础，具有"强文明体、弱组织体"的特点。②

其中，古代以中国为中心的东亚国际社会，一直被视为主权国家组成的国际社会产生之前的国际社会/国际体系的重要个案之一，并引起学界的高度关注，也产生了不少研究成果。中国春秋战国时期的国家体系似乎被西方学界研究得最多，这可能是因为它被认为是由独立和平等的国家所组成的，比较接近现代主权国家社会。③ 赫德利·布尔（Hedley Bull）明确指出，中国战国时期的国家体系既是国际体系，也是国际社会，它建立在一种共同文化或文明的基础上。④ 而不同于主权国家社会，以中国为中心的东亚朝贡体系长期以来主要是历史学家的研究对象，但近年来也开始受到国际关系学者越来越多的关注，甚至有当代英国学派学者把东亚朝贡体系当作一种"地区国际社会"来加以研究。⑤ 张勇进、巴里·布赞（Barry Buzan）就认为，朝贡体系是"东亚国际社会存在的表现形式"，是"一个有自身社会结构的国际社会，它根植于参与

---

①　〔美〕斯塔夫里阿诺斯：《全球通史：1500 年以后的世界》，吴象婴、梁赤民译，上海社会科学院出版社，1992，第 1~112 页。

②　尚会鹏：《论古代南亚国际体系——"大法体系"的特点及原理》，《国际政治研究》2015 年第 5 期，第 9~27 页。

③　Martin Wight, *Systems of States*, London: Leicester University Press in association with London School of Economics and Political Science, 1977, pp. 21-45; Hedley Bull and Adam Watson, eds., *The Expansion of International Society*, Clarendon Press, 1984, pp. 1-7; Kenneth N. Waltz, "Reflections on Theory of International Politics: A Response to My Critics," in Robert O. Keohane, ed., *Neorealism and Its Critics*, Columbia University Press, 1986, pp. 329-330; Barry Buzan and Richard Little, *International Systems in World History: Remaking the Study of International Relations*, Oxford University Press, 2000, pp. 20-21; 〔美〕许田波：《战争与国家形成：春秋战国与近代早期欧洲之比较》，徐进译，上海世纪出版集团，2009，第 1~40 页。

④　〔英〕赫德利·布尔：《无政府社会：世界政治中的秩序研究》（第四版），张小明译，上海世纪出版集团，2015，第 17 页。

⑤　Yongjin Zhang, "System, Empire and State in Chinese International Relations," *Review of International Studies*, Vol. 27, Issue 5, December 2001, pp. 43-63; Shogo Suzuki, *Civilization and Empire: China and Japan's Encounter with European International Society*, Routledge, 2009, pp. 34-55.

国与建立国之间的复杂社会关系，并且拥有一套有助于界定可以接受的、合法的国家行为的规范的特殊制度"。① 笔者认同张勇进、布赞的观点，认为确实可以把东亚以中国为中心的朝贡体系视为一种地区国际社会，即"东亚国际社会"或"东亚地区国际社会"。

值得注意的是，在世界上各个地区大致相互独立、相互隔绝的地区国际社会/国际体系中，只有在近代欧洲产生了主权国家以及由主权国家构成的国际社会。如前所述，虽然作为国际关系主要行为体的国家古已有之，但是我们今天所习以为常的现代国家或者主权国家，无疑最早产生于近代欧洲。有历史学家指出，在公元1500年左右，一种新型的占主导地位的单位在欧洲兴起，这就是现代国家。现代国家首先在欧洲，尤其是在西班牙、英国、法国生根。也就是说，"现代国家本质上是一种欧洲现象，所以只有依据欧洲的历史才能解释之"。② 而现有的国际关系史教科书一般认为，1648年的威斯特伐利亚和会是主权国家和主权国家构成的欧洲地区国际社会产生的起点，当然在此问题上存在学术争议。

正是由于现代国家或者主权国家最早产生于欧洲，在那里形成了世界上最早的现代国际社会，即主权国家所组成的欧洲国际社会。③ 从地理范围看，最初的现代国际社会只具有区域性，它仅限于欧洲地区，因而并不具有全球性，属于欧洲地区国际社会。欧洲地区国际社会的组成成员、大国的实力地位以及行为规范与制度等一直在发生变迁。但是，主权（虽然其本身的含义也在变化，如从君主主权到人民主权）始终是该地区国际社会的核心原则或行为规范。实际上，这也是迄今为止现代国际社会的基本特征。有人把这种由主权国家组成的国际社会称为"威斯特伐利亚体系"，它因为1648年的威斯特伐利亚和会和《威斯特伐利亚和约》而得名。与此同时，也正是在威斯特伐利亚

---

① 张勇进、巴里·布赞：《作为国际社会的朝贡体系》，《国际政治科学》2012年第3期，第30页。

② 〔英〕巴里·布赞、理查德·利特尔：《世界历史中的国际体系——国际关系研究的再构建》，刘德斌主译，高等教育出版社，2004，第219页。

③ Martin Wight, *Systems of States*, London：Leicester University Press in association with London School of Economics and Political Science, 1977, pp. 110-128；〔美〕斯塔夫里阿诺斯：《全球通史：1500年以后的世界》，第1~156页；〔美〕保罗·肯尼迪：《大国的兴衰——从1500年到2000年的经济变化和军事冲突》，梁于华等译，世界知识出版社，1990，第13~45页；李滨：《国际体系研究：历史与现状》，南京大学出版社，2000，第41~59页；时殷弘：《现当代国际关系史（从16世纪到20世纪末）》，中国人民大学出版社，2006，第59~71页。

和会前后，在欧洲产生了国家组成国际社会的思想。赫德利·布尔就认为，国家组成国际社会的思想可以追溯到 16～17 世纪欧洲自然法思想家维多利亚（Francisco de Vitoria）、苏亚雷斯（Francisco Suarez）、格劳秀斯等人。① 但是，"国际社会"这个概念被加以使用，则要晚一些。大约从 20 世纪初开始，国际法学家和政治学家才广泛使用"国际社会"这个概念，其中两次世界大战之间的理想主义者用得最多，他们希望以国际社会取代权力政治。例如，美国总统伍德罗·威尔逊（Woodrow Wilson）于 1919 年 1 月 25 日在巴黎和会上的发言中指出，"……美国追求建立一个国际社会（society of nations）的热情——其热情是深厚和真实的——不是源于恐惧和忧虑，而是来自在这场战争中逐渐清晰的理想"。② 即便是像汉斯·摩根索（Hans Morgenthau）和肯尼思·沃尔兹（Kenneth Waltz）这样二战结束以后美国著名的国际关系现实主义学者也曾使用过该概念，尽管美国国际关系学者普遍喜好使用"国际体系"这一概念。③

二　全球国际社会的形成

产生于近代欧洲的主权国家以及由主权国家构成的国际社会，并不只是限于在欧洲地区发展和演进，而是随着欧洲的殖民扩张、工业化、对外贸易和投资与海外战争等，逐渐向欧洲之外的地区扩展，从而对整个世界的政治发展产生了极其重要的影响。正如有学者所指出的，"在它（指主权国家）作为一个独具特色的角色登上历史舞台三四百年的时间里，现代国家将全球几乎所有其他的政治单位湮没并取代，使之殖民化或屈服于它的统治"。④ 有人认为，现代国家的成功并不是仅仅依靠规模上的优势，而是有赖于它们比其他单位更能有效地组织资源这一事实。⑤ 正是在欧洲不断向外扩张的过程中，由主权国家

① 〔英〕赫德利·布尔：《无政府社会：世界政治中的秩序研究》（第四版），第 27～36 页。
② 转引自王立新《踌躇的霸权：美国崛起后的身份困惑与秩序追求（1913～1945）》，中国社会科学出版社，2015，第 53 页。
③ Alex J. Bellamy, ed., *International Society and Its Critics*, Oxford University Press, 2005, p.66.
④ 〔英〕巴里·布赞、理查德·利特尔：《世界历史中的国际体系——国际关系研究的再构建》，第 219 页。
⑤ 〔英〕巴里·布赞、理查德·利特尔：《世界历史中的国际体系——国际关系研究的再构建》，第 222 页。

构成的现代国际社会的地理范围也随之超出欧洲地区，逐步扩展到世界其他地区，从而形成后来的全球性国际社会。① 当然，欧洲的海外扩张并非现代国际社会扩展的唯一动力。

值得指出的是，在主权国家和由主权国家组成的现代国际社会从欧洲向世界其他地区扩展的过程中，非欧洲的国家和地区并非被自动纳入欧洲国家构建的主权国家社会，而是先后被迫成为欧洲列强的殖民地或半殖民地，很长时间不享有主权国家的地位，产生于欧洲的、规范所谓"文明国家"之间关系的国际法在殖民主义时代也不适用于非欧洲地区，非欧洲的国家和地区都不同程度地经历过争取民族解放和独立以及被承认为平等的主权国家的过程。当然，世界上不同国家和地区加入现代国际社会的历史很不相同，有的国家和地区所经历的过程相对较短，而有的国家和地区所经历的过程则相对较长。一般来说，在1775年开始独立战争、1776年发表《独立宣言》、1783年通过《巴黎条约》正式获得独立地位的原英国在北美的十三个殖民地，以美利坚合众国（美国）的国名，成为欧洲之外第一个加入现代主权国家社会的非欧洲国家。此后在19世纪初原欧洲国家在美洲建立的一系列殖民地也先后独立、加入现代国际社会，于是几乎整个美洲地区都被纳入现代国际社会。接下来就是从19世纪末开始亚洲（最早的国家是日本和土耳其）、非洲（北非一些国家率先在两次世界大战之间）先后获得民族解放、被承认为主权国家，加入"文明国家"所组成的国际社会。其中绝大多数亚非国家是在第二次世界大战结束以后才取得独立主权国家地位的，非洲从20世纪60年代初开始了一个大批国家纷纷独立的时代。虽然至今非殖民化过程尚未完全结束，世界上还有少量地区属于某些国家的海外属地，但是殖民主义已经基本成为历史，主权国家社会扩展到世界各个角落。从欧洲或西方的视角，与从非欧洲或非西方的视角来考察国际社会的扩展过程，自然会得出很不一样的历史叙事。从欧洲或西方的视角来看，国际社会从欧洲向世界其他地区的扩展往往被描述为一个落后国家和地区实现"文明化"和"进步"的过程，而从非欧洲或非西方的视角来看，那更多是一段与西方列强统治或压迫抗争、充满血与泪的历史。

中国及亚洲地区的其他多数国家，就是先后成为西方列强（先是欧洲国

① Martin Wight, *Systems of States*, London：Leicester University Press in association with London School of Economics and Political Science, 1977, pp. 110-128；Hedley Bull and Adam Watson, eds. , *The Expansion of International Society*, Oxford University Press, 1984, p. 117.

家以及新独立的美国，后来"脱亚入欧"的日本也加入西方列强的行列）的殖民地或半殖民地，除了日本较早加入列强俱乐部以及阿富汗和暹罗因为处于大国竞争的缓冲地带而保持名义上的独立国家地位之外，基本上都是经过较长时间的斗争和努力，才在第二次世界大战期间或者战后被承认为具有完整主权的国家，成为现代国际社会的合法成员的。众所周知，在亚洲周边地区，在西方殖民扩张者到来之前，存在一个完全不同于现代国际社会的地区国际社会，其大部分国家和地区被纳入该体系。① 这个比较独特的亚洲地区国际社会，也就是学者们通常所说的以中国为中心的"朝贡体系"。② 有的学者甚至把朝贡体系看作只有在亚洲才存在的历史体系："以中国为核心的……朝贡关系即朝贡贸易关系，是亚洲而且只有亚洲才具有的唯一的历史体系，必须从这一视角出发，在反复思考中才能够推导出亚洲史的内在联系。"③ 从国际关系研究的角度来看，古代亚洲朝贡体系作为一种独具特色的地区国际社会/国际体系在单位、结构以及行为规范和制度等诸多方面，同源于欧洲的现代国际社会都有极大区别。例如，后者有主权观念，国家之间是平等的关系，而前者只有册封和朝贡观念，国家之间是不平等的、等级制关系，但是这种不平等关系与后来西方主导下的不平等关系又是两码事。④ 又如，欧洲地区国际社会是由众多分散的、相互独立的单位所组成的，而亚洲朝贡体系在一定程度上是一个统一的单位或者说是一个相对独立的"文化单元"，其中的主导国家中国几乎等同于东亚，汉字在一定程度上为东亚文化统一奠定了基础。正如一位英国学者所指出的，"东亚只有中国这个单一的核心和恒久的边缘地带，因此比较简单"。⑤ 总之，古代亚洲国际社会是具有自身特色的地区国际社会（等级制结构），和西方国际社会（非等级制的无政府结构）很不一样，难以用一个统一的标准

---

① 这也正是中国学者王正毅所说的："在西方殖民者到来之前，东亚一直是一个自成一体的体系，而其中'朝贡'关系将这个体系中的中心国家中国和这个体系的外围或边缘地带国家（朝鲜、日本、东南亚国家等）联系在一起。"王正毅：《世界体系与国家兴衰》，北京大学出版社，2006，第132页。

② 〔美〕费正清：《美国与中国》，张理京译，世界知识出版社，1999，第147~156页。

③ 〔日〕滨下武志：《近代中国的国际契机：朝贡贸易体系与近代亚洲贸易圈》，朱荫贵、欧阳菲译，中国社会科学出版社，1999，第30页。

④ 有中国学者认为，古代中国与绝大多数周边国家之间的"宗藩关系"，并不是一种国际监护，而是平等的双边关系，因为中国对周边国家采取了政治上不干预的政策。参见梁志明等《古代东南亚历史与文化研究》，昆仑出版社，2006，第98页。

⑤ 〔英〕S. A. M. 艾兹赫德：《世界历史中的中国》，姜智芹译，上海人民出版社，2009，第5页。

来进行衡量和比较。

在西方殖民扩张之前的很长时间里，亚洲地区国际社会是孤立存在的，基本上不受其他地区的影响。实际上，在现代国家形成之前，亚洲、欧洲以及伊斯兰世界是并存的地区国际社会/国际体系（属于前现代地区国际社会/国际体系），其中东亚和欧洲基本上没有很多互动关系，尽管中国和欧洲之间通过陆路和海路保持着一些交往。① 然而，随着西方殖民扩张，这两种国际社会/国际体系之间的碰撞以及两个地区的经常性交往也就不可避免地开始了。古代亚洲国际社会/国际体系遭受发源于欧洲的现代国际社会的挑战。葡萄牙、西班牙、荷兰、俄罗斯、英国、法国等欧洲殖民帝国均试图打开东亚，特别是中国的大门。美国独立后也加入了向亚洲进发的行列。其最后结果是，以中国为中心的亚洲朝贡体系在西方列强冲击之下逐渐崩溃，中国及其绝大部分周边国家和地区先后成为西方的殖民地或半殖民地，处于现代国际社会之外或者现代国际社会的边缘。

随着欧洲殖民主义扩张以及主权国家组成的现代国际体系或国际社会②之扩展，亚洲以中国为中心的朝贡体系遭遇巨大冲击并走向瓦解。中国于是从"天下"的中心成为世界中的一国，面对着一个崭新的外部环境，或者前所未有之变局。正如中国哲学家冯友兰所说的："周末至秦，由列国而统一，为一新环境。近世各国交通，昔之视为统一者，今不过为列强之一国，亦一新环境也。"③ 或如美国前国务卿亨利·基辛格所言，"19 世纪中叶，中国士大夫集团里只有少数人开始意识到，中国在世界体系中已经不再处于至尊地位，中国必须去了解一个由相互竞争的列强集团主导的体系"。④ 中国在 19 世纪遭遇来自西方主导的现代国际社会/国际体系的强大冲击，以及朝贡体系逐渐走向瓦解，意味着中国主导的地区行为规范为西方主导的国际行为规范所取代，中国传统的世界秩序观和文明标准彻底失去意义，中国面临改变原有的世界秩序观念、接受现代国际秩序观念的重大挑战。正如谢俊美所指出的："这些属国的丧失，从世界变迁的角度出发，显示了中国同这些国家的旧的宗藩关系正在让

---

① 钟叔河：《走向世界：近代中国知识分子考察西方的历史》，中华书局，1985，第 1~59 页。
② 有学者把当时的国际体系称为"西方殖民化国际社会"。参见巴里·布赞、周桂银《全球性变革与国际秩序的演进》，《外交评论》2015 年第 6 期，第 16 页。
③ 冯友兰：《中国哲学史》（下），重庆出版社，2009，第 353 页。
④ 〔美〕亨利·基辛格：《论中国》，胡利平等译，中信出版社，2012，第 54 页。

给一个'新的西方的和法理的关系',在这个关系中,中国承认这些国家为西方国家的殖民地或保护国,标志着以中国'天朝为中心的旧的东亚国际秩序'的丧失,东亚各国从此被西方殖民强权政治统治,它直接影响和改变了东亚世界的历史进程。"① 王建朗在谈到中国近代以来外交观念变化的时候写道:"由于此前中国长期处于东亚地区朝贡体系的中心地位,改变天朝上国的观念和心态,并不是一朝一夕便能完成的。中国人突然发现了一个自己所不熟悉的国际社会,在这个新的国际体系中,非但不以中国为中心,且中国的地位是相当边缘性或低层次的。因此,要不要进入这个国际社会,采行这个社会已有的游戏规则,曾长期困扰着中国人,至少直到上个世纪初这个问题并没有解决。而在决定加入这个体系之后,争取在这个体系中的平等地位,则是一个更为长期的过程。"②

中国加入现代国际社会的过程,是从逐步接受西方行为规范开始的,既包括接受只适用于非欧洲国家的、歧视性的不平等规则与制度,也包括改变自己的传统观念,接受现代国际法和外交制度。这是一个逐步改变、调整和适应的过程,既有自愿的成分,也有被迫的成分。第二次鸦片战争以后中国对外关系行为与观念发生的上述变化,为中国加入现代国际社会创造了必要的条件,但是并没有使中国自动成为现代国际社会中的一个完整的成员。中国何时符合"文明标准"并加入现代国际社会,除了有赖于中国行为与观念的变化之外,更重要的还取决于现代国际社会中的主导国家即西方国家的判断与承认。中国成为现代国际社会一个完整成员的首要标准就是具有完全的主权。中国被接纳为现代国际社会中的"文明"国家一员的时间,要大大晚于包括日本、暹罗在内的很多非欧洲国家。

那么中国什么时候成为现代国际社会一员的呢? 有人认为,1899 年、1907 年参加两次海牙和平会议,或许是中国加入现代国际社会的重要标志。中国清朝政府应邀派代表在 1899 年参加第一次海牙和平会议,中国驻俄、奥大臣杨儒参加,并在两项条约上签字。赫德利·布尔就把中国派代表参加1899 年海牙和平会议视为现代国际社会成员范围扩大的一个重要表现。③ 但

---

① 谢俊美:《东亚世界与近代中国》,上海人民出版社,2011,第 172 页。
② 李兆祥:《近代中国的外交转型研究》,中国社会科学出版社,2008,王建朗作的《序》第2 页。
③ Hedley Bull and Adam Watson, eds., *The Expansion of International Society*, Oxford University Press, 1984, p. 123.

是，他并没有明确把此时的中国视为现代国际社会的一员。1907年中国参加第二次海牙和平会议，签订了《陆战时中立国及其人民之权利义务条约》《海战时中立国之权利义务条约》，并于两年之后正式批准并加入这两个条约。①但是，中国参加第二次海牙和会时被给予"三等国"待遇，此时中国也无力废除治外法权，自然不属于现代国际社会的完全成员。正如有学者所指出的："中国在19世纪后半叶还没有被认为是一个具有'family of nations'，即国际社会成员资格的文明国家。中国被定位为'非文明国家'。这个'非文明国家'，虽然不能成为完全资格的国际社会成员，但也没有被完全置于与各国无关的地位；而是在当时自由贸易的观念下，通过缔结条约等途径进入了主权国家间的契约体系之中。作为非文明国家，在与文明国家缔结条约时，所缔结的不会是平等条约，而是不平等条约。"②日本学者龙谷直人认为，从19世纪开始，以英国为首的欧洲主权国家体系中的帝国主义国家强行向亚洲推行立宪制、金本位制、自由贸易等"行为规范"或"国际标准"，只有日本在19世纪末接受和采纳了这些国际标准，而"中国建立这样的国际标准相对还是比较困难的"。③他指出，"的确，鸦片战争给中华帝国的朝贡体制画上了一个句号。在恢复亚洲主权问题上，存在着以下两个必须完成的任务：政治上废除领事裁判权，经济上恢复关税自主权。其中不承认关税自主权的自由贸易和最惠国待遇条款的存在是欧美近代帝国主义强制实行的结果"。④中国完成这两个任务比日本要晚得多。日本在明治维新之后，便于1871年开始着手修改不平等条约，希望实现和西方国家的平等关系。日本在1894年7月，即中日甲午战争开战前，废除了英国在日本的领事裁判权。近代日本于1899年实现了关税自主权的恢复，1911年和各国签订新通商航海条约后，完全的关税自主才真正实现。直到1941年太平洋战争爆发后，中国与英美等国结成军事同盟，共同抗击日本侵略者，中国才获得了以完全主权国家身份加入现代国际社会的机会。也就是说，笔者认同江文汉等人的观点，即太平洋战争爆发后，英美在1943年1月与中国废除不平等条约，这标志着中国真正成为现代国际社会具有完全资格的一员。总之，中国加入现代国际社会经历了很长时间，从一个方

① 尹新华：《国际公约与晚清中国融入国际社会》，《历史教学》2012年第10期。
② 〔日〕川岛真：《中国近代外交的形成》，田建国译，北京大学出版社，2012，第68页。
③ 吴志攀、李玉主编《东亚的价值》，北京大学出版社，2010，第161页。
④ 吴志攀、李玉主编《东亚的价值》，第163页。

面体现了"一个从西方殖民化国际社会到西方全球性国际社会的转变过程"。[①]
对中国来说，大体上是一个被迫放弃自己的"文明标准"、接受他人的"文明标准"的过程。这个过程很漫长，也很痛苦。

从全球层面看，主权国家组成的现代国际社会真正开始具有全球性，即演变成为全球国际社会，应该是在第二次世界大战结束以后，尽管现代国际社会的全球化进程并非始于第二次世界大战之后。可以说在1945年第二次世界大战结束以后，由主权国家构成的现代国际社会的规模或者范围，才开始真正具有全球性。因为在第二次世界大战结束以前，我们回顾一下历史就可以看出来，主权国家的地理范围，其实并不具有真正的全球性，因为世界上真正具有主权国家地位的国家并不多，只有几十个国家，以欧美国家或者西方国家为主。我们知道，1945年联合国刚成立的时候只有51个会员国。但是，主权国家所分布的地理范围在第二次世界大战结束以后开始具有明显的全球性。在第二次世界大战结束以后，随着西方殖民体系的逐步瓦解，一系列新的民族国家得以产生，并且加入了现代主权国家社会，促使现代国际社会的全球性质明显增强。这里提供几个简单的数据，我们可以从中清楚地看出，现代国际社会的地理范围在二战结束以后是如何大大地扩展了。从1944年开始，也就是二战末期开始，到1985年，前后经历大约40年时间，世界上一共有96个国家赢得独立，这个数量无疑是相当大的。1945年，联合国创始会员国是51个，1960年会员国数量就变成了99个，1970年增加到127个，现在联合国的会员国是193个。今天在联合国成员里，非西方国家在数量上已经占据了绝大多数。我们都知道现代国际社会发源于欧洲，最早的主权国家都是欧洲国家，后来它从欧洲扩展到美洲，然后再扩展到世界其他地区。开始的时候，现代国际社会中的成员主要是西方国家。但是在第二次世界大战结束以后，随着殖民体系的瓦解，现代国际社会当中绝大多数国家是非西方国家，这无疑是国际社会发生的一个非常重要的变迁。现代国际社会的全球化过程只是在第二次世界大战结束以后才得以完成。

按照以英国学派为代表的西方学者有关现代国际社会形成与扩展的历史叙述，由主权国家组成的现代国际社会产生于欧洲，后来逐渐扩展到全世界，即

[①] 巴里·布赞、周桂银：《全球性变革与国际秩序的演进》，《外交评论》2015年第6期，第17页。

从一个地区性国际社会（欧洲国际社会）发展成为一个全球性国际社会。而现代国际社会的扩展，实际上也就是美洲、大洋洲、亚洲、非洲等非欧洲国家与地区接受（也修正或者抵制）欧洲国际社会的行为规范之过程。这也可以说是西方文明对外扩张、非西方国家（自愿或不自愿）接受西方"文明标准"的过程。当然，发源于欧洲的国际规范或"文明标准"本身也处于变化、发展之中。这是一种从西方的视角而得出的历史叙事，现代国际社会的扩展基本上被视为一种积极的、进步的过程。但是从非西方国家的视角来说，还可以有另外一种历史叙事，即很多国家实际上是在西方国家的压力（包括炮舰政策）之下被迫改变自己，加入现代国际社会的，其过程实际上也有消极的、反动的一面。对于很多非欧洲国家来说，特别是对那些具有悠久历史的国家来说，加入西方主导的现代国际社会无疑是一个十分艰难和痛苦的历程，意味着需要被迫放弃自己的"文明标准"、接受他者的"文明标准"。中国就是这样一个国家。大致从 1840 年鸦片战争开始，以中国为中心的东亚朝贡体系就在西方殖民扩张的冲击下逐步走向瓦解，中国及其周边大多数国家和地区沦为西方列强的殖民地或半殖民地，被排挤在现代国际社会之外或者处于现代国际社会的边缘，然后再经过艰苦的努力才最终获得完全独立主权国家的地位，达到西方所制定的"文明标准"，被承认和接受为现代国际社会的成员之一。东亚国家加入现代国际体系的过程不尽相同，特别是与日本等一些周边国家相比，中国加入现代国际社会的时间要漫长得多、过程要痛苦得多，前后经过大约 100 年。其主要原因是，中国历史悠久，在东亚曾经长期存在着一个以中国为中心的地区国际社会，中国有一套处理与外部世界关系的行为规范或文明标准，对于中国来说，放弃自己原有的文明标准、接受外来的文明标准，无疑是一件很不情愿、很痛苦的事情。近代以来中国对源于欧洲的国际规范和文明标准，大体上经历了一个从强烈抵制到被迫遵从再到自愿接受的过程，但是始终没有全盘接受。

三　国际社会全球化的意义与挑战

总的来看，现代国际社会的全球化过程，无疑是一个越来越多的非西方国家和地区先后获得民族解放和国家独立、被承认为主权国家或"文明国家"，同时全球范围的国家之间联系与交往日益密切的过程，这无疑体现了人类历史发展的进步性，也是国际社会全球化的主要意义所在。在可见的将来，现代国际社会的全球化过程还将继续和深化，但不排除全球化遭受挫折甚至中断或逆转的可能性。

与此同时，国际社会的全球化也给世界带来了不少挑战，其中最主要的就是，随着具有不同历史和文化传统的非西方国家在现代国际社会中的数量占绝大多数，西方国家在现代国际社会中一直占据的主导地位遭到越来越大和越来越多的挑战，而西方国家则努力继续维持自己的主导地位，这不可避免地导致国际社会中的矛盾与冲突。

随着国际社会的全球化，欧洲或西方主导的国际秩序逐渐演变成全球性的国际秩序，但是西方在其中的主导地位依然得以维持。众所周知，1899 年第一次海牙和平会议的主要参加者，只是一些欧洲或西方国家。那时的国际社会只是由欧洲国家以及那些符合欧洲人所定下的"文明标准"的其他国家所组成的，国际法规则是严重歧视非西方国家的，大部分非西方国家和地区从属于欧洲的帝国。但是，今天非欧洲国家或者非西方国家在国际社会中已经占绝大多数，这从联合国的会员组成就可以清楚地看出来。今天的国际社会具有了全球性，国际法规则根据非欧洲国家的利益与态度已经在某种程度上被加以修订（modified），欧洲国家所建立起来的帝国和宗主国体系也基本上都退出了历史舞台。从经济和军事实力角度看，虽然占少数地位的西方国家还享有主导地位，但实力地位的分配向有利于非西方国家的方向发展之趋势已经产生了。这是一个持续至今的重大历史变革现象。① 关于全球性国际秩序是否已经或可能取代欧洲国际秩序，赫德利·布尔提出如下四个需要重点加以思考的问题，这有助于我们认识国际社会的全球化所带来的重大挑战。

第一，在多大程度上存在全球性国际秩序赖以存在的真正的共识？在多大程度上存在一个包含共同价值、规则和制度以及有别于全球性"国际体系"的全球性"国际社会"？或者说，今天是否存在有关国际法、外交以及国际组织等国际规则与制度的共识，全球性的国际社会是否还带着西方的色彩？

第二，文化因素在全球性国际秩序中占据什么样的地位？过去的国际社会，包括欧洲国际社会是建立在某些共同的思想或者道义文化基础上的。我们能否说，随着欧洲国际体系扩展成为全球性国际体系，今天国际体系中已经丧

① Hedley Bull, "A Proposal for a Study," in Brunello Vigezzi, *The British Committee on the Theory of International Politics*（1954-1985）: *The Rediscovery of History*, Edizioni Unicopli, 2005, p. 425.

失了共同的文化基础？或者说，欧洲国际体系的扩展伴随着西方文化的扩张，全球性国际体系在思想与道义层面有其自己的文化基础，我们是否可以将之称为"现代性"（modernity）？

第三，我们如何描述今天的"现代"文化或世界文化，以及如何把它和全球政治秩序联系起来？其基本内容是什么？它们是如何扩展到具有不同文化传统、政治制度和处于不同发展阶段的其他社会之中的？国际社会的存在真的有赖于这样一种共同文化吗？西方"世界文化"的主流地位今后会持续下去吗？

第四，当今有关人权的国际保护与声张的争论之文化含义是什么？①

这些问题是赫德利·布尔当年在草拟研究国际社会演进的提纲中提出来的，得到了亚当·沃森（Adam Watson）的高度认可。② 这些问题在21世纪的今天依然有意义。

布尔指出，虽然在第一次世界大战爆发的时候，全球性国际社会已经形成，但是直到第二次世界大战的时候，欧洲大国，或者广义上的西方大国（包括欧洲在美洲、南部非洲以及澳大利亚的衍生物）始终占据主导地位。然而，自从第二次世界大战结束以后，西方在国际社会中的主导地位面临日益严重的挑战，尽管这种挑战早在20世纪初就开始了。在布尔看来，非西方国家对西方主导地位的反抗，包括五个阶段或者五个主题，即争取平等主权的斗争（废除不平等条约和治外法权）、反对殖民主义的革命（殖民地人民争取独立）、争取种族平等的斗争（非白人国家或人民反对白人种族主义）、争取经济公正的斗争（财富的公正分配）、争取文化解放的斗争（非西方国家的文化自觉意识）。同时，第二次世界大战之后苏联的崛起，也加强了非西方国家反抗西方的力量。非西方反抗西方的行动，表现在万隆亚非会议（1955年）、不结盟运动（1961年）、77国集团（1964年）的作用上面。最后，布尔也指出，虽然非西方反抗西方的行动取得了一些成果，但正如"依附理论"所揭示的，西方在国际社会的主导地位尚未终结。③

① Hedley Bull, "A Proposal for a Study," in Brunello Vigezzi, *The British Committee on the Theory of International Politics (1954-1985): The Rediscovery of History*, Edizioni Unicopli, 2005, pp. 425-428.

② Adam Watson, "Some Comments on Our Theme," in Brunello Vigezzi, *The British Committee on the Theory of International Politics (1954-1985): The Rediscovery of History*, Edizioni Unicopli, 2005, pp. 428-431.

③ Hedley Bull, "The Revolt against the West," in Hedley Bull and Adam Watson, eds., *The Expansion of International Society*, Clarendon Press, 1984, pp. 217-228.

　　进入 21 世纪，国际社会全球化所带来的挑战集中表现在群体性崛起的非西方大国与西方国家的关系上，其中中国与美国之间的关系成为焦点。众所周知，进入 21 世纪之后，尤其是在 2008 年之后，国际环境再次进入一个重大变迁的历史时期。很多人认为，正在进行中的国际环境变迁之核心内容，就是非西方大国群体性崛起，挑战西方大国长期以来在国际社会中所占据的主导地位。例如，有两位西方学者指出，从 2008 年开始，世界进入了从西方—全球性国际社会到去中心化的全球主义之过渡时期，即全球转型（global transformation）的第三个阶段，美国将越来越难以维持其霸权地位，但没有任何一个国家可以取代美国的唯一超级大国之地位。他们认为，在以去中心化的全球主义为特征的世界里，将存在若干个世界性大国和许多区域性强国，而超级大国将不复存在，西方主导地位将终结。[1] 而在这次国际环境重大变迁或者全球转型中，中国所处的地位是比较特殊的。这是因为在所有正在崛起的非西方大国中，中国的"非西方性"应该是最为典型和纯粹的，它希望崛起和被承认的意愿大概也是最强烈的。正如有学者所指出的："对中国来说，目前正处于历史上的有利时期。中国经过了一个半世纪的内忧外患，富裕、强大和获取国际尊重似乎即将到来。中国人在精神上重新获得自信，很多人认为国运正在往上走，该是中国宣称自己'天命所归'的时候了。"[2] 也正是因为中国此种特殊性，在西方国家主导的现代国际社会中快速崛起的中国，相对来说更容易被现存霸权国家视为"挑战者""修正主义国家"，并被加以防范和制约。[3] 事实上，在 2008 年之后，美国的对华政策已经开始有很明显的新调整，美国防范、制约中国的意图越来越明显，这集中体现在奥巴马政府的"亚太再平衡"战略中。2017 年 1 月上台的特朗普政府更是明确把中国界定为对美国国家安全构成"威胁"的主要"战略竞争对手"和"修正主义大国"，并单方面挑起对华经贸摩擦、制裁一些中国高科技企业与个人，一众政府要员相继发出对华充满敌意的言论。2020 年初新冠肺炎疫情的暴发及其随后在全球的蔓

---

① Barry Buzan and George Lawson, *The Global Transformation：History*, *Modernity and the Making of International Relations*, Cambridge University Press, 2015, pp. 273–280；张小明：《理解 19 世纪全球转型的一种视角》，《国际关系研究》2020 年第 4 期，第 21~27 页。

② 〔美〕徐中约：《中国近代史》（第六版），计秋枫、朱庆葆译，世界图书出版公司，2008，第 596 页。

③ 张小明：《中国崛起、国际秩序与世界秩序》，《中国与国际关系学刊》2018 年第 2 期，第13~23 页。

延，加速了国际环境的变迁，特别是在特朗普政府在诸多问题领域对中国持续疯狂打压之下，中美关系处于所谓的"自由落体"之中，双边关系在诸多领域已经受到极为严重和难以修复的损害，尽管这不可能是中美关系的永久状态。

从特朗普政府到拜登政府，美国把中国视为主要"战略竞争对手"，并采取一系列措施，包括试图联合其盟友和伙伴孤立中国以及推动与中国的技术与经济"脱钩"，这在未来是否会打断现代国际社会的全球化过程，甚至导致灾难性的国际冲突呢？

结　语

全球化与国际社会有着密切的关联性，主权国家组成的国际社会在诞生之后至今一直处于全球化的演进过程之中。主权国家组成的国际社会是近代欧洲的产物，它随着欧洲的海外扩张而扩展到世界各个地区，在第二次世界大战之后形成全球性国际社会，世界上绝大多数国家都是全球性国际社会的成员。国际社会全球化过程未来还将继续和深化，也可能遭受挫折，甚至中断或逆转，其结果取决于构成国际社会的主权国家，尤其是主要大国能否达成有关人类未来发展的共识。

第五章　全球化与非国家行为体

刘莲莲

内容提要　非国家行为体是自由资本主义全球化时代所产生的、独立于民族国家的国际行为体。19 世纪后，随着全球化的起步与发展，跨国公司、政府间国际组织、国际非政府组织等非国家行为体逐渐产生并发展壮大，在 20 世纪中期后成为国际社会中一支独立的政治力量，参与国际事务并塑造着国际经济政治格局。这种发展态势对人们长期以来据以认识世界政治的根基——国家中心主义构成了重大挑战。冷战期间，学界开始就非国家行为体在当代国际社会中的地位与作用、与传统国家治理体系的关系等问题展开讨论。然而相关讨论很大程度上被裹挟进了自由主义和现实主义学派的论战，议题也被限缩在非国家行为体对世界政治的塑造能力是否超越了主权国家这一狭小范围之内。20 世纪 90 年代全球治理议题的兴起使人们对世界政治的认知发生了本体论意义上的改变。国家不再被视为解决社会问题的唯一权威，多元行为体的意义被强调。非国家行为体不只是国家的管理对象，也是国家在社会治理中的重要合作伙伴，彼此之间通过角色分工和对话协调来实现共同的社会治理目标。在全球治理议题下，非国家行为体的地位和作用及其与主权国家的关系等长期有争议的问题都在一定程度上找到了答案。

一　非国家行为体的概念

在 20 世纪中期至今的学术讨论中，非国家行为体（non-state actors）还有跨国行为体（transnational actors）、非政府行为体（nongovernmental actors）①、跨政府行为体（transgovernmental actors）②、跨国组织 （transnational organization）③等多种称谓。术语的差异意味着学者对于谈论对象本质的理解存在差异。当学者强调它的"跨国""跨政府"要件时，他们指向的是该类实体构成、活动的国家间属性，以及由此引发的国家间互动关系；而当学者强调它的"非国家""非政府"属性时，他们试图指出的是该类实体自身构成和活动逻辑与国家之间的差异性；当学者将之称为"行为体"时，他们强调的是在世界政治中该类实体具有独立于政府、自然人以及其他实体的意志和行动能力；而当学者将之称为"组织"时，他们强调的是这类实体内部结构的系统性以及其目标、机构和活动之间的关联性。

使用"非国家行为体"称谓的学者，对这一概念的主要特征也有着不同的认识。在非国家行为体的内涵上，有学者强调它本身的非国家属性、活动的跨国性质以及与国际政治的关联性，进而将它界定为"不是国家或国家的代表，然而在国际层面运作的，且与国际关系存在关联性的所有行为体"。④ 有学者进一步阐述了评估此处"关联性"的几项标准，即可观的规模，涵盖多个国家的支持者，政府或政府间国际组织向其开放参与政治事务的正式或非正式通道，其展示出对国际政治具有实质性的影响力等。⑤ 有学者则强调它与自由主义经济社会的联系，将它界定为发端于社会或市场经济，主要或完全独立于中央政府控制并参与到把政治体系、经济和社会联结在一起的"跨国"关系之中，以影响一个或更多国家内部或国际机构内部的政治结果的方式行事的组织。⑥ 也有学者从非国家行为体的财政来源将之界定为拥有一定的财政资源

① Joseph S. Nye, Jr. and Robert O. Keohane, "Transnational Relations and World Politics: An Introduction," *International Organization*, Vol. 25, No. 3, 1971, pp. 329-334.

② Joseph S. Nye, Jr. and Robert O. Keohane, "Transnational Relations and World Politics: A Conclusion," *International Organization*, Vol. 25, No. 3, 1971, pp. 721-722, 734.

③ Samuel P. Huntington, "Transnational Organizations in World Politics," *World Politics*, Vol. 25, No. 3, 1973, pp. 333-368.

④ Bas Arts, *Non-State Actors in Global Governance: A Power Analysis*, Paper to be presented at the 2003 ECPR Joint Sessions, Edinburgh, Scotland, March 28-April 2, 2003, pp. 3-4.

⑤ Elliott Morss, "The New Global Players: How They Compete and Collaborate," *World Development*, Vol. 19, No. 1, 1991, pp. 55-64.

⑥ Daphne Josselin and William Wallace, *Non-State Actors in World Politics*, Palgrave, 2001, pp. 3-4, 11.

（捐赠或经营利润）、在全球或地区范围内活动并足以对全球社会产生影响的组织。[1] 还有学者认为非国家行为体包括合法和不合法的世界政治行为体，并运用否定性特征来阐释了非国家行为体"不是什么"，认为非国家行为体不包括个人或行为和影响限于国内的行为体，也不包括隶属于主权国家的次国家行为体。[2]

在非国家行为体的外延上，学者也进行了探讨。有学者认为，非国家行为体的范围包括政府间组织、国际非政府组织、跨国公司、认知共同体和解放运动、游击组织、犯罪和恐怖组织、教会和行业组织等其他类型。[3] 有学者认为，它主要包括受经济等工具性目的激励的行为体（如跨国公司、黑社会团体）、促进原则性观念的行为体（如教会、倡议团体）、受职业道德和理性分析激励的专家（如智库、知识团体）、反映共同种族起源的行为体（如海外侨民）等多种类型。[4] 还有学者认为，它主要包括组织良好的国内公司和利益集团、全球性和地区性国际组织以及具有专业知识的营利和非营利机构等。[5] 还有学者认为，它可以分为政府间国际组织、非政府间国际组织、跨国公司、民族解放运动、分离主义组织、恐怖组织等多种类型，并认为非国家行为体的客体应局限为组织而不包括个人。[6] 也有学者认为，非国家行为体不仅包括跨国公司、国际组织等通常意义上的非国家行为体，还包括美国空军等受一个主权国家支配但活动范围跨越多国境的组织。[7] 还有学者则对非国家行为体做了相对狭义的规定，认为它主要包含私营部门的公司行为体和第三部门的非政府组织这两类行为体。[8] 这类学者认为政府间国际组织由国家建立和运作并服

---

① 苏长和：《非国家行为体与当代国际政治》，《欧洲》1998 年第 1 期，第 4~6 页。

② 李金祥：《非国家行为体的分类》，《当代世界》2008 年第 5 期，第 56 页。

③ Bas Arts, *Non-State Actors in Global Governance：A Power Analysis*, Paper to be presented at the 2003 ECPR Joint Sessions, Edinburgh, Scotland, March 28–April 2, 2003, pp. 3–4.

④ Daphne Josselin and William Wallace, *Non-State Actors in World Politics*, Palgrave, 2001, pp. 3–4, 11.

⑤ 王正毅：《国际政治经济学 50 年：现实变革、议题设定与理论创新》，《国际观察》2021 年第 1 期，第 68 页；《全球治理的政治逻辑及其挑战》，《探索与争鸣》2020 年第 3 期，第 5 页。

⑥ 苏长和：《非国家行为体与当代国际政治》，《欧洲》1998 年第 1 期，第 4~6 页。

⑦ Samuel P. Huntington, "Transnational Organizations in World Politics," *World Politics*, Vol. 25, No. 3, 1973, pp. 333–368.

⑧ Richard A. Higgott, Geoffrey R. D. Underhill and Andreas Bider, *Non-State Actors and Authority in the Global System*, Routledge, 2000, pp. 1, 6.

务于国家利益，故将其排除在非国家行为体之外。① 但很多学者则持相反观点，认为政府间国际组织在决策、人事上拥有独立于主权国家的自主性，是独立且重要的非国家行为体。②

尽管不同学者对非国家行为体这一概念有不同的认识，但大体上都同意非国家行为体是自由资本主义全球化时代所产生的、独立于民族国家的国际行为体。它的宗旨目标发端于社会而非由政府主导，它的活动范围常常超越了两个及以上国家的边界而具有跨国属性。和政府财政来自税收不同，非国家行为体的财政来源常常通过成员认缴、资源捐赠或经营利润获得。非国家行为体不是国际关系的直接主体，但对国际政治和国家间关系具有不可忽视的影响，为此也是国际事务不可忽视的行为体。非国家行为体的范围理论上包括国家和政府之外的一切国际事务的独立行为体，国家内部的次国家行为体和自然人通常不被视为学理意义上的非国家行为体。综合约定俗成及学术研究的视角，跨国公司、政府间国际组织和国际非政府组织三类行为体具有最为突出的现实影响，也最受学者关注。③

二 非国家行为体的产生和发展

非国家行为体的产生和发展与全球化进程息息相关。19 世纪以来，两次工业革命使得交通、通信技术迅速发展，货物、资本、技术和人员的跨国流动大大加快，整个世界因此被紧密联结起来。20 世纪尤其是第二次世界大战结束之后，全球化的范围、规模和速度空前提升，国际交往更加稠密化，全球性逐渐成为人们无法规避的一种生活方式。④

与此同时，各种类型的非国家行为体开始活跃在国际社会之中，成为国际经济和政治生活的重要载体，其数量、规模都与日俱增，进一步推动了全球化进程的加深。

① F. T. Furtak, *Nichtstaatliche Akteure in den internationalen Beziehungen： NGOs in der Weltpolitik*, München：tuduv-Verl.-Ges., Reihe Politikwissenschaft, nr. 73.

② C. Archer, *International Organizations*, Allen & Unwin, 1983.

③ Helen V. Milner & Andrew Moravcsik, eds., *Power, Interdependence and Nonstate Actors in World Politics*, Princeton University Press, 2009, p. 16.

④ 时殷弘：《全球性交往、互相依赖和非国家行为体》，《欧洲》2001 年第 5 期，第 1~3 页。

其中，跨国公司既是经济全球化的产物，也是经济全球化程度的指针。所谓跨国公司，是指在总部所在国之外拥有或控制着生产或服务设施的企业。[1] 15 世纪资本主义在欧洲萌生，欧洲商人开始到其他大陆经商，开启了生产国际化和经济全球化的前奏。但这时由于社会生产力水平较为低下，跨国交通、通信技术并不发达，生产要素和商品的流通非常不便，跨国经济关系整体上非常简单。19 世纪以来，发端于欧美社会的两次工业革命革新了整个世界的生产方式。社会生产力水平大幅度提高，蒸汽船、火车、汽车等交通工具的发明，电话、电报、邮政等通信网络的发达，使得国家间的生产要素和商品的流通日益便捷，西方发达国家的产品大量行销海外，资本家满世界奔走以开拓国际市场，跨国贸易迅速发展。资本主义国家的企业受到价值规律的指引，出于追求更多利润的目的，致力于为其商品寻求更有利的市场，同时寻找货币资金、设备、原材料、劳动力、生产技术和管理技能等生产要素的最佳组合方式。在成本收益合算的情况下，在国外设立分支机构从事生产经营逐渐成为一些经济实力雄厚的大企业的最优选择。1860 年以前，美国的塞缪尔枪械公司就在英国设厂制造枪械，杰伊·福特公司在英国设厂生产硬橡胶；19 世纪 60 年代末，美国胜家缝纫机公司在英国建立了第一个装配厂，并就近在消费水平较高的欧洲市场销售，以降低成本、增加利润。[2]

19 世纪至 20 世纪初期，在西方资本主义经济的推动下，世界市场开始形成，跨国公司开始出现。但这一时期，跨国公司的数量较少，资本输出的方式主要为借贷资本而非对外直接投资。第二次世界大战结束后，布雷顿森林体系为国际社会确立了跨国金融活动的基本规则，以电子技术为中心的新科技革命进一步促进了生产力的提升，跨国经济活动成本大幅降低，一些大型企业对外直接投资大幅增加，世界经济逐渐进入全球时代。相关数据显示，第二次世界大战结束后的半个世纪，世界贸易的增速大大高于世界生产的增速，跨国贸易在世界国内生产总值中所占的比重不断提高。1985~1990 年，世界对外直接投资平均每年增长近 30%。[3] 20 世纪 50 年代，美国的大公司率先规模化地开展跨国经营，西欧、日本等的企业也逐步走向世界。20 世纪 60 年代末 70 年代初，世界范围内拥有 7000 多家跨国公司，其海外分公司、子公司则多达

---

[1] 文显武：《跨国公司产生和发展的根本原因》，《世界经济研究》1988 年第 3 期，第 54 页。
[2] 文显武：《跨国公司产生和发展的根本原因》，《世界经济研究》1988 年第 3 期，第 55 页。
[3] 李琮：《论经济全球化》，《中国社会科学》1995 年第 1 期，第 26~27 页。

27300 多家。20 世纪 80 年代，跨国公司的数量增至 12000 家，海外子公司数量则增至 112000 家。1989 年冷战结束前夕，跨国公司的数量已达到 35000 多家，海外子公司数量则达到 150000 家。① 跨国公司的母公司分布不再局限于西方发达国家，发展中国家的一些企业也逐渐在局部领域的国际竞争中获得优势，开展跨国投资活动。与此同时，各国也努力通过完善法律法规、建设基础设施等方式吸引外商投资，促进就业和本地经济发展。

随着跨国交往的高频化，主权国家开始面临诸多依靠自身力量无法解决的国际公共问题，国家间合作的需要从经济领域向安全、环境、卫生等领域拓展，并催生了不同规模、类型各异的政府间国际组织。1648 年威斯特伐利亚体系建立后的很长时间内，由于社会生产力水平低下，国家间合作的空间非常有限，争夺土地等自然资源成为国家间互动的重要方式，欧洲大陆战争频仍。18 世纪也因此被称为"战争的世纪"。19 世纪两次工业革命促进了资本主义经济和国际贸易的发展，交通、通信技术的进步也使得各国政要和代表举行会议、凝聚共识更加便利，国际社会进入了"国际会议的世纪"，为跨国活动建立法律规则逐渐成为一种通行的做法。相比国际条约、惯例和习惯，国际组织所提供的系统的议事规则和中立第三人身份大大降低了国家间合作的交易成本，逐渐开始在国际贸易规则、技术标准制定、跨国卫生治理等领域出现。所谓政府间国际组织是指由三个及以上国家和政府为在特定领域开展国际合作而建立的组织机构，通常拥有稳定的多边会议机制、议事规则和常设秘书机构。② 1815 年诞生的莱茵河航运中央委员会是学界公认的第一个现代意义上的政府间国际组织，此后几十年，欧洲各国在易北河、多瑙河等区域都建立了类似的组织机构。19 世纪下半叶，以国际电信联盟、万国邮政联盟、国际度量衡局等为代表的国际行政组织次第出现。截至 1910 年，世界范围内已经有 40 多个类似的国际组织。③

第一次世界大战结束后，国际联盟的建立标志着第一个全球性国际安全组织的出现，世界开始进入"国际组织的世纪"。第二次世界大战结束后，国际

① 李琼：《论经济全球化》，《中国社会科学》1995 年第 1 期，第 28 页。

② L. S. Woolf, *International Government*, George Allen & Unwin Ltd., 1916, pp. 158-162; Michael Wallace and J. David Singer, "Intergovernmental Organization in the Global System, 1815-1964: A Quantitative Description," *International Organization*, Vol. 24, No. 2, 1970, p. 250.

③ 刘莲莲：《国际组织学：知识论》，社会科学文献出版社，2021，第 4 页。

社会前所未有地渴望世界和平与安全，在以美国为首的西方发达国家的主导下，联合国国际组织体系建立，为国际安全、金融、贸易、发展、卫生、教育科学文化等领域制定普遍规则。冷战期间，欧洲和亚洲先后产生了欧洲共同体、东盟等区域性国际组织以及 77 国集团等南南合作机制。据统计，1945 年世界范围内约有 100 个政府间国际组织，这一数字在 1970 年上升了一倍，在 20 世纪 90 年代则达到了 300 个。①

20 世纪 60 年代世界范围内有 19 个区域性国际组织，这一数据在 20 世纪 70 年代和 80 年代则分别上升到 28 个和 32 个，囊括 150 多个国家。② 冷战结束后，联合国国际组织体系的规模、活动范围和国际影响力都进一步扩展，各个国际组织的独立性也日益增强。而进入 21 世纪以来，新兴经济体要求改革战后国际秩序的呼声日益高涨，上海合作组织、金砖国家、亚洲基础设施投资银行等由发展中国家主导的国际机制逐渐产生并在国际社会中发挥着日益重要的作用。尽管 2016 年特朗普上台后美国的一系列"退群"行为和 2020 年新冠肺炎疫情大流行带来的国际形势变化使得"去全球化""逆全球化"等概念广为流行，但整体上可以看到，以联合国为核心的政府间国际组织体系在国际社会中的重要地位已不可撼动。

经济全球化不仅催生了政府间国际组织，也带来了价值观念层面的全球化，为国际非政府组织的产生创造了条件。交通、通信技术的发展使得人员和信息的跨国流动更加便捷，不同社会的公民之间信息交流、观念共享的机会大大增加。全球化使得人们认识到自身生活在一个相互联系的共同世界之中，不同社会的公民因为共同的目标和价值信念而聚合到一起，开展旨在消除物质福利和价值观差异的共同行动。学界对国际非政府组织的概念缺乏统一的认识。联合国经社理事会将之笼统地界定为不由政府间条约建立的国际组织，美国联邦税法则将之界定为从事慈善、教育、宗教和科学等公益事业的非营利机构。2016 年生效的《中华人民共和国境外非政府组织境内活动管理法》则将海外非政府组织界定为境外合法成立的基金会、社会团体、智库机构等非营利、非政府的社会组织。尽管学界对国际非政府组织的定义缺乏共识，但整体上都同意其具有组成和活动上的国际性、资金来源的非政府性、活动的组织性和非营

---

① UIA, *Yearbook of International Organizations 1995–1996.*
② 李琮：《论经济全球化》，《中国社会科学》1995 年第 1 期，第 32 页。

利性等基本特征。

学界对国际非政府组织的起源和数量也存在争议。有人认为早在 1674 年，欧洲国家就在教育领域开创了国际非政府组织的先例；更为流行的观点则将 1823 年英国的国外反奴隶社会运动、1846 年成立的世界福音联盟、1851 年的国际禁酒会、1855 年的基督教青年会世界联盟等视为早期的国际非政府组织。① 此外，由于国际非政府组织通常没有义务在成立或解散时通知其他机构，这使得精确计算国际非政府组织的数量非常困难。实践中关于国际非政府组织的数量计算通常以与政府和国际组织具有一定的联系为标准。国际非政府组织的民间性、灵活性使得人们难以准确掌握它的历史脉络和现存数量，但毋庸置疑，它的历史比政府间国际组织更为久远，数量的增长速度也远远高于政府间国际组织。

进入 20 世纪后，各类国际非政府组织大量涌现，凭借其专业性、和市民社会畅通的沟通渠道而成为 20 世纪国家治理的重要补充。第一次世界大战结束后，国际非政府组织的数量开始大幅度增长；进入 20 世纪中期后，今天在国际社会中有重要影响的诸多国际非政府组织，例如乐施会、世界自然基金会等先后建立。据统计，整个 20 世纪，国际非政府组织的数量从 1909 年的 176 个增至 2000 年的 45647 个，增长超过 258 倍。② 与此同时，国际非政府组织的规模也不断增长，成员不断扩充，影响力不断扩大。例如绿色和平组织在 1979 年成立初期成员仅覆盖几个国家，如今在 40 多个国家和地区设有分部；1983~2000 年，世界野生动物基金美国分会的收入从 900 万美元增至 1500 万美元，成员数量则从 9.4 万人增至 120 多万人。③

三　非国家行为体的地位和作用

各类非国家行为体自产生起便受到国际社会的普遍关注，19 世纪后期至 20 世纪，学界对各种非国家行为体的具体类型——跨国公司、政府间国际组

---

① P. Chiang, *Non-governmental Organizations at the United Nations: Identity, Role and Function*, Praeger, 1981, p. 21.

② UIA, *Yearbook of International Organizations 2000-2001*.

③ 霍淑红：《国际非政府组织的发展及其与国际机制的互动》，《上海行政学院学报》2008 年第 4 期，第 76 页。

织、国际非政府组织的研究始终存在。20 世纪尤其是第二次世界大战结束后，全球化进程的加快和全球性交往的稠密化则使跨国公司、政府间国际组织、国际非政府组织等非国家行为体在规模、种类、活动范围上大幅拓展，并逐渐发展为可以影响国际社会形态的独立政治力量。[1]

作为国际经济关系的重要载体，跨国公司的数量、业务范围与日俱增，积累了大量财富。数量优势和资金优势使得跨国公司日益成为当代国际经济活动的主体，主导着世界劳务贸易、对外直接投资、技术开发与转让等生产经营活动。20 世纪 90 年代初，跨国公司掌握了全球生产总值的 40%，国际贸易的 50%~60%，国际投资的 90%；在全球最大的 100 个经济实体中，跨国公司占了一半。各个跨国公司及其子公司形成了一张张庞大的经营网络，将全球各个地区、国家和经营行业囊括在内，自此全球经济结构的发展和变动便牢牢地与跨国公司的经营活动联系在一起。[2]

19 世纪后期垄断资本主义和帝国主义的盛行使得人们开始意识到主权国家的无序竞争给世界带来了灾难性后果，国际社会开始期待建立规范主权国家互动关系的普遍行为规则。在 20 世纪初期理想主义盛行的时代，无论是学者还是政治家都开始对国际组织在国际政治经济生活中的积极角色寄予厚望，期待它们能够像一个准"世界政府"那样为世界订立规则。凡尔赛体系确立后，以国际联盟为中心的国际组织体系建立并开始在世界经济政治领域发挥重要作用，这使得人们对国际组织的乐观期待达到了前所未有的高度。然而 20 世纪30 年代席卷资本主义世界的经济危机爆发、法西斯主义抬头，国际社会最终走向了第二次世界大战。国际联盟在解决经济危机、约束战争上的无能为力使得人们对其"世界政府"的期待落空，开始反思国际政治经济格局的本质，并重新认识国际组织在国际社会中的地位和作用。[3] 20 世纪 40 年代，以联合国为核心的国际组织体系成为战后国际秩序的基石。与此同时，现实主义、功能主义等国际关系理论流派开始发展和争鸣。其中，现实主义学派注重国家间权力政治关系，对国际组织等非国家行为体的作用持怀疑和贬抑态度；而功能

---

[1] 时殷弘：《全球性交往、互相依赖和非国家行为体》，《欧洲》2001 年第 5 期，第 1~9 页；苏长和：《非国家行为体与当代国际政治》，《欧洲》1998 年第 1 期，第 4~9 页。

[2] 李琼：《论经济全球化》，《中国社会科学》1995 年第 1 期，第 27~28 页。

[3] 刘莲莲：《国际组织研究：议题、方法与理论》，《国际政治研究》2021 年第 2 期，第 9~41 页。

主义学派则强调社会发展和科技变革给国际社会带来的新合作目标与需求，认可并推崇国际组织等非国家行为体塑造跨国关系的功能。

这种局面自 20 世纪 50 年代末开始发生改变。随着经济的繁荣和冷战的缓和，欧共体进展迅速，全球化发展趋势显著，这种良好的国际合作氛围为作为跨国关系载体的跨国公司、政府间国际组织提供了良好的生长环境。跨国公司、政府间国际组织、国际非政府组织等非国家行为体在国际舞台上展示出强大的活力。学界逐渐意识到非国家行为体在当今的国际社会中已经如此重要——不理解它们在国际社会的行动逻辑，便已经无法理解当代国际事务的演变。例如，德国国际关系学者托马斯·李赛（Thomas Risse）就曾经表示，从跨国公司到国际非政府组织等跨国行为体的确给国际体系留下了深远影响，而且如果不将其影响考虑进来，我们甚至无法着手对当代世界体系进行理论概括。①

部分学者更是前所未有地认识到，这些实体日益凸显的重要性不仅仅表现在它们数量、职能、影响力的持续增多、增强上，还表现在它们独立的意志、利益和行为逻辑使得它们作为独立的国际政治力量，对传统国际社会的核心行为体——主权国家在国际社会的权威构成挑战上。这种挑战首先来自跨国公司。随着全球化的发展，国家需要跨国公司来获取利润，东道国也需要跨国公司来发展经济，为此母国和东道国都愿意支持跨国公司的发展并与之共享权力。然而作为国际经济主角的跨国公司以营利为目标，基于商业规则和经济要素的最佳配置来运作，在经营目标和税收等问题上和母国常常存在利益冲突。一些跨国公司逐渐获得可匹敌国家的经济实力，其影响进而渗透到过去由国家垄断的对外关系领域，动摇国家政策，甚至架空国家权力，成为独立的国际规则制定者。

这种挑战也来自政府间国际组织和国际非政府组织。政府间国际组织是主权国家构建的，旨在解决全球化进程中单个主权国家无法处理的、需要有组织的集体行动应对的国际公共问题。政府间国际组织所具有的多边性、机制性、常设性特征使得它在协调国家间合作、克服集体行动困境上具有独特的优势。多边性意味着政府间国际组织的活动以多边主义为根本价值，通过

---

① Thomas Risse, "Transnational Actors and World Politics," Walter Carlsnaes, Thomas Risse and Simmons Beth, *Handbook of International Relations*, Sage Publications, 2002, pp. 255–274.

协商共识、规则化手段实现合作，从而确保国家间合作在当代国际社会的有效性与合法性。机制性则意味着政府间国际组织所协调的国家间合作不再只着眼于短效合作，而是注重各国在特定议题领域的长期目标，并为此建立了一套协调成员集体行动的长效规则。这套规则的存在大大降低了成员在该特定领域内反复互动的交易成本。互动的长期性和可预见性也使得成员常常不必计较自身在一时一事上的合作收益，而更专注于成员身份所带来的远期利益前景，进而确保了国家间合作的稳定性和可预见性。常设性则意味着和其他国家间合作手段相比，政府间国际组织具有固定的会议机构和秘书机构。固定的会议机构和秘书机构使得政府间国际组织拥有自身的名号、利益和工作人员，获得独立于成员的法律人格，从而以独立第三方的身份取信于成员方，达到化解集体行动中普遍存在的信任困境的目的。[①]政府间国际组织依据主权国家授权产生，也在这种授权的范围内活动。但是政府间国际组织本身的组织化运行模式赋予了它独立的人事、财政和决策权，这使得政府间国际组织在运营中获得日益增强的独立性。这种独立性不可避免地削弱了主权国家的权威，使得主权国家和政府间国际组织的关系也变得复杂化。20 世纪 70 年代以来，越来越多的学者认识到政府间国际组织的独立性并就其与主权国家的关系展开讨论。

国际非政府组织是民间力量在国际维度的体现。20 世纪早期，国际社会对国际非政府组织的关注相对较少，通常将之称为"私人国际组织"或将之视为国际组织的子类别或非正式形式。随着国际非政府组织数量和规模的增长，它们在国际政治中的影响力也日益扩大。国际非政府组织的价值取向具有强烈的世界主义性质，它们将全球性置于自身的组织目标和行动之中，强调自身对整个人类社会而非特定族群和利益集团的责任和义务。[②]和政府间国际组织经由授权产生、受到授权约束不同，国际非政府组织的活动是目标驱动型，行动逻辑上则常常通过发表专家意见、游说等方式直接与社会对话，调动社会的情感和价值观，从而获得社会层面的支持者。国际非政府组织具有独特的业务领域和运作逻辑，能够在传统国家治理无法触及的领域发挥补充作用。然而它们灵活的运营方式以及在社会广泛的影响力又常常对国家形成压力，甚至塑

---

① 刘莲莲：《国际组织学：知识论》，第 119～137 页。
② 时殷弘：《全球性交往、互相依赖和非国家行为体》，《欧洲》2001 年第 5 期，第 7 页。

造国家政策的走向。① 此外，国际非政府组织在国际社会中常常是发起社会改革运动的先锋。它们通过游说、宣传等各种手段引起世界各国的政要和公民对特定全球性或区域性问题的关注，从而将其纳入国际议程并促成全球性行动。20 世纪后半叶以来在世界范围内蓬勃发展的生态保护运动、平权运动等通常是在国际非政府组织的推动下展开的。②

四　非国家行为体对主权国家体系的挑战

进入 20 世纪 70 年代后，各种国际关系学派围绕着非国家行为体的作用和地位展开了一场论战，其中非国家行为体对主权国家体系的挑战成为论战的焦点。在 19 世纪以来甚至更早的国际关系研究中，国家始终被视为最为重要乃至唯一的行动单元。无论古代的城邦国家还是现代的民族国家，国家的属性和行为逻辑始终是人们分析一切国际问题的逻辑起点。古希腊思想家修昔底德在《伯罗奔尼撒战争史》中将城邦国家的利益偏好和行为视为战争的起源。③ 国际法之父胡果·格劳秀斯在其著作《战争与和平法》中将国家视为理性行为者，以其为主体来探讨国家间互动原理和规则。④ 17 世纪威斯特伐利亚体系形成以来，在人们的观念中，民族国家逐渐取代国王而被视为独立的行为体和世界政治的驱动者。国际法学家在很长时间内都将国家视为国际法的唯一主体。⑤

20 世纪中期，作为国际关系理论先驱者之一的汉斯·摩根索在其现实主义国际关系理论中将国家视为国际社会的主要行为体，认为追逐权力是国家对外行动的根本目标。⑥ 冷战开启后，国家中心主义进一步得到巩固和加强，主权国家尤其是霸权国的偏好和行为，成为人们理解和解释国际事务的根本出发

---

① 苏长和：《非国家行为体与当代国际政治》，《欧洲》1998 年第 1 期，第 4~9 页；刘鸣：《经济全球化条件下国家与非国家行为体的关系》，《世界经济与政治》2002 年第 11 期，第 48~53 页。
② 霍淑红：《国际非政府组织的发展及其与国际机制的互动》，《上海行政学院学报》2008 年第 4 期，第 76~77 页。
③ 〔古希腊〕修昔底德：《伯罗奔尼撒战争史》（上册），谢德风译，商务印书馆，1960，第 21 页。
④ 〔荷兰〕胡果·格劳秀斯：《战争与和平法》，何勤华等译，上海人民出版社，2013，第 57 页。
⑤ 刘莲莲：《国际组织学：知识论》，第 260 页。
⑥ 〔美〕汉斯·摩根索：《国家间政治：权力斗争与和平》，徐昕等译，北京大学出版社，2006，第 55~56 页。

点。"国家是国际体系的基本单元"成为人们认知国际问题的元假设和分析国际问题的基本工具。[①]　二战结束以来，现实主义国际关系理论的影响力逐渐增强，国家中心论在国际问题研究中被不断强化。然而随着冷战缓和、国际经济迅猛发展，部分学者再次看到非国家行为体显著的国际影响力，开始在一系列学术文献中要求关注非国家行为体的主体性及其对国际政治的塑造作用。

自由主义学者强调国际合作，自始便对国际组织和国际法的功能寄予厚望。新自由主义学者在承认国家的重要性的同时，非常注重非国家行为体作为国际舞台上独立政治力量的角色。自由主义学者认为，20世纪60年代以来，随着经济全球化的发展，世界各国在经济、政治等领域呈现复合相互依赖的状态。全球化促使国际关系的多中心化，国家曾经拥有的诸多权力开始向跨国公司、政府间国际组织和国际非政府组织转移。

20世纪60年代，耶鲁大学教授阿诺德·沃弗斯（Arnold Wolfers）在《世界政治的行动者》一文中梳理了国际政治研究将民族国家视为唯一行为体的历史渊源及其在当代遭遇的挑战。沃弗斯指出，拿破仑战争以来，"国家作为唯一行为体"逐渐发展为一种占据主导地位的国际政治研究路径。这种局面自20世纪中期开始被打破。第二次世界大战结束后，学者开始从两个角度质疑"国家作为唯一行为体"的传统观念。第一种理论思潮可以概括为"将自然人视为行为体"。这种思潮试图打破近代西方国际法体系用国家的整体人格吸收公民个人人格的做法，主张将作为自然人的公民个体放置于国际问题研究的中心，即在法律上将国家的整体人格还原到公民的个体人格。第二种思潮可以概括为"将法人视为行为体"。[②]　这种思潮并不试图解构国家在国际事务中的主体地位，也不主张赋予自然人在国际法上的独立人格，但它认为国际社会中不止国家这一个行为体，跨国公司、国际组织等机构法人也存在于国际社会之中，是重要的国际行为体。沃弗斯认为，质疑主权国家作为唯一国际行为体

---

① 〔美〕罗伯特·基欧汉编《新现实主义及其批判》，郭树勇译，北京大学出版社，2002，第150页。
② 这两种思潮的表述是笔者根据原作者的介绍所做的归纳。原文为："This reaction has taken two distinct forms: one new theory has placed individual human beings in the center of the scene that had been reserved previously to the nation-states; the second theory emphasized the existence, side by side with the state, of other corporate actors, especially international organizations." Arnold Wolfers, "The Actors in World Politics," in Arnold Wolfers, ed., *Discord and Collaboration: Essays on International Politics*, The Johns Hopkins Press, 1962, p. 4.

的地位并不意味着否定国家在国防、经济等事务中的主导地位，但已有明确证据显示联合国、欧洲煤钢共同体、亚非集团、阿拉伯联盟、梵蒂冈罗马教廷、阿美石油公司及其他类似实体已具备影响国际事务的能力，在国际社会中成为可以与民族国家相匹敌的独立行为体。①

此后很多学者开始对单纯以国家为分析单元的国际政治研究路径提出质疑，要求摒弃"国家唯一主体论"的陈旧理念，主张跨国公司等非国家行为体是国际政治的重要参与者和塑造者。美国外交家、银行家乔治·波尔（George W. Ball）于 1967 年在《财富》杂志刊文表示，跨国公司是一个旨在满足现时要求的现代概念，但民族国家则是一个老式的、很难适应当今复杂世界需求的旧有观念。② 有更激进的观点认为，跨国公司等非国家行为体即将取代主权国家，成为主要的国际行为体。美国经济学家、哈佛大学肯尼迪政府学院国际事务教授雷蒙德·弗农（Raymond Vernon）认为跨国公司使主权国家陷入了困境。③ 麻省理工学院经济学教授查尔斯·金德尔伯格（Charles P. Kindleberger）提出对外直接投资使民族国家蜕化为经济单位。④ 英国学者苏珊·斯特兰奇（Susan Strange）也认为"这种（私有企业）力量现在比国家的力量更为强大"。⑤ 加拿大麦吉尔大学经济学教授嘉丽·波兰尼·莱维特（Kari Polanyi Levitt）则指出，国际公司显然已向"过时"的民族国家发起一场意识形态战争，民族国家作为民主决策的政治单位为了"进步"，必须将对经济的控制权移交给新的商业势力。⑥

然而尽管沃弗斯和 20 世纪 60 年代的其他学者都注意到了"非国家公司行为体"（nonstate corporate actors）作为实体的存在及其对主权国家在当代国际

① Arnold Wolfers, "The Actors in World Politics," in Arnold Wolfers, ed., *Discord and Collaboration: Essays on International Politics*, The Johns Hopkins Press, 1962, pp. 3-24.

② George W. Ball, "The Promise of the Multinational Corporation," *Fortune*, Vol. 75, No. 6, 1967, p. 80.

③ Raymond Vernon, *Sovereignty at Bay*, Basic Books, 1971.

④ Charles P. Kindleberger, *American Business Abroad*, Yale University Press, 1969, p. 209.

⑤ Susan Strange, *The Retreat of the State: The Diffusion of Power in the World Economy*, Cambridge University Press, 1996, p. 4. 更多论述参见〔美〕詹姆斯·多尔蒂、小罗伯特·普法尔茨格拉夫《争论中的国际关系理论》（第五版），阎学通、陈寒溪等译，世界知识出版社，2003，第 508~509 页。

⑥ Kari Levitt, "The Hinterland Economy," *Canadian Forum*, Vol. 50, No. 594-595, July-August 1970, p. 163.

关系理论中的统治地位的挑战,[1] 但他们并未从学理的角度,在一套完整的概念体系中"安置"它。其后果是,即便学界已不乏质疑"国家唯一主体论"的声音,但这种呼吁仍流于口号,学者在做理论叙事时总是难以在自己的逻辑中处理这一新兴概念。其结果是,无论政策研究还是理论著述都一如既往地忽视跨国实体对世界政治的影响力。[2]

对此,部分自由主义学者开始试图发展一套完整的理论来抵御国家中心论的"霸权"。1971 年,约瑟夫·奈(Joseph S. Nye, Jr.)和罗伯特·基欧汉(Robert O. Keohane)在《跨国关系和世界政治:导论》一文中系统批判了"国家唯一主体论"。他们指出,长期以来,国际政治学学者和实务工作者都将国家视为具有目的和权力的行为体,外交家和军人是国家的代言人,相关研究和政策制定也聚焦于国家间互动关系、权力博弈等。然而外交家和军人的互动并非发生在真空之中,而是有其外部环境的。该外部环境深受地理条件、国内政治、科技发展等多种要素的影响。主权国家并非世界政治的唯一行为体,大量政府控制之外的跨国公司、国际组织等实体对于塑造国家间政治得以发生的外部环境发挥着重要作用,具有独立的政治影响力。

奈和基欧汉运用"跨国行为体"(transnational actors)来指代政府外事部门控制之外的、跨越国境开展活动的实体,并将由此产生的非政府主导的跨国关系(transnational relations)与政府主导的国家间体系(interstate system)并置,认为它们之间存在一种交互效应,而这种交互效应对于理解当代世界政治至关重要。奈和基欧汉对跨国行为体的研究不止于认识到它们是既存的事实,而是具有显著的反"国家唯一主体论"意图。如他们所指出的,"我们研究这些跨国关系并非单纯地因为'它们是既存的事实',与之相反,我们寄望于通过该研究来回答当代国家和国际事务学生所关注的实证的和规范的问题"。奈和基欧汉进一步使用了"非政府行为体"(nongovernmental actors)的概念,并将其范围界定为自然人个体和组织(individuals and organizations)。理论建构上,奈和基欧汉从"全球互动"(global interactions)的概念出发,并将其分为交流(communication)、交通(transportation)、金融(finance)、旅行(travel)四

---

① Arnold Wolfers, "The Actors in World Politics," in Arnold Wolfers, ed., *Discord and Collaboration: Essays on International Politics*, The Johns Hopkins Press, 1962, p. 20.

② Joseph S. Nye, Jr. and Robert O. Keohane, "Transnational Relations and World Politics: An Introduction," *International Organization*, Vol. 25, No. 3, 1971, p. 330.

种范畴，认为其中部分全球互动类型是由政府主导的，部分则是由非政府行为体所推动的，相应的全球互动可以类分为政府主导的国家间互动（interstate interactions）和非政府行为体主导的跨国互动（transnational interactions）。非政府行为体和主权国家、政府间国际组织之间具有复杂的互动关系，这些关系深刻地影响了国际政治的基本形态。① 奈和基欧汉在《跨国关系与世界政治：结论》一文中，进一步表达了需要构建一种内涵更宽泛的"世界政治范式"以更好地理解世界权力和价值分配的不均衡、美国对外政策的新设定、国际组织的新类型和新任务等当代问题。②

基欧汉和奈在1974年发表的《跨政府关系和国际组织》一文中更聚焦地分析了非国家行为体的一个重要类别——国际组织在世界政治中的性质和功能。基欧汉和奈指出国际组织是世界政治的重要行为体。其对世界政治的影响力不仅体现在它们具有自主性或者始终忠诚于公共利益——事实上国际组织发挥影响力的方式并不总受欢迎，而在于国际组织的影响力是一个事实性的存在，也是政治精英们为了应对一个相互依存不断加深的国际社会的必然选择。基欧汉和奈并不认同功能主义路径所主张的社会的发展必然导致国际组织等新组织类型取代主权国家的观点。他们认为主权国家不会轻易消亡，但主权国家也无法绝对主导国际组织的活动。国际组织作为一支独立的政治力量在不同问题领域的角色和影响力值得人们长期关注。③ 此后，基欧汉和奈将跨国关系纳入相互依赖理论，强调在国家之外，跨国行为体也是世界政治中的相互依赖关系形成的重要参与者。④ 基欧汉和奈在《权力与相互依赖》一书中指出："世界政治中的相互依赖，指的是以国家之间或不同国家的行为体之间相互影响为特征的情形。"⑤ 小约瑟夫·奈在《理解国际冲突：理论与历史》一书中也再

① Joseph S. Nye, Jr. and Robert O. Keohane, "Transnational Relations and World Politics: An Introduction," *International Organization*, Vol. 25, No. 3, 1971, pp. 329-334.

② Joseph S. Nye, Jr. and Robert O. Keohane, "Transnational Relations and World Politics: A Conclusion," *International Organization*, Vol. 25, No. 3, 1971, pp. 721-722, 734.

③ Robert O. Keohane and Joseph S. Nye, "Transgovernmental Relations and International Organizations," *World Politics*, Vol. 27, No. 1, 1974, pp. 39-62.

④ 〔美〕罗伯特·基欧汉、约瑟夫·奈：《权力与相互依赖》（第3版），门洪华译，北京大学出版社，2002，第9页。

⑤ 〔美〕罗伯特·基欧汉、约瑟夫·奈：《权力与相互依赖》（第3版），第9页。

次主张国家不是唯一重要的行为体——跨国行为体也是重要的角色。[①]

　　美国政治学家、全球治理理论的重要推动者之一詹姆斯·罗西瑙（James N. Rosenau）在 1988 年发表的论文中指出，非国家行为体的崛起使全球社会正划分为两个截然不同的世界。进入 20 世纪后期，国际社会在生产、贸易、金融、科技等各个领域日益国际化，这种剧烈的变化使得各种私营力量的国际影响力日益突出，民族国家政府对它们的控制力则不断被削弱，全球事务逐渐划分为以应对安全困境为宗旨的、国家主导的"国家中心世界"和以应对自治困境为宗旨的、私营行为体扮演主要角色的"多中心世界"。两个世界具有不同的特征和互动逻辑，又彼此交叠、相互作用，时而合作、时而竞争，共同构成一个高度复杂的全球政治图景。[②]

　　与此同时，也有学者并不认同非国家行为体已经获得了可以匹敌主权国家的国际影响力，甚至并不认为它们已经体现出了代替民族国家成为国际政治的首要行为体的潜能。1971 年，普林斯顿大学教授罗伯特·吉尔平（Robert Gilpin）在《跨国经济关系的政治学》一文中指出，跨国公司作为新兴经济和技术力量的代表，磨灭了传统意义上的国界，催生了高度整合的跨国经济，并正在发展为一股新兴的政治力量，国际社会的经济组织和政治组织之间的张力日益增大。这种新的势头对于理解第二次世界大战结束以来的跨国经济关系的发展变迁具有重要意义。然而吉尔平也认为，尽管跨国行为体及其互动关系正深刻地影响国际关系，但现有证据尚不足以说明它们作为独立行为体对国际政治产生着决定性的影响，它们的实际影响力远未达到部分自由主义学者所认为的打破了民族国家对国际经济关系的垄断、改写了国际关系的本质的地步。吉尔平引用美国经济学家尤金·斯坦利（Eugene Staley）的话表示，跨国公司更像是作为民族国家政府的工具而非独立行为体对国际政治施加着影响，它们的政治影响常常表现为对母国政府政策的影响，或者以母国代理人的身份来对东道国的外交或经济政策施加影响。[③] 与其说跨国公司将替代民族国家，不如说

---

① 〔美〕小约瑟夫·奈:《理解国际冲突：理论与历史》，张小明译，上海人民出版社，2002，第288 页。

② James N. Rosenau, "Patterned Chaos in Global Life: Structure and Process in the Two Worlds of World Politics," *International Political Science Review*, Vol. 9, No. 4, 1988, pp. 327-364.

③ Eugene Staley, *War and the Private Investor: A Study in the Relations of International Politics and International Private Investment*, Doubleday, Doran & Co., 1935.

民族国家在经济领域和政治领域的角色的重要性都在与日俱增，而跨国公司实际上像是国家权力在经济领域内扩张的兴奋剂。国际体系中的"基本单元现在是、将来仍旧是民族国家"。[1]

哈佛大学教授塞缪尔·亨廷顿（Samuel P. Huntington）在 1973 年发表的《世界政治中的跨国组织》一文中，在"跨国组织"（transnational organization）的概念下讨论了非国家行为体对主权国家体系的挑战，并认为这种挑战并非根本性的。亨廷顿认为当时流行的一种观点——跨国组织的增长必然伴随着民族国家的衰退——是错误的。现实中很多跨国公司是美国等国家推行帝国主义政策的工具，即便它们对社会具有显著的影响力，但整体上仍处于主权国家的掌控之中，并不真正具备撼动主权国家的实力。亨廷顿进一步指出，民族国家和跨国公司服务于不同的社会目的，未来将长期共存，而非以竞争和冲突的面貌存在。[2] 英国牛津大学教授赫德利·布尔（Hedley Bull）在 1977 年出版的《无政府社会：世界政治中的秩序研究》一书中也对这种观点表示认同，认为尽管"主权国家并不是世界政治中唯一的重要行为体或角色"，但"单单是世界政治中存在着非国家行为体这种现象，并不能说明世界正在朝着一种新的中世纪主义方向发展"。[3] 当前主权国家可以通过实施准入限制、规制措施等抵御跨国公司强大的影响力，跨国公司与主权国家的利益并非总是冲突，它们的活动常常能够帮助提升主权国家的财富和政治影响力。更为重要的是，主权国家掌控着武装力量，得到大量民众的拥护，跨国公司根本无从对主权国家的地位构成挑战。[4] 更有观点认为非国家行为体不仅没有削弱主权国家体系，反而巩固了它。[5]

作为对跨国主义的回应，美国加州大学伯克利分校教授肯尼思·华尔兹（Kenneth Waltz）系统阐述了结构现实主义，强化了"国家唯一主体论"。华尔兹在 1978 年出版的《国际政治理论》一书中坚定地使用了非国家行为体

① Robert Gilpin, "The Politics of Transnational Economic Relations," *International Organization*, Vol. 25, No. 3, 1971, pp. 398-419.
② Samuel P. Huntington, "Transnational Organizations in World Politics," *World Politics*, Vol. 25, No. 3, 1973, pp. 333-368.
③ 〔英〕赫德利·布尔：《无政府社会：世界政治中的秩序研究》（第四版），第 223~224 页。
④ 〔英〕赫德利·布尔：《无政府社会：世界政治中的秩序研究》（第四版），第 228~230 页。
⑤ 相关论述参见〔美〕詹姆斯·多尔蒂、小罗伯特·普法尔茨格拉夫《争论中的国际关系理论》（第五版），第 509 页。

（non-state actor）这一概念，并旗帜鲜明地反对任何关于非国家行为体已经或即将要取代国家中心地位的说法。他指出系统由结构和互动的单元构成，而"国际政治系统，就像经济市场一样，是由关注自我的单元的共同行为形成的。国际结构是根据某一时期主要的政治行为体——无论是城邦、帝国还是民族国家——来定义的。"① 对于当时流行的关于非国家行为体的讨论，华尔兹在事实层面承认非国家行为体的存在及其现实价值，但认为它们的力量不足以撼动主权国家。对此他表示："国家不是，也从来不是唯一的国际行为体。但是结构是根据系统的主要行为体，而非活跃于其中的所有行为体来加以定义的。我们只从构成系统的无穷多的个体中选取某一个或几个主要行为体，然后根据它们来定义系统结构。""非国家行为体的重要性以及跨国行为扩展的广度显而易见。但是，由此并不足以得出国际政治的国家中心观念已然过时这一结论。"② 华尔兹进一步指出，对非国家行为体的解释需要独立的国际政治研究方法或理论。但由于它们的影响力尚不足以匹敌主权国家，当下也尚不具有这种理论建构上的紧迫性，为此这种方法和理论并未出现。③

换言之，华尔兹认可非国家行为体的现实存在和实践意义，但并不认同它具有显著而紧迫的理论价值。斯蒂芬·克拉斯纳（Stephen Krasner）等现实主义学者认为，在当代世界中，国家是拥有最多权力的组织。非国家行为体的影响主要依赖于它们是否能成功地改变最强势的国家的政策和偏好。④ 尽管他们并不否认非国家行为体的存在，但认为它们的地位和作用在国家面前不值一提。⑤

20世纪80年代，基欧汉等自由主义学者在与新现实主义学者的论战过程中，在一定程度上接受了华尔兹的观点，从多元行为体的立场上开始后退，将注意力转回到国家上来。基欧汉放弃了此前构建以跨国行为体为中心概念的理论的意图，转而基于结构现实主义以无政府社会和主权国家为中心概念的基础

---

① 〔美〕肯尼思·华尔兹：《国际政治理论》，信强译，上海人民出版社，2017，第84、96~98页。

② 〔美〕肯尼思·华尔兹：《国际政治理论》，第99~100页。

③ 〔美〕肯尼思·华尔兹：《国际政治理论》，第100~101页。

④ S. Krasner, "Power Politics, Institutions and Transnational Relations," in T. Risse-Kappen, *Bringing the State Back in*, Cambridge University Press, 1995, pp. 257-259.

⑤ John J. Mearsheimer, "The False Promise of International Institutions," *International Security*, Vol. 19, No. 3, 1994-1995, pp. 5-49.

架构，发展了新自由制度主义。尽管新自由制度主义强调国际政治的合作维度，注重国际制度对国际政治的塑造作用，主张重视军事力量之外的其他权力形式，并强调国家不是国际社会中唯一的行为体，但和结构现实主义相同的是，它将主权国家视为最重要的行为体，理论叙事也围绕着制度如何塑造主权国家的理性选择而展开。非国家行为体的价值仍常常被提及，但它们通常出现在理论叙事的主线之外，国际组织也成了国际制度的组成部分，它们独立的行动能力不再受到特别的关注。① 鉴于新自由制度主义和结构现实主义理论都以主权国家为基本行动单元并赋予其理性品格，国家理性成为当代国际政治理论最为显著的前提假设。② 20 世纪 90 年代兴起的建构主义也继承了它将主权国家视为基本行动单元的做法。③ 自此，国家中心主义便成为当代国际政治理论最为显著的内核。近 30 年来，三大理论的差异和它们彼此的竞争始终是国际政治学领域关注的焦点。然而更值得今天的理论研究者注意的是，恰恰是三大理论基础结构的趋同和固化带给了我们更重要的启示，即经过了几十年的探索与争鸣，国际政治理论最终选择了"国家唯一主体论"而放弃了对非国家行为体与跨国关系的理论构造。

五　全球治理议题下的非国家行为体

冷战结束后，全球化进一步迅猛发展，跨国公司、政府间国际组织、国际非政府组织等非国家行为体在世界政治中的作用更加显著。现实主义对非国家行为体功能的贬抑逐渐显得不合时宜，新自由制度主义学者的主张更切合新时代的国际现实。然而如前所述，由于新自由制度主义的理论根基和新现实主义有很多相同之处，它在解释非国家行为体的功能及其与主权国家的关系上存在诸多障碍。全球治理议题的兴起在很大程度上解决了这一问题。1990 年，国际发展委员会主席维利·勃兰特（Willy Brandt）率先提出了全球治理（global governance）这一概念；1992 年，瑞典前首相卡尔森（Ingvar Carlsson）等 28 位

---

① Helen V. Milner and Andrew Moravcsik, eds, *Power, Interdependence and Nonstate Actors in World Politics*, Princeton University Press, 2009, pp. 17–18.

② Robert O. Keohane, *International Institutions and State Power: Essays in International Relations Theory*, Westview Press, 1989, p. 8.

③ 刘莲莲：《国际组织理论：反思与前瞻》，《厦门大学学报》（哲学社会科学版）2017 年第 5 期，第 18~20 页。

国际知名人士发起了"全球治理委员会"（Commission on Global Governance）。该委员会在 1995 年联合国成立 50 周年之际发表的《天涯成比邻》（*Our Global Neighborhood*）中系统阐述了全球治理理念。① 自此，全球治理成为国际议程上的关键词。

全球治理的一个重要内涵是在国际国内问题的应对上从"统治"本位向"治理"本位转向。20 世纪 90 年代，世界银行、经济合作与发展组织、联合国开发计划署、联合国教科文组织等重要国际组织在《促进参与式发展和善治的项目评估》《人类可持续发展的治理、管理的发展和治理的分工》《治理与联合国教科文组织》等一系列报告中阐述了人类政治从"统治"（government）走向"治理"（governance）的重要性，《国际社会科学杂志》也于 1998 年第 3 期组织了"治理"专题。② 治理的核心内涵是国家的行动能力受到限制，而社会则成为新的核心。全球治理委员会在 1999 年发布的一份报告中着重阐述了社会对全球治理的重要意义。全球治理理论的主要创始人之一詹姆斯·罗西瑙在 1995 年出版的《没有政府的治理》一书和论文《21 世纪的治理》中指出，治理是由共同的目标所支持的活动，管理活动的主体未必是政府，它的内涵比政府统治更为丰富。③ 另一位全球治理学者、英国斯特拉斯克莱德大学教授格里·斯托克（Gerry Stoker）在《作为理论的治理：五个论点》一文中指出，治理意味着一系列来自政府又不限于政府的社会公共机构和行动者，它对传统的国家权威提出挑战，政府不再是国家唯一的权力中心。

治理意味着现代社会中的国家正在将它独立承担的责任转移给社会，即各种私人部门和公民自愿性团体，从而使得国家与社会之间的界限日益模糊。治理还意味着各个社会公共机构之间的相互依赖，多元化的参与者在各个领域与政府合作并分担政府的责任。而政府的能力将不再局限于办好事情本身和发号

---

① Britannica, Commission on Global Governance, https：//www. britannica. com/topic/Commission – on-Global-Governance，访问日期：2021 年 11 月 29 日。

② 俞可平：《全球治理引论》，载俞可平主编《全球化：全球治理》，社会科学文献出版社，2003，第 2~3 页。

③ 〔美〕詹姆斯·罗西瑙主编《没有政府的治理》，张胜军、刘小林等译，江西人民出版社，2001；James N. Rosenau， "Governance in the Twenty First Century," *Globa Governance*，Vol. 1，No. 1，1995，pp. 13-43。

施令，还包括运用新的方法和技术对公共事务进行控制和引导。① 瑞士洛桑大学政治社会学教授弗朗索瓦-格扎维尔·梅里安也指出，新的有效管理，即治理的主要特征不再是监督、中央集权和国家"指导"，而是权力分散以及国家与私营部门的合作。② 2000 年 3 月，时任德国总理施罗德在《新社会》发文指出当代社会国家已经不可能再通过自己的行动解决所有问题，单纯依赖市场的自由主义路径也无法实现社会资源的最佳配置，为此需要推行以"公民社会"模式为核心的"新治理"，来弥补国家和市场在调控和协调中的不足。"公民社会"模式中社会团体将发挥重要作用，而国家则通过协商和对话来调节各种社会力量解决社会问题的努力。③ 整体上，西方社会提出"治理"概念的根本原因在于其看到了单纯依赖国家或市场来配置社会资源都存在很大的局限性，需要开辟新的路径来解决这一困境，而社会中的自治团体、私营组织则在很大程度上可以弥补这一缺憾。这种认识将引致传统国家社会关系、公共机构和私营部门的关系发生变化，它们不再是管理者与被管理者，而是公共问题治理中的合作伙伴，国家的中心任务不再是发号施令，而是为这些非国家行为体参与社会治理提供支持、协调和管理。

与之相应，全球治理弱化了传统国家的权威，真正地将非国家行为体视为国际议程中不可或缺的行动者。其一，相关学者普遍认为全球治理的主体不再局限于国家，政府间国际组织、国际非政府组织等非国家行为体都在全球治理中发挥重要作用，全球治理意味着"多元行为体"时代的到来。无论是自由主义者还是现实主义者都认同非国家行为体是一支独立的、不可忽视的国际政治力量，它们和主权国家组成一张巨大的行动者网络，共同塑造着当今世界政治的基础格局。全球治理理论的主要创始人之一詹姆斯·罗西瑙 1988 年在论文中指出，国际政治正在演变成为全球政治，因为在"国家中心世界"之外还存在一个由各种非国家行为体所组成的"多中心世界"，这两个成员彼此重

① 格里·斯托克：《作为理论的治理：五个论点》，华夏风译，《国际社会科学杂志》（中文版）1999 年第 3 期，第 23~32 页。
② 弗朗索瓦-格扎维尔·梅里安：《治理问题与现代福利国家》，肖孝毛译，《国际社会科学杂志》（中文版）1999 年第 1 期，第 61 页。
③ 张文成：《德国学者迈尔谈西欧社会民主主义的新变化与"公民社会模式"》，《国外理论动态》2000 年第 7 期，第 19~22 页。

叠且相互作用的世界共同描绘着全球政治的图景。① 他此后在《面向本体论的全球治理》一文中又表示，当今时代发生了巨大的变化，即"一个以边界迁移、权威重构、民族国家衰落和非政府组织在地区、国家、国际和全球等诸层次上的激增为特征和标志的时代"正在来临。② 瑞士圣加伦大学教授克劳斯·丁沃斯（Klaus Dingwerth）和阿姆斯特丹自由大学教授菲利普·裴德思（Philipp Pattberg）即认为全球治理理论本质上就是多元行为体的世界政治研究视角。③ 美国纽约市立大学教授托马斯·魏斯（Thomas G. Weiss）也表示："在国际层面，'全球治理'可以追溯到国际关系研究人员对20世纪70年代和80年代主导国际组织研究的现实主义和自由制度主义理论日益不满。特别是，这些未能充分反映非国家行为者在数量和影响力方面的巨大增长以及技术在全球化时代的影响。"④ 美国政治学家玛格丽特·E. 凯克（Margaret E. Keck）和凯瑟琳·辛金克（Kathryn Sikkink）即指出，随着非国家行为体广泛而深入的介入，国家已经被而且仍将继续被重新构建，"并逐渐融入国家和非国家行为体（网络）的结构性互动关系之中"。⑤

其二，学界对非国家行为体在世界政治中的功能作用的认识也更为深刻。学界普遍认识到，在当今世界，非国家行为体已经渗透到国际社会的各个领域，它们所掌握的信息和专业知识对于民族国家解决各类问题非常重要；它们对政治话语、议程设置、规则制定发挥着直接的影响力；它们本身也是国际体系中政治、政策和制度安排的一部分。⑥ 新自由制度主义学派讨论了国家在不同问题领域的治理能力的差异与局限性，以及非国家行为体如何通过公私主体间的互动来弥补国家在金融、知识产权等各种问题领域内治

---

① James N. Rosenau, "Patterned Chaos in Global Life: Structure and Process in the Two Worlds of World Politics," *International Political Science Review*, Vol. 9, No. 4, 1988, pp. 327-364.

② 詹姆斯·罗西瑙：《面向本体论的全球治理》，载俞可平主编《全球化：全球治理》，第55页。

③ Klaus Dingwerth and Philipp Pattberg, "Global Governance as a Perspective on World Politics," *Global Governance*, Vol. 12, No. 2, 2006, pp. 185-203, at 191.

④ Thomas G. Weiss, "Governance, Good Governance and Global Governance," *Third World Quarterly*, Vol. 21, No. 5, 2000, pp. 795-814, at 796.

⑤ 〔美〕玛格丽特·E. 凯克、凯瑟琳·辛金克：《超越国界的活动家：国际政治中的倡议网络》，韩召颖、孙英丽译，北京大学出版社，2005，第242页。

⑥ Bob Reinalda, Bas Arts and Math Noortmann, *Non-state Actors in International Relations*, Ashgate Publishing Limited, 2001, p. 3.

理能力的不足，非国家行为体如何促进国家遵约水平的提升，等等。① 建构主义学派强调国际关系中的社会规范结构，而不仅仅注重经济物质结构，其中非国家行为体的功能正是通过塑造国际规范结构来实现的。费丽莫即认为政府间国际组织和国际非政府组织等非国家行为体可以通过操纵观念、规范和价值而发挥作用。② 凯瑟琳·辛金克指出，我们谈论的世界政治结构是特定的权力结构和规范结构的结合体，也因为非国家行为体对新规范和话语的创造至关重要，所以她认为非国家行为体通过改变全球治理的规范结构而促成世界政治的重构。③ 一些主张全球治理的学者认为非国家行为体是挑战国家权威和国际资本权力的"全球公民社会"的先锋，是自下而上地抵抗全球化和国际机构的发起者，塑造着全球治理的边界与特征。④ 他们认为，全球治理不仅意味着国家机构、政府间合作等正式的制度和组织，还意味着跨国公司、跨国社会运动等压力团体也对跨国规则和权力结构产生重要的影响。⑤

其三，在全球治理这一理论议题之下，非国家行为体与主权国家的关系也得到了更为全面的认识。学界的论争不再拘泥于谁是世界政治中最为核心的行为体这样狭小的议题，转而探讨在一张由主权国家和非国家行为体共同构成的行动者网络中，非国家行为体与主权国家的冲突与合作，以及它们如何扮演不同的角色、如何相互作用以服务于共同追求的全球治理目标这类问题。

对于全球治理时代非国家行为体与主权国家的权力分配，有学者认为全球

① Helen V. Milner and Andrew Moravcsik, eds., *Power*, *Interdependence and Nonstate Actors in World Politics*, Princeton University Press, 2009, pp. 18-27.
② 〔美〕玛莎·费丽莫：《国际社会中的国家利益》，袁正清译，浙江人民出版社，2001。
③ Kathryn Sikkink, "Restructuring World Politics: The Limits and Asymmetries of Soft Power," Sanjeev Khagram, James V. Riker and Kathryn Sikkink, *Restructuring World Politics: Transnational Social Movements*, *Networks*, *and Norms*, University of Minnesota Press, 2002, p. 302.
④ Sanjeev Khagram, James V. Riker and Kathryn Sikkink, "From Santiago to Seattle: Transnational Advocacy Groups Restructuring World Politics," Sanjeev Khagram, James V. Riker and Kathryn Sikkink, *Restructuring World Politics: Transnational Social Movements*, *Networks*, *and Norms*, University of Minnesota Press, 2002, p. 4.
⑤ J. Rosenau, *Along the Domestic-Foreign Frontier*, Cambridge University Press, 1997. 转引自〔英〕戴维·赫尔德等《全球大变革：全球化时代的政治、经济与文化》，杨雪冬等译，社会科学文献出版社，2001，第70页。

化时代国家与非国家行为体的关系是有时冲突但经常依存。① 有学者则关注到国际组织对国家主权的限制与权力分割。20 世纪 90 年代以来，越来越多的学者开始跳出现实主义和功能主义将国际组织视为国家意志或社会产物的"国际组织工具说"，探讨国际组织的独立主体资格。委托代理理论被引入国际组织研究来拟制主权国家和国际政治的关系。相关观点认为，在全球化背景下主权国家难以独立处理许多公共问题，故而授权国际组织来协调国家间集体行动。国际组织作为受托人，理应依照主权国家的授权期限和范围行事。然而国际组织本身的组织化运行模式赋予了它独立的人事、财政和决策权，这使得国际组织在运营中获得日益增加的独立性。这种独立性使得国际组织可能偏离主权国家的授权代理范围，从而引发主权国家与国际组织之间的紧张关系。② 对此，美国国际事务专家杰西卡·马修斯（Jessica T. Mathews）指出："国家感到需要更有能力的国际组织来配合解决一连串的跨国挑战，与此同时又害怕这些竞争者。"③

国际非政府组织作为市民社会的代表，如何应对主权国家的权力垄断所形成的挑战，也引发了学界的关注。相关观点认为，国际非政府组织来自市民社会，是民间组织在国际维度的表现。和政府间国际组织经由授权产生、受授权范围约束不同，国际非政府组织的活动是目标驱动型，行动逻辑上则常常通过发表专家意见、游说等方式直接与市民社会对话，调动市民社会的情感和价值观，从而获得支持者。国际非政府组织在主权国家不能涉足的一些领域发挥着重要的作用，同时又对主权国家造成巨大的舆论压力。④ 约翰·霍普金斯大学教授莱斯特·萨拉蒙（Lester M. Salamon）1994 年在《非营利机构的崛起》一文中指出，世界范围内私人的、非营利或称非政府组织的产生正在改变着国际格局，无论在发达国家还是在发展中国家，也无关意识形态，人们都在建立协会、基金会或类似机构来开展公共服务，促进基层经济发展，阻止环境恶化，保护人权等国家无暇顾及的事务。该现象的范围和规模空前庞大，我们正处于一场影响力比肩

---

① Richard A. Higgott, Geoffrey R. D. Underhill and Andreas Bieler, *Non-State Actors and Authority in the Global System*, Routledge, 2000, pp. 1, 6.

② 刘莲莲、姜孜元：《国际组织的"去政治化"：制度理性与谦抑品格》，载应星主编《清华社会科学》第 3 卷第 1 辑（2021），商务印书馆，2021，第 82~124 页。

③ Jessica T. Mathews, "Power Shift," *Foreign Affairs*, Vol. 76, No. 1, 1997, p. 58.

④ 苏长和：《非国家行为体与当代国际政治》，《欧洲》1998 年第 1 期，第 4~9 页。

19 世纪后半叶民族国家崛起的全球"结社革命"（associational revolution）之中。这场革命将导致全球第三部门——一个庞大的自治私人组织的诞生。它不像公司企业那样以为股东和董事谋利为目的，而是追求国家议程之外的公共目标。类似团体的扩张"可能会永久性地改变国家与公民之间的关系"。①

激进的全球主义者认为现存的国际秩序必然瓦解，跨国行为体将在更大程度上承担建立跨国网络、促进国际共识的作用。全球化终会将世界带向一个没有边界的公平竞技场，而跨国公司将成为真正的主体，国家的作用将大幅度弱化，收缩到基础设施和公共品供给等狭窄领域。② 相关学者试图通过经验数据和案例研究来阐明全球化时代跨国公司、政府间国际组织、国际非政府组织等非国家行为体如何与国家分享权力，进而应对国家主权的重大挑战。③ 有学者认为，全球化的发展使得国家需要跨国公司来发展经济、获取利润，为此愿意支持它们的发展。这使得一些跨国公司具有了动摇部分国家政策的经济支配能力，可以凭借自身的力量制定国际规则，参与国际政治事务，甚至颠覆部分国家的政权。④ 然而也有观点认为国家所掌握的大量资源使它们很大程度上塑造着非国家行为体的活动。⑤

结　语

综上，早在 19 世纪，作为一种社会现象的跨国公司、政府间国际组织、国际非政府组织等非国家行为体就随着全球化的展开而产生，并在 20 世纪取得长足发展。第二次世界大战以后，全球化节奏的加快使得非国家行为体的现实重要性日益受到关注。20 世纪 60 年代，阿诺德·沃弗斯等学者开始关注非国家行为体对古典现实主义的内核——国家中心主义的冲击和挑战。20 世纪

---

① Lester M. Salamon, "The Rise of the Nonprofit Sector," *Foreign Affairs*, Vol. 73, No. 4, 1994, pp. 109-122.

② Kenichi Ohmae, *The Borderless World: Power and Strategy in the Interlinked Economy*, Collins, 1990; Kenichi Ohmae, *The End of the Nation State: The Rise of Regional Economies*, Harper Collins, 1995.

③ Jessica T. Mathews, "Power Shift," *Foreign Affairs*, Vol. 76, No. 1, 1997, pp. 50-66.

④ 〔英〕苏珊·斯特兰奇：《国际政治经济学导论——国家与市场》，杨宇光等译，经济科学出版社，1990，第 102 页。

⑤ C. W. Kegley Jr. and E. R. Wittkopf, *World Politics: Trend and Transformation*, St. Martin's Press, 1995, p. 196.

70 年代，以基欧汉、奈为代表的自由主义学者开始试图在现实主义之外发展更具有包容性的国际政治理论来修正国家中心论的局限。跨国主义和世界政治成了该新理论开拓过程中的中心概念，跨国公司、政府间国际组织与国际非政府组织等非国家行为体也成为相关理论中的主要行动单元。[①]

　　新理论创造的热潮使非国家行为体受到了前所未有的理论关注。然而冷战期间，国家仍旧是塑造世界政治的核心力量，关于非国家行为体的理论进展乏善可陈。20 世纪 70 年代末，现实主义学者华尔兹明确指出了这种理论创作困境的根源——当今国际社会非国家行为体尚不具有撼动主权国家体系的实力，并在国家中心论的基础上发展了结构现实主义。基欧汉等曾经致力于构建以非国家行为体为中心的体系理论的自由主义学者，转而认同了结构现实主义基于国家中心主义所建立的基础理论框架，并选择在它的基础上发展新自由制度主义。尽管新自由制度主义仍旧高度认同非国家行为体在塑造世界政治格局中的重要作用，但它并未真正撼动国家中心主义在国际政治研究中的地位。自由主义学者试图构建一套新理论以取代国家中心主义的尝试并未成功。

　　20 世纪 90 年代，冷战的结束、全球化步伐的加快使跨国公司、政府间国际组织、国际非政府组织等非国家行为体在国际舞台上再次大放异彩。与此同时全球治理议程的兴起使人们开始用治理逻辑取代统治逻辑来应对国际问题。人们很自然地认识到国家不再是这一新治理逻辑的唯一主角和中心，非国家行为体对世界政治的塑造能力再次被重视和强调。在全球治理理论的视角下，塑造国际政治走向的不再是国家行为体的私人利益，而是国际社会整体的共同目标。非国家行为体和主权国家共同构成了世界政治的主角。社会治理所需要的权威不再等同于传统国家基于军队、税收等而获得的庞大物质实力，非国家行为体在全球治理时代依靠信息优势、网络优势，使得它们在议程设置、规范创设等专业领域获得了足以抗衡和影响主权国家的话语权。全球治理时代权威的转移和扩散使得国家和政府不再是社会和非国家行为体的规制者。在很多国际国内问题的应对上，它们是平等的参与者，共同构成一张庞大的社会多元治理网络。彼此之间既存在竞争和压力，也通过对话协作等方式共同塑造全球治理的目标和行动。

---

① Robert O. Keohane and Joseph S. Nye, Jr., "Transgovernmental Relations and International Organizations," *World Politics*, Vol. 27, No. 1, 1974, pp. 39-62 at 41.

第六章　全球化、逆全球化和再全球化

王　栋

内容提要　全球化是多维的、复杂的。在超过半个多世纪的演进与变迁中，全球化不断创造福利与收益，也不断产生公害，其影响利弊共存。今天的世界，以中国为代表的新兴经济体迅速崛起，数字技术迅速普及，全球性问题日益凸显，部分国家社会开始分裂，全球不平等仍然存在甚至鸿沟进一步加大。全球化的负面效应不断积累催生了其对立面，即逆全球化浪潮反复、持续、周期性地对全球化产生冲击。然而，经济规律与历史经验证明，尽管全球化的发展会伴随逆全球化的产生，但全球化进程已经不可逆转，逆全球化不会成为主流趋势。未来，全球化将迎来扩容与升级的再全球化时代，中国作为再全球化的主要引领力量，将引领开放、包容、普惠、共赢的再全球化向前发展。

一　多维而复杂的全球化

当今世界处于一个急剧变革的时代，全球化的强大力量正在深刻塑造和改变人们的生活和工作方式。什么是全球化？全球化从何而来？全球化有哪些特征，会产生哪些影响？全球化在输出改变的同时，自身是否也在经历着更新换代？

（一）全球化的概念探讨与发展进程

"全球"是一个人们耳熟能详的词语，承载着 400 多年的历史。但是，

"全球化"与"全球性"直到 20 世纪 60 年代才开始流行。1961 年，韦伯斯特（Webster）第一个为"全球化"下了定义。① 对这个错综复杂的概念进行定义本身就充满争议性。理解全球化的概念，需要用多维度的视角。从内容上看，全球化像是一个"篮子"，也像一个"多棱镜"。从气候变化到恐怖主义、从全球分配不平等到全球南方市场贸易，仿佛什么都可以往这个"篮子"里面装。全球化是一个复杂的概念，不同的人可以从这个"多棱镜"中看出不同的侧面。也正因如此，全球化的概念是具有争议的，学界对如何定义全球化存在较大的意见分歧。但是，大部分观点之间多少存在某些重叠，构成了全球化基本概念中的公约数。这包括全球化涉及社会互动网络的激增，并涉及交流和互动进程的加速，全球化是关于相互依存关系的扩展和延伸，同时将这种相互依存性从客观物质层面扩展到精神联系层面。

从发展进程上看，学者在全球化的历史年表划分上也存在很多争议。如果从严格的政治与文化全球化维度来衡量，似乎真正的全球化出现在 19 世纪后期，而高度全球化在大范围内扩展则是 20 世纪 70 年代以后的事情。当前我们正经历着的全球化，在质量与广度上都得到了前所未有的提升与扩展。综合比较大部分全球化的论著对于全球化阶段的划分，本章采用"全球化三次浪潮"的说法，认为全球化在 18 世纪 50 年代、19 世纪 50 年代和 20 世纪末期分别出现了三次高潮。② 第一阶段，18 世纪中后期出现全球化雏形。德国著名思想家于尔根·奥斯特哈默（Jürgen Osterhammel）认为，18 世纪开始人类已经从"全球"角度去思考和行动了。③ 第二阶段，19 世纪中后期的全球化扩张，交通和通信成为全球化进程最明显的突破。交通和通信领域的新技术革命消除了地理隔阂，便利了全球贸易与旅行，极大地促进了国际贸易和国际流动的发展。第三阶段，得益于全球相互依存关系和全球交流的戏剧性创造，20 世纪70 年代开始全球化获得了突飞猛进的发展。技术方面，互联网等新技术创新促成了新的全球组织形式（如跨国公司或当代国际非政府组织）与新的全球生活方式（例如跨国购物或国际电话）。交通方面，飞机作为交通工具使用更

① Manfred Steger, *Globalization: A Very Short Introduction*, Oxford University Press, 2009.
② Roland Robertson, *Globalization: Social Theory and Global Structures*, Sage Publications, 1992; Jürgen Osterhammel and Niels P. Petersson, eds., *Globalization: A Short History*, Dona Geyer Trans., Princeton University Press, 2005; Bruce Mazlish, *The New Global History*, Routledge, 2006.
③ 〔德〕于尔根·奥斯特哈默：《世界的演变：19 世纪史》（全 3 册），强朝晖、刘风译，社会科学文献出版社，2016，第 3~8 页。

加频繁，新航线层出不穷，横贯大陆旅行不断增加。在全球范围内发生的扩张和加速，成就了全球化历史上的第三次重大飞跃。

（二）全球化的四种类型与三种态度

在逻辑上，根据全球经济开放程度与全球政治的和谐程度，全球化形态可以被划分为四种类型，即封闭型全球化、内卷型全球化、脱嵌型全球化以及包容型全球化，每种类型的动力机制差异较大。封闭型全球化是一种极端的状态，全球经济相互分离，政治上缺乏必要的协调，因此结果就是整个世界被分割成支离破碎的部分，世界回归到以民族国家为中心的重商主义时代。内卷型全球化，是指一种社会或文化模式在某一发展阶段达到一种确定的形式后，便停滞不前或无法转化为另一种高级模式的现象，取而代之的是内部不断地变得复杂。全球化的"内卷化"即全球互动处于"没有发展的增长"的状态，就像一个卷心菜不断内卷。脱嵌型全球化，是指处于全球政治经济失调、全球化力量分散的时代，表现为传统霸权国家与新兴国家之间的战略互信缺失。包容型全球化，开始于全球化动能从美国转移到以中国为代表的新兴经济体的阶段。中国在以习近平同志为核心的党中央的带领下，倡导"积极有为"对外政策，积极推动经济全球化朝着更加开放、包容、均衡、普惠、共赢的方向发展。

全球化在多维度中发展，自身孕育着两股相反的力量。全球化一面促进世界福利增长，另一面又在不断产生"公害"（public bads）。全球化是好事还是坏事，是一个备受争议的问题。当前，对全球化的认知，主要分成超全球化支持者、全球化怀疑者与全球化转型论者三类。超全球化支持者认为，经济全球化正在通过建立跨国生产、贸易和金融网络来实现全球经济的"非国有化"，并助推"无国界经济"。立足新自由主义理念的超全球化支持者对全球财富的迅猛增长极为赞赏，并且相信全球化会缓解国家内部与国家之间的不平等加剧趋势。全球化怀疑者则认为，尽管全球化进程迅猛推进，但全球化是否真的存在是值得讨论的。他们认为，全球化进程立足于民族国家的区域政府间力量得以强化，国家主权并没有因全球化扩张而受到显著侵蚀。第三种态度——全球化转型论者的观点，则相对温和。转型论者一方面承认世界的剧变，另一方面认为这种变化还没有引发质变，只是全球形态的转型过程。随着国家权力的减弱，国际、次国家和跨国集团的作用越来越重要，三种元素共存。而且，随着主权国家权力减弱和领土重要性降低，基于宗教和种族等特征的身份认同在全球政治中也发挥着越来越重要的作用。[①]

（三）全球化的影响：经济贸易与道德竞争的维度

第二次世界大战结束后，世界建立了一个由自由主义主导、多边机构监督的全球经济秩序。这种经济模式基本上实现了战后世界各国的和平合作与繁荣发展，创造了一个更具活力的经济世界。在过去几个世纪中，世界经济经历了持续增长。1870 年，全球出口总量不到全球经济总量的 10%，而如今，全球出口商品的价值接近全球经济总量的 25%。这表明，全球化进程推动了全球贸易的跨越式增长，同时经济增长与贸易之间呈正相关性，贸易增长率较高的国家，其 GDP 增长率往往也较高。在经济贸易繁荣的同时，全球化也对全球政治经济与国内政治经济产生特定的利益再分配。全球化带来的经济发展成果在不同国家和群体中有不同的分配效应。这些分配效应反映在政治维度，即全球化作为一种社会/政治分化的力量，影响了国家对外政策的制定。在全球化推进下，这个世界不再按照以往的地理界线即北半球和南半球来划分，而是展示了一种新的社会结构。这种结构超越了领土和文化的界限，把世界按全球化的胜利者和失败者进行了重新划分。根据 2018 年《世界不平等报告》，1980 年以来世界收入前 1% 的人口其收入增长总额是后 50% 的人口收入增长总额的 2 倍。

在加速转型的时代，当地生活被不可避免地卷入全球一体化浪潮。这个浪潮中夹杂着很多意想不到的风险，人们普遍感到更加焦虑与脆弱。不少批评观点认为，全球化正在产生新的不平等，特别是加剧了最富裕群休（家庭、阶层或国家层次）和最贫穷群体（家庭、阶层或国家层次）之间的差距。全球不平等的意识形态体现为政治光谱的左翼和右翼。左翼是特殊主义保护主义者，他们谴责自由贸易、跨国公司和国际机构的力量，反对民族文化的"美国化"以及跨国联系对国家边界的普遍渗透。[②] 右翼人士也反对自由主义理念

---

① A. T. Kearney and FOREIGN POLICY, "Measuring Globalization," *Foreign Policy*, Vol. 141, March/April 2004, pp. 58–59; A. T. Kearney and FOREIGN POLICY, "The Globalization Index," *Foreign Policy*, Vol. 157, November/December 2006, p. 77.

② Thomas Hylland Eriksen, *Globalization: The Key Concepts* (Second Edition), Bloomsbury Academic, 2014, p. 179.

的全球化，支持并参加"反全球化运动"。进入后冷战时代，人类社会真正进入全球化时代，国际权力斗争不再泾渭分明，几乎所有安全问题的解决都离不开全球化大背景。[①] 冷战开启后的25年间没有发生大国间的直接冲突，甚至在冷战最高潮时美苏之间也没有发生战争。虽然没有发生战争，但并不意味着没有大国间权力的更替与兴衰。当今全球化已经经历了三次浪潮，每一次全球化浪潮都会打乱国际社会原有的秩序。[②] 随着旧秩序的瓦解和新秩序的诞生，国际社会中国家地位迅速变化，大国兴衰成为基本的国际趋势。

二 全球化的冲突与对立：逆全球化

全球化"多维而复杂"，围绕全球化的争议从未停止。全球化的负面影响，诸如贫富差距扩大、经济风险加剧、生态环境恶化、跨国威胁增加等问题，逐渐催生了"逆全球化"浪潮。当前，低迷的全球经济伴随地缘政治争端不断、公共卫生挑战不断所引发的资源短缺恐慌在全球范围内蔓延。恐慌情绪加重了对逆全球化合理性与持续性的预期，西方很多发达国家认为在全球化脆弱性凸显的当前，"自给自足"才是稳定并发展国家经济的路径。问题是，"逆全球化"真的能成为主流吗？

（一）逆全球化的形成与动因

全球化最显著的影响，是使得生产要素通过国际分工在全球范围内进行配置与重组，促进了更高效的生产，加强了各国经济的相互依存，实现了世界经济贸易的繁荣。然而，如上文所述，全球化本身的多维度属性意味着全球化的影响是复杂的，既带来"好的"影响，也伴随"坏的"影响。第一，全球化带来"不公平"，即"南北发展不均衡"问题。全球财富分配不均衡、南方国家贫困问题是全球化领域中的一个传统议题。第二，全球化带来"不普惠"。站在国家的视角，经济全球化带来跨国阶层之间的不平等问题，"富人越来越

---

① 李少军：《当代全球的重大武装冲突：2006~2007年》，载李慎明、王逸舟主编《全球政治与安全报告（2008）》，社会科学文献出版社，2007，第20~21页。

② Roland Robertson, *Globalization: Social Theory and Global Structures*, Sage Publications, 1992; Jürgen Osterhammel, Niels P. Petersson, eds., *Globalization: A Short History*, Dona Geyer Trans., Princeton University Press, 2005; Bruce Mazlish, *The New Global History*, Routledge, 2006.

富，穷人越来越穷"，导致部分国家内部社会分裂。第三，全球化带来"不均衡"。全球化使公共与私有部分的贫富分化严重失衡，导致"国家越来越富，政府越来越穷"。除此之外，还包括恶意经济竞争造成的生态环境破坏，霸权国家挥舞制裁大棒造成的国际市场规则扭曲，等等。正是这些"坏的"影响，逐渐催生了"逆全球化"浪潮。

"逆全球化"（deglobalization）指的是，全世界各国及地区因为全球化而导致的相互依存及整合出现回退的过程。"逆全球化"这一概念，最早由反全球化运动的领军人物瓦尔登·贝洛（Walden Bello）提出。全球化随着资本主义的发展而发展，逆全球化的直接推动原因，正是美欧等西方国家的国际地位与综合实力相对衰弱，所产生的对于资本收益分配不均与经济利益失衡的不满。西方发达国家对全球化的失望情绪不断增长，保护主义、本土主义观点拥有了越来越多的支持者。① 表面上，逆全球化表现为贸易流、投资流、资本流、技术流、人员流等要素流动的减缓甚至阻断。逻辑上，逆全球化是对全球化的反对，主要推动力是西方发达国家，反映了西方发达国家对更均衡的多极世界格局的排斥。理念上，逆全球化是"有选择性的全球化"，即"联盟集团化"，是西方发达国家与所谓的"志同道合"的伙伴搞小圈子合作以及"本国优先"旗号下的收缩策略。本质上，中国等新兴国家快速崛起，西方资本主义发达国家因"零和思维"而内顾，因"维护霸权"而压制，因"本国优先"而封闭。逆全球化反映了传统霸权国家与新兴国家之间的矛盾，更反映了资本至上的西方发达国家内部的尖锐问题。

（二）逆全球化的形式与影响

当前的"逆全球化"声音可以追溯到 1999 年反全球化运动的诞生。1999年，4 万多名抗议者封锁了西雅图的街道，试图阻止在该市举行的世界贸易组织会议。示威者抗议各种各样的问题，包括受到外国竞争者破坏的本国失业工人、非熟练工人工资下降，自然环境恶化以及全球媒体和跨国企业的文化帝国主义。示威者声称，所有这些问题都可以归咎于全球化的不平等特性。此次西雅图抗议事件标志着反全球化运动的诞生，"逆全球化"的声音开始出现。2001 年，"9·11"恐怖袭击事件给全球化带来了意外打击，尤其对国际商品

---

① Lawrennce H. Summers, "It's Time for a Rest," *The New York Times*, December 5, 2016.

市场、全球供应链形成巨大冲击，直接推动了逆全球化概念的传播和流行。2008 年，全球金融危机爆发，来自美国的逆全球化力量不断加强。此次金融危机的爆发推动了美国重振制造业、政府干预经济等政策发展，使得逆全球化概念进一步扩大了传播范围。特朗普上台以后，这位具有浓厚的民族主义色彩的总统，动用整个国家的力量"逆"全球化。他认为全球贸易协议导致了美国就业机会流失海外并造成本国工人失业和工资下降，将美国的经济和社会问题归咎于全球化，逆全球化再次成为世界焦点。同年，英国公投退出欧盟，欧洲区域一体化受到严重威胁。与此同时，法国、意大利、德国等国家的极右民粹主义势力抬头，不断制造事端，造成这些国家参与国际合作的意愿不断降低。2020 年初，新冠肺炎疫情全球暴发，不禁令人产生了逆全球化是否会成为主流的疑问。

在逆全球化的冲击下，保护主义、单边主义、民粹主义、孤立主义盛行，区域一体化受到威胁，多边制度不再发挥有效的规范与治理作用。出现数次涨势的逆全球化浪潮对全球经济贸易、投资，以及技术、人员流动产生了明显的负面影响。在经贸领域，贸易保护主义不断加深，全球贸易增长率降低。2008 年全球金融危机后，全球贸易增长率从 2008 年的 15.18% 降至 2009 年的 -22.24%。特朗普上台，加上 2020 年新冠肺炎疫情的双重打击，全球贸易增长率从 2017 年的 10.60% 降至 2020 年的 -7.36%。同时受逆全球化影响，自由主义市场的分工和资源配置原则遭到严重破坏，多边自由贸易谈判停滞不前，以美国为代表的西方发达国家为维护其利益采取贸易单边主义和霸凌主义，悍然对中国发起经贸摩擦。在投资领域，国际投资保护主义盛行，西方各国纷纷设置外资进入障碍，国际资本流动大幅减少，全球经济贸易格局动荡不稳，国际投资信心严重缺失。在技术领域，西方发达国家以国家安全为由，对发展中国家实施技术封锁，施压相关技术企业。在人员流动方面，逆全球化表现为西方发达国家人为颁布的制约人才流动政策，例如特朗普所签署的"穆斯林禁令"，以及拜登政府对华"科技脱钩"政策下对两国科技人员交流的阻碍，也表现为在应对全球公共卫生危机事件时，各国所采取的必要的阻断人员流动的措施。

（三）逆全球化的趋势

全球化本身的"复杂性"，再加上逆全球化深刻的动因和"合理的"逻辑，历史与现实表明逆全球化将会一直存在，并将持续、反复、周期性地对全球化产生冲击。"区域主义与全球主义"所代表的全球化与"国家主义与民族主义"所代表的逆全球化将在更多领域展开博弈。尽管历史上已出现数次逆全球化浪潮，但是都并未阻挡全球化的步伐。2008年全球金融危机后，当传统全球贸易和金融流动失去动力时，跨境数据流动创造了一个连接国家、公司和个人的新网络。全球化的"数字化"推动经济网络构建，数字化对GDP增长的影响大于数百年来的商品贸易，使得世界各国比以往任何时候都更加紧密地联系在一起。2020年新冠肺炎疫情所推动的逆全球化力量尤其强大，对全球政治经济格局的影响的深远程度仍然未知。但是，能够确定的是，全球化本质上是经济一体化全球化，背后的核心价值在于其基于比较优势分工和规模报酬递增的经济发展规律，而经济发展规律决定了全球经济体不可能脱离彼此。另外，全球经济数字化的进一步提高，使得技术创新在否定逆全球化中的力量更加强大。数字化推动了生产力迈上新台阶，全球化可能将迎来新的发展升级。经济发展规律与历史经验证实，每一次危机后，整个人类社会与全球化都会加速发展。全球化是不可逆转的大趋势，是不可阻挡的时代潮流，逆全球化只能以小浪花的样态伴随奔涌，不能掀起巨浪。逆全球化不会成为未来的发展趋势，更不会成为主流。

三　全球化的升级与扩容：再全球化

"古有指南针、造纸术、火药、印刷术四大发明，现有高铁、支付宝、共享单车、网购新四大发明"，[①] 尽管这句流行语略有夸大，但是的确描述出中国未来的创新潜力。这里所谓的"新四大发明"是外国媒体对中国领先世界的新型消费产品或消费模式的总结。新四大发明代表了数字世界中的技术与创新，更代表了中国在全球"数字化"中的竞争实力，以及由此产生的"再全球化"塑造能力。

---

① 需要指出的是，尽管这些新发明看起来都是企业提供的商品，不是严格意义上的公共产品，但这些商品与消费有一个共同特点，即"共享"。我们需要辩证地理解公共产品与私人产品的关系。实际上，公共产品与私人产品的界限不是绝对的，在某些时代是私人产品的东西在未来也许会转化为公共产品。例如知识产权期限内的创新技术是私人产品，但过了保护期限，就变成了公共产品，可以被任何人使用和消费。往往人类重大公共产品的雏形都是一些企业创新的结果。刘远举：《"新四大发明"见证中国经济转型》，《新京报》2017年9月1日。

（一）"全球化"到"再全球化"的中国叙事

从 19 世纪中期至今，中国与世界发生了几次碰撞，逐渐从全球化的被动接受者变成了全球化进程的一个主要参与者和负责任的引领者。19 世纪中后期，中国被列强强行拉入西方主导的全球化进程中，被"卷入"全球化。在第一次与世界近距离相遇中，西方列强的坚船利炮给中国留下了很多悲伤的回忆，但是也让中国认识到，在审视陌生的外部世界时，必须从文化与思想上与国际接轨才能真正实现救亡图存。"睁眼看世界"，东方的古老文明经历了被西方规则"国际化"的进程。从 19 世纪中期至 20 世纪中期，中国在全球化进程中是处于边缘的被动接受者。直到 1978 年，中国开启了改革开放进程，在第二次与世界相遇时，选择主动拥抱全球化浪潮，"改变自己，影响世界"。[①] 在这个阶段，中国嵌入全球化进程，与全球化共同成长，成为全球化的主要参与者，彼时的全球化中心仍然在西方国家，动力仍然是美国所主导的自由主义经济。

2008 年，是一条分割历史的清晰断层线。北京奥运会的精彩纷呈与美国金融危机的捉襟见肘，两大事件的交错将韬光养晦的中国推向世界舞台的中央。自此以后，随着中国经济规模与贸易体量达到世界级水平，对全球经济产生了深刻而广泛的影响；中国在经济、金融、旅游与网络发展模式等各方面显示出强大实力。中国在第三次与世界的相遇中，逐渐成为全球化的主动参与者，作为新一轮全球化的重要动力，继续书写着与全球化的故事。2017 年 1 月 17 日，中国国家主席习近平在达沃斯世界经济论坛年度会议上发表主旨演讲，呼吁世界各国"坚定不移发展开放型世界经济"，"坚定不移发展全球自由贸易和投资"。[②] 中国积极推动经济全球化，通过"嵌入式崛起"深度融入世界、影响世界。

（二）再全球化的概念范畴与动力形态

2008 年，全球化走向再全球化。"再全球化"，是指以中国为代表的新兴

---

① 章百家：《改变自己，影响世界——20 世纪中国外交基本线索刍议》，《中国社会科学》2002 年第 1 期，第 4~19 页。

② 习近平：《共担时代责任 共促全球发展——在世界经济论坛 2017 年年会开幕式上的主旨演讲》（2017 年 1 月 17 日，达沃斯），新华网，2017 年 1 月 18 日，http://www.xinhuanet.com/politics/2017-01/18/c_ 1120331545. htm。

国家对全球化进程的改革，以及这种改革所产生的模式升级与扩容效应。传统的全球化以"中心—外围"经济结构为基础，发达国家与外围国家之间的工业制成品与原材料贸易造成"剪刀差"，全球不公平现象愈加严重，"二元格局"中的两极，差距更加明显。而当新兴国家全面崛起，中国成为发达国家和发展中国家的最大贸易伙伴，全球化不再是"二元格局"。从形态上看，"再全球化"的形态，由经济导向的全球化走向政治导向的全球化，由高层全球化格局走向低层全球化格局。人们不能仅仅依据经济学家的理论模型来理解全球化的力量，每一个贸易数字增长的背后都隐藏着诸多行为体之间被政治维度掩盖的利益冲突。如今，这些冲突完全被暴露在聚光灯下，这也是特朗普当选美国总统、英国公投退出欧盟以及年轻的马克龙当选法国总统的重要原因。"再全球化"不是推倒全球化，而是翻转全球化，将由大资本家主导的经济全球化格局转变为由底层草根民众主导的政治全球化格局。"再全球化"并不是"新"全球化，不是中国等新兴国家另起炉灶，而是通过内部改革来升级现有国际架构，是中国嵌入式崛起的一部分。

从动力上看，随着西方大国参与全球化的意愿与能力下降，再全球化的动力由传统大国转向新兴国家。2008 年全球金融危机之后，以美国为代表的西方国家陷入不同程度的孤立主义泥潭，自顾不暇，而以中国为代表的新兴国家对全球治理的参与度越来越高，这种"一升一降"给全球化注入了新的动力。新兴经济体的崛起在 2008 年前后异常明显。这些国家曾经长期处于全球化的边缘地带，现在开始走向中心。与西方占据主导地位的高层全球化不同，这些新兴国家代表整体发展中国家的利益诉求，因此是低层全球化在国际关系中的映射。2001 年，高盛首席经济学家吉姆·尼奥尔提出"金砖国家"这一概念，中国、印度、俄罗斯、巴西四个新兴市场国家引起全世界的关注。2010 年，金砖国家将南非纳入，首次完成扩容，由"金砖四国"（BRIC）变成"金砖五国"（BRICS）。金砖国家在经济、金融、安全、环保等全球治理各方面的合作成果显著，有力推动了全球治理体系向着更加公平合理的方向发展。

（三）再全球化：包容的全球化

从类型上看，"再全球化"属于"包容型全球化"。在再全球化时代，世界权力转移的方式将越来越和平，获取世界领导地位的方式将是供给公共产品而不是大国战争。新兴大国主动欢迎小国"搭便车"，在霸权国所主导的旧体系之外，开辟了一种新型供给公共产品的治理路径。这是一种新老治理结构共存并进、分工协作的模式，世界将从权力转移的公共产品供给竞争中获益。这是一种时代主题的转换，即崛起国与霸权国共同治理，和平共处，而不是以武力相互征服。2014年，习近平主席出访蒙古国时明确表示，"欢迎大家搭乘中国发展的列车，搭快车也好，搭便车也好，我们都欢迎"。① 时至今日，美国依然是世界第一强国，为何全球实力最强的霸权国家越来越不愿意承担责任，而新兴国家却成为全球治理的积极参与者？从供给动因看，欢迎他国"搭便车"既是维护自身利益，也是维护全球化进程的重要举措，是中国将崛起红利分享给世界的积极行为，充分体现了中国的包容、共生的智慧。中国人的传统思维包含深刻的包容哲学，认为万物和谐一家，方能实现天下大同。与西方的思维不同，那种不给彼此空间的零和式竞争往往难以带来长久的和谐。儒家思想强调关系亲疏的差序格局，即便对在关系网络外围的陌生人也应尽量给予包容和接纳。② 自党的十八大以来，中国国际秩序观为主动经营。中国提出"一带一路"倡议、"周边命运共同体"、"亚洲安全观"和"人类命运共同体"等理念，均以儒家思想为底蕴，展现出中国推进"再全球化"方式的开放性、柔和性与务实性。

（四）再全球化：数字的全球化

在"再全球化"阶段，无形的数据要素流动更加澎湃，"数字化"成为"再全球化"的又一重要特征。科学技术是第一生产力，每一次科技革命都直接助推了经济全球化的迅猛发展。第一次科技革命作为世界工业化的起点，使世界成为一个不可分割的整体；第二次科技革命推动资本主义经济飞速发展，世界市场逐步形成；在第三次科技革命的作用下，世界各国的相互联系和依赖更趋紧密，经济全球化进程不断加快。目前人类社会正在进入以人工智能为代表的第四次科技革命，其产生的巨大冲击将直接塑造"再全球化"形态。"再全球化"意味着全球化进入了一个由数字信息、思想和创新流量所定义的新时代。数字平台创造了更高效、更透明的全球市场，不同大洲的买家和卖家只需在网络上点击几下即可找到彼此。数字通信和交易的边际成本近乎为零，这

① 《习近平：欢迎搭乘中国发展的列车》，新华网，2014年8月22日，http://www.xinhuanet.com/world/2014-08/22/c_126905369.htm，访问日期：2022年2月6日。

② 费孝通：《乡土中国 生育制度》，北京大学出版社，1998，第29~30页。

为大规模跨境交流奠定了基础。① 在"再全球化"阶段，个体更加主动地参与全球互动，同时正在改变赢家与输家的边界。在传统全球化模式中，那些处于全球贸易网络节点的国家比外围国家更能享受全球化红利。而在"再全球化"阶段，跨境数据流网络则打破地理界线，让任何个体都能发生联系。借助社交媒体和其他互联网平台，个人正在形成自己的跨境联系。全世界至少有 9.14 亿人在社交媒体上进行国际联系，其中有 3.61 亿人参与跨境电子商务。当然，新技术革命推动数字的再全球化，关于新技术的担忧也在蔓延。数百万工人可能面临职业改变，包括工作类型、工作场所、工作流程的变化，也包括自动化所要求的对更高层次认知技能的需求，以及对批判性思维、创造力和复杂信息处理能力的要求等。

结　语

在世界经济论坛 2017 年年会开幕式上，习近平主席在主旨演讲中引用了国际红十字会创始人亨利·杜楠的名言："真正的敌人不是我们的邻国，而是饥饿、贫穷、无知、迷信和偏见。"对于今天的世界，这句话仍然具有启发性。全球化不是一个单向的过程。它没有终点，也没有内在的目的；它既不是无可争议的，也不是毫无疑问的。如果我们想要全面了解它，就必须了解其支持者与反对者、受益者和受害者、深度参与者与被排斥边缘者的观点与得失。关键要理解，全球化并不产生全球统一性或同质性。相反，它可以产生大量异质性。因此，对全球化的理解不仅要看当下也要看历史，不仅看全球也要看地区，不仅看冲突也要看合作，不仅看整合也要看分化，不仅看机遇也要看风险。要避免错误地、教条地研究全球化，就需要避免将复杂的全球现象简化成与自己专业知识相对应的单一问题，即不能忽视相互关联的整体。从大历史角度看，全球化意味着世界秩序的一次又一次"扩容"。

尽管在扩容的过程中，"逆全球化"声音此起彼伏，但是全球化是时代潮流、大势所趋，并不会走向终结。相反，标志着全球化扩容升级的"再全球化"将加速继续向前。正如习近平主席所说的，中国将"坚持拆墙而不筑墙、开放而不隔绝、融合而不脱钩"，"推动经济全球化朝着更加开放、包容、普

---

① Jeffrey Rothfeder, "The Great Unraveling of Globalization," *Washington Post*, April 24, 2015.

惠、平衡、共赢的方向发展"。① 未来，中国将继续积极倡导全球化理念，坚决抵御逆全球化风险，积极推动全球化实践，持续引领再全球化进程。中国将以构建人类命运共同体理念为核心，凝聚共同发展的全球化价值共识，坚定不移地支持全球化进程。"一带一路"倡议为改革现有国际秩序提供了新方案与新思路。②"共商""共建""共享"勾勒出"共赢"的全景图，中国将为世界创造更多发展机遇，世界将共同赢得全球经济发展的明天。

---

① 习近平：《坚定信心 勇毅前行 共创后疫情时代美好世界——在2022年世界经济论坛视频会议的演讲》（2022年1月17日），《人民日报》2022年1月18日。
② 张宇燕：《再全球化浪潮正在涌来》，《世界经济与政治》2012年第1期，第1页。

第七章　全球化与气候变化：风险、治理及重塑

张海滨

内容提要　全球化对气候变化的影响复杂而深远，全球化既是导致气候变化的重要成因，也是解决气候变化问题的关键因素，凸显了全球化的"悖论"。气候变化问题本身就是全球化的重要表现之一。全球化背景下的全球气候治理已取得积极而重要的进展，成为全球治理的一面镜子，但距全球实现温控2℃、力争1.5℃的目标仍有较大距离。未来要有效应对气候变化，必须重塑和重构全球化，趋利避害。具体而言，第一，明确目标，确保全球化的公平和包容；第二，明确原则，将可持续发展原则作为推进全球化的基本原则；第三，明确路径，加强全球治理和多边主义；第四，明确重点，切实加强联合国和其他国际机构在重塑全球化和制定规范方面的作用。需要强调的是，碳中和背景下全球气候治理的进一步发展将为其他问题领域的全球治理提供借鉴，进而推动全球化的健康良性发展，造福人类社会。

20世纪90年代以来，特别是进入21世纪以来，面对全球气候变化对人类生存与发展构成的前所未有的严峻挑战，全球化与环境和气候变化之间的关系，尤其是全球化对气候变化的影响日益成为全球化研究、全球治理研究和气候变化研究三大领域共同关注的热门话题。[①] 2017年联合国秘书长古特雷斯

---

① 参见 Elizabeth L. Malone，"Hot Topics：Globalization and Climate Change," *Social Thought & Research*，Vol. 25, No. 1/2，2002；James Gustave Speth，ed.，*Worlds Apart：Globalization and the Environment*，Island Press，2003；〔英〕戴维·赫尔德、安格斯·赫维、玛丽卡·西罗斯主编《气候变化的治理：科学、经济学、政治学与伦理学》，谢来辉等译，社会科学文献出版社，2012；以及俞可平总主编的"全球化论丛"丛书（中央编译出版社，1998），具体包括：《全球化时代的"社会主义"：九十年代国外社会主义述评》《全球化时代的"马克思主义"：九十年代国外马克思主义新论选编》《全球化时代的资本主义》《全球化与后殖民批评》《全球化与中国》《全球化与世界》《全球化的悖论：全球化与当代社会主义、资本主义》。

在向联合国大会提交的一份报告中将气候变化列为全球化背景下世界发展的
三大趋势之一，进一步凸显了全球化与气候变化之间的紧密关联性。[①] 本章
主要对以下问题进行研究：第一，如何全面理解全球化对气候变化的影响；
第二，如何在全球化背景下有力推进全球气候治理，有效应对全球气候变化
的挑战。

本章结构如下：第一，从风险角度讨论全球化对气候变化的负面影响，即
全球化如何加剧气候变化；第二，从治理角度探讨全球化对气候变化的积极影
响，即全球化如何促进应对气候变化国际合作和全球气候治理；第三，对碳中
和背景下如何重塑全球化以有效推进全球气候治理、维护地球生态安全、构建
人与自然命运共同体提出对策建议；第四，结语。

一 全球化与气候变化风险的全球化

全球化不是一个新现象，已有 200 多年的历史。工业革命大大推动了全球
化，全球化的显著后果之一便是以二氧化碳等温室气体排放为代表的气候增温
效应不断加剧。20 世纪 90 年代以来，随着冷战的结束、西方自由主义思想的全
球性扩展和科技的迅猛发展，全球化狂飙突进，迎来新一波大发展时期。大量
研究表明，全球化在推动世界贸易、投资和经济发展的同时，也导致全球温室
气体排放量显著增加，加剧了全球气候变化，增加了全球气候变化风险。[②] 数据
显示，1990~2021 年，全球二氧化碳排放量增加了 140 亿吨左右。[③] 2010~
2019 年的全球地表温度相比 1850~1900 年的全球地表温度上升了 1.07℃。[④]

（一）全球化导致全球温室气体排放增加的方式

关于全球化导致温室气体排放增加的方式和路径，国际学术界一般认

① "Fulfilling the Promise of Globalization: Advancing Sustainable Development in an Interconnected World ," Report of the Secretary-General, A/72/301, http://undocs.org/A/72/301.

② "Fulfilling the Promise of Globalization: Advancing Sustainable Development in an Interconnected World," Report of the Secretary-General, A/72/301, http://undocs.org/A/72/301.

③ 数据来源于全球碳项目网站，http://www.globalcarbonatlas.org/en/CO2-emissions。

④ IPCC, "2021: Summary for Policymakers," in *Climate Change 2021: The Physical Science Basis*, *Contribution of Working Group I to the Sixth Assessment Report of the Intergovernmental Panel on Climate Change*, Cambridge University Press, 2021.

为，在能源强度和碳强度不变的情况下，经济发展和人口增长是温室气体排放增加的主要驱动因素，因为二者会增加人类对能源和资源的需求，从而导致温室气体排放增加。[1] 而全球化，主要是经济全球化的发展（主要表现为商品、服务、资本和劳动力等生产要素的跨国流动）长期以来有力推动了世界经济的发展，促进了世界人口增长。一项涵盖 138 个国家的定量研究显示，在全球层面，2000~2017 年，收入增加和人口增长是二氧化碳排放增加的主要驱动因素。其中，收入增加的贡献率为 116%，人口增长的贡献率为 60%。[2] 因此，从这个意义上讲，全球化的确对全球气候造成了不利影响。

中国最近 20 年温室气体排放的快速增加是全球化与气候变化之间存在紧密关联性的一个生动案例。中国过去 20 年温室气体排放持续增加在相当大的程度上与中国 2001 年加入世界贸易组织、进一步融入全球化、进出口贸易大幅增长、经济高速发展有密切关系。数据显示，自中国 2001 年加入世界贸易组织以来，进出口总额从 2001 年的 4.22 万亿元增至 2021 年的 39.1 万亿元，年均增长 12.2%。在全球市场份额占比方面，中国由 2001 年的 4%大幅提升至 2021 年前三季度的 13.5%，其中 2013 年中国首次成为全球货物贸易第一大国。[3] 中国对外贸易的发展有力促进了中国经济的发展。2001 年中国 GDP 总量为 1.34 万亿美元，全球占比不到 4%。2010 年，中国超越日本成为世界第二大经济体。2021 年中国 GDP 总量达到 17.7 万亿美元，全球占比接近 18%，稳居世界第二位。2000 年，中国人均国民总收入只有 940 美元，根据世界银行对全球各国人均国民总收入的划分，处于中等偏下收入国家行列；2019 年，中国人均国民总收入达 1.041 万美元，首次突破 1 万美元大关，高于中等偏上

① 参见 Qiwen Xia, Hailin Wang, Xinzhe Liu & Xunzhang Pan, "Drivers of Global and National CO₂ Emissions Changes 2000 - 2017," *Climate Policy*, Vol. 21, No. 5, 2021, pp. 604 - 615, DOI：10.1080/14693062.2020.1864267; Chun-ping Chang, Minyi Dong, Bo Sui, Yin Chu, "Driving Forces of Global Carbon Emissions: From Time-and Spatial-dynamic Perspectives," *Economic Modelling*, Vol. 77, 2019, pp. 70-80, https：//doi.org/10.1016/j.econmod.2019.01.021。

② Qiwen Xia, Hailin Wang, Xinzhe Liu & Xunzhang Pan, "Drivers of Global and National CO₂ Emissions Changes 2000 - 2017," *Climate Policy*, Vol. 21, No. 5, 2021, pp. 604 - 615, DOI：10.1080/14693062.2020.1864267.

③ 《国新办举行 2021 年全年进出口情况新闻发布会》，http：//www.scio.gov.cn/xwfbh/xwbfbh/wqfbh/47673/47714/index.htm#2。

收入国家的平均水平（9074 美元）。① 与此同时，中国的温室气体排放量也随之快速增加。根据国际能源署（IEA）的统计，1990 年，中国的二氧化碳排放量约为 20.5 亿吨；2000 年，中国的二氧化碳排放量约为 31.0 亿吨；2010 年，中国的二氧化碳排放量约为 78.3 亿吨；2000~2010 年，中国的二氧化碳排放量增长了一倍多。2019 年，中国的二氧化碳排放量约为 98.8 亿吨，比 1990 年增长了 381.95%。② 2006 年，中国已经超过美国，成为全球第一大二氧化碳排放国，2012 年中国的二氧化碳排放量超过了美国与欧盟之和。2012 年以来，中国的二氧化碳排放量增速趋缓，占全球排放总量的比例稳定在 27%左右。③

国际贸易对碳排放的影响是当前国际社会关注的一个热点问题。作为全球化重要表现形式的国际贸易对碳排放的影响主要有三种方式。一是规模效应，即国际贸易直接导致经济活动增加，包括国际运输的增加。过去 30 年全球运输产生的碳排放持续增加，年增长率为 1.9%。二是结构效应，即国际贸易的扩大可能改变一个国家的生产结构，其影响是积极还是消极，取决于该国在碳密集行业是否有比较优势。国际贸易导致碳排放在不同国家和不同地区之间转移。发达国家通过全球价值链将大量碳排放转移到发展中国家，结果是发达国家实现了国内的去碳化，而发展中国家的碳排放快速增加。三是技术效应，即国际贸易促进绿色低碳技术的生产和扩散以及全球环境气候意识的提升，对碳排放起到抑制作用。④

（二）气候变化的风险和负面影响日益全球化

在全球化背景下，伴随全球温室气体排放量的增加，全球气候变化的负面影响日益严重。自 1990 年以来，联合国政府间气候变化专门委员会（IPCC）已发布六次评估报告（第六次评估报告第一工作组报告已于 2021 年 8 月发布），对气候变化的全球影响和危害持续开展评估，结论越来越令人不安。最新的 IPCC 第六次评估报告第一工作组报告给出了三个重要结论。其一，人类

① 张军：《从民生指标国际比较看全面建成小康社会成就》，《人民日报》2020 年 8 月 7 日。
② 数据来源于国际能源署官方网站，https：//www.iea.org/countries/china。
③ 数据来源于全球碳项目网站，http：//www.globalcarbonatlas.org/en/CO₂-emissions。
④ Ankai Xu, Enxhi Tresa, Marc Bacchetta, Francesco Bellelli and José-Antonio Monteiro, " Carbon Content of International Trade," https://www.wto.org/english/tratop_ e/envir_ e/carbon_ content_ of_ trade. pdf.

活动致使气候以前所未有的速度变暖，人类活动的影响使大气、海洋、冰冻圈和生物圈发生了广泛而迅速的变化。至少在过去的 2000 年中，全球地表温度自 1970 年以来的上升速度比任何其他 50 年期间都要快。其二，每个地区都面临越来越多的变化。气候变化已经对世界上每一个地区都产生了影响，并正在给不同地区带来多种不同的组合性变化，而这些变化都将随着进一步升温而增加，包括干、湿、风、雪、冰的变化。在未来几十年里，所有地区的气候变化都将加剧。整个 21 世纪，沿海地区的海平面将持续上升，这将导致低洼地区发生更频繁和更严重的沿海洪水，并将导致海岸受到侵蚀。以前百年一遇的极端海平面事件，到 21 世纪末可能每年都会发生。其三，极端高温和降雨变得更加频繁。随着全球温度上升，极端高温天气发生的强度和频率都在迅速增加。[①]

1986 年，德国著名社会学家乌尔里希·贝克出版了《风险社会》一书，将后现代社会诠释为风险社会。他提出，人类面临着由社会所制造的威胁其生存的风险，如工业的危害及工业对自然的毁灭性破坏。贝克的风险社会理论展现了鲜明的生态主义视角。冷战结束后，贝克又进一步提出"全球风险社会"的概念，将生态危机视为全球风险社会面临的主要风险之一，引发了国际学术界的广泛讨论。如果将风险社会理论与 IPCC 第六次评估报告第一工作组报告的结论相结合，不难得出这样的结论：今天的全球气候变化问题堪称全球风险社会面临的最大风险。

二 全球化与气候治理的全球化

全球化与气候变化的关系复杂。全球化不仅是温室气体排放的贡献者，同时也是应对气候变化国际合作和全球气候治理的推动者。换言之，全球化推动了气候治理的全球化，是全球气候治理的重要推动力。这就是所谓的全球化的"悖论"。全球化对全球气候治理的积极影响主要体现在四个方面。第一，全球化推动世界经济发展，提高了各国应对气候变化的能力。第二，作为全球化突出标志的国际组织的发展有力推进了全球气候治理进程。第三，国际贸易的发展推动了绿色低碳技术的跨国转移和扩散。第四，国际人员交流的扩大，促

---

① IPCC, "2021: Summary for Policymakers," in *Climate Change 2021: The Physical Science Basis, Contribution of Working Group I to the Sixth Assessment Report of the Intergovernmental Panel on Climate Change*, Cambridge University Press, 2021.

进了环保和气候变化意识在全球的传播。下面结合全球气候治理的历史进程展开分析。

（一）全球气候治理的定义和缘起

所谓全球气候治理，是指包括国家与非国家行为体在内的国际社会各种行为体通过协调与合作的方式，从次国家层面到全球层面多层次共同应对气候变化，最终将大气中温室气体的浓度稳定在防止气候系统受到危险的人为干扰的水平上的过程，其核心是通过全球范围内多元、多层的合作及共同治理来减缓和消除气候变化对人类的威胁。一般认为，1972 年联合国人类环境会议（United Nations Conference on the Human Environment）的举行标志着全球环境治理的开端；1990 年联合国启动国际气候谈判进程，标志着全球气候治理正式拉开帷幕。从历史上看，自人类文明诞生以来，人类活动便成为改变地球环境的一个日益重要的因素。但国际社会对人类活动与气候变化之间关系的认知是在第二次世界大战结束之后逐步深化的。进入 20 世纪 60 年代后，随着卫星和计算机的开发与应用，世界气象组织（WMO）和有关科研机构加强了对全球大气和气候环境的观测和研究，逐步发现全球气候正经历以变暖为主要特征的变化，可能引发冰川融化、海平面上升、极端气候事件频发、生态系统受损和粮食减产等负面影响，需要国际社会合作应对。

1972 年 6 月，联合国人类环境会议在瑞典首都斯德哥尔摩召开，环境问题从此进入全球政治议程，现代全球环境保护运动正式拉开帷幕。不过当时气候变化问题尚未成为国际社会的重大关切。作为会议成果文件之一的《人类环境行动计划》仅在第 70 条建议中提出"建议各国政府注意那些具有气候风险的活动"，此外再无有关气候变化的表述。

1979 年 2 月，第一次世界气候大会在瑞士日内瓦召开。会议指出，如果大气中二氧化碳含量保持当时的增长速度，那么气温的上升到 20 世纪末将达到"可测量"的程度，到 21 世纪中叶将出现显著的增温现象。这是人类历史上第一次就温室效应带来的全球升温做出判断。[1] 进入 20 世纪 80 年代后半期，欧美发达国家出于对全球气候变暖不利影响的关切和对发展中国家未来温

---

① John W. Zillman, "A History of Climate Activities," *WMO Bulletin*, Vol. 58, No. 3, July 2009, p. 145.

室气体排放快速增加的担忧，纷纷主张将气候变化问题纳入全球议程。① 与环境有关的国际组织纷纷举行国际会议，表达对全球气候变化问题的关注。1985年10月，WMO和联合国环境规划署（UNEP）在奥地利菲拉赫联合召开气候专家会议，会议指出，温室气体的累积极有可能导致显著的气候变化，建议WMO和UNEP考虑推动就气候变化问题制定一项新的全球环境公约。1987年世界环境与发展委员会发布了著名的报告《我们共同的未来》。该报告明确提出，气候变化是国际社会面临的重大挑战，呼吁国际社会采取共同的应对行动。1988年11月，WMO和UNEP联合成立联合国政府间气候变化专门委员会（IPCC），开展对气候变化的科学评估活动。IPCC从此成为气候变化科学领域最权威的政府间机构。1988年12月6日，第43届联大根据马耳他的建议通过了"关于为人类当代和后代保护全球气候"的第43/53号决议，决定在全球范围内对气候变化问题采取必要和及时的行动。1989年5月25日，UNEP理事会通过决议，要求UNEP执行主任和WMO总干事为国际气候公约谈判做准备，并尽快启动相关谈判。1989年12月，第44届联大通过第44/228号决议，决定于1992年6月举行联合国环境与发展大会。1990年8月，IPCC发布了第一次评估报告。报告得出两个主要结论：第一，人类活动导致的温室气体排放正在使大气中温室气体浓度显著增加，从而增强了地球温室效应；第二，发达国家在近200年工业化进程中大量消耗化石能源是导致温室气体排放增加的主要原因。1990年10月29日至11月7日，第二次世界气候大会在瑞士日内瓦举行，会议呼吁各国为制定国际气候变化公约展开谈判。

联合国环境与发展大会的筹备工作和IPCC第一次评估报告的结果推动了联合国气候变化谈判进程。1990年12月21日，第45届联大通过题为"为今世后代保护全球气候"的第45/212号决议，决定设立一个单一的政府间谈判委员会，制定一项有效的气候变化框架公约。谈判于1991年2月启动。1992年5月9日，政府间谈判委员会经过五次谈判会议，历时1年零3个月，终于完成谈判并通过了《联合国气候变化框架公约》（UNFCCC）。该公约的文本框架与合作模式主要借鉴了1985年的《保护臭氧层维也纳公约》。1992年6

---

① 骆继宾：《关于全球气候变暖问题的汇报》，载国务院环境保护委员会秘书处编《国务院环境保护委员会文件汇编》（二），中国环境科学出版社，1995，第62页。

月 11 日，联合国环境与发展大会在里约热内卢开幕，《联合国气候变化框架公约》供开放签署。时任中国总理李鹏代表中国签署了《联合国气候变化框架公约》（以下简称《公约》）。1994 年 3 月该公约生效。《公约》的主要内容包括以下方面。①确立应对气候变化的最终目标。《公约》第 2 条规定，"本公约以及缔约方会议可能通过的任何法律文书的最终目标是：将大气温室气体的浓度稳定在防止气候系统受到危险的人为干扰的水平上。这一水平应当在足以使生态系统自然地适应气候变化、确保粮食生产免受威胁并使经济发展能够可持续进行的时间范围内实现"。②确立国际合作应对气候变化的基本原则，主要包括"共同但有区别的责任"原则、预防原则、公平原则、各自能力原则和可持续发展原则等。③明确发达国家应承担率先减排和向发展中国家提供资金技术支持的义务。④承认发展中国家有消除贫困、发展经济的优先需要。

与此同时，《公约》开始将全球多元多层气候治理的理念纳入其中，《公约》第 6 条规定，在履行第 4 条第 1 款（i）项下的承诺时，各缔约方应在国家一级并酌情在次区域和区域一级，根据国家法律和规定，并在各自的能力范围内，促进和便利：

（一）拟订和实施有关气候变化及其影响的教育及提高公众意识的计划；

（二）公众获取有关气候变化及其影响的信息；

（三）公众参与应对气候变化及其影响和拟订适当的对策；

（四）培训科学、技术和管理人员。

《公约》为国际合作应对气候变化奠定了坚实的法律基础，是全球气候治理的基石，标志着全球气候治理时代的正式到来。

通过对这一段历史的回顾，不难发现全球气候治理的缘起并非偶然，与世界气象组织和联合国环境规划署等国际多边机构积极组织国际气候变化科学研究所引发的国际社会对气候风险的关注和全球环境治理在冷战后全球化背景下的不断发展和重要性日益上升密切相关。① 当然也与联合国和欧美国家的不断推动有一定关系。

---

① 全球环境政治和治理领域被誉为自 20 世纪 80 年代以来全球化背景下"世界政治制度中最具活力的领域之一"。参见 Frank Biermann and Bernd Siebenhüner, "The Role and Relevance of International Bureaucracies：Setting the Stage," in Frank Biermann and Bernd Siebenhüner, eds., *Managers of Global Change：The Influence of International Environmental Bureaucracies*, MIT Press, 2009, pp. 1–14.

（二）全球气候治理的演进

从 20 世纪 90 年代至今，以联合国气候谈判为核心的全球气候治理进程经
历了 30 多年的曲折发展，形成了包括《联合国气候变化框架公约》《京都议
定书》《巴黎协定》在内的多项重要阶段性成果。其中，《联合国气候变化框
架公约》奠定了全球气候治理体系的基本框架，《京都议定书》和《巴黎协
定》则是全球气候治理的两座里程碑。全球气候治理的演进过程是由最初的
以国家行为体为主导的气候外交向国家行为体和非国家行为体的多元主体，同
时涉及次国家、国家、区域及全球多层治理转变的过程。30 多年来，全球气
候治理不断发展演进，取得了许多积极的进展，已经成为人类发展的重要议题
和凝聚国际合作的关键领域，被誉为"全球治理的一面镜子"①。在此过程中，
全球气候治理经历了如下一些关键的时间节点和重大事件（参见表 1）。

表 1　全球气候治理关键时间节点及重大事件

年份	事件
1988	联合国政府间气候变化专门委员会成立，负责开展对气候变化的科学评估
1990	IPCC 第一次评估报告发布，气候变化问题引发广泛关注。第 45 届联大决定设立政府间谈判委员会，启动国际气候谈判
1992	154 个国家在里约热内卢联合国环境与发展大会上签署《联合国气候变化框架公约》
1994	《联合国气候变化框架公约》正式生效
1995	IPCC 第二次评估报告指出人类行为是造成温室效应及气候变暖的原因，声称未来一个世纪可能会出现严重的变暖趋势
1997	《京都议定书》签署，要求在 2008~2012 年，将 38 个工业化国家的温室气体排放量较 1990 年水平平均减少 5.2%
2001	美国宣布退出《京都议定书》
2002	欧盟批准《京都议定书》，承诺其将温室气体人为排放量减少 5%
2005	《京都议定书》生效。C40 成立，标志着各国城市开始合作应对气候变化
2007	联合国巴厘岛气候变化大会通过"巴厘岛路线图"，计划于 2009 年完成 2012 年后国际气候体制的谈判
2009	哥本哈根气候变化大会通过不具法律约束力的《哥本哈根协定》，没有完成"巴厘岛路线图"的授权

---

① 《习近平在气候变化巴黎大会开幕式上的讲话》（全文），新华网，2015 年 12 月 1 日，
http：//www.xinhuanet.com//world/2015-12/01/c_ 1117309642.htm。

续表

年份	事件
2012	《京都议定书》第一承诺期到期,不再具有法律约束力
2015	《巴黎协定》达成,确立了以国家自主贡献为核心的"自下而上"相对宽松灵活的减排模式。从此,谈判重点转向履约
2016	《巴黎协定》生效
2017	美国总统特朗普宣布退出《巴黎协定》,全球气候治理在艰难中继续向前推进
2018	联合国卡托维兹气候变化大会通过《巴黎协定》实施细则
2021	联合国格拉斯哥气候变化大会通过《格拉斯哥气候协议》,完成《巴黎协定》实施细则遗留问题的谈判

注：笔者根据相关资料自制。

过去 30 多年的全球气候治理演进历史集中表现为全球气候治理制度的演进和变迁史。以下从全球气候治理的目标、原则、减排模式、谈判格局、基本结构和技术转移六个方面做简要分析。

第一，全球气候治理目标的演进。

随着全球气候治理进程的推进，国际社会对全球气候治理的目标越来越明确、越来越具体，也越来越有雄心。《公约》是全球气候治理进程中的奠基性国际公约。《公约》第 2 条明确提出了全球气候治理的最终目标：将大气中温室气体的浓度稳定在防止气候系统受到危险的人为干扰的水平上。这一水平应当在足以使生态系统能够自然地适应气候变化、确保粮食生产免受威胁并使经济发展能够可持续地进行的时间范围内实现。[①]《公约》第 2 条所提出的即全球气候治理的"整体目标"，其中包含治理对象、预期效果和实现期限三个方面。首先，它明确了气候治理的主要对象，即"温室气体"；其次，它提出了治理所应达到的效果，即"将大气中温室气体的浓度稳定在防止气候系统受到危险的人为干扰的水平上"；最后，它限定了目标实现的时间范围，即"在足以使生态系统能够自然地适应气候变化、确保粮食生产免受威胁并使经济发展能够可持续地进行的时间范围内实现"。《公约》的法律约束力决定了这一"整体目标"不仅是各方在气候议题上达成的共识，更要求缔约方为实现该目标而采取相应的实际行动。

---

① 《联合国气候变化框架公约》（中文版），1992。

《巴黎协定》是继《京都议定书》后第二份具有法律约束力的气候协议，其内容涉及 2020 年以后全球应对气候变化的行动安排。相较《公约》，《巴黎协定》中全球气候治理的目标进一步具体化和量化。我们将《巴黎协定》提出的目标视为"具体目标"，包括温度升幅限制、适应能力以及资金机制三个方面。其中，最值得关注的是温度升幅限制的边界确定。《巴黎协定》第 2 条明确提出："把全球平均气温升幅控制在工业化前水平以上低于 2℃ 之内，并努力将气温升幅限制在工业化前水平以上 1.5℃ 之内，同时认识到这将大大减少气候变化的风险和影响。"《巴黎协定》中的"具体目标"是在《公约》"整体目标"的基础上发展而来，其进步之处有二：其一，直接用气温升幅取代大气中的温室气体浓度以衡量应对气候变化所取得的效果，目标更加清晰、直接且便于测量；其二，对气温升幅提出了"保 2℃、争 1.5℃"的具体量化目标，更加明确的同时也更具有紧迫性，有利于敦促缔约方依其承诺履约。

第二，全球气候治理原则的演进。

与全球气候治理的目标同样值得关注的是全球气候治理的原则和规则。克拉斯纳（Krasner）提出了构成国际机制的四种基本要素，包括隐含或者明示的原则、规范、规则和决策程序。[①] 其中原则以及遵循原则衍生出的规则尤为重要。原则是在价值维度上具有一定稳定性和方向性的原理和准则，是各方合作的前提和基础。规则是具体规定国家权利和义务以及某种行为的具体法律后果的指示和律令，在遵循原则的条件下用以界定具体问题的性质和解决方法。

《公约》规定了预防原则、共同但有区别的责任原则、可持续发展原则等作为国际气候合作的基本原则。其中共同但有区别的责任原则是全球气候治理的核心原则，是各方在气候领域进行合作的前提和基础。《公约》第 3 条明确规定："各缔约方应当在公平的基础上，并根据它们共同但有区别的责任和各自的能力，为人类当代和后代的利益保护气候系统。"《公约》进而规定："发达国家缔约方应当率先对付气候变化及其不利影响。应当充分考虑到发展中国家缔约方，尤其是特别易受气候变化不利影响的那些发展中国家缔约方的具体需要和特殊情况。"《公约》如此集中规定发达国家的单方面义务，较为充分

---

① Stephen D. Krasner, ed., *International Regimes*, Cornell University Press, 1983, pp. 2-5.

地体现发展中国家利益的情形在国际法发展史上非常罕见。① 1997 年通过的《京都议定书》通过为议定书附件 I 缔约方（发达国家和经济转轨国家）设定温室气体强制减排目标等具体法律措施和手段，将《公约》有关共同但有区别的责任原则进一步推进到具体落实层面，是对该原则的重要发展和贡献。在 30 多年的气候谈判中，共同但有区别的责任原则总体上得到了较好的坚持，但是随着各方博弈的深化，共同但有区别的责任原则的内涵也发生了一定的变化和调整。《京都议定书》生效后，发达国家对仅为发达国家规定强制量化减排义务的模式不断提出质疑和挑战，发展中国家内部在此问题上的立场也日趋分化。在这样的大背景下，共同但有区别的责任原则中的共同因素日益强化，而区别的内涵逐步从绝对的发达国家和发展中国家"两分法"向根据各自国家能力的"具体区分"转变，应对气候变化的责任主体逐步扩大。"巴厘行动计划"要求发展中国家在得到"三可"支持的基础上开展"三可"的国家自主减排行动。发展中国家从原先不承担量化减排责任转向承担一定的责任。《巴黎协定》则要求所有缔约方在公平、共同但有区别的责任和各自能力原则指引下，提交应对气候变化的国家自主贡献。为了达成更为广泛且有效的合作，《巴黎协定》还对共同但有区别的责任原则进行了具体补充。其中增加的"根据不同的国情"的表述实际上是以尊重发达国家群组和发展中国家群组内部的差异性取代《公约》中过于简化的二元划分。

《巴黎协定》在明确表明必须遵循《公约》所确立的"包括以公平为基础并体现共同但有区别的责任和各自能力的原则"的基础上增加了"同时要根据不同的国情"这一说法。

共同但有区别的责任原则本质是发达国家和发展中国家在气候治理进程中的权责划分，虽然这一原则的确立可以认为是发达国家和发展中国家在气候谈判中达成妥协的体现，但同时也蕴含着发达国家和发展中国家长久以来最大的分歧所在。此外，《巴黎协定》以动态的排放水平取代了相对静态的发展程度作为划分标准，淡化了发达国家的历史责任，强调了发展中国家未来的责任，体现了中国等新兴经济体对于发达国家指责的回应和对减排责任的承担。

从《联合国气候变化框架公约》到《巴黎协定》，全球气候治理中最重要

---

① 杨兴：《〈气候变化框架公约〉与国际法的发展：历史回顾、重新审视与评述》，载吕忠梅、徐祥民主编《环境资源法论丛》（第 5 卷），法律出版社，2005。

的共同但有区别的责任原则虽然在整体上得到了一以贯之的坚持，但是各方对于这一原则仍秉持不同的理解。理解共同但有区别的责任原则的关键在于"区别"而非"共同"，在这一问题上发达国家与发展中国家之间、发展中国家之间的分歧日益明显，美国退出《巴黎协定》更是加剧了共同但有区别的责任原则的弱化态势，"区别"更加模糊。

一是，发达国家与发展中国家在谈判过程中存在明显的争议。发达国家更注重减排力度和透明度问题，回避适应、资金及技术转让问题。发展中国家则更强调发达国家在资金及技术转让上的责任和义务——这一矛盾在2017年COP23及2018年后续的气候谈判中表现得更加尖锐。二是，发展中国家阵营内部也发生了进一步分化，分化的原因在于美国退出《巴黎协定》使得小岛屿国家应对气候变化的意愿更加迫切。在全球气候治理的目标上，小岛屿国家坚决主张1.5℃的温控目标，而其余发展中国家并未表现出如此迫切的意愿。三是，在透明度问题上，发达国家对以"基础四国"为代表的新兴大国提出了更高要求，施加了更大压力；四是，在谈判中一些发达国家对中国的期待和压力加大，希望中国提高减排力度，提高透明度，提供更多的资金援助，甚至质疑中国的发展中国家地位。

另一个值得关注的变化是，可持续发展原则在全球气候治理进程中不断得到强化。应对气候变化与可持续发展原则之间的关联性日益紧密，应对气候变化是可持续发展的内在组成部分。这一理念日益深入人心。《2030年可持续发展议程》将应对气候变化列为第13个目标就是有力的证据。

第三，全球气候治理规则——减排模式的演进。

全球气候治理的规则与原则协调一致，规则往往是原则的落实和体现。《联合国气候变化框架公约》所确立的共同但有区别的责任原则强调的是发达国家在气候变化领域的历史责任以及发展中国家受发展阶段所限可以量力而行。与此原则相适应的规则便是于1997年达成并于2005年生效的《京都议定书》。这种规则被总结为以发达国家和发展中国家为区分的"自上而下"的减排模式。具体表现为：首先，《京都议定书》将缔约方划分为附件Ⅰ缔约方（主要为发达国家和集团）及非附件Ⅰ缔约方（主要为发展中国家）；其次，《京都议定书》为附件Ⅰ缔约方规定了整体的、具有约束力的减排目标和时间表，而对于非附件Ⅰ缔约方是否做出承诺则不做硬性要求。然而，自2008年全球金融危机爆发以来，各方对共同但有区别的责任原则的理解开始发生变化。发达国家在气候谈判中开始试图淡化历史排放责任，转而强调发展中大国的现实和未来责任。因此，《京都议定书》中对于附件Ⅰ缔约方和非附件Ⅰ缔约方的划分以及"自上而下"的减排模式开始受到挑战，《京都议定书》的效力有所减弱。随着各方对共同但有区别的责任原则理解的变化，全球气候治理的规则从"自上而下"的减排目标分摊模式转变为"自下而上"的国家自主贡献模式。

虽然此前美国宣布退出《巴黎协定》对共同但有区别的责任原则带来了一定的冲击，但是《巴黎协定》确定的"自下而上"的减排模式并未被动摇。在"自下而上"的国家自主贡献减排模式下，全球气候治理的成效开始依靠各方依照自身能力做出并达成的承诺，而非整体目标的分解和减排量的分配。在这种规则下，全球气候治理的效果由各方（主要是国家行为体）的"意愿"和"能力"共同决定。"意愿"是由一国在议题上的"迫切性"决定的，"能力"是由一国对内的资源攫取能力和对外的议程设置能力决定的。虽然各国都受到气候变化问题的潜在威胁，但是对每个国家而言，气候变化问题的严重性并不相同。美国一度退出《巴黎协定》展现了美国在应对气候变化问题上意愿减弱，但这并不意味着其他国家的意愿和能力也随之减弱。中国气候事务特别代表解振华在访谈中指出，"自下而上"的减排模式虽然看似松散，约束力较弱，但这是对全球气候治理规则的一种新的尝试。事实上，"自下而上"的减排模式和相应的全球气候治理规则是对此前《京都议定书》"自上而下"减排模式的修正和创新，历经《巴黎协定》谈判进程后当前在全球范围内被广泛接受、备受期待。因此，在没有更好的替代规则的情况下，美国一度退出《巴黎协定》的单边行为并不能轻易动摇各方在规则层面对于"自下而上"这一创新的共识。

第四，全球气候治理谈判格局的演进。

在30多年国际气候谈判的历史中，国际气候谈判格局经历了明显的变化，从初期相对简单的发达国家与发展中国家两大谈判阵营演变到今天的非常复杂的南北阵营与基于不同利益成立的各种谈判集团并存的谈判格局。在《联合国气候变化框架公约》谈判期间，发达国家与发展中国家两大集团之间的竞争与合作成为国际气候谈判格局的基本特征，二者的关系决定国际气候谈判的走向。但从《京都议定书》的谈判起，国家利益的多样化导致南北对峙的格局逐渐空心化，发达国家内部和发展中国家内部不断分化组合，形成了形形色色、大大小小的各种谈判集团，例如，在发达国家内部，有美国牵头的伞型集团和欧盟之分，在发展中国家阵营内则有"基础四国"、小岛屿国家与最不发达国家集团、相同立场国家集团、非洲国家集团、石油输出国国家集团等，还有跨南北的环境完整性集团等。在巴黎气候大会上，还出现了包含发达国家和发展中国家的"雄心壮志联盟"。从国际气候谈判的领导者角度看，欧美在国际气候谈判的初期扮演了领导者的角色，此后美国的角色则随着共和党和民主党的交替执政而发生变化。一般在民主党执政期间，美国在国际气候谈判中的作用比较积极。在《京都议定书》的谈判过程中，欧盟的领导作用最突出。在《巴黎协定》的谈判过程中，中美两国发挥了主要的领导作用。2017年美国宣布退出《巴黎协定》后，美国的政治意愿大幅下降，欧盟的领导力因内部危机重重也遭明显削弱，国际气候谈判出现了领导力赤字。2021年1月，拜登担任美国总统，2月，美国宣布重回《巴黎协定》并发挥全球领导力。当前，由于新冠肺炎疫情蔓延和中美战略博弈及地缘政治冲突加剧，大国能否合作构建新的全球集体领导机制尚需观察。

第五，全球气候治理基本结构的演进。

自联合国气候谈判启动以来，全球气候治理的基本结构经过不断演进，逐渐形成了以《联合国气候变化框架公约》为核心的多元多层治理结构。美国宣布退约后，以《联合国气候变化框架公约》为核心的多元多层全球气候治理基本结构没有发生变化，但联合国气候谈判进程延缓（见图1）。

第六，全球气候治理中的跨国技术转移。

科技是应对气候变化的根本保证。国际贸易的发展推动了绿色低碳技术的跨国转移。这是近年来全球化促进全球气候治理的一个重要表现。以太阳能光伏技术为例，随着太阳能光伏技术的迅速应用，太阳能已经在世界许多地区成为最廉价的电力来源。光伏企业的电力成本在2010~2018年下降了77%。2005~2018年累计装机容量增加了100倍。太阳能光伏发电已成为全球低碳能源体系的关键支柱之一，对实现《巴黎协定》的目标意义重大。太阳能的快速发展得益于光伏行业全球市场和全球价值链的形成。国际贸易在其中发挥了关键作用。[①]

对于如何评价过去30多年全球气候治理的成效这个问题，国际社会充满争议。其中一个比较客观的评价认为，迄今的全球气候治理部分有效，一方

---

① WTO and IRENA, "Trading into a Bright Energy Future: The Case for Open, High-quality Solar Photovoltaic Market," https://www.wto.org/english/res_e/booksp_e/energyfuture2021_e.pdf.

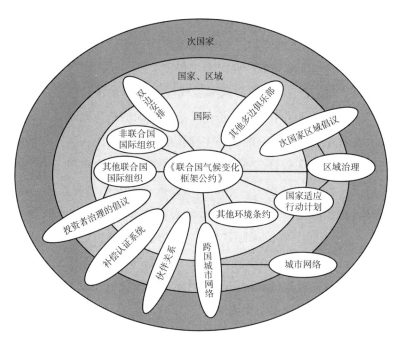

图 1　以 UNFCCC 为核心的全球气候治理结构示意图

资料来源：《IPCC 第五次评估报告第三工作组报告》。

面，如果没有过去 30 多年的全球气候治理，2100 年全球地表温度将升高 4.4℃，而现在预计目前世界各国采取的减排行动将使 2100 年全球地表温度上升 2.7℃；另一方面，这样的温控力度尚未达到《巴黎协定》规定的温控 2℃、力争 1.5℃的全球目标。[①] 另据国际能源署的最新报告，如果完全实现联合国 2021 年格拉斯哥气候变化大会期间各国做出的国家自主减排承诺，2100 年全球温控目标可望达到 1.8℃。[②] 换言之，现有的全球气候治理体制是有效的，但作用还不够大，需要继续强化，以发挥更大的作用。

---

① Emma Williams and David Steven（UN Foundation），Nick Mabey and Ronan Palmer（E3G），Bill Hare and Carl-Friedrich Schleussner（Climate Analytics），"The Value of Climate Cooperation：Networked and Inclusive Multilateralism to Meet 1.5℃," https：//climateanalytics.org/media/the-value-of-climate-cooperation.pdf.

② IEA，"COP26 Climate Pledges could Help Limit Global Warming to 1.8℃，but Implementing Them will be the Key," IEA，Paris，2021，https：//www.iea.org/commentaries/cop26-climate-pledges-could-help-limit-global-warming-to-1-8-c-but-implementing-them-will-be-the-key.

三　全球气候治理面临的挑战与全球化的重塑

过去 30 多年的全球气候治理尽管取得了重要进展，但全球温室气体排放总量仍在增加，气候变化已演变为气候危机。全球气候治理亟须加强。为此，一方面，需要准确识别全球气候治理面临的挑战；另一方面，需要重塑全球化。

（一）当前全球气候治理面临的挑战

总体而言，当前全球气候治理面临四大挑战。

第一，全球气候治理力度不够。

展望未来，全球气候治理面临的最大挑战是，与全球气候治理要达到的目标相比，迄今全球气候治理的力度远远不够。这集中体现在全球温室气体浓度和全球温室气体排放量仍在增加，而且这两种趋势近期没有逆转的迹象。

2021 年世界气象组织发布的《全球气候状况报告》指出，尽管出现了具有降温作用的拉尼娜事件，2020 年仍是有记录以来三个最暖的年份之一。全球平均温度比工业化前（1850～1900 年）水平约高 1.2℃。2015～2020 年是有记录以来最暖的六年，2011～2020 年是有记录以来最暖的十年。2020 年大气中二氧化碳浓度已超过 410ppm（ppm 意为"百万分之一"），2021 年可能超过 414ppm。[①] 联合国环境规划署《2020 排放差距报告》指出，2019 年全球温室气体排放总量（包括土地利用变化在内）达到了 591 亿吨二氧化碳当量的历史新高；预计 2020 年二氧化碳排放量将下降 7%，但从长期来看，这一下降仅意味着到 2050 年全球变暖减少 0.01℃；各国根据《巴黎协定》承诺的国家自主贡献仍然严重不足；要想实现 2℃温控目标，各国的整体减排力度须在现有的《巴黎协定》承诺基础上提升大约 3 倍，而要遵循 1.5℃减排途径，则须将现有努力提升至少 5 倍。[②]

第二，全球气候治理存在领导力赤字。

气候变化是典型的全球性问题，全球性问题的解决需要国际合作，有效

[①] WMO，"State of the Global Climate 2020," https：//library. wmo. int/doc_ num. php？explnum_ id =10618.

[②] UNEP，"Emissions Gap Report 2020," https：//www. unep. org/zh-hans/emissions-gap-report-2020.

的国际合作需要强有力的领导。国际气候谈判的历史表明，什么时候有领导，什么时候谈判就比较顺利；什么时候缺乏领导，什么时候谈判就难以取得进展。缺乏长期稳定的领导力是全球气候治理进展有限的关键因素之一。中美是全球气候治理中至关重要的行为体。2015 年前后，在美国奥巴马政府时期中美曾开展过良好的气候合作，共同促成《巴黎协定》的达成，共同展现了全球气候领导力。2017 年美国特朗普政府宣布退出《巴黎协定》，中美气候合作陷入停顿。2021 年美国拜登政府重返《巴黎协定》，但由于拜登政府将中国视为最大的竞争对手，持续加大对华遏制的力度，包括大打"台湾牌"，导致中美关系紧张，严重冲击中美气候合作。当前由于中美气候合作面临困难，难以共同发挥全球领导力；加之地缘政治冲突和大国博弈加剧，全球气候治理的领导力赤字严重。缺乏强有力的领导是当前全球气候治理面临的重大挑战之一。

第三，全球气候治理的体制机制和法律框架不完善。

国际气候谈判迄今已进行了 30 多年。谈判的根本任务是建立和运行一个公平合理、合作共赢的全球气候治理制度，推动各方携手应对气候变化这一全球性的挑战。30 多年来，国际社会先后制定了《联合国气候变化框架公约》《京都议定书》《巴黎协定》等重要机制，为全球合作应对气候变化提供了基本的政治框架和法律制度。除联合国主导的公约机制外，越来越多的其他国际组织和非政府组织、城市、企业也积极参与全球气候治理，形成了公约内外联动的机制。但总体而言，当前全球气候治理体制机制和法律框架还存在许多不足，主要表现在以下四个方面。其一，全球气候治理体系的公平性不足。一个基本的事实是，发达国家仍然掌握着全球气候治理体系中的议程设置权和关键决策权及话语权。在最能体现公平性的共同但有区别的责任原则的践行上，发达国家未能在资金和技术转让问题上兑现其对发展中国家的承诺，导致许多发展中国家在减排和适应两方面都缺乏足够的能力。其二，全球气候治理体系的激励机制和约束机制比较弱。目前的国际气候公约重点聚焦在减排责任的分担上，对通过市场手段降低减排成本和将分担减排成本转化为分享低碳发展的机会方面重视不够，导致许多国家看不到减排的收益，从而缺乏减排动力。从全球气候治理的体制机制和法律框架角度出发，当前《巴黎协定》与《京都议定书》的区别主要是在约束机制方面。《巴黎协定》强调"道德约束"而非"法律约束"，各国通过提交国家自主贡献所确定的减排目标的实现和承担的减排任务的达成，主要有赖于国际监督和评估机构的评价。换言之，《巴黎协定》所确定的这种约束机制属于内部约束，治理主体的行为多是主动的、自觉的、自愿的，没有要求各国要对各自的自主目标制定对应的国内立法以保证目标实现，从而没有保证自主贡献目标实现的国内法依据。对于国家自主贡献目标如何衡量、监督和落实，各方都没有相关经验，要一起摸着石头过河。[①]其三，全球气候治理体系的协调性不高。目前全球气候治理体系已形成多层多元的治理架构，但不同层次之间、不同利益相关方之间的联系与合作比较有限，相互之间关系的定位也比较模糊，呈现碎片化现象，同时也存在职能重叠、争夺资源导致效率低下的情况。另外，目前的国际气候公约重点集中在二氧化碳的减排上，对全球温室效应贡献率超过20%的非二氧化碳的温室气体，如甲烷、氧化亚氮和CFC-11的减排关注不够。其四，全球气候治理体系的系统性不够。目前全球气候治理体系还缺乏许多关键领域的国际制度安排，例如，国家碳市场的建立与区域碳市场的连接，公共部门资金与私营部门资金的合作，等等。

因此，对于当前的全球气候治理而言，全球层面非强制性的、不具约束力的体制机制与各国国内的强制性的、具有约束力的法律框架之间仍处于脱节状态。这种脱节一方面将导致国际协定难以通过国内立法机关的批准，从而难以正式生效，另一方面也将降低各国因不履行承诺而付出的代价，从而使全球气候治理的成效大打折扣。

第四，全球气候治理的外部环境比较严峻。

有效的全球气候治理离不开良好的外部环境，但环顾当今世界，形势严峻，不容乐观。习近平主席指出，当今世界面临四大赤字，即治理赤字、信任赤字、和平赤字和发展赤字。关于治理赤字，他指出，"全球热点问题此起彼伏、持续不断，气候变化、网络安全、难民危机等非传统安全威胁持续蔓延，保护主义、单边主义抬头，全球治理体系和多边机制受到冲击"。关于信任赤字，他强调，"当前，国际竞争摩擦呈上升之势，地缘博弈色彩明显加重，国际社会信任和合作受到侵蚀"。关于和平赤字，他指出，"人类今天所处的安全环境仍然堪忧，地区冲突和局部战争持续不断，恐怖主义仍然猖獗，不少国家

---

① 王彬彬、张海滨：《全球气候治理"双过渡"新阶段及中国的战略选择》，《中国地质大学学报》（社会科学版）2017年第3期。

民众特别是儿童饱受战火摧残"。关于发展赤字，他强调，"当前，逆全球化思潮正在发酵，保护主义的负面效应日益显现，收入分配不平等、发展空间不平衡已成为全球经济治理面临的最突出问题"。[①] 2020 年以来，一场突如其来的新冠肺炎疫情在全世界迅速蔓延，对世界政治、经济、贸易和地缘政治产生了深远影响，被公认为第二次世界大战以来国际社会遭遇的最严重的危机。2022 年 2 月俄乌冲突爆发导致全球安全形势恶化。上述严峻的外部环境在一定程度上转移了国际社会对全球气候治理的关注，削弱了国际社会在全球气候治理中的合作意愿与信心。

（二）重塑全球化，有效应对气候变化

气候变化是最典型的全球性问题。气候变化问题的走向是检验全球化后果和影响的试金石。面对全球气候危机，重塑全球化势在必行。

第一，明确目标，确保全球化的公平和包容。

长期以来，全球化是世界经济的强劲发动机，这是不争的事实。但近年来，全球化受到越来越多的质疑和怀疑，甚至是抵制和反对，其中一个很重要的原因是全球化加剧了部分国家之间和国内各阶层之间的贫富差距，导致不平等现象加剧。这种现象需要引起国际社会的高度重视和深刻反思，并做出重大调整。将公平和包容作为全球化的核心价值追求刻不容缓。全球化的目标应该是，不让任何一个国家掉队，不让任何一个人掉队。

第二，明确原则，将可持续发展原则作为推进全球化的基本原则。

只有践行可持续发展原则，才能确保全球化有利于所有人，有力应对气候变化。中国国家主席习近平在 2019 年出席第二十三届圣彼得堡国际经济论坛全会时对此做了很好的阐述。他强调，"放眼世界，可持续发展是各方的最大利益契合点和最佳合作切入点。联合国 2030 年可持续发展议程着眼统筹人与自然和谐共处，兼顾当今人类和子孙后代发展需求，提出协调推进经济增长、社会发展、环境保护三大任务，为全球发展描绘了新愿景"，"可持续发展是破解当前全球性问题的'金钥匙'，同构建人类命运共同体目标相近、理念相

---

① 习近平：《为建设更加美好的地球家园贡献智慧和力量——在中法全球治理论坛闭幕式上的讲话》，新华网，2019 年 3 月 26 日，http://www.xinhuanet.com/politics/leaders/2019-03/26/c_1124286585.htm? agt=1887。

通，都将造福全人类、惠及全世界"。①

第三，明确路径，加强全球治理和多边主义。

气候变化是对人类福祉和地球的最大挑战，其最大的特征是全球性。因此，应对气候变化必须加强国际合作，加强多边主义，必须将其解决方案纳入有效的全球框架。大国，特别是美国，长期受益于全球化，应该率先在加强全球治理和多边主义方面加强合作，坚持开放包容的多边主义，不搞排他的小圈子。

第四，明确重点，切实加强联合国和其他国际机构在重塑全球化、制定规范方面的作用。

全球机构和规范框架对全球化的良性发展非常重要。联合国可以在加强全球化好处方面发挥关键作用，因此，必须坚定维护联合国在推动可持续发展和全球气候治理中的核心地位。

结　语

本章立足于当今世界正处于百年未有之大变局和世纪疫情相互叠加而形成的新的全球动荡变革期，探讨了全球化和气候变化这两大全球趋势的关联性，重点讨论了全球化对气候变化的影响，提出了重塑全球化以有力推动全球气候治理的主张和具体路径。本章强调，全球化是社会生产力发展和科技进步的必然结果，但全球化发展从来都不是一帆风顺和十全十美的。它既带来机遇，也带来挑战。全球化对气候变化的影响复杂而深远。全球化既是气候变化的重要成因，也是解决气候变化问题的关键。气候变化问题本身就是全球化的重要表现之一。全球化背景下的全球气候治理已取得积极而重要的进展，成为全球治理的一面镜子，但与全球实现温控 2℃、力争 1.5℃的目标仍有较大差距。未来要有效应对气候变化，必须重塑和重构全球化，以趋利避害。

这里需要强调的是，包括中国在内的 140 多个国家已提出了碳中和的目标，这是全球气候治理的重大变化和进展，必将引发全球政治、经济和社会的

---

① 习近平：《坚持可持续发展　共创繁荣美好世界——在第二十三届圣彼得堡国际经济论坛全会上的致辞》，中国政府网，2019 年 6 月 7 日，http：//www.gov.cn/xinwen/2019-06/08/content_5398347.htm。

重大变革和新一轮的大国博弈。中国已明确提出将积极参与和引领全球气候治理。① 这对全球化背景下的全球气候治理的发展是一个巨大的利好消息，全球气候治理的进一步发展将为其他问题领域的全球治理提供有益借鉴，进而推动全球化的良性发展，造福人类社会。

① 《习近平在中共中央政治局第三十六次集体学习时强调　深入分析推进碳达峰碳中和工作面临的形势任务　扎扎实实把党中央决策部署落到实处》，中国共产党新闻网，2022 年 1 月 26 日，http：//cpc. people. com. cn/shipin/BIG5/n1/2022/0126/c243247－32339979. html。

第八章　全球化与国际冲突

初晓波

内容提要　全球化意味着世界范围内相互依存网络的形成，客观上为世界经济增长提供了动力，促进了商品和资本流动、科技和文明进步以及各国人民的交往。全球化是一把双刃剑。全球市场的形成，意味着增长和分配、资本和劳动、效率和公平的矛盾会更加突出，国内不同地区与各国之间的发展水平以及身份差异就会更加凸显。从统计数字来看，冷战结束以后，全球化背景下的冲突类型不断增加，其中军事冲突经历了一个持续减少，尔后在 2005 年前后逐渐增加的过程。全球化加深了各国经济上的相互依赖，反对使用武力规范的深化；全球化引发的网络效应有利于遏制冲突，全球化同时引发的体系效应则使冲突的传播加快。交通、信息、技术的高速发展，也给制定应对冲突的政策增加了诸多不确定性和难度。全球范围内国际冲突的国内化特征，叠加了全球化带来的文化、身份冲突等因素，使国际冲突呈现更加复杂的态势；传统安全与非传统安全相互交错，部分地区安全形势有全面恶化的风险。我们需要从长久和平必要性的视角强化国际组织、机制、规范的作用，控制国际冲突，不断拓展全球化更有益于个人幸福和国家安全的方面。

一般意义上谈论的全球化，就是克服了地域的局限，将原本一个地区抑或一国之内的经济、政治、社会及文化等各个层面的关系，转向跨地区乃至向全球拓展，这既会带来物质层面的变迁，也会带来深层次观念的变化。研究全球化存在着不同的路径。如全球政治与社会路径关注的是科学技术与工业对我们所生活的世界的改变，进而通过制定政策来解决全球问题；从全球资本主义路径来看，全球化为经济强权的利益所驱动，带来经济高速增长的同时，加剧了不平等现象；世界体系的路径则注重探讨国际分工中不断变化的角色和关系，跨国公司在追寻廉价劳动力的同时，也提供了就业机会并促进了发展；全球文化的路径则重视大众传媒的驱动，以及全球主义对地区、国家和民族观念的冲击。[①]

　　全球化意味着世界范围相互依存网络的形成，但却很难说完全形成了普遍性共识，更不要说彼此之间的财富与发展均等。从社会和经济角度来看，全球化让人们的生活方式和价值观念频繁沟通，相互影响，但却并没有导致同质化的现象。全球化仅仅是一个过程，正如我们在享受全球化带来的各种生活便利的同时，必须要面对最古老的全球化，如环境问题的全球化，以及从之前的天花、鼠疫到今天肆虐全球的新冠肺炎疫情。托马斯·弗里德曼（Thomas Friedman）非常精辟地指出了全球化核心的悖论："全球化是一切，也同时是它的对立面。它可以令人难以置信地赋予权力和产生令人难以置信的强制性。它可以使机遇民主化，也可以使恐慌民主化……它在使文化同质化的同时，也使人们能够更广泛地分享他们独特的个性……它使我们能够以前所未有的方式深入世界，也使世界能够以前所未有的方式深入我们每个人。"[②]

　　"历史地看，经济全球化是社会生产力发展的客观要求和科技进步的必然结果，不是哪些人、哪些国家人为造出来的。经济全球化为世界经济增长提供了强劲动力，促进了商品和资本流动、科技和文明进步、各国人民交往"。但同时，"经济全球化是一把双刃剑。当世界经济处于下行期的时候，全球经济蛋糕不容易做大，甚至变小了，增长和分配、资本和劳动、效率和公平的矛盾就会更加突出，发达国家和发展中国家都会感受到压力和冲击。反全球化的呼声，反映了经济全球化进程的不足，值得我们重视和深思"。[③] 正是在这样一个前提下，我们有必要思考全球化与人类生命安全息息相关的国际冲突之间的关系。

① 〔英〕肯·布莱克莫尔、路易丝·沃里克-布思：《社会政策导论》（第4版），岳经纶等译，格致出版社，2019，第89页。

② Thomas Friedman, *The Lexus and the Olive Tree：Understanding Globalization*, Anchor Books, 2000, p. 406.

③ 习近平：《共担时代责任　共促全球发展——在世界经济论坛2017年年会开幕式上的主旨演讲》，《人民日报》2017年1月18日，第3版。

一　全球化下的冲突现状

冲突与人类社会相伴相生。比较早关于冲突的定义，如社会学家路易斯·科塞（Lewis Coser）就提出过，冲突是"争夺价值以及稀有的地位、权力和资源的斗争。敌我双方的目标是压制、伤害或消灭对方"。[1] 近年来乔伊斯·霍克尔（Joyce Hocker）和威廉·威尔莫特（William Wilmot）对冲突的定义更为透彻："至少两个相互依赖的个体在实现他们目标的过程中，其中一方察觉到了彼此目标的互不相容、资源的不足和来自另一方的阻挠，并通过斗争的形式表达出来。"[2]

国际冲突是冲突的一种特殊形式，虽然关于它的定义众说纷纭，但一般认为昆西·赖特（Philip Quincy Wright）所作的定义是早期比较权威的。他认为国际冲突是指一种"国家间关系，这种关系表现为不同的水平和程度。从这个意义上可以得出冲突的四个阶段：①双方意识到各自目标的相互对立；②紧张局势加剧；③非军事力量压制；④战争。冲突在狭义上是指国家采取行动互相反对对方的局势"。[3] 很显然，赖特更多强调的是国际冲突的升级过程。相比较而言，詹姆斯·多尔蒂（James E. Dougherty）和小罗伯特·普法尔茨格拉夫（Robert L. Pfaltzgraff Jr.）的界定更加丰富，他们认为国际冲突是"某一可认同的人群（不论是部落群体、种族群体、具有相同语言的群体、具有相同文化的群体、宗教群体、社会经济群体、政治群体还是其他群体）有意识地反对一个或几个其他可自我认同的人群，原因是他们追求的目标相互抵触或看上去相互抵触"。[4] 这里强调了目标相异或者存在目标相异的认知是引发国际冲突的基本动因，但同时必须采取了反对或者对抗的行为。无论从冲突升级的逻辑，还是冲突各方对抗行为的性质来看，冲突的种类等都非常复杂。从冲突手段来看，可以简单区分为暴力冲突与非暴力冲突，而暴力冲突中最典型的武装冲突，还可以分为大规模武装冲突与低烈度武装冲突；从冲突发生的地理范围来看，可以分为国内冲突与国际冲突；从冲突发生的功能性领域来看，则可以

---

[1] Lewis Coser, *The Function of Social Conflict*, Free Press, 1956, p. 3.

[2] Joyce L. Hocker, William W. Wilmot, *Interpersonal Conflict*, McGraw-Hill Education, 2017, p. 3.

[3] Philip Quincy Wright, "Escalation of International Conflict," *The Journal of Conflict Resolution*, 1965, No. 4, p. 435.

[4] 〔美〕詹姆斯·多尔蒂、小罗伯特·普法尔茨格拉夫：《争论中的国际关系理论》（第五版），阎学通、陈寒溪等译，世界知识出版社，2003，第 200 页。

分为经济贸易冲突、政治冲突、军事安全冲突、外交冲突、文化冲突等。目前关于冲突研究最全面的《冲突解决手册：理论与实践》一书，涉及了人与人之间、群体与群体之间、国家与国家之间的语言冲突、伦理冲突、宗教冲突、文化冲突，以及武装侵略和全面战争等各个层次。① 从具体统计与操作层面来看，不同冲突的分类指标大相径庭。美国外交关系委员会（The Council on Foreign Relations）下属的全球冲突追踪器（Global Conflict Tracker）系统将冲突区分为八类：内战；暴力犯罪；地区间冲突；政治动荡；宗派主义；领土争端；跨国恐怖主义；非传统冲突。②

关于冷战结束后全球范围内低烈度的非暴力冲突发展变化趋势，我们可以选择最常见也最典型的各国之间普遍存在的贸易摩擦（trade friction）来观察。贸易摩擦是指国际贸易中，一国或地区的贸易政策在一定时期对该国或地区某一特定产业体现出较强的保护倾向，从而引发该国或地区与其贸易伙伴间的贸易纠纷。毫无疑问，这种贸易摩擦既存在于发达国家之间，也存在于发展中国家之间；一些贸易摩擦可通过国际或者地区国际组织来进行解决，也有一些可通过双边磋商来讨价还价。冷战结束后全球范围内所有国家之间的贸易摩擦数量非常难以统计，我们可以通过解读世界贸易组织（WTO）的统计来一窥端倪。截至2021年12月31日，世界贸易组织成员将598件争端提交争端仲裁机构（每年的数量见图1）。在冷战结束后这个数字一度在1997年达到顶峰，随后逐渐下降，到2011年只有峰值时期的16%，随后在2012年再次上升，数起波澜，到2020年突然降到冷战结束后的最低点，这与全球范围内新冠肺炎疫情肆虐的影响密不可分。

从这一时期参与争端解决的世贸组织成员数量来看，有52个成员至少发起了一项争端申诉，有61个成员至少在一项争端中被诉。此外，共有90个成员作为第三方参与了两个或多个与其他成员之间的诉讼。总体而言，共有111个成员作为一方或第三方积极参与争端解决。可见全球化背景下的贸易摩擦，或称低烈度冲突基本已经将世界绝大多数经济体卷入其中。③

---

① 参见 Morton Deutsch，Peter T. Coleman，Eric C. Marcus，*The Handbook of Conflict Resolution：Theory and Practice*，Jossey-Bass，2006。

② https：//www.cfr.org/global-conflict-tracker/？category＝us，访问日期：2021年11月28日。

③ World Trade Organization，"Dispute Settlement Activity，" https：//www.wto.org/english/tratop_e/dispu_e/dispustats_e.htm，访问日期：2022年1月1日。

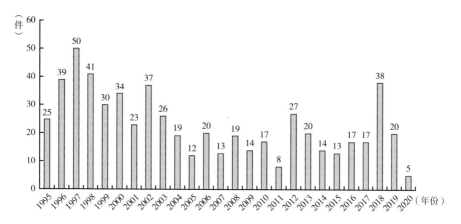

图 1 冷战后世界贸易组织磋商请求数量变化（1995~2020 年）

资料来源：World Trade Organization，"Dispute Settlement Activity，"https：//www.wto.org/english/tratop_e/dispu_e/dispustats_e.htm，访问日期：2022 年 1 月 1 日。

最严重的国际冲突，无疑是国家间战争，这是最为典型同时也是危害最大的冲突形式，其发展变化规律相对容易统计和分析。根据相关数据，在人类有历史记载的大约 5500 年时间里，广义上的战争爆发超过 14500次。伴随着全球化的发展，人类进入工业时代之后，战争在整个体系中所占的比例呈现稳步下降的趋势：1816~1848 年，共发生 33 场战争，涉及 28个国家；1849~1881 年，共发生 43 场战争，涉及 39 个国家；1882~1914年，共发生 38 场战争，涉及 40 个国家；1915~1944 年，共发生 38 场战争，涉及 40 个国家；1945~1988 年，共发生 43 场战争，涉及 117 个国家。总之，在这 173 年间，只有 20 年是和平的。[①] 从上述统计数字可以看出，在全球化全面发展的早期，战争发生的数量并没有非常明显的变化，但是参与战争的国家数量则在不断上升，这形象地展示出早期全球化与国际冲突发生的相关性特征。而冷战结束之后，这种武装冲突的趋势发生了重大变化。

根据系统和平中心（The Center for Systemic Peace）对二战结束之后（1946~2019 年）全球范围内武装冲突态势的数据统计，进入 20 世纪 90 年代之后，国家间战争和社会性战争的水平均呈现急剧下降趋势，这一趋势持续到

---

① William R. Nester，*Globalization*，*War*，*and Peace in the Twenty-first Century*，Palgrave Macmillan，2010，pp. 56-57.

21 世纪初，从峰值水平下降了 60% 以上。这一趋势在 2010 年前后发生了微妙的变化，回到了增长轨道，与国际贸易摩擦的变动规律相同（见图 2）。

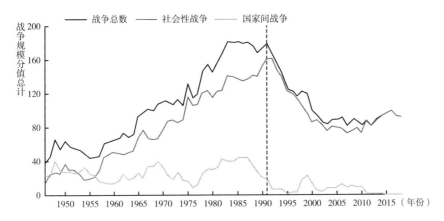

图 2　全球武装冲突态势（1946~2019 年）

资料来源：http：//www. systemicpeace. org/conflicttrends. html，访问日期：2021 年 11 月 29 日。

按照全球武装冲突类型来分析，很明显的是，传统的国家间战争逐渐式微，而革命战争与民族战争的比例总体有所下降，但在 2010 年后明显有所上升。尤其值得注意的是，2015 年世界范围内首次没有出现国家间战争的记录（见图 3）。

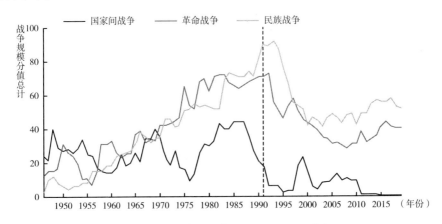

图 3　全球武装冲突类型（1946~2019 年）

资料来源：http：//www. systemicpeace. org/conflicttrends. html，访问日期：2021 年 11 月 29 日。

全球冲突必然给世界民众造成生命与财产的损失。从全球冲突死亡人数变化来看，从冷战结束到 2020 年，虽然在个别时期出现了因武装冲突造成死亡人数上升的趋势，但总体来说有所下降，2010 年前后虽然出现再次上升的趋势，但仍然没有突破 20 世纪末的数值。由图 4 可知，虽然冲突数量呈上升趋势，但死亡人数有所下降。基于上述变化，有国际关系学者认为，"随着武力作为一种解决利益冲突的手段的可行性和效用显著衰减，国家间在具体问题领域内非军事形态的权势之分布变得重要起来。换言之，军事力量在各种不同问题上的可共用性已不如过去"。①

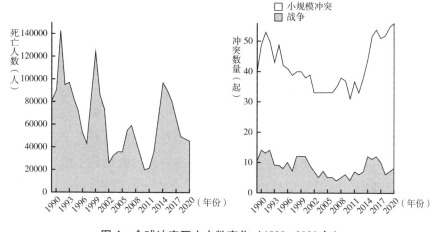

图 4 全球冲突死亡人数变化（1990~2020 年）

资料来源：Havard Strand Havard Hegre, "Trends in Armed Conflict（1946 - 2020）," *Conflict Trends*, No. 3, 2021, Peace Research Institute Oslo, https：//reliefweb.int/report/world/trends-armed-conflict-1946-2020, 访问日期：2021 年 12 月 1 日。

威廉·内斯特（William R. Nester）也曾经做出类似的宏观判断："纵观历史，大多数国家都曾为战争做准备、参与其中或从战争中恢复过来。然而，最近在国际关系中威胁或使用暴力已急剧减少，因为几乎所有国家都处于和平状态，或者说大部分时间都处于和平状态。其原因就是全球化。"② 当然，全球化与国际冲突的关系并不是如此简单的因果关系。

---

① 〔美〕戈登·克雷格、亚历山大·乔治：《武力与治国方略——我们时代的外交问题》，时殷弘等译，商务印书馆，2004，第 292 页。

② William R. Nester, *Globalization*, *War*, *and Peace in the Twenty-first Century*, Palgrave Macmillan, 2010, p. 1.

二　全球化对国际冲突的复杂影响

斯蒂芬·平克（Stephen Pinker）曾经提出一个观点，"暴力在很长一段时间内已经减少，今天我们可能生活在我们这个物种存在以来最为和平的时代。当然，暴力的确还没有降至零，并且我们也不能保证这种趋势一直延续。但这是千百年来一个明确无误的发展，无论是大到发动战争，还是小到体罚儿童，都可以清楚看到这一趋势"。①　随着时间的推移，人类社会中的一些历史性变化引致了暴力减少。这些变化包括生产方式的变化，从狩猎采集逐渐过渡到工业大生产；与城市化和工业化相伴随的启蒙运动和文明程度不断提高；人道主义和权利意识勃兴促致酷刑、宗教和种族暴力，以及对少数民族、妇女和儿童的虐待等各种暴力行为减少。毫无疑问，这个过程直接与全球化的进展有密切关系，或者说，这些都是全球化带来的重要变化。当然，需要明确的是，总体暴力行为的逐渐减少，并不意味着国际冲突同样发生着相匹配的变迁，使用暴力或者非暴力手段来剥夺他人的尊严、财富与生命，这种国际冲突的普遍性后果只意味着暴力的延续，而没有程度高低的本质区别。托马斯·弗里德曼指出的全球化核心悖论在分析全球化与国际冲突关系过程中，同样体现得非常典型。

第一，全球化意味着世界各国，尤其是大国之间相互依赖不断加深。正如斯蒂芬·G. 布鲁克斯（Stephen G. Brooks）和威廉·C. 沃尔福思（William C. Wohlforth）所指出的，全球化下的相互依赖并不仅仅限于全球经济领域，但一般秉持自由主义立场的学者在探讨其对安全事务的潜在影响时，普遍的操作方式是将其限定于经济领域。国际关系学者一般相信，经济相互依赖的加深改变了一个国家受其他国家行为影响的程度。著名学者戴维·鲍德温（David Baldwin）也提出，当一个国家变得愈发依赖全球经济，那么针对它的这一属性，其他国家就具有了更大的经济策略选择空间。②　按照同样的逻辑，小约瑟夫·奈与戴维·韦尔奇在《理解全球冲突与合作：理论与历史》一书中，也

---

① Stephen Pinker, *The Better Angels of Our Nature：Why Violence Has Declined*, Viking Penguin, 2011, Preface, p. 1.

② Stephen G. Brooks & William C. Wohlforth, *World Out of Balance：International Relations and the Challenge of American Primacy*, Princeton University Press, 2008, p. 98.

强调了经济相互依赖对于抑制国际冲突的重要作用："今天发生大国卷入其中的主要战争的可能性比历史上任何时候都要小，这是由于经济相互依赖、两次世界大战的可怕教训、反对使用武力规范的深化与强化、其他争端解决模式的增多，以及核水晶球的作用。"①

具体来说，当下人们在对中美之间爆发武装冲突可能性的评估中，经常会强调两国之间的相互依赖关系，与冷战中美苏两个大国之间的交往程度有本质区别，这也被视为中美两国不至于滑向全面冷战最重要的保障。如柯庆生（Thomas J. Christensen）就提出，复合相互依赖机制在中美之间形成了利益交融的格局，这是当今中美关系与当初美苏关系的根本区别之一。② 中国学者陶文钊也认为，"中美两国间的相互依存是冷战时期的美苏关系所没有的。这里的依存有两大类，一类是经济上的相互依存，一类是非经济的相互依存。经济上的相互依存又包括双边的和多边的"。③ 这是他论证当前中美没有陷入"新冷战"非常重要的证据。

从中美两国庞大的双边贸易、相互投资、人员往来等指标来看，全球化背景下中美两国的相互依赖，尤其在两国正式建交以来的确成为两国关系的压舱石，但中美两国之间直接和公开的军事冲突减少，还无法证明中美两国之间广义上的冲突得到了有效控制。斯蒂芬·G.布鲁克斯和威廉·C.沃尔福思在《失衡的世界：国际关系和美国首要地位的挑战》一书中认为，鉴于美国巨大的经济规模及其在全球经济中的整体重要性，比起美国依赖他国，其他国家普遍在经济上更依赖美国。两位学者用美国依赖于全球经济的四个关键方面，即外贸出口市场的依赖、对内直接投资的依赖、对外直接投资的依赖以及金融依赖，论述了美国对全球经济依赖的增强并没有相应增加其他国家制约美国安全政策的手段。④ 一个最为直接的体现是，美国恰恰利用了全球化带来的相互依赖，更加娴熟地运用经济制裁手段来保卫本国安全，更好地维护本国利益。毫无疑问，经济制裁是国际冲突的一种重要表现形式。

① 〔美〕小约瑟夫·奈、〔加拿大〕戴维·韦尔奇：《理解全球冲突与合作：理论与历史》（第十版），张小明译，上海人民出版社，2018，第243页。
② Thomas J. Christensen, *The China Challenge : Shaping the Choices of a Rising Power*, W. W. Norton, 2015, pp. 40-49.
③ 陶文钊：《中美关系不是"新冷战"》，《前线》2021年第6期，第26页。
④ Stephen G. Brooks & William C. Wohlforth, *World out of Balance : International Relations and the Challenge of American Primacy*, Princeton University Press, 2008, p. 101.

第二，全球化影响整个世界的另外一个重要领域是高速发展的交通网络和通信工具，以及大量新技术在世界范围内的迅速普及。当今的全球化已经彻底打破了19世纪帝国主义时期的政治结构，加上信息革命日新月异的发展，用弗里德曼的话来说，"更远、更快、更廉价以及更深刻"，全世界前所未有地变成一个"地球村"，原材料、产品、资金、人员全面按照市场的指向自由流通，以及建立在此基础之上的产业链，极大地节省了成本，增加了彼此之间的合作机会。经济学家使用"网络效应"（network effects）① 来解释快速变革的原因。随着相互依存不断加深、加快，不同网络之间的关系也变得更为重要，网络之间的联系增多，这显然有利于抑制彼此之间冲突的滋生和发酵。

但同理，"网络效应"呈现有利于遏制冲突趋势的同时，全球化背景下各个组成部分高度依赖之后，就适用社会学的基本原理：当社会呈现高度的系统状态时，其结构就会变得非常脆弱。这就是小约瑟夫·奈所说的"体系效应"（system effects），即一个地方出现的动乱，会传播到整个体系。② 而且相互依赖的国际网络越来越复杂，其影响及波及效应将越来越难以预测。这个道理在非传统冲突领域内，如公共卫生安全（当前新冠肺炎疫情的传播）、全球气候变化、计算机安全等领域，已经得到了非常明显的验证。

与此同时，交通、信息、技术流动的速度不断加快，也给世界各国制定应对冲突的政策增加了诸多的不确定性和相当大的难度。以国内政治冲突为例，传统上曾局限在一国之内的民众意愿，在当今世界非常便捷且迅速地受到外部世界的影响，与强调稳定、和谐的观点相比，对身边不平等现象的发现和强调、不满情绪的发泄在网络世界更容易受到追捧和关注。快捷的信息流动可以在瞬间形成舆论焦点，进而发酵为冲突事件。2010年12月，突尼斯出现有组织游行，抗议几起自杀和警察杀害抗议者事件，在这个过程中，突尼斯抗议者利用"脸书"通信，当时"脸书"还相当新颖，没有受到突尼斯政府的全程在线监管，结果整个抗议活动很快席卷全国，迫使总统本·阿里逃亡沙特阿拉伯。由此，有学者认为，在后来被称为"阿拉伯之春"的"颜色革命"中，

---

① 小约瑟夫·奈使用的网络效应，在经济学中也被称为网络外部性（network externality）。意思是随着用户数量的增加，那些不利于规模经济的情况将不断得到改善，所有用户都可能从网络规模的扩大中获得更大价值。此时，网络的价值呈几何级数增长。这种情况可简单理解为某种产品对一名用户的价值取决于使用该产品的其他用户的数量。

② 〔美〕小约瑟夫·奈、〔加拿大〕戴维·韦尔奇：《理解全球冲突与合作：理论与历史》（第十版），第327页。

"脸书"是一种发挥了重要作用的新武器。① 卡尔·波拉尼（Karl Polanyi）在《大转型》中说，工业革命所释放的市场力量以及 19 世纪以来的全球化，不仅产生了巨大的经济成果，也导致了严重的社会动乱和政治反应。小约瑟夫·奈进一步提出，"全球化在消除低效率的同时，也成为经济成功的政治囚徒。此外，随着全球网络变得更加复杂以及各种问题之间的关联性增多，摩擦也就会产生"。②

第三，全球化带来的重要后果之一是社会全球化，也就是人员、文化、形象和思想在世界范围内的流动与传播，其中移民问题是一个非常典型和普遍的例子。伴随全球范围内人员的流动，人们之间的交流空前活跃，各个国家、各个民族、各种宗教之间相互沟通，使国际关系主体趋向多元化，特别是跨国企业和非政府组织大量出现，同时人们可以便捷地欣赏和享受来自世界各地的文明成果，彼此之间加深了理解。通过彼此之间的交流，就有可能达到费孝通先生的理想——"各美其美，美人之美，美美与共，天下大同"。

这种人员流动催生了跨国婚姻的大量出现。不同国家、不同文明、不同种族之间的通婚，推进了文化的相互展示、渗透、内化并更容易创造出新的样态。跨国伴侣有意愿和能力去更进一步推动两个国家之间的经济、文化与社会交流，而且跨国婚姻家庭的后代会形成对两个国家的亲近感与归属感，更有条件和需求去推动两国之间的持久交流。这一切都有助于维持国家之间的相互理解与和平关系。

当然，我们也要看到，除了跨国旅行或者学习、工作等偶遇促成跨国婚姻之外，很多跨国婚姻本身带有浓厚的"移民色彩"。有学者认为婚姻移民包括异族移民跨国婚姻、同族内连锁移民、同族内第二代"祖国"婚姻等多种类型。③随着跨国婚姻的大量出现，其导致的问题开始浮出水面，如通过虚假的跨国婚姻实现移民目的、跨国婚姻导致的文化冲突尤其是对来源国和加入国的身份认知焦虑等，这些特点显然增加了国际冲突的可能性。

全球化孕育并催生了大量跨国公司，为全球范围内生产要素的流动和更合

---

① 〔美〕威廉·恩道尔：《虚假的民主》，吕继先译，中国民主法制出版社，2018，第 171~173 页。

② 〔美〕小约瑟夫·奈、〔加拿大〕戴维·韦尔奇：《理解全球冲突与合作：理论与历史》（第十版），第 330 页。

③ Katharine Charsley, *Transnational Marriage：New Perspectives from Europe and Beyond*, Taylor & Francis，2012，p. 15.

理分配提供了重要的平台和契机。同样，国际非政府组织的出现，填补了诸多此前国际关系体系中的空白领域，在宗教、种族、环保、扶贫等方面发挥了日益突出的作用。但全球化悖论同样存在：跨国公司在全球各个国家中影响力日益增大，导致与各个主权国家之间关系紧张，其庞大的网络、综合性实力以及独有的市场竞争力，造成了其与各国本土企业，尤其是中小型企业之间的摩擦。放眼冷战结束之后的冲突，小约瑟夫·奈意识到，从冲突所涉及的国家行为体、国际组织、非政府组织、离散群体和其他非国家行为体（例如跨国公司或者黑市交易商、军火商、毒贩）一起扮演着不同形式的角色这个意义上说，以上所有冲突都具有全球化的性质。① 如果说，人类历史上大部分关于管控国际冲突的经验来自以国家为主体的传统安全国际冲突的话，那么全球化带来的新主体、新领域、新挑战，将使未来一段时间的国际冲突管控面临严峻的挑战。

三　全球化与国际冲突未来走向

全球化是一个历史进程，除非发生极其特殊的情况，否则它不会中道而止，而国际冲突则是人类社会更为久远的一种相互关系现象，在可以预见的将来，会与人类共生共存。

思考全球化与国际冲突的关系走向，首先要对未来一段时间内的发展态势有一个比较理性的判断。根据上文总结的当前国际冲突发展的基本趋势，特别是按照每年武装冲突发生的总体数量，从大规模武装冲突数量来看，冷战结束后一段时间内达到峰值后，出现了明显的下降趋势。目前世界主要大国实力对比发生变化，特别是在新冠肺炎疫情的持久影响下，我们关注国际冲突的焦点为中美之间的大国博弈，包括两国之间的贸易冲突以及在印度太平洋地区，尤其是在台湾海峡、南中国海地区两国危机管控的形势严峻，当然也包括两国在世界舞台上话语权与秩序观的冲突。与此同时，也需要看到俄罗斯与乌克兰之间爆发的激烈冲突，冷战结束后，俄罗斯与北大西洋公约组织一直没有找到恰当的相处之道，值得高度关注。

① 〔美〕小约瑟夫·奈、〔加拿大〕戴维·韦尔奇：《理解全球冲突与合作：理论与历史》（第十版），第243页。

如果将这些大国之间的国际冲突放在一个较长的历史时期来评判，还并不是从现在开始很长一段时间内国际冲突走向的全部，毕竟上文论及决定冷战结束后大规模武装冲突减少的诸多原因依然在起作用，而且发挥作用的方式可能更加全面和深刻。我们容易忽略的是全球范围内国际冲突的国内化特征，这个特征叠加了全球化带来的文化冲突、身份冲突等因素，将呈现更加复杂的态势。小约瑟夫·奈就总结指出，世界范围内很多的"族群战争和群体战争，国内冲突尤其典型，因为语言、宗教、族群的差异，特别是已有的冲突调停机制失败后爆发比例很高，如阿富汗、安哥拉、刚果民主共和国、伊拉克、利比亚、卢旺达、塞拉利昂、索马里、苏丹、叙利亚以及前南斯拉夫等地"。[①] 我们必须把关注的视角从主要的大国关系和国际秩序层面的冲突拓展到更广的地理范围，如中东、非洲和东欧地区。

其次，由于时代的发展，当下全球化背景下的国际冲突形式，已经逐渐从大规模武装冲突、地区战争等领域，转移到了非传统安全领域，特别是包括大规模传染病传播、恐怖主义、全球气候变化等紧迫问题的解决上。但必须看到，对国际安全和全球化影响最大的，依然是以军事战争为代表的传统安全领域。固然，全球化已经让第三次世界大战爆发的可能性越来越低，但是也要看到，全球化带来的相互依存网络，造成了军事安全领域内的传统安全非常容易外溢，形成传统安全与非传统安全相互融合，部分地区甚至出现了全面恶化的危险态势。毕竟，全球各国仍然没有彻底放弃包括使用武力或武力威胁作为解决国际冲突的根本手段。小约瑟夫·奈提醒我们："此种军事相互依存可能产生的冲突规模巨大，而且速度极快。今天'基地'组织和其他跨国行为体形成了全球行动网络，正在以所谓的非对称战争挑战传统的国防。"[②]

那么解决之道何在？国际关系理论界的泰斗华尔兹认为："对于冲突'首要'原因的过分关注，使我们无法对世界政治进行现实主义的分析。最基本的原因是所有原因中最难以捉摸和掌控的一个。我们必须在人性本身之外，去寻找真正能够解释人类行为差异的原因。"[③] 政治学者强调权力能够在政府的

---

① 〔美〕小约瑟夫·奈、〔加拿大〕戴维·韦尔奇：《理解全球冲突与合作：理论与历史》（第十版），第 324 页。

② 〔美〕小约瑟夫·奈、〔加拿大〕戴维·韦尔奇：《理解全球冲突与合作：理论与历史》（第十版），第 326 页。

③ 〔美〕肯尼思·华尔兹：《人、国家与战争》，信强译，上海人民出版社，2019，第 26 页。

架构下被组织起来，而国家集团和国家的要求也能够因他者的不同主张受到某种程度的制约。基于同样的逻辑，摩根索才会认为，战争起源于人类对权力的欲望，而和平则来自世界政府。虽然迄今为止，一个理想而全能的世界政府仍然遥远而缥缈，但不能否认的是，冷战结束之后涉及全球共同利益的问题已经越来越多地通过建立正式或者非正式的国际组织来处理。尽管在很多特定问题上，各个直接利害相关国家还在各扫门前雪，规则的制定与执行，特别是具体的约束和全面管控也还无法完全落到实处，但各种形式的制度（regimes）安排，已经在很多领域逐渐形成了一套程序和实质性规则，并在世界更大范围内形成了更多共识。换句话说，虽然没有世界政府出现，但是当前的国际制度日益发挥着世界政府的某些功能。我们要做的，是从长久和平必要性的视角将这种变化趋势内化，并积极推动其向有助于控制国际冲突、增强全球化、更有益于个人幸福和国家安全的领域不断拓展。

当前我们要共同应对人类面临的各种挑战和全球性问题，如地区争端、恐怖主义、气候变化、网络安全、生物安全等。只有形成更加包容的全球治理、更加有效的多边机制、更加积极的区域合作，才能有效加以应对。从具体的解决手段来看，全球化背景下管控国际冲突，其根本在于，"治安维持、法治、司法机制和体制建设，都取决于各个地区、国家和全球各个层面规范（norms）的传播。而规范是通过政治来构建的"。① 而在当今世界，显然联合国框架下各个国家形成了诸多共识，尤其《联合国宪章》是最为重要的规范和指南。联合国大会和安理会在2016年分别通过了关于维持和平的决议（分别为A/70/262和S/2282），其中包括运用各种措施防止危机爆发、升级、持续和再发。"联合国在危机周期的多个节点上开展工作，解决存在长期冲突风险的问题，与处于暴力边缘的各方进行接触，帮助通过谈判结束冲突，协助各国实现和解并建设有韧性和包容性的社会。"②

在这个意义上，"世界只有一个体系，就是以联合国为核心的国际体系。只有一个秩序，就是以国际法为基础的国际秩序。只有一套规则，就是以联合国宪章宗旨和原则为基础的国际关系基本准则"。"联合国应该高

---

① Mary Kaldor, *New and Old Wars*, Polity Press, 2012, p. 221.

② Political and Peacebuilding Affairs, *United Nations Conflict Prevention and Preventive Diplomacy in Action*, United Nations, 2018, p. 1.

举真正的多边主义旗帜，成为各国共同维护普遍安全、共同分享发展成果、共同掌握世界命运的核心平台。要致力于稳定国际秩序，提升广大发展中国家在国际事务中的代表性和发言权，在推动国际关系民主化和法治化方面走在前列。要平衡推进安全、发展、人权三大领域工作，制定共同议程，聚焦突出问题，重在采取行动，把各方对多边主义的承诺落到实处。"[①]

对全球化背景下的国际冲突的分析，还需要回到对冲突本身的功能认知上。社会学家路易斯·科塞认为，冲突主体之间的异质性与功能相互依赖程度越高，冲突越倾向频繁，强度和暴力度则随之降低。社会冲突可能导致以下两个重要结果：提高社会更新和创造力，使仇恨在得以分裂社会单位之前得到释放；促进常规性冲突关系的建立，提高对现实性后果的意识程度，社会单位间联合得以加强。而冲突发挥上述功能越强，社会整体的内部整合度及其适应外部环境的能力就会越高。这种社会学的逻辑对认识国际冲突的功能提供了重要启发。路易斯·科塞甚至言及国际政治中的联盟现象："联盟，即使不是为了冲突的目的而建立，在其他团体看来也是一种威胁性和不友好的行为。但正是这种感觉，导致了新的联合和联盟的产生，这样就进一步激发了社会参与的积极性。"[②] 也就是说，某种可控的国际冲突，应该被视为全球化发展的动力，而不应被简单看作全球化发展的恶果与阻碍。

冷战期间美苏之间冲突管控的相关研究与思考可以视为一个很好的参照。冷战期间美国与苏联爆发过多次各种形式的冲突，甚至一度可能引发全面核战争，"但也正是在彼此长期对峙、危机不断的背景下，两个超级大国从自己的国家利益出发，逐渐形成了一系列冷战中处理危机的规范，而这些彼此默契的规范有助于两国规避风险，从而减少了危机发生的次数以及失去控制的升级"。[③] 冷战期间之所以能够维持长期的和平，不仅仅是两国之间谈判交易的结果，也不仅仅是两国领导人的英明决策，而是各个领域的具体冲突帮助美苏之间建立起了各种冲突规则与相处之道。当然，这一切要在当今世界新的全球化背景下再次实现，实现在变局中开新局、在乱局中化危为机，有赖各个大国的历史自觉、理论自觉与行为自觉，有赖各个国家领导人意识到当前的严峻挑

---

① 习近平：《坚定信心　共克时艰　共建更加美好的世界》，《人民日报》2021年9月22日。

② Lewis Coser, *The Function of Social Conflict*, Free Press, 1956, p.134.

③ 初晓波：《冷战与美国危机管理决策》，载王缉思、牛军主编《缔造霸权——冷战时期的美国战略与决策》，上海人民出版社，2013，第475页。

战，以及他们的使命意识与担当精神。

复杂的全球化走向，是在各种合力作用下进入一个新的阶段，呈现新的特点。"世界可能变得一分为二：一个是相对和平、有序和经济富足的世界，另一个则是充满混乱、暴力和饥饿的世界……威胁巨大，挑战巨大，而结局如何无法料定。"① 全球化下的国际冲突走向，应该引起我们的高度重视。

① 〔美〕戈登·克雷格、亚历山大·乔治：《武力与治国方略——我们时代的外交问题》，第404页。

二

全球化的历史及其趋势

第九章　全球化发轫于何时？

——对"突变论"和"渐变论"两种视角的综述

陈长伟

内容提要　关于全球化起源于何时，学术界大致有"突变论"和"渐变论"两种视角。"突变论"以单个或者一系列重大的历史事件作为全球化进程开启的标志，认为全球化是人类历史上某些重大历史事件所带来的革命性的后果，以这些历史事件为标志，人类历史可以分为"前全球化时代"和"全球化时代"；"渐变论"则认为全球化是人类历史漫长演进的结果，人类历史在不同阶段、不同地区皆存在不同程度的"全球化现象"。本章将介绍这两种视角下对全球化进行界定的主要著作和观点，并反思追溯全球化之历史起源的价值与意义。

导　论

自 20 世纪 90 年代"全球化"一词进入多个语种的话语体系以来，关于全球化是当代世界的产物还是久远历史的延续的争论就一直没有停歇。全球化究竟起源于人类历史的哪个时期？不同领域的学者从不同视角对该问题阐述了多种意见。参与争论的既有经济学家，也有历史学者；既有相关专业的学者，也有公共知识分子。大致而言，界定全球化起源有两种视角：一种是"突变论"，即以单个或者一系列重大的历史事件作为全球化进程开启的标志，认为全球化是人类历史上某些重大历史事件所带来的革命性的后果，以这些历史事件为标志，可以将人类历史分为"前全球化时代"和"全球化时代"；另一种是"渐变论"，认为全球化是人类历史漫长演进的结果，人类历史在不同阶段、不同地区皆存在不同程度的"全球化现象"。这两种视角的根本区别是：前者将全球化视为人类历史"突变"的结果，后者视全球化为人类历史"渐变"的结果。本章将在介绍这两种视角的基础上，反思追溯全球化之历史起源的价值与意义。

一 "突变论"视野下的全球化起源

"突变论"侧重于以具体事件而不是周期或跨度很大的阶段作为象征全球化的起源。这些具体事件往往是对人类历史产生重大影响的事件，如罗马帝国后期基督教的异军突起、1492 年克里斯托弗·哥伦布（Christopher Columbus）"发现"美洲、1498 年瓦斯科·达·伽马（Vasco Da Gama）绕过好望角、1522 年费迪南德·麦哲伦（Ferdinand Magellan）环绕地球航行等。部分研究者认为，全球化现象可以追溯到几个世纪甚至是几十个世纪之前，但是很多持"突变论"的研究者将 1500 年作为全球化的起点。

（一）1500年是全球化起点的主流叙事

和持其他看法的研究成果相比，认同 16 世纪初年为全球化起点的研究成果在数量上占绝对优势，故暂可将之视为某种意义上的主流叙事。1500 年之所以被广大的研究者认为是全球化（以及人类现代史）的源头，首要原因在于，以哥伦布 1492 年"发现"美洲大陆和达·伽马 1497~1498 年绕过好望角发现印度这两大事件为代表的欧洲"大航海"时代的到来，使世界历史进程发生了一系列深刻变化。

第一，地理大发现促使欧洲经济和贸易的中心逐渐从地中海沿岸转移到了大西洋沿岸。从中世纪到 15 世纪，意大利北部城市一直在欧洲的经济事务中扮演着领导者的角色。然而，随着新航路的开辟，海上商路逐渐西移，威尼斯、热那亚等城市对香料贸易的垄断被打破。再加上 16 世纪意大利北部屡遭外敌入侵，地中海沿岸的商业走向衰微。英吉利海峡沿岸国家（英国和法国北部）以及低地国家（荷兰、卢森堡、阿图瓦公国等）成为海上商路转移的主要受益者。16~17 世纪，安特卫普和阿姆斯特丹先后成为欧洲的商贸中心和金融中心。

第二，地理大发现促进了资本主义生产方式的形成。美洲大陆的发现、绕过非洲好望角的航行，给新兴的资产阶级开辟了新天地。对此，马克思和恩格斯在《共产党宣言》中有很经典的阐述：

> 东印度和中国的市场、美洲的殖民化、对殖民地的贸易、交换手段和一般商品的增加，使商业、航海业和工业空前高涨，因而使正在崩溃的封建社会内部的革命因素迅速发展……蒸汽和机器引起了工业生产的革命。现代大工业代替了工场手工业；工业中的百万富翁、一支一支产业大军的首领、现代资产者，代替了工业的中间等级。
>
> 大工业建立了由美洲的发现所准备好的世界市场。世界市场使商业、航海业和陆路交通得到了巨大的发展。这种发展又反过来促进了工业的扩展，同时，随着工业、商业、航海业和铁路的扩展，资产阶级也在同一程度上发展起来，增加自己的资本，把中世纪遗留下来的一切阶级排挤到后面去。①

此外，哥伦布发现新大陆之时，英国刚刚结束了历时 30 年的玫瑰战争（1455~1485 年），而地理大发现客观上为英国日后成为工业革命的摇篮创造了条件。大多数英国贵族阶级的上层被旷日持久的战争拖垮，然而城市中产阶级和农民几乎毫发无损。1485 年，亨利七世在士绅的支持下入主英格兰、威尔士和爱尔兰，建立了都铎王朝。亨利八世即位后，屡屡颁布有利于资产阶级成长的新政，其中较典型的是反抗罗马教会、没收教会财产分给世俗贵族等举措。这些政策措施既打击了教会势力、扶持了士绅阶层，还促进了土地和农业的市场化。到了地理大发现之时，英国逐渐从落后的原材料产地发展成为制造业国家，其农业的市场化程度也在提高。②

第三，地理大发现为欧洲开辟了新的市场和原材料产地，全球性的市场逐渐形成。亚当·斯密（Adam Smith）在 1776 年就指出："美洲的发现给欧洲各种商品开辟了一个无穷的新市场，因而就有机会实行新的分工和提供新的技

---

① 《马克思恩格斯选集》（第一卷），人民出版社，2012，第 401~402 页。
② Rondo Cameron, *A Concise Economic History of the World: From Paleolithic Times to the Present*, Oxford University Press, 1993, p. 96.

术，而在以前通商范围狭隘，大部分产品缺少市场的时候，这是决不会有的现象……几乎同时发生的经由好望角至东印度的航道的发现，也许开辟了一个比美洲更大的国外贸易市场，虽然距离更远。"①

地理大发现带动的全球资源配置和工农业分工直接体现在洲际贸易商品的品种变化上。根据罗纳德·芬德利（Ronald Findlay）和凯文·奥洛克（Kevin H. O'Rourke）等的研究，随着美洲大陆的发现（以及18世纪末库克船长"发现"澳大利亚），新旧大陆之间的贸易实现了从无到有的突破。随着越洋运输成本下降，洲际贸易的商品种类日趋多元化。1500～1780年，洲际贸易的商品规模和种类实现双增长。起初，洲际商品贸易带有很强的互通有无的性质，如亚洲的香料和丝绸流向不出产这些商品的欧洲，美洲则提供了在欧洲日益稀缺的白银。由于欧洲本地缺乏这些进口商品的替代品，且这些商品体积小但价值高，因此，亚洲的香料、丝绸和美洲的白银占据了流向欧洲的商品中的绝大多数。随着时间的推移，体积相对庞大的商品（如糖和棉花）开始在欧洲进口的商品中占据一定比重。虽然欧洲亦出产同类产品（如蜂蜜和羊毛），但其产量远远满足不了本土的需求。虽然欧洲的进口商品中，也有一定数量的加工商品（18世纪50年代东印度公司对欧洲出口的商品中，超过一半是来自印度的棉织品），但是大宗商品（如小麦、铁和钢）的洲际贸易一直到19世纪的运输革命之后才实现。②

第四，地理大发现密切了欧洲和世界其他地区之间的联系，开始了欧洲国家对美洲、亚洲国家的征服和殖民历程。正如马克思所言："美洲金银产地的发现，土著居民的被剿灭、被奴役和被埋葬于矿井，对东印度开始进行的征服和掠夺，非洲变成商业性地猎获黑人的场所：这一切标志着资本主义生产时代的曙光。这些田园诗式的过程是原始积累的主要因素。跟踵而来的是欧洲各国以地球为战场而进行的商业战争。"③

第五，来自被征服地区的金银和其他资源不断被输入正处于资本原始积累初期的欧洲，引发了欧洲国家的经济和社会变革。地理大发现所导致的一个直

① 〔英〕亚当·斯密：《国民财富的性质和原因的研究》（下册），郭大力、王亚南译，商务印书馆，1974，第20页。
② Ronald Findlay and Kevin H. O'Rourke, "Commodity Market Integration, 1500－2000," in Michael D. Bordo, Alan M. Taylor and Jeffrey G. Williamson, eds., *Globalization in Historical Perspective*, The University of Chicago Press, 2003, p. 17.
③ 《马克思恩格斯全集》（第23卷），人民出版社，1972，第819页。

接后果就是引起了"价格革命"。随着新航路的开辟和西班牙等国在美洲殖民地的掠夺，大量来自美洲的黄金和白银流入欧洲，大大增加了在欧洲市场上流通的金属货币的数量。据统计，从15世纪末到16世纪末，全欧洲的黄金储量由55万公斤增加到119.2万公斤，白银储量由700万公斤增加到2100万公斤。[1] 1559~1609年，西班牙成为贵金属流转主要集散地。西班牙从海外获得大量的黄金和白银，使其得以保持作为欧洲黄金主要供应国的地位。正如英国杜伦大学经济史学者斯普纳（F. C. Spooner）所言："西班牙实际上成了欧洲的金银保险库。"[2] 在短期之内数量激增的黄金和白银对欧洲的金融秩序产生了明显的影响。尽管西班牙政府竭力要把贵金属留在国内，但是西班牙的金银还是通过各种途径流向他国。西班牙不断对外征战，耗银无数。而且，西班牙还必须向意大利、德国和荷兰等国支付大量的白银以偿还债务。之后经过国与国之间的贸易，白银从意大利、德国和荷兰等国扩散到欧洲其他国家。这导致商品价格持续大幅上涨。到16世纪末，商品价格比16世纪初时高出3~4倍。不同地区和不同类别商品的价格涨幅差别很大。就一般情况而言，粮食和谷物价格的涨幅高于多数其他商品；工资的上涨远远落后于商品价格的上涨，这导致购买力下降。[3]

第六，随着新航路开辟而来的旧世界和新世界之间的联系，深刻地改变了人类进化的轨迹。例如，源自旧大陆的疾病传播到美洲之后，导致美洲土著人口大量死亡，因为新大陆的居民对欧亚大陆的疾病缺乏免疫力。美洲土著人口的大量死亡又为欧洲殖民者从非洲大量进口奴隶来开发美洲的资源埋下了伏笔。新旧大陆之间的人员流动促进了物种的扩散。欧洲人将一些家畜（如马和牛）和植物（如小麦、橘子和产糖作物）引入美洲，从而永久性地改变了新世界的人文和生态景观。正如经济史学者丹尼斯·弗林（Dennis O. Flynn）和阿图罗·吉拉尔德兹（Arturo Giráldez）所言："很难想象如果诸如阿根廷、墨西哥和美国这样的地方没有马、牛和小麦，会是怎样一幅景象。然而，在与欧洲人接触之前，这些目前已经成为上述社会有机组成部分的物种是完全不存

---

[1] 宋则行、樊亢主编《世界经济史》（修订版）（上卷），经济科学出版社，1998，第33页。

[2] F. C. Spooner, "The Economy of Europe 1559-1609," in R. B. Wernham, ed., *The New Cambridge Modern History*, Volume Ⅲ: *The Counter-Reformation and Price Revolution*, *1559-1610*, Cambridge University Press, 1968, p. 26.

[3] Rondo Cameron, *A Concise Economic History of the World: From Paleolithic Times to the Present*, Oxford University Press, 1993, p. 107.

在的。事实上，由于与旧世界的新联系，整个美洲的环境都沿着完全不同的轨迹重新定向。"然而，与新旧大陆间的人口流动不同，物种的流动并非仅是从旧大陆向新大陆的单向流动。玉米、土豆、红薯、花生、豆类、药草等几十种美洲独有的物种也被引入欧亚大陆，从根本上改变了旧世界的生态景观和人民的饮食结构。①

由于以上原因，众多学者将公元1500年作为划分"世界史"或者"全球史"的转折点。美国著名的全球史学者斯塔夫里阿诺斯（Leften S. Stavrianos）认为，"世界史应该从公元1500年开始"，因为1500年以前的世界是"诸孤立地区的世界"，在公元1500年以前的历史中，欧亚大陆与非欧亚大陆之间很少有交流，这几百年的人类历史基本是地区性的历史，而非"世界史"。而公元1500年之后，本来各自孤立的人群开始走向相互联系，人类历史从欧亚大陆的地区史开始向全球性阶段转变。② 菲利普·J. 阿德勒（Philip J. Adler）和兰德尔·L. 普威尔斯（Randall L. Pouwels）联合编撰的《世界文明史》，亦将公元1500年作为世界文明史上的一个重要界碑：公元500~1500年是"多中心文明之间的相互平衡"（equilibrium among polycentric civilizations，500-1500 CE）的历史；而公元1500~1700年则是"不平衡：西方与非西方世界的遭遇"（disequilibrium：the western encounter with the non-western world，1500~1700 CE）的历史。③

芝加哥大学教授、全球史研究奠基人威廉·麦克尼尔（William Hardy McNeill）认为，无论对于世界史还是欧洲史而言，公元1500年都是人类迈进现代社会门槛的时间，这首要是因为新航路的开辟把毗邻大西洋的欧洲国家和地球上大部分的海岸连接起来。"1500~1700年可以看作人类生存圈由旧的以陆地为中心向新的以海洋为中心的模式转变的时期。"④ 基于类似的理由，著名全球史学家杰里·H. 本特利（Jerry H. Bentley）将1492年视为现代世界诞生的元年。他认为"自1492年以来，世界各区域之间建立了永久和持续的联

① Dennis O. Flynn and Arturo Giráldez，"Globalization Began in 1571," in Barry K. Gills，William R. Thompson，eds.，*Globalization and Global History*，Routledge，2006，pp. 211-212.

② Leften Stavros Stavrianos，*The World since 1500*，Prentice-Hall，1966；〔美〕斯塔夫里阿诺斯：《全球通史：从史前史到21世纪》，吴象婴等译，北京大学出版社，2006。

③ Philip J. Adler and Randall L. Pouwels，*World Civilizations*，Thomson Learning，Inc.，2008.

④ William H. McNeill，*The Rise of the West：A History of the Human Community*，University of Chicago Press，1992，"General Introduction to Part Ⅲ"．中文版参见〔美〕威廉·麦克尼尔《西方的兴起：人类共同体史》（下册），孙岳、陈志坚等译，中信出版社，2015，第594~597页。

系，跨文化互动深刻地影响了地球上所有人民的经历"。随着新大陆的"发现"，西方国家凭借优越的技术以及自身已经免疫的病菌征服了新大陆的土著人群，极大地扩大了欧洲文明在世界范围的影响，这种影响"从 1500 年一直延续到现在，在这一时期，世界各地区和各国人民最终开始持续地相互接触，从而开创了真正的全球世界历史时代"。①

　　这种从全球史的角度重新界定世界历史的学术视角也为中国学者所接受。世界史学家吴于廑先生认为，人类历史发展为世界历史，经历了一个漫长的过程。这个过程包括两个方面：纵向发展方面和横向发展方面。"纵向发展，是指人类物质生产史上不同生产方式的演变和由此引起的不同社会形态的更迭。横向发展，是指历史由各地区间的相互闭塞到逐步开放，由彼此分散到逐步联系密切，终于发展成为整体的世界历史这一客观过程。"15、16 世纪是历史发展为世界历史的重大转折时期。转折之所以发生，从纵向来看，是"资本主义开始以其新的生产力和生产关系出现在历史的地平线上"；从横向来看，则是因为随着"地理大发现"，西方国家的海外殖民扩张，以及世界市场的形成，"过去长期存在的各国、各地区、各民族间的闭关自守状态逐渐被打破，整个世界在经济、政治、文化等各方面逐步形成为密切联系的、互相依存又互相矛盾的一体"。②

　　一些"世界体系"论者也认为 1500 年是"世界历史"的一个转折点，或者说，是世界历史发展的一个新的周期的开始。伊曼纽尔·沃勒斯坦（Immanuel Wallerstein）③、史蒂芬·桑德森（Stephen K. Sanderson）④、克里斯托弗·查斯登（Christopher Chase-Dunn）和托马斯·霍尔（Thomas D. Hall）⑤等世界系统理论家均持类似的观点。这种观点至今依然得到许多学者的认同，被《纽约时报》盛赞为"比肩吉本、汤因比、布罗代尔"的历史学家菲利

---

① Jerry H. Bentley, "Cross-Cultural Interaction and Periodization in World History," *The American Historical Review*, Vol. 101, No. 3, June 1996, pp. 751, 768-769.

② 吴于廑:《总序》，载吴于廑、齐世荣主编《世界史》，高等教育出版社，1994。

③ Immanuel Wallerstein, *The Modern World-System*, Vol. I: *Capitalist Agriculture and the Origins of the European World-Economy in the Sixteenth Century*, Academic Press, 1974, p. 67.

④ Stephen K. Sanderson, ed., *Civilizations and World Systems: Studying World-Historical Change*, Altamira Press, 1995.

⑤ Christopher Chase-Dunn, Thomas D. Hall, *Rise and Demise: Comparing World Systems*, Westview Press, 1997.

普·费尔南多-阿梅斯托（Felipe Fernandez-Armesto）将 1492 年作为"现代世界"和"前现代世界"的分水岭。在他看来，世界历史在 1492 年之后，一切都发生了变化：权力和财富在全球的分配方式，主要宗教和文明划分世界的方式，以及我们现在将之称为全球化的不同经济体日益相互关联。1492 年开始的事件改变了地球的整个生态系统，甚至人类的个人主义和作为共同人类一部分的共同意识在 1492 年也开始形成并变得明显。①

诸如此类的观点，虽然具体的主张或有所差异，但是均有一个共同点，就是认为世界历史从前现代进入现代经历了某种断裂或者转折，而断裂或者转折发生的时间就在公元 1500 年前后，标志性事件则包括 1492 年哥伦布发现新大陆和 1497～1498 年达·伽马的航行。断裂之后的新起点，被贴上了不同的标签，诸如"资本主义的诞生""资本主义生产方式确立""世界经济体系的形成""西方的崛起""亚洲融入欧洲世界经济""全球史的诞生""现代性的开始""全球化的开始"等。

（二）1500年之外：以其他重大事件来界定全球化起源的观点

尽管多数学者都承认"大航海"极大地促进了贸易在全球范围内一体化，然而，有部分学者对哥伦布为美洲大陆的首要发现者这一被广为接受的说法提出了质疑。英国退役海军军官加文·孟席斯（Gavin Menzies）在 2002 年出版的畅销书《1421：中国发现世界》中挑战了这一主流观点。他提出郑和所率领的中国船队在 1421～1423 年进行过环球航行，郑和船队先于哥伦布到达了美洲大陆，郑和才是美洲的发现者。他认为，中国人之所以能够先于欧洲人完成环球航行是因为中国人早在 15 世纪初就解决了计算经度的问题并绘制了世界海图。孟席斯称，包括哥伦布在内的欧洲探险家在郑和下西洋之后几十年才开始航行；且欧洲人在航行时所使用的地图是 1428 年中国人所绘制的世界海图。他指出，这些海图清楚地标明了美洲的部分地区以及部分大西洋岛屿。孟席斯认为一些原产自美洲的物种（如玉米、红薯、亚洲鸡、椰子）在哥伦布发现美洲大陆之前就已经传入中国，这间接证明了在哥伦布之前美洲和中国之间存在某种形式的人与人之间的交流，因为这些物种的传播只能靠人员的跨洲

---

① Felipe Fernandez-Armesto, *1492: The Year the World Began*, HarperOne, 2009.

流动才能实现。① 虽然孟席斯的分析和论证有一定的启发意义，但是由于他始终未能给出郑和所率领的船队完成过环球航行的直接证据，其观点是充满争议的。

虽然大多数学者认同美洲是由哥伦布于 1492 年发现的这一说法，但是部分学者质疑 1492 年哥伦布发现新大陆和 1497 年达·伽马绕行好望角对促进加强新老大陆之间的联系是立竿见影的观点。美国历史学家、学术期刊《早期近代史期刊》（*Journal of Early Modern History*）的创刊人詹姆斯·特雷西（James D. Tracy）认为："对于那些生活在 16 世纪甚至 17 世纪的人来说，新的联系意味着什么还远不清楚。"② 亚当·斯密认为，"美洲的发现，以及绕行好望角而通往东印度群岛的通道的发现，是人类有史以来的最伟大、最重要的两个事件"。③ 但斯密发表该评论之时，距离哥伦布"发现"新大陆已经将近 300 年；斯密对距其本人所生活的年代已经相当久远的 16 世纪历史之认识是否完全符合历史的本来面貌值得进一步考证。

英国历史学家约翰·艾略特（J. H. Elliott）认为"大航海"之后，欧洲社会经历了一个消化与吸收这一历史巨变的过程，甚至到了 16 世纪 60 年代欧洲还有相当一部分学者没有听说过被称为"新大陆"的美洲。欧洲人用了将近一个半世纪的时间才真正领悟到"新世界"的新奇之处。④

有些经济史学者如美国明尼苏达大学教授拉塞尔·R. 梅纳德（Russell R. Menard）认为，新航路的开辟对长距离贸易的影响可能被夸大了，因为 19 世纪前根本就没有发生过一场促进长途贸易的交通革命，"19 世纪以前国际经济一体化程度很低"。⑤

世界体系理论提倡者伊曼纽尔·沃勒斯坦认为，"在 16 世纪出现了一个

---

① Gavin Menzies, *1421: The Year China Discovered America*, Bantam, 2002;〔英〕孟席斯：《1421: 中国发现世界》, 师研群等译, 京华出版社, 2005。

② James D. Tracy, "Introduction," in James D. Tracy, ed., *The Rise of Merchant Empires: Long Distance Trade in the Early Modern World 1350–1750*, Cambridge University Press, 1990, p. 2.

③ Adam Smith, *An Inquiry into the Nature and Causes of the Wealth of Nations*, Vol. 1, Oxford University Press, 1976, p. 448, footnote 59.

④ J. H. Elliott, *The Old World and the New*, *1492–1650*, Cambridge University Press, 1970, p. 8.

⑤ Russell R. Menard, "Transport Costs and Long-Range Trade, 1300–1800: Was There a European 'Transport Revolution' in the Early Modern Era?" in James D. Tracy, ed., *The Political Economy of Merchant Empires: State Power and World Trade*, *1350–1750*, Cambridge University Press, 1991, p. 272.

以资本主义生产方式为基础的欧洲世界经济"，[1] 但他也认为世界上的部分国家和地区（印度、俄罗斯、奥斯曼帝国和西非）直到 1750～1850 年才逐渐融入世界经济，因为在此之前欧洲和这些国家和地区的贸易以奢侈品为主，此后奢侈品贸易才被大宗商品贸易所取代。至此，这些国家和地区才算真正和世界经济的核心地区联系起来。[2]

还有一些学者选取 1500 年之外的其他时期所发生的重大事件作为全球化诞生的标志，如 1571 年西班牙人侵占马尼拉、19 世纪 20 年代全球价格市场的形成等，兹择录其观点如下。

1. 全球化起源于19世纪20年代

爱尔兰籍经济史学者凯文·奥洛克（Kevin O'Rourke）和哈佛大学经济学教授杰弗里·威廉姆森（Jeffrey Williamson）指出，很多关于全球化历史起源的论断有一个明显的缺陷，那就是没有对全球化的概念加以精确定义。他们认为，只有准确定义全球化才有可能确定全球化的历史起源。奥洛克和威廉姆森将全球化定义为"跨区域的市场一体化"。他们认为，商品市场的一体化是论证全球化是否存在的重要维度。他们指出，全球同一商品的价格随时间发展而趋同的程度是衡量市场一体化的最佳方法。"如果有证据表明马六甲和阿姆斯特丹之间的香料价格趋同，加尔各答和伦敦之间的优质棉制品价格趋同，中国和墨西哥之间的白银价格趋同，或者加尔各答和上海之间的鸦片箱价格趋同，那么世界市场的一体化正在发挥作用。"[3] 奥洛克和威廉姆森认为，通过确定几个世纪以来诸如此类的市场整合发生的时间和地点，有望更好地确定导致了这种整合的因素（如运输成本下降、贸易垄断的废除、恢复和平时期）的状况。他们认为，只通过衡量市场之间发生的贸易量的变化来断定全球化的程度是不可靠的，因为这些变化可能是由和世界市场一体化毫无关系的因素（如每个贸易区域内的供求状况）所导致的。他们指出，理解影响世界贸易崛起的因素（运输成本、贸易垄断、战争禁运、关税或配额）的变化情况远比简单地衡量贸易量的增长

① Immanuel Wallerstein, *The Modern World-System*, Vol. I, *Capitalist Agriculture and the Origins of the European World-Economy in the Sixteenth Century*, Academic Press, 1974, p. 67.

② Immanuel Wallerstein, *The Modern World-System*, Vol. III, *The Second Era of Great Expansion of the Capitalist World-Economy*, *1730-1840s*, Academic Press, 1989, chapter 3.

③ Kevin H. O'Rourke and Jeffrey G. Williamson, "Once More: When did Globalisation Begin?" *European Review of Economic History*, Vol. 8, No. 1, April 2004, p. 109.

更有意义。从他们所聚焦的核心因素——国际商品价格来看，全球化始于 19 世纪 20 年代，因为国际商品价格仅在 19 世纪 20 年代才开始趋同。[①]

2. 全球化起源于1571年

美国太平洋大学的两位经济学者丹尼斯·弗林和阿图罗·吉拉尔德兹不同意奥洛克和威廉姆森的观点。他们从一个完全不同的角度来分析全球化的发展史。与奥洛克和威廉姆森从价格趋同的视角来分析市场是否体现全球化的特征不同，弗林和吉拉尔德兹从特定商品的全球流动来分析全球市场是否形成。他们批评奥洛克和威廉姆森对经济史的研究过于依赖计量经济学，并认为其论断有五方面缺陷：对全球化的定义过于狭隘；忽视了特定商品的全球流动；没有意识到国际贸易中的"路径依赖"现象；错误地将前工业时代的贸易描述为奢侈品占主导地位；其研究过于欧洲中心主义，忽略和误读了源自中国的经济力量在推动"大航海"之后世界贸易中所起的作用。[②]

弗林和吉拉尔德兹认为真正的全球化始于 1571 年。他们是基于对全球化的"全球"性质的严格理解做出这一论断的。他们认为，只有当世界上所有人口稠密的大陆通过全球贸易产生持续互动时，全球化才能正式宣告诞生。虽然在地理大发现之后，整个旧世界实现了更大的连通性，但是在 1571 年之前，一个真正意义上的全球市场并没有形成，因为全球 2/3 的地区（大西洋、美洲和太平洋的大部分地区）仍然被排除在旧的贸易网络之外。1571 年之后，一个"完整而连贯"的全球市场终于形成，其标志性事件是 1571 年西班牙人侵占马尼拉，并将之建设成一个连接欧亚大陆东部和美洲的重要港口。马尼拉港是原产自美洲的白银输入中国的重要转运港。明朝时期白银是中国主要的流通货币，中国经济的繁荣和经济规模的庞大，使得白银价格在中国居高不下。中国的白银价格比世界上其他地区的白银价格高出数倍，因此中国也就成为世

---

① Kevin H. O'Rourke and Jeffrey G. Williamson, *Globalization and History: The Evolution of a Nineteenth-Century Atlantic Economy*, MIT Press, 2001; Kevin H. O'Rourke and Jeffrey G. Williamson, "When did Globalisation Begin?" *European Review of Economic History*, Vol. 6, No. 1, April 2002, pp. 23-50; Kevin H. O'Rourke and Jeffrey G. Williamson, "Once More: When did Globalisation Begin?" *European Review of Economic History*, Vol. 8, No. 1, April 2004, pp. 109-117.

② Dennis O. Flynn and Arturo Giráldez, "Path Dependence, Time Lags and the Birth of Globalisation: a Critique of O'Rourke and Williamson," *European Review of Economic History*, Vol. 8, 2004, pp. 81-108.

界白银流向的目的地。由于外来白银源源不断地输入中国，到了 1640 年，中国的白银价格回落到世界平均水平。然而，在 18 世纪上半叶，中国的白银价格再次上涨。这种现象部分是由于在第一次大量白银输入中国的过程中，一些源自美洲的农作物被引入中国，中国人口数量和消费需求因之而实现快速增长。在弗林和吉拉尔德兹看来，由于 1571 年马尼拉港的建立，世界贸易体系才真正形成一个整体，才会出现中国的货币价格、人口增长、经济的繁荣程度与世界其他地区的商品和货币市场形成紧密的互动。这是早期全球化的一个经典案例。①

3. 全球化起源于第二次世界大战结束之后

除了上述看法之外，还有不少学者认为全球化是一个相对较新的发展，其主要起源点出现在二战结束后。持这种观点的学者们认为，当今全球化的起源点有三个重大变化：一是美国在第二次世界大战结束后成为全球强国；二是跨国公司的出现；三是苏联的解体和冷战的结束。和其他观点所列举的涉及全球进程的事件相比，这些事件在地理范围和影响强度上，超过了二战前的"全球性"事件。人们普遍意识到，现代交通技术（如商业航空）和信息技术（计算机和网络）的革命性突破，让世界"变得越来越小"。随着时间的推移，世界各地区之间的联系越来越紧密，变得越来越一体化。"全球化"这个术语最终在 20 世纪下半叶的最后阶段出现。

此外，被用来标识全球化的更近期一些的重大事件还包括：1977 年全球银行间金融电信协会（SWIFT）的成立、2001 年 9 月恐怖分子对纽约双子塔和华盛顿五角大楼的袭击、2008 年金球金融危机等。

二 "渐变论"视野下的全球化起源

然而，有不少学者对"大航海"时代对全球社会经济发展所产生的革命性影响持保留意见。他们认为全球化是人类历史漫长演进的结果，而不是人类历史的某个时段一些革命性的发展直接引致的结果。持"渐变论"的学者或者质疑新航路的开辟对全球的影响是否真如部分学者所声称的那么大，或者认为全

---

① Dennis O. Flynn and Arturo Giráldez, "Globalization Began in 1571," in Barry K. Gills, William R. Thompson, eds., *Globalization and Global History*, Routledge, 2006, pp. 226-240.

球化的现象在 1500 年早已存在。不少学者认为欧洲的中世纪和现代社会之间的界限并非如此泾渭分明，也就是说 1500 年前后欧洲并没有呈现出两幅黑白对照、截然不同的图景。相反，两者之间的界限是模糊的。法国年鉴学派史学的主要奠基者费尔南·布罗代尔（Fernand Braudel）就指出，欧洲经济社会发展并没有在 1500 年前后发生中断，关于现代性的延展可以追溯到 1300 年甚至 1100 年。[①]

德裔美国经济史学者安德烈·弗兰克（Andre Gunder Frank）则认为，全球化的发生远远早于 1500 年。到 1400 年，沃勒斯坦所提到的"漫长的扩张期"实际上在亚洲的大部分地区已经开始，而且至少持续到 1750 年。在弗兰克看来，1500 年之前世界就已经形成了一个具有全球分工和多边贸易的单一全球性经济体。沃勒斯坦所谓的欧洲 16 世纪"漫长的扩张"，仅仅是对这一世界经济扩张的一种迟到的回应。因此，"哥伦布和瓦斯科·达·伽马的航行或许更应该被视为这一世界经济扩张的表现，是欧洲人积极向亚洲靠拢的表现"。从这个意义上来讲，1500 年体现的更多是资本主义世界发展的连续性，而不是中断之后的新起点。[②] 在这种"渐进史观"的影响下，研究界还出现了至少三种确定全球化起源的方式，即本能论、周期论和阶段论。[③]

（一）本能论

本能论认为全球化受到人类本能的驱使，全球化现象和人类文明史一样古老。"耶鲁全球在线"的创始人纳扬·昌达（Nayan Chanda）是持本能论观点的主要代表。他认为，全球化受到了人类希望追求更美好、更充实生活的"基本欲望"的驱使。他将人类物种最初的全球化追溯到冰河时代晚期，当时一小群人类为了寻求更好的食物和安全而离开非洲。经历了 5 万年的海洋沿岸漂泊和中亚狩猎，他们最终在所有大陆定居下来。昌达所

① Fernand Braudel, *Civilization and Capitalism*, *15th–18th Century*, Vol. 3, *The Perspective of the World*, translation from the French revised by Siän Reynolds, Harper & Row, 1981-1984.
② Andre Gunder Frank, *Reorient : Global Economy in the Asian Age*, University of California Press, 1998, pp. 52, 329.
③ 美国马里兰大学科利奇帕克分校社会学教授乔治·里兹（George Ritzer）归纳和总结了至少五种界定全球化起源的方式，其中三种符合本章所认定的"渐变论"视角，故予以借鉴。里兹的有关论述参见 George Ritzer, *Globalization : A Basic Text*, 1st edition, Wiley-Blackwell, 2009, pp. 37-43；George Ritzer, Paul Dean, *Globalization : A Basic Text*, 2nd edition, Wiley-Blackwell, 2015, pp. 31–38；George Ritzer, Paul Dean, *Globalization : The Essentials*, Wiley-Blackwell, 2019, pp. 36-43。

关注的全球化的四个具体方面，即贸易、传教、冒险和征服都与人类追求更好生活的"本能"有关。因此，他认为全球化归根结底是人类受其各种本能驱动的结果。[①]

既然全球化植根于人类追求更高层次生活的"本能"，那么全球化现象就几乎和人类历史一样古老。基于此，依附理论的主要代表人物安德烈·冈德·弗兰克（Andre Gunder Frank）和英国纽卡斯尔大学教授巴里·K.吉尔（Barry K. Gills）提出了一个更加大胆的观点。他们认为，当代世界体系至少有5000年的历史。在这个绵延已久的世界体系中，欧洲和西方崛起并在这个世界体系中占据主导地位，仅仅是一个"新近"的现象，而且很可能只是一个如过眼云烟般转瞬即逝的现象。[②] 弗兰克和吉尔从人本主义的角度，对世界体系的欧洲中心主义提出了大胆质疑，否定了全球化肇始于1500年的观点。

（二）周期论

周期论将全球化视为一个不断循环的过程，认为界定全球化的起点并没有太大的意义，因为全球化的周期由来已久，确定这些周期才是最重要的。[③] 这一观点不认为我们今天所面对的"全球化"是一种新的历史现象。相反，持该观点的学者认为，历史上也有其他的全球化时代。我们目前的全球化只不过是一个更"新"一些的全球化时代。然而，目前的全球化在未来注定将收缩和消失，并被全球化进程中的新周期所取代。

沃勒斯坦就提到一个学界的广泛共识，即资本主义世界经济曾经经历过数次每次历时200~300年的"扩张"与"收缩"的发展周期，即1050~1250年是一个主要呈现对外"扩张"的阶段，随之而来的1250~1450年则是一个内敛的"收缩"期，然后，1450~1640年又是另一个"扩张"期。[④]

---

① Nayan Chanda, *Bound Together : How Traders, Preachers, Adventurers, and Warriors Shaped Globalization*, Yale University Press, 2007.

② Andre Gunder Frank and Barry K. Gills, "The 5000 - Year World System: An Interdisciplinary Introduction," in Andre Gunder Frank and Barry K. Gills, eds., *The World System : Five Hundred Years or Five Thousand ?*, Routledge, 1993, p. 3.

③ Jan Aart Scholte, *Globalization : A Critical Introduction*, Second Edition, Macmillan Education UK, 2005.

④ Immanuel Wallerstein, "The West, Capitalism, and the Modern World-System," *Review (Fernand Braudel Center)*, Vol. 15, No. 4, Fall 1992, pp. 561-619.

（三）阶段论

美国加州大学圣芭芭拉分校教授让·尼德文·皮特尔斯（Jan Nederveen Pieterse）等提出了界定全球化起源的第三种方式，即认为人类的全球化历程可以分为八个不同的阶段，每个阶段都有自己的起点。①"欧亚阶段"（Eurasian phase）：从公元前 3000 年至公元前 1000 年。在该阶段中人类社会经历了农业和城市革命，移民、贸易的增加以及欧亚大陆上古代帝国的崛起。②"非洲—欧亚阶段"（Afro-Eurasian phase）：从公元前 1000 年到公元 500 年。商业革命始于希腊罗马世界、西亚和东非。③"东方第一阶段"（Oriental phase I）：从公元 500 年到公元 1100 年。世界经济伴随着中东的商队贸易而出现。④"东方第二阶段"（Oriental phase II）：从公元 1100 年到公元 1500 年。随着城市化进程的加快和丝绸之路的发展，整个东亚和南亚的生产力和技术都有所提高。⑤"多中心时期"（multicentric phase）：从公元 1500 年到公元 1800 年。国际贸易跨越大西洋扩展到美洲。⑥"欧洲—大西洋阶段"（Euro-Atlantic phase）：从公元 1800 年到 1950 年。由于工业化和殖民地分工，欧洲—大西洋经济体形成。⑦"20 世纪阶段"（20C phase）：从公元 1950 年到公元 2000 年。跨国公司和全球价值链遍布美国、欧洲和日本；冷战结束。⑧"21 世纪阶段"（21C phase）：从公元 2000 年至今。东亚地区和新兴经济体形成了新的贸易网络，全球力量对比重新调整。根据这些阶段，皮特尔斯得出结论：全球化绝非当今世界所独有。然而，他的历史观或阶段观也拒绝了全球化的周期循环论。皮特尔斯认为，过去的阶段不会在未来回归，相反，全球化的作用是不断增长的连通性，这种连通性随着时间的推移在各个中心周围发展和加速。①

夏威夷大学教授、《世界历史期刊》（*Journal of World History*）主编杰里·本特利（Jerry Bentley）等认为，全球化的发生实际上远远早于公元 1500 年。他们提出，大约在公元前 500 年到公元 500 年，欧亚大陆和北非各国之间已经建成了一个长距离的跨欧亚贸易网络。虽然在人类文明初期，小规模的、区域性的贸易网络就已存在，但是在古典社会，远距离贸易网络的规模要大得多，

---

① Adam McKeown, "Periodizing Globalization," *History Workshop Journal*, Issue 63, Spring 2007, pp. 218－230；Nederveen Pieterse, "Periodizing Globalization：Histories of Globalization," *New Global Studies*, Vol. 6, No. 2, Jan. 2012, pp. 1-25.

影响也更持久。这一时期的三大帝国波斯帝国、中国的汉朝和罗马帝国，维持了相对稳定的统治，使贸易得以繁荣。这些大帝国还通过发行标准化货币、修建和维护道路和港口以及大型城市和交易场所，促进了彼此间的贸易。因此，"这一时期的贸易网络通过陆路和海路从欧洲延伸到中国，从波斯延伸到北非和中亚，从印度延伸到中国、东南亚和地中海盆地。欧亚贸易网络的存在对后世产生了深远的影响：贸易网络促进了粮食作物的传播和商品的交换，这两者又为宗教信仰以及流行病的扩散奠定了基础"。①

阿拉伯裔美国学者珍妮特·阿布-卢格霍德（Janet Abu-Lughod）则认为，公元 1250～1350 年，"一个从西北欧一直延伸到中国的国际贸易经济"正在形成。全球不同地区的商人全体加入一个共同的商品交易网络。虽然其所涉及的商品品种依然比较有限，但是商品贸易网络覆盖了广阔的范围。蒙元治下的和平（Pax Mongolica）是欧洲商人得以与中国保持贸易联系的重要保障之一。元朝的灭亡使得一个"新生的世界体系在未及充分铺开之前就夭折了"。② 这种元朝时期的贸易全球化现象在欧洲启蒙时代的英国历史学家爱德华·吉本（Edward Gibbon）1789 年完成的史学巨著《罗马帝国衰亡史》中得到印证。吉本举例指出，1238 年瑞典戈提亚（Gothia）和弗里斯（Frise）的居民，由于担心遭到鞑靼人（Tartars）的掳掠，不敢如往常一般派遣船只前往位于英格兰海岸的鲱鱼市场，结果导致英国的鲱鱼大量滞销，原价 40 先令或 50 先令一条的鲱鱼跌价到 1 先令一条。吉本感叹，中国的蒙古大汗所下达之命令竟然可以影响到英国市场的鲱鱼价格。③

英国阿伯丁大学的社会学家罗兰·罗伯逊（Roland Robertson）提出了一套独特的全球化"细微阶段模式"（a minimal phase model of globalization）。他将全球化的起源追溯到 15 世纪初，但直到 19 世纪末才真正开始。④

① Jerry H. Bentley, Herbert F. Ziegler, Heather Streets-Salter, Carig Benjamin, *Traditions & Encounters: A Global Perspective on the Past*, Vol. 1, 6th Edition, McGraw-Hill Education, 2015, p. 146.

② Janet Abu-Lughod, *Before European Hegemony: The World System A. D. 1250 - 1350*, Oxford University Press, 1989, pp. 8, 131, 175.

③ Edward Gibbon, *The History of The Decline and Fall of The Roman Empire*, Vol. 7, Edited with introduction, notes, and appendices, by J. B. Bury, Methuen & Co., 1900, p. 16, footnote 45.

④ Roland Robertson, "Mapping the Global Condition: Globalization as the Central Concept," in Mike Featherstone, ed., *Global Culture: Nationalism, Globalization and Modernity*, Sage Publications, 1990, pp. 15-30.

结　语

分析和探索全球化起源的文献极为丰富，囿于篇幅，本章仅对"突变论"和"渐变论"两种视角下的部分具有代表性的文献加以梳理，无法穷尽众多方家之言，难免挂一漏万。随着 21 世纪人类社会各种力量的演进与交汇，全球化呈现诸多新特征，这将促使学者们继续思考和探索全球化的本质，回溯其历史进程。在中外学者皓首穷经的同时，一个值得追问的问题是：追溯全球化历史起源到底有何意义？与对起源的探究相似，不同的学者对该问题也是众说纷纭。英国历史学家安东尼·G. 霍普金斯（Antony G. Hopkins）认为，对全球化历史的回溯很大程度上取决于如何定义全球化这一概念。他认为现有很多关于全球化的文献仅仅是基于史实的高度概括，部分研究将全球化的历史呈现为一条线性发展的轨迹——实际上仅仅是用"全球化"这一概念套在经济史学家早已界定的各种"增长阶段"等旧的概念上。他介绍了在不同概念视角下，关于全球化的原因与结果的不同讨论。[①] 他认为在不同的历史时期，全球化以不同的面貌出现。他将之分为古代全球化（archaic globalization）、原生全球化（proto-globalization）、现代全球化（modern globalization）、后殖民全球化（post-colonial globalization）。"古代全球化"指的是工业化和民族国家出现之前的一种全球化形式，因此涵盖了非常广泛的历史。"原生全球化"主要指 1600~1800 年在欧洲、亚洲和非洲部分地区尤为突出的两个相互作用的政治和经济发展：国家体系的重组，以及金融、服务业和工业化前制造业的增长。"现代全球化"则是指 1800 年前后出现的两个关键因素：民族国家的崛起和工业化的蔓延。"后殖民全球化"大约可以追溯到 20 世纪 50 年代的当代形式。霍普金斯指出，这些类别并不是一系列整齐的阶段，而是一系列重叠和相互作用的序列；经常在某个特定的历史阶段，一种形式的全球化与另一种形式的全球化共存，相互吸收和补充。[②]

美国乔治梅森大学历史学教授彼得·斯特恩斯（Peter N. Stearns）认为全球化的历史极为复杂。尽管数千年以来，在不同的历史阶段，世界不同区域间

---

① A. G. Hopkins, "The History of Globalization—and the Globalization of History?" in A. G. Hopkins, ed., *Globalization in World History*, Pimlico, 2002.

② A. G. Hopkins, *Globalisation in World History*, Pimlico, 2002.

逐渐发展起不同形式的接触与交流，但是全球化并非从某个具体的时间点开始顺利向前"航行"。虽然在全球化历史上有几个关键的时间点（如公元1000年、公元1500年、19世纪50年代、20世纪40年代等）值得重视，但是确定全球化具体的时间源头确实极为困难。在斯特恩斯看来，研究者对全球化源头的追踪，最为获益的一点是感知其复杂性，而不是一定要确定一个具体的历史时间点或者时段。①

全球化既是一种历史现象也是一种理论视角。在"全球化"成为现代社会科学的重要概念之前，人文和社会科学史上的很多论述"全球化"现象的论著都是在没有全球化意识的状态下完成的。马克思的三卷本《资本论》，论及了资本从诞生到裹挟全球经济的历史，但是通篇没有出现"全球化"字眼。② 在我国老一辈经济史学者所著之世界经济史和中国经济史的著作中，"全球化"一词也是缺席的，尽管其所述之内容与关于"全球化"之论述有很多重合之处。③

然而，正如法国哲学家米歇尔·福柯（Michel Foucault）所言："人文科学并未继承某个早已被勾勒出来、也许整个地被测量了但又任其荒芜的领域，而人文科学的使命正是凭着最终是科学的概念和实证的方法去设计这个领域。"④ 当学界将全球化的视角引入历史研究之后，学者们发现很早之前不同地区的人群就在不同程度上展示了某种"全球性"。德国全球史学者塞巴斯蒂安·康拉德（Sebastian Conrad）认为，人类之间形式多样的远程链接，可以追溯到久远的过去。"人们的流动当然不限于最近几个世纪。从史前时代起，它们就成为人类状况的特征。最晚从古代开始，人类的生产就不仅仅是为了本地消费，而是为了商业交换，这种交换有时是跨越远距离的。人们从很早以前就意识到这种联系所能带来的好处。"只不过，"与20世纪相比，这些久远时期里的全球联系较为稀疏，它们的影响也较为微弱。在很多事例中，尽管建立了实质性的联系，但它们的作用毕竟有限，受其影响的并非整个社会，而是少数

① Peter N. Stearns, *Globalization in World History*, Routledge, 2009, p. 158.
② 《资本论》（第1~3卷）、《资本论》（手稿选编），载《马克思恩格斯文集》（第5~8卷），人民出版社，2009。
③ 宋则行、樊亢主编《世界经济史》（修订版）（上卷）；汪敬虞主编《中国近代经济史（1895~1927）》，经济管理出版社，2007。
④ 〔法〕米歇尔·福柯：《词与物：人文科学考古学》（修订译本），莫伟民译，上海三联书店，2016，第348页。

群体, 如港口城市里的精英阶层。另外, 有些关联的存续时间较为短暂"。①
不管怎样, 全球化这一视角使得我们可以更加准确地描述已经发生的历史, 并
赋予某一段历史先辈学者所没有意识到的新的含义。至于哪个时期、哪个地域
的人群之间的哪种类型的关联最符合我们所认定的"全球化"的起点, 则取
决于我们如何定义这一概念。

①　Sebastian Conrad, *What Is Global History?* , Princeton University Press, 2016, pp. 110 - 114;
　〔德〕塞巴斯蒂安·康拉德:《全球史是什么》, 杜宪兵译, 中信出版集团, 2018, 第 92 ~
　95 页。

第十章　全球化与第一次世界大战的来临

梅　然

内容提要　全球化对第一次世界大战的发生具有刺激作用，但难言有直接和重大影响。一战前国际冲突的重要地缘政治铺垫在全球化的巅峰时代前就已形成，且与全球化无密切关系。全球化也不是一战前20年间国际冲突的主要根源。即便全球化背景下俄国力量的上升推动德国走向大战，但德国高层在更早时便有预防性战争意向，而且这与德国军方的职业和组织自恋密切相关。在一战前，包括在萨拉热窝事件后的七月危机中，经济相互依赖仍体现了重要的和平功能；德国当局未回避大战的主要原因是，国家间力量对比看似对德国不利的变化，以及德国军方的职业和组织自恋。即便如此，与大战对跨国经济关系的破坏带来的代价相关，德国当局在萨拉热窝事件前并未决定迈向大战，其在七月危机初始最期待的是奥匈速胜塞尔维亚的局部战争，是危机期间的诸多因素驱使其半推半就地走向大战。历史事件的偶然性以及"反事实"或"反历史"推测，也意味着一战在全球化时代并非必然到来。

第一次世界大战堪称20世纪最重大的历史事件。第二次世界大战的发生，在很大程度上也是由于前者没有解决甚至造就的那些问题，包括与之相关的纳粹主义在德国的发迹。我们今天世界的面貌，在很大程度上也是源自第一次世界大战对地缘政治和意识形态的塑造，以及对后者的应对或抵抗。

一战的历史地位决定了相关研究在国际学术界的地位。在历史研究和国际关系研究领域，围绕一战起源的研究一直引人注目，包括就国际关系理论研究而言。例如，戴尔·科普兰（Dale C. Copeland）认为，一战可能是国际关系研究中分析最多也最具争议的案例，它看似为几乎每个理论解释提供了某些经验支持。① 关于一战为何发生，迄今已存在多视角的研究和观察。关于国家间力量对比、国内政治、军事文化和军备竞赛、同盟政治、民族主义、决策体制以及决策者个人特质等因素在其中的作用，现有研究已蔚为壮观。

在 19 世纪后期至一战前，以工业化的更大范围扩展以及第二次产业革命为背景，经济全球化呈现前所未有的力度，以至于该时期时常被欠严谨地称为"第一次全球化时代"。② 但与关于一战起源的其他研究相比，关于全球化对一战产生的影响，现有著述就丰富和深入程度而言仍显逊色，似尚缺专注于该主题的著作，反向地去探讨一战对全球化的影响的著述则要多得多。③ 这或是因为：第一，从事一战起源研究的学者大多来自政治史、军事史、外交史和社会

① Dale C. Copeland, *The Origins of Major War*, Cornell University Press, 2000, p. 56. 关于对一战及其起源的研究为何一直受到关注，参见 Roger Chickering, "The Enduring Charm of the Great War: Some Reflections on Methodological Issues," in Sven Müller and Cornelius Torp, eds., *Imperial Germany Revisited: Continuing Debates and New Perspectives*, Berghahn Books, 2011。

② 可参见 C. Knick Harley, eds., *The Integration of the World Economy: 1850 - 1914*, 3 Vols., Edward Elgar, 1996; Christof Dejung, *The Foundations of Worldwide Economic Integration: Power, Institutions, and Global Markets, 1850 - 1930*, Cambridge University Press, 2013; "The First 'Golden Age' of Globalization (1870 - 1914)," in Julia Zinkina, David Christian, Leonid Grinin, Ilya Ilyin, Alexey Andreev and Ivan Aleshkovski et al., *A Big History of Globalization: The Emergence of a Global World System*, Springer, 2019; Kevin O'Rourke and Jeffrey Williamson, "Introduction: The Spread of and Resistance to Global Capitalism," in Larry Neal and Jeffrey Williamson, eds., *The Cambridge History of Capitalism*, Vol. 2, *The Spread of Capitalism: From 1848 to the Present*, Cambridge University Press, 2014。

③ 关于全球化如何影响一战的发生，重要论文及相关著作有：Paul Papayoanou, "Interdependence, Institutions and the Balance of Power: Britain, Germany and World War I," *International Security*, Vol. 20, No. 4, 1996; Dale Copeland, "Economic Interdependence and War: A Theory of Trade Expectations," *International Security*, Vol. 20, No. 4, 1996; Peter Liberman, "Trading with the Enemy: Security and Relative Economic Gains," *International Security*, Vol. 21, No. 1, 1996; David Rowe, "World Economic Expansion and National Security in Pre-World War I Europe," *International Organization*, Vol. 53, No. 2, 1999; David Rowe, "The Tragedy of Liberalism: How Globalization Caused the First World War," *Security Studies*, Vol. 14, No. 3, 2005; Patrick McDonald and Kevin Sweeney, "The Achilles' Heel of Liberal IR Theory? Globalization and Conflict in the Pre-World War I Era," *World Politics*, Vol. 59, No. 3, 2007; Erik Gartzke and Yonatan Lupu, "Trading on Preconceptions: Why World War I was not a Failure of Economic Interdependence," *International Security*, Vol. 36, No. 4, 2012; Dale Copeland, *Economic Interdependence and War*, Princeton University Press, 2015。

史领域，而从事经济全球化研究的经济学家或经济史学家（他们仍是从事全球化研究的主体）又大多没有或较少将研究聚焦于政治、军事、外交决策过程，完成从所谓"低级政治"向"高级政治"的回归（他们也因而更善于解释一战如何影响全球化，而非相反）；第二，西方学界的主流观点并不认为，跨国经济关系尤其经济竞争是催生一战的决定性动因（这或也与一战起源研究者的主流学科背景有关）。关于一战前全球化的国际政治作用，他们谈论最多且趋于止步于此的似是：当时的经济相互依赖即便具有维护和平的功能，但不足以阻止一战发生。

以上述为背景，本章尝试对全球化与一战发生的联系进行阐述。笔者不具经济学专业背景，平素主要关注外交、军事史议题，因此本章只是一个难免浅陋的综论。其主要观点简言是：全球化有刺激一战前国际冲突的一面，推动德国走向一战的国家间力量对比的变化也与全球化有关，但全球化对一战的发生难言有直接和重大的影响。

一 全球化对一战前国际冲突的促动

对于一战前的国际冲突，全球化或多或少、或直接或间接地具有刺激作用。

全球化背景下国家间经济竞争的明显存在乃至走强，及其带来的国家间对立氛围的上升，在一战前屡见不鲜，即便在有着紧密的经济相互依赖关系的国家之间也是如此。例如，即便德国是英国的第二大出口市场，但德国在全球贸易中对英国的强大挑战被视为刺激英国民众的反德情绪的重要原因。[①] 一战前的世界绝非盛行自由贸易。英国人在 19 世纪 40 年代后期走向了自由贸易之路，并倡导他国也这样做。此后 20 年中，贸易自由化在欧美世界看似是趋势，但随后迎来的仍是经济民族主义或重商主义的大行其道，而英国仍在坚守自由贸易。因此，从 19 世纪后期到 20 世纪初，全球化的推进是在对其并不"友好"的国际经济体系中实现的，更多是受益于新兴的技术和产业革命，包括交通和通信

---

① Ross Hoffman, *Great Britain and the German Trade Rivalry, 1875–1914*, University of Pennsylvania Press, 1933.

领域的巨大变革。① 全球化的较快发展也不等于存在广泛和长期的经济繁荣，衰退和相对停滞仍不时存在，"金本位"制度易于造成的通货紧缩倾向也是一大原因，不同国家、阶层或群体从全球化中的受益或受损状况也不尽相同。

与此相关，在经济民族主义本就盛行甚至被视为"政治正确"的背景下，全球化的推进未带来对经济自由化的更多认同和国际经济体系的更加开放，甚至可能助推了经济民族主义思维以及（相应的）国家间经济壁垒的维持或强化。当权者担心，跨国经济联系和对外经济依赖的走强将令本国更易受制于人，更易受到他国经济萧条的冲击，贸易壁垒则多少有利于加强本国的经济自主。他们或许还认为，在不断扩展的跨国经济关系中，他国得到了更多好处或"相对获益"，本国更多是未享受平等互惠的"不公平贸易"的受害者，提升关税则可作为报复和施压手段。担心外来竞争的国内利益集团也要求在更高更厚的保护主义之墙的后面得到庇护。例如，在德国，容克地主阶级主导的农业集团主张以更高的关税去抵御来自俄国、北美和阿根廷等地的廉价谷物；在正在进行工业化的俄国，高关税则被广泛视为保护尚显稚嫩的本土工业的必要手段；即便在自由贸易土壤最深厚的英国，全球化背景下英国的国际地位包括经济地位也被广泛认为不升反降，关于本国自由贸易路线是否弊大于利的争论在上升，"帝国关税改革"成为一个重要话题——它谋求在英国与其重要殖民地之间建立对外征收统一关税、对内实行自由贸易的关税同盟。②

这样，作为对全球化一种回应的经济壁垒的强固，也间接加剧了国家间经济纠纷并相应地加剧了政治矛盾。德俄关系就是一例。当时，在仍由贵族地主阶级主导的俄国，农业集团在对外经济关系中仍有更多的话语权，当局也倾向于用给予德国工业品的更低关税去换取德国对俄国农产品的更低关税。但是，

①　关于当时盛行的保护主义是制约还是促进了经济增长和全球化，或与后者甚至无密切关联，参见 Moritz Schularick and Solomos Solomou，"Tariffs and Economic Growth in the First Era of Globalization，" *Journal of Economic Growth*，Vol. 16，No. 1，2011。

②　可参见 George Curtiss，*The Industrial Development of Nations and History of the Tariff Policies of Britain，France，Russia and other European Powers*，3 Vols. ，Government Printing Office，1912；Paul Bairoch，"European Trade Policy，1815-1914，" in Peter Mathias and Sidney Pollard，eds. ，*The Industrial Economies：The Development of Economic and Social Policies*，Vol. Ⅷ，Cambridge University Press，1989；Peter Marsh，*Bargaining on Europe：Britain and the First Common Market，1860-1892*，Yale University Press，1999；Patrick O'Brien and Geoffrey Pigman，"Free Trade，British Hegemony and the International Economic Order in the Nineteenth Century，" *Review of International Studies*，Vol. 18，No. 2，1992。

德国农业界对外来农产品的高关税需要，又导致德方难以满足俄方的要求，即便德国工业界希望得到俄国的关税优惠；但俄国工业界也要求本国关税对自己有保护作用。与此相关，在一战前夕，新的德俄贸易协定得以达成的前景黯淡，两国经济界首先是农业界之间的对立明显存在，经济矛盾不仅在德俄关系中凸显，也阻碍了两国间政治氛围的改善。①

经济竞争的存在，伴随对外经济依赖上升而来的对于受制于人的担心，以及鼓吹加强经济自主的声音，促使列强在不同程度上去谋求独占性或排他性的经济空间，这不仅体现在营造本土的经济壁垒上，也体现为对境外殖民地和势力范围的谋求。19世纪末20世纪初是列强瓜分殖民地和势力范围浪潮的巅峰时期。其动因即便难言是经济需求主导，亦与其有重要关系，尤其针对那些颇具经济价值的地区而言，而这无疑也助长了列强之间的对抗性。例如，一战前10年中最重要的两次国际危机是在1905年和1911年发生的第一次和第二次摩洛哥危机，而主要当事方德国阻挠法国控制摩洛哥也与觊觎该地的矿产资源有关。值得强调的一点是，铁路作为推进全球化的交通利器，其扩展在将那些落后地区更多纳入世界体系的同时，也加剧了列强在这类地区的争夺：在那些尚非殖民地的落后地区，修建铁路并借之谋夺铁路沿线的交通和采矿等方面的特权，是将势力迅速深入更广大地区的捷径。例如，一战前德国谋求在土耳其的势力扩张，意欲将其变成由德国主导的经济地带，其中最重要的就是修建从君士坦丁堡经巴格达通往波斯湾的"巴格达铁路"，而这也加剧了德国与他国尤其是与俄国的矛盾。②

① 关于德俄商业关系及其政治影响，可参见 Volker Berghahn, *Germany and the Approach of War in 1914*, St. Martins, 1973, pp. 181-185；梅然《德意志帝国的大战略：德国与大战的来临》，北京大学出版社，2016，第108~109页；Walther Kirchner, "Russian Tariffs and Foreign Industries before 1914: The German Entrepreneur's Perspective," *The Journal of Economic History*, Vol. 41, No. 2, 2009。

② 若以德国的海外扩张为例，可参见〔德〕弗里茨·费舍尔《争雄世界：德意志帝国1914~1918年战争目标政策》，何江等译，商务印书馆，1987；Paul Kennedy, *The Rise of the Anglo-German Antagonism, 1860-1914*, Allen & Unwin, 1980；Woodruff Smith, *The Ideological Origins of Nazi Imperialism*, Oxford University Press, 1986；Erik Grimmer-Solem, *Learning Empire: Globalization and the German Quest for World Status, 1875-1919*, Cambridge University Press, 2019；Eugene Staley, "Mannesmann Mining Interests and the Franco-German Conflict over Morocco," *Journal of Political Economy*, Vol. 40, No. 1, 1932；Jonathan McMurray, *Distant Ties: Germany, the Ottoman Empire and the Construction of the Baghdad Railway*, Praeger, 2001；Sean McMeekin, *The Berlin-Baghdad Express: The Ottoman Empire and Germany's Bid for World Power*, Harvard University Press, 2010。

　　俄国对德国在土耳其影响力增长的忌惮，首先是由于俄国对黑海海峡（博斯普鲁斯海峡和达达尼尔海峡）的关切，而这也牵涉到如下一点：全球化背景下对海外包括殖民地的经济资源的更多需求，也会令在交通意义上具有战略作用的"战略要点"备受关注，进而加剧围绕之的国际竞争。在一战前夕，粮食仍是俄国最重要的出口物资，而其"粮仓"乌克兰的大量粮食要经由黑海海峡进入地中海而输出，俄国进口的很多物资也要反向地经此路径进入俄国。因此，黑海海峡堪称俄国海上生命线的咽喉。又如，英国在摩洛哥危机中站在德国的对立面，也是由于担心德国会在摩洛哥建立海军基地：摩洛哥近似是经由直布罗陀海峡和苏伊士运河的地中海航线和经由西非近海和好望角的大西洋航线的会合点，而这两条航线也是英国的海上贸易生命线。[①]

　　对海外经济资源的更多需求或依赖，也提升了列强海军建设的热度。在一战前，从欧洲列强到美国再到日本，都可看到不同程度的海军建设热潮。在为造舰争取支持的国内舆论动员中，海军对海外经济利益的护持通常都是最重要的一个聚焦所在；在关注海外经济利益的群体中，也最容易找到海军建设的支持者。但与此同时，国家间的海军竞争也在为加剧国际紧张添柴加薪，在这方面，英德海军竞赛自然是最典型的例证。[②]

　　在德国造舰热潮的背后，也存在这样的一种阶层间交易：容克地主阶级的经济利益主要在于国内和农业领域，他们对于造舰并无多大兴趣，但面对城市工业阶级中的"海军热"（这更多还是由于海军建设带来的工业订单的诱惑力），他们有意（多少也是无奈地）通过给予其支持，来换取后者对农产品进口壁垒的支持，而后者对此也不无意向。这也可谓如下一种与全球化相关现象

① 可参见 Ronald Bobroff, *Roads to Glory： Late Imperial Russia and the Turkish Straits*, Taurus, 2006；Sean McMeekin, *The Russian Origins of the First World War*, Belknap Press of Harvard University Press, 2011；M. L. Dockrill, "British Policy During the Agadir Crisis of 1911," in Francis Hinsley, ed., *British Foreign Policy under Sir Edward Grey*, Cambridge University Press, 1977。

② 可参见 Arthur Marder, *From the Dreadnought to Scapa Flow： The Royal Navy in the Fisher Era*, *1904-1919*, 5 Vols., Oxford University Press, 1961-1970, 1978；Paul Kennedy, *The Rise of the Anglo-German Antagonism*, *1860-1914*, Allen & Unwin, 1980, Ivo Lambi, *The Navy and German Power Politics*, *1862-1914*, Allen & Unwin, 1984；Gary Weir, *Building the Kaiser's Navy： The Imperial Naval Office and German Industry in the von Tirpitz Era*, *1890-1919*, Naval Institute Press, 1992；Rolf Hobson, *Imperialism at Sea： Naval Strategic Thought, the Ideology of Sea Power and the Tirpitz Plan*, *1875-1914*, Brill, 2002；Jan Rüger, *The Great Naval Game： Britain and Germany in the Age of Empire*, Cambridge University Press, 2007；Patrick Kelly, *Tirpitz and the Imperial German Navy*, Indiana University Press, 2011。

的例证：在国内政治中，在全球化中处于守势甚至弱势的群体，以及从全球化中受益的群体，有可能实现妥协或协作。德国农业界和工业界的经济利益显然不那么合拍。如前文提及的德俄经济关系所反映的，德国工业界倾向于以俄国农产品在德国的更大市场去交换德国工业品在俄国的更大市场，更低价格的进口农产品的更多供应，也有助于改善德国工人阶级的生活状况，缓和工业界的劳资关系。就在世界市场上的竞争力而言，在第二次产业革命中领先的德国显然也是以工业见长，德国工业比其农业更需要外部的市场、原料和投资机会等经济资源。德国农业界则乐见有助于减少农业经营成本的廉价工业品，进而对工业品的进口壁垒缺乏热情。但是，在奥托·冯·俾斯麦（Otto von Bismarck）主政德国时期，在德国工业化尚未完成之际，农业集团与新兴工业集团的这种合作就已现端倪。1879 年 7 月，在俾斯麦的支持下，德国议会对进口谷物和铁产品同时增收关税并由此结束了自由贸易在德国的实践，这符合农业界的利益，也顺应尚在成长的重工业界的保护主义要求，并体现了两者间有意识的利益互惠（重工业界支持对农产品的保护性关税，农业界支持对重工业产品的保护性关税），标志着由俾斯麦冠名的"铁麦联姻"[①] 的形成。

就主导德国农业集团的容克地主阶级而言，他们与工业界的合作也反映了全球化背景下的如下愿望：他们作为德国传统的统治阶级或政治特权阶层，面对工业化和全球化趋势下城市工商业阶级的规模、影响力和诉求的上升，企求借助该合作，去限制或缓和新兴阶级对政治秩序的变革意愿，以维护己方的既有政治地位。当时，作为工人阶级主要代言人的社会民主党尤其被保守派视为头号政治威胁。采用在 19 世纪 90 年代长期担任德意志财政大臣的约翰尼斯·冯·米克尔（Johannes von Miquel）的说法，德国当权者希望推行"团结政策"（sammlungspolitik）：通过推动重要阶层的相互利益交换和妥协以及对包

① 关于"铁麦联姻"，可参见〔德〕汉斯－乌尔里希·韦勒《德意志帝国》，邢来顺译，青海人民出版社，2009；Otto Pflanze, *Bismarck and the Development of Germany*, Vol. 2, Princeton University Press, 1990, pp. 449 - 488; Cheryl Schonhardt-Bailey, "Parties and Interests in the 'Marriage of Iron and Rye'," *British Journal of Political Science*, Vol. 28, No. 2, 1998; Philip Gourevitch, "International Trade, Domestic Coalitions, and Liberty: Comparative Responses to the Crisis of 1873 - 1896," in James Foreman-Peck, ed., *Historical Foundations of Globalization*, Edward Elgar, 1998; Cornelius Torp, "The 'Coalition of Rye and Iron' under the Pressure of Globalization: A Reinterpretation of Germany's Political Economy before 1914," *Central European History*, Vol. 43, No. 3, 2010。

括"民族利益"在内的共同价值的关注和追求，以弥合国内矛盾和抵御社民党的壮大。他说："民族感情常常是可以被团结起来的。我们在对外政策上的成功会对帝国议会中的辩论产生良好影响，政治分裂由此会得到舒缓。"[1] 但是，"团结政策"谋求用将国内各主要阶层塑造为统一的"民族共同体"并渲染外来威胁的民族主义话语，去推进既定的国内政治进程；令"民族事业"的高光外表更显必要的是，阶层间的物质交易是有可能受阻或低效的：例如，在工商界与农业界之间，以及前者内部的重工业界与出口型工业界及贸易界之间，围绕财税问题的争执一直不绝，"铁麦联姻"也难掩同床异梦；在一战前夕，农业界和工业界都担心己方在德俄贸易协定谈判中成为牺牲者，而前者内部对海军建设的持续庞大支出的不满也不断上升。

在很大程度上，"团结政策"的实质就是：受迫于与全球化相关的国内社会和阶级结构的变化，当权者（地主阶级以及工业时代新兴阶级中的保守派）试图用国际斗争或外来的"民族压力"（无论是现实的，还是被夸大甚至臆造的）来转移和抑制国内斗争或"社会压力"的"社会帝国主义"。德国历史学家汉斯-乌尔里希·韦勒（Hans-Ulrich Wehler）对"社会帝国主义"的解释是：马基雅弗利式的统治技巧，包括将内部紧张和变革力量引向外部以维持社会和政治现状，[2] 在原有的政治权力格局相对封闭和狭隘且变化缓慢、全球化背景下的国内社会和阶级结构又转换较快的地区，如在德国和俄国，两者间的冲突最易彰显，而依托民族主义的"社会帝国主义"也最易被施用（如果它以失败告终，随之而来的可能就是左翼的激进革命或极右的政治灾难）。在其他大国包括有最久议会政治传统但长期由土地阶级主导的英国，"社会帝国主义"也不乏表现。这种现象堪称这个时代的一个政治标志，自然也对这个时代的国际紧张局势推波助澜。[3]

①　Paul Kennedy, "German World Policy and the Alliance Negotiations with England, 1879–1900," *The Journal of Modern History*, Vol. 45, No. 3, 1973, p. 609.

②　转引自 Geoff Eley, "Defining Social Imperialism: Use and Abuse of an Idea," *Social History*, Vol. 1, No. 3, 1976, p. 269。

③　关于一战前的"社会帝国主义"，可参见〔德〕汉斯-乌尔里希·韦勒《德意志帝国》；Eckart Kehr, *Battleship Building and Party Politics in Germany, 1894–1901*, translated by Pauline Anderson and Eugene Anderson, University of Chicago Press, 1973; Arno Mayer, "Domestic Causes of the First World War," in Leonard Krieger and Fritz Stern, eds., *The Responsibility of Power: Historical Essays in Honour of Hajo Holborn*, Anchor Books, 1967; Arno Mayer, *Dynamics of Counterrevolution in Europe*, Harper & Row, 1971; Arno Mayer, "The Primacy of Domestic Politics," in Holger Herwig, ed., *The Outbreak of World I*, Houghton Mifflin, 1997。

民族主义更是这个时代的一个标志。民族主义在 19 世纪后期之前就在欧洲产生，在一战前 30 年间走入巅峰时代。对此，民族主义原有的思想积淀，19 世纪欧洲内部的民族自决和民族统一潮流，新生国家的国内整合需要，国内社会和阶级变迁背景下政治的多元化、自由化、大众化和民粹化趋势以及当权者的"社会帝国主义"手法、国家间政治和经济冲突的刺激都是要因。民族主义并非只是统治阶级对大众使用的麻醉剂；它在各阶层中都不乏拥趸，他们将其视为在工业化和全球化时代去整合更多元但也可能更分裂的社会的核心信仰；而在该时代可能最失意或最迷惘、既反感上层阶级的擅权又害怕工人运动的激进的群体即中小资产阶级中，民族主义或具有最强的感召力。之前述及的全球化对国际紧张的种种直接或间接推动，也都是经由了民族主义棱镜的放大，从而对国际紧张有倍增效应。对贸易壁垒、经济自主、殖民地和势力范围扩张、战略要点的控制、海军建设的支持，对"团结政策"和"社会帝国主义"的利用，都是在民族主义旗帜之下，而且往往被上升到关系民族荣辱存亡的地步。① 阶级利益也惯于被诠释为维系着全民族的命运，例如，按照容克地主阶级的说法，德国农业的破产，将通过摧毁普鲁士的贵族地主而使国家失去最讲求责任、理性和克制的忠君爱国的领导力量，将通过摧毁朴实、勤劳、守法和尊崇上帝的农民阶级而令德国不仅失去食物的提供者，也失去忠诚可靠的士兵，并会以灰暗嘈杂的工厂和城市去取代田园牧歌般的德意志家园。而按照工业界一些领导人的说法，德意志民族在欧洲和全世界的地位，将愈发取决于依托工业、资本和海军的世界性权力扩张。②

民族主义是该时期国家间地缘政治冲突的一个原动力。这种冲突也会影响到商品和资本在国家间流动的自由度和规模。相比于地缘政治冲突凸显的国家之间的情形，在地缘政治冲突相对缓和或有所地缘政治协作的国家之间，经济交往或有更好的增长趋势，既由于它在后一情形下面临更少的政治

① 可参见 Paul Kennedy and Anthony Nicholls, eds., *Nationalist and Racialist Movements in Britain and Germany before 1914*, Macmillan, with St. Antony's College, Oxford, 1981; Eric Hobsbawm, *Nations and Nationalism since 1780: Programme, Myth, Reality*, Cambridge University Press, 2012; John Breuilly, ed., *The Oxford Handbook of the History of Nationalism*, Oxford University Press, 2013; Lawrence Rosenthal and Vesna Rodic, eds., *The New Nationalism and the First World War*, Palgrave Macmillan, 2015。

② 梅然：《德意志帝国的大战略：德国与大战的来临》，第 42~43 页。

敌意，也由于官方可能想加强经济纽带以促进政治协作，甚至经济关系就是直接为政治目标服务。这在法俄之间就有明显体现。19世纪90年代法俄军事同盟建立，以及一战前数年间法俄政治关系更加密切，为法国的对俄投资提供了某种政治依托，而该投资也是俄国工业化的重要助力。在一战前数年间，法国资金在官方意志下大量投向俄国西部铁路网的建设，就是为了提升俄国军事动员的效率，令其在未来可能发生的对德战争中能向德国更有力施压，从而牵制德国对法国的进军。[①] 反之亦然，例如，对德国的地缘政治疑惧，导致英法当局不愿向巴格达铁路项目融资开放本国金融市场，而德俄达成新贸易协定前景晦暗，当然也与德俄间政治芥蒂有关。这样，地缘政治竞争背景下的全球化，多少有令近者愈近、疏者愈疏的作用，或者说，在地缘政治的边际之上又多少覆加有地缘经济的边际，从而凸显了集团之间的对立。

与全球化密切相关的还有地缘政治集团之间力量对比的变化。随着全球化背景下德国工业化完成，在19世纪90年代至20世纪初的欧亚大陆，德奥意三国同盟对法俄同盟拥有某种力量优势，日俄战争中俄国受挫更加大了三国同盟的力量优势。在此期间，在尚未完成工业化的唯一欧洲大国即俄国，工业化也在步步推进，虽然并没有德国式的惊艳效率，而来自先发工业化国家的投资在其中发挥了重要作用。在一战前数年间，俄国工业化的推进已愈发令人猜想：鉴于俄国的幅员、人口和自然资源储备，不久后完成工业化的俄国是否将成为欧亚大陆上的超级强权。另外，经济体系的开放会影响人力、资本等要素的流动和分布，可能使军备建设的资源供给愈发不足并在国家间愈发呈现某种不均衡，进而推动国家间军力对比的变化，并通过强化某些国家的不安全感等而加剧国际不稳定，或者说损害和平所依赖的国家间的军事能力平衡。一战前的欧洲就是典型例证，例如德国就因此在扩军上相对于俄国愈发处于劣势。[②] 这样，在不少德国人看

① 可参见 Olga Crisp, *Studies in the Russian Economy before 1914*, Palgrave Macmillan, 1976; A. J. P. Taylor, *The Struggle for Mastery in Europe*, Oxford University Press, 1954, pp. 486–488; D. N. Collins, "The Franco-Russian Alliance and Russian Railways, 1891–1914," *Historical Journal*, Vol. 16, No. 4, 1973。

② David Rowe, "World Economic Expansion and National Security in Pre-World War I Europe," *International Organization*, Vol. 53, No. 2, 1999; David Rowe, "The Tragedy of Liberalism: How Globalization Caused the First World War," *Security Studies*, Vol. 14, No. 3, 2005.

来，来自东方的魅影正在加重，加之奥匈帝国的衰落和意大利的难以信赖，德国未来的地缘政治地位堪忧，而这如后文所述，影响了德国当局在1914年夏天的决策。

二　全球化背景下德国的战争动机

以上述种种与全球化相关的国际冲突为背景，一战在1914年到来。1914年6月28日，奥匈帝国的皇储费迪南（Ferdinand）在萨拉热窝城被塞尔维亚族激进分子刺杀。萨拉热窝事件点燃了一场新的国际危机，即"七月危机"，奥匈当局在7月28日对邻国塞尔维亚宣战则标志着一战的开端，这导致支持塞尔维亚的俄国走向军事动员，进而导致德国对俄国及其盟友法国宣战，而英国随后也对德国宣战。

但是，德国应被视为一战发生的首要责任方。德国当局在萨拉热窝事件后对奥匈做出了支持其采取任何行动（实指战争）的允诺，即开出了"空头支票"。此时，德国皇帝威廉二世（Wilhelm II）和首相特奥波德·冯·贝特曼-霍尔维格（Theobald von Bethmann-Hollweg）虽对欧陆大战或世界大战的代价心存疑惧，但支持奥匈以速胜方式打一场针对塞尔维亚（它被视为俄国在巴尔干的代理人并觊觎奥境内南斯拉夫族群居住的领土）、其他大国则免于卷入的局部战争，希望以此改善德奥的处境；以总参谋长赫尔穆特·冯·毛奇（Helmut von Moltke）为代表的德国军方则更心仪于与法俄等大国对手打一场大战，因而不无期待奥塞战争升级。[1] 德国的军政两方虽然有此不同，但都是奥塞战争的推动者；若无德方的"空头支票"，奥方对于对塞开战无疑要踌躇得多。而在奥塞战争开始后，在它升级为大战的可能性增大时，与俄法英决策层相比，德国当局对大战的来临虽有犹疑，但做出的避让是最少的，德国的皇帝和首相对大战表现出了虽拒还迎的心态，德国军方则表现得

---

[1] 关于此时德国主要决策者对战争类型的偏好及其差异，参见 Jack Levy，"Preferences, Constraints and Choices in July 1914," *International Security*，Vol. 15，No. 3，1990~1991；Annika Mombauer，*Helmuth von Moltke and the Origins of the First World War*，Cambridge University Press，2005；Annika Mombauer，"A Reluctant Military Leader? Helmuth von Moltke and the July Crisis of 1914," *War In History*，Vol. 6，No. 4，1999；梅然《德意志帝国的大战略：德国与大战的来临》，第520~522页。

最为积极。[①]

那么，德国当局为何表现了最多的挑起或不回避大战的倾向？对于这背后的首要动机，可以列出三个主要解释，它们都牵涉前述与全球化相关的国际冲突。

第一个解释是，德国当局主要或首要企图是通过战争，去夺取境外的市场、原料来源和投资机会等经济空间，以增强自身的经济保障。但是，该解释的说服力明显欠缺，这里列出如下理由。[②]

第一，在一战前德国军政高层中，如下观点随处可见：大战可能或很可能是长时间、高付出和高风险的消耗战，可能造成国家的经济和政治崩溃。例如，1905 年底，毛奇在即将接任总参谋长之际就说过，未来的战争将是一场漫长的人民战争，不会由一场决定性战役决定其结果，在民众力量耗尽前难以结束，德国即便取胜也会元气大伤。又如，1914 年 7 月 28 日，即奥匈对塞宣战当日，期待大战的毛奇又看似矛盾地（后文将解释其背后因由）表示，正在到来的战争是一场世界大战，欧洲的各个文明国家将被相互撕成碎片；在未来几十年中，几乎整个欧洲文明都要被摧毁得不复存在。再如，贝特曼在 7 月 7 日也曾告诉其秘书：战争可能导致任何情况都可能发生的革命，保守党认为战争可能加强家长制秩序是在胡扯；它不论如何结束，都不会仅是对巴黎的四

---

① 论述一战起源和七月危机过程的历史类著述数不胜数，可参见 Luigi Albertini, *The Origins of the War of 1914*, 3 Vols., translated by Isabella Massey, Oxford University Press, 1952–1957；〔德〕弗里茨·费舍尔《争雄世界：德意志帝国 1914～1918 年战争目标政策》；Fritz Fischer, *War of Illusions*：*German Policies from 1911 to 1914*, translated by Marian Jackson, Norton, 1975；James Joll, *The Origins of the First World War*, Longman, 1984；John Keiger, *France and the Origins of the First World War*, St. Martin's, 1983；Dominic Lieven, *Russia and the Origins of the First World War*, St. Martin's, 1983；Richard Bosworth, *Italy and the Approach of the First World War*, Macmillan, 1983；Samuel Williamson, Jr., *Austria-Hungary and the Origins of the First World War*, St. Martin's, 1991；Zara Steiner and Keith Neilson, *Britain and the Origins of the First World War*, Palgrave Macmillan, 2003；Sean McMeekin, *The Russian Origins of the First World War*, Belknap Press of Harvard University Press, 2011；William Mulligan, *The Origins of the First World War*, Cambridge University Press, 2010；Jack Levy and John Vasquez, eds., *The Outbreak of The First World War*：*Structure*, *Politics*, *and Decision-Making*, Cambridge University Press, 2014；T. G. Otte, *July Crisis*：*The World's Descent into War*, *Summer 1914*, Cambridge University Press, 2014；Gordon Martel, *The Month that Changed the World*：*July 1914*, Oxford University Press, 2014；Christopher Clark, *The Sleepwalkers*：*How Europe Went to War in 1914*, Harper Perennial, 2014；梅然《德意志帝国的大战略：德国与大战的来临》。

② 一个更全面的论证参见梅然《德意志帝国的大战略：德国与大战的来临》，第二章。

十天进军，战争等同于推翻现存的一切。[①]

第二，一战前德国的经济状况包括经济竞争力，也令以大战去追求上述经济目标看似欠缺理性。其一，德国有着密切的对外经济联系或身处密切的跨国经济相互依赖中，大战难免会破坏与之相关的巨大既得利益，冲击国内稳定。其二，在一战之前两三年中，德国经济正处于先前相对低谷后的爬升和较快增长期，对经济前景的大众预期看似也在转好，而处于经济黯淡期的国家才更可能选择用战争去摆脱经济危机。其三，无论是在相对传统的冶金、机器制造和造船等工业中，还是在当时新兴的化学和电气等工业中，就生产效率、产品质量和技术基础而言，德国都拥有总体上最强的竞争力，因而未失去进行和平的国际经济竞争的最重要条件。其四，就诺贝尔奖的数量、科技论文的数量等指标而言，德国拥有世界上堪称最强的科技实力；就基础教育和专业技术教育的发达程度而言，德国拥有世界上素质最好的劳动力。这些都是对和平经济竞争的有力加持。[②]

第三，与上述相关，一战前德国很多经济界和政界要人对经济前景有着良好预期，认为维持和平更有利于德国的经济增长。曾任德意志银行（Deutsche Bank）董事长的卡尔·海费里希（Karl Helfferich）在1913年指出，德国正处于巅峰时代，其欣欣向荣程度在历史上几乎没有先例。钢铁巨头胡戈·斯廷尼斯（Hugo Stinnes）在1911年指出，再经过几年的和平发展，德国就能成为欧洲无可争议的经济主宰。大金融家、与威廉二世颇有私交的马克斯·瓦伯格（Max Warburg）在萨拉热窝事件发生一周前向威廉二世表示，德国应对战争保持克制，因为德国每年都变得更强大。在萨拉热窝事件前夕，在总参谋长毛奇与外交大臣高特利布·冯·雅高夫（Gottlieb von Jagow）的一次对话中，后者用德国经济状况正在改善作为理由，反对前者的开战主张。[③] 本章最后一部

① 转引自 Holger Herwig, "Germany and the 'Short-War' Illusion: Toward a New Interpretation?" *The Journal of Military History*, Vol. 66, No. 3, 2002, pp. 688, 692; Christopher Bartlett, *Peace*, *War and the European Powers*, *1814-1914*, Palgrave Macmillan, 1996, p. 171。

② 梅然：《德意志帝国的大战略：德国与大战的来临》，第 103~106 页。

③ 转引自 Hewitson, *Germany and the Causes of the First World War*, Berg, 2004, pp. 24-25, 31; Hamilton and Herwig, "World Wars: Definition and Causes," in Richard Hamilton and Holger Herwig, eds., *The Origins of World War 1*, Cambridge University Press, 2003, p. 16; Imanuel Geiss, "The Outbreak of the First World War and German War Aims," *Journal of Contemporary History*, Vol. 1, No. 3, 1966, pp. 81-82。

分还会引用更多此类言论。

第四，也无有力证据表明，在七月危机期间，德国决策层在挑起或未回避大战时，是以上述经济目标为重大着眼点。根据迄今能看到的关于危机期间德国当局决策的史料，似无某位重要人物包括最好战的军方领导人强调，夺取境外经济资源的需要令德国必须选择战争。

第二个解释是，面对迅速壮大的德国城市工商阶级对自身的政治和社会权益不断增长的要求，保守的统治阶级要维持自己对权力的把控，尤其是防止代表工人阶级的社会民主党的发展，德国当局主要或首要企图是通过"社会帝国主义"性质的对外战争，去转移国内矛盾，谋求国内团结，进而维护保守政体。但是，该解释同样有乏力之处，这里列出如下理由。[1]

第一，在一战前德国军政高层中，如前所述，大战被认为很可能是长时间、高付出和高风险的，会造成国家的经济和政治崩溃；甚至，还不乏如下认识：德国即便赢得大战，在战时或战后也不得不向大众诉求做出重要退让。这自然也意味着，用大战来解决国内政治问题被视为可能是南辕北辙乃至饮鸩止渴。如前所述，贝特曼就表示，战争可能导致任何情况都可能发生的革命，保守党认为战争可能加强家长制秩序是在胡扯；它不论如何结束，都不会仅是对巴黎的四十天进军，战争等同于推翻现存的一切。他在 1914 年 6 月也指出，世界大战的结果难料，并将极大地强化社民党的力量。[2] 贝特曼的前任伯恩哈特·冯·标洛（Bernhard von Bülow）写道："我们应该一直问自己从战争中期待得到什么。在欧洲的战争不可能对我们大有裨益。……一场轻易挑起的战争即便它打赢了，对这个国家也会有坏的影响；如果它以失败告终，它可能引发王朝的垮台。历史向我们表明，每场大战之后都是一个自由主义时代，因为民众会要求补偿战争带来的牺牲和辛劳。但是，任何以失败告终的战争会迫使宣战的王朝做出先前似乎闻所未闻的让步……无疑，军队不会觉得剑在鞘中生锈再好不过，军人们好战甚至是必要的。但是，决策者的任务是对后果要有清醒的认识。"[3]

---

[1]　一个更全面的论证参见梅然《德意志帝国的大战略：德国与大战的来临》，第一章。

[2]　Christopher Bartlett, *Peace, War and the European Powers*, *1814 - 1914*, Palgrave Macmillan, 1996, p. 171.

[3]　David Kaiser, "Germany and the Origins of the First World War," *The Journal of Modern History*, Vol. 55, No. 3, 1983, pp. 455-456.

第二，上述解释夸大了一战前德国国内政治矛盾的严峻程度。社会民主党虽然在 1912 年成为议会中的第一大党，但远非多数党，且其议席数少于有更强亲政府色彩的各党派的议席数。此时的社民党看似更愿用和平的议会政治去实现其目标，并在重要议题上体现了愿与官方有所妥协和合作的务实倾向。社民党人在政府机构和大学中任职的仍寥寥无几。1910~1913 年，德国国内的罢工浪潮也减弱了。在统治阶层内部，对于自由主义或社会主义性质的变革，也不乏某种容忍、接受甚至赞许和鼓励：传统秩序被认为需要经历至少一定程度的改革，无论是因为这有其进步内涵，还是因为这是最大限度维护传统秩序的需要。贝特曼政府在一战前夕也在考虑进行更多改革，例如改革普鲁士长期以来实行的有利于有产者的选举制度，并赋予工人组织更多权利。[1]

第三，也无有力的史料证据表明，无论是在七月危机期间还是在之前，德国的主要决策者是以上述国内政治目标作为战争的首要动机所在。如前引的贝特曼和标洛的言论所示，相反的证据则不难找到。

第三个解释是，以国家间力量对比的变化为背景，鉴于对手尤其是俄国力量的上升，德国当局担心，德国将面临愈发不利的军事态势，甚至可能遭到法俄的主动进攻，于是其主要或首要企图是及早开战去打败对手，打一场预防性的所谓"防御性"战争（事实上当然是侵略性的）。相比于前两者，该解释看似更合理，这里列出如下理由。[2]

第一，在一战前，法俄尤其俄国对于德国的力量对比看似正发生愈发有利于前者的变化。随着工业化的推进，俄国的国内生产总值在 1913 年已与德国持平；与此相关，不少观察家对俄国国力的前景不无敬畏。有法国官员在 1913 年 7 月告诉法国外长斯蒂芬·皮雄（Stephen pichon），在未来 30 年中我们将看到俄国的大规模经济扩张，它即便不会超越也将等同 19 世纪最后 15 年中美国发生的巨大变革。英国驻俄大使乔治·布坎南（George Buchanan）在 1914 年 4 月写道：俄国正迅速变得如此强大，以至于我们必须几乎不惜任何代价去保持与其的友谊。[3] 就军事力量而言，俄国在 1913 年 3 月推出了一项

---

① 梅然：《德意志帝国的大战略：德国与大战的来临》，第 75~78 页。

② 一个更全面的论证参见梅然《德意志帝国的大战略：德国与大战的来临》，第九章。

③ A. J. P. Taylor, *The Struggle for Mastery in Europe：1848 - 1918*, p. 501; Paul Kennedy, "The First World War and the International Power System," *International Security*, Vol. 9, No. 1, 1984, p. 28.

从兵力、装备、后勤和动员等方面大力提升俄军战斗力的宏大计划。根据该计划，俄国陆军的规模到 1917 年将增加 40%，这将进一步加大一战前夕德奥在兵力上已愈发明显的劣势：法俄在总兵力上相对于德奥的优势在 1904 年是 26 万人，在 1913 年春达到近 83 万人，在 1914 年超过百万人。俄国的军事动员效率也在明显提升：随着通往西部边境的铁路系统的建设，俄军在 1914 年初已能在开战十余天后就发起对德攻势。法国在 1914 年 1 月还同意再提供 25 亿法郎，支持俄国在 1918 年前增建 5000 公里的战略性铁路。①

第二，对德国当局而言，通过大规模扩军，以拥有一支既可在和平时期威慑对手又可在战时有力应敌的军事力量，看似愈发难以为继，这也令预防性战争看似愈发是有吸引力的选择。扩军的困难首先是由于德国面临的两大难题。一个是财政难题：德意志帝国当局的税收来源主要是关税、消费税、运输税等间接税，收入税和遗产税等直接税则大体归地方各邦政府征收和拥有。随着帝国当局财政开支的不断增长，既有的税收体制已难以满足帝国当局的大规模扩军之需，而后者期盼的开源之举又因既得利益群体的阻碍而难以推行。另一个是国内政治难题：保守派担心，扩军会让越来越多的城市子弟进入军队，进而令其愈发受到自由主义和社会主义思想的"腐蚀"，不再是维护现行国内秩序的忠实工具。②

第三，有不少史料证据表明，无论是在七月危机期间还是在之前，在德国的决策层中，明显存在对于力量对比变化的担忧和对于预防性战争的倾向。贝特曼在 1912 年就表示，"为了能够完全睡得着，人们必须对上帝有很多信赖，并指望有俄国革命作为盟友"，"我怀疑是否还值得在我的庄园中种植新树，因为几年后俄国人或许就在这了"。他在 1914 年 7 月还表示，"未来属于俄

① Hew Strachan, *The First World War*, Vol. 1, Oxford University Press, 2001, pp. 62-63; Dominic Lieven, *Russia and the Origins of the First World War*, St. Martin's, 1983, p. 111; David Herrmann, *The Arming of Europe and the Making of the First World War*, Princeton University Press, 1996, p. 183; Robert Foley, "Debate: The Real Schlieffen Plan," *War in History*, Vol. 13, No. 1, 2006, p. 108; D. N. Collins, "The Franco-Russian Alliance and Russian Railways, 1891-1914," *Historical Journal*, Vol. 16, No. 4, 1973.

② Niall Ferguson, "Germany and the Origins of the First World War: New Perspectives," *The Historical Journal*, Vol. 35, No. 3, 1992; Niall Ferguson, "Public Finance and National Security: The Domestic Origins of the First World War Revisited," *Past and Present*, Vol. 142, No. 1, 1994; David Stevenson, *Armaments and the Coming of War*, Oxford Vniversity Press, 2000; Gordon Craig, *The Politics of the Prussian Army*, *1640-1945*, Oxford University Press, 1956.

国，它在日益成长，并正成为我们的一个越来越大的噩梦"，"在他们在波兰的战略性铁路完工后，我们的地位将摇摇欲坠"。毛奇在1914年5月告诉奥匈总参谋长弗兰茨·康拉德·冯·霍岑多夫（Franz Conrad von Hötzendorf）：继续等待意味着我方机会的越来越小；就人力而言，我们不可能与俄国竞争。他随后还告诉外交大臣雅高夫：俄国的军事力量在两三年内将增强到无法应对的地步，德国应在多少仍可与其匹敌时发动预防性战争。除了在德国仍可能大获成功时进行预防性战争，别无选择。威廉二世也在萨拉热窝事件前夕有如下言论：任何人如果不认为俄国和法国正致力于及早对我们开战而且我们应采取适当反制措施，都应被送进疯人院。几天后他还对银行家瓦伯格似问非问地说：俄国的战备计划可能是为了在1916年进攻德国，现在就进攻或许比等到俄国准备完毕时更好?[①]

因此，不妨得出如下结论：全球化直接或间接刺激了一战前的国际冲突，增加了战争发生的可能性。与全球化相关的地缘政治集团之间力量对比的变化以及相应的对自身地缘政治处境的愈发忧惧，则是推动德国——一战发生的首要责任者——走向大战的首要动因。与全球化相关的经济和国内政治需要在德国的战争动机中即便存在，也最多是附带性的。

三 全球化对一战发生要负多大责任

尽管有上述观点，但这并不意味着全球化对一战的发生要负重大责任。

如果将一战前的20年视为全球化在欧洲推进最快并走向巅峰的时期，一战前国际冲突背后的一些关键地缘政治铺垫在此前便已成形。德法矛盾和俄奥矛盾（德国对其盟友奥匈的支持是德俄矛盾上升的一个缘由）都属于驱动一战发生的主要大国矛盾，但它们在19世纪80年代前就已凸显。德奥同盟和德奥意三国同盟分别在1879年和1882年建立，应对前者威胁的法俄同盟则诞生于19世纪90年代初。如果说巴尔干是引爆一战的"火药桶"（由于巴尔干各国的族群与领土纷争以及相关的德奥与俄国之间的纠葛），该地区在19世纪

---

① Volker Berghahn, *Germany and the Approach of War in 1914*, St. Martins, 1973, pp. 186, 191; Niall Ferguson, "Germany and the Origins of the First World War: New Perspectives," *The Historical Journal*, Vol. 35, No. 3, 1992, pp. 725-726.

后期就已是欧洲最易发生战争或引发大国战争的地带。① 民族主义、军国主义、社会达尔文主义、社会帝国主义这些为国际紧张推波助澜的观念，在更早时甚至工业时代前便已在欧洲流行。至于德国当局的预防性战争念头，在德意志帝国建立之初就已露端倪，在俾斯麦主政期间也不时隐现。②

这些关键铺垫的形成与同时期的全球化也关联有限，或难言其为最重要原因之一。造就德法矛盾的普法战争及其和约、加剧俄奥矛盾的近东问题（土耳其的衰落以及民族主义运动在巴尔干的兴起）、前述三个同盟的成因、巴尔干的困局都难言与全球化有密切关系。民族主义、军国主义、社会达尔文主义、社会帝国主义也难言是全球化的产物，在拿破仑战争结束后的几十年中，欧洲的民族主义浪潮更多地体现在工业化和全球化程度最低的东欧地区；全球化程度最高的英国和法国都难言是典型的军国主义国家，前者的社会帝国主义色彩在欧洲大国中也属最低。德国当局的预防性战争念头，也主要是由于德法仇怨，以及法俄结盟给德国增加的两线作战风险；而且，无论俄国的力量如何上升，俄国的体量以及与此相关的难以速胜俄国一直是德国当局的心头之忧，这也可谓俾斯麦从德意志帝国建立伊始就处心积虑要防止俄法结盟的首因。③

一战前20年间的全球化即便有加剧国际冲突的一面，但后者的主要根源显然不在前者。即便全球化背景下俄国力量的上升推动了德国走向大战，但在俄国尚未进入较快工业化的时候，甚至在俄国的权势处于最低谷的时候（如在日俄战争结束之际），德国高层中的预防性战争主张就一直隐现。德国高层中的预防性战争主张者主要来自军方，他们也是在七月危机中驱动皇帝和文官们未拒绝大战到来的主要推手。④ 对于国家间力量对比的变化对德国的挑战，德国的军政高层都有担忧。那么，为何是军方领导人表现出了对预防性战争的

① 可参见 Barbara Jeravich, *History of the Balkans*, 2 Vols., Cambridge University Press, 1983；Thanos Veremis, *A Modern History of the Balkans：Nationalism and Identity in Southeastern Europe*, Tauris, 2017。
② 梅然：《德意志帝国的大战略：德国与大战的来临》，第 206、219~220、273~274、277 页。
③ 梅然：《德意志帝国的大战略：德国与大战的来临》，第四章。
④ Annika Mombauer, *Helmuth von Moltke and the Origins of the First World War*, Cambridge University Press, 2005；Annika Mombauer, "A Reluctant Military Leader？Helmuth von Moltke and the July Crisis of 1914," *War in History*, Vol. 6, No. 4, 1999；梅然：《德意志帝国的大战略：德国与大战的来临》，第 366~369 页。

最强积极性？解释如下。在欧洲大国中军国主义氛围最浓重、军队地位最显赫的德国，军方有着对自身职业和组织的浓重的自恋情结：他们推崇战争和军人职业的政治和社会价值，强调武力是推行国家政策的基本工具甚至是优先工具，并将维护德国军队的所谓崇高声誉视为自己的天然职责。这种自恋，或者说对于守护战争的现代价值和德国军队声誉的看重，导致他们忧惧并难以承受如下前景：国际力量对比对德国不利的变化，将导致德国军队在战场上愈发难以速胜甚至难有胜机，更导致德国愈发难以选择对外战争。于是，他们更倾向于通过及早发动预防性战争去消除上述挑战。[①] 这种职业和组织层面的利益考量，与全球化并无多少关系。

更重要的是，无论是在一战前的全球化巅峰时代还是在更早时期，如下现象看似总是普遍的：对于全球化对国家、群体和个人利益的捆绑或所谓的"经济相互依赖"，人们意识到的越多，他们对可能冲击这些利益的战争的踌躇也就越多，即便并非那么欣赏甚至担心这种捆绑。一战前的全球化无疑使经济相互依赖度增至空前。前文提及，地缘政治竞争背景下的全球化在地缘政治的边际之上多少覆加有地缘经济的边际，但两者远非泾渭分明。即便在对立的国家集团之间，经济纽带仍一直处于发展中。在一战前数年中，德国是俄国最重要的贸易伙伴，分别占后者出口的 1/3 和进口的一半；1904~1914 年，英国是德国的最大市场，德国则是英国的第二大市场；法国和德国的工业家们则连同比利时和卢森堡的同行在西欧编织了由投资、卡特尔协定和煤铁贸易构成的紧密网络。[②]

固然，经济相互依赖并非和平的坚实保障，甚至可能刺激冲突（比如由于对经济自给的追求、对经济预期的评判、对相对获益的看重）。但是，经济相互依赖的和平功能仍应被视为常态，这也包括，它是沉淀于大众心中的日常观念（即便观念未必是现实中的正确）；决策者即便认为经济相互依赖弊大于利，都不能不掂量截断它所带来的先期成本；他们通常更愿选择"改造"（渐进而非激进）而非抛弃该联系；他们即便心仪于加强经济自主，通常也不会采取直接对经济相互依赖开刀的方式，而是在其外开拓新的经济空间。

---

① 梅然：《德意志帝国的大战略：德国与大战的来临》，第 174~181 页。

② Carl Strikwerda, "World War I in the History of Globalization," *Historical Reflections*, Vol. 42, No. 3, 2016, p. 115.

一战前的情形也是如此，无论在工商界还是在知识界和军政界，如下观点广泛存在：鉴于在和平时期迅速发展的跨国性的巨大经济利益，大战愈发难以想象或近似于自杀，因为它将摧毁前者，进而造就难以承受的经济危机和政治危机；在经济上紧密联系的大国之间，战争的适用性即便存在，至少已明显下降。对此，伊万·布洛赫（Ivan Bloch）和诺曼·安吉尔（Norman Angell）的著述堪称代表。[①] 温斯顿·丘吉尔（Winston Churchill）即便被视为不擅长财经问题并有"鹰派"色彩，但刚进入内阁的他在1908年也曾如此反驳认为英德战争不可避免的观点：未来20年中的欧洲政治将处于和平的发展中，主要原因就是，商贸交往将各国不以其意志为转移地绑在一起，不断地将其编织到紧密的相互依赖之中；国际经济崩溃的危险对即使最莽撞和最缺乏自制的政治家也是一个有效的制约，在过去40年中，没有两个发达的商业大国之间兵戎相见。[②] 在德国的工商界，包括在更倚重国内市场、与军政高层联系更密的重工业界，鉴于经济相互依赖而支持维持和平的观点也广泛存在。代表重工业界利益的德国工业家中央联合会主席、最大军工企业克虏伯公司董事马克斯·罗特格尔（Max Rötger）强调，世界正处于沟通和交流的特征之下，德国在自由交流和自由流动的过程中取得了非凡成功、实现了巨大的经济繁荣，它应保持经济交往的发展以最终实现工业化，这是德国屹立于强国之林的保证。钢铁业巨头弗雷德里希·蒂森（Friedrich Thyssen）则表示："我相信，在国家的经济、贸易和商业国际化的这个时代，国家间的国际交往首先建立在经济基础上，所以必须立足于经济基础去管理。"[③] 前引的德国首相和总参谋长认为大战将带来惨重代价的言论，显然也与对经济相互依赖的认知有关。在更广大的各国民间社会中，与经济相互依赖相关的期望维持和平的倾向也广泛存在。即便在德国，大众中好战情绪的程度也并不符合后世对过去的"军国主义德国"的想象。正如奥地利历史学家尼古拉斯·施塔加特（Nicholas Stargardt）所言："德意志帝国是这样一个国家：既有成千上万人报名参加军事组织，也有成千

① Ivan Bloch, *The Future of War in Its Technical, Economic and Political Relations: Is War Now Impossible?* Doubleday and McClure, 1899; Norman Angell, *The Great Illusion: A Study of the Relation of Military Power in Nations to Their Economic and Social Advantage*, Putnam's Sons, 1911.

② John Maurer, "Averting the Great War? Churchill's Naval Holiday," *Naval War College Review*, Vol. 67, No. 3, 2014, pp. 26-27.

③ William Mulligan, *The Origins of the First World War*, Cambridge University Press, 2010, p. 194.

上万人有着和平意向。社会是复杂、多元和深刻分裂的。"① 1913 年曾在法德旅行过的丹麦观察家乔治·布兰德斯（Georges Brandes）认为，9/10 的法国人希望保持和平，而且愿用行动去证明这点。德国民众的大多数无疑也觉得，从与西方邻国的战争中将一无所获。②

经济相互依赖对和平的促进也表现在政治实践中。从 19 世纪末到一战前，多次可能引发战争的国际危机得以和平收场，例如 1898 年英法之间的法绍达危机（Fashoda Incident）、1905～1906 年德法之间的第一次摩洛哥危机（First Moroccan Crisis）、1908 年德奥与俄国之间的波斯尼亚危机（Bosnian Crisis）、1911 年德国与英法之间的第二次摩洛哥危机（Second Moroccan Crisis）。这背后多少都有经济相互依赖对当事方的制约，包括工商界人士的呼吁和游说。无论在危机期间还是在和平时期，工商界的这种努力都不鲜见。例如，当第二次摩洛哥危机令英德开战的风险空前逼近后，若干在两国政界广有人脉的工商界人士为改善英德关系而奔走于两国之间，最重要者有二：一是德国航运大王、与威廉二世和贝特曼都有私交的阿尔伯特·巴林（Albert Ballin）；二是年轻时移居英国的德裔金融家厄内斯特·卡塞尔（Ernest Cassel），他与英国王室和政要多有交情。③ 这种努力也可被视为与经济相互依赖相关、多阶层参与的和平主义运动的一部分，即便和平主义运动在德国不如像在英法那样有声有色。④

既然如此，经济相互依赖为何最终未能防止欧洲在 1914 年燃起熊熊战火？尤其是，它为何未令对大战来临应付首要责任的德国当局悬崖勒马？原因如下。

第一，在持续一个月有余的七月危机期间，在各国决策层中，都存在对战争尤其是对大战的某种不安、踌躇和避让心态，其背后显然有对经济相互依赖

① F. G. Stapleton, "'An Army with a State, Not a State with an Army': F. G. Stapleton Examines the Role Played by the Armed Forces in the Government of the Second Reich," *History Review*, No. 46, 2003, p. 38.

② Michael Neiberg, *Dance of the Furies: Europe and the Outbreak of World War I*, Belknap Press of Harvard University Press, 2011, p. 5.

③ Elisabeth Sleightholme-Albanis, "Sir Ernest Cassel and Anglo-German Relations before the Outbreak of the First World War," *Cambridge Review of International Affairs*, Vol. 4, No. 2, 1990; Lamar Cecil, *Albert Ballin: Business and Politics in Imperial Germany, 1888-1918*, Princeton University Press, 1967.

④ Roger Chickering, *Imperial Germany and a World Without War: The Peace Movement and German Society, 1892-1914*, Princeton University Press, 1975.

被切断的担心。奥方在萨拉热窝事件发生一个月后才磨磨蹭蹭地对塞尔维亚宣战；俄方是在先宣布进行有限的局部动员后才走向总动员，沙皇还接二连三地恳求德皇阻止战争；法方则大体保持了克制，对俄国盟友也难言有怂恿开战之举；英方则不断在德奥与俄国之间进行调停；至于德方，早先对奥方开出"空头支票"的威廉二世在奥匈宣战之际已有如下想法：既然塞方大体接受了奥匈的最后通牒，奥方可不对塞开战，而以占领其位于奥塞边境地带的首都贝尔格莱德作为塞方履行承诺的保证（所谓的"止步于贝尔格莱德"）。此后不久，当贝特曼听闻英方可能在大战中不保持中立时，先前对"止步于贝尔格莱德"并不积极的他，又想敦促奥方接受它以防止奥塞战争升级为世界大战。[①]

第二，德国的皇帝和文官当局对大战心存忧虑和犹疑的一大原因是，他们担心英国会站在德国的对立面参战，而这与经济相互依赖不无关系：英德开战将断绝英德之间的经济关系，英国的海上封锁还将绞杀德国的海外贸易。他们还担心，如果大战看似更多是由德国挑起，德国民众未必支持大战，而其背景也是与经济相互依赖相关，德国民众看似更倾向于维持和平。与这两大顾虑相关，他们希望，德国若要走向大战，宜设法让俄国看似才是促成大战的侵略者，从而增加英国保持中立和德国民众支持战争的可能。这些因素有助于解释：在七月危机中（尤其在奥匈宣战后），他们为何对大战的到来多少是半推半就，并等待俄国率先动员，在俄国率先总动员后更快地将德国推向大战。[②]

第三，德国当局挑起或未回避大战可谓基于如下价值判断：相比经济相互依赖因战争被切断所导致的代价，在国家间力量对比愈发对德国不利时迟迟不敢启动预防性战争的代价或更高，后者或将造成德国国际处境愈发被动，并导致或加剧德国国内的多领域危机。对德国军方而言，对自身职业和组织的自恋，也推动其在意识到大战的代价的同时仍要偏狭地选择冒险。德国当局对对手的"最坏设想"甚至"妖魔化"思维也在发挥作用：虽然法俄方面其实与德方一样，也忌惮与经济相互依赖相关的大战的巨大代价，但德方趋于担心，对手将更加强硬并更具军事冒险性，尤其在力量对比对其更有利之时。他们看似也不愿将"幻想"较多寄托在俄国众多的国内问题对其力量上升的妨碍上。

---

① 梅然：《德意志帝国的大战略：德国与大战的来临》，第十章。
② 梅然：《德意志帝国的大战略：德国与大战的来临》，第 522~525、566~572 页。

第四，还应强调，鉴于大战可能带来的与经济相互依赖相关的沉重代价，在萨拉热窝事件之前，德国的皇帝和文官当局一直未真正决定是否启动预防性战争。[1] 他们在七月危机中挑起或未回避大战的主要原因是：他们担心力量对比变化带给德国的风险，因此虽对大战心存忌惮但谈不上坚拒它，尤其是对于一场英国在其中保持中立的"欧陆大战"而非英国参加的"世界大战"；鉴于奥匈皇储被刺引发的国际同情，他们认为，萨拉热窝事件提供了奥匈对塞尔维亚开战并速胜的好时机。但即便德国最期望看到的是奥塞局部战争（这当然也与对大战的忌惮有关），这场战争的发生必然要令其面对战争升级的可能。在上述背景下，在奥塞战争愈发可能升级为大战时，在军方的推动、对英国中立的幻想、俄国的率先动员、随着危机深化而随波逐流的心态等因素的影响下，他们也就半推半就地"滑向"大战。

第五，萨拉热窝事件的发生具有较强的偶然性，如行刺者在街头得以撞见费迪南夫妇可谓鬼使神差。费迪南本人主张改善奥俄关系和阻止大战发生，假如他未死并在不久后即位（奥匈的老皇帝在1916年驾崩），将有助于欧洲局势走向缓和。在一战发生前夕，英德关系在转暖，英俄矛盾则有上升之势，这或许也意味着，假如和平在1914年得以维系，随后的国际环境变化或会减弱德国当局对力量对比变化的担忧。因此，假如萨拉热窝事件未发生，一战是否仍会到来是一个可以探讨的问题。[2]

结　语

综上所述，全球化有刺激一战前国际冲突的一面，推动德国走向一战的国家间力量对比的变化也与全球化有关。但是，全球化对一战的发生难言有直接和重大的影响，主要理由如下。第一，一战前国际冲突背后的重要地缘政治铺垫在全球化的巅峰时代前早已形成，且与当时的全球化也难言有密切关系。第二，一战前20年中的全球化即便有加剧国际冲突的一面，但后者的主要根源

---

[1]　梅然：《德意志帝国的大战略：德国与大战的来临》，第505~506页。

[2]　梅然：《德意志帝国的大战略：德国与大战的来临》，第598~604页。另参见 Richard Lebow, "Contingency, Catalysts and Non-linear Change: The Origins of World War I," in Gary Goertz and Jack Levy, eds., *Causal Explanations, Necessary Conditions, and Case Studies: World War I and the End of the Cold War*, Routledge, 2005。

不在前者。第三，即便全球化背景下俄国力量的上升推动了德国走向大战，但在俄国尚未进入较快工业化甚至处于最低谷时，德国高层中就有发动预防性战争的意图，并与德国军方对自身职业和组织的自恋密切相关。第四，在一战前的国际关系中，甚至在萨拉热窝事件后的七月危机中，经济相互依赖仍体现了重要的和平功能。第五，推动德国当局挑起或未回避大战的主要原因是，国家间力量对比看似对德国不利的变化，以及德国军方对自身职业和组织的自恋。即便如此，与大战带来的与经济相互依赖相关的沉重代价有关，德国当局在萨拉热窝事件前并未真正做出迈向大战的决定，他们在七月危机初始最期待的是奥匈速胜塞尔维亚的局部战争，是军方的推动、对英国中立的幻想、俄国的率先动员、随着危机深化而随波逐流的心态等复杂因素驱使其半推半就地走向大战。第六，萨拉热窝事件发生的较强偶然性，以及其他的"反事实"或"反历史"推测，似也意味着一战在全球化时代并非必然到来。

第十一章　冷战与经济全球化

罗艳华

内容提要　本章主要试图回答三个问题：一是冷战爆发对经济全球化产生了什么影响？二是冷战不同阶段对经济全球化产生了什么影响？三是冷战时期经济全球化发展的状况是怎样的？研究发现，第二次世界大战末期召开的布雷顿森林会议在全球化的历史上具有里程碑式的意义。冷战爆发前美苏都有进行经济合作和构建全球经济秩序的意愿和努力，但冷战的爆发阻碍了经济全球化的发展势头。冷战的不同时期对经济全球化产生了不同的影响。冷战时期东西方经济关系受到了政治关系的制约。经济全球化是历史发展的大趋势，尽管其发展势头在一定程度上受到了冷战阻碍，但在冷战时期还是有明显的进展。

冷战时期是经济全球化发展进程中的一个重要历史时期。这一时期由于冷战的爆发，经济全球化的发展势头受到了一定的阻碍，但经济全球化在冷战时期仍有明显发展。冷战的不同发展阶段对经济全球化有重要影响。

一　二战结束前后经济全球化的发展

二战结束前后经济全球化的发展主要表现为布雷顿森林体系的建立。第二次世界大战末期召开的布雷顿森林会议在全球化的历史上具有里程碑式的意义。该会议因在美国新罕布什尔州一个叫布雷顿森林的小镇上召开而得名。布雷顿森林会议对战后世界经济和国际货币体系的发展产生了深远影响。

　　无论是在一战结束后还是在大萧条后期，所有国家都非常关注如何解决经济衰退带来的贸易壁垒、无序的汇率体制、政府债券的偿付和拖欠等重大问题。人们对 20 世纪二三十年代的大萧条记忆犹新。当时国际货币秩序陷入极度混乱。货币民族主义、贸易和投资保护主义、贸易和资本管制、以邻为壑的货币贬值、相互报复的高额关税等使世界经济堕入大萧条的深渊。在二战后期，如何解决这些问题的难题再次摆到了世界各国的面前。"在第二次世界大战期间，西方领袖深深担忧媾和将会使第一次世界大战后的那些灾难重演。他们决不让这种可能性发生。国际谈判将决定世界经济体系的形态，各国政府一起来制定全球经济的游戏规则。"[①] 因此，经历了一战战后重建工作的人们当时努力为了妥善终结二战而紧密合作。布雷顿森林会议发挥了"独特的作用"：它不仅能够修复此次战争给世界各国带来的灾难，还将矫正一战时的那个世纪性错误。[②]

　　1944 年 6 月，反法西斯同盟已经在战场上取得了绝对优势，反法西斯战争胜利在即。与此同时，参加联合国货币金融会议的欧洲经济学家与金融领域的官员已搭乘"玛丽王后"号皇家邮轮前往美国。1944 年 7 月 1 日，来自全球 44 个国家的 700 多名代表在美国新罕布什尔州布雷顿森林镇的华盛顿山饭店聚集一堂，对未来世界的货币秩序进行了规划。在联合国货币金融会议上，作为会议主席的时任美国财政部长摩根索（Henry Morgenthau）设立了三个工作委员会，并选出了各委员会主席。第一委员会讨论国际稳定基金（后正式更名为"国际货币基金组织"）的事项，时任美国助理财政部长怀特（Harry Dexter White）任主席；第二委员会讨论国际复兴开发银行（后与国际开发协会统称为"世界银行"）的事项，由时任英国代表团团长、当时最具影响力的经济学家之一凯恩斯（John Maynard Keynes）任主席；第三委员会讨论其他国际金融合作事宜，在怀特的提议下，会议选出了墨西哥财政部长爱德华多·苏亚雷斯（Eduardo Suárez）担任主席。[③]

---

① 〔美〕杰弗里·弗里登：《20 世纪全球资本主义的兴衰》，杨宇光等译，上海人民出版社，2009，第 233 页。

② 〔美〕埃里克·罗威：《货币大师：罗斯福和凯恩斯如何结束大萧条，打败法西斯，实现持久的和平？》，余潇译，中信出版集团，2016，第 307 页。

③ 〔美〕埃里克·罗威：《货币大师：罗斯福和凯恩斯如何结束大萧条，打败法西斯，实现持久的和平？》，第 295 页。

会上数百名经济学家与政府官员就战后国际金融体系建设的各项条款展开了详细讨论。最终就建立一个稳定的国际货币和金融秩序的核心内容达成了共识，即确保货币汇率和资本流动稳定有序，避免以邻为壑的竞争性贬值。在1944年7月的第三个周末，布雷顿森林会议正式结束。布雷顿森林体系就此确立。最终取代了传统金本位制的这一新型国际货币体系实际上就是一个可调整的固定汇率制，其施行双挂钩机制，即美元按照35美元1盎司的价格与黄金挂钩，各国货币再与美元挂钩。布雷顿森林体系本质上就是美元体系。当布雷顿森林会议召开之时，美元早就是全球记账单位和唯一与黄金挂钩的货币。布雷顿森林会议本质上就是确认了两件事：黄金和美元是战后各国普遍接受的国际经济体系记账单位，所有主要货币均与美元挂钩。[①] 与会各国通过并签署了关于建立国际货币基金组织和国际复兴开发银行的两项协定，史称布雷顿森林协定。国际货币基金组织和世界银行是布雷顿森林体系的重要金融遗产。在该体系框架下成立的世界经济三大组织——世界银行（World Bank）、国际货币基金组织（IMF）、关税及贸易总协定（GATT，现WTO）至今仍在国际经济舞台上发挥着举足轻重的作用。

布雷顿森林体系虽然在20世纪70年代就已经开始瓦解，[②] 但它对经济全球化的发展发挥了重要作用。布雷顿森林体系促进了战后国际贸易的发展和收入的增长，也在相当程度上保持了国际金融市场的稳定。在1948~1973年布雷顿森林体系全盛期，该体系开创了贸易比较自由、币值相对稳定和国际投资源源不断的局面。[③] 布雷顿森林体系维持了币值稳定和货币市场开放，激励了贸易和长期投资的进行。一方面，布雷顿森林体系促进了产业资本在全球范围的自由流动。相对稳定的国际汇率，有利于国际资本的双向流动，为各国融资提供了便利的环境，也促进了国际金融业和金融市场的发展，并且有利于全球产业资本构建自己的产业链条。另一方面，布雷顿森林体系的形成也促进了世界贸易的发展，形成了全球贸易自由化。世界贸易在1950年后迅猛增长，出

① 向松祚：《新资本论：全球金融资本主义的兴起、危机和救赎》，中信出版社，2015，第197页。

② 有学者指出布雷顿森林体系实际上只运行了短短10年，即从1958年底到1968年3月，参见〔英〕苏珊·斯特兰奇《国际政治经济学导论——国家与市场》，杨宇光等译，经济科学出版社，1990，第122页。

③ 〔美〕杰弗里·弗里登：《20世纪全球资本主义的兴衰》，第264页。

口每年增长 8.6%，是经济增长速度的 2 倍多。世界贸易史无前例地快速增长。[①] 1950~1973 年，国际贸易额从 600 亿美元增长到 5740 亿美元，年均增速 10.3%。由此可见布雷顿森林体系对世界贸易的促进作用十分明显。此外，国际投资也像国际贸易和货币一体化一样，成功地使世界上各工业国更加紧密地联系在一起。"二战后世界市场在贸易结构、生产结构、金融结构乃至知识结构等层次上的不断整合和一体化，实际上就是我们今天所说的全球化的最基本动力。"[②]

二　冷战爆发前美苏都有进行经济合作和构建全球经济秩序的意愿和努力

二战后期，美国和苏联都参与了对战后全球经济秩序的构建，美国是建立全球经济秩序的积极推动者，而苏联则是被动参与者。

为了建立健全完整的世界贸易体系，罗斯福政府支持把苏联纳入战后新的世界经济体系。他们所追求的正是建立包括社会主义国家在内的世界范围内的开放的贸易秩序。美国财政部在制定对外贸易政策时，考虑了苏联和其他社会主义国家的迫切需要，并建议国会批准拨给苏联数十亿美元的重建资金。美国负责策划布雷顿森林体系的官员——财政部长摩根索和他的高级助手怀特，都把苏联置于布雷顿森林体系中一个非常重要的位置。摩根索和怀特在策划布雷顿森林体系时，为苏联制定了关于国家贸易和社会主义经济的特殊条款。摩根索明确说，布雷顿森林体系要为资本主义国家和社会主义国家之间的合作提供一个基础。[③] 因为罗斯福、摩根索和怀特都认为美国的经济制度和苏联的经济制度有一种"趋同"的发展趋势，所以有可能在战后建立一个统一的世界体系。[④]

在布雷顿森林会议这一 20 世纪 40 年代全球化发展的里程碑式事件中，美苏之间存在妥协与合作。这主要表现在国际稳定基金的配额问题上。在美国的努力下，苏联获得了国际货币基金组织第三大代表表决权。按照怀特此前的计

---

① 〔美〕杰弗里·弗里登：《20 世纪全球资本主义的兴衰》，第 265 页。
② 叶江：《大变局——全球化、冷战与当代国际政治经济关系》，上海三联书店，2004，第 69 页。
③ 崔海智：《战后苏美经济合作尝试的失败——兼论经济冷战的起源》，《世界历史》2011 年第 1 期。
④ 沈志华、张昕：《美苏冷战起源的经济因素——沈志华教授访谈》，《俄罗斯研究》2021 年第 1 期。

划，国际稳定基金的会员国将以黄金储备与本国货币的形式认缴各自的基金配额，而该基金的总规模将达到 80 亿美元。这一配额不但决定了在出现任何国际收支困难时，该国可以得到的资金援助额度，它还以投票权比重的形式体现了该国在国际稳定基金中的话语权。1943 年初，怀特命令经济学家雷蒙·迈克塞尔（Raymond Mikesell）创建一个公式，计算出各国在基金里的配额。据迈克塞尔回忆："怀特把他想要看到的结果提前告诉了我：通过这个公式的计算，美国配额应为 29 亿美元左右；英国（包括其殖民地）大概为 14.5 亿美元；紧随其后的应是苏联和中国。"① 因为罗斯福提出把政治影响力考虑进去，苏联必须排在第三位。最后怀特等不断变更统计口径，让计算标准满足苏联的要求，生生把苏联的配额从最初的 1.64 亿美元提高到 12 亿美元，就是为了照顾苏联的地位和影响。②

在建立国际稳定基金问题上，美国极力争取苏联的合作。不少美国代表担心苏联根本不需要国际稳定基金，但是怀特坚持认为，"基金需要苏联的支持"。怀特相信，把苏联人拉到谈判桌前，起码可以对他们构成约束，以免他们做出损害基金的事情。美国代表团花费了大量的精力说服苏联。为了赢得苏联对方案的认同，美国还承诺将给予苏联更多的基金配额。最终苏联在谈判中得到了额外的优待，成功地扩大了本国的基金配额。

在方案中，美国希望各国向即将成立的两家国际金融机构分别认缴同等数量的资金，但是苏联对此表示强烈反对。苏联想得到 12 亿美元的基金配额，却只承诺为国际复兴开发银行付出 9 亿美元的认股配额。为了得到苏联的支持，摩根索与怀特答应了苏联的要求，而国际复兴开发银行认股配额上的那 3 亿美元缺口则由美国补足。③ 除了帮苏联补足认股配额，美国还在汇率问题上给苏联安排了 5 年的适应期，并保证苏联人进入理事会担任常务董事等。

与美国相比，苏联在建立国际经济体系问题上有些后知后觉。起初苏联态度非常明确，认为所谓世界经济体系与自己无关。直到 1943 年 10 月莫斯科外长会议，苏联才逐渐意识到战后与美国及西方的经济合作需要建立一套规则和

① 转引自〔美〕埃里克·罗威《货币大师：罗斯福和凯恩斯如何结束大萧条，打败法西斯，实现持久的和平?》，第 264~265 页。
② 沈志华、冯小桐：《美苏冷战起源的经济因素》，《当代中国与世界》2021 年第 1 期。
③ 〔美〕埃里克·罗威：《货币大师：罗斯福和凯恩斯如何结束大萧条，打败法西斯，实现持久的和平?》，第 305 页。

体系。这是推动苏联参加布雷顿森林会议的重要动力。俄罗斯披露的档案显示，苏联的考虑主要包括两点：其一，参加国际金融货币体系才能体现苏联的大国地位，国际性组织不能没有苏联；其二，实现苏联的经济利益，只有加入这些组织，才能得到世界银行的贷款。苏联高层在很长一段时间里认为，虽然加入该体系可能存在若干风险，但不加入损失更大。① 因此苏联在布雷顿森林会议问题上采取了与美国合作的态度。1944 年 4 月 20 日，苏联外交部长莫洛托夫在写给美国政府的信中指出："（虽然）我方大多数专家对方案仍存有疑虑。坦白说，苏联政府尚未完全理解该国际金融合作体系的运作机制。但不管怎样，如果美利坚合众国的政府认为来自苏联方面的任何表态可以有效地影响到外部世界的意见，那么苏联政府愿意与美方达成初步共识。"② 参加布雷顿森林会议的苏联代表团团长斯捷潘诺夫在会上也做出承诺，苏联将在国际金融体系中承担自己应负的责任。会议临近结束时，他收到了来自莫斯科的指示，宣布苏联放弃此前的反对意见，并同意将其在国际复兴开发银行中的认股配额从 9 亿美元提高至原定的 12 亿美元。1944 年 7 月 21 日布雷顿森林会议结束时，苏联代表在《国际货币基金协定》和《世界银行协定》上签了字。

三　冷战的爆发阻碍了经济全球化的发展势头

布雷顿森林体系的建立过程表明，二战期间美国的决策者没有预计到他们和苏联在经济事务上将会发生冲突。美苏两国在布雷顿森林会议上进行了妥协，实现了合作。苏联参加了布雷顿森林会议并签署了《国际货币基金协定》和《世界银行协定》，但苏联后来并未加入国际货币基金组织和世界银行。1946 年 3 月，苏联作为观察员出席了国际货币基金组织和世界银行的董事会。1946 年 9 月，国际货币基金组织在华盛顿召开理事会，邀请苏联参加，但苏联没有派人出席。波兰和捷克斯洛伐克是国际货币基金组织和世界银行的创始会员国。1950 年 3 月 15 日，波兰正式退出世界银行和国际货币基金组织。1954 年 1 月，捷克斯洛伐克退出世界银行和国际货币基金组织。苏东

---

① 沈志华、冯小桐：《美苏冷战起源的经济因素》，《当代中国与世界》2021 年第 1 期。
② 转引自〔美〕埃里克·罗威《货币大师：罗斯福和凯恩斯如何结束大萧条，打败法西斯，实现持久的和平?》，第 281~282 页。

国家退出布雷顿森林体系，与冷战的爆发有密切的关系。布雷顿森林体系的建立，本来有机会促使经济全球化取得长足发展，但冷战的爆发阻碍了这一进程。

（一）冷战的经济含义

冷战的经济含义在于社会主义和资本主义两大阵营的经济切割。冷战的爆发首先是由于美国对苏政策发生了变化。杜鲁门上台以后，立刻对苏联表示不满，并宣布停止租借。美国国内的政策建议也开始主张与苏联进行经济切割。凯南1945年夏天在提交给美国国会的备忘录中指出，无论从政治上还是从经济上来说，美国都没有在战后继续向苏联提供经济援助的理由。[①] 另外，美国对苏联政策和意图的误判也发挥了重要作用。美国误读了斯大林1946年2月9日在莫斯科选区选民大会上的演说，斯大林强调制度优越性和准备战争的论述使得美国对苏联非常警惕。斯大林发表演说13天后，即2月22日，凯南就发回了"八千字电报"，提出了对苏联进行全面"遏制"的政策建议。从1946年3月初开始，美国迅速形成一种对苏联特别不利的、敌对的政策。当时发生的伊朗危机和土耳其危机，似乎验证了凯南的判断。对于这两次危机和随后爆发的希腊危机，美国都误判了苏联的外交目标，夸大了苏联的扩张野心，对苏联战后的外交政策做出了错误的解读。

1947年3月12日，作为冷战宣言的"杜鲁门主义"出台。这一天杜鲁门总统在国会参众两院联席会议上宣读了一份咨文，指出极权政体削弱国际和平的基础，危害美国的安全，要求国会授权向希腊和土耳其提供4亿美元的援助。杜鲁门在解释这篇咨文时说，"这就是美国对共产主义暴君扩张浪潮的回答"，是"向全世界说明，美国在这个新的极权主义的挑战面前所持的立场"。[②] 自此冷战正式爆发。1947年4月29日，美国三军联合战略调查委员会就美国对外援助问题向联合参谋总部递交了一份报告，指出"决定美国向谁提供援助的主要原则是：苏联以及受它控制的一切国家应该排除在受援国范围

---

① 崔海智：《战后苏美经济合作尝试的失败——兼论经济冷战的起源》，《世界历史》2011年第1期。

② 〔美〕哈里·杜鲁门：《杜鲁门回忆录：考验和希望的年代（1946~1956）》（第2卷），李石译，生活·读书·新知三联书店，1974，第720页。

之外。据此原则……苏联控制下的任何国家都不应得到美国的援助”。[1]　当经济联系被切断后，冷战就真正地全面开始了。

（二）马歇尔计划是两大阵营经济切割的起点

为了遏制西欧和南欧国家共产党势力的发展和苏联影响的扩大，同时复兴这些欧洲国家的经济，美国于 1947 年 6 月推出了马歇尔计划，决定对欧洲国家进行经济援助。1947 年 6 月 5 日，美国国务卿马歇尔在哈佛大学发表演说，宣布了美国援助欧洲的方针。其主要强调了欧洲面临的经济困难，指出如果不能获得大量额外的援助，欧洲“就将面临性质非常严重的经济、社会与政治的恶化”，因此，美国、英国应尽其所能，帮助世界恢复正常的经济状态，从而“使自由制度赖以存在的政治和社会条件能够出现”。他宣布，任何愿意协助完成恢复工作的政府都将得到美国政府的“充分合作”。[2]　美国提出马歇尔计划的意图非常明确，即给予欧洲经济援助，扭转欧洲政治形势左倾化趋势，防止欧洲发生革命，切断其与苏联的关系。美国内部讨论不希望苏联参加马歇尔计划。但为了占领道德制高点，避免承担欧洲分裂的责任，美国起初并没有在马歇尔计划中排除苏联和东欧社会主义国家。在发表声明时表示欧洲国家都可以参加，还首先向苏联发出了邀请函。而苏联对于马歇尔计划也存在严重误判。苏联认为马歇尔计划是西方为缓解资本过剩造成的经济危机而提出的项目，所以莫洛托夫率领 100 多人的代表团去到巴黎，满心希望可以得到贷款。结果一谈判发现根本事与愿违。在巴黎谈判僵持不下时，斯大林又收到了克格勃提供的情报：英法会谈的窃听记录显示，马歇尔计划原本就没想贷款给苏联。于是莫斯科一封电报，苏联代表全部退出会议。不仅苏联拒绝参加马歇尔计划，而且下令东欧国家都不许参加。[3]　苏联拒绝参加马歇尔计划成了压倒骆驼的最后一根稻草，所有的谈判都终止，之前谈的经济合作都没有意义了。美国在实施马歇尔计划、加大对西欧和南欧国家经济援助的同时，也开始逐步加

---

①　刘同舜编《“冷战”、“遏制”和大西洋联盟——1945~1950 年美国战略决策资料选编》，复旦大学出版社，1993，第 74 页。

②　Arthur Meier, *The Dynamics of World Power: A Documentary History of United States Foreign Policy, 1945-1973*, Vol. 1, Chelsea House Publishers, 1973, pp. 53-54.

③　沈志华、冯小桐：《美苏冷战起源的经济因素》，《当代中国与世界》2021 年第 1 期。

强对苏联和东欧国家的贸易管制，对社会主义国家实行经济上的遏制。[1] 1947年12月17日，美国国家安全委员会再次重申："美国的安全需要立即、无限期地停止向苏联及其附庸国出口美国的短缺物资和有助于增强苏联军事潜力的物资。"[2] 自此，美国完全关闭了同苏联和东欧社会主义国家发展自由贸易的大门。1947年底，苏联提出了两个阵营的政治主张。

马歇尔计划是美苏合作的终点和对抗的起点，苏联也从此开始决定和美国主导的世界经济秩序切割。虽然苏联最后也没有发表声明说不参加国际货币基金组织、国际复兴开发银行和关税及贸易总协定，但到马歇尔计划出台时，美苏合作彻底终止。[3] 如果说在马歇尔计划之前，苏联领导人对于苏美合作还抱有一定希望的话，那么在此之后，苏联领导人则完全放弃了这种合作的希望，并且使苏联的对外政策发生了全面转变。[4] 为了对抗马歇尔计划，苏联在经济上推出了"莫洛托夫计划"，致力于加强同东欧社会主义国家的贸易关系，同东欧国家签订了一系列贸易和经济协定来加强彼此的经济联系，抵御来自美国和西方的经济压力。

1949年1月5~8日，苏联、保加利亚、匈牙利、波兰、罗马尼亚和捷克斯洛伐克六国代表在莫斯科举行经济会议。1月25日发表了有关成立经济互助委员会的公报。公报特别强调经互会的建立是社会主义国家"不能屈服于马歇尔计划的操纵"的结果，因为这一计划"破坏国家主权和它们国民经济的利益"，西方国家推行马歇尔计划实际上是"断绝与人民民主国家和苏联间的贸易关系"。在这种情况下，人民民主国家和苏联必须探讨加强和扩大彼此间的经济合作和贸易交流的问题。[5] 经互会旨在抗衡西方联盟，但在经济上的作用是有限的。[6] 经互会在斯大林时代其实并没有成形，因为当时苏联和东欧基本的制度没有统一，不可能建立全体系内部的分工交换。苏联和东欧的基本制

① 崔海智：《战后苏美经济合作尝试的失败——兼论经济冷战的起源》，《世界历史》2011年第1期。

② Council on Foreign Relations, *Documents on American Foreign Relations*, Vol. 5, 1945, pp. 412 - 511.

③ 沈志华、冯小桐：《美苏冷战起源的经济因素》，《当代中国与世界》2021年第1期。

④ 崔海智：《战后苏美经济合作尝试的失败——兼论经济冷战的起源》，《世界历史》2011年第1期。

⑤ 方连庆、刘金质、王炳元主编《战后国际关系史（1945~1995）》（上），北京大学出版社，1999，第102~103页。

⑥ 〔美〕杰弗里·弗里登：《20世纪全球资本主义的兴衰》，第251页。

度在 1952 年下半年开始统一的过程，经互会直到 20 世纪 60 年代才逐渐成形。①

1952 年斯大林正式提出了"两个平行市场"的理论，指出"中国和欧洲各个人民民主国家都脱离了资本主义经济体系，和苏联一起形成了统一和强大的社会主义阵营而与资本主义阵营相对应。两个阵营的存在所造成的经济结果就是统一、无所不包的世界市场瓦解了，因而现在就有了两个平行的也是互相对立的世界市场"。②"两个平行市场"的理论要点包括：①战后社会主义阵营的出现使资本主义的统一市场瓦解，出现了两个平行的也是相互对立、彼此隔绝的世界市场；②西方发达国家的经济封锁不仅不能窒杀社会主义的世界市场，反而巩固了这个新的市场；③社会主义市场的形成主要不在于西方的经济封锁，而是由于战后各社会主义国家在经济上结合起来，建立了合作和互助，特别是由于经济上强大的苏联的存在；④由于互相帮助和求得共同经济高涨的真诚愿望，这些国家不仅不需要从资本主义国家输入商品，而且自己还有大量剩余商品输往他国；⑤由于社会主义市场的存在和不断壮大，资本主义市场日渐弱小，从而西方强国的国内经济危机和资本主义体系的总危机逐步加深；⑥由于战争与日益狭窄的国际市场，资本主义各国间的矛盾会进一步激化，大战是不可避免的，而且完全有可能在资本主义阵营内部首先爆发。③

综上所述，战后初期美苏本来有共同推动经济全球化发展的契机，但因冷战的爆发而错失。苏联退出布雷顿森林体系，拒绝马歇尔计划，成立经互会，致力于建立两个平行的市场，意味着苏东国家在冷战爆发后退出了代表着经济全球化的世界经济体系，统一的世界市场因为冷战被人为地分成了社会主义市场和资本主义市场，经济全球化进程受到阻碍。

四　冷战进程对经济全球化的影响

长达 40 多年的东西方冷战经历了高潮、缓和、新冷战、新缓和、冷战结束的不同发展阶段。冷战的不同时期对经济全球化的影响不同。历史事实证明，冷战时期东西方政治关系的好坏决定了经济关系的发展程度。在东西方政

---

①　沈志华、张昕：《美苏冷战起源的经济因素——沈志华教授访谈》，《俄罗斯研究》2021 年第 1 期。

②　斯大林：《苏联社会主义经济问题》，载《斯大林选集》（下卷），人民出版社，1979，第 561 页。

③　参见斯大林《苏联社会主义经济问题》，转引自张祥云《重评斯大林"两个平行市场"理论》，《理论学刊》1993 年第 3 期，第 48 页。

治关系紧张的时期，双方的经济联系较少，贸易额较低；在东西方政治关系缓和的时期，双方的经济关系就有较好的发展，东西方贸易及其他经济合作就会有较大幅度的提升。这就意味着在东西方政治关系比较紧张的时期，经济全球化的发展受到严重阻碍；而在东西方政治关系比较缓和的时期，经济全球化获得了较好的发展。

"东西方贸易"通常指苏联、东欧国家与西方主要资本主义国家之间的经济贸易关系。战后初期，由于东西方冷战和西方推行禁运政策，人为地阻止东西方之间的交往，东西方贸易很少。1950 年，在美国的操纵下西方国家成立了"巴黎统筹委员会"，其宗旨就是对苏联和东欧国家实行封锁、禁运。当时被列入禁运清单的商品共分三大类，即武器、核技术和弹性技术（指介于军用和民用之间的技术）。这三大类商品包括了国际市场上流通的全部商品的一半左右。20 世纪 50 年代中期以后，随着西欧国家经济的迅速恢复和发展，市场问题日趋尖锐化，争夺苏联、东欧市场成为这些西欧国家争夺世界市场的重要组成部分。在西欧国家的强烈要求下，"巴黎统筹委员会"禁运清单商品项目逐年减少，到了 60 年代初只剩下最初的商品项目的1/10。在这个时期，东西方经济贸易关系虽有发展，但规模并不大，速度也较缓慢。①

东西方经贸关系发生转变始于美苏关系解冻时期。20 世纪 50 年代中期到 60 年代上半期，赫鲁晓夫发展了同西方的经济贸易。东欧随之也开启了同西方的经贸往来。60 年代中期以后，苏联、东欧国家开始进行经济改革，改变了过去奉行的"两个平行市场"理论，强调"充分利用国际分工的必要性"，明确提出要参加世界范围内的国际劳动分工。"社会主义各国经济日益一体化，并且越来越置身于主要市场经济国家占支配地位的全球金融结构之中。"②由此经济全球化得到了一定程度的发展。

20 世纪 60 年代末 70 年代初，冷战进入了新阶段，美苏关系实现了缓和。在美苏关系缓和的带动下，整个东西方关系也进入缓和时期。这为东西方提供了相对和平与稳定的国际环境，也为东西方的经济合作创造了良好的环境，使东西方经济关系进入了一个迅速发展的阶段。在 70 年代的十年

---

① 杜厚文：《东西方经济贸易关系的发展及其前景》，《世界经济》1985 年第 4 期。
② 〔英〕苏珊·斯特兰奇：《国际政治经济学导论——国家与市场》，第 107 页。

"缓和全盛"时期，东西方贸易有了较大发展。经互会同西方二十四国集团的贸易额在1961年仅43亿美元，到1970年达到137亿美元，在1979年更上升到731亿美元。[①] 据经互会年鉴统计，1970年东西方进出口贸易总额为130.34亿卢布[②]，1980年上升到670.33亿卢布，增长了4.1倍，年平均增长速度达17.5%。其中苏联增长了5.7倍，快于东欧国家。苏联、东欧同西方的贸易额在它们的外贸总额中占1/3左右。经过这一时期的发展，东西方建立了一个稳定的贸易结构。苏联、东欧主要向西方提供原料、石油、煤、天然气和某些轻工产品。西方主要供给苏联、东欧机器设备、粮食和扩大贸易所需要的贷款。[③] 1970~1981年，苏联对西方国家的贸易总额由47.8亿卢布增加到358亿卢布，增长了6倍多。1979年是经互会国家与西方资本主义国家贸易增长最快的一年。该年经互会7国（苏联、保加利亚、捷克斯洛伐克、民主德国、波兰、罗马尼亚、匈牙利）对西方国家的出口增长了34.2%（其中苏联增长了45.6%）、进口增长了14.3%（其中苏联增长了18.7%）。在东西方贸易关系中，苏联与西方发达国家之间的贸易关系发展尤为迅速。1950年苏联与西方发达国家的贸易额仅4.4亿卢布，1970年增加到46.94亿卢布，1980年增加到320.2亿卢布。[④]

20世纪70年代东西方经济关系之所以能迅速发展，原因之一是找到了补偿贸易、生产合作和联合企业这样一些有利于双方的合作形式，尤其是补偿贸易，既解决了苏联、东欧缺乏资金和技术的困难，也使西方资本得到了投资场所和产品报偿，从而直接推动了东西方贸易的发展。70年代，经互会各国同西方国家签订了400多项补偿贸易协议，这种合作方式为苏联、东欧建成重要的工业部门和许多大型项目起到了积极作用。生产合作，则是由西方企业直接与苏联、东欧共同设计新工艺流程，制造先进设备，或分工制造设备的零部件，装配到苏联、东欧的企业中。70年代东西方之间的这种合作达2000多项，为苏联、东欧企业的技术改造提供了便利条件，节省了研制设备的时间和费用。联合企业，是一种东西方合资兴办的商业服务机构，这些企业设在西

---

① 张小明：《冷战及其遗产》，上海人民出版社，1998，第160页。

② 这里指的是贸易卢布，与美元的汇率1970年为1：1.11，1975年为1：1.39，1978年为1：1.47，1979~1980年为1：1.53，1981年为1：1.39。

③ 顾关福、可永真：《谈谈东西方经济关系》，《世界知识》1984年第8期。

④ 杜厚文：《东西方经济贸易关系的发展及其前景》，《世界经济》1985年第4期。

方，其任务是推销苏联、东欧的产品，同时也在当地购买西方限制出口的产品，这便成为苏联获取西方先进技术的一种途径。① 无论是补偿贸易、生产合作还是联合企业，都符合经济全球化的基本特点，即资本、技术、信息、劳动力等生产要素在全球范围内进行劳动分工、合理配置。因此，缓和时期的东西方经济合作强有力地促进了东西方两个市场的联系及交融，加强了东西方在经济上的相互依存，促进了世界经济总量的发展，一定程度上实现了更加合理的资源配置和更加有效的国际分工。从经济全球化的角度看，"两个平行市场"的建立是全球化的一次断裂和挫折，东西方市场的交流则为新一轮更加强劲的全球化浪潮打下了良好的基础。②

随着里根上台、新冷战爆发，东西方经济关系再度受到负面影响。1981年底，美国因波兰局势的变化开始对苏联实行经济制裁，后来又扩大了对苏联的出口制裁。1980年东西方贸易额为913亿美元，1983年降为793亿美元。③新冷战时期，由于美国的欧洲盟国与美国的新冷战政策刻意保持了距离，美苏新冷战对整体东西方经济关系的影响相对较小。70年代末80年代初，14个西欧国家同苏联签订了一系列长期经济和科技合作协定。1980年美苏贸易总额仅19.5亿美元，而欧洲共同体与苏联贸易额则达257亿美元。④

里根第二任期，适逢苏联戈尔巴乔夫上台，美苏关系进入新缓和时期，并推动整体东西方关系趋向缓和。1987年，尽管经互会和欧共体还没有建立正式外交关系，但这两个经济集团间的贸易额已达400亿卢布。在经互会国家与资本主义国家的对外贸易总额中，欧共体国家占60%（80年代中期对美国的这一比重为7.8%）。欧共体各国的比重也不一样，在经互会国家对资本主义国家的商品贸易总额中，联邦德国占25%，意大利占10.5%，法国占8.4%，英国占5.1%。⑤

进入20世纪80年代中期，经济国际化、生产协作国际化和资本国际化的

---

① 顾关福、叮永真：《谈谈东西方经济关系》，《世界知识》1984年第8期。

② 孙相东：《论20世纪70年代东西方缓和的实质及其历史影响》，《湖北行政学院学报》2002年第2期。

③ 哈拉尔德·齐特里希、秦进：《社会主义大家庭和80年代的东西方关系问题》，《国际经济评论》1989年第12期。

④ 吴永强：《美国对苏经济战的新回合》，《世界知识》1982年第14期。

⑤ 哈拉尔德·齐特里希、秦进：《社会主义大家庭和80年代的东西方关系问题》，《国际经济评论》1989年第12期。

趋势日益明显，已完全不同于战后初期斯大林提出"两个平行市场"理论时的客观条件。① 80年代中期以来，随着戈尔巴乔夫推行"新思维"，东西方经济关系再度进入快速发展阶段。一个重要的标志是欧共体与经互会的经济关系有了重要进展。戈尔巴乔夫极力主张同欧共体建立正式关系，经过一段时间谈判，这两个区域性经济集团终于在1988年6月25日签署了建交协议。建交之后，双方贸易快速增长。欧共体向苏东国家的出口额，1988年为1975年的2.86倍，同期前者从后者的进口额是1.69倍。② 匈牙利和捷克斯洛伐克等经互会成员国均竞相和欧共体签订了双边贸易协定。

苏军撤出阿富汗后，西欧国家要求"巴黎统筹委员会"减少对苏联出口高技术的限制，取得一些进展。1989年东欧剧变过程中，西方国家更加积极地发展与东欧国家的经济关系并加大了对东欧国家的援助力度，提出要为东欧国家提供"类似马歇尔计划的经济援助"。美国对苏联的政治变革也大力支持，表示愿意给予苏联最惠国待遇并鼓励美国实业家去苏联投资。1988年苏联表示愿意加入国际货币基金组织和世界银行。美国老布什政府明确表示欢迎苏联加入国际一体化进程，同意苏联以观察员身份参加关税及贸易总协定。在此之前，波兰经过6年的努力，于1986年6月被正式接纳为国际货币基金组织和世界银行的成员国。其他一些东欧社会主义国家已于更早时候加入了国际货币基金组织和世界银行，如罗马尼亚和匈牙利分别于1972年和1982年正式加入。在80年代中期以后的新缓和时期，东西方经济关系实现了更深的融合，苏东国家开始重新融入世界经济机制。

五 经济全球化在冷战时期的曲折发展

习近平主席指出，"历史地看，经济全球化是社会生产力发展的客观要求和科技进步的必然结果，不是哪些人、哪些国家人为造出来的"。③ 经济全球化是历史的客观规律使然。当生产力发展到这样的程度——人们有能力在全球

---

① 王阿东、吴剑：《八十年代以来东欧同西方的政治经济关系》，《俄罗斯研究》1987年第1期。

② 朱之奕：《东西方经济关系的新变化》，《国际展望》1990年第8期。

③ 习近平：《共担时代责任，共促全球发展——在世界经济论坛2017年年会开幕式上的主旨演讲》，《人民日报》2017年1月18日，第3版。

范围内进行商品生产和交换、寻求生产要素的优化配置、逐步拓展市场时，经济全球化便不可遏制地出现了。而且，随着科技的进步、人们在全世界优化资源配置能力的增强，经济全球化也不断发展。① 经济全球化是历史发展的大趋势，符合经济发展规律。尽管其发展势头一定程度上受到了冷战的阻碍，但在冷战时期还是有明显的发展。

（一）冷战爆发虽然在一定程度上阻碍了经济全球化的发展势头，但也孕育着促进经济全球化发展的因素

冷战爆发后，以苏联为首的社会主义阵营与以美国为首的资本主义阵营进行了经济切割，使得二战后期开始建立的以布雷顿森林体系为主的国际经济机制主要被美国所主导。美国资助了布雷顿森林体系中的两个机构——国际货币基金组织和世界银行，在这两个机构中均起主导作用。② 为了与社会主义阵营抗衡，美国需要整合和协调资本主义阵营的经济力量，这在客观上促进了世界市场的一体化和经济全球化的发展。"20 世纪下半叶的大部分时间里，冷战及其联盟结构提供了世界经济在其中运作的框架。"③ 在美国的主导下，战后建立的一系列国际经济机制与组织，如关税及贸易总协定、国际货币基金组织、世界银行等保障了世界经济的正常运行。通过这些国际经济机制和组织的有效运作，资本主义世界的市场不仅没有重蹈 20 世纪 30 年代大萧条的覆辙，而且呈现出有序、繁荣和稳定的景象。"关贸总协定不仅仅大幅度削减关税，促进了贸易自由，而且它后来还涉足其他领域，特别是削减服务贸易的关税。"④ 在美国的领导下，28 个国家在 1948 年签订了关贸总协定，随着时间的推移，加入该协定的国家不断增加，直至超过 100 个。⑤

冷战爆发后，东西方经济关系的发展受到政治关系的限制，在形式上形成了两个平行的市场。但这两个平行的世界市场并不是完全互相封闭的，而是在以原子能、电子计算机、航天、微电子、生物工程等技术突破为标志的第三次

---

① 陈江生：《经济全球化的历史进程及中国机遇》，《人民论坛》2021 年第 13 期。
② 〔美〕杰弗里·弗里登：《20 世纪全球资本主义的兴衰》，第 247 页。
③ 〔美〕罗伯特·吉尔平：《全球政治经济学：解读国际经济秩序》，杨宇光、杨炯译，上海人民出版社，2003，第 3 页。
④ 〔英〕戴维·赫尔德等：《全球大变革：全球化时代的政治、经济与文化》，杨雪冬等译，社会科学文献出版社，2001，第 231 页。
⑤ 叶江：《大变局——全球化、冷战与当代国际政治经济关系》，第 63 页。

科技革命的推动下，既进行着激烈的相互竞争也进行着一定程度的合作。在内部，它们在各自体系内加深合作，推进各种形式的一体化发展；在外部，资本在全球范围内进行新一轮的扩张，推动经济全球化走向体系化和制度化。[①] 特别是在缓和时期，东西方经济关系迅猛发展，两个平行市场互动频繁，不断向融合的方向发展。

（二）冷战时期的两极格局为经济全球化的发展创造了条件

冷战时期的一个基本特征是以美苏两个超级大国为首的两大政治、军事集团展开了激烈的对抗与斗争，形成了两极格局。两极格局的态势以及核武器的巨大毁灭性使得美苏两国都小心翼翼地避免发生直接冲突，冷战时期由此成为"冷和平"时期。冷战的40多年中虽然有局部冲突发生，但没有发生世界大战。相对和平的国际环境有利于国际经济交往。正是在战后持久的"冷和平"大背景下，世界经济的跨国性发展才得以顺利而平稳地进行，经济全球化才得以发展。

此外，冷战所形成的两极格局也促使相互对抗的东西方两大政治、军事集团都高度重视加强各自内部的协调从而一致对外，而两大集团内部的高度协调却在分割世界的同时又对世界市场的一体化产生了影响。特别是以美国为首的西方世界的内部协调保持了西方集团的团结与稳定，避免了西方集团的分裂，促进了资本主义市场的一体化发展。

（三）冷战时期美苏争夺第三世界客观上促进了世界经济一体化的发展

冷战时期，第三世界国家是美苏争夺的对象，特别是具有重要战略价值的国家更成为美苏争夺的焦点。出于冷战的需要，美国希望把第三世界国家纳入资本主义体系，因而为很多第三世界国家提供经济和军事援助。"冷战使提供援助成为大多数捐赠国的对外政策工具。"[②] 战后摆脱了殖民统治的新独立国家都面临发展道路的选择问题。一部分新独立国家向苏联靠拢，最终选择了社会主义发展道路。那些接受美国援助、向美国靠拢的新独立国家最终选择了资本主义发展道路，成为资本主义体系的组成部分。从这个意义上讲，冷战也使

---

① 陈江生：《经济全球化的历史进程及中国机遇》，《人民论坛》2021年第13期。
② 〔澳〕A. G. 肯伍德、A. L. 洛赫德：《国际经济的成长：1820~1990》，王春法译，经济科学出版社，1997，第307页。

得资本主义体系得到了扩大和加强。第三世界国家的加入，使得冷战时期由美国主导的国际经济体系得到了进一步扩展，客观上促进了世界经济一体化的发展。正如英国学者伊恩·克拉克所指出的，"冷战的最终作用是一体化而不是非一体化。虽然它造成东西方深刻的分裂，但是这种分裂却为西方内部的一体化整合服务，同时促进第三世界融入第一世界，并且可能潜在地为冷战后形成单一的全球体系做出了贡献"。①

（四）冷战期间跨国公司对推动经济全球化的发展发挥了重要作用

冷战期间，为了遏制苏东集团，美国采用了多种经济手段。跨国公司由于在经济领域具有重要作用，被美国政府视为外交工具。"政治领袖还把跨国公司看作全球经济发展的工具和传播美国自由企业制度思想的途径。从马歇尔计划开始，许多人认识到跨国公司是加强外国经济从而遏制共产主义的一个方法，通过输出美国技术、资本和管理专门知识，跨国公司展示了一种替代共产主义或社会主义经济发展模式的道路。"② 因为在冷战中跨国公司的全球经营行为对资本主义"自由世界"的扩张十分有利，所以在与苏联东欧集团的剧烈争斗过程中，以美国为首的西方集团各国政府在相当程度上放任跨国公司在全球扩展业务，并且尽可能在政治上保护跨国公司在海外的经营。③跨国公司是逐利的，西方的跨国公司一直觊觎苏东国家的市场。在东西方缓和时期，西方的跨国公司在苏联、东欧社会主义国家获得了大发展的机会。

跨国公司的全球性经营行为把国际生产和国际贸易紧密地结合在一起，实现了资本、技术、信息、劳动力等生产要素在世界范围内的自由流动。在跨国公司的参与下，两大阵营的藩篱被突破，国际分工不断深化、细化和优化，在全球范围内进行合理的资源配置，将各国的生产紧密联系在一起，实现了生产的国际化，促进了世界市场的一体化。随着世界市场一体化的深入发展，全球的资本、技术、信息和劳动力等生产要素实现了跨国界的自由流动，推动了经济全球化的发展。

---

① Ian Clark, *Globalization and Fragmentation—International Relations in the Twentieth Century*, Oxford University Press, 1997, p. 122.

② 〔美〕罗伯特·吉尔平：《国际关系政治经济学》，杨宇光等译，上海人民出版社，2020，第273~274页。

③ 叶江：《大变局——全球化、冷战与当代国际政治经济关系》，第64页。

结　语

综上所述，二战结束前后经济全球化的发展主要表现为布雷顿森林体系的建立。布雷顿森林体系对经济全球化的发展发挥了重要作用。战后初期美苏本来有共同推动经济全球化发展的契机，但因冷战的爆发而错失。冷战的经济含义在于社会主义和资本主义两大阵营的经济切割，马歇尔计划是两大阵营经济切割的起点。冷战的不同阶段对经济全球化的影响是不同的。历史事实证明，冷战时期东西方政治关系的好坏决定了经济关系的发展程度。在东西方政治关系比较紧张的时期，经济全球化的发展受到严重阻碍；而在东西方政治关系比较缓和的时期，经济全球化获得了较好的发展。冷战爆发虽然在一定程度上阻碍了经济全球化的发展势头，但也孕育着促进经济全球化发展的因素。冷战时期的两极格局、美苏争夺第三世界、跨国公司等都在客观上促进了全球化的发展。

第十二章 冷战的结束与全球化的进展[*]

董昭华

内容提要 20 世纪 90 年代以来，全球化经历了两个大的阶段。第一阶段大致从 20 世纪 90 年代至 2008 年。在这段时间内，随着技术的变革和冷战的终结，世界经济的地理屏障和政治藩篱被迅速打破。无论在生产、贸易还是金融领域，世界市场都发生了深刻的变革。第二阶段为 2008 年全球金融危机爆发后，在这个时期，全球化的步伐明显放缓。随着经济全球化进一步改变了国家间的力量对比，并造成了一些国家国内贫富差距加大，旨在限制经济要素跨国流动的"逆全球化"思潮也随之兴起。历史经验表明，全球化的存续取决于参与全球化进程的各国的自主选择，而全球化的有效运转有赖于国际和各国国内政治的有效治理。

20 世纪 90 年代以来，世界市场向全球扩展的历史趋势，以及技术领域和意识形态领域的变革，共同推动了第二次全球化浪潮的出现。无论在生产、贸易还是金融领域，世界市场都发生了深刻的变革。

一 经济全球化与世界市场的变革

尽管就某些方面而言，当前的经济全球化呈现出不同于以往的独特趋势，

---

[*] 本文的部分内容最早发表于王正毅主编《国际政治经济学》，高等教育出版社，2021。本文在其基础上进行了修订和扩展。

但全球化这一现象本身却并非世界经济史上的新鲜事物。从国际贸易、国际金融、跨国投资以及劳动力的自由流动等诸多维度来看，1896~1914 年的近二十年都堪称全球化的第一次顶峰时期。在此期间，各国政府积极推动本国经济融入世界市场。随着国际贸易的增长，各国间因推行贸易保护政策而引发的争端逐渐减少，国际贷款和跨国投资逐渐恢复，对世界金融和市场的抵制和敌意也基本消失。国际经济在高度一体化的水平下以史无前例的速度持续增长，缔造了近代世界经济史上的第一个黄金周期。

自 20 世纪 90 年代以来，随着交通、通信领域的技术革新和冷战的终结，世界经济的地理屏障和政治藩篱被迅速打破。无论在生产、贸易领域还是在金融领域，世界市场都发生了深刻的变革。托马斯·弗里德曼和理查德·鲍德温等学者对这一阶段全球化的特征和动力进行了分析，① 萨勃拉曼尼亚和凯斯勒等学者则明确将 20 世纪 90 年代至 2008 年的这一阶段称为"超级全球化"。② 然而，自 2008 年全球金融危机爆发后，全球生产、贸易和资本流动增速趋缓，一些国家在逆全球化思潮的推动下，开始实施旨在限制经济要素跨国流动的保护主义政策。一些学者由此认为，全球经济自 2008 年以后开启了"慢全球化"时代。③

尽管如此，与 20 世纪初的全球化相比，此次全球化进程仍然取得了突出的进展。首先，与第一次全球化相比，此次全球化的地理范围大大拓展了。第一次全球化是以英国和其他西欧国家为核心推进的。尽管美国、澳大利亚、日本、巴西、阿根廷等少数其他国家也加入其中，分享了经济开放的成果，但仍有广大地区未能加入这一进程。而此次全球化席卷了世界各个角落，从地理范围上较第一次全球化大大扩展了。其次，通过跨国直接投资，贸易的全球化和生产的全球化相互促进。交通和通信领域的技术革新促进了国内生产的专业化

① Thomas L. Friedman, *The World is Flat*: *A Brief History of the Twenty-First Century*, Farrar, Straus and Giroux, 2006; Richard E. Baldwin, *The Great Convergence*: *Information Technology and the New Globalization*, Cambridge, Belknap Press of Harvard University Press, 2016.

② Arvind Subramanian and Martin Kessler, "The Hyperglobalization of Trade and Its Future," in Franklin Allen et al., eds, *Towards a Better Global Economy*: *Policy Implications for Citizens Worldwide in the Twenty-First Century*, Oxford University Press, USA, 2014.

③ "Slowbalisation: The Steam has Gone out of Globalisation," Jan. 24, 2019, The Economist, https://www.economist.com/leaders/2019/01/24/the-steam-has-gone-out-of-globalisation, 访问日期：2022 年 7 月 28 日。

和国际生产过程的地理分散，进而促进了世界贸易产品的产地和市场日益全球化。

（一）生产全球化

根据联合国贸发会议对过去 30 年间外国直接投资和跨国公司活动的监测，全球生产自 20 世纪 90 年代以来经历了约 20 年的快速增长，随后进入了十年的停滞期。20 世纪 90 年代至 21 世纪第一个十年，跨国公司和外国直接投资发展迅速，全球外国直接投资存量增长了 10 倍。[①]跨国公司通过跨国直接投资协调了全球价值链中 80% 的产品和服务贸易，[②] 实现了国内生产的专业化和国际生产过程的地理分散。产业各部门间的分工发展为各个产业部门内部的分工，产业内贸易逐渐取代产业间贸易，真正实现了全球化生产。

全球金融危机之后，特别是 2010 年之后，国际生产出现波动下行趋势，其主要原因是前 20 年中驱动国际生产增长的因素，转而开始起到阻碍作用。在政策因素方面，前 20 年中促进对外直接投资的贸易和投资自由化政策以及出口导向产业政策，转向了保护主义的回潮，并夹杂着政策不确定性；在经济因素方面，过去吸引对外直接投资的各国间要素成本差异与投资带来的贸易成本下降这两个有利因素，转变为外国直接投资的回报率逐步下降的不利因素；在技术因素方面，技术进步曾经扮演了有利于生产流程细分和协调复杂跨界供应链的积极角色，而当今供应链数字化和轻资产科技跨国公司的数量大大增加，使得跨国公司的海外业务变得越来越无形，从而减少了有形资产投资。[③]

就跨国公司对于经济增长的贡献度而言，通过跨国直接投资参与全球生产体系对发展中国家的经济发展能够产生显著推动。首先，参与全球生产体系与人均 GDP 增长呈正相关关系。数据表明，那些直接外资存在的规模相对于其经济体规模较大的国家而言，对全球生产体系的参与程度往往较高，也往往会通过贸易创造较多的国内增加值。特别是对于发展中国家而言，参与全球生产

① UNCTAD, "World Investment Report 2020," https：//unctad. org/system/files/official – document/wir2020_ en. pdf, p. 123, 访问日期：2022 年 7 月 28 日。

② UNCTAD, "World Investment Report 2018," https：//unctad. org/system/files/official – document/wir2018_ en. pdf, p. 132, 访问日期：2022 年 7 月 28 日。

③ UNCTAD, "World Investment Report 2020," https：//unctad. org/system/files/official – document/wir2020_ en. pdf, p. 126, 访问日期：2022 年 7 月 28 日。

体系对于 GDP 增长的贡献率更大。① 其次，通过引入对外直接投资，发展中国家不仅能够获得发展所需的资金，也能够获得先进的研发技能和组织管理经验，从而为长期产业升级创造条件。

然而我们也需看到，通过跨国直接投资参与全球生产体系也有其风险和弊端。首先，通过跨国直接投资加入全球生产体系并不必然带来国家生产能力的增强。一些国家可能会一直从事增加值较低的经济活动，因此对 GDP 增长和技术进步的贡献较为有限。其次，通过跨国直接投资加入全球生产体系也可能对东道国的自然环境、劳资关系等产生不利影响。再次，通过跨国直接投资加入全球生产体系会使一国经济受到外部冲击的风险上升。最后，国际投资体系仍存在着显著的不对称性，发展中国家在参与跨国投资和跨国生产体系时，在国际协定的制定与谈判上仍处于劣势。截至 2021 年底，已知的投资者—东道国争端（ISDS）解决案件数达到了 1190 个，其中针对发展中经济体和转型经济体的共有 729 个，约占总数的 61.3%。争端申请中的 988 个由来自发达国家的投资者发起，占总数的 83%。其中欧盟国家的投资者发起争端申请 542 个，占 45.5%，美国的投资者发起 204 个，占 17.1%。② 随着与跨国投资相关的争端诉讼日益增加，发展中国家与发达国家在应用国际协定维护本国权益上的不对称性日益突出，这对国际投资协定的未来发展和发展中国家政府的治理能力都提出了更高的要求。

（二）贸易全球化

贸易全球化的突出表现是世界贸易增长率高于世界生产增长率，国际贸易对世界经济具有显著的拉动作用。自 20 世纪 50 年代以来，世界贸易增长率持续高于世界 GDP 的年均增长率；进入 20 世纪 90 年代以后，这一趋势进一步增强。为了应对全球贸易迅猛发展的新趋势，1990 年 4 月，加拿大贸易部长约翰·克洛斯贝提议组建世界贸易组织（WTO）取代成立于 1947 年的关贸总协定，负责管理世界经济和贸易秩序。1994 年 4 月 15 日，在摩洛哥的马拉喀

---

① 对于发展中国家，增值贸易对各国 GDP 的平均贡献率约为 30%，而对于发达国家约为 18%。参见联合国贸易和发展组织《世界投资报告 2013·全球价值链：促进发展的投资与贸易》，经济管理出版社，2013，第 11 页。

② UNCTAD，"Investment Dispute Settlement Navigator," https://investmentpolicy.unctad.org/investment-dispute-settlement，访问日期：2022 年 7 月 28 日。

什市举行的关贸总协定乌拉圭回合部长会议决定成立更具全球性的世界贸易组织。1995 年 1 月 1 日，世界贸易组织正式成立。世界贸易组织这一制度性的国际组织取代作为"临时协定"的关贸总协定，标志着全球贸易治理进入新阶段。此后，2001 年 12 月 11 日，中国正式成为世界贸易组织第 143 个成员，并于 2013 年取代美国成为全球最大贸易国，对全球市场的开放做出了巨大贡献。随着交通和通信领域的技术革新、跨国生产与全球贸易的相互促进以及各国之间贸易壁垒的降低，这一阶段的贸易全球化表现出以下突出特点：第一，跨国服务贸易迅猛发展，占国际贸易的总比重上升；第二，由于国内生产的专业化和国际生产过程的地理分散，产业内贸易逐渐取代产业间贸易成为国际贸易中新的贸易形态；第三，互联网和电子支付结算手段的迅猛发展极大地促进了电子商务的增长。

2008 年全球金融危机爆发以后，除了个别年份以外，全球贸易的增长速度整体上低于全球生产的增长速度。自 2016 年以来，以英国举行"脱欧"公投和特朗普赢得美国大选等事件为标志，之前体制外偶发的"反全球化"抗议逐渐演变为各国政府内部执政理念和具体政策中的"逆全球化"思潮。新冠肺炎疫情的全球蔓延则进一步冲击了各国民众对于全球化和全球贸易的热情。根据益普索（Ipsos）对 25 个国家开展的抽样调查，2021 年，全球平均有 48% 的人认为全球化对其所在国家有益，相比疫情前 2019 年所做的调查，所有国家对于全球化的积极态度都有所下降（尤其是拉丁美洲国家），平均下降了约 10 个百分点。此外，尽管大多数国家的受访者都认为扩大贸易是一件好事（全球平均值为 75%），然而在大多数国家，认为应该有更多的贸易壁垒来限制外国商品和服务进口的人比反对者更多，平均而言，持赞成态度的受访者在各国中平均占到 37%，而反对者只占 27%，另外 36% 的受访者持中立态度或放弃表达自己的观点。[①]

（三）金融全球化

20 世纪 90 年代以来，国际金融资本在交易数量、流通速度和产品形式上

---

① "Ipsos: World Opinion on Globalization and International Trade in 2021," https://www.ipsos.com/sites/default/files/ct/news/documents/2021 – 08/World% 20opinion% 20on% 20Globalization% 20and%20International%20Trade% 20in%202021% 20–% 20Report. pdf，访问日期：2022 年 7 月 28 日。

都取得了极大的进展。以全球外汇流通水平为例，国际清算银行三年一度的全球外汇交易调查显示，1992 年全球外汇交易市场日均交易额约为 0.8 万亿美元，至 20 世纪末，该数据已达到 1.5 万亿美元，2007 年增至 3.3 万亿美元，2019 年则进一步增长至 6.6 万亿美元。[①]

推动金融全球化的主要动因是信息技术的发展、20 世纪 70 年代后期以来国际金融市场中金融工具创新的浪潮以及 20 世纪 80 年代以来欧美的金融自由化改革。第一，电子计算机和互联网的日益普及与通信成本的显著下降使得货币的全球流动更加迅速和便捷，实现了全球金融信息系统、交易系统、支付系统和清算系统的网络化。全球外汇市场和黄金市场已经实现了24 小时不间断运行，远隔重洋的外汇交易在数秒钟之内就可以完成。第二，20 世纪 70 年代后期以来，国际金融市场金融工具的创新进一步推动了金融市场的创新，促进了金融机构和金融市场的全球化。1997 年末，世界贸易组织成员正式通过了《全球金融服务协议》，把允许其他世贸组织成员在其境内建立金融服务公司并将按竞争原则运行作为加入该组织的重要条件，此举进一步为金融市场的全球化进程扫清了民族国家的关境障碍。第三，20世纪 80 年代，美国总统里根和英国首相撒切尔夫人先后进行了金融政策自由化改革，开世界风气之先，极大地促进了世界金融一体化进程。其主要内容是在国家层面取消不同金融机构之间的行业界限以及业务繁规，同时在国际层面打破资本流动和外汇交易的各种桎梏。[②] 2008 年以来，尽管出现了多次全球或区域性的金融危机，如 2008 年的全球金融危机、2009 年迪拜主权债务危机、2010 年欧洲主权债务危机、2014 年俄罗斯卢布贬值危机等，但金融全球化的基本趋势并未停滞。

二 经济全球化及其分配性效应

尽管全球化浪潮推动了全球经济史无前例的迅速增长，但也无可否认地造成了世界性贫富分化。

---

① BIS, "Triennial Central Bank Survey: Global Foreign Exchange Market Turnover in 2019," https://www.bis.org/statistics/rpfx19.htm? m=2677，访问日期：2022 年 7 月 28 日。

② 参见〔法〕雅克·阿达《经济全球化》，何竟等译，中央编译出版社，2000，第 116 页。

（一）国家间发展不平衡

尽管全球化促进了生产要素在全球范围内的最优配置，实现了全球财富的最大增长，但仍有为数众多的发展中国家未能分享到全球化进程所带来的好处。全球化尚未触及的地区持续贫困，且与富裕国家的贫富差距进一步加大。

从全球金融资本的流向来看，地区分布的不均衡态势非常显著。首先，从地区来看，尽管全球 FDI 流量不断增加，但仍集中于少数地区。以 2021 年为例，欧盟和北美地区在全球 FDI 流量中的占比达到 40.8%，亚洲地区占到 39.1%，拉丁美洲及加勒比海地区达到 8.5%，而整个非洲只占全球 FDI 流量的 5.3%。其次，从国别来看，流入发展中国家的跨国直接投资集中于少数国家。[①] 这意味着仍有范围广大的贫困地区并未完全加入全球化进程，还有数量众多的发展中国家没有充分地分享全球化带来的增长机会。

从全球收入的分布来看，全球化加剧了世界贫富差距。一方面，那些全球化尚未触及的地区（如撒哈拉以南非洲）仍是世界最贫困的地区，并且与富裕国家的贫富差距进一步加大。以 2021 年为例，按购买力平价（PPP）计算，全世界最底层的 50% 人口一共占有全球收入的 8%、全球财富的 2%；全球顶层的 10% 人口一共占有全球收入的 52% 和全球私人财富的 76%。[②] 这些经验研究表明，全球化在释放市场力量、创造巨大财富的同时，也在事实上造成了更加贫穷和不平等的世界。

另一方面，高度一体化的全球金融市场极大地促进了跨国资本流动，使得世界财富急剧增加，但也使得发源于世界一隅的金融危机被迅速放大，成为蔓延全球的金融危机。20 世纪 90 年代初的北欧银行业危机、1997~1998 年的亚洲金融危机和 2008 年的全球金融危机表明，全球化时代的金融危机不仅较以往更为频发，而且影响的广度和深度都大大增加。在全球化时代，尽管金融危机会产生世界性影响，但发展中国家在全球金融危机中受损更大。首先，由于经济结构单一和政策空间有限，许多发展中国家虽然与早期金融冲击关系较小，但是因为受到出口产品的外部需求下降、外国投资减少等二次传播的影

---

① UNTAD, "World Investment Report 2022," pp. 7, 210-213, https://unctad.org/system/files/official-document/wir2022_en.pdf, 访问日期：2022 年 7 月 28 日。

② World Inequality Lab, "World Inequality Report," p. 10, https://wir2022.wid.world/www-site/uploads/2022/03/0098-21_WIL_RIM_RAPPORT_A4.pdf, 访问日期：2022 年 7 月 28 日。

响，从危机中恢复所需的时间更长，危机后调整的成本也较高。以 2008 年全球金融危机为例，全球失业人数在 2007～2009 年间增加了近 3000 万。[①] 其中仅在纺织服装行业，中国减少了多达 1000 万个就业机会，印度减少约 100 万个；孟加拉国、柬埔寨、印尼、老挝、蒙古国、泰国和越南等国工人的收入下跌了 50%。[②] 其次，在缺乏社会保障的情况下，金融危机在发展中国家有可能引发严重的社会危机。如在 1997～1998 年亚洲金融危机期间，印度尼西亚的贫困率从 11% 迅速上升到 37%。面对全球市场中剧烈的经济波动，本身就缺乏调整能力和参与权利的群体受到的冲击更大。在社会保障制度尚不完善的情况下，迅速上升的失业率和贫困率可能会引发政府的合法性危机。

就气候变化与生态失衡的影响来看，发展中国家比发达国家受到了更严重的影响，并且承担了更多的经济损失。近年来，环保问题已从保护新鲜空气和清洁水源的局部地区问题，发展为气候变化与生物多样性丧失等全球性和系统性问题。[③] 大规模工业化和快速城市化对环境产生的负面影响在全球化时代进一步加剧。在全球化的生产体系下，地理分散的国际生产过程与全球环境污染相伴相生。如今，中间产品及服务贸易约占全球贸易的 60%，其价值超过 20 万亿美元。[④] 全球化生产过程使得进出口贸易规模日益扩大，进而导致对环境的负面影响不断增加。全球气候变化使得全球化时代的贫富分化进一步加剧，因为世界上最贫困的社区最容易受到温度和海平面升高以及气候变化带来的其他后果的影响。据统计，1970～2019 年，与天气、气候和水有关的灾害数量增加了 5 倍，经济损失增加了 7 倍。尽管由于早期预警的改进和减少灾害风险战略的强化，自 1970 年以来，死亡人数几乎下降了 2/3，但其中大约 9/10 的人员死亡发生在发展中国家。[⑤] 据估算，到 2025 年，发展中国家中将有超过一

---

① 参见国际劳工组织《2013 年全球就业趋势——就业行情二次探底回升》，中国财政经济出版社，2013，第 30 页。
② 参见联合国开发计划署《2014 年人类发展报告》，https：//www. undp. org/zh/china/publications/2014%E5%B9%F4%BA%BA%F7%B1%BB%E5%8F%91%E5%B1%95%E6%8A%A5%E5%91%8A，第 121 页，访问日期：2022 年 7 月 28 日。
③ 参见联合国开发计划署《2014 年人类发展报告》，第 116 页。
④ 参见联合国贸易和发展组织《世界投资报告 2013·全球价值链：促进发展的投资与贸易》，第 10 页。
⑤ 世界气象组织：《世界气象组织天气、气候和水　极端事件造成的死亡和经济损失图集（1970～2019）》，https：//library. wmo. int/doc_ num. php？ explnum_ id = 11012，访问日期：2022 年 7 月 28 日。

半的人口可能面临洪水和暴风雨的威胁。①

最后，从跨国卫生危机的影响来看，低收入国家受到的影响也更为严重。在全球化时代，高速的商品流动、人员往来和信息传播使得跨国卫生危机的传播速度急剧加快。由于人口流动速度加快、国家经济相互依赖增强以及电子交互手段的发展，跨国疾病传播对人类构成了前所未有的威胁。② 一方面，全球化使得人员以前所未有的速度和频率进行跨国流动，原本只在世界一隅发端的传染性疾病，很快就可能发展成为全球性的公共卫生危机。另一方面，产品的全球运输也可能产生严重的卫生后果。此外，全球化时代高速的信息流动也使得公共卫生危机很快就可能引发全球性恐慌，并造成巨大的经济损失。对于公共卫生危机而言，国家边境的传统防御工事不能防范疾病或传播媒介的侵入，实时新闻同样能造成恐慌情绪的蔓延。③ 另外，根据世界银行预测，2020 年和2021 年全球极端贫困人口数量将较没有疫情的情况下分别高出 9700 万人和9800 万人，其中撒哈拉以南非洲和中东北非地区的低收入国家受到的影响最为严重。④

（二）国内贫富差距加大

从理论上讲，国际贸易会在发达国家和发展中国家对于收入差距产生反向的效应。根据斯托尔普—萨缪尔森定理，国际贸易会使一国的稀缺要素所有者受损，充裕要素所有者受益。随着技术进步和产业升级，劳动力要素分化为非熟练/半熟练劳动力和人力资本。⑤ 非熟练/半熟练劳动力在发达国家为稀缺要素，而人力资本为充裕要素，发展中国家的情况与之相反。如果国际贸易发生在发达国家和发展中国家之间，那么发达国家由于在使用人力资本的高附加值产品的生产上具有比较优势，会扩大该商品的出口，相应地出现工资上涨，而

---

① 参见联合国开发计划署《2014 年人类发展报告》，第 3、20 页。
② 参见世界卫生组织《2007 年世界卫生报告——构建安全未来：21 世纪全球公共卫生安全》，《总干事致辞》，人民卫生出版社，2007，第 6 页。
③ 参见世界卫生组织《2007 年世界卫生报告——构建安全未来：21 世纪全球公共卫生安全》，《总干事致辞》，第 6 页。
④ 中国国际发展知识中心：《全球发展报告 2022》，第 10 页，http://montreal. china - consulate. gov. cn/zgyw/202206/P020220620855347809645. pdf，访问日期：2022 年 7 月 28 日。
⑤ 田野、张情雨：《全球化、区域分化与民粹主义——选举地理视角下法国国民阵线的兴起》，《世界经济与政治》2019 年第 6 期。

使用非熟练/半熟练劳动力的低附加值产品的生产由于没有比较优势，因此会缩小生产，相应也会导致非熟练/半熟练劳动力的工资下降，进而导致发达国家内部的收入差距扩大。而在发展中国家内部则会出现相反的趋势，即人力资本的工资下降，而非熟练/半熟练劳动力的工资上涨，进而导致发展中国家的收入差距缩小。①

同理可以推导出对外直接投资会在发达国家和发展中国家都产生扩大收入差距的倾向。当发达国家通过对外直接投资，将使用相对稀缺的非熟练/半熟练劳动力的低附加值产品的生产转移到非熟练/半熟练劳动力充裕的发展中国家，同时扩大使用相对充裕的人力资本的高附加值产品的生产，会造成发达国家内部对于非熟练/半熟练劳动力的需求下降，工资降低；而人力资本的需求上升，工资提高。在发展中国家内部，也会出现同样的收入变化趋势，即直接投资会在发达国家和发展中国家都造成收入差距扩大的趋势。②

值得注意的是，尽管经济全球化会对一国内部的收入差距扩大产生影响，技术进步对于收入差距的影响可能更大。但是在近年来各国反对全球化（globalization backlash）的语境中，贸易往往被当作替罪羊。IMF 的经济学家的一项大样本、长时段的研究对揭示全球化、技术进步与不平等之间的相关关系提供了有益的启示。③ 该研究对 51 个国家 23 年间（1981~2003 年）的数据进行分析，结果表明，贸易全球化有缩小收入差距的效果，而资本、金融方面的全球化则有扩大收入差距的效果。总的来看，贸易和资本、金融方面的全球化会使得发达国家的收入差距扩大，而在发展中国家则会对收入差距的缩小起到一定作用。但总体而言，比起全球化，技术进步加大收入差距的效果更大，特别是自动化和新的数字技术对于去工业化以及收入不平等产生了更大的影响。④

---

① 浦田秀次郎「第 6 章 保護主義の台頭と岐路に立つ世界貿易体制」、日本国際問題研究所『反グローバリズム再考：国際経済秩序を揺るがす危機要因の研究』、2019 年 3 月号、123 頁。

② 浦田秀次郎「第 6 章 保護主義の台頭と岐路に立つ世界貿易体制」、日本国際問題研究所『反グローバリズム再考：国際経済秩序を揺るがす危機要因の研究』、2019 年 3 月号、123 頁。

③ Florence Jaumotte, Subir Lall and Chris Papageorgiou, "Rising Income Inequality: Technology, or Trade and Financial Globalization?" *IMF Economic Review*, Vol. 61, No. 2, 2013, pp. 271-309.

④ IMF, "World Economic Outlook, October 2007, Globalization and Inequality," 2007; OECD, "An Overview of Growing Income Inequalities in OECD Countries," 2011; 経済産業省、「平成 29 年版通商白書」。

其次，全球化所带来的移民和难民冲击，不仅对本国的就业机会和福利资源构成了挑战，也加剧了国内民众的身份认同危机，进一步加剧了对全球化的不满情绪。

那么如果全球化背景下的社会分化是一种长期趋势，为什么迟至近些年，全球化受损者的声音才越来越多地影响国内的政治结构和政策主张？主流观点认为，全球化本身的周期性是根本原因。2008 年全球金融危机爆发以后，除了个别年份以外，全球贸易的增长速度整体上低于全球生产的增长速度。从历史上看，当全球化处于扩张期时，在全球化中获益的社会群体在本国的话语权也会上升，从而有利于进一步推进开放政策；而当全球化处于衰退期时，原本在全球化中受损的社会群体在本国的话语权也会上升，从而有助于推进保护主义政策。此外，丹尼·罗德里克也指出，当全球化进入高级阶段时，随着贸易壁垒的降低，贸易自由化的效率收益逐渐减小，而再分配效应基本上同价格变化保持线性关系，因此每单位效率收益对应的受害人群的损失会提高，换言之，全球化的再分配效应会被放大。根据罗德里克的估算，许多发达国家早在 20 世纪 90 年代就已进入了全球化的高级阶段。

三　新自由主义全球化与全球治理的转向

与市场力量的高歌猛进相对，全球治理模式则在全球化浪潮中经历了从"嵌入式自由主义"向"新自由主义"的转向。

为了避免重蹈一战前金本位制度为了维持国际收支平衡而不惜牺牲各国国内平衡，进而导致两战之间强烈社会反弹的覆辙，二战后的国际经济秩序安排在"嵌入式自由主义"的指导下，在保护国内社会利益和发展国际自由市场之间走出了一条折中的道路。在贸易领域，"关贸总协定"规定"缔约方在处理贸易和经济事务的关系方面，应以提高生活水平、保证充分就业、保证实际收入和有效需求的大幅稳定增长、实现世界资源的充分利用以及扩大货物的生产和交换为目的"。其谈判目标为降低关税，而非取消关税；各国也经常运用各种关税壁垒保护本国竞争力相对较弱的产品，各国对本国的贸易政策有较大的自主权。在金融领域，限制跨境资本流动以避免两战之间的货币体系波动并为国内宏观经济管理留出空间已成为经济学界的共识。布雷顿森林体系不仅要求各国严格控制短期汇率波动，而且对长期性的汇率波动放宽限制；与金本位下必须允许黄金不受干预地自由进出口的严格规则相比，布雷顿森林体系允许各国控制短期资金流动，并且通过国际货币基金组织帮助各国解决短期内的信贷困难，稳定汇率。在发展领域，由世界银行负责引导长期投资，以从根本上纠正资源配置不合理现象，避免世界经济的波动。

杰弗里·弗里登对二战后的政策实践进行了如下概括："发达资本主义国家用折中的办法走出了第二次世界大战的阴影，使国际经济一体化和国家政策独立协调起来，使市场和福利国家协调起来。布雷顿森林体系的折中办法推动了经济的迅速发展，促进实施广泛的社会保障政策，并且使国际经济一体化达到了20世纪20年代以来的最高水平。"① 用吉尔平的话说，"布雷顿森林体系试图解决国内自主和国际稳定之间的矛盾……反映了社会目标和政治目标上的根本性变化。19世纪金本位和自由放任思想使得国内稳定服从于国际准则，两次大战之间的时期否定了这些目标，战后体系则努力做到一箭双雕"。② 鲁杰则将这一"布雷顿森林妥协"概括为"嵌入式自由主义"，即"一种符合国内稳定要求的多边主义形式"。③

自20世纪80年代末开始，"新自由主义"开始超越一国边界，从学术领域的经济思想流派成为发达国家的主流意识形态。二战后的国际经济秩序安排中的"嵌入"和"妥协"逐渐被忽视，"对大多数美国官员、企业领袖和经济学家而言，全球经济治理的目标就是促进贸易自由、资本流动和跨国公司进入世界市场的自由"。④ 在贸易领域，贸易政策从传统的关税、配额等问题，转向所谓的境内"壁垒"。自1994年起，农业、服务、补贴、健康和卫生规则以及知识产权法规等作为新领域被纳入世贸组织的治理范围，并通过双边或区域谈判达成的贸易协定继续深入，进而扩展至金融和劳动法规等其他领域。在金融领域，自20世纪80年代起，国际货币基金组织从固定汇率制下为逆差国提供短期贷款，转向了在"华盛顿共识"的指导下，提供旨在促进经济结构

---

① 〔美〕杰弗里·弗里登：《20世纪全球资本主义的兴衰》，杨宇光等译，上海人民出版社，2009，第330页。

② 〔美〕罗伯特·吉尔平：《国际关系政治经济学》，杨宇光译，上海人民出版社，2006，第124页。

③ John Gerard Ruggie, "International Regimes, Transactions, and Change: Embedded Liberalism in the Postwar Economic Order," *International Organization*, Vol. 36, No. 2, 1982, pp. 379–415.

④ 〔美〕罗伯特·吉尔平：《全球政治经济学：解读国际经济秩序》，杨宇光、杨炯译，上海人民出版社，2006，第276页。

调整的中期贷款，从稳定经济转向了促进经济结构变革。① 自 90 年代起，限制跨境资本流动的共识也发生了逆转。国际货币基金组织、经合组织（OECD）和欧盟（EU）开始推动当前和未来成员的资本账户完全可兑换。②在发展领域，世界银行自 20 世纪 80 年代起经历了与 IMF 相似的转向。20 世纪 90 年代以来，世界银行的贷款形式由传统项目投资贷款，更多地转向以支持借款国结构改革和政策调整为目标的结构调整贷款，并将有关环保、移民、社会评价等的保障政策置于项目发展目标之上。③

自 20 世纪 90 年代以来，全球经济治理机构不断对原本由国家自主决策的领域提出挑战。历史上，国内政策在这些领域起到重要的分配作用，由国内讨价还价所形成的社会契约铸就了国际自由化进程的根基。随着"新自由主义"逐渐取代"嵌入式自由主义"，政府维系该契约的能力遭到了削弱，贸易协定经常被寻求推翻长期社会契约的特定团体和游说团体所劫持，因而变得更具分裂性和争议性。④

四　全球化的国内政治基础与治理的再平衡

对全球化历史进程的研究表明，全球化并非一个新的现象，也并不一定会永恒持续。全球化的存续取决于参与全球化的各国的自主选择。回顾第一次全球化浪潮由盛而衰的历史，学者们从国际和国内两个层面的考察都指向一个共同的结论：全球化的有效运转有赖于国际和国内政治的有效治理。

在国家层面，无论是世界经济体系中的主导国家，还是各个参与其中的国

---

① "布雷顿森林机构改革研究"课题组：《布雷顿森林机构的产生与演变》，转引自孙伊然《全球经济治理的观念变迁：重建内嵌的自由主义》，《外交评论（外交学院学报）》2011 年第3 期。

② Dani Rodrik, "Populism and the Economics of Globalization," *Journal of International Business Policy*, Vol. 1, No. 1, 2018.

③ "布雷顿森林机构改革研究"课题组：《布雷顿森林机构的产生与演变》，转引自孙伊然《全球经济治理的观念变迁：重建内嵌的自由主义》，《外交评论（外交学院学报）》2011 年第3 期。

④ John Ruggie, "Trade, Protectionims, and the Future of Welfare Capilitalism," *Journal of International Affairs*, Vol. 48, No. 1, Contemporary Issues in World Trade, 1994, pp. 1 - 11; Dani Rodrik, "Populism and the Economics of Globalization," *Journal of International Business Policy*, Vol. 1, No. 1, 2018.

家，都需要得到国内政治的有效支持。早在 1947 年，卡尔·波兰尼就在《大转型：我们时代的政治与经济起源》一书中指出，只有当政府通过将市场关系嵌入一套社会机制当中并对社会当中的弱势群体予以补偿时，高水平的国际经济开放在政治上才是可持续的。如果缺乏政府的适当干预，市场将会试图脱嵌于社会，此时社会趋于关闭它的经济边界，这就是第一次世界大战与 20 世纪二三十年代大萧条的深层根源。① 美国学者丹尼·罗德里克的研究也表明，发展中国家并不能自动从经济开放中受益。对外贸易的开放程度越高，国家政府的财政支出规模越大，政府在经济过程中的作用越重要。罗德里克总结了 20 世纪 70 年代以来发展中国家的跨国经验证据，指出那些在全球化中实现了高速增长的国家，通常并非那些依靠解除贸易与资本流动限制的国家，而是那些能够制定出有效的国内投资战略来提高资本的私人回报率（private return to capital）的国家，是那些能够建立起适宜的社会与政治体制，保证利益相互冲突的社会集团之间达成宏观经济调整所需要的妥协，从而有效地克服外部负面冲击的国家。② 尤其是在刚刚实行开放政策的时候，政府采取有效的社会保障措施是必要的。③

当今全球化面临的诸多挑战凸显了国际体系与国家之间以及市场和社会之间的紧张关系。经济全球化的顺利进展有赖于各国国内政治的支持，其中通过政府调节的市场与社会的适当关系则是全球化得以持续进行的保证。只有政府在开放市场和保护社会中找到平衡，才能在享受经济全球化的收益的同时，提供其赖以存续的政治保障。

---

① 〔英〕卡尔·波兰尼：《大转型：我们时代的政治与经济起源》，冯钢、刘阳译，浙江人民出版社，2010。

② 〔美〕丹尼·罗德里克：《新全球经济与发展中国家：让开放起作用》，王勇译，世界知识出版社，2004。

③ 〔美〕丹尼·罗德里克：《全球化走得太远了吗?》，熊贤良、何蓉译，北京出版社，2000，第58~65 页。

第十三章 全球化的历史总结与前瞻

唐士其

内容提要 人类社会的联系方式存在着扩张与内聚两个基本方向。一定时代的生产发展水平、技术条件、政治经济制度决定了这两个方向的基本平衡点。从这个视角观察全球化，可以对全球化的进程及其面临的矛盾和困境予以说明。在此基础上，本章对全球化的两个波次的历史进行了简要的叙述、总结与分析，指出了全球化在当下的基本处境，即扩张性的经济联系与内聚性的再分配之间出现了难以克服的矛盾。但综合各方面因素，本章认为，在不出现大的政治经济变动的情况下，全球化的基本趋势不会逆转，但全球化需要全球性的治理和机制的创新，必须在观念和制度上突破传统自由主义和新古典自由主义的基本逻辑。

一 人类社会联系的内聚与扩张

人作为社会性动物必须结群而居，而且还必须在他们之间形成密切的分工与合作。通过分工与合作，人与人之间的联系大大增强，同时获得比单个人更强大的力量。因此荀子说，人"力不若牛，走不若马，而牛马为用，何也？人能群，彼不能群也"（《荀子·王制》）。为了维持这种集群生活的持续、和平与稳定，人又必须在他们之间建立某种秩序，由此产生了各种社会组织。社会组织的最高形式就是国家。柏拉图认为，国家是社会合作，特别是社会分工与合作的产物。仅仅维持了分工与合作的国家被柏拉图称为"猪的国家"，至于人的国家，则必须以某种至善作为终极的追求。① 总而言之，国家既是一种目标共同体，又是一种价值共同体。后者是前者的正当性基础。

国家是一种典型的内聚性社会组织，发挥着四项基本的社会功能，即防御外敌、维持秩序、保护社会公正以及提供再分配。除第一项外，其他三项都是对内职能，而且它们之间存在着内在关联，其中社会公正居于核心地位，它为秩序提供依据，为再分配提供标准。然而，国家并不能在其成员之间自动达致公正，也不能自动达致他们对公正的共识，因此国家政权必须以强制力为后盾。另外，国家具有明显的阶级或者集团属性，也就是说，掌握国家政权的社会阶级或者社会集团可以通过它们对国家权力的垄断，将它们的利益正当化，并且以此塑造社会的价值体系，因此国家本身又会成为社会内部不同阶级或者集团为维护和扩展自身利益相互争夺的目标。

一个值得注意的现象是，虽然国家内部的不同社会阶级或者集团为争取国家政权甚至常常暴力相向，但在一定的时间范围内，这些冲突的社会集团通常并不会以分裂国家的形式实现它们各自的利益，而总是力图通过在整个国家范围内重新分配利益的方式满足它们的要求。因此虽然国家内部纷争不断，但国家却能够在一定时间范围内成为相对稳定的人类组织形式，或者说为相互冲突的社会阶级或者集团提供一个外部边界。这一点，当然与国家本身以强制的方式维持其自身统一有关，但也与国家内部各社会集团在历史中形成的共有的文化、传统和价值相关。

人类各种社会性组织，包括国家本身体现出一种矛盾的特征，即它们本身是人类社会联系即扩张性的结果，但它们又都具有不同程度的内聚性。所以任何社会组织一旦形成，就会产生某种排他性。这表现为不同社会组织之间的矛盾、对立和冲突。这种冲突的存在，与社会分工和合作　样，是国家产生的根本动力。因此在国家起源问题上，合作理论和冲突理论始终相互竞争，任何一方都无法独占上风。但不可否认的是，社会集团之间的冲突，以及国家与国家之间的冲突，对于国家的产生和发展都发挥了重要的推动作用。

从国家的实际产生过程来看，大量历史记载表明，国家是人类群体从扩展的家庭和家族发展到部落，再发展到部落联盟，最后发展到在某个特定的地域范围内通过合法垄断暴力的使用权而对全社会进行组织与管理的机构的结果，

---

① 参见〔古希腊〕柏拉图《理想国》，郭斌和、张竹明译，商务印书馆，1986。

因而是一个自然的过程。① 这是一个人类社会联系持续扩张，最后达到某种确定边界的过程。因此，与其说社会分工与社会冲突是促致国家产生的直接根源，不如说它们分别体现了国家最基本的社会功能与内在逻辑。

国家的产生大大强化了人类群体抵御外部环境，包括自然环境以及来自敌对的外部集团的压力的能力，因为它既提升了社会内部的组织程度，也由于内部秩序的稳定使生产力大幅提升。与此同时，国家的产生又强化了被组织成为国家的社会集团之间的联系，并且在一定程度上固化了人类的集团化，阻止了某一地域范围内类似国家的更大的政治性社会组织的出现。

因此国家是人类社会联系扩张的结果，但其本身又深刻地体现了这种社会联系内聚性的力量。一方面，从理论上说，一个国家必须具有一定的规模，才能有效抵御自然带来的各种不确定因素的影响，才能产生足够数量的财富和资源，以及足够的影响力，从而有效防止外敌入侵。但另一方面，国家规模太大，又会导致有效治理的失败，甚至无法进行有效的内部控制，当然也无力进行有效的外部防御。在古希腊，国家的规模应该有多大甚至成为一个严肃的学术争论话题。柏拉图把一个理想城邦的公民人数规定为5040人，由此也能够想见这个城邦大致的地理范围。②

虽然国家的规模并非一成不变，但在某一个具体的历史时期，它又会受到一些具体的客观因素的制约，包括自然地理的分割和技术条件，特别是交通和通信技术发展的水平。另外也受到内部因素的制约，特别是国家的治理方式、结构与能力，以及社会集团文化的同质性等。另外，复合性社会交往增加了交往成本的可控性和人与人之间的相互性（信任度），使一个国家能够成为一个正义的共同体。这些因素的存在，都限制了国家可能的规模。当然，其他国家的存在，特别是单一区域内有效竞争者的数目以及它们之间的关系也从根本上限制了一个国家扩张的可能性。

同时，国家共同体意识的出现以及在此基础上产生的排他意识也会从内部制约国家的扩张，例如古希腊罗马时代对文明人与野蛮人的区分，以及中国古代的华夷之辨都属于此类。亚里士多德坚决反对比城邦更大的政治共同体的建立，认为城邦才是能够全面满足人各方面需要的政治单元，因而是自然形成的

① 参见〔古希腊〕亚里士多德《政治学》，吴寿彭译，商务印书馆，1983。
② 〔古希腊〕柏拉图：《法律》，载《柏拉图全集》（第三卷），王晓朝译，人民出版社，2002。

最大的、包含最广的政治共同体。出于这一思想，他对于自己曾经的学生亚历山大建立一个地跨欧、亚、非三大洲的马其顿帝国的军事扩张想法一直持反对态度。古代中国的情况与此相似。它始终把自己自觉地约束在比较深入地接受了中华文化的地域范围内而非不断向外扩张。这说明存在一些特别是文化性的因素甚至使一个国家主动控制或者限制自身的规模，并且从内部强化国家管理、司法与行政控制、文化认同、社会再分配，共同体意识等，从而使内聚的因素更加强化。

　　大致来看，在地理大发现之前，国家是人类社会联系的扩张性因素和内聚性因素相互作用而形成的一个平衡点，它同时体现了这两个因素在一定的技术、环境和制度条件下作用的极限。国家的存在和作用对内而言强化了共同体的同质性，对外而言则强化了共同体之间的区别，在人类被区分为一些相对稳定的大的文化共同体的过程中发挥了重要作用。国家作为社会联系的扩张性因素与内聚性因素的平衡点，主要体现在政治和军事方面，它促进或者制约了其他社会联系形式的扩张性和内聚性作用，但不能完全决定它们的实际状况。也可以认为，在人类联系与活动的不同领域，扩张性与内聚性两种因素具有不同的平衡点，从而使文化传播、经贸往来、司法和行政管理等方面形成规模不等的同心圆。虽然人类的社会联系，包括贸易、文化交流，特别是宗教传播可以远远超出国家的边界，但是或者这种联系的强度在超出国家边界之外就会大大降低，[①] 或者这种联系往往只具有单一性而不能形成一套复合性的社会联系网络，因此国家成为迄今为止人类社会最大的具有复合性社会联系的基本单元。

二　全球化的基础与动力

　　不少学者认为，全球化并非在人类历史发展的某个时间点突然出现的过程，而是伴随人类同时出现并一直存在的社会联系扩张性因素在某种特定条件下突然加速，并且扩展到全球范围的结果。人类社会联系的扩张性因素能够实现全球化，与以下四个因素高度相关：一是科学技术的重大突破，二是经济形态的重大变化，三是政治法律制度的根本革命，四是跨国协调的全面发展。这四个因素相互关联，具有一定的因果关系，它们相互强化，从而带来了人类社

---

　　① Karl Deutsch, *Nationalism and Social Communication*, MIT & Weley Tech. Co., 1953, p. 61.

会联系方式、组织方式的根本性变革。

第一，科学技术的突破。1687 年，以牛顿的《自然哲学的数学原理》为代表，近代科学实现了突破性发展，这是全球化得以产生的根本前提。近代科学作为一种数学性的知识，一个关键性的特征就是它所具有的确定性使之能够被技术化，即被直接运用于人类的生产实践，而技术的发展又反过来推动了科学的进步，也就是说，科学获得了自身发展的动力。科学发现迅速转变为技术，并被应用到实际的社会行动，包括生产与战争之中。对全球化而言，科学的迅速发展使人类社会在交通和通信技术手段方面发生了翻天覆地的变化。机械动力的运用，以电、磁和光为媒介的通信，极大地推动了人类社会联系扩张性因素的发展。西方近代的航海大发现、殖民地的开拓，以及远程贸易的开展，无不以此为前提。

第二，经济形态的变化。科学技术的突破带来了经济形态的变化，使人类从农耕时代过渡到工业时代。工业化意味着生产对象和生产工具，以及生产组织方式的根本变化，最终带来了社会结构的转变。它不仅使生产力得到巨大提升，而且本身成为社会联系的扩张性因素的一大推动力量，因为工业化内在的生产分工、原料的获取和产品的销售都成为扩张的内在动力。工业化提供的技术手段极大地推动了交通和通信技术的发展，而后者又反过来为工业化提供了强有力的技术保障和推动。商业殖民主义的出现就是这种技术力量最初的体现。也可以认为，工业化本身就是一种强大的扩张性力量。

第三，与现代资本主义经济体系相适应的政治法律制度的建立。现代资本主义经济体系不仅表现为以机器工业为主的经济形态，更体现为一整套相互联系的政治和法律制度，包括产权制度、信用制度、交易规则、税收制度等各个方面。制度经济学甚至认为，现代产权制度的出现是促使资本主义经济关系产生的根本动力。[①] 严格地讲，工业经济不一定与资本主义经济体系并存，社会主义国家也有其自身的工业经济。但是，资本主义经济体系中这些制度性因素的出现，使一种能够不断自身积累和扩展的生产与贸易成为可能，从而使扩张性因素得到了合法性的保障。代表这种经济形态的资本主义国家的出现，又为其发展和扩张提供了武力支撑。世界市场的开拓、殖民帝国的建立、资本主义

---

① 参见〔美〕罗伯特·托马斯、道格拉斯·诺斯《西方世界的兴起——新经济史》，厉以平、蔡磊译，华夏出版社，1989。

经济向全球的扩展,都与这种国家的支持密不可分。

第四,跨国协调的发展。全球化的一个根本性决定因素是民族国家,它既可以阻碍也可以推动全球化的发展。资本主义经济体系的建立本身就标志着资本主义国家体系的全面建立。国家的法律制度与经济政策决定着一个国家的经济形态和经济发展的实际效果。在资本主义发展的初期阶段,欧洲各国的经济竞争既是生产能力的竞争,也是国家制度和经济政策的竞争。每一个国家都试图通过不同的制度建构与政策选择,为本国经济发展创造更好的环境和条件。英国的重商主义、法国的重农学派、英国的自由贸易主义,以及德国的国民经济学派无不如此。原则上说,每一个国家都希望在国际经济竞争中"损人利己",也的确可以在短期内做到这一点,但从长期来看,这可能是一种害人害己的选择,因此跨国协调以及国际规范的建立就成为全球化最重要的制度保障。一套在国际范围内通行的产权制度、信用制度、交易规则和税收制度,就成为全球化的根本制度保障。

从 1840 年到 1914 年第一次世界大战爆发这段时间,一般被称为第一波全球化。1846 年《谷物法》的废除、1849 年《航海法》的废除以及 1860 年英法之间的自由贸易谈判,开启了一个由欧洲各主要国家之间通过双边谈判共同降低关税而实现的贸易自由化进程。19 世纪 80 年代末形成的金本位制更是为此后全球贸易的大发展提供了重要的制度保障。1870~1914 年,西方各国对于跨越边界流动的商品、资本和劳务几乎取消了所有限制。由于贸易保护减少、交通运输成本下降,国际贸易得到了空前的扩展。因此,第一波全球化已经体现为贸易、金融和生产的全球化。[①] 不少学者倾向于认为,19 世纪末 20 世纪初全球性的贸易活动及资本流动的规模之大,就其相对量而言甚至超过了第一次世界大战以后任何一个时间段的水平。

第一波全球化具有以下基本特点。第一,这一波全球化主要通过西方国家相互之间的谈判和协议来推动和保障,缺乏全球性的制度性保障,因此具有内在脆弱性。第二,西方国家之间在经济政策方面存在不同的模式,即所谓的英美模式和法德模式,这为后来的世界大战埋下了伏笔。第三,除西方国家之外,其他国家是以被动的姿态,主要是作为殖民地和半殖民地被拖入全球化过程中,全球化过程因此也就主要是西方剥夺非西方的过程,这就为非西方国家

---

① David Held et al. , *Global Transformations: Politics, Economics and Culture*, Polity Press, 1999.

对西方的反抗即民族独立运动以及第一波全球化的终结准备了条件。第四，全球化主要是由资本驱动的，因此社会联系的各种扩张性因素的发展并不平衡。第五，全球化本身是一种全球范围内财富的分配形式，但完全不存在再分配机制，这使它在世界范围内导致了巨大的不平等，大大加剧了非西方国家与西方国家在物质财富方面的差距。

但第一波全球化仍然具有重要的全球性和历史性影响。这表现在以下三个方面。第一，随着第一波全球化的到来，最早形成于西方的民族国家成为现代国家的基本形式被推向全球，这成为第一波全球化的一个重要组成部分。特别是作为对西方殖民地化的应对方式，非西方国家纷纷采用了现代民族国家这种具有更高社会组织能力和资源动员能力的政治组织形式。第二，第一波全球化带来了世界性的现代化浪潮。它定义了现代化的基本形态，以及现代社会的基本内涵，包括宗教和文化的世俗化、政治组织的科层化和官僚化、国家治理的法治化和经济的市场化等，近代西方文明在全球化过程中成为现代文明的基本标准。第三，第一波全球化促致了一种全球文化的形成，这种全球文化基于科学化、世俗化的世界观，特别是以现代科学技术及其物质产品为基础开始形成一套全球性话语体系。在此之后，虽然各地、各民族的地方性文化仍然在不同程度上得到保留，但一套全球性的标准体系和价值体系已经开始形成。

正因为第一波全球化具有上述内在矛盾，所以被第一次世界大战的爆发所中断。第一次世界大战是西方世界两类不同发展模式的国家最终无法通过和平方式进行利益分配的结果，因而也可以被认为是第一波全球化的产物。由于一战后的政治安排并没有从根本上解决当时世界秩序原有的矛盾和冲突，所以20多年后又爆发了第二次世界大战，但第一次世界大战有一个重要的政治结果，就是第一个社会主义国家苏俄的诞生。二战结束之后，社会主义从一国扩展到多国，从欧洲扩展到全球，世界进入冷战时期。其间，世界被分割为以苏联为首的社会主义阵营和以美国为首的资本主义阵营两大直接对抗的政治和经济集团，以及在它们之间维持相对独立的中间地带，全球化自然无从谈起。但是，在两大集团内部，区域化程度却在不同方向持续深化，似乎为未来的全球化提供了不同的蓝本。

社会主义和资本主义虽然是两种根本对立的社会制度，但从某个特定角度来看，它们实际上分别体现了两种不同的社会经济发展逻辑，即自由优先还是平等优先、市场驱动还是计划驱动、个人本位还是集体本位。也就是说，以苏联为代表的传统社会主义模式是对第一波全球化进程中占主导地位的自由逻辑、市场逻辑、个人主义矛盾的反抗。在一个自由竞争的世界市场中，处于劣势的国家除了通过国家强力，阻断市场逻辑，从资本主义的全球化进程中脱身，并为自身的发展创造不同的政治和社会条件之外，似乎并没有其他的选择。[①] 苏联和其他社会主义国家在建政后取得的经济和社会发展也证明了这一点。但是，正如过度的自由、市场和个人主义必然带来波拉尼所谓的资本的"自我毁灭"[②] 一样，过度的平等、计划和集体主义也存在重大缺陷。社会主义传统模式在创造了经济上的奇迹，使苏联在 20 世纪 70 年代成为仅次于美国的世界第二大经济体之后，但由于官僚主义、特权现象、全面的社会控制等而陷入停滞，甚至失去了自身调整和改革的机会，最后以苏联的解体和东欧国家的政治和经济剧变而告终。

与之相对，第二次世界大战结束以后，西方国家在原有的自由、市场和个人主义逻辑的基础上，吸收平等、计划和集体主义的因素，通过一系列具有民主社会主义性质的改革，形成了所谓的"嵌入式自由主义"模式，借助国家对经济的调控和干预，以及对社会财富的再分配，总体上保持了经济和社会发展势头，并且渡过了 20 世纪 70 年代石油危机导致的经济衰退。在国际关系方面，则着重推动制度建设，形成了在布雷顿森林体系基础上，以国际货币基金组织和世界银行为核心的金融货币体系，以及以关税及贸易总协定（1995 年成为世界贸易组织）为代表的贸易体系，特别是 1974 年开始的 G7 机制更是成为协调西方国家经济贸易政策的重要平台。当然，还有从欧洲煤钢联营发展而来的欧洲共同体，在推动西欧经济一体化和通过一体化实现经济发展方面发挥了重要作用。同时，在各个行业逐步建立了各种标准与规范体系。这些为第二波全球化提供了制度基础。

在世界范围内，第二波全球化以 20 世纪 80 年代末 90 年代初的东欧剧变和苏联解体为起点。除经济意义上资本、货物、信息和人员的加速全球流动之外，它还包括以下四个方面的制度因素。一是西方国家的新古典自由主义化，

---

① 列宁认为："在不存在自由人和市民社会的条件下，国家是唯一有能力实现革命所既定的社会经济改造目标的力量。"参见米格拉尼扬《政治体制的障碍机制及其克服途径》，载〔苏〕尤里·阿法纳西耶夫编《别无选择——社会主义的经验教训和未来》，王复士等译，辽宁大学出版社，1989，第 118 页。

② Karl Polanyi, *The Great Transformation : The Political and Economic Origins of Our Time*, Beacon Press, 2001, p.4.

即这些国家从社会民主主义立场的后退，降低国民经济中的公有制成分，减少国家对经济的干预，强调市场作用和开放经济。在 20 世纪 80 年代，美国实际上几乎取消了对资本和金融产业的所有控制，其他西方国家也迅速跟进。资本的跨国流动，特别是跨国直接投资显著增加。据统计，大型跨国公司的数目，从 1970 年的 7000 个增加到 2008 年的 77000 个。二是苏东集团国家的改革以及后来的转轨，即这些国家的市场化和经济私有化，从根本上说，这些国家所谓的"转轨"过程中政治经济政策的基本走向与西方国家的自由化完全一致。三是中国的改革开放。中国的改革开放，从总体上看也是减少国家控制，增加市场调配资源的作用，并且允许甚至鼓励私营和民营经济的发展。中国的改革开放对第二波全球化的展开具有重要意义，后来的事实也证明了这一点。四是世界银行和国际货币基金组织在推动广大发展中国家经济改革以免除其严重的债务危机的过程中采用了所谓的"结构调整"政策，即国有企业私营化、降低企业税收和放松管制、货币贬值、紧缩财政，以及对外国投资开放，因此非洲与拉丁美洲的经济事实上也被纳入西方主导的世界经济体系。可以看出，在不同类型的国家，虽然在宏观的政治和经济制度和微观的经济政策方面存在着各种各样的差异，但从 20 世纪 80 年代初开始，各国的政治经济政策还是表现出一些共同的特征，即市场化、私有化和自由化，以及经济开放。在西方，这也被称为"新古典自由主义共识"，或者"华盛顿共识"。

第二波全球化从 20 世纪 80 年代末 90 年代初开始，直到 2008 年全球金融危机爆发，带来了全球经济的快速发展。其间，经济全球化成为世界经济增长的重要推动力，这一点从贸易、投资、生产全球化规模的迅速扩大可以明显看出来。仅从贸易占比情况来看，国际贸易在全球 GDP 中所占的比重，从 1990 年的 38.632% 上升到 2000 年的 50.991%，到 2008 年又进一步上升到 60.785%。事实上，经历了金融危机和短暂下跌后，这个数据在 2011 年又恢复到 60.403%。此后全球贸易进入一个动荡起伏的阶段，特别是由于贸易保护主义，这一数据在 2019 年下降到 58.243%，但还是保持了一个很高的水平。[①]

2008 年以后，世界经济进入了一个跌宕起伏的阶段。虽然 2009 年伦敦 G20 峰会对解决全球金融危机提出了一套方案，包括对全球金融系统进行实质

---

① "The World Bank Data: Trade (% of GDP)," http://data.worldbank.org/indicator/NE.TRD. GNFS.ZS.

性改革、进行积极主动的国家干预以稳定经济形势，并对未来经济发展表示谨慎乐观，但随后事态的发展却远远超出了当时的预期。为解决金融危机，美国与欧洲普遍采取的措施是量化宽松和财政紧缩。前一项措施加剧了商品市场的投机，从而导致全球食品价格上升；后一项措施进一步降低了这些国家的社会福利、医疗保健和教育等方面的投入。总体上看，这两项措施的实施都不同程度地直接影响了普通民众的生活，因而在西方国家引起了一系列抗议运动，包括 2011 年 5 月西班牙的抗议运动、7 月以色列的抗议运动，以及 9 月美国的占领华尔街运动。占领华尔街运动后来成为西方国家普通民众即全球化的失利者对全球化的得利者即少数金融寡头以及相关国家政府不满的标志，这种抗议运动又进一步扩展到美国和欧洲的其他地区。2018 年油价上涨引发的法国黄马甲运动更是发展为一场以反对税收改革和紧缩政策为目标的全国性骚乱。让人深刻感受到全球化的影响的，是发达国家这一轮政策调整导致的物价上涨成为阿拉伯世界一系列抗议活动的导火线。2010 年突尼斯一名水果商贩自焚引爆了以突尼斯革命为开端的"阿拉伯之春"。抗议者的主要诉求是更多的民主、更透明的决策，要求决定国家经济政策的权力掌握在本国民众而非跨国资本手里。

　　虽然在此后的 10 年间世界经济还是有所增长，特别是中国和其他新兴经济体都有相对较好的表现，但西方国家的经济仍然缺乏强劲的动力。有学者甚至把这次金融危机之后的世界经济类比为 20 世纪二三十年代的"大衰退"。在这一时期，西方国家内部民粹主义、排外主义即右翼民族主义势头明显上升，其典型表现就是 2016 年主张"美国优先"的特朗普当选总统，同年英国进行脱欧公决，并于 2020 年正式脱欧。在此背景下，欧洲国家普遍陷入主权债务危机，美欧之间、中美之间爆发了各种贸易争端甚至经贸摩擦。国际经济组织和协调机构，包括从 G7 发展而来的 G20 在制定全球公共政策、协调各国行动中成效甚微，以至有学者把 G20 戏称为 G0，以讽刺其无所作为。[1] 2007～2009 年，全球的跨国直接投资从 3.134 万亿美元下降到 1.447 万亿美元。[2] 全球贸易额也大幅减少，从 2008 年第二季度的 4.386 万亿美元降至 2009 年第一

---

[1]　Ian Bremmer and Nouriel Roubini, "A G - Zero World—The New Economic Club will Produce Conflict, not Cooperation," *Foreign Affairs*, (2) 2011, p. 2.

[2]　"The World Bank Data: Foreign Direct Investment," https://data.worldbank.org/indicator/BX. KLT. DINV. CD. WD.

季度的 2.708 万亿美元。①

　　除了看到 2008 年以后经济全球化遭遇挫折之外，也需要看到，全球化实际上仍在持续。从经济层面来看，全球化没有完全停滞，只是发展速度有所放缓。2008~2018 年，世界贸易总额和国内生产总值都上升了 26%。② 至于在其他方面，如文化领域，好莱坞的电影、日本的动漫、中国的功夫以及以麦当劳为代表的快餐都成为全球性的现象。互联网在过去 40 年发展迅速，2005~2021 年互联网用户增加了 38.78 亿人，到 2021 年更是上升到 49 亿人。③ 互联网的普及大大压缩了整个世界的时空距离，使全球范围内的互联互通成为日常。传染病的全球蔓延，特别是 2020 年新冠肺炎疫情的全球传播，也从另一个角度表明了全球化的深度与广度。

　　大量全球性机构与组织的建立也是全球化的一个重要方面。这些组织中最重要的是成立于 1920 年的国际联盟，以及后来的联合国，当然还包括联合国下属的大量国际组织如世界银行、国际货币基金组织，以及后来的世界贸易组织等。另外必须提及的还有全球公共社会的产生和发展，它表现为大量国际非政府组织（INGO）的涌现。目前，全球各种政府间国际组织和国际非政府组织的数量已经超过 6 万个。这可能是长久来看全球化进程中真正能够经受住时间考验的部分。其中，由各种国际非政府组织组织和参与的对全球化的抗议本身也已经成为一种全球化的现象。但从全球公共社会的角度来看，无论全球化遇到什么样的挫折，其基本趋势已经不可逆转。

三　全球化进程中的矛盾与全球化的未来

　　第二波全球化是在西方国家战后构建的制度框架内展开的，因此虽然

①　"World Trade Organization: International Trade and Market Access Data," https://www.wto.org/english/res_e/statis_e/statis_bis_e.htm? solution = WTO&path =/Dashboards/MAPS&file = Map.wcdf&bookmarkState = ｛% 22impl% 22:% 22client% 22,% 22params% 22: ｛% 22langParam% 22:% 22en% 22｝ ｝.

②　World Trade Organization, "World Trade Statistical Review 2019," chrome-extension://efaidnbmnnnibpcajpcglclefindmkaj/viewer.html? pdfurl = https% 3A% 2F% 2Fwww.wto.org% 2Fenglish% 2Fres_e% 2Fstatis_e% 2Fwts2019_e% 2Fwts2019_e.pdf&clen=4911325&chunk=true.

③　https://www.statista.com/statistics/273018/number-of-internet-users-worldwide/.

每一个国家对世界市场的参与都包含了不同的谈判和协商过程，但基本的制度规范还是偏向市场化和自由化，偏向个人主义的价值取向，因此这一波全球化也被批评为"西方主导的、合法性基础薄弱"的全球化。[1] 第二波全球化从根本上说是西方国家国内政治经济秩序国际化的结果，而这些国家国内的政治经济矛盾也必然会体现到作为全球化制度基础的国际机制中。这一政治经济秩序最根本的内在矛盾，就是自由主义在平衡平等与差异方面的两难。

在西方国家，差异即自由是基础，而平等则是作为一种权利的自由的体现形式。出于各种历史和理论的原因，自由主义不得不动用平等这一自由的形式，即用平等来为自由进行正当性辩护，或者以平等的方式争取和保障公民的自由，但又不可能接受平等对自由和差异的替代。因此，传统自由主义处理平等与差异关系的基本原则是把平等的东西归政治、差异的东西归社会，即将平等严格限制在政治权利领域，而在社会经济领域则保留尽可能多的自由与差异。但是从根本上说，由于政治与社会领域之间天然存在的内在联系，所以传统自由主义这种"平等的东西归政治，差异的东西归社会"的原则本身就不可维持。由于新政自由主义和民主社会主义的影响，平等不断地向社会经济领域扩展，同时差异也在向政治领域渗透。其具体的表现，前者是罗尔斯的正义原则，[2] 后者则是认同政治。

罗尔斯的正义原则要求在所有社会基本善平等分配的前提下，任何差别性的分配都必须满足两个条件：一是保证机会平等，二是其结果对所有人有利。从某种意义上说，这个原则的实质，就是平等天然正确，而任何差异都需要经过论证。罗尔斯的正义原则虽然未必为所有人所熟知，但实际上体现在大量社会政策当中，同时为人们反对不平等提供了重要的理论支持。认同政治则是一些出于各种原因利益受损的少数群体争取改善自身处境的一种方式，即通过争取集体权利的方式维护个人利益。认同政治固然可以解决社会经济生活中的一些不平等现象，但它通过诉诸集体权利维护个人利益的方法，即与传统自由主

---

①　Chiara Oldani, Jan Wouters and Alex Andrione-Moylan, "The G7, Anti-globalism and the Governance of Globalization: Setting the Scene," in Chiara Oldani and Jan Wouters, eds., *The G7*, *Anti-globalism and the Governance of Globalization*, Routledge, 2019.

②　John Rawls, *A Theory of Justice*, revised edition, Belknap Press of Harvard University Press, 1999, p. 53.

义把平等的公民作为政治权利主体的基本原则相矛盾，因此它可能导致社会分化以及不同群体之间矛盾激化，甚至导致共同体分裂。

罗尔斯的正义原则对平等的过分强调，加之认同政治导致少数群体不断强化的权利要求，使西方国家在20世纪70年代后陷入某种社会政治危机，包括所谓的社会福利病，即经济效率的下降和工作伦理的败坏、国家巨额的财政赤字、经济增长的停滞以及价值观念方面的虚无主义等。实际上，新古典自由主义（还有新保守主义）正是为了解决这些矛盾而产生的。当时西方国家的政策组合，以美国的里根主义和英国的撒切尔主义为代表，是经济上的新自由主义加政治上的保守主义，即在经济上强调自由化，而在政治上则强调传统价值，这一套政策组合即所谓的"新古典自由主义"。特别是在经济上，新古典自由主义相信只要"政府让路，市场的创造力和金融产业的聪明才智就能让社会复活"。① 斯蒂格利茨以美国为例对新古典自由主义的政策总结如下：它们摧毁了对工人的保护和家庭的支持系统，创造了一种奖励短期收益却有害于长期投资的税收制度，为超大型金融机构编织了一张防护网，选择的是以财富增长而非充分就业为目标的货币和金融政策。② 从实际效果来看，这些政策组合并没有从根本上解决现实的矛盾，又遭到已经被新政自由主义动员起来的下层民众的抵抗，因此新古典自由主义的方案基本上是失败的。特别是对西方国家来说，新古典自由主义的全球化的结果一方面是使这些国家的贫富差距进一步扩大，另一方面是西方国家与新兴经济体在全球化过程中出现了"此消彼长"的趋势。这种结果应该是西方学者和政策制定者始料未及的，西方国家内部的矛盾被进一步激化。

因此，全球化过程中出现的一些问题，实际上是西方国家内部的矛盾在国际关系中的体现。例如1992年通过的《联合国气候变化框架公约》中提出的"同等但有区别的责任"（common but differentiated responsibility）原则，以及WTO谈判中对发展中国家的优惠原则，从某种意义上说都是罗尔斯正义原则的体现。但是，新古典自由主义要求的完全自由竞争、放弃国家保护的主张与此相矛盾。在国际移民和难民问题上也是如此。两套原则的矛盾显而易见，不

---

① Cf., Joseph E. Stiglitz, *Rewriting the Rules of the American Economy: An Agenda for Growth and Shared Prosperity*, W. W. Norton & Company, 2015, p. 23.

② Cf., Joseph E. Stiglitz, *Rewriting the Rules of the American Economy: An Agenda for Growth and Shared Prosperity*, W. W. Norton & Company, 2015, pp. 26-27.

同阵营的学者与政策制定者出于不同的立场对这些问题给出了不同的答案。美国在特朗普当政期间退出了《巴黎协定》等一系列国际协议与机制，体现的正是新古典自由主义的逻辑。所以，在西方国家自身没有找到一套统一的政治经济逻辑，而其他国家亦无法提供一套能够被普遍接受的替代逻辑的情况下，全球化本身就缺乏一种统一的高级规范，全球化过程中的矛盾和冲突从根本上说难以避免。

在第二波全球化的初始阶段，西方国家普遍采取减少政府干预、削弱社会福利、相互开放市场的做法，同时由于中国和苏东集团国家的市场化改革，以及非洲和拉丁美洲国家在世界银行和国际货币基金组织主导下的"结构改革"，整个世界经济的基本趋势是市场化和自由化。在新兴市场经济国家获得了快速经济增长的同时，整个世界经济通过商品、货币、人员等生产要素在世界范围内的大规模自由流动，以及以技术革命，即互联网和信息技术为核心的第四次工业革命的推动而实现了高速增长。在此过程中，全球范围内出现了产业的转移和重构，大量的制造业从欧美转移到中国等新兴经济体国家，全球财富也在一定意义上实现了再分配。总体而言，西方国家并非产业和财富再分配的最大受益者。在此过程中，新兴经济体国家经济的快速发展是第二波全球化中一个十分令人瞩目的现象。2010 年，中国的 GDP 已经超过日本，成为仅次于美国的世界第二大经济体。但是，以 2008 年的全球金融危机为标志，第二波全球化中一些固有的矛盾全面暴露出来。在西方国家，所谓的"新古典自由主义共识"或者说"华盛顿共识"基本破灭，民粹主义和民族主义抬头，新的全球共识难以达成，各国之间的利益冲突难以消解，这是 2008 年以后世界经济陷入低速增长而难以复苏的根本原因。

具体来说，第二波全球化体现出以下基本矛盾。

第一，西方发达国家内部矛盾激化。全球化的结果是出现了一批庞大的跨国企业，特别是跨国金融机构，它们在全球市场上产生了重要影响，也左右着世界上很多国家的政治局势和经济政策。因为它们跨越国界，流动性非常强，能够通过"用脚投票"在很大程度上规避民族国家政府的规制。卡尔·波拉尼指出，资本主义总是"试图建立一个庞大的、自我管制的市场"。[1] 无论发

---

[1]　Karl Polanyi, *The Great Transformation : The Political and Economic Origins of Our Time*, Beacon Press, 2001, p. 70.

达国家还是发展中国家，都陷入某种制度和政策困境，因为一方面只要任何国家出台对资本不利的政策和制度，资本马上就会转移到更有利可图的地方，而资本的移出又会促进经济增长和导致就业的下降，以及随之而来的财政收入的降低；另一方面，资本对低劳动成本、低环境成本的追逐也使国家难以维持较高水平的劳动保护和环境保护政策。整体来看，在环境保护和社会福利领域，全球化过程中体现出一种"竞次"（down to the bottom）效应，从而导致国家决策出现困难。在这种情况下，是资本俘获国家还是国家控制资本的问题尖锐地体现出来。

在第二波全球化过程中，西方国家的制造业大量转移到劳动和环境成本较低，或距离原材料产地较近的所谓"新兴经济体"国家，产业的移出导致失业率上升。同时，发达国家因科技进步而出现的产业升级又提高了对从业者知识和技能的要求，因此传统产业工人即所谓的蓝领工人遭受到双重压力。虽然全球化使他们能够以更低廉的价格购买到新兴经济体国家生产的产品，但他们的工资却长期得不到增长，生活压力持续增加，生活质量持续下降。根据经合组织的统计，自20世纪70年代以来，几乎所有工业化国家国民收入中用于支付工资的部分一直在下降。[1] 特别是低收入者的生活水平基本上没有得到改善。[2] 因此，在发达国家，全球化的得利者和失利者之间的贫富差距迅速扩大。这导致了一系列反全球化运动，如1999年直接行动网络组织（Direct Action Network）在西雅图发起的针对世贸组织的示威，以及2001年形成的世界社会论坛（World Social Forum）等。

有学者认为，当前的社会不平等在很多国家已经达到自19世纪以来的最高水平。如在美国，收入差距已经恢复到1928~1929年的状态。[3] 由于工会的地位和谈判能力持续下降，低收入者作为全球化过程中的失利者，在全球化过程中已经看不到希望，因而成为全球化和建制派的反对力量。在他们看来，掌握国家权力的政治人物已经与少数金融寡头完全勾连在一起，形成一种所谓的全球性寡头统治。全球化被认为是由华盛顿所代表的世界最大的政治体，以及

---

[1] *OECD Employment Outlook*, Chapter 3, October 2012, http：//www.oecd.org/els/emp/EMO%202012%20Eng_ Chapter%203. pdf.

[2] *OECD Employment Outlook 2017*, https：//read. oecd - ilibrary. org/employment/oecd - employment - outlook - 2017_ empl_ outlook - 2017 - en#page1.

[3] Thomas Piketty, *Capital in the 21st Century*, Belknap Press, 2014, p.298.

华尔街所代表的世界最大的经济体主导的过程。① 甚至有学者认为，"资本主义已经转变为金融化的资本主义，或者称金融引导的资本主义，即一种极不稳定的资本主义形式"。② "21 世纪的资本主义正在回归 18 世纪或者 19 世纪初的父权制模式，资本的所有权原则上控制在极少数富裕家庭之手，并且几乎不需要任何明显的努力就可以传承下去。"③ "占领华尔街运动"就是这部分人的诉求的集中体现。

全球化引发的人员跨境流动也为发达国家带来了极大的困扰。它们接收了大量来自发展中国家的优秀的高层次人才，但同时也不得不面对来自这些国家的移民和难民所带来的问题。罗尔斯的正义原则要求接收国提供给移民和难民国民待遇，但这实际上超出了接收国的能力。因为西方发达国家一般都面临人口老龄化的问题，所以虽然在经济增长阶段，移民和难民因能够在一定程度上缓解这些国家的劳动力短缺而一度受到欢迎，但一旦经济增速放缓，就会因为他们与接收国的国民分享社会福利和争夺就业机会而使接收国面临的压力增加，接收国的国民与移民和难民之间的矛盾也会激化。另外，由于移民和难民中有相当一部分是穆斯林，问题就更加复杂。美国在特朗普执政时期甚至在美国和墨西哥边境修筑了围墙，以防止移民进入。在欧洲，经济停滞，加上移民和难民问题导致了保守主义、民族主义和民粹主义力量的上升，一些持排外立场的政党在全国性选举中获胜，如意大利的五星党等。即便没有赢得选举，它们也在国内政治生活中有不可忽视的影响，如法国的"国民阵线"（2018 年 6 月以后改名为"国民联盟"）、德国的"德国的选择"、丹麦的人民党等。它们都持反移民、反欧盟、反经济开放的立场。这种情况导致西方国家一些主流的政治力量开始走向保守，2016 年特朗普在美国当选和英国脱欧公投的通过都是典型的案例。在东欧，具有右翼民粹主义倾向的匈牙利公民联盟和波兰法律与公正党分别于 1998 年和 2010 年，以及 2015 年掌握了政权。

第二，第二波全球化带来了全球性生产要素的自由流动，但并没有因此削弱国家间的竞争。这种竞争体现在各个方面，包括经济增长速度、产业结构、

① Alan Freeman and Boris Kagarlitsky, eds. , *The Politics of Empire： Globalisation in Crisis*, Pluto Press in association with Transnational Institute TNI, 2004, p. 8.

② Samir Amin, *Capitalism in the Age of Globalization*, Zed Books, 1997, p. 14.

③ Thomas Piketty, *Capital in the 21st Century*, Belknap Press, 2014, p. 298.

科技发展水平、通过税收得到的财政收入等。竞争的结果又成为新竞争的基础。出于各方面的原因，在第二波全球化进程中，国家间竞争导致的两个方面的结构性变化带来了重要的影响：一是美国在西方国家中相对地位的下降，二是西方国家和新兴经济体在竞争中得失的易位。美国对自身地位的变化高度敏感。特朗普在"美国优先""使美国再次强大"的口号中赢得了总统大选，而他上台之后，迅速促使美国退出了一系列双边和多边贸易协议，敦促美国公司把制造业从新兴经济体国家回迁到美国本土，从而使美国与西方各国以及美国与中国之间的经贸关系发生了重大变化，成为被不少学者称为"逆全球化"现象的重要表现。

特朗普执政时期，由美国挑起的中美之间的经贸摩擦，进而升级到接近中美"冷战"的对抗，加之各自主导的各种区域性的政治经济组织，使全球化面临被分化的风险。实际上，在这背后，除去意识形态因素之外，国家利益的冲突是导致中美矛盾和冲突的一个关键因素。这表明全球化并不可能自动协调国家间的不同利益，以及国家之间不平衡的发展，各国仍然拥有充分的自由空间去争取相对有利的贸易条件、争夺科技和产业优势、运用各种贸易政策与行政手段，甚至运用关税、贸易制裁等政策手段，而这一切都会对全球化进程产生严重影响。如果各国不能理性解决这种竞争和冲突，协调各方的利益得失，则不仅会阻碍全球化进程，甚至还可能导致矛盾不断升级。

需要注意的是，面对 2008 年全球金融危机以后的世界经济形势，西方政策界和学术界已经出现了明显的分裂。虽然仍有不少人主张更多的开放、更多的贸易自由和更少的国家管制以维持全球性的增长，但另一种主张似乎正获得越来越大的影响力，即要求更多的国家保护主义，既包括对产业的保护，也包括对劳工利益的保护等。总之，有关跨国治理、自由贸易和自由化的共识已经坍塌。无论是传统的自由主义，还是布莱尔和克林顿的第三种道路都已经失去了政治上的吸引力。另外在西方还出现了一种所谓的"威权民粹主义"，它主张对国家、民族、文化传统的更多尊重与服从，以期在全球化过程中获得更多的稳定与安全。① 至于 2017 年出现的所谓"巴黎宣言"，即

① Pippa Norris and Ronald Inglehart, *Cultural Backlash : Trump , Brexit , and the Rise of Authoritarian Populism*, Cambridge University Press, 2018, pp. 10–11.

"一个我们可以信赖的欧洲"① 的共同签字者，则更是把基督教、欧洲文化与民族国家作为人们忠诚的对象，从而体现出典型的保守主义、民族主义倾向。正是因为这些政治现象的出现，一些人认为全球化已经成为全球大分裂（great globalization disruption）②。

还有部分西方学者认为，第二波全球化过程中之所以出现所谓的"东升西降"现象，是因为这一进程中最大的赢家，如中国、印度和韩国，一方面大力推动其他国家金融和贸易自由化，另一方面它们本身则根本没有完全接受无限制和不受监督的市场的概念。它们的政府控制资本的流动、调节货币的发行、设置了各种贸易壁垒，保证在全球化中得大于失。③ 言下之意，就是这些国家实际上采取了双重标准。2008 年诺贝尔经济学奖得主克鲁格曼就提醒西方国家要警惕与低收入国家的贸易。保罗·萨缪尔森则直接认为，全球化中中国的所得就是美国的所失。④ 这些学者因此提出了全球贸易"再平衡"的观点。这是需要重视的现象。

第三，全球化给发展中国家带来的影响并不平衡。除中国、印度等少数国家之外，第二波全球化对于非洲和拉美地区国家经济发展的促进作用并不明显。由于实行世界银行和国际货币基金组织所要求的结构调整，这些国家往往被迫实行开放经济，从而导致更严重的贫富分化，以及经济依附、资源掠夺、环境污染、产业低端化、劳动条件恶化、卫生和安全标准降低等。特别是非洲国家，虽然在 21 世纪头 10 年经历了一段快速的经济增长时期，但主要来自原材料的出口贸易，而且增长速度极不稳定。⑤ 因此，虽然在全球化过程中，全球财富总量增加了，但全世界仍然有一半以上的人口处于贫困状态，缺乏充足的食物、洁净的水源和基本的医疗条件。

第四，全球化仍然严重缺乏再分配机制和有效的全球治理机制。主导了全

---

① "A Europe We can Believe in," https：//thetrueeurope. eu/a-europe-we-can-believe-in/.

② Cf. , Patrick Diamond, ed. , *The Crisis of Globalization ： Democracy, Capitalism and Inequality in the Twenty-First Century*, I. B. Tauris & Co. Ltd. , 2019.

③ Dani Rodrik, *The Globalization Paradox ： Democracy and the Future of the World Economy*, W. W. Norton & Company, 2011.

④ Roopinder Oberoi and Jamie P. Halsall, eds. , *Revisiting Globalization ： From a Borderless to a Gated Globe*, Springer, 2018, p. 173.

⑤ Cf. , "The World Bank Data：GDP Growth （Annual %） –Sub-Saharan Africa," https：//data. worldbank. org/indicator/NY. GDP. MKTP. KD. ZG？ locations＝ZG.

球化的国际货币基金组织、世界银行和世界贸易组织在解决 2008 年全球金融危机之后的经济发展问题方面表现令人失望，从而导致了它们的合法性降低。有学者认为："这次危机并非偶然，而是结构性的危机。亦非一时之事，而是全球化过程中内在矛盾的结果。"① 这两类机制的缺乏导致了社会阶级之间、国家之间和地区之间的分化，② 从而不仅使全球化急速加剧了全球范围内的不平等，导致全球性公共产品的短缺，而且使任何国家在面临全球性危机的时候只能采取封闭和自保的政策。2020 年新冠肺炎疫情全球暴发之后出台的各种防疫政策，以及全产业链和生产链问题的提出，都十分明显地证明了这一点。从某种意义上说，新冠肺炎疫情继 2008 年全球金融危机之后再度迟滞了全球化进程。因此，全球化依然同时面临着制度匮乏与合法性匮乏问题。这是很多全球化的抗议运动共同反对的一点。不少国际非政府组织因而都以不同的方式提出改革全球秩序的主张，要求更多的合法性、回应、透明和社会公正。

结　语

可以认为，2008 年全球金融危机之后，新古典自由主义共识已经破裂，全球化特别是经济全球化进程严重受阻。这是西方国家内在的政治经济结构矛盾导致的结果。如果这些矛盾得不到解决，也就意味着人们找不到一种新的价值体系以及与这种体系相一致的利益分配原则，那么全球化很难有一个光明的未来。当然，也有人认为 2008 年的衰退只是资本主义经济周期的一种体现。这种周期以五六十年为一个长周期，每一个长周期又包含了一些小的周期和危机。因此全球化的基本趋势中就包含一些短期的反全球化小周期，就此而言，这些反全球化的小周期也可以被理解为全球化的"重构"与"重新定向"。③不过，这可以被认为是一种结果主义的观点，除了让人们对前景保持乐观以外无助于解决现实问题。

总的来说，在不发生大的国际冲突的情况下，全球化的动力机制和经济技

---

① Alan Freeman and Boris Kagarlitsky, eds., *The Politics of Empire : Globalisation in Crisis*, Pluto Press in association with Transnational Institute TNI, 2004, pp. 1-2.

② Alan Freeman and Boris Kagarlitsky, eds., *The Politics of Empire : Globalisation in Crisis*, Pluto Press in association with Transnational Institute TNI, 2004, p. 4.

③ Roopinder Oberoi and Jamie P. Halsall, eds., *Revisiting Globalization from a Borderless to a Gated Globe*, Springer, 2018, p. 4.

术基础仍然存在并发挥作用。因此在未来，可能的前景是全球化与区域化并行，各国会首先解决自身内部问题，同时围绕全球化的规则展开激烈的竞争，并在此过程中努力构建民族国家之间稳定的政治经济关系，同时致力于构建一套有效的全球治理机制，特别是逐步建立全球性的再分配机制。在这些方面，如设立货币交易税和主权债务清算机制以及全球治理民主化的主张都具有积极的参考价值。但有一点可以肯定，即民族国家仍然是全球化过程中的一个重要平衡点。因此虽然各种国际非政府组织和政府间国际组织会在未来的全球治理中发挥越来越大的作用，但民族国家仍然是全球治理的基本单元，认为"民族国家已经不再是世界市场经济持续可靠的动力"[1] 的观点显然过于乌托邦。

罗德里克把自由主义在全球化过程中面临的矛盾称为"三难"，即国家主权、民主制和经济全球化之间存在着相互冲突的关系，并且认为每一个国家实际上不可能同时实现这三者，只能择其二者而从之，于是就出现了三种可能性，即选择国家主权和民主制而放弃全球化，或者选择民主制和全球化而放弃国家主权，或者选择国家主权和全球化而放弃民主制。[2] 第三种被认为是多数国家在 2008 年全球金融危机之后基本的政策取向，但这恰恰与民族主义和民粹主义在同一个政治方向上，而且其自身也包含着深刻的内在矛盾，即过分强调国家主权不可能在长期内与全球化相安无事，因为这将大大增加和平解决全球化过程中出现的各种矛盾与争端的困难。因此第三种选择充其量只能是一种应对全球化带来的社会、经济和政治危机的暂时的政策选择而不可能是根本性的制度决断。事实上，第一、第二种选择本身也带有"自我毁灭"的逻辑，因为封闭的民主和没有主权的民主都是类似"方的圆"一样不可想象的事情。就此而言，人类面临的根本挑战，就是必须从根本上突破传统自由主义和新古典自由主义的基本框架，以超越这个所谓的"三难"，而不是在民主制、国家主权和经济全球化之间进行不可能的选择。

---

① David Held, Anthony McGrew, David Goldblatt and Jonathon Perraton, *Global Transformations. Politics, Economics and Culture*, Polity Press, 1999, p. 55.

② Dani Rodrik, *The Globalization Paradox: Why Global Markets, States, and Democracy can't Coexist*, Oxford University Press, 2000, p. 184.

全球化与地区国别应对的经验

第十四章 欧洲与全球化：一体化的合法性危机

吕晓宇

内容提要 长期作为区域化样板的欧洲一体化，在经历了欧债危机、难民危机和英国脱离欧盟后，其进程陷入停顿徘徊的阶段，背后暴露的问题指向欧洲一体化进程应对全球资本和人员流动风险的能力。本章聚焦第二次世界大战结束后欧洲区域制度由依赖全球化转为管理全球化的过程，指出管理全球化方案遭到全球化的支持者和反对者的双重诘难，根本原因是欧洲一体化历史过程中制度设计的目的不明确，致使区域一体化组织无法处理国家核心利益和主权议题。这关系到民族国家、区域组织和全球化的内在矛盾，是区域化进程普遍需要解决的政治合法性问题。政治合法性决定了区域一体化的深度及其应对全球化的决心和能力，关乎区域组织长期的生存和发展。

欧洲一体化和全球化的关系是区域化研究中的焦点问题。欧洲一体化长期被视作区域化的样板和最受瞩目的成果，但接连经历了欧债危机、难民危机和英国脱离欧盟后，欧洲一体化的进程陷入了停顿和徘徊的阶段，其背后暴露的问题指向欧洲一体化进程应对全球资本和人员流动风险的能力。简言之，以区域化为方法应对全球化的范式陷入了危机。英国领导人以重新拥抱全球化作为脱离欧盟的正式理由之一，[1] 说明脱离区域一体化组织的行为不能简单地被理

---

[1] "The Government's Negotiating Objectives for Exiting the EU：PM Speech," Lancaster House, London, 17 January 2017, https：//www.gov.uk/government/speeches/the－governments－negotiating－objectives－for-exiting-the-eu-pm-speech.

解为逆全球化，至少在英国官方辞令上，它被视作重新融入和深化全球化的路径选择。那么，曾经作为应对全球化范例的欧洲区域组织，为什么会被认为是全球化的障碍？欧洲一体化和全球化的关系是怎样的？前者到底是推动还是阻碍全球化的进程？以欧洲作为样本，区域化与全球化的关系是什么？以区域化作为应对全球化的方案是否仍然有效？

围绕这些问题，本章追溯欧洲一体化的发展过程，试图理解区域化和全球化的理论关联。两个重要的变量影响对该问题的判断分析。第一个变量是时间。在不同的时间阶段，欧洲一体化和全球化的关系经历了主体和客体的转换。第二次世界大战结束后的经济复苏阶段，欧洲一体化的兴起是融入和依赖全球化的过程。进入 20 世纪 70 年代后，欧洲共同体经历了成员扩充和第一次石油危机，开始探索具有区域特色的全球化方案，以"管理全球化"成型的范式是欧洲一体化影响和塑造全球化进程的体现。

第二个变量是全球化的定义方式。如果将全球化定义为经济自由化和放松管制，那么欧洲一体化对全球化的角色和作用是由促进转为管制。如果把全球化视为动态多元概念，允许全球化的替代性路径，那么欧洲一体化则是在推动区域特色的全球化版本，与其他国家或地域的全球化模式共存，没有阻碍或限制全球化的发展。

展开欧洲一体化的和全球化的讨论前，本章先对核心概念加以明晰，把区域化、欧洲一体化、欧盟、欧洲化的概念加以区分。区域化指的是特定地区内政治、经济和社会一体化程度的加深。欧洲一体化作为区域化进程的代表，指欧洲在以上领域不断加深互动、形成多层次区域治理的过程。[①] 欧盟是 1993 年《马斯特里赫特条约》生效后成立的、目前包括 27 个成员国的区域性国际组织。欧洲化是指成员国在和欧盟的双向互动中产生趋同的规范和政策立场的过程。欧洲一体化大致经历了四个阶段。

（1）1951 年至 20 世纪 70 年代的合作和兴起：1951 年法国、联邦德国、意大利、荷兰、比利时和卢森堡成立欧洲煤钢共同体，1957 年签署《罗马条约》、成立欧洲原子能组织和欧洲经济共同体。

（2）20 世纪 70~80 年代的调整和扩大：1973 年丹麦、爱尔兰和英国加入

---

① Edward Best and Thomas Christiansen, "Regionalism in International Affairs," in John Baylis, Steve Smith and Patricia Owens, *The Globalisation of World Politics*：*An Introduction to International Relations*, 7th edition, Cambridge University Press, 2017, pp. 1-22.

欧洲共同体，第一次石油危机爆发后，欧洲共同体调整经济贸易政策。80 年代向南扩大，吸纳希腊、西班牙和葡萄牙加入共同体。

（3）20 世纪 90 年代至 21 世纪头 10 年的深化：1993 年《马斯特里赫特条约》生效后，欧盟成立，吸纳前社会主义国家加入，2009 年《里斯本条约》生效后，欧盟迈向政治共同体。

（4）2010 年后的危机和挑战：欧盟受到金融危机和难民危机的冲击，2014 年的欧盟议会选举中疑欧党派兴起，2020 年英国正式脱离欧盟。

本章主要关注第二次世界大战结束后欧洲区域制度性的一体化进程，包含非欧盟成员国的欧洲国家（如冰岛、挪威和瑞士）参与，同时把欧洲化视作区域一体化的结果。本章梳理了欧洲一体化由依赖全球化转向管理全球化的过程。二战结束后，欧洲的一体化依托和补充了全球化体系，是全球化的产物。区域化进程中，欧洲探索出应对全球化的区域方案"管理全球化"，冷战结束后以区域化的方式加深推进了全球化进程。近年来，欧洲以区域化应对全球化的方案陷入了困境，遭到全球化的支持者和反对者的双重诘难，其根本原因是欧洲一体化的历史过程中制度设计的目的不明确，致使区域一体化组织无法处理国家核心利益和主权议题。这关系到民族国家、区域组织和全球化的内在矛盾，是区域化进程普遍需要解决的政治合法性问题。政治合法性决定了区域一体化的深度及其应对全球化的决心和能力，关乎区域组织长期的生存和发展。

一　融入和依赖：全球化下的欧洲

战后欧洲一体化始于经济复苏和建立和平欧洲的迫切愿望，欧洲经济共同体的建立揭示了一体化初期消除关税、提倡自由贸易以及货物、服务、资本和劳动力四大要素自由流通的目标，这是消除国家壁垒的经济全球化目标在这一区域的体现。[①] 布雷顿森林体系的建立、马歇尔计划、国际货币基金组织和世界银行的设立，为欧洲一体化奠定了基础，这意味着初期的欧洲一体化受到了作为全球化领导者的美国的影响。乔治·罗斯（George Ross）把"新欧洲"

[①] European Union, "Treaty Establishing the European Community（Consolidated Version）," *Rome Treaty*, 25 March 1957.

的诞生归结于三次全球化的进程。①

第一次全球化是战后欧洲为了寻找重建资金，从美国获得贷款和援助，促进各国通过欧洲经济合作组织（Organization for European Economic Cooperation，OECD 的前身）合作，使西欧国家融入美国主导的全球经济秩序。第二次全球化伴随冷战开始后美苏阵营的系统对立展开，军事动员和竞争促使北大西洋联盟（North Atlantic Alliance，NATO 的前身）的建立，欧洲国家的军事和安全能力被放置在跨国的组织安排下，一体化进程受到安全领域的全球局势的影响。第三次全球化开始的标志是 1957 年《罗马条约》的签署，美国式消费主义和大规模生产扩散到欧洲，福特主义成为欧洲产业和经济的重要模式，流水线分工基础上的劳动组织方式大幅度提升了生产效率，提高了普通工人的工资水平，刺激了社会消费和国民经济增长。区域一体化融入全球化体现在了民众劳动和生活方式的趋同上。罗斯对此总结道："虽然（欧洲一体化）直接的想法来自让·莫内丰富的头脑，但是产生这些想法的必要条件是美国方面的施压，它力图解决战后法国和德国间的经济和政治差异，让恢复友好状态的德国参与到冷战背景下的欧洲防御体系，这些条件都是全球性的。"②

美国在欧洲一体化初期的主导性地位给区域化增加了现实主义政治解读的空间，即一体化的进程不是自发自愿的，而是在大国的强迫下或是国际体系的结构压力下形成的，一体化的进程受到大国战略的塑造。安德·威尔（Anders Wivel）从权力政治的角度出发，认为欧洲一体化可被视作欧洲对世界经济中美国霸权地位的适应和调整。欧洲国家接受美国的经验和实践，增强在全球化中的竞争力，经济一体化降低了全球社会化的成本，全球竞争促生的张力让政策制定者更容易应对国内的反对声音，以国际压力为理由做出政策调整。③ 但从欧洲自身的视角来看，即便迫于压力加入全球化进程，其背后的道德驱动仍是调节欧洲内部的国家冲突，争取区域的自主空间，以保证区域内的长期和平稳定。海伦·华莱士（Helen Wallace）指出，在融入全球化的过程中，欧洲始

① George Ross, "European Integration and Globalization," in Roland Axtmann, ed., *Globalization and Europe : Theoretical and Empirical Investigations*, Pinter, 1998.

② George Ross, "European Integration and Globalization," in Roland Axtmann, ed., *Globalization and Europe : Theoretical and Empirical Investigations*, Pinter, 1998, p165.

③ Anders Wivel, "The Power Politics of Peace: Exploring the Link between Globalization and European Integration from a Realist Perspective," *Cooperation and Conflict*, Vol. 39, No. 1, 2004, pp. 5-25.

终受到自身历史经验的影响，以适应全球化的手段来解决欧洲长期以来面临的跨境关系的问题。① 到底是历史的传统还是强权的利益推动了一体化的进程还存在争议，但是这两种观点都同意，战后一体化是复苏的欧洲融入和依赖美国主导的战后全球化体系的过程。那么，随着欧洲经济力量的增长和政策自主性的增强，还能否把欧洲的一体化进程视作全球化的表现呢？

把欧洲一体化的进程持续视作全球化结果的观点集中在政治经济学领域。② 这派的观点认为，如果欧洲一体化在全球化的持续影响下，在核心政策领域欧洲会显现减少管制、允许自由市场竞争的合流趋势。欧洲在劳工资本市场、选举竞争和中央与地方政府关系上的市场化的改革速度和非欧盟国家一致，说明全球化的影响仍然强势。③ 在电力和通信的基础设施领域，欧洲国家自由化的行业政策没有受到欧洲区域组织的影响，而是和其他区域国家在全球化影响下的改革步伐相同。④ 这样的分析框架试图区分一体化和全球化的影响，把其他区域国家引入比较，如果证明在同一时期欧洲国家的自由化政策和其他区域国家以相同的逻辑和步骤发生，则说明这一时期内欧洲区域的政策趋同是由全球化促成的，而非独立的区域一体化的结果，全球化的驱动力仍然占据主导地位。

把欧洲区域内的自由化政策视作全球化结果的观点存在两个问题。第一是内生性的问题。在概念上把全球和区域的影响分开，在实践中想要辨清全球—区域这样的"人造的边界"是困难的。⑤ 当全球化和区域化的变量相互影响时，政策结果可是两者共同作用的结果，难厘清是内生于区域还是受到外界影

---

① Helen Wallace, "Europeanisation and Globalisation: Complementary or Contradictory Trends?" *New Political Economy*, Vol. 5, No. 3, 2000, pp. 369-382.

② Gary Marks, Fritz W. Scharpf, Philippe C. Schmitter and Wolfgang Streeck, *Governance in the European Union*, Sage, 1996; Helen Wallace, "Europeanisation and Globalisation: Complementary or Contradictory Trends?" *New Political Economy*, Vol. 5, No. 3, 2000, pp. 369-382; Steven Weber, *Globalization and the European Political Economy*, Columbia University Press, 2001.

③ Daniel Verdier and Richard Breen, "Europeanization and Globalization: Politics against Markets in the European Union," *Comparative Political Studies*, Vol. 34, No. 3, 2001, pp. 227-262.

④ David Levi-Faur, "On the 'Net Impact' of Europeanization: The EU's Telecoms and Electricity Regimes between the Global and the National," *Comparative Political Studies*, Vol. 37, No. 1, 2004, pp. 3-29. 同样的分析可参见 Peter Humphreys and Stephen Padgett, "Globalization, the European Union, and Domestic Governance in Telecoms and Electricity," *Governance*, Vol. 19, No. 3, 2006, pp. 383-340。

⑤ Jan Aart Scholte, *What is Globalization?: The Definitional Issue-Again*, CSGR, 2002.

响。即便把全球化作为自由化政策的主要原因，其具体因果关系也无法明确地建立：全球化影响是先传递到区域组织再传递到国家，还是国家感到全球化压力后诉诸区域组织做出政策改变？这些问题让区域内部政策和全球化之间仅存在弱因果联系。第二是全球化作为口号的问题。米什拉（Mishra）和莫尼耶（Meunier）都注意到，政策制定者把"全球化"作为政治文化工具，为政策的改变提供依据和解释。[①] 全球化的概念简化了多元复杂的全球经济面相，为降低福利开支和减少商业管制提供一套周全的说辞，让它成为政治和经济精英的口号，利用全球化的主流话语地位为政策制定和实施减少障碍。[②] 在这样的情形下，区域组织引用全球化作为政策依据，就不能直接地被认为是全球化对于区域一体化的影响，而可能仅是以全球化为名的改革方法。因此，把欧洲一体化的进程持续地视作全球化结果的观点，要面对以上两个理论和方法的问题，难以建立全球化和区域化的强因果关联。

二　规范与管制：欧洲的全球化方案

随着欧洲一体化加深和经济政治能力的回升，欧洲一体化不单是全球化被动的接受者，而且在积极地回应和影响全球化。欧洲一体化对全球化的影响，对内表现在欧洲对全球化效应的"过滤"上，即选择性地吸收和拒绝全球化的压力，对外表现为欧洲输出自身的规范和政策，改变全球化的进程和模式。[③] 欧洲回应和改变全球化强调规范和管制，主张建立规则和制度，以确保

[①] Ramesh Mishra, *Globalization and the Welfare State*, Edward Elgar, 1999; Sophie Meunier, "France's Double-talk on Globalization," *French Politics*, *Culture & Society*, Vol. 21, No. 1, 2003, pp. 20 – 34.

[②] Colin Hay and Ben Rosamond, "Globalization, European Integration and the Discursive Construction of Economic Imperatives," *Journal of European Public Policy*, Vol. 9, No. 2, 2002, pp. 147 – 167; Ben Rosamond, "Globalization, the Ambivalence of European Integration and the Possibilities for a Post-disciplinary EU Studies," *Innovation: The European Journal of Social Science Research*, Vol. 18, No. 1, 2005, pp. 23–43; Colin Hay, "What's Globalization Got to Do with It? Economic Interdependence and the Future of European Welfare States 1," *Government and Opposition*, Vol. 41, No. 1, 2006, pp. 1–22.

[③] Helen Wallace, "Europeanisation and Globalisation: Complementary or Contradictory Trends?" *New Political Economy*, Vol. 5, No. 3, 2000, pp. 369 – 382; Paolo Graziano, "Europeanization or Globalization? A Framework for Empirical Research (with Some Evidence from the Italian Case)," *Global Social Policy*, Vol. 3, No. 2, 2003, pp. 173–194.

货物、服务、资本和劳工的自由化流动和政府的实践相辅相成，这一理念被称为"管理全球化"（managed globalization）。阿卜杜拉和莫尼耶（Abdelal and Meunier）追溯了管理全球化的起源和发展：欧洲经历了 1973 年石油危机、20 世纪 70 年代经济增长缓慢和高失业率的"欧洲硬化症"后，系统性探索在全球经济中的区域方案，推动统一市场和货币。在这个过程中，法国左翼政治人物扮演了至关重要的作用。密特朗政府的要员率先在法国启动了变革，一方面接受经济全球化和市场机制，另一方面引入规则和秩序作为新的政治合法性基础。密特朗执政时期的经济财政大臣雅克·德洛尔（Jacques Delors）后成为欧共体主席，德洛尔的顾问帕斯卡尔·拉米（Pascal Lamy）后成为欧盟贸易专员和世界贸易组织总干事，他们把法国的政策理念引入欧洲一体化进程，推崇有规则指导的自由化。1999 年，拉米在欧洲议会中提出"管理全球化"作为他的任期目标，将欧洲一体化作为该理念的实施载体，因为"欧盟是驾驭全球化使之与我们的社会模式相容的唯一工具"。①

具体来说，欧洲区域通过三个机制来实践管理全球化的理念和方案。

第一，扩大政策范围和地域影响。例如在金融领域，欧元的流通和欧洲央行的建立，扩大一体化进程的政策范围，减轻成员国受到的全球货币市场波动的影响。当欧元成为国际认可的国际储备货币后，增加欧洲在全球金融市场的分量。欧洲一体化过程吸纳新的成员国，扩展自己的边界，把原本单独应对全球化的民族国家纳入区域框架。2004 年和 2007 年欧盟吸纳中东欧成员国时，评估了超过三十个政策领域，通过欧盟委员会专家和成员国官员会议，确保成员国履行共同体法律总汇，保持加入欧盟后成员国政策的统一性，这为欧洲作为整体参与全球竞争和议程设定提供了支持。② 对于暂时无法加入欧盟的周边国家，以欧洲睦邻政策和区域贸易协定的方式，鼓励它们接受符合欧洲规范的政治和经济转型，继而扩大欧盟的地域影响。③

第二，制定和传播国际规则规范，改革和赋能国际组织。在区域政策和地

① Rawi Abdelal and Sophie Meunier, "Managed Globalization: Doctrine, Practice and Promise," *Journal of European Public Policy*, Vol. 17, No. 3, 2010, pp. 350-367; P. Gordon and S. Meunier, *The French Challenge: Adapting to Globalization*, The Brookings Institution Press, 2001.

② Nicolas Jabko, *Playing the Market: A Political Strategy for Uniting Europe*, 1985-2005, Cornell University Press, 2006.

③ 王展鹏、夏添：《欧盟在全球化中的角色——"管理全球化"与欧盟贸易政策的演变》，《欧洲研究》2018 年第 1 期，第 77~97 页。

域影响扩大的基础上，欧洲一体化通过与区域组织或者国际组织的互动，向全球化渗透有区域特色的规则和理念。在贸易领域，欧洲以加速和推动全球化的深入为目标，提升欧洲主导规则下的经济自由化。比如，欧盟支持关税及贸易总协定向世界贸易组织的机构转变，重要动因是世界贸易组织有关贸易纠纷的解决机制，包括上报违规、斡旋争端和实施决议的一套流程和规定，让欧盟认为机制化可以促进世界贸易自由化以有序的方式深化。同时，欧盟主张推动世界贸易组织扩大政策范畴，在 1996 年于新加坡举行的世界贸易组织部长会议上，在美国态度模糊的情况下，欧盟坚持把竞争政策、政府采购透明度、贸易便利化和投资保护作为贸易条件，成为推动国际贸易规则制定的主要力量。[①]虽然这些议题最终因为发展中国家的反对没有被纳入正式的贸易协定，但欧盟把它们纳入谈判内容，无形中扩展了国际组织的涉及领域。

在人权领域，欧洲持续性地建构并在全球范围内扩散规范，把提倡人权作为区域组织的核心目标之一。欧洲法院的设立影响了前南斯拉夫问题国际刑事法庭、卢旺达问题国际刑事法庭和国际刑事法院的设立和运行。欧盟积极参与联合国大会社会、人道主义和文化委员会（第三委员会）与联合国人权理事会，支持欧洲安全与合作组织以及欧洲委员会的议程和工作。美国、加拿大、日本和墨西哥是欧洲委员会的观察国，加拿大和美国是欧洲安全与合作组织的成员国。通过这些国际合作机制，欧洲扩大了自身在人权、法治和议会民主领域的规范力量。[②]

在环境和可持续发展领域，欧盟在联合国环境和发展大会发挥领导性的关键作用，欧洲协调 1992 年里约峰会上国际环境条约谈判，促成 1997 年的《京都协定书》及 2015 年的《巴黎协定》。推动环境领域规范的全球化时，欧洲活跃在多边国际组织中，充分利用和发挥了非政府组织的力量。和非政府组织的合作甚至体现在欧洲公司和环保组织这一看似不寻常的联盟中。比如在欧盟生态管理及审计体系（Eco-Management and Auditing Scheme，EMAS）走向全球化的过程中，受到区域体系监管的欧洲公司需要披露生态改善的记录，它们开始联合环保类的非政府组织游说美国和亚洲国家的公司采取相同的体系标

---

① Robert Howse and Kalypso Nicolaidis, "Enhancing WTO Legitimacy：Constitutionalization or Global Subsidiarity?" *Governance*, Vol. 16, No. 1, 2003, pp. 73-94.

② Mikhail A. Molchanov, "Regionalism and Globalization：The Case of the European Union," In *Globalization and Political Ethics*, Brill, 2007, pp. 181-196.

准。1996 年，国际标准化组织最终采取了欧洲标准作为全球的生态管理和审计体系标准。

第三，重新分配全球化的成本，发挥欧洲的模范作用。管理全球化不单是制定全球化的规则，也涉及分配全球化的福利和成本。推行经济开放的同时，欧洲完善自身的社会福利系统，补偿社会应对经济全球化的损失。这样的重新分配机制不仅存在于民族国家，也发生在作为整体的欧洲区域内部。2007 年启动的欧洲全球化调整基金（European Globalization Adjustment Fund）给予因全球化失业的公民补贴和支持，在欧洲内部完成就业培训、创造新的工作岗位。欧洲还进一步通过国际组织在全球范围内进行再分配尝试，比如在世界贸易组织中启动"援助换贸易"（aid for trade）项目，给予发展中国家援助以帮助它们适应全球自由贸易体系。在进行重新分配的过程中，欧洲推行社会民主的理念和实践，统称欧洲的社会模式，发挥了模范性作用。欧洲作为一个代表性的区域，证明了多元的市场经济可在自由经济秩序中共存，尊重和提倡社会进步、可持续、透明公开和辅助性原则。[①]

在塑造规范领导权的过程中，欧盟更多使用了劝说和软性施压的方式，不是依赖强权和实力政治，把符合欧洲价值和规范作为准入欧盟市场的先行条件。[②] 虽然这些条件没得到强制性的一贯执行，这也被认为是欧盟能力软弱的一面，但着重协商和劝说的沟通方式，为欧洲的规范性地位建立了相对广泛和长久的社会接受度。在关于国际经济组织的讨论中，欧盟通常被作为正面案例，以说明跨国组织如何进行改革来增强合法性和获得支持。欧洲的模范作用以非直接的方式影响了全球化进程，拓宽了在全球化背景下达成区域治理目标的可能性。

欧洲一体化通过以上机制影响全球化，重塑了后者的走向和趋势。欧洲区域组织形成全球性的规范力量，来源于自身的经济实力和监管能力。作为世界第三大经济体，欧盟利用自身市场体量，向其他经济体传播和施加符合自身倾向的价值和政策。欧洲建立起成熟的监管国家机构，在刺激市场竞争的同时提供社会产品和服务。巴赫和纽曼（Bach and Newman）提出，欧洲国家层面的一

---

① Orfeo Fioretos, "The Regulation of Transnational Corporate Identity in Europe," *Comparative Political Studies*, Vol. 42, No. 9, 2009, pp. 1167-1192.

② Emilie M. Hafner-Burton, "Trading Human Rights: How Preferential Trade Agreements Influence Government Repression," *International Organization*, Vol. 59, No. 3, 2005, pp. 593-629.

系列制度改革，促生了"管制型国家"（regulatory state），进一步加强了欧洲影响全球公共政策的能力。① 他们以数据隐私为例，列举从 20 世纪 70 年代起在欧洲各国兴起的保护隐私的立法，并在 1995 年时转化为欧盟层面的《数据保护指令》，进而成为广泛被接受的国际标准。在数字经济市场不如美国的情况下，欧洲影响了全球规范和立法过程，显现出其在管制领域的能力和权威。在金融证券领域，欧洲以后来居上者的态势，改变了美国在此领域管制立法的主导地位。2002 年，欧盟采用加强全球监管的新规定，推行单一监管模式，把权力集中到一个监管机构，以监督金融企业涉及各行业的活动，非欧盟的机构符合新规定才能被认定是同等地位的监管机构，从而倒逼美国证券交易委员会改革国内的规定和自身机构的权能，接受欧洲的监管理念和实践。

欧洲一体化进程中探索出"管理全球化"方案，改变了区域化从属全球化的地位，赋予欧洲区域组织影响全球化的空间和能力，监管一体化成为加深区域化的途径和动力。不阻碍经济自由化、寻找有规则的自由化，成为具有欧洲地域特色的应对全球化的方案。然而，"管理全球化"的理念和实践包含内在的矛盾：区域组织试图为全球化制定规则，而全球规则必然是多主体和区域互动的结果，最终形成的规则未必符合特定区域的倾向，这时候区域内部又会面临分裂和整合的压力，以对抗和回应形成的全球规则。

所以，"管理全球化"看似是面向全球化的整体方案，但事实上是一个以欧洲为出发点，不断选择、拒绝和拆解全球化的过程，欧洲有意识地允许和排斥特定的全球化因素，以满足区域地位的提升和利益的最大化需求。② 以欧洲整体作为出发点的理念，在实践中陷入一些困境，比如经济竞争力和市场容量不同的国家对于监管的态度大相径庭。③ 因此，我们在谈及区域化对全球化的影响时，没法一概而论，而是要明确在具体的条件下和时段中，区域一体化是在加速还是阻碍全球化。

① David Bach and Abraham L. Newman, "The European Regulatory State and Global Public Policy: Micro-institutions, Macro-influence," *Journal of European Public Policy*, Vol. 14, No. 6, 2007, pp. 827-846.

② Rawi Abdelal and Sophie Meunier, "Managed Globalization: Doctrine, Practice and Promise," *Journal of European Public Policy*, Vol. 17, No. 3, 2010, pp. 350-367.

③ Daniel W. Drezner, *All Politics is Global*, Princeton University Press, 2008.

三　区域化的危机：政治的合法性

　　欧洲区域一体化过程中探索出的"管理全球化"方案存在内在的矛盾性，使其在加强管制和放任流动之间摇摆，努力平衡区域内的差异，力图在外部竞争的环境中保持自身的优势和利益。在区域经济向好、政治经济环境稳定的情况下，此模式为政策调整留下了灵活的空间，但一旦经济出现波动，区域组织无法令各方满意地分配全球化的福利和成本时，"管理全球化"模式就会陷入危机。它受到来自两方面的攻击。一方面，质疑全球化的阵营把一体化进程和欧盟视作全球化的"特洛伊木马"，认为其把不稳定市场力量引入欧洲区域，因而要求欧洲加强地区保护以抵御全球化。另一方面，支持自由全球化的阵营认为区域组织机制是保护主义的壁垒，不利于欧洲全面地融入全球竞争。欧洲应对全球化的理念和框架已成为两面不讨好的举措。

　　2008 年全球金融危机以来，欧洲相继经历了欧债危机、难民危机和英国脱欧等改变一体化进程的事件。即便"管理全球化"方案没有被完全抛弃，但无疑已处于深刻的危机之中。这三大事件暴露的矛盾都指向区域组织和民族国家主权：在多大程度上区域组织能够和应该介入区域内国家的财政、人口和立法等核心议题。简言之，"管理全球化"方案没有解决的问题是：区域组织是否能取代欧洲各国政府进行管理。

　　通过欧洲一体化的危机可看出，以区域化应对全球化的方法存在政治合法性争议。在民族国家—区域组织—全球的三层关系中，民族国家应该通过何种机制把决策的权力移交给区域组织，区域组织应该在何种议题中代表民族国家回应全球化，欧洲一体化没有给出明确的解决方案。有关欧洲一体化，一直存在的长期争论是如何在政治形态上定义欧盟。政府间主义（intergovernmentalism）把欧洲定义为松散的政府间组织，成员国家享有在决策、立法和行动方面的自主权，它们加入一体化的进程建立在自愿原则上。[1] 曾任欧盟法院院长的科恩·莱纳茨（Koen Lenaerts）认为欧盟是超国家（supranational）政体，《里斯本条约》通过后，欧盟中心化趋势加强，区域组织有独立的组成和运行，由多数投票完

---

[1]　Andrew Moravcsik, "Preferences and Power in the European Community: A Liberal Intergovernmentalist Approach," *Journal of Common Market Studies*, Vol. 31, No. 4, 1993, pp. 473-524.

成的决策适用于所有成员国，通过条约和立法确立了司法管辖下的权利和义务，符合超国家政体的条件。① 相较美国和欧洲国家的学者习惯以"联邦"（federalist）的框架看待欧盟，欧洲国家领导人在官方文件中刻意避免了使用"联邦"一词。欧洲一体化的初期符合政府间组织的定义，但随着一体化程度加深，尤其在统一货币欧元和欧盟法优先于国内法的原则确立后，欧洲区域组织发展出联邦政体的特征。但是，在军队和警察等国家暴力机关上，欧盟尚没有建立起统一的组织，所以现阶段还是"不完整的联邦"。②

如果不把欧盟放置于"政府间"或"联邦"的传统标准上考虑，把它视作一种新的政治形态呢？简·杰隆卡（Jan Zielonka）把欧洲形容为"新中世纪帝国"（neo-medieval empire），一体化开始就不是从威斯特伐利亚体系下的民族国家出发的，欧洲区域内边界管控松散，权力不集中，多重的治理和组织系统交叉，经济和文化的异质性大，更像民族国家体系出现前的中世纪时代。③ 约翰·鲁杰（John Ruggie）把欧洲定义为"首个真正意义上的后现代政治形态"，认为它已超越了现代政治排他性的主权原则，形成多维度的政体，拥有多个中心权威和决策点，解构了固定化的领土概念。④

如此有关政体性质的争论，很少发生在一个常规运行的政治实体中，况且欧盟在国际舞台上已成为重要角色，切实发挥着作用。人们难以认定欧盟是一个什么样的政治组织，在其政体性质上缺乏共识，意味着其区域内权力关系尚未固定下来，政治合法性来源尚不明确。探究下去，政治合法性的不明确源于欧洲一体化制度目标的模糊性。欧洲一体化没有把确切的政体形式，比如松散的政府间组织还是权力相对集中的联邦制，作为一体化进程的目标。

制度的模糊性在很大程度上是由欧洲一体化的路径依赖决定的。欧洲一体化受"莫内方法"（Monnet Method）和功能主义的主导，采用渐进策略，希望通过经济领域一体化的外溢效应，逐步地把一体化进程扩散到其他领域，在区

① George A. Bermann, "Taking Subsidiarity Seriously: Fedcralism in the European Community and the United States," *Columbia Law Review*, Vol. 94, No. 2, 1994, pp. 331-456.

② Ulrich Everling, "Reflections on the Structure of the European Union," *Common Market L. Rev.*, Vol. 29, 1992, p. 1053.

③ Jan Zielonka, *Europe as Empire: The Nature of the Enlarged European Union*, Oxford University Press, 2007.

④ John Gerard Ruggie, "Territoriality and Beyond: Problematizing Modernity in International Relations," *International Organization*, Vol. 47, No. 1, 1993, pp. 139-174.

域层面形成更大的权力，这样务实的方式在区域化初期减少了来自成员国的阻力。① 但是，一旦遇到内外部危机或一体化进入攻坚期时，不带最终目的和顶层设计的一体化方式很难提供拥有共识的出路。全球化改变了欧洲一体化的进程，迫使欧盟重新审视既有的一体化的动力和方法，以适应全球性的矛盾和冲击。

如果说民主价值和制度被欧洲国家作为政治合法性来源，那其是否也能作为区域化的合法性根据，来推动一体化制度目标的设立和建设呢？具有讽刺意味的是，民主被认为是欧洲国家层面的制度基础以及区域层面向外传播和倡导的核心价值，但欧洲区域组织却面临严重的民主赤字（democratic deficit）问题。德国社会学家和政治家达伦多夫评价道："如果我们以议会民主制的标准来判断民族国家的民主性，问题是在国家之外，我们再也找不到民主的合适的制度安排。这促使我们在世界发展开始超越民族国家时，重新审视民主的原则，并追问如何在新的场景里应用它们。"② 欧洲一体化形成的区域组织和治理模式，没被广泛认为是民主价值的延伸和应用。在民主赤字的讨论中，欧盟受到的指责包括不透明的决策机制、欧盟理事会和欧盟委员会的成员不是由选举产生、欧盟议会议员的权力不足和欧盟条约和法令的偏向性，因此在政治认同上统一的欧洲身份是薄弱的。③

政治合法性的来源可以分为输入型（input legitimacy）和输出型（output legitimacy）。欧洲一体化过去依赖输出型的政治合法性，通过一体化的政策输出和执行效率维持和巩固区域组织的运行。当政策和效率受到怀疑时，需通过改革来提升其制度内在的合法性。马克·波拉克（Mark Pollack）总结了三种欧洲改革的方向：议会化、宪法化和商议式。④ 议会化是加强欧洲议会的立法

① Kevin Featherstone, "Jean Monnet and the Democratic Deficit in the European Union," *Journal of Common Market Studies*, Vol. 32, No. 2, 1994, pp. 149-170；宋新宁：《欧洲一体化理论：在实践中丰富与发展》，《中国人民大学学报》2014 年第 6 期，第 1～9 页。

② Ralf Dahrendorf, "A Definition of Democracy," *Journal of Democracy*, Vol. 14, No. 4, 2003, p. 103.

③ Christophe Crombez, "The Democratic Deficit in the European Union: Much Ado about Nothing?" *European Union Politics*, Vol. 4, No. 1, 2003, pp. 101-120；Marc F. Plattner, "Making Sense of the EU: Competing Goals, Conflicting Perspectives," *Journal of Democracy*, Vol. 14, No. 4, 2003, pp. 42-56；Vivien A. Schmidt, "Democracy and Legitimacy in the European Union Revisited: Input, Output and 'Throughput'," *Political Studies*, Vol. 61, No. 1, 2013, pp. 2-22.

④ Mark A. Pollack, "Theorizing EU Policy-Making," In *Policy-making in the European Union*, Oxford University Press, 2005.

权和财政权，加强欧洲政党小组权力，把欧洲委员会置于欧洲议会的管理下。宪法化是以统一的法治和程序确保最低程度的透明度和公共政策的参与，以欧洲宪法作为共同体的政治基础。哈贝马斯的"宪法爱国主义"以宪法化的理想目标超越民族国家身份，构建以规范和价值认同为基础的共同体身份。[①] 商议式的改革方向同样受到哈贝马斯的影响，呼吁欧洲社会各个主体参与公共空间的讨论，以商议为原则得出最适合的政策选择。

虽然欧洲在这三个方向上都有制度创新的突破，但就目前来看，这三个方向的努力没能改变区域化的危机。议会化和宪法化的方向仍然基于民族国家的框架改造区域化组织，但无法把欧盟变成和国家政府同质化的制度机构。民粹政党在欧洲议会中的影响力扩大也证明，加强议会和欧洲政党的力量不一定会巩固民主制度或者价值。商议式的路径需要满足的条件是参与的主体处于共同的生活世界、需要共情和换位思考的能力、拥有进入讨论空间的平等权利，这和现实政治状况相去甚远，使商议过程常沦为空谈的博弈。如果没有解决输入型合法性的问题，任何面向未来的制度目标和方案都会陷入政治上的争议。无论国家立场是倾向还是反对全球自由化的进程，区域组织的政策都会被认为是对于国家主权不公平和不符合程序的瓦解和侵蚀。这样一来，欧洲是否还能作为一个整体应对全球化就成了问题。

针对欧洲一体化的危机的前景也存在较为乐观的判断。如果搁置政治性质的讨论，把目光聚焦于区域应对欧债危机举措，救助机制的设立和永久化、欧洲央行的角色扩大、单一监管机制的设立都可被视作区域经济治理的深化，进而加强了欧洲管理全球化的能力。[②] "欧洲转型"的框架可能比"一体化"更恰当地形容了欧洲整合中循环往复的非线性进程。[③] 那么欧洲是否能回避内在政治合法性的问题，以经济治理的创新回应全球化，再次以输出型合法性促进形成民族国家和区域非对立的共同体？这一任务的挑战性不单针对欧洲的政策能力，更在于欧洲一体化蕴含的政治想象。欧洲目前处于差异性一体化（differentiated integration）阶段，成员国对一体化的开放态度中伴随强烈的民

---

① Jürgen Habermas, *Inclusion of the Other: Studies in Political Theory*, John Wiley & Sons, 2015.

② "欧洲转型与世界格局"课题组、周弘、程卫东：《欧洲转型：趋势、危机与调整》，《欧洲研究》2013 年第 1 期，第 1~23 页。

③ 高奇琦：《民族区域与共通体：欧洲转型的两个阶段》，《欧洲研究》2014 年第 5 期，第 33~50 页。

族国家认同。这意味着，即便在理论和实践上欧洲一体化消解了国家和区域的矛盾，平衡了两边的关系和诉求，仍然无法说服公众和政治集团形成超越民族国家为主体的身份，在未来可能的全球化危机中，区域组织可能会成为被牺牲而并非被拯救的政治存在，悬而未决的政治合法性和一体化的"目的性"是区域组织头顶的达摩克利斯之剑。

结　语

欧洲一体化作为当代最重要的政治试验之一，代表了民族国家以和平的方式建立超越边界的共同体的尝试。这一进程受到二战结束后全球化进程的影响。全球化是推动初期一体化的动力和制度基础，而在欧洲区域地位不断上升后，反过来又塑造全球化进程，其以管制和规范为特征的方案，提供了新的全球化想象和路径。这一方案目前所遇到的危机，很大程度上是一体化初期的制度目标不明确导致的，区域组织很难以让成员国满意的方式处理主权的移交和政治合法性问题。

这不单是欧洲一体化的难题，也是区域化面临的普遍挑战。在全球化和民族国家之间，区域组织到底应该扮演怎样的角色，取代民族国家应对全球化的政治依据来自哪里，这是比其他区域化进程走得更远的欧洲一体化向我们展示的政治困境。一方面，区域组织要符合民主国家的政治标准，以公平公正的方式向公众提供社会产品和有效的政策执行。另一方面，区域组织又要超越民族国家，把限于国家领土边界内的主权和身份认同扩大边界，处理和应对跨越边界的治理问题。模仿国家又要超越国家的过程，将重新定义和塑造区域的意义。是否能提供不同于民族国家的新式政治合法性依据，进一步决定了区域化应对全球化的能力。

在区域化依赖融入全球化的阶段，其合法性来源于全球化话语的优势地位；在区域化塑造全球化的阶段，其合法性来源于对全球化的管理和过滤。在输出型和输入型的合法性之外，区域组织的政治合法性需要流动的灵活性，建立在全球化的实际影响以及与其的相对关系上，不断进行阶段性的调整和转型。区域化没法限定它的权力和范围，因为区域的空间既不是固定的民族国家领土，也不像是全球化的全面覆盖。以"相互影响"一词来统摄性地概括区域化和全球化的关系则过于简单，在多层次和互动的关系之中，既有政治观念和制度不断被挑战和经历调整的过程，也有政治想象力得以扩展和生长的空间。这一想象力的背后是国家和主权的核心政治概念如何在区域化的进程中得以重生，以应对不断演进的全球化的考验和机遇。

第十五章 东南亚与全球化

陈绍锋

内容提要 面对经济全球化的大潮，主权国家政府如何抉择，将直接关乎其生存和发展空间。本章将探讨东南亚国家如何迎应经济全球化，并检视各种阐释东南亚参与全球化的学理争论，包括各主要理论模型的观点、理论演进及其局限性。在经历近代殖民和大国侵略后，当代的东南亚地区可谓全球化时代的宠儿。一方面，经济全球化的潮水托起了东南亚国家的经济发展大船，在经济全球化浪潮中，东南亚经济乘势崛起，各国的经济实力增强；另一方面，经过多年的区域整合，东南亚这一传统的分裂地带不仅大体实现了区域和平稳定，而且区域经济整合也取得了长足进步，区域产业分工不断深化，生产要素的跨境流动更加便捷。随着东盟的整体性崛起，各大国纷纷转向亚太，竞相发展与东盟的关系。大国的垂青和相互竞争，既为东盟在亚太地区合作中发挥中心性作用提供了助力，又使得东南亚发展成为亚太经济重要的增长极和国际生产网络的重要节点。

一 东南亚参与全球化

一个国家或地区参与全球化，即参与国际劳动分工，既可能是主权国家政府采取政策、主动拥抱全球化的结果，也可能是外部压力影响的结果。依据各经济体参与国际分工的程度不同或对国际市场依赖程度的不同，大体可分为"外向型"经济体和"内向型"经济体。但外向与内向是相对的，即便是高度外向型的经济体，也存在程度不同的国内保护措施。针对东南亚国家的不同发展战略，王正毅教授认为新加坡和文莱可被视为高度外向型的经济体，泰国、马来西亚、印度尼西亚和菲律宾是内外混合、外向型为主的经济体，而其他东盟四国（越南、缅甸、柬埔寨和老挝）是向开放经济转型的经济体。[①] 循着这一分类，同时根据最大值、最小值相结合的原理，选择每一类的最积极国家、最不积极国家、人口和国土面积最大国家和其中的部分中间国家进行阐述。

一国参与全球化的程度可以根据如下指标予以测量：①加入世界贸易组织和签订自贸协定的广度和深度；②出口占国内生产总值的比重；③实施何种产业发展战略；④市场准入；等等。

（一）高度外向型的经济体——以新加坡为例

参与全球化、深度融入全球经济是新加坡长期坚持的战略选择，但与此同时，新加坡也努力发展政府指定的战略性新兴产业。新加坡深度参与全球经济表现在以下四个方面。其一，基于国内市场狭小的现实，新加坡政府积极推动全球贸易自由化进程。早在 1973 年就加入关税及贸易总协定，并在 1995 年世界贸易组织创建之时成为成员。在自贸协定方面，新加坡是世界上为数不多的同时与中国、美国、欧盟、日本等大型经济体签订了自贸协定的国家，而且是《全面与进步跨太平洋伙伴关系协定》（CPTPP）和《区域全面经济伙伴关系协定》（RCEP）两个巨型自贸区的成员。其二，新加坡坚持出口导向战略。1965 年，新加坡建国后，改变了此前自治时期的进口替代战略，转而实施出口导向战略。同时，新加坡还在独立日取消了所有进口关税。2008 年新加坡商品和服务出口占其 GDP 的比重高达 229%，此后，这一比重虽有所下降，但2020 年依然达 176%。[②] 其三，在产业发展战略方面，新加坡不断借助外力应时随势调整本国的产业结构，提升其国际竞争力。建国后，新加坡将发展的重心从劳动密集型产业转向加工业。新加坡领导层认识到，要使岛国走上富裕之路，就必须进行工业化。为此，新加坡政府建立了裕廊工业园区，积极吸引外

---

① 王正毅：《边缘地带发展论：世界体系与东南亚的发展》（第二版），上海人民出版社，2018，第 148~173 页。

② World Bank, "Exports of Goods and Services（% of GDP）–Singapore," https：//data. worldbank. org/indicator/NE. EXP. GNFS. ZS？ end＝2020&locations＝SG&start＝1990&view＝chart，访问日期：2021 年 9 月 6 日。

资。及至 1975 年，工业在新加坡 GDP 中的占比跃居首位。此时的新加坡将目标锁定于金融业和技术密集型产业。20 世纪 80~90 年代，新加坡已发展成为亚太乃至全球的金融中心以及炼油和石化中心，也是重要的电子产品出口国。90 年代以来，新加坡又开始雄心勃勃地要将服务业打造为经济发展的引擎，大力发展知识密集型产业。1997 年的亚洲金融危机对新加坡经济造成严重冲击，大量工厂倒闭，失业率攀升，经济出现负增长。在压力面前，新加坡政府决心推进产业升级，瞄准世界新兴产业，引进和发展生命科学和环境保护产业，大力发展水务产业和教育产业，运用高薪政策吸引外来人才。在产业调整和升级过程中，与众多国家力图通过产业保护来支持政府所选定的产业不同，新加坡的路径是引导和鼓励外资进入相关行业，通过引入外来人才来获取竞争优势。独立后的新加坡不仅面临极其严峻的资源匮乏，而且强敌环伺，谋求生存成为第一要务。在缺乏资本和技术的情况下，吸引外资和引进人才成为解决问题的核心举措。"发展经济学学者当时普遍地把跨国公司看成廉价土地、劳工和原料的剥削者。……我和吴庆瑞（新加坡前副总理，被称为新加坡工业之父）却没有产生共鸣。我们有实实在在的问题要解决，不能受任何理论或教条的约束。反正新加坡也没有天然资源可供跨国公司剥削，有的只是勤劳的人民、良好的基础设施和诚实称职的政府。我们的责任是为新加坡 200 万人提供生计。如果跨国公司能让我们的工人获得有报酬的工作，并教授他们技能、工程技术和管理的技巧，我们就应该把他们争取过来。"[1] 如何吸引外资？新加坡政府的做法是为外资提供补贴，而补贴的资金则来自其强制推行的个人储蓄中央公积金（Central Provident Fund）。流入新加坡的外来直接投资额从 2015 年的 820.8 亿新元增至 2019 年的 1557.3 亿新元。[2] 新加坡现已成为全球第四大外资流入地，仅次于美国、中国和中国香港等国家和地区。外资的流入不仅促进了新加坡的经济增长，而且相当于新加坡将自身与其他国家和地区进行深度利益捆绑，外部对新加坡的攻击损害的将不只是新加坡的安全和利益。与此同时，新加坡企业积极拓展海外市场。早在独立之初，新加坡政府就鼓励本国企业进行海外投资，拓展海外市场，现已成为全球第十大海外投资国。该国的海外直接投资存量从 1994 年的 383.7 亿美元迅猛增长至 2019 年的 9347.4

---

① 转引自杨建伟《新加坡的经济转型与产业升级回顾》，《城市观察》2011 年第 1 期，第 58 页。

② Department of Statistics Singapore, "Singapore's Inward Direct Investment Flows by Source Economy," https://tablebuilder.singstat.gov.sg/table/TS/M085761#!，访问日期：2021 年 9 月 6 日。

亿美元。① 其四，在市场准入方面，除了与国防相关行业以及金融保险、广播电信、印刷媒体、法律服务和住宅房地产等行业存在限制外，新加坡对外资的市场准入政策较为宽松，外资在新加坡的运作享受国民待遇，基本不受限制。自世界银行 2003 年首次发布《营商环境报告》以来，新加坡一直位居第一或第二。②

（二）一般外向型国家——以泰国为例

印度尼西亚、泰国、菲律宾和马来西亚可被视为一般外向型国家。四国均面临自然资源丰富但资金短缺的窘境。在 20 世纪 70 年代都试图通过吸引外资来发展本国的劳动密集型产业，促进初级产品和制成品出口的外向型发展战略，但四国的侧重点又存在差异。具体而言，泰国和马来西亚实施的是"出口导向型"工业化战略，试图以出口部门带动其他工业部门的发展；而印尼和菲律宾则试图以"进口替代"推动工业发展。③ 但整体而言，四国均奉行内外混合、外向型为主的经济发展战略。一般外向型国家对外部市场的依赖性没有高度外向型经济体高，它们也引进外资，但外资面临的市场准入壁垒和运营限制要远比高度外向型经济体多。

泰国的经济运行模式深受自由主义的影响，20 世纪 70 年代以来，开启了经济自由化进程，其贸易、投资与金融的自由化几乎是在较短时间内同步实现的。④ 其一，泰国奉行开放的外向型贸易政策。1982 年加入 GATT，1995 年以发展中国家身份成为世界贸易组织成员。该国还积极参与全球产业链，与东盟、中国、日本、印度、澳大利亚、新西兰、韩国、秘鲁、智利、中国香港等18 个国家和地区签订了双边 FTA，与欧盟的自贸协定仍在谈判中，泰国和美国曾在 2002 年签署《贸易与投资框架协议》（TIFA）作为双边 FTA 谈判的基础，但最后无果而终。泰国加入了 RCEP，目前不是 CPTPP 的成员，但表达

---

① Department of Statistics Singapore, "Singapore's Direct Investment Abroad（Stock as at Year-End）," https：//tablebuilder. singstat. gov. sg/table/TS/M082221，访问日期：2021 年 9 月 6 日。

② World Bank, "Historical Data-Doing Business-with Scores," Years from 2004 to 2020, https：//www. worldbank. org/en/programs/business-enabling-environment/doing-business-legacy，访问日期：2022 年 2 月 2 日。

③ 王正毅：《边缘地带发展论：世界体系与东南亚的发展》（第二版），第 148~150 页。

④ 罗仪馥：《对外经济政策、产业扩张模式与经济发展——基于韩国与泰国的比较分析》，《当代亚太》2020 年第 4 期，第 95~123 页。

了加入这一协定的强烈意愿。其二，泰国是典型的出口导向型经济体。20世纪70年代，泰国由进口替代工业化向出口导向型工业化转变。1972年泰国开始实施的"三五"计划明确提出了发展面向出口工业的方针，同年10月颁布的《鼓励投资法》规定对发展面向出口的工业给予优惠待遇。这些政策促进了制造业产品的出口，扭转了该国自60年代以来单靠农产品出口导致的出口增长缓慢的局面。1970~1988年，泰国出口商品值年均增长20%，制造业产品出口值在1972~1988年年均增长25%。[①] 但到20世纪90年代初，泰国开始面临传统产业竞争力下滑、连年出现贸易逆差的困境。为了增加国内投资，同时弥补经常项目逆差，泰国政府加速了经济自由化进程，并不惜借入巨额外债。1990年4月泰国开始取消经常项目国际支付的限制，接着在次年减少资本项目交易的外汇管制，并从1993年起允许合格的外国商业银行从国外吸收存款和借款，也允许外国人在泰开立泰铢账户，进行存款或借款，并可以自由兑换。大量外资涌入泰国，而其中的大量资金也从生产部门流向房地产和股票市场，催生了严重的资产价格泡沫，这是触发亚洲金融危机的重要隐患。亚洲金融危机的爆发重创了泰国经济，导致个人和家庭财富急剧缩水，大量企业倒闭，出口锐减，失业剧增，物价飞涨。按泰铢和美元计算，泰国GDP分别在2002年和2006年才得以恢复至1996年的水平。1999~2006年，泰国GDP年均增长率回升至5%，但频繁的政变和社会动乱所导致的政治不确定性极大地影响了投资者和消费者的信心。在2008年全球金融危机的冲击之下，泰国出口贸易急剧下降，企业生产订单减少，经济出现负增长。但总体而言，泰国的对外贸易仍呈上升态势，显示其日益融入全球经济。商品和服务进出口占GDP的比重从1970年的15.02%增加至1980年的24.11%，这一数据在1990年为34.13%，2000年为63.25%，2010年为66.49%，2020年为51.43%。[②] 2012~2018年，商品和服务出口占GDP的比重年均达到67.25%，2019年这一比重下滑至59.77%，但仍比同年156个国家和地区的平均值高出16.34个百分点。[③]

① 王文达：《浅析泰国外向型经济发展的原因》，《东南亚》1990年第2期。

② World Bank，"Exports of Goods and Services（% of GDP）-Thailand（1960-2020），" https：//data. worldbank. org/indicator/NE. EXP. GNFS. ZS? locations=TH，访问日期：2022年2月2日。

③ World Bank，"Thailand：Exports，Percent of GDP（2013-2020），" https：//www. theglobaleconomy. com/Thailand/exports/，访问日期：2022年2月5日。

其三，在产业发展战略方面，泰国和其他东南亚三国（印度尼西亚、马来西亚、菲律宾）既要适应国际产业分工格局调整所带来的压力，又力图增强本国的自主性，借助外部力量改进本国的产业结构。作为东南亚最大的农业出口国，泰国素来重视农业发展。但 20 世纪 60 年代以前，泰国基本处于向美、日等国提供初级产品的依附性地位。进入 60 年代后，泰国实施进口替代战略，这一战略虽然促进了泰国制造业的发展，但其弊端也很快显现出来。而彼时随着发达国家产业结构的调整，越来越多的劳动密集型产业转移到发展中国家和地区，"亚洲四小龙"随之崛起，泰国却错失了良机。及至 70 年代，因为"亚洲四小龙"劳动成本上升和货币升值，越来越多的轻纺工业开始转移到其他国家。泰国政府审时度势，适时推出吸引外资的政策，加快发展以出口导向为主的工业。以劳动密集型产业为主的一些行业，如农水产品加工工业、纺织、服装、家具等得以快速发展。从 80 年代开始，泰国开启了新的工业化发展方向，即着力发展汽车制造、集成电路等技术密集型产业，促进经济的多元化。这一调整促成了泰国经济在 20 世纪八九十年代初的高速增长，其中 1987~1995 年，泰国的 GDP 年均增速高达 10%左右。1995 年，世界银行甚至将泰国列为中等收入国家。泰国工业也更加多元，汽车、自动数据处理、集成电路等在 90 年代成为泰国工业的主要出口产品。泰国甚至成了东南亚的汽车制造中心。亚洲金融危机之后，泰国又连续多年遭受政治动荡，经济严重受创，2000~2014 年，年平均经济增长速度放缓至 3.9%。在 2008 年全球金融危机的冲击下，泰国经济遭受重创。2016 年，泰国总理巴育提出工业 4.0 战略及在东部三府打造东部经济走廊，计划在其后 20 年将泰国经济提升到一个基于高附加值的发展阶段。工业 4.0 战略确定了机器人、航空及物流、生物能源及生物化学、医疗中心、数码化等新型产业。

其四，从市场准入的视角来看，泰国主要奉行自由化的投资政策。泰国对外资采取"非禁即入"的准则，也就是说，除了负面清单中那些涉及国家安全、公共利益以及风俗文化的行业，外资均可进入。对于其特别重视的行业，泰国政府还给予各种税收优惠、支持服务和进口许可。当然，在一些敏感行业，如金融、保险业、互联网、房地产开发、物流运输等对外资实施持股比例的限制。在世界银行发布的《2020 年营商环境报告》中，泰国在 190 个经济体中位列第 21。

其他一般外向型国家如印度尼西亚、马来西亚、菲律宾的发展战略和发展历程与泰国相似。这些国家从 20 世纪 50 年代末 60 年代初开始推行以进口替代为主的工业化战略,然后从 60 年代中后期开始转向出口工业化阶段,80 年代以后实现经济起飞,工业产值超过农业产值。但这些国家均成为 1997 年亚洲金融危机的重灾区,在危机之后又积极促进国内产业结构的调整与升级,大力发展新兴产业。2008 年全球金融危机虽然对这些国家的经济造成冲击,但其均较快走出危机。如今,东南亚已成为世界经济增长的热点地区。

(三)向开放经济转型的国家——以越南为例

越南、缅甸、柬埔寨和老挝是东南亚地区经济发展较慢的国家,仍处在从过去的内向型经济发展战略向开放型经济发展战略转型的过程中。在转型过程中,四国参与全球化的步伐也不一致,越南走得比较快而急,柬老两国仍在努力摆脱"欠发达"国家的标签,而缅甸在经历了一段时间的"民主化"政府后重新由军政府执政。

在经历近 12 年的谈判后,2006 年越南方得以加入世界贸易组织。加入世贸组织标志着越南开始融入经济全球化进程,为越南经济的快速增长奠定了基础。1998~2008 年,其经济增长速度几近绝冠全球(仅次于中国)。越南的雄心远不止于此。近年来,越南加快了经济自由化步伐,对参与所谓新一代、高标准的自贸协定尤为积极,已签署了 18 项自贸协定。《2021~2030 年国家发展方向》明确指出越南要"全面、深入、有效融入世界"。[①] 坐拥 CPTPP、RCEP、越欧自由贸易协定(EVFTA)和越欧投资保护协定(EVIPA)等,越南在日趋激烈的全球经济竞争中更加如鱼得水。

在经历了长年的战争洗礼和经济困难后,1986 年,越共六大提出了以"私有化改革、开放市场、法治建设"三板斧为核心的"革新开放",标志着越南正式开启了融入全球经济之旅。次年,越南颁布《外商投资法》,提出欲"动员一切力量吸引境外资本",甚至允许外资全权控股,允许越南国有企业自主决定原材料购买、产品销售、员工增减、税后利润留存。对于改革伊始的社会主义国家而言,开放的力度不可谓不大。2000 年,越南为了加入世贸组织,发布《加快融入国际经济》,表达其向西方规则靠拢、用西方的规则体系

---

① 《越南借助新一代自贸协定积极主动融入国际社会》,越南之声,2021 年 6 月 30 日,https://zh. vietnamplus. vn/越南借助新一代自贸协定积极主动融入国际社会/141702. vnp,访问日期:2021 年 9 月 19 日。

来"改造"自身的决心。2006~2016 年，加入世贸组织后的 10 年间，越南出口年均增长率高达 12%~14%，2016 年的出口总额是 2006 年的 2.5 倍。[①] 越南颁发了新版《投资法》，开放力度前所未有，外资亦开始大举进军越南，三星、耐克等知名品牌在中国的生产线也陆续迁往越南。在越共十三大上，越南立志要成为东南亚最具吸引力的投资地。及至新冠肺炎疫情暴发前夕，越南甚至大有取代中国成为新的制造业中心之势。1986 年，越南的货物和服务出口占 GDP 的比重仅为 6.6%，2020 年这一比重已升至 106%。[②]

越南仍处于工业化初期阶段，其产业发展战略很大程度上是借鉴中国改革开放的经验。一方面，越南通过设立工业园区和科技园区，依靠来料加工，努力扩大出口，并充分利用外资来促进本国的经济发展和技术进步。另一方面，在外交上，越南政府奉行对冲战略，积极拉拢美、日、欧等域外经济体，不断深化与它们的双边政治和经济关系，并以此扩大自己的出口市场。而域外大国出于地缘政治战略以及利用其廉价劳动力的考量，也乐得笼络越南，甚至鼓励本国制造业企业在越南投资设厂。由此带来的结果是，越南对外资和外贸的依存度越来越高，外贸在越南经济中的影响力非常显著，其中超过 70%的出口额和 50%的工业产值由外资企业创造；越南的外贸依存度，即外贸占 GDP 的比重高达 200%；2018 年，越南外商投资企业的雇员超过 200 万人。[③] 随着经济的发展，越南开始认识到，工业化的实现和经济的持续发展需要科技的支撑。因此，越南政府制定了高科技发展规划，目标是集中精力发展以人工智能、5G 和物联网等为标志的新科技经济，促进产业的升级。

在市场准入方面，根据越南最新修订并从 2021 年起生效的《投资法》规定，该国采取负面清单的方式对外资进行管理，其中包括 25 个限制进入的行业和职业，如新闻、捕捞或开采海鲜、司法行政服务、公共邮政、货物转口等，以及 59 个有条件进入的行业，如广播、电视、邮政、电信、保险、银行、证券、教育、运输等。在世界银行对全球 190 个经济体所做的 2020 年营商环境指数排名中，越南从 10 年前的第 103 位攀升至第 70 位。

---

① 《加入世贸组织 10 年后的越南》，《越南人民报》2017 年 11 月 28 日，http：//www.ccpit.org/Contents/Channel_ 4013/2017/1228/938827/content_ 938827. htm，访问日期：2021 年 9 月 28 日。

② World Bank, "Exports of Goods and Services（% of GDP）-Vietnam（1986-2020），" https：//data. worldbank. org/indicator/NE. EXP. GNFS. ZS？locations = VN&view = chart，访问日期：2022 年 2 月 5 日。

③ 潘金娥：《越南经济革新的历程及理论探索》，《前线》2020 年第 8 期。

与越南相对激进的经济转型相比，柬、老、缅三国的转型相对滞后，特别是缅甸，在军政府再次软禁昂山素季后，再次遭受西方的制裁。

总之，近几十年来，东南亚经历了战后初期的经济恢复、20世纪60~70年代的工业化发展、80年代中期至90年代中期的经济高速增长、后起国家的经济开放与改革、90年代后期的金融危机及其重组等几个重要时期。当前，东南亚已成为世界经济增长的热点地区，新加坡率先成为新兴工业化国家，马来西亚、泰国等已处于工业化的中期阶段，后起国家仍处于工业化的初期阶段。

二　东南亚参与全球化的学理争论：
超国家层面的视角

与东南亚参与全球化相关的学理讨论比较丰富。这些论述可划分为体系、区域、国家和社会层面等，并强调不同行为主体的重要作用，从而呈现了复杂多元的结果。

其一，有学者从世界体系的视角对东南亚的发展进行分析，认为东南亚国家整体上并未摆脱世界体系边缘地带的处境。王正毅教授认为，考察东南亚的发展不能脱离其所处的"世界体系"，即其所处的东亚（此处及下文所提东亚均含东南亚）乃因其地缘状况和历史基础而成为一个独立的国际体系。在经济上，这一体系存在核心区和边缘区的分野；在政治上，存在强国—弱国的二元结构；而在实际运行中，东亚国际体系处于开放和封闭的周期性循环之中。通过分析东南亚国家试图走出"边缘地带"的努力，即如何通过加强东盟地区的组织建设及调整各自的经济和社会发展战略，他认为东南亚国家所创造的"东盟奇迹"并没有改变东南亚地区处于边缘地带的根本特征。[1]

体系论者从一种大历史、大区域的宏观视野，强调东南亚国家在全球化时代的国际分工中的边缘地位。持这种观点的学者认为，东南亚经济的发展以及中心国家的改变并未帮助其改变这种依附结局。体系论者立论的基础是世界本身是不平等的，"中心"国家拥有生产和交换的优势，而边缘国家和半边缘国家只能接受"中心"国家的剥削。[2]这一理论叙事宏大，立意高远，有助于人

---

[1]　王正毅：《边缘地带发展论：世界体系与东南亚的发展》（第二版），引言。

[2]　Immanuel Wallerstein, *The Modern World-System: Capitalist Agricolture and the Origins of the Soropean World-Sconomy in the Sixteenth Centory*, Academic Press, 1976, pp. 229-233.

们从宏观上理解和把握时代脉搏和世界发展的大格局、大动向和大趋势。但其缺陷也很明显。第一，体系论者认为，一国的发展及其在世界体系中的地位是由世界体系决定的，这种"结构决定论"显得过于"机械化"。第二，体系论者将各国的同时发展视为零和博弈，即认为某些国家地位上升必将导致另外一些国家地位下降，否认全球化能够托起各国发展的大船，未能看到后发展中国家重新崛起的现实和可能及其可能带来的发展分化。第三，体系论者将中国的中心地位简单等同于欧洲殖民者的中心地位，没有看到二者的本质区别。①

其二，强调超国家主体的作用，所谓"东盟中心性"是其集中体现。经过多年的探索实践，东亚国家在推动地区合作进程中逐渐发掘出一种"东盟中心性"，即以东盟为中心，依靠东盟组织和领导的"小马拉大车"的整合模式。"东盟中心性"这一术语最早出现在《东盟宪章》中，它是一个外向型概念，与之相对应的是"东盟方式"，它是一个内向型概念。"东盟中心性"包含多个层面的意思：一是指东盟在东亚（或亚太）地区机构中处于核心地位；二是指在东亚区域主义者的论辩和关于东亚地区合作变化的规范和机制中东南亚居于轴心；② 三是指通过与外来伙伴的合作，东盟在建构和巩固东亚（亚太）地区的多边合作框架中发挥了中心或掌舵手的作用。③ "东盟中心性"对东南亚成功融入全球化的作用主要表现在以下三个方面：一是帮助创造了本地区所享有的几十年的和平红利，使得本地区国家能够专心致志地进行经济建设；二是地区经济一体化的建设大大增加了生产要素的跨境流动，改善了投资环境，促进了贸易和投资的扩展；三是助推东亚区域经济的大整合。阿查亚认为，东盟中心性并非仅就东南亚而言，亦非否定其他国家的作用，它其实更关乎亚太地区一体化和地区架构的动力问题。更具体地说，东盟为更广阔的亚太和东亚地区合作提供了平台，如果没有东盟，"10+3"、东盟地区论坛和东亚峰会等地区机制均不可能创立。④

① 刘志明：《依附论和世界体系论述评》，《开放导报》2010年第1期。
② Amitav Acharya, "The Myth of ASEAN Centrality?" *Contemporary Southeast Asia*, Vol. 39, No. 2, January 2017, p. 274.
③ H. Nishimura, M. Ambashi and F. Iwasaki, "Strengthened ASEAN Centrality and East Asia Collective Leadership: Role of Japan-ASEAN Cooperation as Development of Heart-to-Heart Diplomacy," in S. Tay, S. Armstrong, P. Drysdale and P. Intal, eds., *Collective Leadership, ASEAN Centrality, and Strengthening the ASEAN Institutional Ecosystem*, ERIA, 2019, pp. 126-136.
④ Amitav Acharya, "The Myth of ASEAN Centrality?" *Contemporary Southeast Asia*, Vol. 39, No. 2, January 2017, p. 274.

"东盟中心性"的突出表现是 RCEP 的顺利签订。正是在东盟的领导和推动之下，RCEP 方得以签署。该协定力图整合既有的东盟与其六个贸易伙伴签订的五个不同版本的自贸协定（印度后来退出），从而大幅减少了各自贸协定间的差异及其所带来的"面条碗效应"，有效降低了区域内市场主体的合规成本；协定采用负面清单推进投资自由化，提高商业环境的透明度和可预测性。

　　"东盟中心性"强调的是东盟在促进东南亚地区，甚至整个亚太地区的区域经济整合中所发挥的核心作用。在经济层面，东盟在推动亚太经济合作和地区一体化过程中发挥着举足轻重的作用；在安全层面，东盟利用大国间的相互牵制和掣肘，勇挑大梁，主持多边对话，在亚太地区的大国竞争中发挥了缓冲、平衡及调和的作用。① 有学者认为，东盟的上述作用并非因其实力基础上的权力，"东盟在亚太地区事务和地区秩序中并不具备直接权力，其领导力更多地表现为维持合作过程等间接权力"。② 可以说，由东盟发起和推动的《区域全面经济伙伴关系协定》是"东盟中心性"的一个成功典范。该协定是将四个文本（即东盟分别与中、日、韩及澳新的自贸协定）化四为一的结果，旨在构建一个涵盖"10+5"的高质量、全面、现代、互利互惠的区域自由贸易协定。③

　　但"东盟中心性"也遭受了来自内部和外部的挑战。在外部，东盟的核心地位因美国的"印太战略"而受到挤压。过往东盟享有的中心地位很大程度上是大国的"和平共处"所带来的红利，但在大国竞争加剧的情况下，"东盟中心性"受到严重冲击。第一，东盟承受着来自美国的更大的选边压力。承继特朗普执政时期视中国为美国"最大的战略威胁"的看法，为了打压中国，拜登政府不遗余力地打造以"12345"为核心特征和基础的印太战略框架："1"是指所有的安排均以美国为中心，需服务美国的国家利益；"2"是指美国与日本、澳大利亚等其他国家建立的双边军事同盟；"3"是指 2021 年9 月建立的美英澳三方安全联盟"AUKUS"（Australia-UK-US）；"4"是指美日澳印建立的"四方安全对话"（QUAD）；"5"是指存在已久的美英加澳新"五眼情报联盟"。这些层层叠叠的联盟网络虽然表面上没有提及中国，甚至

---

①　李小圣、王晓梅：《东盟在亚太地区的作用和影响》，《当代世界》2005 年第 6 期。

②　董贺：《东盟的中心地位：一个网络视角的分析》，《世界经济与政治》2019 年第 7 期。

③　陈绍锋：《东亚一体化视角下的〈区域全面经济伙伴关系协定〉：守成与创新》，《国际政治研究》2021 年第 3 期。

声称不针对第三国，但实际都指向中国。表面上，美国声称不要求其他国家在中美之间选边站队，但实际上，包括东盟国家在内的其他国家面临的选边压力越来越大。为了遏制中国，美国不时以"自由航行"的名义派军舰到南海巡航，纠集盟友到南海进行军事演习，并通过蓄意挑拨南海问题，鼓动东盟国家站出来对抗中国。虽然美国高调宣称重视与东盟的关系，尊重东盟的中心地位，但却主要通过上述"12345"来参与地区事务，这不可避免地冲击东盟在亚太地区的"中心地位"。第二，美国的亚太回归很大程度上注重的是军事存在和战略对抗，这与东盟国家专注于通过地区和国家间合作促进经济发展的战略重心南辕北辙。第三，美国将其在全球供应链上对中国制造的依赖视为其国家安全的重大风险和外部威胁。为此，美国在鼓励产业回归国内的同时，正联手其"志同道合"的盟友，打造"去中国（大陆）"的供应链，建立技术的"民主同盟"，以摆脱对中国供应链的依赖，维持美国的技术霸权及对中国的技术高压态势。鉴于东盟国家已深度参与以中国为轴心的东亚产业链和区域生产网络，美国推进产业链的重组固然对中国经济产生一定的影响，造成全球供应链混乱，同时也给东盟经济带来冲击，撕裂而非促进以东盟为中心的亚太区域整合。

除外部冲击外，"东盟中心性"还受到东盟内部矛盾和发展不平衡的影响和制约。以东盟应对缅甸危机为例。种族和宗教矛盾长期困扰缅甸并常常引发冲突。依据其长期所奉行的互不干涉内政原则，东盟在面对缅甸危机时，对缅采取建设性的对话策略，但这种策略并不能帮助解决缅甸的政治困局和人道主义危机。东盟的"无能为力"常常招致批评，其在地区事务中能否保持中心性地位受到质疑。认识到互不干涉内政原则在应对地区问题上的局限性，东盟开始逐渐做出调整。2016 年 12 月，东盟除缅甸外的 9 个成员国外长公开谴责和批评缅甸政府应对罗兴亚危机的方式，并主张对缅军在若开邦对罗兴亚人犯下的罪行进行调查，这是东盟自成立以来第一次打破互不干涉内政原则。2021年 2 月，缅甸国务资政昂山素季等官员被缅甸军方扣押，种族冲突加剧，缅国内冲突不断，且在新冠肺炎疫情的冲击下，经济陷入萧条，出现较大范围的人道主义危机。东盟出面干预，与缅甸军方就推动缅重返和平进程达成五点共识。因对缅军方未能落实上述共识感到失望，作为惩罚，东盟外长会议决定不邀请缅甸领导人敏昂莱出席 2021 年 10 月的东盟峰会。由此可见，东盟并非严格坚守其过去所坚持的互不干涉内政原则，而逐步将"保护的责任"（Responsibility to Protect，R2P）规范运用于集团内部。尽管我们尚难以预测东盟在多大程度上能完成这种转变以及这种转变的有效性，但基于东南亚的历史传统和现实，笔者并不认为东盟将完全转向，彻底奉行干涉主义。一个可能的路径是东盟将力图平衡互不干涉内政和有限度地实施"保护的责任"这两项原则。而保持这种平衡本身即是一个艰难的甚至是矛盾的目标，坚守互不干涉内政原则有损"东盟中心性"，但完全放弃这一原则则可能威胁东盟的存续。

其三，强调市场力量的区域商业网络对推动东南亚经济增长和融入全球化的作用。可以说，东南亚国家的经济内嵌于地区的商业网络结构中，包括日本在亚洲建立的生产链、华人家族商业网络（overseas Chinese business networks），以及美国资本所打造的全球生产网络。艾思凯斯等认为，日本、美国和中国是亚洲市场的三大经济玩家，但在不同时期这些玩家所扮演的角色有所不同。在20 世纪 90 年代中期以前，日本是亚洲最大的经济玩家。1985 年，日元因广场协议的签署而大幅走强，日本积极在周边国家和地区投资设立生产基地。日本最早是在马来西亚、新加坡和印度尼西亚建立供应链，1990 年，又开始将中间产品的供应链延伸至韩国、泰国、中国大陆和中国台湾省等国家和地区。1995 年，美国作为另一个大玩家加入"游戏"。利用日本在新、马创建的供应链建立起连接东亚市场和美国市场的桥梁。

这一基于比较优势的生产网络将东亚各经济体连接在一起，伴随中国经济的腾飞，东亚其他经济体亦从中获益匪浅。亚洲金融危机后，与陷入经济衰退的日本以及深受危机打击的东南亚国家形成强烈对比，中国经济展现了强劲增长的活力。2001 年加入 WTO 后，中国逐渐发展为另一大玩家，越来越多的外商选择到中国投资设厂，这些外资充分利用东亚各经济体不同的比较优势，从中国周边进口所需的零部件、中间品、资源和原材料，进行加工制造，产品生产因此被细分为多个生产环节，并由多个国家协作完成，这种方式逐渐促成了东亚地区的区域生产与服务网络，改变了东亚的经济增长方式和分工组织结构。到 2005 年，中国已成为东亚区域生产网络的轴心。①

东亚区域生产网络的贸易结构具有如下特征。一是较高的中间产品区域内

---

① Hubert Escaith, Satoshi Inomata and Sébastien Miroudot, "The Evolution of Production Networks in the Asia Pacific," *East Asia Forum*, April 4, 2017, https：//www.eastasiaforum.org/2017/04/04/the-evolution-of-production-networks-in-the-asia-pacific/，访问日期：2021 年 10 月 20 日。

贸易，尤其是从 20 世纪末开始，中间产品贸易是东亚区域内贸易的主要组成部分，"形成了高中间品、低消费品"的贸易特征。1998～2008 年，东亚区域内中间产品比重一直维持在 60%以上，且呈逐年上升趋势。而 EU-15 的中间产品最高占比也未超过 50%，NAFTA 则更低，且呈现逐年下降趋势。与此相反，在消费品贸易方面，东亚区域内消费品比重最低，且一路下滑。2008 年消费品比重仅占东亚区域内贸易总额的 11%左右。

二是不同于传统的基于技术垂直和层级转移的"雁行模式"，东亚区域生产网络创造了一种"平行发展"模式。[1] 它又被罗纳德-霍尔斯特等称为"竹节型资本主义"（bamboo capitalism），即通过相互衔接，使各经济体像竹子一样"一节一节地长高"。[2] 东亚区域生产网络的形成与发展改变了传统的产业间分工体系，形成了以产业链为基础的产品内分工体系，产品的"国籍"变得越来越模糊，国际贸易失衡不再是一个简单的双边问题，而是一个网络状的多边问题。在实际经济活动中，中国对外经济活动的 70%集中在东亚地区，投资中国的外商 85%来自东亚，中国经济崛起对东亚国家和地区的影响将更为巨大、直接而深远。事实表明，20 世纪 90 年代中期以来，中国已经成为东亚多数国家经济增长的主要动力，并且随着中国—东盟自由贸易区的建立和深入发展，中国在整个东亚区域经济合作中的地位和作用不断上升，成为推动东亚经济合作不可或缺的重要力量。

三是不同于欧洲和北美这两个地区生产网络的供应端和需求端主要在各自区域内进行，东亚区域生产网络的供应端是集中的、区域性的，而网络的"需求端"却又是发散的、全球性的。整体而言，这些商业网络的存在既加强了东南亚国家与其周边的中国和日本的经济联系，又将东南亚经济体内嵌于全球经济大循环中，并在东亚地区经济一体化和全球经济大循环中获得经济发展。

然而，东亚区域生产网络更多强调的是网络中心国家的牵引作用，但这仅是东南亚国家发展的外在因素，其对于东南亚国家自身的关注显然不够。退而

---

① Zhang Yunling, "The Future Perspective of East Asian FTA," Research Institute of Economy, Trade and Industry, http://www.rieti.go.jp/en/events/bbl/05102401.pdf, 访问日期：2022 年 2 月 5 日。

② David Roland-Holst, Iwan Azi and Li Gang Liu, "Regionalism and Globalism: East and Southeast Asian Trade Relations in Wake of China's WTO Accession," ADB Institute Research Paper Series No. XX, 2003, p.16.

言之，东亚区域生产网络本身也面临一系列挑战。其一，这一生产网络的创立和维系高度依赖区域外的消费市场，特别是欧美市场。长期以来，东亚大多数国家和地区都是出口导向型的经济体，经济增长高度依赖出口，而其出口又高度依赖欧美市场，故经济发展受域外因素，尤其是欧美市场变化的影响较大，这一点即便在日本成为世界第二大经济体后也没有发生根本改变。中国经济的崛起大大加强了东亚国家和地区间的横向经济联系，亦使上述局面有所改观，内生经济变量正逐步成为东亚地区发展的主导力量。[①] 但问题是，中国经济本身也高度依赖以欧美市场为主的外部市场。欧美市场至今尚未完全走出金融危机的阴霾，量化宽松刺激下的经济反弹是否具有可持续性仍有待观察。但几乎可以确定的是，即便欧美经济步入正常增长轨道，危机前的全球经济增长模式也已经走到尽头。

其二，中国经济增速放缓影响东亚区域生产网络的活力和张力，进而影响周边国家的经济增长。中国经济增速下滑一方面导致需求不振，进出口双向锐减，对依赖东亚区域生产网络链条的东亚各经济体的经济增长造成严重冲击；另一方面，中国经济增速下滑也导致大宗商品价格下挫，对那些依赖大宗商品出口的新兴经济体而言，不仅意味着财政税收锐减，债务负担上升，而且影响本国就业，造成社会政治危机。展望未来，中国经济正在由投资、重工业驱动向消费驱动转变，新的增长方式尽管不会立刻对传统的主要服务于加工贸易的东亚区域生产网络产生挤压效应，但这一区域生产网络必然面临国家间产业布局、价值链分工和国际贸易格局调整的压力，进而影响东亚国家和地区间的经济增长。

其三，随着中美战略竞争加剧，美国正不遗余力地在芯片、人工智能、5G 等高科技领域推动全球供应链的重组，为打压中国而实施所谓技术的"民主同盟"，同时积极鼓励制造业回流本国。这些举动尽管针对的是中国，但将不可避免地影响现有的东亚区域生产网络和全球供应链。

三　东南亚参与全球化的学理争论：国家层面的视角

东南亚地区得以发展的国家主导型作用是其中的第四种学理视角，这一视

---

① 尤安山：《中国经济崛起对东亚地缘经济的影响》，载袁易明主编《中国经济特区研究》2008 年第 1 期，社会科学文献出版社，2008。

角下包括两个重要模型，即"雁行模式"（flying geese model）和"发展型国家"（developmental state）。"雁行模式"强调日本作为东亚经济最发达国家在推动东亚后发展国家和地区经济发展中所发挥的领导作用，而发展型国家理论则强调东亚各国政府在推动经济发展方面所发挥的积极作用。前者是由日本经济学家赤松要（Kaname Akamatsu）在1932年依据日本棉纺工业的发展史实提出的，后来，日本国际经济学家小岛清进一步将"雁行模式"提升到新的理论高度。按照这一理论，日本与东亚其他经济体之间存在技术梯次和国际劳动分工，其中具有经济和技术优势、居于雁首的日本，进行资金、技术乃至产业的转移，首先承接这一转移的是居于雁翼的"亚洲四小龙"，它们积极利用这一转移发展自己的资金密集型产业和技术密集型产业，同时又将己方丧失竞争力的劳动密集型产业转移到身处雁尾的"亚洲四小虎"等其他东盟国家。在此过程中，后发的东南亚国家的经济逐渐得以发展。

的确，到20世纪80年代末90年代初，东亚地区一直是日本对外直接投资的重点区域，其直接投资范围从"亚洲四小龙"扩展到东盟四国，再到中国，并始终与东亚国家和地区之间保持一定的经济、技术差距。因此，"雁行模式"实际上是一种以垂直型分工为特征，以比较优势为产业转移标准的具有梯次差异性的经济发展模式，这种模式创造了所谓的"东亚奇迹"。

"雁行模式"存在的前提条件是日本持续在产业和技术创新方面保持领先地位、日本愿意转让技术，以及各国产业梯度差的存在。但是随着时间的推移，这些条件都在发生变化。首先，日本在产业和技术创新方面的领先地位开始动摇。一方面，日本产业结构调整缓慢。日本的经济增长高度依赖以钢铁、汽车、石化、家用电器为主的重化工业，技术上主要依靠引进—吸收—改进的模式。步入知识经济时代，日本在信息革命方面远远落后于美国，缺乏有原创性的技术变革和创新。与此同时，"亚洲四小龙"自20世纪70年代中后期起，开始由劳动密集型产业向资本密集型产业过渡升级，二者在产业结构与出口结构上出现了不同程度的趋同，逐渐形成竞争态势。中国经济后来居上，逐步打造了覆盖从低端到高端的众多产业体系并高度依赖出口，中国的加入加剧了东南亚各出口导向型经济体之间的竞争。另一方面，在"外患"忧扰的同时，日本经济的"内忧"更加显著。20世纪90年代初经济泡沫破裂后，日本开始步入平成大萧条时期，金融机构坏账不断，国内需求一蹶不振，失业率攀升，居民资产价值大幅下跌。日本经济衰退使其在区域分工体系中的领头雁地位开始动摇。1997 年爆发的亚洲金融危机又使日本对东亚的直接投资遭到沉重打击，同年日本国内生产总值自 1967 年石油危机以来首次出现负增长。面对危机，处于雁首的日本不仅无法对其他东亚国家和地区施救并发挥领航拉动作用，反而不负责任地任由日元大幅度贬值，此举虽有利于日本国内经济的增长，却加剧了东亚经济的动荡局势。

其次，在缺乏原创性技术的同时，日本为了保持在东亚的技术优势，在技术输出上更加保守。这种保守做法大大削弱了雁首对雁身、雁尾国家和地区发展的拉动作用；同时，日本对该地区的投资日趋类同，导致东亚各国产业结构的偏颇和出口产品结构的单一。

"发展型国家"是解释东亚（东南亚）国家经济发展最为引人注目的理论。这一理论着眼于解释那些与西方发展道路不同，并非奉行自由主义市场经济的后发展国家何以能实现经济上的崛起并成功挤入发达国家俱乐部。发展型国家的隐含假设是：市场失败和协调问题的存在将阻碍一国的经济增长，解决这些问题需要政府的行动，如发展新的产业，矫正金融市场的失败，促进技术转让、采用和学习，等等。

对于发展型国家的具体内涵，学界存在分歧。艾利斯·阿姆斯登认为，后发国家在开启工业化时面临诸多矛盾和困境，例如，它们需要保护本国的幼稚工业，又寄希望于自由贸易来满足进口需求；需要运用低利率来增加投资，又需要高利率来扩大储蓄；需要低估汇率以增加出口，但又需要高估汇率以进口原材料和中间产品，并降低外债偿付成本；等等。[1] 面对这些困境，发展型国家常被视为问题的解决之道。联合国贸发会议认为，最不发达国家的发展需要在教育、金融、法律制度、基础设施、商业服务和生产性部门等领域同步改进。[2] 但其中每一个领域的提高都需要其他领域事先的提高，这就产生了严重的协调问题，而任何私人行为体都没有这样的动力和能力去解决这一协调性问题，这就需要发展型国家采取有效行动。与人们普遍的看法相反，最不发达国家完全有能力建设发展型国家。[3]

---

① Alice H. Amsden, *Asia's Next Giant: South Korea and Late Industrialization*, Oxford University Press, 1989, p.13.

② UNCTAD, *The Least Developed Countries Report 2014*, New York and Geneva, United Nations, p.122.

③ UNCTAD, *The Least Developed Countries Report 2009*, New York and Geneva, United Nations, chapter 1.

尽管学界对发展型国家的具体内涵存在争议，但较为普遍的看法是，发展型国家的根本特征在于"发展主义"、"产业政策"和"国家能力"三位一体的有机结合。① 发展主义意味着发展型国家将经济发展作为国家最主要的目标，产业政策是实现这一目标的政策工具和路径，而国家能力或国家自主性则是发展型国家的政治和社会基础，也是实现这一目标的后盾和保障。还有学者论及发展型国家的其他特征，如理性的经济官僚体制、国家与私人资本之间的合作主义关系等，这些要素也很重要，但它们只是一些辅助性的附加条件。

　　发展型国家这一模型在其发展初期，发挥的学术功能主要体现在两个方面：一是挑战那些传统的主要强调市场力量的经济发展理论，如新古典主义，让学界重新认识政府及产业政策在经济发展中的作用；二是探讨经济快速增长的政治基础。不同于新制度经济学所彰显的法治、产权的重要性或政治学所集中关注的正式政治制度对经济增长的影响，发展型国家从最初强调国家自主性和政府免于利益集团寻租的影响，逐渐发展到彼得·埃文斯所强调的国家、私营部门和劳工组织三者之间的紧密协作。②

　　主流看法认为，发展型国家并非一个静态的模型，而是经历过起起伏伏的发展历程。海格德认为，这一模型在20世纪末受到美国领导的经济上的新自由主义浪潮和政治上的民主化浪潮的强烈冲击，但在21世纪的第二个10年又强烈反弹，展现出较强的韧性和适应力。③ 黄宗昊认为，发展型国家的内涵随着时代演进而不断调整，并据此将其发展划分为三个阶段。发展型国家的第一代理论关注"国家—市场"关系，认为"优秀官僚"与"国家自主性"是成为发展型国家的普遍性条件；第二代理论关注"国家—社会"关系，强调"嵌入的自主性"或"被治理的相互依赖"；第三代理论则关注"后发展型国家"，东亚各经济体目前都处于这一阶段，但对于"后发展型国家"的特征则缺乏共识。④

　　发展型国家的适用性问题是学界争论的另一焦点。毫无疑问，这一模型运用于解释日本和"亚洲四小龙"的发展奇迹没有疑义，但对于其他东亚国家，

① 陈尧：《发展型国家模式及其转型》，《江苏社会科学》2006年第3期；耿曙、陈玮：《"发展型国家"模式与中国发展经验》，《华东师范大学学报》（哲学社会科学版）2017年第1期。

② Stephan Haggard, *Developmental States*, Cambridge University Press, 2018, p. 3.

③ Stephan Haggard, *Developmental States*, Cambridge University Press, 2018, Section 5.

④ 黄宗昊：《"发展型国家"理论的起源、演变与展望》，《政治学研究》2019年第5期，第58~71页。

则存在不同的意见。一部分学者认为，发展型国家只适用于东北亚国家和地区（除朝鲜），而不适用于东南亚国家（除新加坡）。彭佩尔将缅甸和马克斯统治下的菲律宾称为"掠夺式政权"，将马来西亚、泰国和印尼视作"山寨发展型国家"（ersatz developmental states），因三国国内生产者无法掌控其所属的复杂生产网络，而外国投资者却能从三国的经济增长和不断扩大的制造业中获得最大收益。① 多纳等认为，马来西亚、泰国、菲律宾和印尼未能成为发展型国家的根本原因在于，这些国家的统治精英不像韩国、新加坡那样须直面"系统的脆弱性"（systemic vulnerability），这种"系统的脆弱性"是其极端的地缘政治不安全和严重的资源约束所导致的。因而，东南亚四国的统治精英缺乏国家建构的雄心。② 另一部分学者则持相反的观点，认为东南亚地区的泰国、马来西亚、印尼和菲律宾属于发展型国家的范畴。一方面，四国包含"计划式理性"（plan-rational）的政治经济要素；另一方面，虽然东南亚四国的政府自主性不及东北亚国家和地区，但它们并非完全屈从于商业或私人利益，而是存在一些鼓励发展导向的机制。③

近年来，因为担心过早去工业化，特别是陷入中等收入陷阱，发展中国家在不断探索开放经济条件下的工业政策，经历了民主化的一些国家，也在探寻新的增长战略，引发了所谓的"民主的发展型国家"（democratic developmental state）的广泛争论。在非洲大陆，诸多国家仍在不懈努力，试图寻找能促进经济增长的制度和政策处方。周瑾艳分析了发展型国家在非洲复兴的原因：一方面，西方国家此前为非洲制定的发展路径被证明是不可行的；另一方面则是非洲自主性的提升。④ 2008 年全球金融危机的爆发，暴露了新自由主义的缺陷，西方国家自身开始加强国家对经济的干预。与之相对照的则是中国的崛起。东亚发展型国家的经验因此成为众多非洲国家，如加纳、博茨瓦纳、埃塞俄比

① T. J. Pempel, *A Region of Regimes : Prosperity and Plunder in the Asia-Pacific*, Cornell University Press, 2021.

② Richard F. Doner, Bryan K. Ritchie and Dan Slater, "Systemic Vulnerability and the Origins of Developmental States: Northeast and Southeast Asia in Comparative Perspective," *International Organization*, No. 59, Spring, 2005, pp. 327-361.

③ Shigeko Hayashi, "The Developmental State in the Era of Globalization: Beyond the Northeast Asian Model of Political Economy," *The Pacific Review*, Vol. 23, Iss. 1, 2010; Ankie Hoogvelt, *Globalisation and the Postcolonial World : The New Political Economy of Development*, Springer, 1997, pp. 201-219.

④ 周瑾艳：《作为非洲道路的民主发展型国家——埃塞俄比亚的启示》，《文化纵横》2019 年第 3 期，第 29~39 页。

亚、坦桑尼亚、毛里求斯等，讨论反思或借鉴学习的模板。但非洲国家并非简单地照搬照抄东亚国家的经验，而是结合非洲本土实际情况，探索出一条"民主的发展型国家"的发展道路，即试图融合来自东方的发展型国家和来自西方的民主制度，或者说，追求发展的目标不以牺牲其民主政体为代价，从而在非洲大陆掀起了发展型国家的第二波热潮。然而，埃塞俄比亚从 21 世纪的"非洲崛起"样板形象到滑入内战的战乱国家的历程，不能充分说明非洲所做的东西融合已不可行，但至少表明，"民主的发展型国家"要在非洲大陆开花结果将并非一路坦途。

结　语

　　面对经济全球化大潮，东南亚国家没有选择退缩，更没有选择闭关锁国，而是勇敢地加入其中，选择开放和融入。尽管不同的东南亚国家开放的时间、幅度和领域存在差异，但整体而言，东南亚地区已日益融入全球经济体系，深度参与全球价值链和劳动分工，成为外国投资的热土，东南亚国家整体也得到了发展。在深度融入全球经济体系的同时，东南亚国家致力于促进区域一体化，区域整合步伐大大加快，这不仅巩固了本地区稳定的安全环境，而且为协调大国关系、增进亚太地区的经济和安全合作发挥了积极作用，为迎接"亚洲世纪"的到来添砖加瓦。当然，东南亚各国的发展依然不平衡，国家之间的贫富差距依然巨大。

　　对于如何解释东南亚国家通过融入全球化实现经济发展目标，学界存在不同层次和不同视角的理论范式。体系层次的视角既强调世界体系的结构性和罩网效应，又强调体系本身的韧性和不平等性，认为东南亚国家的发展一方面不能脱离现有的世界政治和经济体系；另一方面，尽管东南亚各国试图摆脱这种中心—边缘的二元结构的经济体系以及强弱不平等的世界政治体系，但从根本上说，东盟的努力并没有改变东南亚地区处于边缘地带的根本特征。

　　超国家层面的视角强调的是东盟的核心作用，即"东盟中心性"，表现为东盟通过其对话协商、大国协调和机制创设作用，为东南亚乃至更大范围的亚太区域所创造的和平红利和经济增长红利。但"东盟中心性"也面临来自东盟内部和外部的挑战。

　　着眼于社会的视角关注区域生产网络和区域商业网络对推动东南亚经济增

长和融入全球化的作用，这一视角强调基于比较优势和自下而上的市场力量。在这一区域生产网络中，各个国家的地位是相对平等的，但处于中心节点的国家所发挥的作用显然更为重要。随着 RCEP 的实施，东亚区域生产网络的联结和互利作用将得到加强，但在新冠肺炎疫情的冲击之下，因其对外部市场的高度依赖，以及美国重组产业链的企图，东亚区域生产网络也受到严重干扰。

在解释东南亚国家参与全球化问题上，国家层面的视角包括"雁行模式"和发展型国家。前者强调日本在推动东亚后发展国家和地区经济发展方面所发挥的引领作用，但这一引领作用的发挥取决于如下要素：日本作为雁首国家在产业和技术方面的领先地位，该国愿意转让相关产业和技术，以及各国产业梯度差的存在。而这些要素在后来的实践中要么渐渐淡化，要么与实际不符。

发展型国家可能是解释东南亚国家参与全球化最有影响力的模型。这一模型强调东南亚各国政府在推动经济发展方面所发挥的积极作用，但学界对其内涵却存在争议。尽管如此，较为普遍的看法是，发展型国家的根本特征在于：将经济发展作为国家最主要的目标，产业政策是实现这一目标的政策工具和路径，而国家能力或国家自主性则是发展型国家的政治和社会基础。发展型国家理论早期呈现"国家中心论"的观点，但后来逐渐演变为关注"国家—社会"关系的理论。然而，学界对于发展型国家这一模型是否适用于除新加坡之外的其他东南亚国家这一问题，却存在不同的意见，显示了这一模型在解释东南亚国家发展议题上的局限性。近年来，这一模型还溢出东南亚，被非洲国家奉为解决不同发展问题的圭臬，从而发展出所谓的"民主的发展型国家"。

上述理论从不同视角揭示了东南亚经济成长之谜，强调不同层次的行为体所发挥的正向或反向的作用，大大深化了人们对东南亚参与全球化的认识和理解。这些理论模型都有独特视角和侧重点，但任一单一视角似乎都无法很好地解释东南亚国家的经济发展及参与全球化问题。理解这一问题可能需要理论的突破或者不同理论的融合。

第十六章　非洲与全球化

许　亮

内容提要　以 20 世纪 80 年代初经济结构调整为开端，非洲参与经济全球化迄今已有约 40 年（1981～2020 年）。非洲 8 项经济发展指标表明，其在实现经济增长方面取得了显著成就。然而，非洲过去 40 年的经济表现不管是与中国、印度这类人口规模相似的国家进行横向比较，还是与非洲独立前后的历史时段做纵向比较，都有明显差距。因此，非洲参与经济全球化可概括为"融入式边缘化"。纵观历史，非洲以开放姿态融入世界经济是常态，但其"内向型"融入与整合却亟待加强。以非洲大陆自贸区为代表的非洲经济一体化进程和以中非合作为代表的南南合作的兴起，预示着非洲正在积极修正其与外部世界的经济交往模式。2020 年的新冠肺炎疫情大流行给"超级全球化"带来了一次急刹车，但也给非洲带来了重新调整国家与市场关系的契机。非洲需要适度"去全球化"，以更好地"融入"全球化并从中获得更大利益。

　　人们对非洲是否在经济全球化中受益这一问题在过去 20 年经历了从极度悲观到相对乐观的态度转变。2000 年 5 月，英国的《经济学人》杂志出版了一期广为流传的非洲专刊，题为《无望的大陆》，将非洲大陆描绘成一个被贫困、战乱和灾难充斥的绝望之地。鲜为人知的是，《经济学人》同年 9 月还出版了一期题为《为全球化正名》的专刊，封面却是一名非洲儿童恐惧脸庞的特写。类似的负面渲染在公共舆论和学者研讨中比比皆是。然而，在 21 世纪的第二个 10 年中，人们对非洲的解读出现了积极变化。仍以《经济学人》为例，该杂志在 2011 年和 2019 年出版了两期非洲专刊，分别命名为《非洲崛起》和《新一轮瓜分非洲》。[①] 这些新标题凸显了非洲在新世纪所取得的发展成就以及大国和跨国资本在非洲与日俱增的战略和商业利益。毫无疑问，非洲过去 20 年取得的经济增长、非洲经济一体化进程的加快、非洲与其他南方国家合作的发展以及新冠肺炎疫情对世界经济的巨大冲击，都在迫使我们重新评估非洲参与全球化的表现。

截至目前，国际学界对非洲参与全球化至少进行了两次集中讨论。[②] 概括而言，学者们对经济全球化中非洲被边缘化的现象给出了三种主要解释。第一类观点认为，非洲大陆资源禀赋的特点注定其在经济全球化中被"绕开"或"边缘化"。世界银行将非洲地广人稀、地区分化以及非洲与世界发达地区疏远的地理特征定性为非洲特有的"距离陷阱"（proximity trap）。[③] 也有学者指出，非洲富庶的自然资源和低水平人力资源导致非洲局限于发展其具有相对比较优势的初级产品生产和出口。[④] 部分经济史学者则进一步强调，非洲资本短缺的现状和地广人稀的特点使得非洲难以复制以欧洲为代表的资本密集型发展道路和以亚洲为代表的劳动密集型发展模式，因此有必要探讨在非洲实施"土地粗放型"（land-extensive）发展道路的可行性。[⑤]

---

① 此段落提及的四期《经济学人》专刊分别为："The Hopeless Continent," *The Economist*, May 13, 2000；"The Case for Globalization," *The Economist*, September 21, 2000；"Africa Rising," *The Economist*, December 3, 2011；"The New Scramble for Africa," *The Economist*, March 7, 2019。

② 第一次是 20 世纪末 21 世纪初，即非洲经历所谓的"失去的四分之一个世纪"之后；第二次则是 2008 年全球金融危机之后。中国学者在世纪之交时也曾集中发表相关论文并举办大型学术会议，探讨非洲在全球化中的得失。以中国非洲研究较权威的《西亚非洲》杂志为例，1998~2005 年，有关非洲与全球化的论文和会议综述多达 20 余篇。不过，从学术发表上看，中国非洲研究学界在 2008 年前后并未集中讨论这一话题。

③ World Bank, *World Development Report 2009: Reshaping Geography*, World Bank, 2009, https://openknowledge. worldbank. org/handle/10986/5991，访问日期：2021 年 11 月 20 日。

④ Adrian Wood and Kersti Berge, "Exporting Manufactures: Human Resources, Natural Resources and Trade Policy," *Journal of Development Studies*, Vol. 34, No. 1, 1997, pp. 35–59; Adrian Wood and Jorg Mayer, "Africa's Export Structure in a Comparative Perspective," *Cambridge Journal of Economics*, Vol. 25, No. 3, 2001, pp. 369–394.

⑤ A. G. Hopkins, *An Economic History of West Africa*, Longman, 1973; Gareth Austin, "Labor-Intensity and Manufacturing in West Africa, c. 1450–c. 2000," in Gareth Austin and Kaoru Sugihara, eds., *Labor-Intensive Industrialization in Global History*, Routledge, 2013, pp. 201–230; Gareth Austin, "Is Africa Too Late for 'Late Development'? Gerschenkron South of the Sahara," *African Economic History Working Paper Series*, No. 23, 2015, https://www.aehnetwork. org/wp-content/uploads/2016/01/AEHN-WP-23. pdf，访问日期：2021 年 11 月 20 日。

第二类观点认为，非洲国家在全球化过程中表现欠佳应归咎于非洲国家自身的政治制度与政策环境。虽然持此类观点的学者对非洲国家制度环境的成因存在不同分析（如地理因素、殖民遗产、部族政治和独裁腐败等），但其共识是很多非洲国家实行的"攫取型制度"（extractive institutions）不利于制衡国家权力、保护私有产权、降低交易成本和提供公共产品和服务，因此极大地阻碍了非洲国家的经济成长。[1]

第三类观点则更为激进。此类观点坚持认为，非洲被边缘化的根本原因是不公正的国际治理。具体而言，学者们对于国际治理的批判分为技术和秩序两个层面。在技术层面上，部分学者批判国际贸易规则保护发达国家的农产品，而农产品是非洲国家为数不多的具有国际竞争力的产品；也有学者质疑资本市场自由化在促进跨国资本流动的同时，也为非法资本或灰色资本从非洲外逃提供了便利。[2] 除了技术层面的批判以外，也有学者从根本上质疑"新自由主义秩序"本身。例如，牛津通识读本《全球化面面观》的作者曼弗雷德·斯蒂格（Manfred Steger）直言不讳地将国际货币基金组织主导的"经济结构调整计划"视作一种"新形式的"殖民主义。[3] 国际上通用的非洲史教材《非洲通史》的作者凯文·谢林顿（Kevin Shillington）将全球化对非洲的影响描述为"披着外衣的新殖民主义"，抨击工业化国家和跨国资本借助所谓的"全球化"在非洲倾销工业制成品和农产品，抢夺非洲的矿产、土地和渔业资源。[4] 斯坦福大学人类学家詹姆斯·弗格森（James Ferguson）或许是这种批判性视角最具代表性的学者之一。他在《全球阴影：新自由主义世界秩序中的非洲》一书中指出，全球资本在非洲没有如我们所期待的那样四处"流动"（flow），

---

[1] 这一类的研究著作较多，可参见 Jeffrey Sachs and Andrew Warner, "The Big Rush, Natural Resource Booms and Growth," *Journal of Development Economics*, Vol. 59, No. 1, 1999, pp. 43-76; Daron Acemoglu, Simon Johnson and James A. Robinson, "The Colonial Origins of Comparative Development: An Empirical Investigation," *American Economic Review*, Vol. 91, No. 5, 2001, pp. 1369-1401; Jeffrey Herbst, *States and Power in Africa: Comparative Lessons in Authority and Control*, Princeton University Press, 2000; Paul Collier, *The Bottom Billion*, Oxford University Press, 2007, pp. 17-35。

[2] S. Ibi Ajayi and Leonce Ndikumana, eds., *Capital Flight from Africa: Causes, Effects and Policy Issues*, Oxford University Press, 2015; Leonce Ndikumana, "Integrated Yet Marginalized: Implications of Globalization for African Development," *African Studies Review*, Vol. 58, No. 2, 2015, pp. 7-28。

[3] Manfred Steger, *Globalization: A Very Short Introduction*, Oxford University Press, 2009, p. 54.

[4] Kevin Shillington, *History of Africa* (4th edition), Red Globe Press, 2019, p. 486.

而是以一种"跳进"（hop in）和"跳出"（hop out）的方式介入非洲的能源和矿产"飞地"（enclave）。[①] 新自由主义主导下的国际经济规则使得国际资本可以不受约束地追逐利润，这种随心所欲的进出方式给非洲社会带来的经济外溢效应甚微，因此造成了非洲的"薄"（thin）全球化现象，而非"厚"（thick）全球化。[②]

不难看出，上述三种观点体现了不同的立场，但各有其合理性和解释力。笔者无意挑战或否定上述三种观点。在吸纳上述部分观点的前提下，笔者试图通过具体的经济指标反映并分析非洲参与全球化过程的实际表现。非洲共有54 个国家，总面积超过 3000 万平方公里，人口约 14 亿，约占全球人口的1/5。考虑到非洲大陆的面积、国家数量和人口规模，没有非洲参与的全球化是很难想象的，然而全面客观地测量和评估全球化对非洲的影响却非常困难。一方面，全球化作为一种宽泛的概念，是包含经济、政治、环境、卫生以及文化等多面向、长期的历史进程。[③] 另一方面，非洲内部不同地区和人群在全球化进程中的受益程度存在巨大差异。即便是同一地区或同一群体，在不同时间和不同条件下受全球化的影响也会有天壤之别。因此，需要对本章的概念和数据分析做两点必要说明。其一，本章聚焦经济全球化，并将其限定在 20 世纪70 年代末 80 年代初以来各国之间快速发展的经济与贸易联系，集中体现在资本、商品、技术（含信息）和人员的流通上。[④] 不同地区开放和参与经济全球化的时间点不尽相同，考虑到经济结构调整计划在非洲始于 20 世纪 80 年代初（以 1981 年的伯格报告为标志），本章将 1981 年设为考察非洲经济全球化的大致起点，主要关注 1981~2020 年这 40 年间非洲的经济发展指标。其二，考虑

① James Ferguson, *Global Shadows: Africa in the Neoliberal World Order*, Duke University Press, 2006.

② James Ferguson, *Global Shadows: Africa in the Neoliberal World Order*, Duke University Press, 2006.

③ 例如，关于全球化的经济、政治、文化、生态环境以及意识形态等维度，参见 Manfred Steger, *Globalization: A Very Short Introduction*, Oxford University Press, 2009。美国学者杰弗里·萨克斯将全球化追溯至早期人类社会，主张人类迄今为止共经历了七个全球化时代，目前正处于第七个全球化时代，即数字全球化时代（2000 年至今），参见〔美〕杰弗里·萨克斯《全球化简史》，王清辉、赵敏君译，湖南科学技术出版社，2021。

④ 唐士其：《全球化与地域性：经济全球化进程中国家与社会的关系》，北京大学出版社，2008，第 94 页；王栋、曹德军：《再全球化：理解中国与世界互动的新视角》，社会科学文献出版社，2018，第 13 页。

到很多机构的统计数据口径限于撒哈拉以南非洲而非整个非洲，本章的数据分析也限于撒哈拉以南非洲的宏观情况，总结出的特点未必适用特定的非洲国家、地区、族群或个体。

本章接下来的内容分为三个部分。第一部分以实际数据呈现非洲参与经济全球化的"成绩单"。事实上，非洲在参与经济全球化过程中的成绩单并非如大众传媒所渲染的那么悲观，非洲国家的经济增长整体上呈现稳定积极的态势，融入全球化的程度较高。但与此同时，非洲在全球经济中的确处于相对边缘的位置。笔者将这种特点概括为"融入式边缘化"。第二部分重点分析非洲目前参与经济全球化所面临的历史机遇，特别指出非洲自身经济一体化努力和以中国参与为代表的南南合作对非洲发展的推动作用。第三部分则是对后疫情时代非洲经济发展的展望。简言之，本章认为，非洲国家需要适度地"去全球化"才能更好地"融入"全球化。后疫情时代或将成为非洲发展的重要机遇期。

一 "融入式边缘化"：非洲经济全球化成绩单

为了评估非洲在经济全球化过程中的得失，本章收集并整理了 8 项关键性指标来展示非洲的经济发展表现（参见本章 8 个附图）。① 这 8 项指标包括：GDP 增长率、人均 GDP、购买力平价人均 GDP、对外贸易额、国内生产总值中对外贸易占比、外国直接投资、移动电话用户量和移民汇款额。具体而言，前 3 项指标大致体现非洲整体的经济增长，对外贸易的两项指标则分别可以体现商品流通的规模和非洲国家与外部世界的经济联系和依存度，外国直接投资则是全球资本在非洲流动的最直接反映，移动电话用户量和移民汇款额分别对应技术、人员流动对非洲经济的影响。需要指出的是，部分指标包含了 1981 年以前的数据，其目的是便于观察非洲经济的变化趋势；另外，部分图由于数据缺失，没有能够完全覆盖 1981~2020 年的 40 年。

通过审视这 8 项指标，我们可以发现非洲参与经济全球化的"成绩单"呈现三个主要特点。首先，作为世界经济的重要组成部分，非洲整体经济增长在过去的 40 年间与世界经济增长平均水平大体保持同步，没有脱节。从数据

① 有关非洲数据可靠性问题，本章不予讨论，可参见 Morten Jerven, *Poor Numbers: How We are Misled by African Development Statistics and What to Do about It*, Cornell University Press, 2013。

来看，"前20年"与"后20年"有着较明显的差异。20世纪80年代和90年代，非洲深受债务危机、大规模干旱以及经济结构调整之苦，经济发展陷入困境。[①] 世纪之交（特别是2002年）成了一个重要分水岭。在近20年的大多数年份中，非洲经济保持了5%左右的增长速度，仅次于亚洲，显著高于世界平均水平，也因此被盛赞为"非洲崛起"或"非洲增长奇迹"。[②] 在新冠肺炎疫情肆虐的2020年，非洲经济整体萎缩2.1%，但以东非地区为代表的部分非洲国家仍然克服困难实现了经济正增长。[③] 按照国际货币基金组织的测算，2021年非洲经济增长将达到3.7%，虽低于发展中国家6%的平均反弹速度，但开启了积极的复苏进程。[④]

回望过去20年，非洲经济能够实现积极稳定的增长，得益于很多内外因素。不同类型非洲国家（如中等收入国家、低收入和贫困国家以及石油出口国）的经济驱动力存在显著差异。[⑤] 但从宏观上看，非洲经济增长得益于三个重要条件。第一，2002年以来世界大宗商品价格的高涨以及以中国为代表的发展中国家对能源、矿产资源的需求给非洲经济带来了强劲的增长动力。[⑥] 这事实上也解释了2014~2015年国际能源和大宗商品价格大跌后，非洲经济受到明显冲击，其增长率在2015~2019年回落并保持在3%~4%。第二，非洲大陆20世纪90年代以来的民主化进程对非洲国家内部的政治和社会环境产生了深刻影响。虽然西方式的民主制度在部分非洲国家容易造成民族矛盾和社会分裂，但大部分非洲国家从90年代中后期开始"由乱转治"，实现了整体的政治和社会稳定。[⑦] 尤其值得指出的是，选举制下的"一人一票"机制使得非洲的政治领导人开始重视拥有众多选票的广大农村地区，积极推动农业发展。这

---

① 有关非洲经济结构调整的失败，参见舒运国、刘伟才《20世纪非洲经济史》，浙江人民出版社，2013，第113~149页。

② 刘晨：《非洲经济奇迹：驱动因素与长期增长》，《世界经济与政治》2018年第1期，第118页。

③ 张宏明主编《非洲发展报告No.23（2020~2021）》，社会科学文献出版社，2021，第29页。

④ "Sub-Saharan Africa: One Planet, Two Worlds, Three Stories," https://www.imf.org/en/News/Articles/2021/10/20/pr21306-sub-saharan-africa-one-planet-two-worlds-three-stories, 访问日期：2021年11月20日。

⑤ 具体分析可参见刘晨《非洲经济奇迹：驱动因素与长期增长》，《世界经济与政治》2018年第1期。

⑥ Emmanuel Akyeampong, "History of African Trade," African Exim Bank, 2019, https://media.afreximbank.com/afrexim/History-of-African-Trade.pdf, 访问日期：2021年11月20日。

⑦ 舒运国：《试析独立后非洲国家经济发展的主要矛盾》，《西亚非洲》2002年第2期，第96页。

与非洲国家独立初期忽视农村发展，大力发展以城市为中心的工业化有着本质区别。[1] 非盟的研究数据也佐证了这一点：非洲农业生产在过去 30 年间增长了 3 倍，与南美农业发展处于同一水平线，但低于亚洲的农业生产水平。[2] 第三，非洲过去 20 年的快速发展离不开快速增长的外国直接投资。数据显示，非洲国家过去 20 年获得的年均外国直接投资是 20 世纪 80 年代和 90 年代的数倍之多。以 2000 年为例，非洲外国直接投资额约为 63 亿美元，而这一数值在 2012 年和 2019 年分别达到 350 亿美元和 314 亿美元。与此同时，有研究显示 2013 年和 2014 年以来非洲国家获得的外国直接投资构成也从原先的采掘型行业向制造、零售和金融服务行业扩展，并且开始聚焦非洲国内市场，而非单纯的外向型投资。[3] 众所周知，外国直接投资对于一国经济增长的促进作用不仅限于提供可利用的资金，而且会提升所在国产业研发能力、经济管理和技术水平。非洲经济在 2015 年后展示出来的韧性使我们认识到，非洲经济在过去 20 年间的增长不仅是由大宗商品的价格红利所推动的，外国直接投资的快速增长和结构性变化也至关重要。

其次，非洲并未完全摆脱"有增长，无发展"的困境。这集中体现在非洲国家的人均 GDP 长期在低位徘徊。虽然非洲在过去的 20 年中 GDP 平均增长率高出世界平均水平约 0.5 倍，但人均 GDP 增长率与世界平均水平接近，甚至在最近 5 年显著低于世界平均水平（见图 2）。如果以购买力平价人均 GDP（而非增长率）计算，非洲的数据就会失色不少。尽管非洲的购买力平价人均 GDP 在过去 20 年间增长了约 60%，但其实际水平只略超出 2000 美元，相当于世界平均水平的 1/6~1/5（见图 3）。非洲在人均数据方面失分的一个重要原因就是非洲人口的爆发性增长。1950 年，非洲人口总数为 2.3 亿，1990 年增长至 6.3 亿，到了 2021 年则达到了惊人的 13.7 亿。由此可见，仅在

① Robert Bates, "Domestic Interests and Control Regimes," in Benno J. Ndulu et al., eds., *The Political Economy of Economic Growth in Africa 1960-2000*, Cambridge University Press, 2008, pp. 175-201.
② NEPAD, "Agriculture in Africa: Transformation and Outlook," p. 8, https://www.un.org/africarenewal/sites/www.un.org.africarenewal/files/Agriculture% 20in% 20Africa.pdf, 访问日期：2021 年 11 月 20 日。
③ Tidane Kinda, "Beyond Natural Resources: Horizontal and Vertical FDI Diversification in Sub-Saharan Africa," *Applied Economics*, Vol. 45, No. 25, 2013, pp. 3587-3598; Scott Taylor, "Africa and Foreign Direct Investment," in S. O. Oloruntoba and T. Falola, eds., *The Palgrave Handbook of African Politics*, *Governance and Development*, Palgrave Macmillan, 2018, p. 709.

过去的30年间，非洲人口总量就翻了一番，其人口增长率（2.5%～2.7%）是亚洲地区的2倍。非洲经济要实现全面"发展"，除了要摆脱对初级产品生产和出口的依赖以外，也有必要对过快的人口增长进行适度控制和引导。[①] 否则，非洲亮眼的经济增长率将会被过快的人口增长所抵消，因而也就无法在实际生活水平上实现对世界其他地区的追赶。

最后，非洲在参与经济全球化过程中表现出"高度融入"但"边缘化"的特点。所谓的"高度融入"，不仅体现在非洲总体经济增长与世界同步和非洲快速增长的外国直接投资上，还体现在非洲对于世界经济极高的依赖程度上。数据显示，对外贸易在非洲国家GDP中的占比不仅高于中国的水平，也高于世界平均水平，一度接近惊人的65%（近几年有所回落）。非洲国家并非像中国和德国这样的出口制造业大国，对外贸易在非洲国家GDP中如此大的占比体现了其经济的依赖度之高。不过，非洲对外贸易在GDP中的占比增长趋势在过去40年与世界基本同步，一定程度上反映出非洲融入全球化的程度（见图5）。与此同时，信息与通信技术（ICT）的高覆盖率和移民汇款增长也表明，在技术和人口流动层面，非洲国家也在融入并受益于全球化（见图7和图8）。然而，深入分析经济数据可以发现，非洲融入和受益于经济全球化的过程并不能掩盖其"边缘化"的特点。早在20年前，学者们就已对非洲"边缘化"做过探讨，强调了非洲信息技术产业落后、经济结构单一、管理能力欠缺以及金融市场脆弱等因素。[②] 应该说，在取得近20年的"增长奇迹"后，非洲在很多指标和技术能力上都取得了长足进步。

然而，衡量非洲是否"边缘化"不仅需要考虑非洲增长的绝对水平，还要看其与其他经济体的相对位置。本章强调的"边缘化"，主要有两层意涵。其一，与其他经济体横向比较，非洲整体经济在全球经济中的占比极小。非洲大陆的人口数量与中国和印度相仿，但经济分量还有明显差距。我们以2019年和2020年的数据为例，非洲GDP分别只占世界总量的2.02%和1.99%，中国为16.30%和17.38%，印度为3.28%和3.14%；非洲对外贸易占世界总量的1.87%和1.73%，中国为11.95%和13.11%，印度约为2.12%和1.83%；

① Augustin Kwasi Fosu, "Rethinking Governance and Development," in S. O. Oloruntoba and T. Falola, eds., *The Palgrave Handbook of African Politics, Governance and Development*, Palgrave Macmillan, 2018, p. 884.

② 参见李智彪《经济全球化与非洲》，《西亚非洲》2000年第1期。

非洲的外国直接投资占世界总量的 2.18% 和 2.97%（见图 6），中国为 9.23% 和 14.95%，印度为 3.30% 和 6.4%。① 很显然，非洲不仅与中国这样的经济全球化"优等生"差距巨大，在 GDP 和外国直接投资等指标上也落后于印度这样的"全球化受益者"。其二，学者们往往会忽略纵向的对比。过去 20 年，非洲经济虽然取得显著增长，但在一系列关键性指标上，与非洲独立前后的 40 年（1940~1980 年）相比，其在世界经济中的占比并未恢复或接近最高水平，而且差距明显。例如，非洲 GDP 增速在 20 世纪 60 年代曾一度高达 7%~10%，非洲对外贸易曾占世界贸易总量的 6%（1950 年）和 4.8%（1980 年），非洲获得的外国直接投资曾占世界总量的 9.5%（1970 年）。② 正因为非洲在 20 世纪中叶经济发展的表现，历史学家弗里德里克·库珀（Frederick Cooper）将 1940~1973 年称为非洲的"发展时代"（development era）。③ 事实上，在 20 世纪 50 年代和 60 年代，世界主流经济学家对非洲经济发展的乐观程度要远高于对亚洲。当时，亚洲由于人口众多加之自然资源相对贫乏，其经济前景不被看好，而非洲则被认为具有巨大的发展潜力。诺贝尔经济学奖得主纲纳·缪达尔（Gunnar Myrdal）的《亚洲的戏剧：关于国家贫困的研究》一书在某种程度上就反映了这种观点和倾向。④

总而言之，我们需要客观地认识和评估非洲参与全球化 40 年的表现。毫无疑问，非洲经济在这 40 年中的后半段（即 21 世纪头 20 年）展现出了积极发展态势。然而，通过数据对比，我们不难看出，不管是与中国、印度进行横向比较，还是纵向与非洲独立前后的历史时段做比较，非洲在经济全球化进程中的表现都有明显差距。基于以上考虑，本章在肯定非洲"成绩单"的同时，将其参与经济全球化的特点概括为"融入式边缘化"。⑤

---

① 基于世界银行的世界发展指标和联合国贸发会议数据库的数据计算所得，非洲数据限于撒哈拉以南非洲。

② 参见 Leonce Ndikumana, "Integrated Yet Marginalized: Implications of Globalization for African Development," *African Studies Review*, Vol. 58, No. 2, 2015, pp. 9, 12。Ndikumana 使用的部分数据包含北非地区，并不影响说明此处观点。

③ 库珀所称的"发展时代"主要是指 1940~1973 年，即从英国大规模投资发展殖民地经济和福利到 1973 年的经济危机，参见 Frederick Cooper, *Africa since 1940: The Past of the Present*, Cambridge University Press, 2002, p. 85。

④ Gunnar Myrdal, *Asian Drama: An Inquiry into the Poverty of Nations*, Allen Lane The Penguin Press, 1968.

⑤ 此概括是受 Leonce Ndikumana 的 "integrated yet marginalized" 提法的启发，参见 Leonce Ndikumana, "Integrated Yet Marginalized: Implications of Globalization for African Development," *African Studies Review*, Vol. 58, No. 2, 2015。

二　非洲全球化的新机遇：非洲大陆自贸区与南南合作

如果我们从历史中寻找启示的话，不难发现，非洲在漫长的历史长河中，其经济一直以开放、融入的姿态成为世界经济的有机组成部分。以 8~16 世纪西非三大帝国（加纳、马里和桑海）为例，帝国岁入最重要的来源便是与外部通商并收取关税，跨撒哈拉沙漠的商道尤为重要，而黄金是当时最主要的贸易商品之一。① 研究显示，1000~1500 年，欧洲地区约 2/3 的黄金来自与西非帝国的贸易。② 在随后的 17~19 世纪跨大西洋奴隶贸易中，非洲与外部世界（特别是欧洲和新大陆）的经济联系则更为紧密。非洲黑奴不仅为美洲的种植园提供廉价劳动力，而且从根本上"资助"（financed）了欧洲的工业革命。③ 19 世纪上半叶奴隶贸易被废除后，非洲与外部世界的经济联系主要通过以花生油和棕榈油贸易为代表的所谓"合法贸易"（以区别于非法的奴隶贸易）而展开。在这一时期，西非沿岸的商人和中产阶级群体大规模兴起，他们在此后的几十年间主导了与欧洲人的商品贸易。④ 这一进程一直持续至 1884~1885 年的柏林会议，随后便是欧洲瓜分非洲的浪潮和正式殖民统治的建立。在 19 世纪末至 20 世纪中叶的殖民统治时期，欧洲殖民者通过在非洲种植经济作物和开发矿产资源攫取财富。与此同时，英国、法国、葡萄牙等欧洲殖民帝国将非洲国家与外部世界的经济联系限制在各自的帝国版图内，并以殖民边界加以固化。⑤

我们通常将非洲"边缘化"的历史原因归咎于不人道的奴隶贸易和剥削性

①　李安山：《非洲古代王国》，北京大学出版社，2011，第 89~118 页。

②　参见哈佛大学 Henry Louis Gates 教授制作的的纪录片，https://www.pbs.org/newshour/show/overdue-know-brilliance-africas-civilizations，2021-11-20。

③　Eric Williams, *Capitalism and Slavery*, Andre Deutsch, 1964; Joseph Inikori, *Africans and the Industrial Revolution in England*, Cambridge University Press, 2002; Joseph Inikori, "Africa and the Globalization Process: Western Africa, 1450-1850," *Journal of Global History*, Vol. 2, No. 1, 2007, pp. 63-86.

④　Kenneth Onwuka Dike, *Trade and Politics in the Niger Delta 1830-1885*, Oxford University Press, 1956, pp. 47-64, 97-127.

⑤　Frederick Cooper, "What is the Concept of Globalization Good for? An African Historian's Perspective," *African Affairs*, Vol. 100, No. 399, 2001, pp. 189-213.

的殖民统治。然而，新的经济史研究将视野进一步向前推进到了 14～16 世纪，即欧洲人与非洲人开展贸易最初的 300 年。托比·格林（Toby Green）的研究表明，在这 300 年间，欧非贸易最突出的特点是欧洲人以贝壳、布匹、铁镯和铜镯等"软通货"（soft currency）换取了非洲的"硬通货"（hard currency），主要是黄金。① 随着世界其他经济体逐渐弃用铜币和铁制货币，以黄金和白银为代表的"硬通货"价值得以保持，而"软通货"则开始贬值。因此，当来自外部的进口商品和"软通货"不断流入非洲时，非洲经济以及非洲人的购买力也随之遭到重创。非洲人为何热衷于这样的不平等贸易？其原因在于，以贝壳、布匹和铜镯为代表的"软通货"在非洲不仅是具有交换价值的流通物，同时还具有多重经济和宗教的功用，因此被当地的人们广泛使用和收藏。② 毫无疑问，早期的"硬通货"贸易、奴隶贸易、欧洲殖民统治以及 20 世纪晚期失败的经济结构调整都是非洲边缘化的重要历史成因。总结此类历史经验的意义在于，它可以帮助我们在未来构建更公平的贸易规则，进而带动欠发达地区的经济发展。

非洲在过去的 40 年参与全球化的悖论在于，由于非洲经济的依附性和相对脆弱性，世界经济的全球化不可避免地会造成非洲经济的边缘化。③ 阻碍非洲经济发展的因素纷繁复杂，难以在此处一一进行探讨。④ 但是对非洲而言，其症结不在于"融入"全球经济，而是融入方式。非洲参与经济全球化的出路在于修正造成其边缘化的内外因素，特别是非洲国家需要减少过度的"外向型融入"，努力构建"内向型融入"，促进非洲内部的经济融合。换言之，为了更好地参与全球化并从中获益，非洲国家需要对全球化精准地做"减法"而非"加法"。在过去的 10 多年中，非洲国家的自主探索也证明了这一点。具体而言，非洲参与全球化有两个积极的新动态值得关注：一是非洲大陆自贸区的建立，二是南南经济合作的快速发展。

非洲一体化作为一种思潮可以追溯至 19 世纪末 20 世纪初的泛非主义运动。⑤ 虽然非洲在摆脱殖民统治的过程中未能实现恩克鲁玛等所憧憬的"非洲

① Toby Green, *A Fistful of Shells：West Africa from the Rise of the Slave Trade to the Age of Revolution*, University of Chicago Press, 2019, pp. 12-15.

② Toby Green, *A Fistful of Shells：West Africa from the Rise of the Slave Trade to the Age of Revolution*, University of Chicago Press, 2019, p. 469.

③ 张忠祥：《非洲联盟：一体化应对全球化》，《探索与争鸣》2003 年第 2 期，第 41 页。

④ 舒运国：《试析独立后非洲国家经济发展的主要矛盾》，《西亚非洲》2002 年第 2 期。

⑤ 参见舒运国《泛非主义史：1900～2002 年》，商务印书馆，2014。

合众国"的政治理想,但非洲国家独立后很快便成立了非洲统一组织(1963年)。该组织积极支持和帮助非洲国家争取民族独立。冷战结束后,非洲领导人意识到非洲经济一体化的重要性,并于 2002 年将非洲统一组织更名为非洲联盟(简称"非盟"),致力于非洲的联合自强。非洲经济一体化里程碑式的事件是 2018 年非盟第 10 届特别首脑会议通过的《非洲大陆自贸区协定》,它标志着非洲国家开始创建单一市场。该协定于 2019 年 5 月 30 日生效,非洲大陆自贸区于 2021 年 1 月 1 日正式运行。需要指出的是,非洲经济一体化不仅是指非洲大陆经济一体化,还包括次区域层面的经济一体化进程(或称"区域化")。迄今为止,得到非盟官方承认的地区性经济组织有 8 个,即萨赫勒—撒哈拉国家共同体、西非国家经济共同体、东非共同体、中部非洲国家经济共同体、东南非共同市场、东非政府间发展组织、南部非洲发展共同体和阿拉伯地中海联盟。① 应该说,非洲的次区域化是大陆一体化的基础,有助于非洲国家之间的经济互补和整合。

非洲大陆自贸区将在贸易、投资、规模经济效应等方面为非洲经济注入新活力。② 对非洲参与经济全球化而言,非洲大陆自贸区的重要意义体现在以下三个方面。第一,非洲大陆自贸区的建立将有利于削减和取消非洲内部的关税和非关税壁垒,促进非洲地区内部的贸易、投资和人员流动。目前,非洲国家的对外贸易中,只有约 20%是域内贸易,即发生在非洲国家之间的贸易;而亚洲国家的这一比例高达 61%。③ 据估算,2040 年非洲内部贸易额将比 2020 年增长 15%~25%,最高达 700 亿美元,2040 年非洲域内贸易将占非洲对外贸易总额的 50%。④ 同理,非洲经济一体化也将有助于非洲国家之间的投资,特别是来自南非、尼日利亚和肯尼亚等地区性经济大国的直接投资。第二,非洲大陆自贸区的建立将极大增强非洲作为单一市场的吸引力。非洲经济对外依赖度较高很大程度上是因为非洲是由众多小型经济体构成的大陆。非洲约 3/4 的国家人口不足 3000万人,非洲有 25 个国家的国内生产总值不足 100 亿美元,世界上 47 个最不发

---

① 非盟网站,https://au.int/en/recs/,访问日期:2021 年 11 月 20 日。有关这些地区组织的介绍性研究,参见李安山《非洲现代史》(上),华东师范大学出版社,2021,第 303~312 页。
② 有关这方面的深入分析,参见朴英姬《非洲大陆自由贸易区:进展、效应与推进路径》,《西亚非洲》2020 年第 3 期。
③ UNCTAD,https://unctad.org/press-material/facts-figures-0,访问日期:2021 年 11 月 20 日。
④ 转引自朴英姬《非洲大陆自由贸易区:进展、效应与推进路径》,《西亚非洲》2020 年第 3期,第 104 页。

达国家有 33 个位于非洲。① 非洲单个国家过小的人口和市场规模既阻碍了规模经济的实现，也削弱了其对外部投资者的吸引力，而非洲单一市场的建立将极大地改善非洲市场狭小的现状。第三，非洲大陆自贸区的建立将给非洲探讨并实施进口替代工业化带来新的历史性机遇。很多非洲国家（如加纳、尼日利亚、肯尼亚、坦桑尼亚等国）早在 20 世纪 60 年代和 70 年代就曾实施过进口替代工业化，但都以失败告终。其中一个很重要的经验教训就是，单一非洲国家的狭小市场不足以支撑过剩的工业化产能和昂贵的生产设施与成本。② 作为非洲为数不多的"成功国家"，毛里求斯的服装制造业闻名遐迩，其成功得益于在 20 世纪 80 年代实施的出口导向型工业化战略。同样，目前中国在非洲参与建设的大多数工业园区也是立足于出口导向。然而，非洲共同市场的建立为非洲重新思考进口替代型的工业化道路提供了可能。

非洲参与全球化的第二个新动态是南南经济合作，尤其是非洲与新兴经济体的合作。非洲国家在选择经济伙伴上的这种转向是历史性的，因此也引发了两种截然不同的态度。一种观点认为，以中国、印度、巴西、土耳其等国为代表的新兴经济体为非洲国家提供了不同发展需求，这种合作有巨大潜力，正在塑造一个"没有欧洲的非洲"（an Africa without Europeans）。③ 另一种观点则表达出对这种新型合作的顾虑，担心新兴经济体会重复欧洲与非洲的经济交往模式，出现所谓的"新殖民主义"或"次帝国主义"（subimperialism）④。换言之，主张第二种观点的人们担心，如果非洲与新兴经济体的合作仍然依赖初级产品的生产和出口，那么非洲只是从不平等的"新自由主义"秩序进入另一种不平等的"新殖民主义"关系，很难实现真正意义上的经济结构转型。

限于篇幅，本章仅以中国为例来说明南南合作对于非洲参与经济全球化的

① 刘青海：《非洲大陆自贸区成立与中非贸易发展》，载李新烽主编《中国非洲研究年鉴 2020》，中国社会科学出版社，2020，第 97 页。
② Emmanuel Akyeampong, "Early Independent Africa's Abortive Attempt at Industrialization: The Case of Ghana under Kwame Nkrumah," STIAS Public Seminar, May 12, 2021. Emmanuel Akyeampong 本人同意笔者对该演讲稿的引用。
③ Chris Alden, eds., *Emerging Powers in Africa*, LSE-Ideas special report, 2013, p. 68.
④ "次帝国主义" 这一概念引自 Lorenzo Fioramonti, "Africa's Development Narratives: From Growth to Wellbeing," in S. O. Oloruntoba and T. Falola, eds., *The Palgrave Handbook of African Politics, Governance and Development*, Palgrave Macmillan, 2018, p. 745。

意义。需要指出的是，有关对中国"新殖民主义"的指责没有客观和可量化的依据。中国没有殖民非洲的历史，没有通过军事征服控制非洲，也没有进行政治制度移植和大规模定居移民，无法被定义为一个具有"殖民野心"的"帝国"。[①] 从时间上看，中非经贸合作快速发展的 20 年也正是我们见证"非洲崛起"的 20 年。在实践层面，中非合作的特殊性体现在三个方面。首先，非洲国家通过国家资产金融化等方式从中国获得发展性融资，建设其急需的基础设施。[②] 以 2020 年为例，在全非洲的基础设施建设工程中，有 31.4% 为中国企业承包建设，13.5% 由中国的资金或贷款资助建设，仅有 0.5% 的项目产权为中国企业所拥有。[③] 很长一段时间以来，非洲发展的一个重要障碍是缺乏必要的基础设施。殖民时代遗留下来的基础设施网络通常只是连接港口和矿区或经济作物区，具有极强的剥削性。[④] 与此同时，殖民时代的基础设施缺乏横向的网络铺设，非洲内部不同国家和地区间的交通极不发达。中国官方数据显示，2000~2020 年，中国在非洲建成公路铁路超过 13000 公里，建设了 80 多个大型电力设施，援建了 130 多个医疗设施、45 个体育馆和 170 多所学校，并打造了非盟会议中心等一系列中非合作"金字招牌"。[⑤] 仅 2016~2020 年，中国在非洲开工建设的基础设施项目总额近 2000 亿美元。毫无疑问，此类基础设施建设有利于非洲经济一体化进程，非洲大陆自贸区长远发展也离不开跨区域交通和通信的便捷。

其次是中国对非洲制造业的大规模投资。2017 年麦肯锡咨询公司的一份调研报告显示，在非洲经营的中国企业数量已经超过 1 万家，其中 90% 为私营企业，约 1/3 为制造业企业。[⑥] 随着中国产业结构的升级和转型，非洲

---

① Ching Kwan Lee, *The Specter of Global China: Politics, Labor, and Foreign Investment in Africa*, University of Chicago Press, 2017, pp. 152-153.

② Muyang Chen, "Infrastructure Finance, Late Development, and China's Reshaping of International Credit Governance," *European Journal of International Relations*, Vol. 27, No. 3, 2021, pp. 830-857.

③ Deloitte, *Africa Construction Trends Report 2020*, https://www2.deloitte.com/za/en/pages/energy-and-resources/articles/africa-construction-trends-2020.html, 访问日期：2022 年 1 月 15 日。

④ Frederick Cooper, *Africa since 1940: The Past of the Present*, Cambridge University Press, 2002, pp. 101-102.

⑤ 中国国务院新闻办公室：《新时代的中非合作》白皮书，2021 年 11 月 26 日，http://www.gov.cn/zhengce/2021-11/26/content_ 5653540.htm，访问日期：2022 年 1 月 15 日。

⑥ Irene Sun, Kartik Jayaram and Omid Kassiri, "Dance of the Lions and Dragons: How are Africa and China Engaging, and How will the Partnership Evolve?" McKinsey Global Institute, 2017.

将是中国劳动密集型制造业外移的重要目的地之一。非洲目前的制造业工人约为1000万人，与东南亚国家相比，非洲具有明显的劳动力成本优势。根据林毅夫的估算，日本在20世纪70年代曾经释放了970万个制造业就业岗位，促进了"亚洲四小龙"的经济奇迹。而中国将在未来20年向外释放8500万~9000万个劳动密集型产业的就业机会。这对非洲而言，是一次巨大的历史机遇。① 相比而言，欧美国家则不具备提供类似规模就业机会的优势条件。需要指出的是，中国企业在外移非洲的过程中，不仅应着眼于在非洲制造出口欧美市场的产品，也必须认真考虑"进口替代"的工业发展策略，利用非洲大陆自贸区提供的单一市场便利条件，促进非洲本身的经济一体化建设。

最后是中非贸易。2009~2021年，中国一直高居非洲第一大贸易伙伴地位。根据中国海关总署的统计数据，2021年中非贸易逆势增长，达到创纪录的2540亿美元，与2020年相比增长35%。② 中非贸易额从2000年的106亿美元增长了约23倍。当然，与欧美国家相似，中国从非洲进口的货物仍然以资源类产品为主，并不是区别于欧洲国家的主要特点。然而，中国对非洲的出口商品似乎更值得研究。以2008~2014年数据为例，中国出口非洲的贸易商品约31%为消费类商品（纺织品、小商品以及家用电器等），机械产品和建筑材料各占20%，交通运输工具占10%。③ 国际舆论经常批评中国出口的消费类商品冲击了非洲当地市场和非洲本土制造业。香港中文大学麦高登教授（Gordon Mathews）的研究为我们提供了一种新视角。他在《广州的世界》一书中对活跃在广州的非洲商贩进行了长期的民族志观察。这些非洲商贩的主要工作便是从中国采购大量物美价廉的产品，出口至非洲母国进行销售，赚取利润。麦高登大胆预言，100年后的经济学教科书一定会将中国物美价廉的工业制品视为21世纪初中国对全球的重要贡献之一。因为正是通过这些廉价产品，中国将经济全球化带给了世界上

---

① 林毅夫：《中国的崛起和非洲的机遇》，载李安山主编《中国非洲研究评论（2013）》，社会科学文献出版社，2014，第28~29页。

② 中国海关总署，http://www.customs.gov.cn/customs/302249/zfxxgk/2799825/302274/302277/302276/4127605/index.html，访问日期：2022年1月20日。

③ 中非贸易研究中心，http://news.afrindex.com/zixun/article10705.html，访问日期：2022年1月20日。

70%~80%的人口。[1] 在他看来，全球化的商品不应该只属于那些有幸出生成长在富裕发达国家的人。这些所谓的"低端"产品给非洲带来的福祉将远大于伤害。

结语：后疫情时代的契机

本章回顾了1981~2020年非洲国家参与经济全球化进程的实际表现。应该说，非洲国家在最近20年取得了令人称道的经济增长。然而，通过8项关键性经济指标的测量，我们不难发现，非洲国家的经济表现大体可以概括为"融入式边缘化"。一方面，非洲经济高度融入世界经济。这不仅体现在非洲经济增长趋势与世界基本保持同步，也体现在其对外贸易在GDP中的高占比上。另一方面，非洲经济不管是与其他发展中国家还是与非洲独立初期的经济表现相比，都存在较大差距。数据显示，非洲GDP、贸易和对外直接投资占全球比重微乎其微，仍低位徘徊在2%上下。如果以非洲人民的主观体验来衡量非洲发展，非洲参与全球化的"成绩单"或许还要再打折扣。如前文所述，非洲根据购买力平价计算的人均GDP仅为世界平均水平的1/6~1/5。此外，根据一项针对34个非洲国家的调查，有53%的非洲民众认为他们所在国的经济"相当糟糕"或"非常糟糕"，只有29%的受访者给出了肯定评价，仅有约1/3的受访者认为其所在国的经济状况得到了改善，贫困仍然是大多数非洲人生活的常态。[2]

我们必须认识到，经济全球化未必能促进全球所有地区实现同步发展。哈佛大学经济学家丹尼·罗德里克（Dani Rodrik）将20世纪90年代以来世界经济全球化进程的转向概括为"超级全球化"（hyper-globalization）。[3] "超级全球化"的目标是消除世界经济的国家边界，促进全球范围内贸易与金融自由

---

[1] Gordon Matthews, Linessa Dan Lin, and Yang Yang, *The World in Guangzhou: Africans and Other Foreigners in South China's Global Marketplace*, The University of Chicago Press, 2017, pp. 214-216. 需要指出的是，麦高登以"山寨"产品来指代这些中国制造的物美价廉的产品。

[2] Boniface Dulani, Robert Mattes and Carol Logan, "After a Decade of Growth in Africa, Little Change in Poverty at the Grassroots," *Policy Brief*, No. 1, Centre for Democratic Development, 2013.

[3] 相关论述，参见 Dani Rodrik, "Globalization Dilemmas & the Way Out," *The Indian Journal of Industrial Relations*, Vol. 47, No. 3, 2012, pp. 393-404; Dani Rodrik, "Globalization's Wrong Turn: And How It Hurt America," *Foreign Affairs*, Vol. 98, No. 4, 2019, pp. 26-33。

化，从而实现全球市场的一体化。然而，这一转向在一定程度上要求主权国家制定政策时以国内利益为代价来迎合全球化需求。正是由于"超级全球化"颠倒了"全球化作为手段，发展作为目的"的原则，也就不可避免地会造成国家内部与国家间的不平等以及世界金融体系的脆弱。这些后果构成了当今世界经济全球化的缺陷。2020年初至今的新冠肺炎疫情给过去30年的"超级全球化"来了一个急刹车。① 跨境投资、贸易、银行贷款和供应链都受到冲击或出现大幅回调。一方面，跨国生产和运输的成本难以继续下降，跨国企业在面临本土企业的竞争时难以继续扩大优势；另一方面，日益紧张的地缘政治格局，特别是中美之间的竞争，也对全球贸易与金融构成新的挑战。

"超级全球化"的急刹车和所谓的"慢全球化"（slowbalization）对非洲来说，或许并非危机，而是一次契机。② 研究表明，后疫情时代，包括非洲在内的全球范围内将出现一定程度的"去全球化"，国家与市场之间的关系也将重新调整，政府将会把注意力从外部市场转向国内市场。③ 因此，全球化的减速并不必然造成生活质量与发展水平的下降；相反，"慢全球化"或将促进区域集团内部更深层的联系，增强区域经济的繁荣程度。在某些情况下，区域层面的一体化甚至比全球层面更深入，进而产生更加平衡和健全的全球化。换言之，后疫情时代为非洲国家提供了一种特定的外部条件，迫使非洲的领导人和发展政策的制定者重新审视"内向型融入"，加强本章所论及的非洲经济一体化、进口替代工业化以及南南合作等进程。非洲与外部世界经济交往的数百年历史经验表明，非洲以开放姿态融入世界经济是一种常态，但是其内部的联通整合却明显滞后，亟待加强。以非洲大陆自贸区为代表的非洲经济一体化进程和以中非合作为代表的南南合作的兴起预示着，非洲正在积极修正其与外部世界的经济交往模式。也正是在这个意义上，非洲需要适度

① Dani Rodrik, "Africa after COVID-19: De-globalization and Recalibrating Nations' Growth Prospects," *Contemporary Issues in African Trade and Trade Finance*, Vol. 6, No. 1, 2020, pp. 14-17.
② 早在新冠肺炎疫情之前，就有学者指出全球化放慢的迹象。有关"慢全球化"的讨论，参见 "Slowbalization: The Steam has Gone Out of Globalization," *The Economist*, January 24, 2019, https://www.economist.com/leaders/2019/01/24/the-steam-has-gone-out-of-globalisation, 访问日期：2021年11月20日。笔者注：原文是 slowbalisation，为了统一使用美式拼写，本章使用的是 slowbalization。
③ Dani Rodrik, "Africa after COVID-19: De-Globalization and Recalibrating Nations' Growth Prospects," *Contemporary Issues in African Trade and Trade Finance*, Vol. 6, No. 1, 2020.

地"去全球化"，这样才能更好地参与全球化并从全球化中获得更大利益。
因此，对非洲而言，后疫情时代或许是下一次"超级全球化"到来之前重要
的发展机遇期。

附图

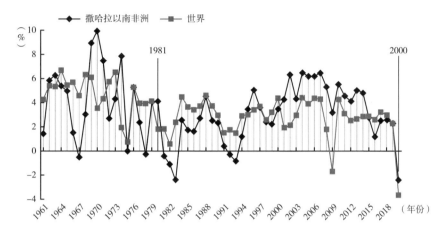

图 1　撒哈拉以南非洲与全球 GDP 年增长率对比（1961~2020 年）

数据来源：笔者根据世界银行"世界发展指数"数据库（World Development Indicators）数据绘制。

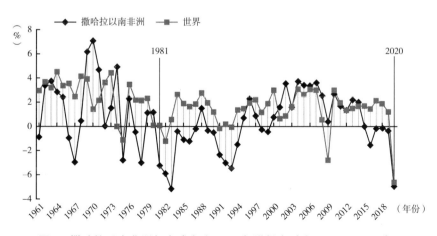

图 2　撒哈拉以南非洲与全球人均 GDP 年增长率对比（1961~2020 年）

数据来源：笔者根据世界银行"世界发展指数"数据库（World Development Indicators）数据绘制。

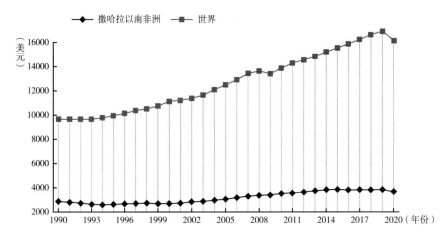

图3 撒哈拉以南非洲与全球购买力平价人均GDP对比（1990~2020年）

数据来源：笔者根据世界银行"世界发展指数"数据库（World Development Indicators）数据绘制；因数据有限，起始年份为1990年。

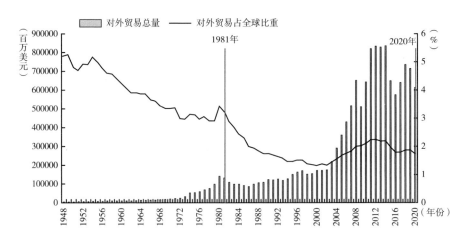

图4 撒哈拉以南非洲对外贸易总量及其占全球贸易比重（1948~2020年）

数据来源：笔者根据 UNCTAD 数据库（International Merchandise Trade-Total Trade and Share）数据绘制。

图5　撒哈拉以南非洲贸易以及世界贸易占 GDP 比重对比（1960~2020 年）

数据来源：笔者根据世界银行"世界发展指数"数据库（World Development Indicators）数据绘制。

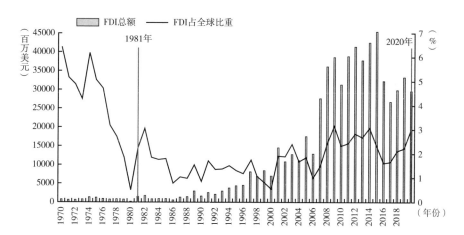

图6　撒哈拉以南非洲外国直接投资总量及占全球外国直接投资比重（1970~2020 年）

数据来源：笔者根据 UNCTAD 数据库（Foreign Direct Investment：Inward and Outward Flows and Stock）数据绘制。

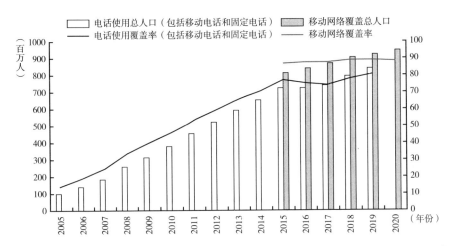

图7　撒哈拉以南非洲信息与通信技术（ICT）发展：使用人数和覆盖率（2005~2020年）

数据来源：笔者根据国际电信联盟（ITU）数据库（Global and Regional ICT Data）数据绘制；2014年以前的移动网络覆盖率数据缺失。

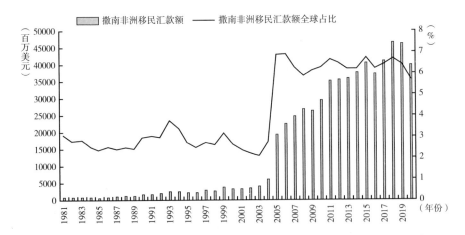

图8　撒哈拉以南非洲移民汇款总额以及占全球移民汇款比重（1981~2020年）

数据来源：笔者根据"移民与发展全球知识伙伴计划"数据库（Global Knowledge Partnership on Migration and Development-Inward Remittance Flows）数据绘制。

第十七章 拉丁美洲与全球化

郭　洁

内容提要　20 世纪 70 年代后半期以来，信息和通信技术革命带来的急剧变化使全球化这一古老进程具有了新的广度和速度，尽管过程充满复杂性，结果往往自相矛盾，但依然是当今世界经济最重要且不可避免的趋势。拉美一向易受外部世界的影响，引领全世界生产和要素市场一体化的新一轮全球化浪潮进一步加大了国际环境变化对该地区的溢出效应。过去数十年间，市场亲善政策与出口导向型增长战略在拉美不断扩散，金融类和非金融类跨国资本在整个地区范围内的扩张和流动加速。全球化为拉美带来了促进发展的外部条件，然而这一过程也叠加着风险甚至代价。考虑到这一地区的历史包袱和现实困境，合理且具有包容性的体制、政策和实践比任何经济范式更具有根本性意义。如何打破历史循环，使全球化带来的利益最大化，将外部冲击的负面影响最小化，是摆在拉美国家面前的一项持续挑战。

　　全球化将整个人类世界当作直接、持续不断的现实，随之产生诸多影响，以形形色色的方式决定未来。区分全球化的不同后果应该十分有益，至少从少数 20 世纪启蒙者的价值观看来，足以令人担忧，另一些后果则令人满怀希望。

——〔德〕乌尔里希·贝克

最近几十年来，伴随全球化的加速发展，整个世界发生了巨大变化，其中有些是积极的，如技术革命的日新月异、贫困的减少、平均预期寿命的延长；有些则相反，如环境退化、财富和收入分配不平等加剧、日益扩大的技术鸿沟等。善与恶、和谐与混乱、有序和失序，全球化充满了复杂性甚至自相矛盾。同时，如自由主义政论家拉尔夫·达伦道夫（Ralf Dahrendorf）所言，想在这个世界中过某种封闭的隐居生活几乎已毫无可能，在错综交织的竞争市场中，各国国民经济皆彼此连接，无人能够真正逃脱。① 相较发达国家和地区，以上两种趋势与结果在发展中世界似乎更加清晰可辨。在经历着发展转型的拉丁美洲和加勒比（以下简称拉美）地区，大多数国家存在着显著的经济、社会及其他相关领域的结构性差距。在全球化的背景之下，国内局势和全球变化之间的联系持续增强，国家和全球两个层面的挑战日渐融合，这一过程既促进了拉美地区的发展与对外合作，也不可避免地带来了种种不确定性与持续不断的争论。2008 年以来，全球金融危机、发达国家支持全球化共识的破裂、中美两国经济和技术竞争、自动化和数字化的急剧发展以及意外来袭的全球公共卫生危机等，均不同程度凸显出该地区经济和社会发展的脆弱性及其与外部世界的高度关联。在 21 世纪全球化的世界中，拉美的归宿何在？或许当下正是我们回顾、展望抑或想象全球化与地区命运的关键时刻。

　　一般而言，全球化意指产品、服务、资本、人力、信息、文化与思想等跨越国界的流动，由于事实上涉及不同维度以及主要领域的动态相互关系，通常被当作一个元概念来理解和解释各种复杂且彼此关联的过程、结构、力量、影响等。众所周知，全球化并非一个新现象，而是有其历史演进脉络的。联合国拉丁美洲和加勒比经济委员会（以下简称拉美经委会）前执行秘书何塞·安东尼奥·奥坎波（José Antonio Ocampo）认为全球化可大致分为以下三个阶段。第一阶段是 1870~1913 年即第一次世界大战爆发前，其特点是资本和劳动力的高度流动，以及运输成本大幅降低而带来的贸易的极大繁荣。第二阶段从 1945 年第二次世界大战结束至 1973 年。在这一阶段，发达国家大力发展技术、金融和贸易合作的国际机构，制造业产品贸易明显扩大，同时存在大量不同的经济组织模式，资本和劳动力流动有限。第三阶段始于 20 世纪 70 年代后半期，由信息和通信技术革命带来的空间和时间的急剧变化使全球化这一

---

① 〔英〕拉尔夫·达伦道夫：《历史重新开始：从柏林围墙倒塌到伊拉克战争》，张世鹏译，南天书局，2019，第 100~101 页。

"古老"进程具有了新的广度和速度，其主要特点是自由贸易逐渐普遍化，作为国际一体化生产系统运作的跨国公司在世界舞台上发挥的作用越来越大，资本在世界范围内的扩张和流动加速。[①] 毋庸置疑，全球化为包括拉美在内的发展中国家和地区提供了机会，如今的国家战略必须根据进一步融入全球经济所提供的可能性和要求来加以设计。但与此同时，这一过程也带来了新的风险甚至代价。本章将从贸易、投资、金融三个维度分析第三阶段全球化进程对拉美的影响并略述相关前沿讨论。

一 贸易自由化及相关经济与环境议题

自独立以来，大宗商品出口就是拉丁美洲融入世界经济的一个基本特征，国际环境、商品机遇期常常在其经济发展中产生决定性的影响。20 世纪 40 年代末 50 年代初，由于净易货贸易条件的恶化，拉美经委会在阿根廷经济学家劳尔·普雷维什（Raúl Prebisch）的推动下大力倡导进口替代工业化模式，并努力为其提供理论依据。[②] 在其后约 20 年间，结构主义在拉美产生了广泛影响力。根据建议，许多拉丁美洲国家通过保护国内市场和提供廉价信贷、其他补贴来促进制造业发展。该模式固然有其局限性，但也确实推动某些国家的工业化取得了实质性进展，特别是一些较大规模的经济体（如巴西、墨西哥、阿根廷等）。此外，20 世纪 60 年代启动的拉丁美洲自由贸易协会（Asociación Latinoamericana de Libre Comercio，ALALC）、中美洲共同市场（Mercado Común Centroamericano，MCCA）、加勒比自由贸易区（Caribbean Free Trade Association，CARIFTA）、安第斯集团（Grupo Andino）等地区一体化进程也在一定程度上有利于大、小经济体从区域内制造业贸易的增长中共同受益。70 年代后半期开始，南锥体国家（特别是智利）率先进行市场化改革，80 年代从

---

① José Antonio Ocampo y Juan Martin, coord., *América Latina y el Caribe en la era global*, Alfaomega, 2004, pp. 1-2.

② 参见 Raúl Prebisch, *The Economic Development of Latin America and Its Principal Problems*, New York: United Nations, 1950。恩里克·卡德纳斯（Enrique Cárdenas）等强调，对于这一模式更恰当的表述可能是"国家主导的工业化"（state-led industrialization），因为它所涉及的不仅仅是替代进口的问题。参见 Enrique Cárdenas et al., eds., *An Economic History of Twentieth-Century Latin America*, Volume Ⅲ, *Industrialization and the State in Latin America: The Postwar Years*, Palgrave, 2000, pp. 1-35。

墨西哥开始的债务危机进一步推动了市场亲善政策与出口导向型增长战略在地区范围内的扩散。此后 10 年，伴随投资、生产和贸易激励制度的调整与变化，整个地区的出口和进口均获得了显著增长，其中货物出口量和出口额在 1990~2001 年的年均增长率分别为 8.5% 和 9.2%，进口量和进口额年均增长率则分别高达 12.0% 和 11.9%，超过了同期除中国以外的世界其他国家和地区。[①]

进入 21 世纪之后，拉美地区贸易形势喜忧参半。2003~2013 年，受全球大宗商品繁荣以及中国等国家对资源类产品需求旺盛等多重因素影响，拉美经历了为期十年的出口"黄金期"。[②] 此后，增长渐趋疲软。这一变化的原因包括全球需求放缓、大宗商品价格回落、外国直接投资减少、美元升值以及世界贸易的区域化趋势等。此外，同样重要的是，技术创新也在改变着贸易和生产的性质。在一个全球化日益被数字经济所主导的时代，拉美就整体而言，未能很好地跟上技术变革的步伐。[③]

同时，值得注意的是，拉美绝非一个同质组合体，各次区域间差异巨大。为便于理解，可将整个地区粗略划分为以下两大集群。一个是北方集群，主要由墨西哥以及中美洲和加勒比国家组成。该集群国家对大宗商品出口的依赖度较低，含有大量进口投入和有限附加值的制造业以及以旅游、金融、运输服务为主的服务业在出口构成中占比较高，主要的出口市场为美国。另一个是南方集群，包括绝大多数南美国家以及特立尼达和多巴哥等个别靠近南美大陆的加勒比国家。这一集群的显著特点是，在货物和服务出口方面对工业国家的敞口较低，贸易伙伴多元，资源密集型产品出口占比突出。出口结构更为多样且拥有一定技术密集型制造业的巴西大体处于以上两个集群之间。[④] 过去 20 年间，

① José Antonio Ocampo y Juan Martin, coord., *América Latina y el Caribe en la era global*, Alfaomega, 2004, p. 20.

② 此次大宗商品繁荣对于不同类别产品的影响有所不同。比较来看，油矿等资源类产品所受影响较农产品要大；在农产品中，温带农产品受到的价格影响较热带农产品更大。Gilles Carbonnier et al., eds., *Alternative Pathways to Sustainable Development：Lessons from Latin America*, Brill, 2017, p. 62.

③ 详见 Economic Commission for Latin America and the Caribbean（ECLAC），"Tracking the Digital Footprint in Latin America and the Caribbean：Lessons Learned from Using Big Data to Assess the Digital Economy," LC/TS. 2020/12/Rev. 1, Santiago, 2020。

④ Alejandro Izquierdo and Ernesto Talvim, eds., "One Region, Two Speeds：Challenges of the New Global Economic Order for Latin America and the Caribbean," Inter-American Development Bank, March 2011, pp. 10 - 12; Gilles Carbonnier et al., eds., *Alternative Pathways to Sustainable Development：Lessons from Latin America*, Brill, 2017, p. 56.

除美国、欧盟等传统贸易伙伴外，拉美国家与包括中国在内的新兴经济体交往日趋密切。中国目前是巴西、智利、秘鲁、乌拉圭、厄瓜多尔等国的第一大贸易伙伴，是阿根廷、哥伦比亚、委内瑞拉等国的第二大贸易伙伴。近年中拉双方的贸易结构虽呈现一定的多样化趋势，但依旧明显失衡，中国的出口以劳动密集型和技术密集型产品居多，拉美的出口则仍以农、矿等资源密集型产品为主。

　　整个地区国家间以及次区域一体化组织间的差异在贸易开放度方面也有所体现。总体来看，太平洋联盟（Alianza del Pacífico）及其成员的贸易开放度最高。由于智利、秘鲁、墨西哥、哥伦比亚四个成员国与其他国家和区域组织签署了多个协议，太平洋联盟对外征收的关税是最低的（低于或接近 2%），内部关税则接近于零。紧随其后的是中美洲共同市场，对外关税为 4%~6%，对内关税为 2.8%。拉美最大的经济一体化组织南方共同市场（Mercado Común del Sur，Mercosur）整体开放度较低，对美加墨自贸区、欧盟以及东盟等征收平均近 8% 的关税（针对制造业产品征税最高），区域内自由化基本完成，平均关税接近于零。① 南方共同市场成立 30 年以来仅与埃及、以色列等个别中东国家签署了自贸协定。2019 年 6 月，在经历了长达 20 年艰难的自贸协定谈判后，南方共同市场与欧盟达成并签署了原则性协议。② 协定能否最终获批生效，目前看来仍有很大不确定性。委内瑞拉于 2017 年 8 月被暂停了南方共同市场成员资格，其余四个成员中，阿根廷的开放度最低，拉丁美洲开发银行（Banco de Desarrollo de América Latina，CAF）2021 年的经济与发展年报将其评估为国际贸易最封闭的拉美国家。加勒比共同体作为一个整体，在关税削减方面所获进展最为有限，对外关税大致为 12%，内部关税与中美洲共同市场相近（2.7%）。③

　　新冠肺炎疫情使各国经济遭受不同程度的打击，拉美是全球受影响最严重的地区之一。根据美洲开发银行（IDB）的统计，2020 年整个地区货物和服务出口分别下降了 9.2% 和 38.5%。2021 年上半年，伴随全球贸易回升，特别是

---

①　CAF, *Caminos para la integración：facilitación del comercio，infraestructura y cadenas globales de valor*，2021，pp. 46-47.

②　协议文本英文版可参见 "New EU-Mercosur Trade Agreement：The Agreement in Principle," Brussels，July 1，2019，https：//trade. ec. europa. eu/doclib/docs/2019/june/tradoc_ 157964. pdf。

③　CAF, *Caminos para la integración：facilitación del comercio，infraestructura y cadenas globales de valor*，2021，pp. 46，49.

该地区主要出口商品价格的普遍上涨（石油价格上涨了57.7%，铜价格上涨了65.6%，铁矿石价格上涨了104.4%，大豆价格上涨了65.7%，咖啡价格上涨了21.1%，糖价格上涨了34.9%），出口整体较上年同期有所增长，进口也渐呈恢复之势。地区内贸易依然变化不大，同期在整个地区对外贸易中占比为13.5%，增幅仅0.5个百分点。[①]

20世纪70年代以来的全球化及市场改革使拉美国家对外贸易格局发生了诸多变化。客观地讲，基于比较优势的自由贸易所带来的并非全然是福。近年来，与贸易相关的结构失衡、去工业化以及相关环境议题引发了越来越多的关注和讨论。就贸易结构来看，除个别国家（如墨西哥）外，初级产品及其加工产品在拉美对外出口中仍然占比较高，且在2003~2013年大宗商品超级周期中表现出较此前明显扩大的趋势。[②] 对资源类产品出口依赖的增长，不可避免地对经济结构和产业结构造成了某些负面影响。在一些国家，如委内瑞拉，过去20多年来国家经济越来越严重地依赖石油收入，去工业化导致了制造业的衰落，不仅中高技术含量的产品甚至食品和日常消费品也基本依赖进口，同时由于政府缺乏适当的反周期宏观经济政策，在极端情况下，商品周期的波动可能引发灾难性后果。除此之外，如何降低农产品和资源类产品出口背后的生态成本，也是一个需要直面的课题。尽管其中某些未必完全由贸易引发，如当前争议颇多的亚马孙森林退化问题，但多数研究表明，二者间存在某种程度的关联性。以拥有整个雨林面积2/3的巴西为例，据估计，80%的森林砍伐都与养殖业有关，特别是养牛。巴西是世界上最大的牛肉出口国，除了供应国内市场外，还向全世界150多个国家和地区出口。若以牛肉出口量占产量的比重来计算，贸易至少与该国亚马孙森林砍伐量的1/5有关。以2017年数据为例，据统计，当年牛肉出口涉及的森林砍伐面积为11.3万公顷左右。[③] 2019年下半年以来，在

① Paolo Giordano, coord., *El día después: la recuperación comercial de América Latina y el Caribe tras la pandemia*, Banco Interamericano de Desarrollo (BID), Nov. 2021, pp. xi-xii, 6-8, 15-16.

② Gilles Carbonnier, eds., *Alternative Pathways to Sustainable Development: Lessons from Latin America*, Brill, 2017, pp. 54-55.

③ 参见如 Erasmus K. H. J. zu Ermgassen et al., "The Origin, Supply Chain, and Deforestation Risk of Brazil's Beef Exports," *PNAS* (*Proceedings of the National Academy of Sciences of the United States of America*), December 15, 2020; Ana Carolina Amaral, "Exportação de carne bovina concentra metade do desmatamento em 2% dos municípios," *Folha de S. Paulo*, 6 July, 2020.

欧洲和拉美两地针对前述南方共同市场与欧盟贸易协定的抗议活动中，有相当一部分源自这一环境关切。

二 外国直接投资及相关延伸话题与争论

在经历了几乎贯穿整个20世纪80年代的金融紧缩后，流向拉美地区的跨国资本在其后10年间出现了明显增长。与此前略有不同的是，外国直接投资逐渐取代银行信贷，构成此波强劲资本流入的主体。[①] 这在很大程度上与地区国家政局渐趋平稳、私有化进程开启、商业环境改善以及对外资政策所做的调整紧密相关。从数额上看，起初多数资金流向了巴西、墨西哥、阿根廷、智利、哥伦比亚、委内瑞拉等拥有一定国内市场或市场辐射力以及自然资源丰富的国家。20世纪90年代后期以来，地理分布整体变得更加多样，一些以往不太受外国投资者关注的国家（如玻利维亚、中美洲与加勒比一些较小经济体等）也吸引了越来越多的投资。从投资方式来看，在大规模私有化时期，并购项目较新建项目占比更高。巴西国有控股电信公司 Telebras、阿根廷国有石油公司 YPF、智利国有电力公司 Enersis 等重大并购案均发生在这一时期。在此之后，两者比例逐渐持平。从资金来源地看，多数来自欧洲国家和美国，前者资金主要流入南锥体国家，后者资金则主要投向了墨西哥与中美洲等地（见表1）。

表1　1998年拉美前十大跨国公司及其主要投资分布

单位：百万美元

公司	来源国	行业	巴西	墨西哥	阿根廷	智利	哥伦比亚	委内瑞拉
通用	美国	汽车	6371	9265	1066	521	530	740
大众	德国	汽车	6619	4927	1381	—	—	—
西班牙电信	西班牙	电信	4483	—	4209	1602	—	—
福特	美国	汽车	3475	4452	1765	—	—	580
恩德萨	西班牙	电力	1165	—	2109	5582	843	—

① 20世纪80年代初，外国直接投资只占资本流入的20%。20世纪90年代，这一比例逐渐上升，在1996~1999年达到3/4以上。ECLAC, *A Decade of Light and Shadow : Latin America and the Caribbean in the 1990s*, Santiago, Chile, July 2003, p. 85.

公司	来源国	行业	巴西	墨西哥	阿根廷	智利	哥伦比亚	委内瑞拉
爱依斯	美国	电力	9270	—	—	—	—	—
家乐福	法国	零售	7304	—	1870	—	—	—
菲亚特	意大利	汽车	7420	—	1268	—	—	183
戴姆勒-克莱斯勒	德国	汽车	1293	6605	950	—	—	—
壳牌	英/荷	油矿	4470	—	1934	889	251	208

数据来源：ECLAC, *Foreign Investment in Latin America and the Caribbean*, *1999*, LC/G. 2061 - P, Santiago, 2000, p. 59。

流入拉美的外国直接投资增加反映出不同类型的跨国公司为应对全球化进程和面对新的宏观经济激励机制所做出的战略考量和调整。其中，一些公司决定通过它们在拉美的子公司进一步推进全球化方案，并根据不同国家和次区域的情况以及世界市场的要求进行新的投资以追求更高的效率。这种情况在墨西哥表现得最为明显，所涉行业包括汽车及其零部件、计算机、电子产品和服装等。同时，中美洲和加勒比地区因地缘相邻，也吸引了一些公司（特别是美国公司）前往投资，以期利用出口加工区、低工资和对美国出口的关税优惠，提高自身在北美市场的竞争力。[1] 另有一些企业，则是出于维持或增加市场份额的考虑，在已有业务的国家或次区域市场扩大投资，以适应不断增长的需求。这种情况多见于南方共同市场诸经济体，特别是人口大国巴西。在巴西，跨国公司的投资主要分布在汽车、食品、化学、机械制造等领域。还有一些企业，则聚焦于原材料开采或进入当地服务市场。此类投资能够实现，主要得益于拉美国家对外资进入本国采掘业（包括油气和金属矿等自然资源的勘探、开采和加工活动）和公共服务行业（如金融、电信和电力等）放松管制以及由此带来的新的投资机会。

进入 21 世纪之后，除欧美之外，亚洲国家的跨国公司也加大了对拉美的直接投资。其中，来自日本的投资多数流向了墨西哥，特别是汽车工业，本质上属于价值链投资。据日方数据，目前在墨西哥投资的日企总数约 1300 家，

---

[1] 进入 21 世纪之后，中美洲等国的外国直接投资逐渐从制造业转向服务业，特别是旅游业、房地产业和业务流程外包等。洪都拉斯和尼加拉瓜稍有例外，在这两国，纺织业和服装制造业占比显著。哥斯达黎加则通过吸引高科技投资成长为中美洲的高科技中心，实现了出口升级。

其中制造业企业占比近半，其余涉及领域包括国际贸易及其相关服务、建筑、发配电、水气供应等。① 紧随其后的为传统投资目的地巴西，背后的投资战略逻辑大体相仿，均侧重于全球供应链的管理。韩国对拉美的直接投资自 2006 年以来出现大幅增长，目前约占其全球对外直接投资总额的 1/10 以上，多数资金流向了制造业和采矿业，主要目的地为巴西、墨西哥和秘鲁。电子产业是韩国在拉美投资的重点领域，三星公司和 LG 公司是主要投资者。最近几年，由现代和起亚所引领的汽车行业的直接投资也出现了较快增长。韩国在巴西的投资主要为市场寻求型，在墨西哥的投资则受到了毗邻美国市场这一优势的吸引。与在巴西和墨西哥不同，韩国对秘鲁的投资大多集中在能矿部门。中国对拉美直接投资的显著增长主要发生在 2008 年全球金融危机之后，目前已成为巴西、秘鲁等国主要的外资来源国。早先资金主要流向金属矿、化石能源等资源类行业，近些年进一步延伸至制造业、农业、电力、电子、信息技术和软件、金融、批零商业、清洁能源、基础设施、交通运输、仓储、餐饮、航空、医药、旅游等领域。与其他跨国企业相似，缓解国内资源约束、寻求海外市场、降低生产和物流成本、转移产能、提高竞争力以及带动技术研发等投资类型和诉求，在中国对拉美的投资中亦均有呈现。② 除以上来自地区外的直接投资，区域内投资在部分次区域（如中美洲）和国家（如哥伦比亚）也有较重要的影响力。

就整体趋势来看，自 2012 年达到历史高点以来，外国直接投资流入拉美的速度已显著放缓，同时流出量增加，表明该地区（特别是南美）外国直接投资流量、宏观经济周期、商品价格周期间呈某种正相关。此外，最近两三年，外国直接投资在拉美地区的流向也在一定程度上受到了中美经贸摩擦与科技竞争的影响。2020 年新冠肺炎疫情给各国跨国公司的投资均带来了不同程度的压力，全年流入拉美地区的外资总额仅 1054.8 亿美元，为过去 10 年的最低值（见图 1）。其中，流入自然资源部门的外资降幅最大，较 2019 年下降了 47.9%，流入制造业领域的外资下降了 37.8%，服务业投资的降幅相对较小，为 11.0%。③

---

① *Diplomatic Bluebook 2021：Japanese Diplomacy and International Situation in 2020*，Ministry of Foreign Affairs，Japan，2021，pp. 112-113.

② Nobuaki Hamaguchi，Jie Guo and Chong-Sup Kim，*Cutting the Distance：Benefits and Tensions from Recent Active Engagement of China，Japan，and Korea in Latin America*，Springer，2018，pp. 16-28，45-46，61-65.

③ ECLAC，*Foreign Direct Investment in Latin America and the Caribbean，2021*，LC/PUB. 2021/8-P，Santiago，Chile，2021，p. 11.

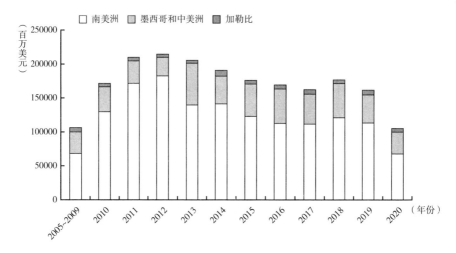

图1　2005~2020 年拉美及其次区域吸引外国直接投资的情况

数据来源：ECLAC, *Foreign Direct Investment in Latin America and the Caribbean*, 2021, LC/PUB. 2021/8-P, Santiago, 2021, p. 24。

拉美国家经济普遍存在一些结构性问题，如生产力和工资水平低，非正规程度高，不平等问题严重，依赖自然资源出口，对全球价值链的高附加值部分参与有限，等等。回顾过去 30 年，外国直接投资对拉美国家的经济与社会发展贡献良多。跨国公司在创造价值、带动就业、推动创新和促进增长方面有其成功之处。不过，这一过程也催生出不少有待解决的问题。例如，跨国公司规模更大、生产力水平更高且拥有广泛的全球供应体系，本土企业劣势明显，往往无法与其竞争，如市场开放过度又缺乏必要保护政策，则可能造成整个国家经济跨国公司化的现象。又如，采掘业是不少拉美国家经济的重要组成部分，由大宗商品繁荣带动的外国直接投资的快速增长，在带来出口红利的同时，也引发了一系列关于劳工保护、社区权益、过度开采以及损害物种多样性和生态系统完整性、危及脆弱群体（特别是原住民）生活方式乃至生存本身的关切。基础设施类项目常常也面临相同或相似的问题。近些年，由油矿开采以及修路建坝等外国投资所引发的相关土地和水资源等经济权利争端和社会冲突事件数量急剧上升。在种种争论与分歧的背后，有时直接涉及对 "发展" 这一理念及相关模式的质疑。经济专家普遍认为，全球经济控制小规模体系或小规模经济并入全球市场经济，就是通常意义上的 "发展"，本质上是一个自然进化或增长的过程。然而，"发展" 究竟是一种通过物质积累实现无限经济增长与线性进步的方式，还是如安第斯传统智慧"Buen Vivir"所意涵的那种基于社会和生态扩展视域下的美好生活？是否存在一种理想且可行的替代选择，既能满足人们不断改善生活质量的需求，又能确保大自然的权利得到应有尊重，同时避免本土社群被迫融入全球商业世界或成为"发展"的受害者？上述问题亟待回答。

三　金融全球化及相伴的风险与危机

经济全球化的基础为资讯，而资讯全球化的直接经济效果体现于金融市场。20世纪50~60年代，金融市场的主要作用是支持商品和服务的生产。银行专注于向生产性企业放贷，不能投资股市。期权和衍生品等金融工具受到严格监管。对冲基金规模很小，对公司的日常运作影响有限。国家间的资金流动受到严格控制，利率是固定的。从20世纪70年代开始，情况发生了巨大变化。国家和国际层面的变革改变了金融部门和其他经济部门之间的权力平衡。商业银行和投资银行合为一体、齐头并进。各国逐渐取消了对银行的监管、对利率的控制以及对衍生品的限制。对冲基金成倍增长，每天交易的金融资产数量激增。国际资本流动呈指数级增长。[1]

过去40年间，拉美跨境资金流动最引人注目的特点之一就是促进经济增长的因素发生了变化。20世纪70年代，主要由银行为公共部门提供贷款。80年代初期，由于发达经济体的利率飙升，资本流入出现逆转。当时，大多数拉美国家由于财政和外部失衡积累了巨额外债。资本外流导致了严重的本币贬值，影响了公司、银行、政府已经美元化的资产负债表，导致了货币、银行和主权国家三重危机，并进而引发了高达三至四位数的恶性通货膨胀。[2] 此后，银行向拉美的净贷款流动逐渐减少。银行贷款的减少带来了一系列连锁反应，使得拉美多数国家转向了以市场导向为基础、减少国家干预的新自由主义模式。新模式的出现一定程度上是对20世纪80年代各国采取的相关调整方案的务实回应，同时也受到当时国际金融机构与学术界以及发达国家政府在支持贸

---

① Diego Sánchez-Ancochea, *The Costs of Inequality in Latin America : Lessons and Warnings for the Rest of the World*, I. B. Tauris, 2020, pp. 146–147.

② Yan Carrière-Swallow et al., eds., *Challenges for Central Banking : Perspectives from Latin America*, International Monetary Fund, 2016, p. 25.

易、国内金融市场和外部资本流动自由化以及公共企业私有化方面压倒性意见的直接影响。[①]

从 1989 年开始，拉美国家获得了国际债券市场准入，此后债券逐渐取代银行贷款成为主要的融资来源。外债重组后，国际资本被拉美国家新实行的金融自由化政策所吸引，于 20 世纪 90 年代初源源不断地进入拉美，特别是巴西、墨西哥、阿根廷这三大经济体。对于智利、哥伦比亚、乌拉圭、委内瑞拉、哥斯达黎加、萨尔瓦多、巴拿马以及特立尼达和多巴哥等中等规模或较小的经济体来说，发行国际债券同样也是重要的融资方式。与债券市场情况相似，同期股票市场的投资也主要流向几个地区大国，在墨西哥金融危机爆发前的 1992～1993 年和亚洲金融危机爆发前的 1997 年达到了最高水平。以上两类资金流动均显示出明显的顺周期特点。美国存托凭证（ADR）在拉美的投资也是如此，1993～1994 年流入约 55 亿美元，1996～1997 年为 45 亿美元。在此两次金融危机的几年里，投资总额非常低。[②]

众所周知，金融全球化能够给发展中国家带来好处，如弥补国内资金不足、加速生产性投资、推动经济增长等，然而，发展的长期视野和全球资本市场的短期指标之间的不匹配往往隐藏着巨大的风险与挑战。在拉美，这一点表现得尤其突出。大量国际资本的涌入提升了实际汇率并促进了银行信贷业的发展，金融和资本账户自由化则促进了普遍带有风险的新金融交易的发生。然而，审慎的监管标准并没有跟上金融创新的步伐，银行风险加剧，从而增强了金融脆弱性。金融和资本账户自由化，加上监管不力，导致了 20 世纪 90 年代中期委内瑞拉和墨西哥系统性银行业危机的爆发。由于缺乏适当的危机管理手段，结果不可避免地导致了货币危机和主权债务危机，最终，通货膨胀再次加剧。[③] 回顾过去 40 年，拉美地区似乎较其他地区更易遭受大规模的银行业危机。根据国际货币基金组织研究部两位经济学家拉克·莱文（Luc Laeven）和法维安·瓦伦西亚（Fabián Valencia）的统计，1970～2012 年，全世界共发生了 147 次系统性银行业危机，其中拉美 28 次，在危

① 〔英〕维克多·布尔默-托马斯：《独立以来的拉丁美洲经济史》（第三版），张森根、王萍译，浙江大学出版社，2020，第 383～384 页。

② ECLAC, *A Decade of Light and Shadow: Latin America and the Caribbean in the 1990s*, Santiago, Chile, July 2003, pp. 85-87.

③ Yan Carrière-Swallow et al., eds., *Challenges for Central Banking: Perspectives from Latin America*, International Monetary Fund, 2016, pp. 26-27.

机总数方面排名第三，但平均到每个国家，则排名第一。此外，有些国家在同一时期发生了不止一次银行业危机，其中阿根廷最多，规模不等的危机共有 4 次（1980~1982 年、1989~1991 年、1995 年、2001~2003 年）。在拉美地区上述 28 次银行业危机中，共有 14 次同时发生了货币危机，9 次同时发生了主权债务危机。①

2001 年爆发的阿根廷金融危机即以多重危机叠加呈现，亦是此波全球化以来拉美地区最严重的一次危机。危机特点表现为本币大幅贬值，股市暴跌，金融持续动荡，经济严重衰退，通货膨胀急剧上升，资本大量外逃，投资下降，市场萎缩，等等。危机的后续影响也较深远，特别是冻结存款导致金融体系和经济瘫痪以及之后规模空前的银行与债务重组。危机的发生，与以市场为导向的新自由主义发展模式不无关系。作为该模式的一个重要组成部分，稳定化的方案涉及强制的财政纪律、削减开支、增加税收、基于市场的利率和竞争性汇率等。换言之，对国际融资的过度依赖意味着部分国内财政政策主权的丧失。与宏观经济稳定措施相比，更有争议的是与国内经济的微观管理有关的政策，即关键行业的私有化和金融系统的放松管制，后者使国家失去了实施有效的反周期经济政策的能力。客观地讲，新自由主义所带来的一系列变化并非都是消极的，但确实引发了新的不平衡。

阿根廷金融危机之后，为了缓解流动性紧缩或跨境收支恶化导致的金融不稳定风险，拉美国家纷纷进行了相应的政策调整，政策导向从顺周期转变为逆周期的财政政策和货币政策，为国内金融体系应对外部冲击提供了缓冲。近 20 年来，整个地区没有再发生大规模的金融危机。2008 年全球金融危机爆发时，拉美经济总体表现令人印象深刻，虽受波及但很快呈现复苏走势。引用英国《金融时报》一篇社论的话说，"在人们现存的记忆中，这还是头一次，'拉丁美洲'和'金融危机'这两个词竟没有按照惯例联系在一起"。② 除了以上提及的政策准备和财政缓冲外，拉美国家的贸易条件因中国等对全球大宗商品的旺盛需求而并未急剧恶化，也是一个经常被提及的原因。③ 尽管如此，

---

① Luc Laeven and Fabián Valencia, "Systemic Banking Crises Database," *IMF Economic Review*, Vol. 61, No. 2, 2013, pp. 254-259.

② "Coming of Age," *Financial Times*, January 3, 2012.

③ 参见如 ECLAC, *People's Republic of China and Latin America and the Caribbean: Ushering in a New Era in the Economic and Trade Relationship*, Santiago, Chile, June 2011, p. 13。

国际市场价格和金融形势的波动以及包括自然灾害等可能诱发金融动荡的外部因素总是持续存在的。

同时，个别国家的情况也依然值得关注。例如，时至今日依然未走出危机阴影的阿根廷，持续偿还或重组债务以及现实的财政状况没有为反周期政策留下太多空间。同时，由于支付能力不足越来越依赖外部融资为国内预算和经常账户赤字提供资金，导致深受融资成本及其可获性的影响。根据阿根廷经济部的数据，截至 2020 年底，阿根廷债务总额为 2714.43 亿美元（其中政府公债为 1937.56 亿美元），占 GDP 的比重达到了 102.8%，而外汇储备仅为 393.87 亿美元。① 债务问题一直并且很可能继续是该国经济复苏路上的一块"绊脚石"。在 2020~2021 年新冠肺炎疫情背景下，阿根廷得以就部分主权债务进行了重组。其中，私人持有的公共债务的置换条款和条件涉及降低利率（从 7.0% 降至 3.0%）以及给予阿根廷一定的债务减免；与巴黎俱乐部达成的协议涉及将原定于 2021 年到期的政府公债的部分款项（约 20亿美元）推迟到 2022 年支付。② 同时，阿根廷政府也开始与国际货币基金组织谈判，以期就 2018~2019 年国际货币基金组织向阿根廷提供的约 450 亿美元的贷款达成再融资计划。③ 2022 年 3 月 25 日，国际货币基金组织执行董事会最终通过了双方所达成的为期 30 个月的扩展基金机制（Extended Fund Facility，EFF）安排，继续向阿根廷提供国际收支和预算支持。同时，根据新协议，国际货币基金组织将定期监测阿根廷的经济形势并监督其落实协议规定的一系列宏观经济措施，包括提高政府支出的有效性和透明度、减少预算赤

---

① ECLAC, *Economic Survey of Latin America and the Caribbean*, *2021*, LC/PUB. 2021/10-P/Rev. 1, Santiago, Chile, 2021, pp. 232, 236, 255.

② "Argentina and Three Creditor Groups Reach a Deal on Debt Restructuring," August 4, 2020, https：//www. economia. gob. ar/en/argentina–and–three–creditor–groups–reach–a–deal–on–debt–restructuring/；"Martín Guzmán Announced a 'Time Bridge' until March 2022 with the Paris Club, Which Grants an Economic Relief of USD 2 Billion," June 22, 2021, https：// www. economia. gob. ar/en/martin–guzman–announced–a–time–bridge–until–march–2022–with–the–paris–club–which–grants–an–economic–relief–of–usd–2–billion/.

③ 根据阿根廷官方发布的信息，该款项到期日高度集中，2021 年为 37.61 亿美元，2022 年为 177.78 亿美元，2023 年为 188.54 亿美元，2024 年为 48.36 亿美元，外加应计利息。阿方希望通过谈判，以一项为期 10 年的扩展延期取而代之。参见 Ministerio de Economía, "Datos Deuda Pública I Trimestre 2021," March 31, 2021, https：//www. argentina. gob. ar/economia/finanzas/deudapublica/informes–trimestrales–de–la–deuda。

字、降低高通胀率、加强货币和汇率政策框架等。[①] 2022 年 6 月，国际货币基金组织批准对阿根廷在该协议下的经济改革进展进行首次审查。显然，债务重组只是危机下的临时安排，无法消解未来发生违约的风险。同时，长期以来高通胀、汇率不稳等结构性问题，都增加了突发金融震荡的可能。

结　语

全球化是一个历史的、多维的过程，亦是世界经济最重要且不可避免的趋势。尽管人们对它的看法不尽相同，甚至针锋相对，但却很难阻断其进程。拉美一向易受外部世界的影响，引领全世界生产和要素市场一体化的新一轮全球化浪潮进一步加大了国际环境变化对该地区的溢出效应。然而，无论是正面效应还是负面效应，要对其进行精细评估、追根溯源，往往并不容易。就前者而言，拉美可能从全球化中有所受益，但肯定不是一个在此背景下增进了整体福利的恰当案例。在这里，全球化的"赢者"和"输者"清晰可辨，如果确实存在"涓滴效应"，"输者"也已被排除在外。就后者而言，例如，我们很难判断不断拉大的贫富差距、日益严重的发展失衡以及生态影响等究竟多大程度上是全球化的后果；如果是根源于全球化，那么在何种程度上是因为全球化规则设计不当或治理缺乏，又在何种程度上系由国家自身没有管理好全球化的不利影响所致。

在拉美，迄今许多关于全球化的评论和反思，又往往与新自由主义议题交织重叠。然而，提到新自由主义，拉美的经历常常被认为是一个反面教材。20世纪 90 年代后半期，特别是进入 21 世纪以来，新自由主义主流叙事在这一地区受到愈益明确的挑战甚至替代。对放任新自由主义、市场或金融之力的不满与抗争不断增多。在玻利维亚，2003 年由所谓"天然气战争"引发的大规模抗议浪潮迫使主张新自由主义的贡萨洛·桑切斯·德洛萨达（Gonzalo Sánchez de Lozada）的第二个总统任期戏剧性地结束。在厄瓜多尔，主要由全国性原住民组织厄瓜多尔原住民民族联合会（CONAIE）和帕查库蒂克（Pachakutik）

① "IMF Executive Board Approves 30-month US $ 44 billion Extended Arrangement for Argentina and Concludes 2022 Article Ⅳ Consultation," March 25, 2022, https：//www.imf.org/en/News/Articles/2022/03/25/pr2289 - argentina - imf - exec - board - approves - extended - arrangement - concludes-2022-article-iv-consultation.

运动组织的社会抗议于 1997 年和 2000 年导致阿夫达拉·布卡拉姆（Abdalá Bucaram）和哈米尔·马瓦德（Jamil Mahuad）两任总统下台。在阿根廷，2001 年由新自由主义激进改革带来的大规模经济崩溃导致民众走上街头，要求包括政治精英和国际资本在内的权力阶层"统统滚蛋"。[1] 在智利，2019 年一场撼动社会基础的剧烈的抗议运动如今已经制度化。新当选总统、"千禧一代"学生领袖加布列尔·博里奇（Gabriel Boric）明确表示，"如果说智利是拉丁美洲新自由主义的摇篮，那也将是它的坟墓"。[2]

关于全球化与拉美的关系，要想得出一个不偏不倚的结论，其实很难。这一进程仍在继续，依然充满不确定性，但如斯蒂格利茨所说，问题不在于全球化，而在于如何管理这一进程。[3] 全球化的故事可以有不同的写法，差别在于各国如何应对。对拉美来说，尤其如此。考虑到该地区的历史包袱和现实困境，合理且具有包容性的体制、政策和实践比采取何种经济范式更加具有根本性的意义。全球化对拉美而言，并不是一个新鲜事物，然而如何将其带来的利益最大化，同时将外部冲击的负面影响最小化，克服全球化的重力，避免陷入西西弗斯般的困境，是摆在拉美国家面前的一项持续挑战。

① Jean Grugel and Pía Riggirozzi，"Post-Neoliberalism in Latin America：Rebuilding and Reclaiming the State after Crisis," *Development and Change*，Vol. 43，Iss. 1，2012，p. 7.

② "Boric gana primarias en Chile por coalición Apruebo Dignidad," 19 Julio 2021，https：// www. telesurtv. net/news/chile - gabriel - boric - elecciones - primarias - presidenciales - apruebo - dignidad--20210718-0019. html.

③ Joseph E. Stiglitz，"Globalization and Its New Discontents," August 5, 2016，https：// www8. gsb. columbia. edu/articles/chazen-global-insights/globalization.

第十八章　原苏联东欧地区的全球化：
由拒绝参与到热情拥抱

项佐涛

内容提要　冷战期间，由于意识形态的对立和美苏争霸，苏东社会主义阵营未能实质性地参与到由西方国家主导的全球化进程之中，而是通过成立经济合作互助委员会，构建了一套独立于西方市场的经济合作体系。苏联解体、东欧剧变后，原苏联地区和东欧地区分别以不同形式参与全球化进程，不仅社会制度向西方靠拢，而且致力于消除阻碍资本、技术、商品、劳动力等方面全球流动的壁垒。全球化因而才变得"名副其实"。然而，由于国情不同以及地缘政治竞争，包括俄罗斯在内的原苏联地区和中东欧地区走上了差异明显的全球化之路。俄罗斯从初期的西方国家主导的全球化的完全融入者，逐渐致力于成为新的全球化秩序的倡导者、推动者，由此遭到西方国家的严厉制裁。中东欧国家则主要通过加入欧洲一体化来参与全球经济活动，顺利融入了西方主导的全球化进程，成为资本主义经济体系的一部分。

由于意识形态的对立和美苏争霸，苏东社会主义阵营未能实质性地参与由西方国家主导的全球化进程。苏东各国不仅在国内建立了共产党一党执政的社会主义政权，经济上实行了公有制基础上的指令性计划经济，在对外关系上也与西方国家"划清界限"，起初实行"两个平行市场"原则，虽然后来在赫鲁晓夫提出和平发展、和平竞赛、和平过渡的"三和"政策之后稍有变化，但是与西方国家的经济互动依然有限。与此同时，苏东社会主义阵营通过成立经济合作互助委员会（以下简称经互会），构建了一套独立于西方市场的经济合作体系。可以说，在经互会存续期间，缺少了社会主义国家的全球化是残缺不全的全球化。据统计，经互会成员国的总人口一度占世界总人口的10%，领土面积占世界总面积的19%，国内生产总值占世界国内生产总值的25%。① 苏联解体、东欧剧变后，原苏联地区和东欧地区分别以不同形式参与全球化进程，不仅社会制度向西方靠拢，而且致力于消除阻碍资本、技术、商品、劳动力等方面全球流动的壁垒，全球化因而才变得"名副其实"。然而，出于国情不同以及地缘政治竞争等因素，包括俄罗斯在内的原苏联地区和中东欧地区走上了差异明显的全球化之路。

一　苏东社会主义阵营对全球化的"排斥"

二战结束后，旨在复兴欧洲的马歇尔计划客观上推动了西方国家主导的全球化进程。起初，东欧国家甚至苏联是被包含在马歇尔计划之内的。然而，苏联认为，马歇尔计划的目的是干涉欧洲国家国内事务，迫使欧洲国家在经济上从属于美国，因而不仅自己拒绝加入，还要求东欧国家拒绝参加。作为回应，以美国为首的西方国家对苏东各国采取了经济封锁与贸易禁运。

作为对东欧国家拒绝参加马歇尔计划的补偿，苏联在1947年7～8月分别同保加利亚、捷克斯洛伐克、匈牙利、波兰、罗马尼亚等国签订了经济贸易协定，"把以前流向西欧或苏联势力范围之外的其他地区的大宗贸易转向了东欧"。不久，在苏联主导下，社会主义国家间的经济组织经互会于1949年1月8日宣告成立。经互会的宗旨是在苏联与东欧国家间"建立密切的经济联系"，在解决各种经济问题时能够更好地利用世界社会主义体系的优越性，增强抵抗资本主义国家的经济和政治压力的能力。

经互会成立之后，苏联和东欧国家逐步实现了社会发展模式的一致。例如，在政治上，建立了共产党一党执政的体制；在所有制关系上，建立了单纯的社会主义公有制，其他形式的所有制逐渐被取缔；在管理体制方面，实行指令性计划经济。社会发展模式一致是经互会国家能够实现经济一体化的前提。

---

① 盛世良：《经互会解体的前前后后》，《瞭望周刊》1991年第3期。

通过经互会，苏联不仅帮助东欧国家制定了国民经济计划，还提供了资金、技术和能源、原料等方面的支持。

硬币的另一面是经互会也成为苏联控制东欧国家、割断它们与西方国家经济联系的工具。按照苏联领导人斯大林的逻辑，中国和东欧国家脱离了资本主义体系，与苏联一起形成与资本主义阵营对立的社会主义阵营。两个阵营的存在造成统一的、无所不包的世界市场瓦解，出现了两个平行的、相互对立的世界市场。社会主义市场形成的主要原因不在于西方国家的经济封锁，而是战后社会主义国家在经济上的合作和互助，尤其是强大的苏联的存在。最终，由于社会主义市场的存在和不断壮大，资本主义市场日渐弱小，西方国家的经济危机和资本主义体系的总危机将逐步加深。资本主义各国间的矛盾会进一步激化，世界大战不可避免，而且完全有可能在资本主义阵营内部首先爆发。[①] 这便是著名的"两个平行市场"的理论。可以说，"两个平行市场"理论简化了两种经济体系之间的联系，认为社会主义市场与资本主义市场是互相排斥、互不相容的。经互会的活动并不是为了参与世界市场竞争，而是试图通过组织内部的交流与合作，达到增强社会主义市场力量、缩小和挤垮资本主义市场的目的。

在斯大林时期，"两个平行市场"理论将两大阵营割裂开来。"它只是试图在一个狭小的圈子里实行合作，不可能有效地利用世界市场范围内的资源有效配置……苏联东欧之间的合作、交流和分工，不过是使各国用大封闭（经互会内部的）取代了小封闭（一国范围内的）。"[②] 作为社会主义国家，东欧国家理所当然地要参与经互会，断绝与西方资本主义国家的经济往来。结果，苏联81%的贸易额流向了东欧和其他社会主义国家。斯大林去世后，虽然在赫鲁晓夫提出"三和"政策之后，苏东国家与西方国家的经济关系稍有变化，但是参与西方市场的程度依然非常有限。表1显示了苏联1950～1978年的对外贸易状况。

自1949年1月8日成立至1991年6月28日解散，经互会的运行模式具有以下两个特征。

第一，商品价格是人为制定的，而不是基于价值规律。在1970年以前，

---

① 《斯大林选集》（下卷），人民出版社，1979，第561～565页。
② 许新等：《超级大国的崩溃：苏联解体原因探析》，社会科学文献出版社，2001，第190～191页。

表 1　1950~1978 年苏联的贸易伙伴

	1950 年	1955 年	1960 年	1965 年	1970 年	1973 年	1975 年	1978 年
社会主义国家(%)	81	79	72	69	65	61	56	60
发达资本主义国家(%)	19	21	28	31	21	26	31	28
发展中国家(%)					14	13	13	12
总计(百万卢布)	2925	5836	10071	14610	22100	31343	50699	70160

资料来源：R. E. Hebden, "Trends in Soviet since 1960," *Geography*, Vol. 65, No. 1, 1980, pp. 49-52。

经互会商品的贸易价格形成机制带有主观色彩，采取"人为定价"，而无视世界市场价格。由于实行双边贸易，同一商品的价值缺乏共同的等价物，商品价格由成员国政府协议制定，不是由市场决定，不遵循价值规律的原则，不反映供求关系的变化。在每一对成员国的双边贸易中，合同价格和交易价格都是不同的，经常出现合同价格高于或者低于世界市场价格的"非市场"现象，有些产品的价格甚至几年不变。

1970 年后，世界市场上石油等燃料和原材料的价格大幅度上涨，经互会"人为定价"的方式不断承压，需要频繁地调整价格。最终，1975 年 1 月，苏联要求经互会执行委员会修改原来的定价办法，决定 1975 年后按前 5 年世界市场平均价格来定价。结果是，苏联每年都在提高向东欧出口的能源和原材料的价格。虽然苏联向东欧出口的原料价格依然低于世界市场的价格，但是东欧国家却对此颇为不满，因为它们每年都需要支付更多的转账卢布。然而，转账卢布只能用于经互会内部的结算，不能兑换成西方国家的外汇、黄金或其他国家的货币。更何况，东欧国家向苏联出口的产品价格也低于世界市场价格。因此，它们的离心倾向日益增长。

第二，人为地划分产业分工，经互会国家的生产协作脱离各国原有的经济传统和资源禀赋。经互会实行生产专业化与协作后，东欧国家被迫停止或减少本国需要或者具有生产优势的产品的生产，转而按照苏联的需要生产。例如，民主德国停止了基础比较好的飞机制造、拖拉机和大气缸汽车的生产，捷克停止了缝纫机和矿井卷扬机的生产，匈牙利停止了普通卡车和 1500 吨以上船舶的生产，等等。20 世纪 60 年代后，经互会内部逐渐形成了一种"有计划"的生产格局。苏联向东欧国家出口能源和原料，其他成员国所需 72% 的石油和石油制品、近 100% 的天然气、96% 的石煤、98% 的电力、75% 的铁矿、67% 的黑色冶金轧材都由苏联提供。[①] 苏联还承担对经济发展、技术进步有重要意义而且经济利益最大的产品的生产，如航空工业和机电产品。东欧国家则生产技术要求不高、原材料消耗较大且成本较高的产品，如民主德国负责造船、化学、纺织机器、锻压设备、客车车厢的生产，波兰主攻船舶和建筑机器制造，匈牙利以汽车为主业，捷克斯洛伐克生产冶金和化学设备、小汽车、核电站设备，保加利亚生产电机、马达和电子设备，罗马尼亚生产石油采掘设备和机车。

经互会的"专业化分工"至少造成了以下三个方面的负面影响。①破坏了东欧国家的经济传统。东欧国家逐渐失去了经济自主性，无从建立起独立的工业体系，而只能成为经互会生产链条中的一个环节。实际上，其他国家只能在苏联的指令下从事生产活动。②成员国之间的分工是低效的。由于实行"专业化分工"，每个经互会国家都有自己的"拳头"产品，而且生产具有垄断性。因此，各国往往忽视产品质量甚至故意生产低质量的产品以用于成员国之间的交换，而将高质量的产品销往西方国家来赚取外汇。经互会成员国之间因供货质量问题而相互指责的现象频频发生，更加剧了东欧各国与苏联之间、东欧各国之间的贸易摩擦。③新技术运用滞后，产业结构调整缓慢，产品更新换代无法适应国际市场的需要。经互会国家的产品主要在内部成员国间销售，缺少与西方国家产品的竞争，丧失了通过引进先进技术来改良产品、提高产品的质量和工艺的积极性。苏东国家的生产技术和工艺与国际先进水平的差距越来越大。20 世纪 70 年代后，西方发达资本主义国家的高知识、高技术产品在出口商品中的份额逐渐增加，而经互会国家出口的产品明显落后，无法打入西方市场，只能在内部互相提供"处理品"，导致了各国的"共同落后"。

更严重的是，苏联与经互会其他成员国之间的经济关系畸形发展，各成员国经济与苏联经济紧密地捆绑在一起。有学者指出："经互会内的国际分工格局使苏联处于支配、主导地位，其他成员国处于被动地位，由于苏联的燃料、原材料在世界市场上比较容易换回所需的机器设备和食品，而东欧国家的产品因性能、标准化等差异难为世界市场接受，所以造成了其他国家对苏联的依赖

---

① 刘宝荣：《苏联东欧国家逐步调整各自经贸发展战略》，《俄罗斯东欧中亚研究》1988 年第 5 期。

程度大于后者对前者的依赖程度。从经互会的活动情况看，其他国家的经济是围绕苏联经济而运作的：各国在原材料、能源等方面严重依赖苏联，生产结构和部分产品也以苏联市场为导向。这就使这些国家的经济发展要适应苏联的需要。其自主权和灵活性受到很大的制约。苏联经济的变化，特别是它的能源开采量下降和开采条件日益困难等情况，对经互会其他国家的打击尤甚于苏联。"① 没有苏联的"输血"，经互会难以存在下去。

然而，苏联的经济模式注定无法持续下去。计划经济模式的优点在于它超强的动员能力，能够在短时期内集中人力和物力迅速建成工业项目，但也有严重的缺陷。

第一，管理方式僵化。对国有企业的领导者来说，最重要的业绩不是提高企业的经济效益，而是完成上级布置的计划任务。即便工厂有能力超额完成任务，他们也不愿意这样做，因为上级制定下一年计划的根据是当年的产量。这样一来，计划制定者得到的信息严重失真，计划经济因而成了一种特殊的"无序"经济。对此，美国学者曼瑟·奥尔森（Mancur Lloyd Olson）进行了剖析："如果上级知道经理人员犯了错误，后者获得提升或奖金的机会就会减小。因此下级存在隐瞒其不足表现的动机，而且也存在着夸大其所面临的困难和对潜在产量打折扣的动机。在等级制度的每一层面，造成信息扭曲的动机不断积累，所以这些动机会随着官僚机构体积的膨胀而呈现非线性的增长，而且必然地在中央计划经济体中变得极为严重。然而，这里也必然存在着一个起反作用的因素，否则中央计划经济根本不可能会运转起来。"②

第二，经济增长方式粗放。苏联模式可以通过政治权力最大限度地动员整个社会的资源，却不能很好地使用这些资源。集中于国家手中的资源被不合理地大规模应用到重工业尤其是军事工业，从而造成了轻工业和农业发展资金短缺。同时，私营企业被明令禁止，国有企业的管理者又不具有私营企业家为了获利而具有的创新精神。结果，整个国民经济的生产效率呈不断下降的趋势（见表2）。苏联的经济增长率在20世纪60年代后持续走低，资源利用效率也大大降低。过去，苏联能够依靠增加资本和劳动力投入战略来实现增长，但

---

① 许新等：《超级大国的崩溃：苏联解体原因探析》，第191页。
② 〔美〕曼瑟·奥尔森：《权力与繁荣》，苏长和、嵇飞译，上海人民出版社，2005，第107页。

是，粗放型增长战略的有效性和可行性已经达到了极限。[①] 在新兴工业领域，苏联更是大大落后。苏联计算机技术起步于 20 世纪 50 年代初，在质量上落后于西方设备。到 1964 年，苏联的技术在各方面都远远落后，这一差距进一步扩大。自 1965 年以来，随着新的乌拉尔和明斯克系统以及 BESM-6 系统的发布，苏联与西方之间的差距有所缩小，但苏联的计算机技术仍然远远落后于西方的最先进水平。同样，从数量上看，美国安装的计算机大约是苏联的 50 倍；苏联使用的计算机软件与法国、德国、日本、美国计算机软件之间的差距也是巨大的。

表 2　1951~1990 年苏联社会总产值与国民收入增长率

单位：%

	1951~ 1955 年	1956~ 1960 年	1961~ 1965 年	1966~ 1970 年	1971~ 1975 年	1976~ 1980 年	1981~ 1985 年	1986~ 1990 年
社会总产值增长率	10.8	9.1	6.5	7.4	6.4	4.2	3.3	1.8
国民收入增长率	11.4	9.1	5.7	7.2	5.7	4.2	3.2	1.3

资料来源：许新等：《超级大国的崩溃：苏联解体原因探析》，第 139 页。

随着苏联的衰落，东欧国家的"离心倾向"越来越大，如罗马尼亚多次呼吁经互会成员国要真正平等，捷克斯洛伐克抱怨苏联石油涨价，匈牙利指责苏联供应的铁矿砂质量太差，等等。随后，东欧国家逐步调整对外经济战略，把发展同西方国家的贸易关系提上日程。匈牙利提出"以同等速度发展同苏联及其他经互会国家和同西方国家的经济贸易关系"，波兰对西方实行"开放经济战略"，民主德国提出"工业发展要面向世界市场"，等等。最终，随着苏联解体、东欧剧变，经互会于 1991 年 6 月 28 日宣告解散。原苏联地区和东欧地区分别开启了融入西方主导的全球化的进程。

二　俄罗斯的全球化政策

叶利钦执政初期正值俄罗斯自由主义思潮占主导地位的时期。俄罗斯希望

[①] Joint Economic Committee, Congress of the United States, *Soviet Economy in the 1980s —Problems and Prospects*, 1983, p. 147.

以西方的民主政治与市场经济来改造自身，并由此迅速融入西方的政治经济体系，加入七国集团、巴黎俱乐部等，作为西方的伙伴来共同管理世界事务。为此，叶利钦政府大刀阔斧地推进全方位改革，扫除俄罗斯融入西方世界的制度壁垒。在政治上，巩固了自戈尔巴乔夫以来的民主化转型成果，1993 年 12 月以全民公决的方式通过的新宪法规定俄罗斯承认政治多元化和多党制。在经济上，大刀阔斧地推进"休克疗法"，大体包括以下五个方面。

第一，实行私有化。俄罗斯将国有企业依据一定的标准进行划分，包括企业的性质、固定资产、职工人数等，并以此为依据决定是否实行私有化以及私有化的程度。第一类包括商业、公共餐饮业、生活服务业、食品工业、轻工业、建筑业、农产品加工业、农业服务业、汽车运输业等与人民生活密切相关的产业，以及小型企业、部分亏损企业。第二类是 1992 年 1 月 1 日之前固定资产在 2 亿卢布以上，或职工人数在 1 万人以上的大中型企业，此类企业的私有化是有限制的，需要遵从俄政府的决定。第三类包括电力企业、水利企业、邮电企业、地下与地上资源企业等，禁止进行私有化。1996 年，俄罗斯以转让国有资产为主要内容的大规模的产权私有化已基本结束。私有化企业在俄罗斯企业总数中的比重与其产值占全俄 GDP 的比重均约为 70%。同时，对集体农庄与国有农场进行了改组。

第二，转变政府职能。政府不再直接干预企业的生产经营活动，而是强调运用财政、税收杠杆等手段，促进生产要素的优化配置与经济效益的提高。政府的调控角色只存在于市场无法满足需要的一些领域，如社会保险、义务教育、防疫保健、国防、社会安全等。

第三，税收体制与市场经济体接轨。苏联实行的是高度集中统一的财政税收体制，税收立法、税种开征或停征、税率和税目调整、税收的加征或减免等均由中央统管。根据《俄罗斯税法纲要》《俄罗斯增值税法》《俄罗斯企业和组织利润税法》《俄罗斯个人所得税法》等的规定，俄罗斯改行集权分权兼顾型的联邦—联邦主体—地方三级税收体制，并且设立了增值税、利润税、所得税和消费税等税种。

第四，改革金融体制。建立市场经济的两级银行体制，形成以中央银行为主导、商业银行为主体、多种金融机构并存的金融体系；实现利率市场化；建立证券市场和股票市场。改革汇率制度，1992 年 7 月 1 日起实行经常项目下的统一浮动汇率制，中央银行根据莫斯科外汇交易所宣布的汇率形成统一汇率，汇率基本由外汇市场供求状况决定。

第五，放开物价。1991年12月3日，叶利钦发布了放开物价的第297号法令。据此，俄罗斯政府在12月12日颁布了《俄罗斯放开物价的决定》，放开了除能源价格和运输价格以外80%的生产用途商品的价格和90%的消费品的价格；1992年6月，进一步放开了能源和能源产品的价格。到1998年俄罗斯有90%的商品和服务价格由市场确定，只有5%的价格由国家确定，另有5%的价格受国家规定的盈利率的限制。

通过"休克疗法"，俄罗斯快速实现了经济活动的自由化，并且迅速融入全球化进程。例如，俄罗斯所有的经济主体都有权从事进出口业务活动；转型之初，俄罗斯对进口商品不设置任何关税；在1992年6月前，由于没有海关关境，俄罗斯经济主体甚至可以自由地"按令人难以置信的低价向国外出售原料和燃料等国民财富"。直到1992年6月，俄罗斯才对战略性商品实行了限额制度。[①] 由于实施了上述刺激措施，俄罗斯进出口贸易额连年增长，从1991年的954亿美元增长到1997年的1379亿美元，外贸总额在1997年已经居世界第20位。

更值得关注的是，俄罗斯的主要贸易对象国与苏联相比发生了根本性的改变。苏联的主要商品交换是与社会主义国家，尤其是经互会成员国进行的。到了1997年，发达资本主义国家已经在俄罗斯进出口贸易中居主要地位。俄罗斯70%的进口贸易和67%的出口贸易是与发达资本主义国家进行的，与前经互会成员国的进口贸易比重只有9%，出口贸易比重只有12%。西欧、美国、日本等地区和国家是俄罗斯动力燃料、原材料商品的主要需求国，也是俄罗斯所需要的设备、先进技术工艺、食品、医疗用品等工业制成品的主要供应国。[②] 由此可以看出，俄罗斯的商品出口结构不合理，商品依然缺乏竞争力。按照叶利钦在转型之初的设想，俄罗斯将成为拥有高技术、能适应21世纪挑战的、高度发达的、进步的国家，而不是原材料的供应者，但这一目标并没有实现。

然而，拥抱资本主义世界的"休克疗法"让俄罗斯付出了沉重的代价。除了引人关注的私有化过程中的财富分配严重不均、国有资产大量流失和寡头

---

① 郭连成：《俄罗斯经济自由化与市场开放问题论析》，《西伯利亚研究》2002年第3期。

② B. 安得里昂诺夫、赵海英：《世界贸易和俄罗斯外贸》，《东欧中亚市场研究》2001年第3期。

政治现象外，持续的恶性通货膨胀也让俄罗斯普通民众苦不堪言。与 1991 年 12 月相比，俄罗斯 1992 年 12 月的消费物价指数高达 2600%，1992～1995 年全国物价上涨了约 8500 倍，恶性通货膨胀到 1997 年才刹住车。[①] 在国家层面，经济转型 8 年间，俄罗斯的 GDP 累计下降了 40%。更甚者，盲目放开汇率导致卢布急剧贬值，社会主义时期积累的财富在强势美元面前迅速缩水。放开汇率时，俄罗斯规定 125 卢布兑换 1 美元，到 1994 年底已跌至 3550 卢布兑换 1 美元。在短短两年半的时间里，卢布的币值已只相当于放开汇率时的 3.5%，贬值 96.5%。[②] 正因如此，俄罗斯综合国力尤其是经济实力骤降，从世界第二超级大国迅速变成了多极力量中的一极。在 1998 年的世界人均 GDP 和竞争力排名中，俄罗斯分别只居第 48 位和第 59 位；在 1999 年世界 GDP 总量中，俄罗斯仅占 1.9%，约为美国的 1/10。[③]

上述负面效应宣告了俄罗斯转型初期奉行的理想主义的破产，以西方模式来改造俄罗斯的政治经济和全面倒向美国的外交政策开始遭到质疑。理想主义的拥趸主要是西方派，或者说是欧洲—大西洋主义者。他们推崇西方的文明和价值观，强调俄罗斯的欧洲属性，认为是社会主义时期的人为因素割断了俄罗斯与欧洲的天然联系。现在，俄罗斯已经放弃了社会主义意识形态，按照西方国家的意愿改造了自己，它很快就能回归欧洲。不仅如此，弥漫于俄罗斯精英阶层的幻想是西方国家马歇尔计划式的援助会如期而至。西方国家为了拉拢俄罗斯政权也做足了姿态，曾多次召开援助俄罗斯协调会议。然而，俄罗斯与西方的关系绝非如此简单，或是出于对俄罗斯这一庞然大物的恐惧，或是出于对不同民族和文明的排斥，西方国家最终开出的都是"空头支票"。

因此，理想主义很快被俄罗斯式的现实主义代替，并且在实践上反思西方主导的全球化。欧洲—大西洋主义遭到了新斯拉夫主义和新欧亚主义的批判。新斯拉夫主义认为，俄罗斯有其独特的地缘政治和历史传统，必须寻求独特的发展道路，坚持民族传统和东正教，完成俄罗斯所肩负的"特殊历史使命"。在对外政策方面，新斯拉夫主义主张建立包括俄罗斯、乌克兰、白俄罗斯以及俄罗斯人聚居的哈萨克斯坦北部在内的统一国家或国家联盟。新欧亚主义则认

---

① 熊家文：《俄罗斯恶性通货膨胀的前因后果》，《世界经济》1998 年第 9 期。
② 许新、郑东生：《俄罗斯金融体制的改革》，《俄罗斯中亚东欧研究》2004 年第 6 期。
③ 冯玉军：《俄罗斯的综合国力》，《国际资料信息》2002 年第 2 期。

为，俄罗斯在地缘上既不属于欧洲也不属于亚洲，而是独立的"欧亚洲"；俄罗斯文明既不属于西方文明也不属于东方文明，而是"欧亚文明"。① 俄罗斯需要保持自己独特的社会文化特点和历史传统，俄罗斯的目的不应是与西方结盟，而应是立足欧亚，建立由俄罗斯领导的与欧洲和亚洲并存的欧亚共同体，重点发展与中国、巴西、印度等政治、经济实力与俄罗斯相当的国家的关系。

在此背景下，俄罗斯重新评估了自身的全球化战略。俄罗斯的全球化政策主要有以下三点。

第一，全球化是一种自然进程，不可阻挡。俄罗斯外交部在 2005 年发布的《俄罗斯与全球化问题》中明确提出，全球化是一个客观的、显然不可逆转的过程。一些国家的激进的社会团体所呼吁的"'禁止'或'阻止'它是毫无意义的，就如同试图'取消'科学发现和技术思想进步一样，即使它包含着对人的潜在威胁"。② 俄罗斯需要参与全球化过程，而不是封闭起来，不要害怕全球化的挑战。

第二，目前的全球化为少数发达国家获益，特别是在经济和社会领域。近年来，经济全球化进程中的直接投资（主要是高科技产业）、劳动力自由流动、技术转让等一直局限在"发达世界"之内，加剧了全球化的负面后果——不仅个别国家，整个地区间的发展差距都在不断扩大。③ 普京在 2021 年冬季达沃斯论坛上演讲时指出："全球化给大型跨国公司带来了巨大收益，尤其是美国和欧洲的公司。至于是谁获得了收入，答案是 1% 的人口。"④ 因此，全球化有两种可能：一是国际规则被一国（美国）或几个有影响力的国家的法律和规范所替代；二是经济利己主义导致全球经济空间碎片化，从而引发无尽的冲突、贸易战、所有人对所有人的战争。⑤

---

① 王树春、林润苗：《新欧亚主义，还是欧洲—大西洋主义？——冷战后俄国对外政策中的主导思想流派研究》，《俄罗斯学刊》2014 年第 4 期。

② 俄罗斯外交部：《俄罗斯与全球化问题》，2005，https：//www.mid.ru/foreign_ policy/position_ word_ order/-/asset_ publisher/6S4RuXfeYlKr/content/id/431972，访问日期：2022 年 2 月 16 日。

③ 同上。

④ 《普京在 2021 年冬季达沃斯论坛上的演讲》，http：//kremlin.ru/events/president/news/64938，访问日期：2022 年 2 月 16 日。

⑤ 《普京在 2019 年圣彼得堡国际经济论坛上的讲话》，http：//www.kremlin.ru/events/president/news/60707，访问日期：2022 年 2 月 16 日。

第三，必须建立合理的全球化进程。目前由精英俱乐部主导的全球化模式正在经历溃败。全球实力和发展潜力日趋分散，西方主导全球政治经济的趋势正在减弱，新的经济和政治势力中心已经形成，重心正朝着亚太地区偏移。① 俄罗斯将致力于确保新的多极架构的公平性。全球化是进步的，它的成果应该为全人类而不是少数精英群体共享。俄罗斯将与绝大多数亚洲、非洲和拉丁美洲国家团结一致，协调国际政策来促进世界商品、技术和金融市场自由化，防止经济歧视；公平地解决债务问题，在最不发达国家消除贫困、增加就业并创造更多经济机会。② 反对殖民主义和新殖民主义，无论其依靠的是野蛮的军事力量，还是非法的单方面经济制裁。③

显然，上述全球化战略与叶利钦时期的政策有着明显的区别，俄罗斯要从西方国家主导的全球化的完全融入者，变成新的全球化秩序的倡导者、推动者。在此背景下，俄罗斯在社会发展模式上纠正了此前完全照搬西方模式的激进做法。

首先，致力于建立一个强有力的国家政权体系，强化国家权威，政治上的中央集权化呈不断加强的趋势。普京在《千年之交的俄罗斯》一文中指出，俄罗斯在经济转型上"只能采用渐进的、逐步的和审慎的方法实施"，切忌沿袭20世纪90年代机械搬用西方经验的错误做法，强调俄罗斯必须寻觅符合本国国情的改革之路。④ 例如，面对叶利钦时代一些重要的、涉及国家安全命脉的超大型企业流入私人手中的问题，普京决定实施国有化政策。在2001年政府财政预算案第100条中对可进行私有化改革的企业进行限制，法定资本超过限制数额的超级企业都被禁止拍卖。同时，加强对天然垄断部门的国家监管，天然垄断企业主要包括电力输送和分配、燃料供应、干线天然气管道和天然气的地区分配、干线石油管道、铁路、港口、航空港、邮政、城市供水和下水管道。⑤ 为了扫除

---

① 《俄罗斯联邦对外政策构想》，2016年11月30日，http：//cn.mid.ru/foreign_policy/founding_document/302，访问日期：2022年2月16日。

② 俄罗斯外交部：《俄罗斯与全球化问题》，2005，https：//www.mid.ru/foreign_policy/position_word_order/-/asset_publisher/6S4RuXfeYlKr/content/id/431972，访问日期：2022年2月16日。

③ 《俄罗斯外交部长拉夫洛夫在2020年2月10日外交工作者日庆祝大会上的讲话》，https：//www.mid.ru/web/guest/meropriyatiya_s_uchastiem_ministra/-/asset_publisher/xK1BhB2bUjd3/content/id/4032647，访问日期：2022年2月16日。

④ 转引自陆南泉《俄罗斯转型与国家现代化问题研究》，《探索与争鸣》2013年第4期。

⑤ 丁军、王承就等：《转型中的俄罗斯、乌克兰和白俄罗斯》，世界知识出版社，2010，第15~16页。

障碍，普京决定铲除寡头势力。别列佐夫斯基（Б. А. Березовский）、古辛斯基（В. А. Гусинский）、霍多尔科夫斯基（М. Б. Ходорковский）等或逃往海外或被判入狱。

其次，对北约东扩做出强烈回击。俄罗斯领导人开始强调"东西方都应是俄罗斯外交的重点"，俄罗斯外交需要从"倒向西方"转变为"坚定不移地走向东方"。例如，1992 年 12 月 17～18 日，叶利钦到访中国，双方签署了《关于中华人民共和国和俄罗斯联邦相互关系基础的联合声明》，为两国关系的发展奠定了基础。除此之外，俄罗斯开始对西方说"不"。1993 年波兰、匈牙利、捷克等国加快了加入北约的进程，俄罗斯感到了国家安全方面新的压力，坚决反对北约东扩，提出由俄罗斯与西方共同保障中东欧国家安全的建议。

如果说俄罗斯的外交布局在叶利钦后期是"东张西望"的话，那么在普京时期"东倾西向"的趋势则日趋明显。俄罗斯开始谋求恢复其在独联体地区的传统影响力，并且全面发展与中国、印度等的战略协作伙伴关系。发生这一变化最重要的原因在于，当俄罗斯把西方国家看作自己人时，西方国家并不这么认为，而是不断蚕食俄罗斯的战略空间。一方面，"9·11"事件后，美国以打击恐怖主义为名，在独联体地区尤其是中亚地区进行军事渗透。同时，美国在独联体地区推行"颜色革命"，不断冲击独联体国家的政治格局，独联体国家"反俄"和"西靠"的倾向增强。另一方面，北约在 2008 年前后进一步向格鲁吉亚和乌克兰推进。因此，俄罗斯对西方国家不再完全信任。俄欧关系、俄美关系开始变得错综复杂，摩擦冲突不断。2014 年乌克兰危机爆发之后，俄美关系陷入了"新冷战"的边缘。

俄罗斯的上述做法招致了欧美国家的严厉"惩戒"，全球化开始"降速"甚至停滞或倒退。尤其是 2014 年乌克兰危机爆发后，西方国家对俄罗斯的制裁涉及外交、金融、能源、军事技术合作等领域；制裁对象包括个人、非金融机构、金融机构和政府部门四大类，例如俄罗斯领导层的核心人物、俄罗斯石油公司和天然气工业公司、多家银行；制裁手段则包括冻结资产、限制入境、贸易管制、金融交易限制、资金融通限制、禁用美元清算系统等。2022 年俄乌冲突再次升级后，美欧更是开启了与俄罗斯经济全面"脱钩"的进程。

面对西方国家的严厉制裁，俄罗斯的选择是有限的：要么就范，接受西方国家的城下之盟；要么远离西方国家主导的全球化，去另辟蹊径。

三 中东欧国家拥抱全球化的尝试和反全球化趋势

在剧变的过程中和剧变后初期，中东欧国家都提出了自己的全球化战略，涉及与美国、俄罗斯、中国、周边国家、其他国家的经济关系等，但是最重要的方式则是通过加入欧洲一体化来参与全球经济活动。为此，中东欧国家通过一系列转型来热情拥抱全球化。其中，最为重要的是通过政治制度和经济制度的变革达到发展模式上向西欧国家靠拢，以扫清融入欧洲一体化以及全球化的制度障碍。

在政治上，中东欧国家废弃了共产党一党执政的模式，改行多党议会民主制。然而，由于国情不同，尤其是民族分离主义影响的强弱不同，中东欧各国出现了两种不同模式的政治转轨。[①] 一种是自由民主模式，活跃在政坛上的政治力量主要是利益集团而不是民族主义者，它们主要通过意识形态的区别和政治经济转轨的策略来赢得选民。这类国家有波兰、匈牙利、捷克、斯洛伐克、保加利亚、罗马尼亚和前南地区的斯洛文尼亚。另一种是民族分离模式，各种政治力量主要通过煽动本国民众的民族主义或种族主义情绪来获得政权。这类国家主要有前南地区的南联盟（已分裂）、克罗地亚、波黑和马其顿。它们的政治转轨过程比较曲折，时常伴随民族和国家之间的战争。然而，无论如何，二者殊途同归。

在经济上，中东欧国家致力于由以公有制为基础的计划经济模式向私有制基础上的市场经济过渡，其内容主要包括以下四个方面：第一，实行私有化，降低国有经济的比重，鼓励私有经济的发展；第二，实行放开价格改革，建立劳务市场、资本市场；第三，取消外贸、外汇控制，实现本国货币与外币的自由兑换；第四，转变政府的经济职能，使其从过去全权的经济管理者转变为市场经济的服务者。对此，美国经济学家杰弗里·萨克斯（Jeffrey Sachs）认为，可供中东欧国家选择的西欧模式是相同的，无论是瑞典的社会市场经济还是撒切尔的新自由主义，都具有完善的私有制、发达的私人金融市场和活跃的劳动力市场等市场经济共通之处。中东欧国家经济转型的最基本目标就是建立这样

---

① Milada Anna Vachudova, Tim Snyder, "Are Transitions Transitory? Two Types of Political Change in Eastern Europe since 1989," *East European Politics and Societies*, Vol. 11, No. 1, 1997, pp. 1-35.

的市场经济。①

　　为了实现这一目标，中东欧国家采取了激进和渐进两种转型方式。主张前一种转型方式的人认为，社会主义经济制度在很大程度上是腐朽的，改革必须尽可能快地告别过去，在价格和外贸领域快速实现自由化；而主张后一种转型方式的人则认为，应该在旧的体制框架内培育新的经济制度，直到这些新的经济制度强大到足以抵抗全球范围内的竞争。② 实现经济体制转型是中东欧国家面临的共同课题，具体采取何种转型方式，很大程度上是各国依据自己与西方联系的密切程度、对苏联模式的排斥程度以及本国具体的经济形势做出的现实选择。波兰、捷克、斯洛伐克、保加利亚和前南联邦国家采取的是激进的转型方式，匈牙利和罗马尼亚则是采取渐进的转型方式。

　　经过几年的努力，斯洛文尼亚、波兰、匈牙利、保加利亚、罗马尼亚等多数中东欧国家已基本确立了市场经济，而阿尔巴尼亚和前南地区的部分国家，如塞尔维亚、克罗地亚、波黑、马其顿，由于战乱、民族纠纷、政体等，经济转轨进程较缓慢。总的看来，在经济体制转型的过程中以及其后，中东欧国家的经济形势有了不同程度的改观，各国经济从1992年开始呈现复苏趋势。

　　更重要的是，中东欧国家的经济发展模式实现了与西方国家的接轨，为其融入全球化提供了制度保障。一方面，经济运行机制由计划经济向市场经济转变，市场经济体制框架基本建立。根据世界银行公布的一份报告，通过对剧变后原苏东国家国内价格的自由化和国家对贸易垄断的废除程度、外贸领域的自由化程度、大小型企业的私有化和银行体制改革四个方面的评估，世界银行将这些国家分为市场化程度上等的国家、市场化程度中上等的国家、市场化程度中下等的国家和市场化程度下等的国家四个等级。其中，东欧国家的市场自由化程度远远领先于俄罗斯和中亚国家，属于市场化程度上等国家或中上等国家。③ 另一方面，通过出售、分配等方式，中东欧国家将原来的国有企业私有化，从而改变了原来社会主义制度下公有制一统天下的局面。20世纪90年代中期，由本国私人资本、外国资本组成的私人资本在中东欧各国逐渐占到社会

---

① Jeffrey Sachs, "Eastern European Economies: What is to be Done?" *The Economist*, Jan. 13-19, 1990, pp. 23-28.

② 苑洁主编《后社会主义》，中央编译出版社，2007，第332页。

③ Martha de Melo, Cevdet Denizer and Alan Gelb, "Patterns of Transition from Plan to Market," *The World Bank Economic Review*, Vol. 10, No. 3, 1996, pp. 403-404.

总资产的 50%~70%，掌握在国家手中的只是关系国计民生的重要行业和一些尚未出售的国有企业。私有经济在国家总资产中所占比重增加，在国民经济中的地位更加重要，成为国民经济的支柱。以 2000 年为例，私有经济对中东欧国家 GDP 增长的贡献率超过了 60%，解决了社会 55%以上人口的就业问题。

在此过程中，中东欧国家的对外经济关系由封闭到开放。中东欧国家在按照欧盟的标准制定和改革外贸法规的同时，将外贸对象从经互会国家转向了以欧盟国家为主的西方国家。1995 年，捷克、波兰、斯洛伐克、斯洛文尼亚和匈牙利对欧盟国家的出口额占它们出口总额的 52%，而同期的进口额也占这些国家进口总额的 49%。流入中东欧国家的外资也逐年增多，最主要的投资者是德国、英国、荷兰、法国和美国。在中东欧国家的经济发展中，外资所发挥的作用越来越大，几乎渗透到中东欧国家的各个行业和领域，成为带动中东欧国家经济恢复和持续发展的重要引擎（见表 3）。

表 3　1994~2004 年中东欧国家外国直接投资等在 GDP 增长率中的贡献

单位：%

国家	GDP 增长率	工人的劳动	外国直接投资	国内投资	其他因素
罗马尼亚	1.5	0.1	6.6	-1.6	-3.7
波兰	4.5	0.7	3.5	0.5	-0.3
保加利亚	1.1	-0.3	2.7	-1.6	0.2
克罗地亚	4.3	-0.7	2.4	0.7	1.8
马其顿	0.9	0.8	2.3	-0.6	-1.6
匈牙利	3.5	0.1	2.0	1.2	0.1
阿尔巴尼亚	7.6	0.2	1.6	5.9	0.0
斯洛伐克	4.3	0.8	0.9	-0.1	2.6
捷克	2.2	0.4	0.8	-0.4	1.4
斯洛文尼亚	4.1	0.1	0.3	0.4	3.2

资料来源：Deutsche Bank Research, "Foreign Direct Investment: The Growth Engine in Central and Eastern Europe," *EU Monitor*, July 13, 2005, p. 18.

在进行经济和政治体制转型的同时，中东欧国家还进行了以加入北约和欧盟为主要内容的对外关系方面的转型，以确保其真正地成为欧洲大家庭的一员。可以说，能否加入北约和欧盟是中东欧国家是否被接受为一个真正西方国家的最后一道门槛，也是它们彻底融入西方国家主导的全球化的"资格考试"，因为各国进行的政治经济转型成效如何，"答卷"是不是真正符合标准，需要美国和欧盟判定。相对于北约的成员国资格，欧盟的成员国资格更为重要，获得的难度也更大。

自 1999 年起，大部分中东欧国家相继加入了北约。与加入北约相比，中东欧国家加入欧盟的过程更为漫长。1989~2007 年，中东欧国家加入欧盟前后历经了近 20 年之久。最终，自 2004 年开始，波兰、匈牙利、捷克、斯洛伐克、斯洛文尼亚、拉脱维亚、立陶宛、爱沙尼亚、保加利亚、罗马尼亚、克罗地亚加入了欧盟，而其他国家也正在为加入欧盟做出巨大努力。然而，伴随着加入欧盟尤其是 2008 年全球金融危机后，中东欧国家反全球化的力量不断壮大。而早在此前，中东欧国家一直就有质疑欧洲一体化、质疑全球化的声音，刚开始主要是一些影响不大的民族主义政党、左翼政党、单一性政党予以关注，但近些年随着民粹主义政党在中东欧政坛崛起，相关问题越来越引起人们的关注。

第一，随着民粹主义政党的崛起，质疑声不绝于耳，认为中东欧出现了民主的倒退。与传统政党不同，民粹主义政党很难在意识形态上以"左右"区分，它们没有意识形态的内核，而是本着"取悦于民"的原则，因此其纲领主张时常出现相互矛盾的内容。同时，民粹主义政党鼓吹自己是人民的真正代表，在党名中常常冠以"人民""公正""公民"的名号。在具体政策上，民粹主义政党鼓吹重新分配社会财富，认为民众之所以在转型过程中陷入困境，根源在于国内外的政治经济精英形成了一个掠夺本国财富的联盟，因此需要在精英和人民之间重新分配财产。[①]

第二，疑欧主义甚嚣尘上。民粹主义政党的欧洲怀疑主义主要体现在两个方面。一是对欧盟所倡导的民主、自由、公正的价值观构成挑战。例如，匈牙利青民盟上台后，利用自己对议会多数席位的控制，在没有反对党参与的情况下，提出了新的宪法草案并使之通过。新宪法为人诟病的主要方面有：将国名"匈牙利共和国"改为"匈牙利"，去掉了"共和国"的字样；

---

① Grigorij Mesežnikov, Ol'ga Gyárfášová and Daniel Smilov, eds., *Populist Politics and Liberal Democracy in Central and Eastern Europe*, Institutie for Public Affairs, Bratislava, 2008, p. 10.

将基督教作为匈牙利历史和文明的基础，而无视其他宗教的贡献和地位；限制宪法法院的权力，规定在审查中央预算及其执行和中央税种、关税等是否符合宪法时，宪法法院只能就其是否损害人的基本权利方面进行审查；等等。二是质疑欧盟的治理能力和欧洲一体化，强调欧盟不再是"理想国"，挑战欧盟倡导的一些价值观和具体规则，还指责欧盟和欧洲强国在经济、外交等领域对本国的干预和制约。例如，捷克公民民主党要求把"欧洲化"进程限定在社会经济领域，反对在其他领域尤其是国家主权和民族身份问题上过度"欧洲化"。

第三，提高外资占比较大的行业税负。例如，法律与公正党政府在 2016 年决定对外资持股较多的银行业和零售业提高税收；① 青民盟政府设立"危机税"，以（公司）总营业额、（银行）资产总额、（保险公司）总保额等为基础征税，由于匈牙利大量企业在私有化过程中被外国资本收购，外资控股的公司几乎都被新税种涵盖。同时，在能源、资源、银行等外资占比较高的行业推行国有化。例如，2014 年，匈牙利政府收购了通用资本布达佩斯银行和巴伐利亚银行控制的匈牙利外贸银行。到 2014 年底，匈牙利政府已经控制了银行体系的 50%。同时，匈牙利政府以 18.8 亿欧元的价格从俄罗斯苏尔古特石油天然气股份公司收购了匈牙利油气集团 21% 的股权，匈牙利油气集团收购了意大利能源巨头埃尼公司麾下的匈牙利分公司。

出现上述"反弹"，原因并不难以理解。与西欧大国相比，中东欧国家均是小国或者弱国。它们在历史上曾饱受大国欺凌，领土常常被大国作为政治斗争的筹码交易，甚至中东欧国家作为现代主权国家的"准生证"也是由大国签发的。这种历史记忆不仅引致了中东欧国家对主权的珍视，也导致它们对东西方大国的不信任。同时，中东欧国家为加入欧盟，主动向欧盟国家开放商品市场和资本市场。"在开放的过程中，中东欧国家实现了全面私有化。大量国外资本尤其是老成员国的资本流入，或者直接出资并购，或者扶植代理人购买原来的国有资产。可以说，中东欧国家开放的过程就是跨国公司所有权的获得与本土所有权丧失的动态失衡过程。跨国公司不仅获得了所有权，而且还从中

---

① 在 2016 年波兰财政部公布的税收清单中，在企业税中专门新增一项"外资控制企业收入税收"（tax from revenues of foreign controlled companies），http://www.mf.gov.pl/en/ministry-of-finance/state-budget/revenue-expenditure-deficit-execution/2015，访问日期：2022 年 2 月 16 日。

东欧国家手中拿走了从固定资产中收取租金的权利，消灭了中东欧国家的民族品牌。"① 而中东欧经济体一旦被改造成外国人控制着大部分资本时，"这些国家不仅仅是丧失了对本国资源的控制权，它们还不得不交出自己相当大一部分的政治权力"。② 因此，当外国资本问题被提出来时，它就不单纯是一个经济问题，而是一个政治问题。过去，外国资本被认为是经济转型的助推器，如今，外国资本被视作本国经济安全的威胁和本国财富的掠夺者，处于人民的对立面。

然而，欧洲怀疑主义不应被过度放大，中东欧国家虽然在欧盟内部与西欧国家在立场和决策上存在分歧，但依靠欧盟发展的"基本面"没有发生改变。主要体现在以下三个方面。第一，欧盟是中东欧国家最大的出口市场，也是外国直接投资（FDI）的主要提供者。尽管金融危机后中东欧国家开始意识到国内市场存在的问题，但作为外向型经济体，跨国公司和经贸伙伴仍是其经济增长的主要力量。第二，中东欧在金融领域与欧盟主要国家有极强的相关性。中东欧国家无论是 GDP 增速还是股票市场走势都和德国等欧盟主要国家呈现一体化的趋势。③ 外资控制了银行业的很大份额，在金融体系中的作用举足轻重。第三，欧盟基金在中东欧各国 GDP 中占比较大。2007～2015 年，欧盟基金占中东欧各国 GDP 的平均比重约为 15%。④ 同时，欧盟公共部门投资在中东欧国家 GDP 中的占比也呈总体增加趋势。可以看出，尽管政党在竞选中为了迎合国内的民族主义语境大喊独立主权甚至反对欧盟的口号，但现实层面，中东欧国家的经济发展仍将依托于欧盟运行。

结　语

正如《共产党宣言》所言："生产的不断变革，一切社会状况不停的动

---

① 薛莉：《一体化进程中经济的失衡与失序：对中东欧金融危机的反思》，《中共中央党校学报》2010 年第 5 期。

② 〔美〕卡齐米耶日·Z. 波兹南斯基：《全球化的负面影响：东欧国家的民族资本被剥夺》，佟宪国译，经济管理出版社，2004，第 247 页。

③ Claudiu Tiberiu Albulescu, Daniel Goyeau, "The Interaction between Trade and FDI: The CEE Countries Experience," https://arxiv.org/pdf/1609.02334.pdf，访问日期：2022 年 2 月 16 日。

④ KPMG, "EU Funds in Central and Eastern Europe Progress Report 2007–2015," https://assets.kpmg/content/dam/kpmg/pdf/2016/06/EU-Funds-in-Central-and-Eastern-Europe.pdf，访问日期：2022 年 2 月 16 日。

荡，永远的不安定和变动，这就是资产阶级时代不同于过去一切时代的地方。"① 以资本为纽带，资本主义文明将触手伸入世界各个角落，无止境地扩大市场，谋取利润。因此，全球化进程在工业资本主义时代大大加快，人类历史越发成为全球的历史。

历史上曾经存在两种现代化模式：资本主义工业化模式和苏联工业化模式。资本主义工业化模式通过国内的"羊吃人"和海外殖民掠夺，积累起工业发展的原始资本，走上了一条由轻工业至重工业的发展道路。其中，私有制是基本的所有制形式，在国家与市场关系中，国家处于缺失地位，或者沦为守夜人。正因如此，资本主义自发盲目的市场行为将导致严重的贫富差距，继而陷入供需失衡状态，经济危机无法避免。历史证明，效仿资本主义模式进行现代化的后发国家，均陷入了"核心—边缘"理论的魔咒，沦为发达资本主义国家的附庸。苏联工业化模式是另一种极端。苏联的工业化资金积累靠的是国内资源的集中尤其是农业的极大付出，走的是重工业尤其是军事工业优先的发展道路。其中，公有制是基本的所有制形式，在国家与市场的关系中，市场是缺失的。国家通过指令性计划来决定整个经济活动。苏联模式难以避免地会陷入僵化停滞，市场因素的缺失造成经济发展动力不足。历史证明，采用苏联模式的国家均不可避免地进行改革，而改革的主题本质上就是引入市场经济和改变所有制形式。

苏东地区的现代化经历了上述两种模式，但结果都是不成功的。最终导致苏联解体、东欧剧变。此后，俄罗斯沦为多极世界中的一极，逐渐成为一个普通国家。中东欧国家则顺利地被西方国家接纳，融入了西方主导的全球化进程。然而，根据世界银行的数据，中东欧国家的相对国家地位并没有实质性提升。以国内生产总值为例，1987 年，罗马尼亚、保加利亚和阿尔巴尼亚的世界排名分别为第 41 位、第 49 位和第 108 位；1991 年，波兰、捷克、斯洛伐克、匈牙利、罗马尼亚、保加利亚、马其顿和阿尔巴尼亚的世界排名分别为第 33 位、第 55 位、第 62 位、第 49 位、第 56 位、第 72 位、第 98 位和第 145 位；而到了 2017 年，波兰、捷克、斯洛伐克、匈牙利、罗马尼亚、保加利亚、马其顿和阿尔巴尼亚的世界排名分别为第 23 位、第 47 位、第 64 位、第 56 位、第 48 位、第 75 位、第 135 位、第 125 位。除了波兰的排名有较大幅度提

---

① 《马克思恩格斯选集》（第 1 卷），人民出版社，2012，第 403 页。

升外，其他国家的排名变化均不明显，有些国家还出现了下滑。如果从人均GDP看，中东欧国家虽然在量上都有稳步提高，但是从世界排名看变化并不大，甚至与1985年相比绝大部分国家出现了倒退。

原苏东国家的案例证明，要改变全球化导致的富者恒富贫者愈贫的状况，确实需要一种新的秩序安排和新的规则。

（戴惟静、顾峰、张雪原为本文撰写提供了资料，涉及中东欧国家的部分观点此前曾在学术刊物发表，本文又根据现实情况变化做了修订。）

第十九章　美国与全球化

王　勇

　　内容提要　美国是二战后经济全球化的发动者，也是最大受益者。经济全球化推动美国经济快速增长，并于 2008 年全球金融危机爆发前达至顶峰，美国经济同时出现服务经济化、经济金融化、知识产权化等结构性变化特点。在国际经济影响力扩张的过程中，美国极大地加强了对全球政治、社会文化的影响力及对国际关系与世界秩序的控制力。同时，全球化的发展加强了资本对美国公共政策的影响，贫富差距急剧扩大，政治极化、种族关系紧张、枪支暴力等问题日益突出；在国际上美国滥用霸权地位的情况日益严重，导致其国际信誉与影响力下降；新冠肺炎疫情危机暴露了其国家治理体制与社会政治文化的结构性问题，美国全面衰落趋势加剧。美国未来能否克服内外危机与挑战，保持全球领先地位，取决于其能否推动国内改革并保持国内外目标之间的平衡。美国未来发展具有高度不确定性。

　　美国是二战后经济全球化的发动者，也是最大受益者，经济规模大幅度增长，2008 年全球金融危机爆发之前，美国的国际经济影响力达到顶峰，同时美国在世界上的政治、文化影响力大幅度提高。在经济全球化提升美国总体经济实力和国际竞争力的同时，美国国内分配政策导致其社会贫富悬殊问题日益突出，民粹主义与保护主义抬头。民粹主义领导人上台后推行"美国优先"政策，加之新冠肺炎疫情对经济增长的冲击，美国国内政治社会矛盾加剧，美国大幅度调整了以促进经济全球化为主的对外经济政策，导致其在全球经济中的领导力下降。美国处于社会政治经济危机爆发的阶段，能否克服当前危机并继续在经济全球化中发挥主导作用，存在较大的不确定性。美国的出路在于摈弃资本至上的新自由主义经济政策，推动全面公共政策改革，缩小国内贫富悬殊，消弭价值观与意识形态分歧，重新找到国内外利益目标之间的平衡。美国能否适应国内外新形势并重振经济影响力，关系到经济全球化发展的未来方向。

一 美国推动经济全球化的逻辑

冷战结束后，美国与世界朝哪个方向发展面临着关键的抉择。对美国来说，显而易见的选择是乘着冷战胜利的东风，利用美国如日中天的实力地位，按照政治自由主义与经济自由主义的逻辑向全球扩张美国的经济、政治与文化影响力，建立一个真正"美国化"的全球性帝国。这一意图反映在弗朗西斯·福山创造的"历史终结"论及其美国对意识形态胜利的乐观看法上。福山坚信自由市场经济与西式的民主政治将成为世界的主流，将一统天下成为一种普遍的治理规则和秩序，将终结人类历史上意识形态与政治制度的争论。[1] 美国政治经济模式的推广将受到美国综合实力"独步天下"的支撑，世界将进入一个被称为"单极时刻"（unipolar moment）的美国主导的单极世界秩序。[2]

冷战的结束极大地促进了世界对市场经济与贸易开放的普遍信仰。其实早在冷战结束之前，对于市场经济与贸易开放的认同已经开始提高，1986 年启动的关贸总协定"乌拉圭回合"谈判体现了这一趋势。当时参与此轮多边贸易谈判的国家大幅度增加，很多发展中国家缔约方认识到计划经济与保护主义存在缺陷，逐渐转向市场经济与贸易开放，认同市场经济自由开放是促进经济增长的重要工具。[3] 中国于 1978 年开启的改革开放进程既反映了这种认知的转变，也增强了市场经济与自由开放的力量。[4] 美国在二战结束之后倡导以关

---

① Francis Fukuyama, "The End of History?" *The National Interest*, No. 16, 1989, pp. 3–18.
② Charles Krauthammer, "The Unipolar Moment," *Foreign Affairs*, Vol. 70, No. 1, 1990/1991.
③ 参见王勇《国际贸易政治经济学》，中国市场出版社，2008，第 229~260 页。
④ 美国等西方国家欢迎、支持中国的改革开放政策，既有共同对付苏联的战略考虑，也有政治和意识形态的考量，它们认为中国转向市场经济将加强西方意识形态的优势与影响力。

贸总协定为基础的贸易自由化进程，主要局限于以西方为主的国家与一部分发展中国家，冷战结束后贸易自由化成为主流。

信息技术、运输技术的进步，特别是信息革命的到来与互联网科技的普及成为推动经济全球化发展的重要力量。20 世纪 80 年代，以信息技术为基础的第三次工业革命开始，美国处在新一轮工业革命的中心地位。发端于美国的互联网自 90 年代中期开始向世界扩散，运输技术的发展，为全球供应链的形成提供了技术与物质支持。借助互联网、喷气式飞机航空运输体系以及更加发达的海运，美国与西方的资本向全球扩张，形成了一个在全球范围内进行有效资源配置、利润最大化的全球生产体系。在西方资本的驱动下，全球逐渐形成一个以美西方国家为中心的国际分工体系，美西方国家处在全球价值链的高端，享受经济全球化带来的最大利益。

美国领导的全球经济秩序还得益于美西方国家所掌控的国际经济机构，包括国际货币基金组织与世界银行。主要国际经济机构与美欧政府相互配合，借助它们所掌握的财经货币力量，通过危机救援信贷、发展援助计划等手段向全球输送新经济自由主义的观念与政策。20 世纪 80 年代在拉丁美洲国家债务重组的过程中，国际货币基金组织提出了后来被称为"华盛顿共识"的经济自由化政策，即要求接受援助的发展中国家推行经济自由化、产权私有化、自由贸易及开放金融市场等政策。[1] 借助世界银行的体制，将这些理念和政策与对发展中国家的发展援助绑定，推动对发展中国家与受到金融危机影响的国家的经济制度改造。[2] 在国际贸易方面，通过 1986～1994 年"乌拉圭回合"谈判，借助更多的发展中国家力图参与到国际分工体系，成功推动多边贸易体制升级。1995 年世界贸易组织成立，确立了服务贸易、贸易与知识产权、贸易与投资等多边新规则。世界贸易组织规则的约束力与影响力远远超过此前的关贸总协定，美国主导的国际经济体系得以加强，进一步推动了经济全球化的发展。

与此同时，为了促进重要地区目标的实现，美国加快了地区经济一体化进程。华盛顿国际经济研究所提出的"竞争性自由主义"（competitive liberalism）理念对

① John Williamson, "What Washington Means by Policy Reform," in John Williamson, ed., *Latin American Readjustment: How Much has Happened*, Peterson Institute for International Economics, 1989.

② Joseph E. Stiglitz, *Globalization and Its Discontents*, W. W. Norton, 2002.

美国的地区经济合作政策产生了不小的影响。① 美国一改过去对地区一体化的消极政策，加快了其主导的地区经济合作进程，使之成为推动经济全球化发展的新动力。在这个方面，为了抓住墨西哥向美国靠拢这一千载难逢的机遇，美国与墨西哥、加拿大进行谈判，于 1992 年签署了《北美自由贸易协定》，建立了北美自由贸易区。为了与欧共体进行竞争，推动处于僵局的关贸总协定"乌拉圭回合"谈判，美国接受了亚太经合组织的理念，推动亚太地区一体化进程。这一合作进程包括了中国等意识形态不同的国家，美国显然认为将中国等纳入美国主导的经济自由化进程将有助于改变这些国家的国内政治经济的发展方向；另一个更重要的考虑是推动美国资本和贸易利益的扩张，为此克林顿政府提出实施新的国家贸易战略，将中国、俄罗斯等 10 个新兴经济体纳入美国未来经济扩张的范围。此外，在"9·11"恐怖袭击事件之后，美国与澳大利亚、新加坡等安全盟友以及中东地区重要伙伴国家签署了一系列双边经济伙伴关系协定，服务于美国的国际反恐战略。2008 年 WTO"多哈回合"谈判失败，小布什政府决定参加由新加坡、新西兰等四国发起的《跨太平洋伙伴关系协定》（TPP）谈判，提升亚太地区经贸规则自由化的标准，同时也增加美国的多边贸易谈判筹码。2016 年，在奥巴马政府与美国工商界的极力推动下，TPP 以微弱优势获得国会批准。但是，TPP 谈判的政治过程已经显示出美国在经济全球化、贸易自由化等问题上的国内分歧更加严重。

二　经济全球化加强了美国对全球经济的影响

经济全球化带来了世界经济的繁荣，同时也大大改变了美国与全球经济的关系，美国经济从经济全球化中受益巨大，扩大了对国际经济的影响力。

美国是经济全球化最大的受益者。根据美国彼得森国际经济研究所的研究，美国从经济开放和参与全球化中获得了巨大的利益。从 1945 年起，贸易自由化为美国带来了每年约 1 万亿美元的经济收益，美国每个家庭的平均收入增加了约 9000 美元。全球化使美国整体财富增加了 10%。该研究指出，如果

---

① C. Fred Bergsten, "Competitive Liberalization and Global Free Trade: A Vision for the Early 21st Century," *APEC Working Paper*, No. 96–15, 1996.

全球自由贸易继续发展，完成 WTO "多哈回合" 谈判，美国的经济收益每年将再增加 5000 亿美元。彼得森国际经济研究所的研究强调，美国生产力的增长主要来自广泛应用于多数经济部门的新技术，特别是信息技术产业，生产力增长总量的一半来自技术全球化的影响。彼得森国际经济研究所的研究计算了美国开放贸易的成本项，认为开放贸易的收益远远大于开放市场的成本。报告指出，在开放贸易的成本项上，美国付出的调整成本每年仅为 500 亿美元左右。但是，美国政府每年实际只支出 10 亿~20 亿美元，直接解决经济全球化带来的工人转岗等问题。[1] 显然，美国是经济全球化的最大受益者，但是美国政府出于种种原因不愿拿出足够的资源解决工人转岗等问题。

参与经济全球化导致美国经济的国际化，美国经济对国际市场依赖程度大幅提高。经过将近 30 年的参与经济全球化的发展，美国经济的性质发生了显著变化。作为全球最大的经济体，美国从内向型经济转变为外向型经济，美国经济对全球经济的依赖性大大增强。按照弗雷德·伯格斯坦的说法，美国经济的外贸依存度超过欧盟和日本的外贸依存度。美国经济对全球供应链的依赖程度空前提高，这在美国经济历史中是前所未有的现象。美国跨境出口（包括商品与服务）从 1992 年的 6168 亿美元上升到 2004 年的 11330 亿美元，增长率高达 84%；同期，美国的跨境进口从 1992 年的 6560 亿美元攀升至 2004 年的 17264 亿美元，增幅高达 163%。[2] 贸易占美国 GDP 的比重在 1970 年为 10.76%，1991 年为 19.79%，到 2013 年达到峰值 30.01%，2019 年有所回调，仍达到 26.31%。[3]

此外，美国经济对国际资金的依赖程度大大提高，这主要是由美国经济的 "双赤字"，即经常项目赤字与财政赤字造成的，为了弥补资金缺口，必须大力引进国际资金。根据彼得森国际经济研究所的研究，截至 2007 年，美国每个工作日必须引进约 40 亿美元，才能弥补经常项目赤字，并为对外投资提供资金，这是按照美国每年贸易赤字超过 6000 亿美元、资本流出大约 3000 亿美

① 〔美〕C. 弗雷德·伯格斯坦、〔美〕国际经济研究所主编《美国与世界经济：未来十年美国的对外经济政策》，朱民等译，经济科学出版社，2005，第 4 页。
② 〔美〕C. 弗雷德·伯格斯坦、〔美〕国际经济研究所主编《美国与世界经济：未来十年美国的对外经济政策》，第 4 页。
③ 世界银行数据，https://www.macrotrends.net/countries/USA/united - states/trade - balance - deficit，访问日期：2022 年 4 月 24 日。

元、一年中包括 240 个工作日得出的。[①] 因此，伯格斯坦得出结论："美国的繁荣和稳定在很大程度上取决于那些发生在国外，且美国无法左右的事件和活动。……尽管美国仍然是全球最大的国家经济体，然而经济孤立主义对美国早已不合时宜。"[②]

美国经济在扩大对全球经济影响的同时，自身的形态与性质也在发生巨变，出现了服务经济化、知识产权化、经济金融化等方面的变化。这些变化是美国积极参与经济全球化的结果，加深了美国经济与全球经济的相互依赖关系。美国经济的变化包括以下三个方面。

第一，美国经济的服务经济化，使得制造业在经济中的比重不断下降。美国彼得森国际经济研究所经济学家凯瑟琳·曼认为，服务业对于美国经济的重要性早已远远大于制造业。在产出方面，服务业包括运输、批发零售、金融、保险、不动产以及其他服务业，合计总值占到私营部门产业生产总值的 84%。私营部门实际 GDP 的 50% 来自服务业。在国际贸易方面，服务业出口已占到整个出口的 30%，占整个进口的大约 15%。在就业方面，服务业拥有私营部门 80% 的劳动力，制造业仅有 13%，其余分布在采矿和农业等产业。另外，占整个劳动力 13% 的制造业工人，也并非人人都是生产性员工，他们中很多人只是从事服务型工作。从岗位本身来看，美国私营部门中只有 8% 的劳动力从事真正的"生产型"职业，其余 92% 在服务业岗位上。[③]

第二，美国经济的"知识产权化"，使得知识产权产业在美国经济中占据主要地位。"知识产权产业"被称为美国经济的"第一产业"。美国《总统经济报告》将所有依赖于专利保护、版权保护等的产业都定义为知识产权产业（intellectual property industries）。化工、制药、信息技术和交通等行业依赖于专利的保护，以提供创新的动力；软件、娱乐、出版、广播等"传播"产业，高度依赖于版权保护，以保证创作者得到补偿并继续创造。美国把所有这些产业统称为"知识产权产业"。知识产权产业在美国经济中的分量越来越重，以

---

① 〔美〕C. 弗雷德·伯格斯坦、〔美〕国际经济研究所主编《美国与世界经济：未来十年美国的对外经济政策》，第 5 页。

② 〔美〕C. 弗雷德·伯格斯坦、〔美〕国际经济研究所主编《美国与世界经济：未来十年美国的对外经济政策》第 5 页。

③ 〔美〕C. 弗雷德·伯格斯坦、〔美〕国际经济研究所主编《美国与世界经济：未来十年美国的对外经济政策》，第 282~283 页。

2003 年为例，该年美国国内生产总值达到 11 万亿美元，知识产权产业占整个美国经济活动的 17.3%，占整个私人经济活动的 1/5，其中包括知识产权产业创造的价值 1.6 万亿美元（占 GDP 的 14.5%）以及由 IP 支撑的知识产权产业（IP support industries）创造的价值 3000 亿美元（占 GDP 的 2.7%），所有知识产权相关产业产值加在一起超过美国各级政府经济活动产出的总和（1.4 万亿美元，占 GDP 的 12.7%）。①

在过去的 30 年中，美国保持高额贸易赤字，但知识产权产业贸易却维持着较高的贸易顺差，显示美国知识产权产业在国际贸易中具有强劲的竞争力。例如，美国知识产权产业的出口额从 1992 年的 208 亿美元扩大到 2004 年的 506 亿美元，增长幅度超过 143%。同时，与知识产权相关的服务贸易的进口额也大幅增长，从 1992 年的 52 亿美元增加到 2004 年的 228 亿美元，增长幅度高达 338%。同时，美国在与知识产权相关的服务贸易中始终居于顺差地位，2004 年的贸易顺差额达到 278 亿美元。②

第三，美国经济的繁荣比以往更加依赖于外国资本的流入和美国享有的所谓"金融霸权"。进入 21 世纪，美国多年保持的经常项目赤字特别是贸易赤字大幅增长，2004 年高达 6680 亿美元，2005 年上升到 7000 多亿美元。根据国际收支平衡的原理，在大量经常项目赤字的情况下，美国必然会保持资本项目（美国政府或企业通过出售或购买资产余额，包括股票、债券、贷款、外国直接投资和储备等实现）的等值顺差。因此，美国经济对外国资本的依赖程度大大上升，外债余额从 1995 年占 GDP 的 4%，上升到 2004 年的 22%，上涨幅度高达 18 个百分点。这一情况与西方经济学标准教科书的观点相反，美国作为资本密集型经济体本应向广大发展中国家输出资本，为世界经济的发展做出贡献，但在实际中美国却不断从包括广大发展中国家在内的国家大量输入资本满足自身的异常消费与投资需求。这一情况充分显示了美国主导的经济全球化存在的不公平性质。

美国之所以能够吸引大量外资流入，除了与美元作为主要国际储备货币的优势地位有关外，还与美国经济较高的增长率及劳动生产率，特别是投资收益

① President George W. Bush, *The Economic Report of the President 2006*, Cosimo, Inc., 2006, pp. 211–230.
② 〔美〕C. 弗雷德·伯格斯坦、〔美〕国际经济研究所主编《美国与世界经济：未来十年美国的对外经济政策》，第 284 页。

较高等因素有关。例如，1995~2004年，美国扣除通胀后的真实GDP增长率维持在年均3.2%的水平，而同期日本为1.1%，德国为1.4%，整个欧元区为2.3%，美国经济增长明显快于其他发达经济体。高增长带来了进口增长，带动了对外国储蓄的需求，同时也带来了潜在的较高公司盈利和投资回报。

美国的国际金融霸权地位在经济全球化的推动下得到进一步巩固。美元作为国际储备货币的地位随之升高。1995年，美元占全球储备总量的59%，1999年达到巅峰的71%，2004年下降至66%，其作为国际储备货币的地位基本保持稳定。此外，美国在从国外大肆举债的情况下，每年仍能保持外债的收益。例如，2004年美国的外债余额高达2.5万亿美元，但美国仍有300亿美元的净外债收益。与日本相比，美国的金融优势更加明显，2004年日本拥有1.8万亿美元的国外资产，但其净外债收益只有860亿美元。[①]

2004年，美国金融市场的规模占全球各项金融市场总规模的32%，欧元区占26%，日本占15%。美国证券市场总股本占全球证券市场总量的44%，欧元区只占16%。美国债券市场占全球债券市场的39%，欧元区只占27%。金融市场优势是保证美国成为全球化最大受益者的重要因素，正是由于美国绝对掌控了全球金融市场，美国才得以无须储蓄亦能进行过度消费和投资。[②]

美元的地位与美国金融市场的独特地位加强了全球金融体系的结构性不平衡，导致各国经济对美国经济的依赖度进一步提高，同时，美国经济的动荡与调整也日益成为全球经济的动荡之源。美国次债危机最终导致了2008年全球金融危机的发生，给世界经济和发展中国家经济造成巨大损失。

三 美国参与全球化的政治经济结果

美国领导并参与经济全球化，美国经济获得了巨大的利益并取得了大幅增长，其对于全球的经济影响力大大加强。与此同时，也产生了一些严重的结构性问题，影响到美国国内的政治稳定与对外权力的基础。

第一，美国宏观经济持续失衡，"双赤字"问题严重，引发全球金融危机。

---

① 美国2006年《总统经济报告》（*Economic Report of the President*，2006），2006年2月，第142~143页。

② 同上。

在 1980~2004 年间，除了 3 年之外，美国均维持了资本项目顺差、经常项目逆差的地位。2001 年以来，这种情况更加严重。2004 年美国净资本流入额上升至 6680 亿美元，比 2001 年增加了 3000 亿美元。净资本流入额占美国 GDP 的比重，从 1995 年的 1.5% 上升到 2000 年的 4.2%，2004 年更增至 5.7%。2006 年发表的《总统经济报告》指出，2005 年净资本流入额超过 GDP 的 6%，达到 7000 亿~8000 亿美元。①

美国经常项目赤字主要表现为贸易赤字严重。1991 年前后贸易赤字基本消除，但从 1997 年开始，美国的经常项目赤字开始大幅度攀升，从不到 GDP 的 2% 升至 2004 年的 6%。根据美国政府公布的资料，美国 2006 年经常项目赤字特别是贸易赤字减少，降至 8000 亿美元左右。根据美国商务部公布的数据，2018 年美国商品出口额、进口额分别为 1.67 万亿美元和 2.56 万亿美元；以国际收支为基础的商品贸易逆差为 8913 亿美元，扩大了 838 亿美元，增幅 10.4%。2021 年美国商品和服务贸易逆差达到创纪录的 8591 亿美元，商品贸易逆差则超过 1 万亿美元，商品贸易逆差增加了 18.3%；服务贸易顺差减少 5.6%，至 2315 亿美元。②

与此同时，美国政府债务不断攀升。根据美国财政部的统计，美国政府债务占 GDP 的比重从 1974 年的 31.9% 飙升至 2018 年的 107.2%，美国国债规模超过 22 万亿美元，创下美国国债规模的历史纪录。③ 截至 2021 年底，美国联邦政府债务规模突破 30 万亿美元，较美国同年国内生产总值高出 7 万亿美元。仅在 2017 年以来的 5 年中，美国联邦政府债务增加了约 10 万亿美元，其中新冠肺炎疫情暴发以来的两年间增加近 7 万亿美元。据美国国会预算办公室（CBO）预计，2022~2031 年美国政府支付的利息将平均占 GDP 的 1.6%，2032~2041 年将达 4%，债务问题将持续影响未来几年甚至几十年美国政府的开支水平。④

美国政府债务可持续性问题成为影响美国经济增长的重大问题。债务利息负担将挤占联邦财政其他支出项目，债务规模将侵蚀社会福利，削弱应对经济

① 王勇：《中美经贸关系》，中国市场出版社，2007，第 36 页。
② 郑可、青木、倪浩、辛斌：《8591 亿，美贸易逆差又创历史》，《环球时报》2022 年 2 月 10 日。
③ 张茉楠：《全球化背景下美国贸易失衡的五大真相》，《国际商务财会》2019 年第 8 期。
④ 莫莉：《美国政府债务可持续性面临严峻挑战》，《金融时报》2022 年 2 月 18 日。

危机的能力，同时，财政过度扩张将加剧金融市场震荡。①

关于美国经常项目赤字、公共债务、财政赤字是否可以持续，美国国内存在不同看法。尽管在特朗普上台之前美国多数经济学家认为，美国经济完全可以消化所谓的"双赤字"问题，有观点认为这种状况反映了美国经济具有竞争力强、金融市场效率高、收益好等特点，同时也反映出美国储蓄率跌至历史谷底等问题，但总的来说美国债务问题在可承受范围内，且对美国经济有好处。②

但是，也有不少经济学家与舆论对美国经济赤字与债务问题表示忧虑。美国前助理财政部长保罗·罗伯茨（Paul C. Roberts）指出，美国经济正遭遇严重的危机，即使诊断出来并采取措施也可能难以治愈。美国的贸易赤字和财政赤字加之美元的贬值，正削弱美元作为国际储备货币的地位，不少国家的中央银行正在考虑减持美元。为了保持外资进入美国，美国利率必然上升，以弥补赤字。③ 美国国会预算办公室强调债务相关的风险，警告到 2051 年美国债务将超过 GDP 的 200%。报告指出，"高额且随着 GDP 百分比上升而上升的债务会增加联邦和私人借贷成本，减缓经济产出增长，并增加海外利息支付。不断增加的债务负担可能会增加金融危机和通胀上升的风险，并削弱对美元的信心"。拜登政府的财政部长珍妮特·耶伦在 2017 年曾表示，美国正处于"不可持续的债务道路"，在确认听证会上，她重申了美国经济"存在长期预算挑战"。④

第二，美国经济社会不平等日益扩大，动摇社会政治基础。

在过去 30 年中，美国贫富差距持续扩大。1989 年美国底层 90% 的人口拥有全部财富的 33%，到 2016 年这个比例下降到 23%，与此同时，最富有的 1% 的人群的财富份额从 30% 左右增长到了 40% 左右。⑤ 美国是七国

---

① 莫莉：《美国政府债务可持续性面临严峻挑战》，《金融时报》2022 年 2 月 18 日。

② Jim Zarroli, "America has a Large Trade Deficit, but Economists aren't Too Concerned about It," NPR, March 28, 2018, https：//www.npr.org/2018/03/28/597608347/america-has-a-large-trade-deficit-but-economists-arent-too-concerned-about-it.

③ Paul Craig Roberts, "America's Superpower Status Coming to an End," February 28, 2005, www.vdare.com/050228_ america.htm.

④ William R. Cline, "US Debt Sustainability under Low Interest Rates and after the COVID-19 Shock," Cato J. 41, 2021, p.451.

⑤ Greg Leiserson, Will McGrew, Raksha Kopparam, "The Distribution of Wealth in the United States and Implications for a Net Worth Tax," The Washington Center for Equitable Growth, March 21, 2019, https：//equitablegrowth.org/the-distribution-of-wealth-in-the-united-states-and-implications-for-a-net-worth-tax/.

集团中收入不平等程度最高的国家。在不同市场经济模式对财富不平等、分配不平等的影响上，美国的基尼系数是最高的，达到 0.434，而其他六国的基尼系数从法国的 0.326 到英国的 0.392 不等，均低于美国。如果将 2017 年美国的基尼系数与其他经合组织成员进行比较可以发现，美国基尼系数高于除智利、墨西哥、土耳其以外的所有其他成员。① 拉美地区的智利、墨西哥两国财富分配的不平等更加突出，它们虽然是经合组织成员但仍带有发展中国家的典型特征。但美国作为一个成熟的发达国家，在财富分配不平等程度上与它们非常接近，折射出美国日益扩大的不平等背后的政治经济体制的原因。

美国经济社会的不平等主要表现在以下三个方面。

（1）家庭收入差距扩大。前述数据讲的是社会总财富的存量问题，美国有很多研究更强调从年度数据谈收入差距的扩大。有研究指出，2018 年收入最高的 20% 的家庭收入占美国总收入的一半以上，而 1968 年收入最高的 20% 的家庭的收入占全国总收入的 43%，收入较低的其他 80% 的家庭的收入占 57%；到了 2018 年，最富有的 5% 的家庭的收入占美国总收入的比例从 1968 年的 16% 上升到 2018 年的 23%；而生活在中等收入家庭的美国成年人的比例从 1971 年的 61% 降至 2019 年的 51%。② 很明显，美国中等收入家庭的规模在萎缩，中产阶级在美国面临很大危机。从劳工角度来看，1973~2016 年间如扣除通货膨胀因素，美国工人的收入几乎没有变化，美国工人实际收入年增长率仅为 0.2%。③

（2）不平等的种族分布。研究发现，黑白种族收入差距长期没有改善。根据皮尤研究中心的研究，黑人和白人的收入差距自 20 世纪 70 年代以来一直保持稳定，没有变化，在种族、族裔和不平等之间呈正相关关系。④

（3）不平等在性别所得、贫困、人均寿命等方面也有很多反映。不平等

---

① Anshu Siripurapu, "The U. S. Inequality Debate," UPDATED, July 15, 2020, https：//www.cfr. org/backgrounder/us-inequality-debate.

② Katherine Schaeffer, "6 Facts about Economic Inequality in the U. S. ," https：//www.pewresearch. org/fact-tank/2020/02/07/6-facts-about-economic-inequality-in-the-u-s/.

③ 张朋辉：《最新报告显示：近几十年来美国工人实际工资增长几乎停滞》，人民网-人民日报，2017 年 10 月 12 日，http：//finance. people. com. cn/n1/2017/1012/c1004-29582033. html。

④ Anshu Siripurapu, "The U. S. Inequality Debate," UPDATED, July 15, 2020, https：//www.cfr. org/backgrounder/us-inequality-debate.

状况的扩大影响到了美国人的预期寿命。按照世界银行前首席经济学家约瑟夫·斯蒂格利茨的说法，美国人的预期寿命出现了有史以来的首次下降，那些处于社会最底层、学历不高的人死亡率上升速度惊人。与此相关，自1980年以来，美国官方统计的贫困率一直保持在11%～15%，不过由于贫困人口的数量随着总人口的增加而增加，目前生活在贫困线以下的美国人总数近4000万人。[①]

第三，经济全球化发展负面影响显现，美国国内公共政策体系未能发挥积极的调节作用。

从历史角度看，罗斯福"新政"、进步主义运动、人权运动等均对美国社会存在的不平等现象发挥了一定的"纠正"作用。但从目前情况看，经过冷战结束后30年的发展，历史在倒退，美国不平等状况明显恶化。从基尼系数来看，当前美国不平等程度业已倒退到1913年的水平，过去100年社会进步运动的成果在经济全球化的冲击下消失殆尽，美国社会加剧分裂不可避免。

研究者在讨论全球化发展下美国国内不平等加剧时，分析指向了不同的因素，虽然不同研究者有不同的强调重点，但其实是这些不同因素共同导致了不平等状况恶化的结果。

在2016年美国大选中，形成了一个非常重要的政治争论，即如何评估全球化的影响，美国在全球化当中到底是赢家还是输家，不同观点之间的争论十分激烈。2020年对于该问题的讨论由于新冠肺炎疫情的影响略微减少了，但是我们看到特朗普在选举中仍试图打民粹主义的悲情牌，吸引中下层选民支持。有关贸易和投资等全球化对美国经济与就业的影响问题，有不少经济学家建立了专门网站并发表了一系列报告，提出所谓"中国冲击论"（China shock），强调中国贸易因素对美国制造业就业人数的冲击。还有一些经济学家，包括华裔经济学家王直等，认为是其他行业的增长抵消了中国出口的实际影响，同时贸易带来工资上涨；自动化等技术变革是造成失业的主要原因，贸

---

① Thomas C. Frohlich, Michael B. Sauter and Alexander Kent, "Progress in Fighting Poverty in America has Slowed Despite Recent Economic Recovery," https://www.usatoday.com/story/money/economy/2018/10/01/fighting-poverty-america-slowing-despite-recent-economic-recovery/1445296002/.

易不是主因。① 与主张自动化技术进步是制造业就业岗位减少主因的观点不同，劳联、产联等工会组织及其相关的经济政策研究所等坚持认为，技术进步并非制造业工作岗位减少的原因。②

有不少研究指出，美国当前不平等扩大是美国多年来偏向资本不断出台减税政策的结果。研究指出，1961 年民主党人约翰·肯尼迪入主白宫时，美国当时的最高税率超过 90%，而现在最高税率仅为 37%。大幅度减税政策是从里根时代开始推行的，历届政府不断降低企业税、资本利得税、资本所得税等，导致了收入与财富分配结构的重要变化。而特朗普上台第一年即 2017 年更是将企业税从 35% 大幅下调至 21%，大大增加了资本的收益，使美国社会财富分配不平等状况进一步恶化。③

面对不平等状况不断恶化的现实，美国公共政策未能发挥"二次分配"的作用，相反，受到资本等权势集团对政治决策的影响与操纵，日益偏向资本方。据皮尤研究中心的民调数据，超过 70% 的美国人认为现行制度有利于美国的权势集团，认为在美国公共政策制定过程中，政客、大公司和富人权力过大，医疗保险公司权力过大，银行和其他金融机构、科技公司权力过大，这些势力对政策制定施加了过大的影响，是美国当前不平等状况恶化的非常重要的原因。④

经济与产业结构的调整，导致美国工人加入工会的比例即入会率逐年下降，从过去顶峰时的 60% 下降到 2007 年的 10% 左右甚至更低。根据一项研究，2007 年工人入会率是 12%，2019 年则降至 6.2%，工会化程度的下降对

① David Autor, David Dorn and Gordon Hanson, "When Work Disappears: Manufacturing Decline and the Falling Marriage-Market Value of Young Men," *American Economic Review: Insights*, September 2019, https://chinashock.info/papers/; Zhi Wang, Shang-Jin Wei, Xinding Yu and Kunfu Zhu, "Re-Examining the Effects of Trading with China on Local Labor Markets: A Supply Chain Perspective," *Working Paper* 24886, http://www.nber.org/papers/w24886.

② Lawrence Mishel and Heidi Shierholz, "Robots, or Automation, are not the Problem Too Little Worker Power is Economic Snapshot," February 21, 2017, https://www.epi.org/publication/robots-or-automation-are-not-the-problem-too-little-worker-power-is/.

③ Anshu Siripurapu, "The U.S. Inequality Debate," UPDATED, July 15, 2020, https://www.cfr.org/backgrounder/us-inequality-debate.

④ Ruth Igielnik, "70% of Americans Say U.S. Economic System Unfairly Favors the Powerful," January 9, 2020, https://www.pewresearch.org/fact-tank/2020/01/09/70-of-americans-say-u-s-economic-system-unfairly-favors-the-powerful/.

黑人工人影响尤其严重。其带来的结果是，公司管理层和工人薪酬差距急剧扩大，1965 年一个公司 CEO 的收入是一个普通工人的 20 多倍，1978~2018 年差距持续扩大，2018 年达到 278 倍，CEO 的薪酬在过去 40 年中增加了 900%，而工人的薪酬只增长了 11.9%。①

　　此外，受教育程度的差异以及不断增加的外来移民也影响了工人收入水平的提高。贫富悬殊加剧了美国教育不公，美国斯坦福大学 2016 年发布的报告强调，不同阶层间的教育差距越来越大。受教育程度越高，工资更高，社会境遇更好，但是中下层工人普遍教育程度不高，导致工资水平受到影响，支持特朗普 2016 年当选的所谓 "红脖子们"（白人工人阶层）的受教育程度普遍较低（高中或高中以下），更容易受到种族主义的煽动。② 有研究表明，美国高收入工作岗位现在更多地受到外来移民用工的影响，结果导致大学学位的财富 "溢价" 效应显著下降，这也成为美国社会支持特朗普政府反移民政策的一个重要因素。③

　　第四，美国经济社会不平等加剧产生严重的内外影响。

　　经济社会不平等加剧导致美国社会结构分层发生重大变化，中产阶级萎缩。皮尤研究中心调查显示，2000 年生活在中等收入家庭的美国人的比例为 55%，2014 年这一比例下降至 51%。该研究称，现在很多美国家庭在跨越这一阶层分界线，90% 的城市中产阶级都出现了萎缩，两极化情况比较严重。④

　　经济社会不平等加剧了美国政治社会的撕裂。不平等体现在美国政治过程中，竞选和选举过程中导致政治极化，民粹主义势力在美国崛起，所谓的

---

① Josh Bivens, Lora Engdahl, Elise Gould, Teresa Kroeger, Celine McNicholas, Lawrence Mishel, Zane Mokhiber, Heidi Shierholz, Marni von Wilpert, Valerie Wilson and Ben Zipperer, "How Today's Unions Help Working People Giving Workers the Power to Improve Their Jobs and Unrig the Economy," *EPI Report*, August 24, 2017, https：//www. epi. org/publication/how-todays-unions-help-working-people-giving-workers-the-power-to-improve-their-jobs-and-unrig-the-economy/.

② Brendon O'Connor, "Who Exactly is Trump's 'Base'? Why White, Working-class Voters could be Key to the US Election," *Conversation*, October 28, 2020, https：//theconversation. com/who-exactly-is-trumps-base-why-white-working-class-voters-could-be-key-to-the-us-election-147267.

③ Anshu Siripurapu, "The U. S. Inequality Debate," UPDATED, July 15, 2020, https：//www. cfr. org/backgrounder/us-inequality-debate.

④ 《美国中产阶级正在萎缩　贫富差距进一步扩大》，腾讯财经，2016 年 5 月 16 日，https：// finance. huanqiu. com/article/9CaKrnJVu8Y。

"富豪民粹主义"与中下层民粹主义的结合，挑战了从全球化中受益的精英阶层，政党斗争加剧影响美国政治体制的稳定。而互联网社交媒体的出现和影响力增大，导致美国权力精英阶层对信息渠道控制的失控，加大了人们对不平等的感知。从党派身份认知来看，民主党人更强调经济不平等的存在，他们对不平等的重视程度是共和党人的 2 倍。①

不平等加剧正冲击美国经济的基础。经济学家斯蒂格利茨认为，美国的经济已经不再服务于大多数美国人，不平等现象严重影响了消费者的消费能力，加之美国债务问题不断扩大，最终将拖累美国经济的增长前景。②

不平等加剧还对美国的对外政策与国际影响力产生了负面影响。一是美国形象受损，国际软实力受到影响；二是国内政治社会关系持续紧张，引发美国权力精英转移矛盾，寻找国外"替罪羊"。拜登在 2020 年总统竞选中发表过一篇讲话，批评特朗普说他最喜欢的动物就是"替罪羊"。美国国会议员、政府官员将中俄塑造为最大的威胁，深层次的原因是美国社会当前出现的严重不平等引发的政治和社会关系全面紧张、种族关系紧张，转移公众视线有助于减少国内阶级矛盾。此外，国内不平等有可能导致美国进行更多的国际干预与对外战争行为，以达到对外转嫁矛盾的目的。尽管党派不同，但是拜登政府上台后延续了特朗普政府的对华政策，推动国际反华同盟，围堵、遏制中国，甚至对华发动"新冷战"。中美之间的所谓战略竞争严重冲击全球化，全球化能否持续发展充满未知。

四　"美国治下和平"：美国全球霸权的加强与衰落

经济全球化加强了美国在世界政治、经济、安全与文化等方面的影响，建立了一个由美国等西方国家主导的所谓"自由主义国际秩序"（liberal international order），加强了美国的国际霸权地位。自由主义国际秩序与霸权地位给以美国为首的西方带来了诸多利益与影响。

美国在世界体系中地位的上升大致经过了四个阶段，与一战前上一轮全

---

① Katherine Schaeffer, "6 Facts about Economic Inequality in the U. S. ," https：//www. pewresearch. org/fact-tank/2020/02/07/6-facts-about-economic-inequality-in-the-u-s/.

② 《诺奖得主：美国贫富悬殊！两家族坐拥超 3 成财富》，网易，2019 年 3 月 14 日，https：// money. 163. com/19/0314/07/EA7AFJ6T00259BNT. html。

球化和本轮全球化的发展有很大的关系，也与二战和冷战有密切关系。美国国际地位上升的第一个阶段是 1894 年至第二次世界大战。1894 年美国为世界第一大工业国，美国工业总产值超过英法两国工业总产值之和，GDP 为世界第一。但是，在这一时期，美国虽然崛起为第一经济大国，但在国际关系方面的影响力仍然有限，逊于英法等传统强国。第二个阶段是 1945 年第二次世界大战结束至苏联解体、冷战结束。在第二次世界大战中，美国成为国际反法西斯战争的"世界兵工厂"，战后在世界不同地区全面扩张，成为冷战时期西方国家的领导者与保护者；同时，美国主导成立了包括国际货币基金组织、世界银行、多边贸易体制以及地区性的开发金融机构等在内的主要国际经济机构或机制，并对联合国发挥着十分重要的影响力。美国在世界各国中的综合实力最强，但由于冷战时期东西方两大阵营对立分治的影响，美国的影响力主要集中在西方世界以及部分发展中国家。第三个阶段是 1991 年冷战结束至 2008 年全球金融危机爆发。通过大力推动全球化进程，美国资本与企业在全世界全面扩张，美国成为经济全球化的最大受益者。美国的国际霸权地位得到确立与加强，美国的国际影响力达到顶峰。第四个阶段是 2008 年全球金融危机至今。美国发生次贷危机，进而引发全球金融危机，经济相对衰落；美国打了两次反恐战争，过度扩张大大削弱了美国实力；再分配政策失灵导致国内矛盾上升，美国霸权进入相对衰落期。以中国、印度为代表的新兴经济体的崛起对美国形成了一定的竞争，促致世界力量结构分散化。美国的霸权地位面临国内外的挑战，推动美国霸权进入相对衰落期。

与历史上的霸权国家不同，美国霸权体系有以下特征。

一是不直接建立殖民地体系，而是通过政治、经济、军事等手段对盟国与发展中国家进行控制。二战结束以后，美国利用"反殖民主义"旗号，赢得了一些发展中国家的支持。但研究认为，美国推行的是所谓"新殖民主义"或"新帝国主义"政策。美国将相关国家纳入以美国为中心的国际体系，从政治、经济、文化等多方面对一些国家特别是发展中国家施加影响和控制。哈佛大学教授诺姆·乔姆斯基（Noam Chomsky）一直是"美帝国主义"的著名批评者。他认为美国外交政策的基本原则是在世界其他地区建立在经济和政治上由美国控制的所谓"开放社会"，以确保美国大企业在这些国家繁荣发展。他指出，美国寻求压制这些国家内部不符合美国利益的任何运动，并确保对美国友好的政府掌权。① 查默斯·约翰逊（Chalmers Johnson）认为美国版的殖民地就是军事基地。② 全球化的发展使得美国对某些国家的控制不仅没有放松，反而大大加强。

二是创建、领导国际组织，美国在其中发挥支配性影响。联合国是美国领导当时的联盟国家共同成立的。在经济方面，美国建立了布雷顿森林体系，包括国际货币基金组织、世界银行、多边贸易体制及 1995 年建立的世界贸易组织等。美国掌握一票否决权等特殊权力，保证相关国际组织符合其利益。

三是主导国际安全同盟体系。美国构建了多边集体安全安排，例如北约，以及双边同盟关系，例如美日、美韩之间的同盟关系，并在其中发挥主导作用。美国通过北约等安全同盟，对各地区事务进行干涉，塑造敌人，打击竞争对手。美国主导的国际安全同盟体系成为其维持世界霸权的最重要工具。

四是主导全球市场体系。美国跨国公司通过与政府合作，相互促进开拓全球市场，在某种程度上跨国公司代表了美国国家影响力。美国政府帮助美国跨国公司打开其他国家市场，并通过施加压力，创造适宜美国跨国公司运营的监管政策环境。随着全球化的发展，美国跨国公司的经营与影响力遍布世界，成为美国国际霸权的经济支柱。

五是掌握国际话语权。美国通过传统媒体、互联网和社交媒体，以及教育与世界人才的培养，在很大程度上掌握了国际话语权。

六是控制国际货币，建立美元霸权。美元看起来是一个国家的货币，但其作用等同于世界货币。在世界贸易、投资、交易过程中，美元占到各国储备货币的 70% 左右。发生经济金融危机时，美国可以通过印钞转嫁危机，让其他国家埋单，变相增加自己的财富，继续维持经济金融霸权。

七是建立以美国为"基地"的非政府组织网络。非政府组织是美国影响控制国际事务、维护自身霸权的另一种手段。例如，美国通过培养、资助其他国家的非政府组织或非营利组织，针对自己不喜欢的政权，策划推动所谓的"颜色革命"。冷战结束后美国政府通过国家民主基金会等白手套，在中亚、乌克兰等地区和国家推动"颜色革命"。相比武装干涉，这种方式所付出的代

---

① "The new imperialism Noam Chomsky interviewed by David Barsamian," Issue #72：Interviews，https：//isreview. org/issue/72/new-imperialism/index. html.

② Chalmers Johnson，"America's Empire of Bases," Tom Dispatch，January 15，2004，https：//tomdispatch. com/best-of-tomdispatch-chalmers-johnson-on-garrisoning-the-planet/.

价要小得多。

八是通过制造"敌人"，恐吓相关地区国家，保持美国对相关国家与地区的地缘政治经济影响力与控制力。美国推行地区性的平衡体系，如在欧洲，美国始终把俄罗斯作为对手甚至敌人，借此恐吓欧洲国家与其合作，阻止法德等欧洲大国的战略自主发展，阻挠它们与俄罗斯开展务实合作与战略合作。北约是美国保持对欧洲国家影响力的最主要工具，通过五次东扩，北约边界向东推进了 1000 公里以上。2022 年 2 月爆发的俄乌危机在一定程度上挽救了北约，俄、乌、欧成为最大输家，美国成为唯一的最大赢家。① 在亚洲，美国把朝鲜当成"敌人"，长期不愿与其建交、开放贸易，为美国继续在东北亚驻军保留借口。最近几年，美国强硬派不断炒作"中国威胁论"与台湾问题，提出中国是最有实力颠覆美国主导的霸权秩序的竞争对手，妄图迫使亚太地区、"印太"地区国家在中美之间选边站，跟随美国集体遏制中国。

随着美国力量与影响力的加强，美国滥用霸权地位的情况越来越严重，最终导致美国国际信誉与影响力下降。

在全球化快速发展的 30 年中，美国的实力与影响力于 2008 年达到顶峰，然而物极必反，权力导致腐败，绝对权力导致绝对腐败。美国滥用其实力地位的情况越来越明显，招致国际社会的普遍反感，并对其领导力产生怀疑。美国滥用权力主要表现在以下五个方面。

一是滥用军事力量，穷兵黩武。2003 年，美国利用虚假情报，在未获得联合国安理会授权的情况下发动对伊拉克的战争。美国布朗大学 2021 年曾发布"战争成本"研究报告指出，在美国入侵阿富汗近 20 年后，其全球反恐战争的成本达到 8 万亿美元和 90 万人死亡。② 美国这些年过度使用武力实现外交政策目标的做法遭到美国前总统吉米·卡特的批评。卡特指出，美国长年战争耗费了大量人力物力，反观中国之所以能够和平崛起，正是因为中国集中于国内的现代化建设。他隐含地指出，美国应该向中国学习，停止无休止的海外

---

① Jonathan Alter，"Russia's Invasion of Ukraine was a Dumb Move," *Washington Monthly*，February 27，2022，https：//washingtonmonthly. com/2022/02/27/russias - invasion - of - ukraine - was - a - dumb-move/.

② "Costs of the 20-year War on Terror：$ 8 Trillion and 900000 Deaths," Brown University，https：// www. brown. edu/news/2021-09-01/costsofwar.

军事干预，聚焦国内发展。[①]

二是滥用经济地位，搞"双赤字"过度消费，滥用美元霸权地位，在经济危机期间，转移经济调整的成本。

三是滥用互联网权力，以及网络控制和网络战争能力。互联网起源于美国，互联网的发展推动了"地球村"的形成，美国的高科技对全球化的发展做出了巨大贡献，但同时也给了美国在该技术领域的"不对称"权力。美国利用不对称的网络权力，通过网络战争等手段干预其他国家的内政，给世界造成了危害。

四是滥用高科技权力，控制高科技产品及零配件的出口，破坏全球供应链。美国政府对中兴、华为等中国企业的出口禁令，严重破坏了全球供应链的安全供应。拜登政府上台后又推出了更加全面的供应链调整战略，推动半导体、稀土、大容量电池及医用防护装备供应链重组，增加美国供应链的所谓弹性。[②]

五是滥用"长臂管辖"权。《美国陷阱》这本书揭示了美国政府如何滥用《反海外腐败法》等法规进行域外执法，打压其他国家竞争对手的情况，阿尔斯通案、法国巴黎银行案等均为美国滥用"长臂管辖"权打击国际商业竞争对手的案例。[③] 欧洲是美国海外制裁的重灾区，2008 年之后美国政府利用《反海外腐败法》为政府创收，一个小小的司法部，员工仅有 1000 多名，但每年却能创造十几亿美元的罚款收入。[④]

结　语

经济全球化促进了美国经济与技术的快速发展，加强了美国的全球影响

---

① David Brennan, "Jimmy Carter Took Call About China From Concerned Donald Trump: 'China Has Not Wasted a Single Penny on War'," Newsweek, April 15, 2019, see https://www.newsweek.com/donald-trump-jimmy-carter-china-war-infrastructure-economy-trade-war-church-1396086.

② White House, "Building Resilient Supply Chains, Revitalizing American Manufacturing, and Fostering Broad-Based Growth: 100 - Day Reviews under Executive Order 14017," https://www.whitehouse.gov/wp-content/uploads/2021/06/100-day-supply-chain-review-report.pdf.

③ 〔法〕弗雷德里克·皮耶鲁齐、马修·阿伦：《美国陷阱》，法意译，中信出版社，2019。

④ 杜佳：《司法与情报——美国对欧洲企业的综合"制裁"手段》，观察者网，2019 年 6 月 4 日，https://www.guancha.cn/DuJia/2019_06_04_504298_s.shtml.

力。美国成为世界体系中的独霸国家。美国是经济全球化最大的受益者,同时也是全世界反全球化的思想与势力的大本营。经济全球化的发展进一步加强了资本对于美国公共政策的影响力,劳资关系进一步失衡,财富再分配机制失灵,社会福利体制遭到削弱,贫富悬殊更加严重。伴随贫富悬殊,美国社会政治两极化、两党斗争更加激烈,种族冲突加剧,枪支暴力事件时有发生,动摇了美国的国内政治社会基础。美国全面衰落趋势加剧。

新冠肺炎疫情危机暴露了美国国家治理体制的结构性问题与社会文化问题,政治社会撕裂更加严重。《大西洋月刊》杂志 2020 年 3 月号刊文指出,美国在疫情期间的表现更像一个"失败国家"(failed state),政府作为有限,国家治理能力明显不足;同时,美国的国际领导力和影响力也在下降,在抗疫过程中美国并未发挥所谓"世界领袖"的作用。① 尽管拜登政府上台以后,摒弃特朗普政府的"美国优先"政策,致力于恢复所谓的国际领导责任,但其对外战略仍继续将中、俄锁定为对美国地位的最大威胁,继续采取围堵、遏制的地缘政治政策,推动重组全球供应链,破坏经济全球化进程,给全球经济带来了巨大风险。

美国能否克服国内外的挑战,保持在经济全球化中的领导地位,具有很大的不确定性。美国的未来地位取决于其能否适应并顺应新的政治经济现实,在国内目标与国际目标之间达成平衡。一味拖延国内的必要改革,在国际上继续穷兵黩武,将使美国当前的危机与地位的衰落变得更加严重。

---

① Derek Thompson, "America is Acting Like a Failed State," *Atlantic*, March14, 2020, https://www.theatlantic.com/ideas/archive/2020/03/america-isnt-failing-its-pandemic-testwashington-is/608026/.

第二十章　日本与全球化的新阶段

——对美国保护主义和对华"脱钩"政策的反应

归泳涛

内容提要　随着美国转向保护主义和对华"脱钩"政策，全球化进入新的阶段。为了应对这一变化，日本一方面推动 CPTPP、日欧 EPA 和 RCEP 三个大型 FTA 的签署和生效，以此引领国际规则的制定，同时稳定和拓展供应链；另一方面提出自身的经济安全政策，在追随美国加强技术管制、纠集供应链联盟的同时，谋求确保对华出口。日本还启动了重振国内半导体产业等战略，但其效果尚未可知。日本的长远目标是构筑更高水平、更广泛的自由贸易圈，并通过分散化等措施加强供应链韧性。日本未来的战略选择是进一步深化和扩大全球化，并在经济利益和国家安全之间保持平衡。

21 世纪的最初 10 年是全球化①高速发展的时代。这 10 年间，国际贸易的增长率超过了世界 GDP 的增长率，国际生产网络不断扩展，中国、东南亚国家等新兴经济体在全球经济中扮演着日益重要的角色。但与此同时，中美贸易"不平衡"、全球金融危机造成贫富差距加大等问题也逐渐凸显。美国先是推动《跨太平洋伙伴关系协定》（Trans-Pacific Partnership，TPP）谈判，试图借此主

---

① 根据日本学者鹤田满彦的定义，"全球化"一般指资本、商品、服务、劳动力、技术等各种资源以及信息的国际流动扩大和加速的情况。有时也指实现和容许这种国际流动的自由化政策，或者认为正是世界范围的自由放任带来最佳效率和经济福祉的意识形态。参见鹤田满彦『21世紀日本の経済と社会』桜井書店、2014 年、156 頁。

导贸易和投资规则的制定，继而转向保护主义和对华"脱钩"（decoupling）政策，从全球化的推动者一变而成为阻碍者。全球化的潮流由此发生重大变化。一方面，指责全球化导致国内贫富差距扩大和国家安全风险上升的观点蔓延，反全球化的民粹主义政治随之兴起。[①] 一些国家出现了强化对贸易和投资管制的政策倾向，全球化面临停滞乃至倒退的前景。[②] 但另一方面，信息化和智能化的融合正在催生第四次工业革命，推动全球化向深度发展。由此，全球化进入了一个新的阶段，不再是单向的进程，而是表现为相反趋势之间的竞争。[③]

日本自进入 21 世纪以来实施多重自由化政策，同时推进双边、区域和全球贸易谈判，目的是适应东亚各国相互依存日益深化、世界贸易组织谈判停滞以及欧洲、北美区域经济一体化加速发展等新形势。[④] 面对少子老龄化趋势的加速，日本未来已不能期待国内劳动力、资本等生产要素的增加，只能选择进一步自由化，以实现经济增长。[⑤] 然而，美国先是发起关税战、退出 TPP，继而又诉诸对华"脱钩"政策，这对依赖全球供应链和海外市场的日本造成巨大冲击。

面对全球化的新形势，日本迅速调整政策。在贸易领域，日本一边对美国虚与委蛇，一边积极推进《全面与进步跨太平洋伙伴关系协定》（Comprehensive and Progressive Agreement for Trans-Pacific Partnership，CPTPP）、《日本—欧盟经济伙伴关系协定》（Japan-EU Economic Partnership Agreement，简称日欧 EPA）和《区域全面经济伙伴关系协定》（Regional Comprehensive Economic Partnership，RCEP）三个大型自由贸易协定（FTA）的谈判，试图抵消美国保护主义政策的冲击。[⑥] 在对华"脱钩"问题上，日本面临两难选择，既要追随美国加强

---

① 古澤泰治「国際貿易をめぐる環境はどう変わっていくのか」『国際問題』No. 689、2020 年 3月、1–4 頁。
② 大木博巳「米中合作のグローバリゼーションの終焉—グローバル資本主義のジレンマ—」『国際貿易と投資』118 号、2019 年、1–29 頁。
③ 櫻井公人「グローバリゼーション」『日本大百科全書』https：//japanknowledge.com/lib/display/？lid＝1001000290552、2022-02-18。
④ 古城佳子「通商と金融をめぐる外交–グローバルゼーションと重層的経済外交への転換」大芝亮編『日本の外交　第 5 巻　対外政策　課題編』岩波書店、2013 年、99–118 頁。
⑤ 浦田秀次郎「第二次大戦後における日本の通商政策」波多野澄雄編『日本の外交　第 2 巻外交史　戦後編』岩波書店、2013 年、273–302 頁。
⑥ 清水一史「世界経済における保護主義拡大下のメガFTAと日本」国際貿易投資研究所編『アジア太平洋経済と通商秩序–過去、現在、将来–【山澤逸平先生追悼論叢】その1』2019年、34–41 頁。

出口管制和外资审查，并加入美国纠集的供应链和技术联盟，又要尽力维持与中国的经济联系，不得不在各种利益之间谋求平衡。本章对日本的上述反应做初步分析和评估，希望有助于把握日本在全球化进入新阶段后的政策趋向。

一 特朗普保护主义政策冲击与日本贸易战略的调整

作为战后自由贸易体系的最大受惠者，在面对特朗普保护主义政策的冲击时，日本并未直接抵抗。2018 年 3 月，特朗普政府根据《1962 年贸易扩展法》第 232 条加征钢铝关税，中国、印度、加拿大、墨西哥等八国和欧盟采取了反制措施，并向世界贸易组织上诉。日本既没有反制，也没有上诉。对日本来说，真正需要担忧的是美国可能加征的汽车关税，因为汽车及其零部件的贸易赤字占 2017 年美国对日贸易赤字的 78%，而钢铝关税则影响有限。①

然而，特朗普的另一项政策——退出 TPP，却对安倍经济学造成沉重打击。② 在签署 TPP 之前，日本的 FTA 覆盖率（与 FTA 对象国之间的贸易额占一国对外贸易总额的比重）仅为 22.7%，远低于其出口竞争对手韩国（67.4%），安倍政府为此提出了到 2018 年使日本的 FTA 覆盖率达到 70% 的目标。如果日本能够缔结 TPP、日欧 EPA 和 RCEP，那么其 FTA 覆盖率将达到 85%。③ 安倍原本打算以缔结 TPP 为杠杆，撬动其他 FTA 谈判。他明知特朗普要退出 TPP，仍然在其当选美国总统后推动日本国会通过了 TPP，就是希望能留住美国。但特朗普一上台就立即兑现诺言，这如同撤了安倍的梯子。迫于事态变化，日本不得不对既定的贸易战略做出重大调整。

日本的新贸易战略在四条战线上展开，即日美经济对话，以及 CPTPP、日欧 EPA 和 RCEP 三个大型 FTA 谈判。日本的最终目标是让美国重返 TPP，

① 滝井光夫「トランプ大統領の通商戦略と日本」国際貿易投資研究所編『アジア太平洋経済と通商秩序-過去、現在、将来-【山澤逸平先生追悼論叢】その1』2019 年、30-33 頁。

② 馬田啓一「第 2 章 TPP とアジア太平洋の FTA-トランプ・ショック後の経済連携の方向性―」日本国際問題研究所編『ポスト TPP におけるアジア太平洋の経済秩序の新展開』、2017 年、31-44 頁。

③ 石川幸一「第 3 章 米国の TPP 離脱と日本の FTA 戦略」日本国際問題研究所編『ポスト TPP におけるアジア太平洋の経済秩序の新展開』、2017 年、45-63 頁。

希望利用日美经济对话的机会，以双边促多边，说服美国重返 TPP。与此同时，日本认为 CPTPP、日欧 EPA 和 RCEP 不但有其自身的价值，而且可能让因此蒙受损失的美国企业推动政府在 TPP 问题上回心转意。

（一）日美经济对话

日美经济对话被证明是同床异梦。尽管安倍试图借此说服特朗普重返 TPP，特朗普也在 2018 年 1 月的世界经济论坛年会上表示有可能以重新谈判为条件重返 TPP，4 月还指示美国贸易代表研究重返 TPP 的条件，但事实证明他是口是心非，不仅让安倍徒劳无功，而且还把日本拖入了特朗普所期望的双边贸易谈判。对安倍来说，避免美国加征 25% 的汽车关税是最优先考虑的事项，为此不得不在 2018 年 4 月举行的日美首脑会谈上同意启动美国要求的双边贸易谈判。安倍还特意使用了《日美联合声明》英文版里没有的《货物贸易协定》（TAG）的说法，强调这与日本迄今签订的包含投资、服务等广泛领域的 FTA 完全不同。[1]

日美贸易谈判于 2019 年 4 月启动，9 月就达成了协议，10 月签署，并于 2020 年 1 月生效。谈判之所以在短时间内完成，一是因为有此前的 TPP 谈判作为基础，二是因为当时美国的对华贸易摩擦陷入僵局，特朗普亟须拿出其他成果以应对 2020 年的总统选举。从协定内容看，日方同意在 TPP 范围内削减或取消牛肉和猪肉等农产品的进口关税，美方同意部分削减或取消机械产品等的进口关税。但是，日方有关取消汽车及其零部件关税的要求没有得到满足。协定总体上对美国有利。同时，双方还签署了《日美数字贸易协定》，试图在这一日益重要的领域主导国际规则的制定。[2]

可以说，日本以签订范围有限的双边贸易协定为代价，换取美国暂时不动用《1962 年贸易扩展法》第 232 条款对日本的汽车及其零部件加征关税，短期内稳住了特朗普政府。然而，日本依然面对特朗普随时可能加征汽车关税的威胁，劝说美国重返 TPP 的努力也无果而终。

---

[1]　馬田啓一「第 7 章　揺らぐグローバル通商秩序と日本の通商戦略－トランプ米政権の暴走に歯止めをかけられるか」日本国際問題研究所編『反グローバリズム再考：国際経済秩序を揺るがす危機要因の研究』、2020 年、169–188 頁。

[2]　浦田秀次郎「第 6 章　保護主義の台頭と岐路に立つ世界貿易体制」日本国際問題研究所編『反グローバリズム再考：国際経済秩序を揺るがす危機要因の研究』、2020 年、158–159 頁。

（二）CPTPP

在日美经济对话这条战线上，日本是勉强行之，力有不逮。相比之下，在另外三条战线上，日本颇有作为，收获不菲。日本政府明确排定了 CPTPP、日欧 EPA 和 RCEP 谈判的先后顺序。事实上，也按此顺序如愿实现了这三个协定的签署和生效。

日本起初加入 TPP 谈判，并非源于经济理由，而是出于安全考虑。面对钓鱼岛问题的激化，日本政府对 TPP 的态度从迫于国内压力而不愿加入，转变为从地缘政治出发借 TPP 拉紧与美国的关系，以牵制中国。安倍上台后，明确提出加入 TPP 具有安全战略上的意义，并强推国内改革，扫除了日本加入 TPP 的障碍。[①] 所以，在美国退出 TPP 后，安倍起初对与剩下的十一国缔结协定态度消极，声称缺少美国的 TPP 没有意义，但其后眼见说服特朗普无望，又担心中国通过 RCEP 主导贸易规则的制定，最终转变了政策方向。

美国退出 TPP 后，其余参加国决定将协定改名为 CPTPP。CPTPP 于 2018 年 3 月签署，12 月生效。从内容上看，CPTPP 基本继承了 TPP，但冻结了 22 项主要与美国相关的规定，其中 11 项属于知识产权领域。在投资领域，部分冻结了投资者与东道国争端解决机制（Investor-State Dispute Settlement，ISDS），缩小了企业利用这一制度的范围。而有关电子商务的三原则（禁止限制信息跨境流动、禁止要求计算机设备本地化、禁止要求公开源代码）和有关国有企业的规定则没有被冻结。

对日本来说，美国的退出确实使 TPP 的直接经济效果大打折扣，但没有美国参加的 CPTPP 仍可带来自由化、便利化和规则等方面的益处。第一，CPTPP 实现了高标准的自由化和高水平的规则，不仅在货物贸易，还在服务贸易、投资、政府采购等方面达到了亚洲地区迄今最高标准的自由化；在规则方面，针对知识产权、电子商务、国有企业等规定了比 WTO 更高的义务（WTO plus），以及 WTO 尚未规定的义务（WTO extra）。这些规定适应了以工序间分工为特点的全球供应链发展的需要，有助于改善投资对象国的国内营商环境，同时也回应了数字贸易等技术革新以及环境、劳动等领域的新课题。第二，CPTPP

---

① 关于日本参与 TPP 的政策转向、战略考虑和国内政治过程，参见归泳涛《TPP 的政治学：美日协作的动因与困境》，《日本学刊》2017 年第 1 期，第 28~50 页。

率先生效，可以为未来亚太地区其他的大型 FTA 谈判提供模板或参照标准，有利于日本从战略上主导规则的制定。第三，CPTPP 的参加国在人口、经济发展水平、经济规模、经济结构、政治体制以及文化等方面具有多样性。协定对越南、马来西亚等国给予了特殊照顾，或是降低标准，或是维持标准但可延期执行，或允许例外。特别是在开放政府采购、国有企业规章、电子商务规则等方面给予新兴国家特殊照顾。这些灵活的规定有利于促进将来其他国家加入。① 第四，CPTPP 也具有地缘政治上的意义。由于美国的退出，日本不能期待 CPTPP 像原来的 TPP 那样发挥联美制华的作用，但 CPTPP 仍可成为日本联合其他中等国家共同维护和深化多边自由贸易体系的重要抓手，既可以抵御美国的保护主义政策，又可以限制中国日益扩大的影响力。②

（三）日欧 EPA 和日英 EPA

日本签署 CPTPP 后，紧接着在 2018 年 7 月签署了日欧 EPA，协定于 2019 年 2 月生效。在日本看来，日欧 EPA 与 TPP 一样，实现了高标准的自由化，并就范围广泛的规则达成了一致，是一个适应日本企业经济活动实际情况的大型 FTA。而且，这一协定所覆盖的贸易额在世界贸易总额中所占比重最大，达到 36.9%（含英国），超过了 RCEP 的 29.1% 和 CPTPP 的 15.2%。对日本企业来说，日欧之间的这一协定有利于它们与韩国等已与欧盟签署自贸协定国家的企业展开竞争。事实上，2011 年 7 月韩国与欧盟的 FTA 生效后，日本汽车已经在欧盟市场上遭遇不利的竞争条件。③

由于英国脱欧，日欧 EPA 不再适用于英国。为此，日本又于 2020 年 10 月与英国签署了日英 EPA，并于 2021 年 1 月生效。这一协定在原产地规则上采用了扩大累积制度，即在欧盟区域内生产的材料和货物也被视为日英 EPA 范围内的材料和货物。这对于日本企业构筑稳定的供应链具有关键意义。此外，在电子商务方面，日英 EPA 原则上采用了与《日美数字贸易协定》同样的规定，只

---

① 菅原淳一「第 9 章　アジアの通商秩序と CPTPP」石川幸一、馬田啓一、清水一史編著『アジアの経済統合と保護主義-変わる通商秩序の構図-』文真堂、2019 年、130-141 頁。

② Mireya Solís, "Reinventing the Trading Nation: Japan, the United States, and the Future of Asia-Pacific Trade," *The Brookings Institution*, November 2019, https://www.brookings.edu/wp-content/uploads/2019/11/FP_20191112_trading_nation.pdf, accessed 2022-02-18.

③ 上谷田卓「日・EU 経済連携協定の特徴と論点-アジアと欧州をつなぐ包括的・先進的な通商ルール―」『立法と調査』No.410、2019 年 2 月、91-109 頁。

是在与政府采购相关的信息公开、部分金融服务的计算机设备设置要求方面允许例外。日本还希望，日英EPA能够成为未来英国加入CPTPP的开端。[①]

（四）RCEP[②]

如果说CPTPP、日欧EPA和日英EPA在内容上都与起初的TPP近似，被称为高标准的FTA，那么与之相比，RCEP则经常被指自由化标准低，且没有包含国有企业、环境、劳动等规定，其意义似乎逊于CPTPP。此外，从地缘政治的角度看，RCEP与TPP或CPTPP的关系还经常被解读为凸显了中美竞争、中日竞争乃至地区秩序的竞争。然而，对日本来说，RCEP和CPTPP尽管在外交上存在竞争，但在经济上却是互补的。从目标上看，CPTPP以无例外的自由化为原则，目标是在知识产权、政府采购、竞争政策等广泛领域实现高标准的经济合作；而RCEP在人口、经济规模和贸易额上约占世界的三成，且比例持续上升，日本参加RCEP的目的是帮助企业巩固和拓展供应链。从规则的范围看，参加RCEP的不少国家仍依靠国有企业支撑重要的基础设施建设，它们作为发展中国家也难以在环境、劳动等方面达到高标准。因此，没有把这些领域纳入谈判范围是符合实际情况的。但是，RCEP在规则方面仍有重要的进展。例如，加入了起初没有包含在谈判范围内的电子商务，纳入了禁止对电子通信征收关税、禁止针对服务器等计算机设备的设置要求、保护隐私、确保跨境信息流动自由，以及网络安全等规则，只是没有像CPTPP那样禁止要求公开源代码。[③] 另外，与CPTPP相似，RCEP的原产地规则也采取了累积制度，即如果在区域内生产产品时使用其他参加国生产的材料，那么也可以视为使用本国的材料，这样的规定有利于企业强化和扩充跨越区域内多个国家的供应链网络。[④] 在证明手续方面，除原有的第三方证明外，增加了出口者和生产者自我申报制度，对企业来说更加友好。此外，RCEP还加入了禁止要求当

① 荒木千帆美「日英包括的経済連携協定締結の意義-経済連携協定の枠組み拡大における日英EPAの位置づけ―」『立法と調査』No. 431、2021年2月、227-235頁。

② 关于RCEP与亚太地区其他经贸安排之间的异同及其前景，参见陈绍锋《东亚一体化视角下的〈区域全面经济伙伴关系协定：守成与创新〉》，《国际政治研究》2021年第3期，第9~37页。

③ 助川成也「RCEPはCPTPPより劣っているのか」『世界経済評論IMPACT』No. 2105、2021年4月5日、http://www.world-economic-review.jp/impact/article2105.html、2022-02-18。

④ 高橋俊樹「FTA利用の効果が高い日本の貿易構造」『国際貿易と投資』125号、2021年、91-110頁。

地采购、禁止强制技术转让等规定。可以说，RCEP 已经在很大程度上实现了高标准的自由化，既纳入了诸多 CPTPP 的要素，规则范围超过了"东盟+1"的FTA，又给予发展中国家灵活待遇，而且对企业来说也是容易使用的 FTA。[①]

从关税减免等措施带来的直接经济效果看，RCEP 超过了 CPTPP。根据美国彼得森国际经济研究所的估算，到 2030 年，CPTPP 将使全球国民收入每年提高 1470 亿美元，其中日本为 460 亿美元，约占 1/3，是最大受益者；而RCEP 将使全球国民收入每年提高 1860 亿美元，其中中国、日本、韩国分别为 850 亿美元、480 亿美元和 230 亿美元。[②] 根据日本亚洲经济研究所的估算，以 2019 年的关税率为基线，假设 RCEP 的关税率从 2021 年开始可以使用，那么受益最大的将是日本、韩国和中国，到 2030 年这三国的 GDP 将分别提高0.66%、0.24% 和 0.13%。主要原因是日韩、日中之间迄今还没有 FTA，所以减免关税的效果最大。[③]

尽管日本国内存在担心 RCEP 被中国主导的议论，但日本政府从一开始就对 RCEP 持积极态度。其经济背景是，日本企业已经在东亚地区建立了广泛而深度联结的供应链，通过 RCEP 可以进一步提高供应链的效率。其政治背景是，日本试图与中国争夺制定 FTA 规则的主导权。2004 年，中国曾提议以东盟+中日韩（10+3）为框架建立东亚地区的 FTA，日本担心中国在其中占优势，于 2006 年提出了增加澳大利亚、新西兰、印度三国的替代方案，最终获得中国同意，发展为 RCEP 谈判。[④]

从未来发展的眼光看，RCEP 对日本的经济意义可能比 CPTPP 更大。在日本的出口目的地中，RCEP 参加国的中间产品出口占比为 56.4%，最终产品出口占比为 34.9%，均超过 CPTPP 参加国的比重。与 RCEP 参加国的贸易约占日本贸易总额的一半，而且这一比例在逐年上升。考虑到东亚新兴经济体的

---

① 柳田健介「インド太平洋の経済連携と RCEP」、2020 年 11 月 17 日、https：//www. jiia. or. jp/strategic_ comment/2020-16. html#013335、2022-02-18。

② Peter A. Petri and Michael G. Plummer, "East Asia Decouples from the United States：Trade War, COVID-19, and East Asia's New Trade Blocs," Peterson Institute for International Economics, June 2020, https：//www. piie. com/system/files/documents/wp20-9. pdf, accessed 2022-02-18.

③ 熊谷聡、早川和伸「地域的な包括的経済連携（RCEP）協定の経済効果：IDE-GSM による分析」『アジ研ポリシー・ブリーフ』No. 143、2021 年 3 月 26 日、https：//www. ide. go. jp/library/Japanese/Publish/Reports/AjikenPolicyBrief/pdf/143. pdf、2022-02-18。

④ 渡邊頼純「畠山襄と日本の通商戦略-多国間貿易体制の再興を主導せよ―」国際貿易投資研究所編『通商政策の新たな地平【畠山襄追悼論叢】』2021 年、146-156 頁。

增长趋势，未来 RCEP 的重要性可能越来越大。经由中间产品贸易，亚太各国与中国的联结将进一步强化，特别是在以第二产业为中心的货物和服务贸易上。而在最终产品方面，尽管东亚各国对发达国家市场的依赖度仍很高，但后者的相对地位正在下降，而东亚各国对中国市场的依赖度在上升，其他东亚新兴国家市场的重要性也在逐步上升，未来可能进一步形成区域内相互依赖的结构。因此，对日本来说，与东亚各国的合作将变得愈发重要。①

特别值得一提的是，日本经由 RCEP 首次实现了与中国、韩国的 FTA。中、韩对日本出口产品的关税取消比例将大幅扩大，日本企业会因此获益良多。再加上东盟国家，RCEP 对日本企业构筑东亚生产网络来说是最合适的。② 2019 年，中国占日本出口总额的 19.1%，韩国占 6.6%，东盟占 15.1%，而美国占 19.8%，欧盟（包括英国）占 9.7%，相比之下，中、韩、东盟所占的比重超过了美欧。RCEP 生效后，在工业产品上，中国对日免税品种的比例将从 8% 提高到 86%，韩国将从 19% 提高到 92%。具体到汽车零部件上，中国承诺约 87% 的品种取消关税（日本对华出口 5 万亿日元），韩国承诺约 78% 的品种取消关税（日本对韩出口 1900 亿日元）。③

在 RCEP 的影响下，未来日本企业的供应链可能发生重要变化。不仅迄今的供应链（例如，日本企业的零部件在泰国加工、在越南等国组装后输入中国，做成成品出口到美国）会扩大，而且会产生新的采购和销售途径（例如，从日本直接出口到中、韩，然后向东盟、欧美出口半成品和最终产品）。对中日韩三国来说，RCEP 产生的新贸易中有 2/3 是由先进制造业构成的，包括电气和电子设备、机械以及车辆，这些都依赖多国供应链。因此，RCEP 将在中日韩之间构建强有力的生产网络，这可能意味着更加聚焦区域的东亚经济模式的形成。④ 当

① 柳田健介「第 11 章 アジア太平洋地域の貿易投資構造—国際産業連関表から見る経済関係-」日本国際問題研究所編『ポスト TPP におけるアジア太平洋の経済秩序の新展開』、2017 年、179-199 頁。

② 清水一史「変化を続ける世界経済下の ASEAN と RCEP-保護主義拡大下の東アジア経済統合-」国際貿易投資研究所編『通商政策の新たな地平【畠山襄追悼論叢】』2021 年、97-107 頁。

③ 高橋俊樹「RCEP の利用促進と日中韓協力」国際貿易投資研究所編『通商政策の新たな地平【畠山襄追悼論叢】』2021 年、134-142 頁。

④ Peter A. Petri and Michael G. Plummer, "East Asia Decouples from the United States: Trade War, COVID-19, and East Asia's New Trade Blocs," Peterson Institute for International Economics, June 2020, https://www.piie.com/system/files/documents/wp20-9.pdf, accessed 2022-02-18.

然，在中、韩承诺取消关税的日程中，所需时间较长的品种多于立即取消的，RCEP 要充分发挥作用还需要一定时间。

综上所述，面对特朗普保护主义政策的冲击，日本尽管没有正面对抗，但试图通过 CPTPP、日欧 EPA、RCEP 三个大型 FTA 的缔结，从侧面抵消美国保护主义政策的消极影响，尽力推进经济全球化的大趋势，同时也希望借此助力新冠肺炎疫情背景下的经济恢复。对日本来说，这三个大型 FTA 构成了其自由贸易圈，为日本企业稳定和拓展采购来源地和出口目的地提供了条件，一定程度上有助于减少其对中、美两大市场的过度依赖。[①] 如果加上《日美贸易协定》、《日美数字贸易协定》和日英 EPA，那么日本的 FTA 覆盖率达到了约八成，超过了安倍政府提出的 70% 的目标。这些协定既包含了像 CPTPP 那样以高标准自由化为目标的规则引领型 FTA，也包含了像 RCEP 那样以强化地区供应链为目标的基础扩充型 FTA，将对未来日本企业和日本经济的发展产生广泛而深远的影响。[②]

可以说，日本的新贸易战略取得了显著成果，可期待的经济利益十分明显。但是，日本并未实现地缘政治上的目标。美国拒绝重返 TPP、印度退出 RCEP，自然使日本无法获得原来期待的经济利益，但更重要的是，TPP 和 RCEP 本来都具有限制中国影响力的地缘政治意图，而美国、印度的退出意味着中国将在该地区扮演更加重要的角色。目前，中国已经正式申请加入 CPTPP，如果中国加入，那么日本将在供应链、市场和规则等方面获益，但在地缘政治方面不得不接受中国影响力进一步上升的现实。[③] 因此，在是否支持中国加入 CPTPP 的问题上，日本面临两难选择。

二　中美技术"脱钩"与日本的经济安全政策

与特朗普的保护主义政策相比，美国的对华"脱钩"政策对日本造成的冲击更为深远。拜登上台后，一方面继承并加强了特朗普政府对中国的经济胁

---

① 大木博巳「日本のEPA 経済圏の貿易構造—FTAと日本の貿易構造変化—」『国際貿易と投資』115 号、2019 年、3-39 頁。

② 安部憲明「令和 2 年度の日本の経済外交—外交実務の観点からの回顧と若干の展望—」『国際貿易と投資』123 号、2021 年、134-146 頁。

③ 高橋俊樹「米中対立の狭間での日本企業の選択」『国際貿易と投資』No. 122、2020 年、71 頁。

迫（economic coercion），包括外资审查、出口管制、实体清单、进口限制等；另一方面改变了特朗普的单边主义做法，转而纠集所谓志同道合的国家构筑意在排除中国的供应链联盟和技术联盟。日本既是美国的盟国，又是全球经济和技术大国，自然成为拜登政府拉拢的首选对象之一。对日本来说，尽管与美国的合作始终居于首要地位，与中国之间存在安全和地缘政治上的竞争，但在经济上日本仍然把中国视为全球供应链中的关键一环和不可或缺的海外市场。因此，日本在中美之间、在经济利益和国家安全之间面临两难选择。

（一）应对美国的对华"脱钩"政策①

针对美国的对华"脱钩"政策，日本在不同领域采取了不同的措施，既有追随和配合美国的一面，也有承受损失和压力、规避风险的一面，主要表现在以下五个方面（见表1）。第一，在外资审查方面，日本与美国保持步调一致，修订了《外汇及外国贸易法》，规定外国资本获得国家安全相关行业上市企业股权或表决权1%以上时，有义务向日本政府事先申报，而以往这一比例是10%。第二，在出口管制方面，日本没有像美国那样采用单边方式，也没有诉诸实体清单的做法，而是依据"瓦森纳安排"等既有国际制度参与多边出口管制。日本也没有像美国那样把出口管制的对象扩大到基础和新兴技术领域，而是维持了防止武器扩散的原有目的。日本的政策方向是，推动在不同的技术领域分别形成出口管制的多边框架。第三，在进口限制方面，日本追随美国，在信息通信设备等领域事实上排除了华为等中国企业的产品，但没有像美国那样指名针对华为或中国。第四，在人员审查方面，日本试图仿效美国建立安全审查制度（security clearance），以限制外国留学生和研究者参与涉及敏感信息的项目。日本还扩大了"视同出口"的人员管制范围，原来需要申请许可的只是直接向非日本居民提供敏感技术的情况，现在扩大到了向日本居民提供敏感技术产生同样效果的情况。第五，在构建排除中国的供应链联盟、技术联盟方面，日美首脑会谈就深化两国在高科技领域的研发合作并加强包括半导体在内的供应链合作达成了一致。双方公布了题为《美日竞争力与韧性伙伴

---

① 本部分是在拙作《经济方略、经济安全政策与美日对华战略新动向》（《日本学刊》2021年第6期，第45~66页）基础上改写、更新而成的。

关系》（U. S. -Japan Competitiveness and Resilience Partnership）的文件，计划
共同推进 5G 网络和下一代移动网络技术。① 双方还设立了由美国国家安全委
员会和商务部、日本国家安全保障局和经济产业省参加的工作组，就构建半导
体等重要零部件的供应链进行沟通。美方已经向日方送交了构建防止缺货机制
的文件，并呼吁东盟参加，目的是降低对中国的经济依赖。②

表 1 美国的对华"脱钩"政策与日本的反应

美国的对华"脱钩"政策	日本的反应
外资审查	仿效
出口管制	暂未诉诸单边管制和实体清单,期待改善多边管制,面临美国压力
进口限制	追随(不公开针对特定国家或企业)
人员审查	仿效
构建供应链联盟、技术联盟	配合(有待落实)

总体而言，日本对美国的对华"脱钩"政策做出了迅速的反应，但也与
美国保持了一定的距离。其背后是美日两国对华认识的不同和经济理念的不
同。美国把中国视为经济和安全上的威胁，主要从零和博弈的角度看待与中国
的关系，为此不惜破坏国际贸易规则；而日本至少在经济上没有从零和博弈的
角度看待与中国的关系，同时坚持维护稳定、开放的国际经济体系。日本还担
心，美国可能受市场反应等因素影响，缓和针对中国的经济胁迫，如果一味紧
跟美国，反而会陷入被动。当然，日本与中国之间也存在技术和经济上的竞
争，但与美国诉诸经济胁迫不同，日本选择在防止敏感技术外流和确保出口市
场之间谋求平衡。

从长期看，日本认为中美"脱钩"的实质是中美技术竞争。在经济全球
化的背景下，要追求"脱钩"就必须对全球市场上流通的产品、全球供应链，
以及研究人员的跨国流动进行管制。但这种管制是一把双刃剑。如果一味强化
管制，反而会促使被管制方提升自己的技术能力，减少对外依赖，从而降低管

---

① 外務省「日米首脳共同声明」、2021 年 4 月 16 日、https：//www. mofa. go. jp/mofaj/na/na1/us/page1_ 000948. html、2022-04-10。

② 「半導体の欠品防止日米枠組み」『日本経済新聞』2022 年 4 月 1 日、朝刊 4 頁。

制的效能，同时也可能削弱管制方的技术研发能力和市场竞争力。① 因此，日本为了避免影响自身产品的出口，一方面尽量缩小技术管制的范围，另一方面主张多边管制。

（二）日本的经济安全政策

值得注意的是，日本正在从被动应对中美"脱钩"逐步走向主动制定自己的经济安全政策（economic security policy）。岸田文雄担任首相后，把经济安全作为重点政策领域之一，为此新设了经济安全保障担当大臣的职位。在自民党的推动下，日本政府还计划设立 5000 亿日元的经济安全基金，用以支持与安全相关的尖端技术开发和实用化。②

岸田内阁在经济安全上最重要的举措是提出《经济安全保障推进法案》。为此日本政府设立了经济安全保障法制准备室和关于经济安全保障法制的有识之士会议，并很快经由内阁向国会提交了法案。③ 该法案涵盖四个领域的制度改革：①确保重要物资的稳定供应，包括指定过度依赖或可能依赖外部供应的特定重要物资及原材料，认定和支援民营企业供应此类物资的计划，必要时采取物资储备措施等；②确保主干基础设施服务功能的稳定提供，对采购重要设备、委托维修管理等实施事前审查，并据此提出劝告和命令；④ ③支援尖端重要技术的开发，包括设立资金支援和官民合作支援的协议会，委托智库从事调查研究等；⑤ ④不公开专利申请，针对核技术、先进武器技术等安全上敏感的发明进行审查，并据此采取保留公开、限制在外国申请以及补偿等措施。法案还明确规定了违反时的命令和处罚规则。⑥

---

① 鈴木一人「米中の技術覇権争いと安全保障」、2021 年 1 月 8 日、https：//www. jiia. or. jp/research-report/post-30. html、2022-02-18。

② 「経済安保 5000 億円支援」『日本経済新聞』2021 年 11 月 18 日、朝刊 3 頁。

③ 在本章写作时，《经济安全保障推进法案》正在国会审议中。该法案正式名称为《关于推进一体化地寻求经济施策以确保安全保障的法案》。

④ 审查对象的领域包括电力、煤气、石油、水道、铁路、货物汽车运输、外航货物、航空、机场、电子通信、广播、邮政、金融、信用卡等。

⑤ 作为支援对象的"特定重要技术"指，在尖端技术中，由于研发信息被外部不当利用或外部利用该技术实施妨害，从而存在损害国家和国民安全危险的技术，具体包括宇宙、海洋、量子、人工智能等领域的尖端重要技术。

⑥ 内閣官房『経済施策を一体的に講ずることによる安全保障の確保の推進に関する法律』、2022 年 2 月 25 日、https：//www. cas. go. jp/jp/houan/220225/siryou3. pdf、2022-04-03。

　　然而，日本经济界却对《经济安全保障推进法案》的制定提出了不同意见。在上述有识之士会议发布其《关于经济安全保障法制的建言》后不到10天，[①] 日本经济团体联合会（以下简称"经团联"）就公布了《关于经济安全保障法制的意见》。[②] 该意见虽然在总体上支持向国会提出《经济安全保障推进法案》，但强调日本的经济安全立法必须保持与企业经营自由以及国际规则之间的一致性。具体包括以下四个方面。①在加强重要物资的供应链方面，经团联建议不要采取政府规制的做法，而是要支援企业的自主行动；在优先顺序上应首选海外采购和生产多元化，其次是国内生产，最后才诉诸国家储备；在调查中应尽可能限定对象范围，同时防止调查内容泄露。②在确保主干基础设施的安全性方面，经团联主张把对象范围严格控制在必要的最小限度内，避免审查时间的长期化，事前审查和事后劝告都应考虑企业的负担，特别应考虑追溯既往可能给企业带来的巨大负担。③在官民合作研发尖端技术方面，经团联建议加强官民协议会的信息管理，并确保企业等民间部门参加官民协议会和智库。④在不公开专利申请方面，经团联认为应该对审查对象的范围以及限制在国外申请专利的范围加以限定，审查应尽可能迅速，不应阻碍发明者、申请者的使用，还应补偿申请者的损失等。

　　从法案审议文本的内容看，日本政府一定程度上回应了经团联的意见，如搁置了对主干基础设施重要设备追溯既往的审查。但经团联仍然担心，如果在法律的具体实施过程中不能尽量限定对象范围，仍可能让企业，特别是中小企业承受过重的负担，为此与日本商工会议所、关西经济联合会共同向经济安全保障担当大臣小林鹰之提交了建议书。[③] 从上述围绕《经济安全保障推进法案》的讨论中可以看出，如何在企业自由与国家安全之间把握平衡，将是日本实施经济安全政策面临的难题。

（三）供应链重组的前景

　　不论是美国的对华技术"脱钩"政策，还是日本的经济安全政策，其动

---

①　経済安全保障法制に関する有識者会議「経済安全保障法制に関する提言」、2022 年 2 月 1 日、https：//www.cas.go.jp/jp/seisaku/keizai_ anzen_ hosyohousei/dai4/teigen.pdf、2022-02-18。

②　日本経済団体連合会「経済安全保障法制に関する意見-有識者会議提言を踏まえて―」、2022 年 2 月 9 日、http：//www.keidanren.or.jp/policy/2022/015_ honbun.pdf、2022-02-18。

③　日本経済団体連合会「経済安全保障推進法案の早期成立を求める」2022 年 3 月 14 日、https：//www.keidanren.or.jp/policy/2022/025.html、2022-04-03。

因都在于：随着大国竞争的加剧，技术、经济和地缘政治纠缠在了一起。技术日益被视为国家军事实力和经济竞争力的基础，特别是军民两用技术的飞速发展和跨国流动带来了国家安全上的风险。同时，全球经济和信息网络中的不对称权力关系为"武器化的相互依赖"（weaponized interdependence）提供了条件。① 此外，新兴国家通过技术创新在全球供应链上攀升，意味着动摇国际政治经济秩序中的既有力量对比，自然引起了美日等发达国家的警惕。

在此背景下，美国和日本的上述政策实际上指向供应链重组，其结果可能是供应链将从全球化转向当地化。这突出地体现在有关半导体产业的政策上。由于中美高科技竞争的加剧以及芯片代工厂集中于东亚地区带来的地缘政治风险，半导体日益成为一种国际战略物资。又由于尖端半导体产业高度依赖国际分工，一国难以覆盖全部工序，所以各国正在竭力吸引半导体企业到本国投资建厂，以确保半导体的稳定供应。② 这种半导体供应链的重组有可能改变全球化的趋势，使相互依存的重心向着由少数所谓志同道合国家组成的联盟内部转移。③

日本在这方面的一个突出例子是投入巨额补贴吸引台积电到日本建厂。2021 年 11 月，台积电正式宣布将与索尼集团合资在熊本县建设其在日本的首家半导体工厂。该工厂预计投资 8000 亿日元，将采用 22 纳米和 28 纳米的技术，雇用 1500 人，月产 4.5 万片 12 英寸的晶圆片。2021 年 12 月，日本国会通过法案，对在日本国内建设半导体工厂提供最多为设备投资额一半的补贴，台积电的熊本工厂可能成为申请补贴的第一例。2022 年 2 月，台积电又宣布对熊本工厂追加投资至 9800 亿日元，生产 12~16 纳米制程的芯片，生产能力将比原计划增加两成。④ 日本之所以没有选择最先进的半导体技术，是因为日本国内市场的半导体需求主要来自索尼的图像传感器、汽车企业的车载半导体和家电等成熟级的产品。日本的目的是确保这类半导体的稳定供应，以应对自然灾害或地缘政治冲突可能导致的半导体供应链断裂。相比而言，日本国内对

---

① Henry Farrell and Abraham L. Newman, "Chained to Globalization: Why It's Too Late to Decouple," *Foreign Affairs*, January/February 2020, pp. 42-79.

② 廣瀬淳哉「デジタル時代の半導体産業と各国の政策-経済安全保障の観点を含めた考察-」『レファレンス』No. 849、2021 年 9 月、21-44 頁。

③ 髙山嘉顕「大国競争時代の半導体サプライチェン」、2021 年 10 月 11 日、https://www.jiia.or.jp/strategic_ comment/2021-06.html#013965、2022-02-18。

④ 「TSMC・ソニーの熊本工場　デンソーも出資」『日本経済新聞』2022 年 2 月 16 日、朝刊 1 頁。

5 纳米、3 纳米芯片的订货很少，即使制造也会面临销售难题。而台积电之所以在美国亚利桑那州投资建造 5 纳米制程的芯片工厂，是因为有来自苹果手机、美国国防部（F-35 战斗机、导弹等）、英伟达（NVIDIA）和超微半导体公司（AMD）等客户的大规模需求。①

然而，针对日本政府提供巨额补贴吸引台积电等到日本建厂的做法，日本国内出现了质疑的声音。首先，这么做无法达到重振日本半导体产业的目的。如上文所述，台积电计划建设的工厂使用的是相对低端的技术。对创新型企业来说，即便能获得补贴，也不愿离开技术与信息集中的产业聚集地。所以，日本要依靠这样的项目推动尖端半导体产业的发展，将难以如愿。而且，依靠政府补贴的产业无法提高出口竞争力，因为海外竞争者可能会征收反补贴税。所以，熊本工厂生产的芯片将在日本国内销售，这对于应对海外芯片断供的情况具有一定意义，但无法达到重振日本半导体产业竞争力的目标。② 其次，即便是为了加强半导体的供应链韧性，在日本国内建设工厂也并非上策，因为日本自身是一个自然灾害多发的国家，随时面临国内供应链断裂的风险，只有将供应链分散到海外各地才能更有效地降低风险。③ 可见，日本政府投入巨资重组供应链的计划，未必能取得预期效果。

日本加强供应链韧性的另一条路径是参加由所谓志同道合国家组成的供应链联盟。但这么做可能造成新的对外依赖，反而会增加日本的脆弱性。④ 而美国半导体战略的目标是吸引有竞争力的外国企业到美国开设工厂，如果日本的企业被吸引到美国，那就会使日本的半导体产业面临"空心化"的危险。所以，日本究竟是追随美国参与半导体供应链联盟，还是保护和加强自己的优势产业，在现实中必然面临复杂的利弊权衡。

---

① 朝元照雄「TSMCの熊本と高雄の工場建設を正式決定」『世界経済評論 IMPACT』No. 2359、2021 年 12 月 6 日、http：//www. world-economic-review. jp/impact/article2359. html、2022-02-18。

② 丸川知雄「半導体への巨額支援は失敗する」、2022 年 1 月 11 日、https：//www. newsweekjapan. jp/marukawa/2022/01/post-76. php、2022-02-18。

③ 戸堂康之「過度な国内回帰、供給網弱く」『日本経済新聞』2022 年 3 月 9 日、朝刊 32 頁。

④ 中村直貴「経済安全保障政策の再構築-急務となる優位性の獲得と自律性の確保-」『立法と調査』No. 439、2021 年 10 月、65-78 頁。

结　语

　　特朗普的上台及其推行的保护主义政策源于美国国内政治中难以弥合的裂隙。拜登入主白宫后试图与特朗普划清界限，提出"中产阶级外交"。两者虽在施政风格上有明显差异，但在政策内容上却颇多相通之处。拜登政府无意重返 TPP，鼓励制造业回归，强调供应链安全，甚至提倡"购买美国货"，实质上延续了特朗普时期的保护主义政策。可见，民粹主义在美国仍然发挥着强大的影响力，自由贸易和全球化仍然被视为导致社会经济困境的罪魁祸首。这种状况难以在短期内改变，其结果是，美国正在从引领、推动全球化的力量转变为抵制、延缓全球化的力量。

　　同时，美国与中国的战略竞争也将长期持续，高科技领域成为新的竞技场。[①] 拜登政府强调确保美国在高科技领域的优势，不仅继续推行对华"脱钩"政策，还纠集盟友企图把中国排除在全球供应链之外。如果技术"脱钩"和供应链重组的政策持续下去，那么全球经济将面临分裂为两个集团、两种体系的危险。在这方面，美国同样扮演着阻碍、割裂全球化的角色。

　　日本夹在中美之间，日益面临艰难的选择。作为贸易和投资大国，日本在原材料、零部件来源和出口对象等方面严重依赖全球市场，是美国加征关税和对华"脱钩"政策的受害者。日本不可能完全切断与中国的经济和技术联系，在半导体等高科技领域也与美国存在竞争关系，因而未必会加入把中国完全排除在外且优先服务于美国利益的经济和技术体系。但日本又是美国的坚定盟友，在规则制定、国家安全和地缘政治等方面与美国有共同利益。这种双重立场决定了日本会尽力在不同利益之间寻求平衡。

　　从大型 FTA 和供应链重组的动向看，全球化正在形成若干不同的发展趋势。RCEP 代表了区域导向的趋势，CPTPP 代表了规则导向的趋势，两者既有竞争也有互补；而"脱钩"则代表了政治导向的趋势，可能把全球经济引向分裂。日本既是亚洲国家，又是发达国家，在构筑国际生产网络时既要考虑与亚洲国家的地理邻接性，又要考虑与发达国家的制度近似性，因而做出了同时

---

　　① 周琪：《高科技领域的竞争正改变大国战略竞争的主要模式》，《太平洋学报》2021 年第 1 期，第 1~19 页。

加入 RCEP 和 CPTPP 的选择。在对华"脱钩"问题上，日本虽然不认同美国的做法，但也担心经济上过度依赖中国带来的风险，新冠肺炎疫情对供应链的冲击加剧了这种担心，在日本国内催生了生产"脱中国化"的议论和政策。[1]然而，从日本经济界的反应看，所谓"脱中国化"并不是把生产从中国完全转移到日本国内或其他国家，而是把重点放在生产和采购的多元化上，目的是避免过度集中于中国。[2] 从长远来看，在贸易协定方面，日本希望 RCEP 和 CPTPP 走向趋同和融合，最终形成覆盖整个亚太地区的自由贸易圈；在供应链方面，日本会在强调经济安全的同时，致力于供应链的分散化、多样化。总之，日本在新的国际贸易和地缘政治形势下调整了既有的政策，但不会改变通过深化和扩大全球化谋求国家发展的战略。

---

[1]　猪俣哲史「生産の『脱中国』は本当か—中国をめぐるグローバル・バリューチェーン再編の可能性—」『国際問題』No. 689、2020 年 3 月、5–16 頁。

[2]　关于日本重塑供应链的前景，参见陈友骏、赵磊《疫情背景下日本供应链的重塑及前景分析》，《日本学刊》2021 年第 5 期，第 109~140 页。

第二十一章　印度与全球化：印度发展模式的悖论?

韩　华

内容提要　冷战结束后，印度通过经济自由化政策改变了其独立以来实行的"自给自足"与"内向"的社会主义经济发展道路，实现了与世界经济接轨。印度的经济发展随之摆脱了长期的以增长缓慢为特征的"印度速度"，印度也成为快速发展的新兴经济体。随着全球化的推进，印度不仅出现了信实集团与塔塔集团这样跻身全球 500 强的行业"独角兽"，也孕育出在全球价值链中不可或缺的信息服务业与生物制药业等关键行业。无论印度经济的快速增长还是这些具有全球影响力的"独角兽"与关键行业的出现都与印度参与全球化的进程密不可分，因此印度政府对全球化的态度日益积极。而印度的全球化进程带有强烈的印度特征：政府选择性全球化的政策，印度在全球供应链中的特殊位置与角色——整体脆弱而个别节点存在感强，缺乏"地区化"的全球化。这些特征都使印度的全球化与其他的发展中国家的全球化有所区别。而印度全球化进程中取得的亮眼成绩与暴露出来的短板从本质上来说都是印度发展模式的必然反映。

全球化作为人类社会发展过程中的一种现象，大航海时代开启时已存在，经历了不同演变阶段，但作为学术性与政策性并用的概念则是冷战结束前后随着信息化时代的到来而备受关注的。西奥多·莱维在其 1983 年发表的论文《市场的全球化》中首次提出"全球化"的概念。① 莱维提出全球化时还局限

---

① Theodore Levitt, "The Globalization of Markets," *Harvard Business Review*, May-June 1983.

于经济领域，随着 90 年代冷战结束，世界才真正跨越了意识形态分歧和以美苏为首的军事集团对抗所形成的割裂状态，进入一个真正的全球化时代。全球化也进一步扩展成为一个涵盖经济、政治、文化等领域的广义概念。虽然对全球化的界定至今无法统一，但其核心通常是指世界范围内日益增长的经济、文化、政治、宗教以及社会系统之间的一体化。全球化中表现最明显的经济全球化是指世界整体上形成统一市场的过程，具体表现为商品与服务、资本和劳动力在世界范围内的交易，信息与研究成果在国与国之间的流动。[①] 过去 30 年正是人们见证全球范围内一体化程度日益提升以及商品、资本、文化跨国界流动明显加快的过程。在这一过程中，无论人们对全球化的认知是否正面，全球化浪潮已将所有国家卷入其中。印度也不例外。从 1991 年新德里推行"经济自由化"政策以来，印度在过去 30 年中的政治经济发展正是印度对全球化浪潮做出回应的过程。印度既要抓住全球化给其发展提供的机遇，也要回应全球化给其社会转型带来的挑战。作为人口第二大国、政治文化极为多元的国家、被称为世界重要的"新兴经济体"之一，印度与全球化的对接不仅为分析家们观察全球化对一个国家政治、经济、文化以及社会产生的影响提供了重要个案，也有助于分析一个国家对全球化的认知与相应的应对策略是否得当，并在此基础上找出应对全球化的策略与国家总体发展战略之间良性互动的一般规律。

现有的关于印度与全球化关系的研究多是围绕全球化对印度某个领域包括对经济增速、城市化、种姓制度、性别平等、气候变暖等的影响展开的。[②] 这

① Oxford Reference, Oxford University Press, https：//www.oxfordreference.com/view/10.1093/oi/authority.20110803095855259.

② Baldev Raj Nayar, "India's Globalization：Evaluating the Economic Consequences," *Policy Studies*, No. 22, 2002; Glenn Maguire, "How India's Globalized Cities will Change Its Future," *The World Economic Forum*, Jan. 8, 2019, https：//www.weforum.org/agenda/2019/01/globalization - india - cities - is - driving - consumption - middle - class/; Globalisation Tripled India GDP but Workers have been Left Out：Economist, *The Economic Times*, Aug. 1, 2021; Ramila Bisht, "Understanding India, Globalisation and Health Care Systems：A Mapping of Research in the Social Sciences," *Globalization and Health*, Volume 8, Article number：32, (2012); Amitava Krishna Dutt, "India：Globalization and Its Social Discontents," in Lance Taylor, ed., *External Liberalization*, *Economic Performance and Social Policy*, Oxford Scholarship Online, September 2007, https：//oxford.universitypressscholarship.com/view/10.1093/acprof：oso/9780195145465.001.0001/acprof - 9780195145465 - chapter - 6; Ruddar Datt, "From Unfair to Fair Globalization：Focus on India," *Peace Research*, Vol. 37, No. 1 (May 2005), pp. 55 - 86; etc.

些研究有两个特征。第一，从"外"到"内"的视角，即从全球化对印度影响的角度探讨全球化与印度关系的研究比较多，而从"内"到"外"地探讨印度政府应对全球化的策略与政策的文献相对少见。第二，运用现有的理论框架来研究全球化与印度关系的学术型研究比较少，而多是从个别领域来研究全球化的影响，并试图提出有关该领域改进意见的政策建议性研究、报告。本章试图弥补现有研究中视角单一和缺乏提炼一般性结论的不足，将印度对全球化的应对作为切入点来探讨这种应对中所反映出来的印度经济发展的潜力与问题。该切入点的视角是从"内"到"外"地研究印度对全球化问题所做出的应对，并将印度之应对所取得的成果放在印度发展模式的框架中加以研究梳理，从而理解印度国家发展的总体方向及存在的问题。在笔者看来，通过从印度发展模式来讨论印度与全球化关系的意义在于，它不仅可以对印度在全球化中的表现、采取的应对措施做出比较系统、客观的评价，而且还可以探讨不同发展道路与模式如何影响一个国家与全球化的互动关系。特别是采取与印度不同发展模式的国家，包括中国如何扬长避短，使国家的发展在全球化的现实中更加稳健、可持续。

　　本章的基本观点如下。第一，印度的全球化经历了如下几个阶段。第一阶段是从欧洲殖民者进入印度次大陆到印度 1947 年获得独立，这个时期，印度难以作为一个严格意义上的主权国家抵御欧洲殖民者进入印度次大陆，是"被全球化"的阶段。第二阶段是从独立后到 1991 年经济自由化改革，这一时期由于冷战，世界分成两个意识形态与军事阵营，而印度历届政府选择了苏联式的计划经济，同时印度奉行"自给自足"原则。该选择使印度游离于西方"市场经济"体系内部的"全球化"进程之外。第三阶段是从 1991 年的经济改革至今，是印度拥抱全球化的时期，而且态度越来越积极。第二，印度在全球化中的整体表现既有亮眼之处也暴露出了严重的短板。具体来说，1990年开始的全球化进程让印度的综合国力以及在全球政治经济中的地位都有显著提升，然而，这种提升更多是由个别行业推动的，并只让一部分人获益。经济结构的不平衡、发展成果不能惠及整个社会的问题使印度的发展呈现出不平衡特点，发展的持续性受到挑战。第三，印度的全球化呈现出几个独一无二的特征。这些具有矛盾性的特征反映出印度发展战略与全球化两者的互动中存在着悖论关系。简单而言，印度的发展模式反映出其在总体上顺应全球化浪潮的同时又在某些领域采取了逆全球化措施。

一　印度与全球化：从"被全球化"到拥抱全球化

如果按照托马斯·弗里德曼对全球化进程的描述，全球化可以追溯到大航海时代。当时的冒险家们受到地理大发现的鼓舞，乘船远离故土寻找"新大陆"。随着欧洲人踏上美洲、亚洲的土地，欧洲国家也"利用暴力击垮国界的藩篱，将世界的各个部分合并为一"。① 在这一早期"全球化"浪潮中，印度②——这一曾是文明古国，佛教、印度教等宗教的发源地以及欧亚贸易关键节点的国家逐渐沦为欧洲强权的殖民对象。英国在与荷兰、法国和葡萄牙的争夺中胜出后几乎独占印度，使曾经风光无限的莫卧儿皇帝俯首称臣。由此开始了对印度长期掠夺后又进而殖民的历史。直到 1947 年获得独立，人口众多、手工业发达的印度一直扮演着大英帝国工业产品与技术的倾销地，原材料、手工艺品与香料的供应地的角色。马克思就在《不列颠在印度的统治》一文中形象地描述了英国的殖民统治给印度带来的影响。他认为，不列颠人用自由贸易和蒸汽技术代表的"先进文明"破坏了印度的旧社会，包括家庭式自给自足的经济、原始农村公社的治理模式、纺车支撑的织布产业，从而消灭了印度的文明。③ 如果说英国殖民印度的历史是早期全球化的一个缩影的话，印度无疑是"被全球化"的国家，无力主动应对全球化，甚至不能靠关闭国门来避免被殖民的命运。而如果按照沃勒斯坦将世界经济视为一个由核心国家、半边缘国家以及边缘国家组成的三层等级体系来说，英属印度无疑可以被列入边缘国家的行列。这一认定基于印度边缘国家的几个特征，例如，没有实现工业化，税收系统不足以支撑基础设施建设，向世界上的核心国家（主要是殖民国英国）出口原材料，为核心国家提供低技能的劳动力。④ 抛开马克思的政治经济学和沃勒斯坦的世界体系的框架，从全球化的视角来看，英印帝国时期，

---

① 〔美〕托马斯·弗里德曼：《世界是平的：21 世纪简史》，何帆等译，湖南科学技术出版社，2006，第 280 页。

② 这里的"印度"指的是大历史视角下的印度。英属印度之前的印度指的是印度河与恒河流域的印度不同王朝；英属印度时期的印度则包括今日的印度、巴基斯坦、孟加拉国以及缅甸；1947 年后的印度则指的是今日的印度。

③ 《马克思恩格斯全集》（第 12 卷），人民出版社，1998，第 137~144 页。

④ 有关世界体系与核心、边缘与半边缘国家的理论，参见 Immanuel Wallerstein, *World-Systems Analysis: An Introduction*, Duke University Press, 2004。

英国通过东印度公司敲开了印度大门，但是并没有使印度"全球化"，而是"殖民地化"了。这一判断基于几个观察：第一，英国殖民者并没有以自身工业革命的经验带动印度的工业化进程，反而使印度去工业化，而印度原有的比较发达的手工业也受到抑制；第二，印度的对外贸易被英国垄断，进出口从原来的多元渠道逐渐转变为以印度与英国的双边贸易为主；第三，印度的出口逐渐集中在原材料与香料上，而进口的多为制成品；第四，印度本国积累的财富流失到英国等欧洲国家。①

1947 年，英国撤出印度，英属印度按照蒙巴顿方案分为印度和巴基斯坦，两国分别独立。从独立到苏联解体，印度面对的是一个"全球化 2.0"的世界。这一阶段全球化的驱动力不再是欧洲强权用暴力打破国界的殖民行为，而是跨国公司。这些公司为了寻找市场和劳动力而使业务范围遍及世界。这无形中使它们在扩展业务的同时加速了资金、技术、人员的流动，使国家的边界变得不再那么清晰，国家间的相互依赖关系也在日益加深。② 另外，全球范围内的贸易在 1950~1973 年得到前所未有的增长，平均增长率达到 8% 以上。③尽管 70 年代的两次石油危机导致贸易增长放慢，但这从反面映衬出世界日益相互依赖的现实。

处于这样环境中的印度虽然没再像 18 世纪那样"被全球化"，但其融入全球化的程度也非常有限。这主要反映在三个方面：①由于印度政府的"反外国直接投资"政策与印度经济增速长期维持在 3.5% 左右的"印度速度"，国外资本、资金很少流入印度；④ ② 1951~1993 年，印度外贸在国际贸易中占比从以前的 2.4% 降到 0.5%；⑤ ③印度对外贸易额在国内生产总值中的占比比较低，1980 年，这一比例仅为 16.6%，而同年中国的比例为 23%，韩

---

① 参见 Neil Charlesworth, *British Rule and the Indian Economy*, *1800-1914*, Macmillan, 1982; Tirthankar Roy, *The Economic History of India*, *1857-1947*, Oxford University Press, 2000。

② 参见〔美〕托马斯·弗里德曼《世界是平的：21 世纪简史》，第 280 页；〔美〕罗伯特·基欧汉、小约瑟夫·奈《权力与相互依赖》，门洪华译，北京大学出版社，2002。

③ *World Trade Report 2008: Trade in a Globalizing World*, p. 15, https://www.wto.org/english/res_e/publications_e/wtr08_e.htm.

④ 参见 Sojin Shin, "FDI in India: Ideas, Interests and Institutional Changes," *Economic and Political Weekly*, Vol. 49, No. 3 (January 18, 2014), pp. 66-67。

⑤ *India's Economy at the Midnight Hour: Australia's India Strategy*, Report of the East Asia Analytical Unit, Department of Foreign Affairs and Trade, Commonwealth of Australia, 1994, p. 10.

国为 75.5%。①

印度全球化程度低的原因源于内外两方面，内因是印度的经济政策，而外因则源于冷战期间国际经济的割裂状态。印度独立后，虽然在政治上承继了原殖民国英国的议会民主制，经济上却选择了社会主义计划经济模式。② 尼赫鲁及其后历届印度政府通过设立经济计划委员会并制定苏联式的"五年计划"来掌控国家经济的结构与发展方向。在此期间，印度力图在国内推行以重工业为主的工业化，在农村也实施"绿色革命"。这种经济结构与管理模式决定了其经济的"内向性"。这期间，印度政府始终提倡经济的"自给自足"，通过采取进口替代政策，即通过关税、配额和外汇管制等严格限制进口的措施，扶植和保护民族工业的发展。而此时，国际大环境是美苏冷战。由于美国对苏联的社会主义阵营采取了遏制政策，世界经济形成了两个相互排斥与割裂的经济体系。虽然印度在外交上奉行不结盟政策，在国际两极格局中左右逢源，但鉴于印度在经济上推行苏联式计划经济模式，并在进入 50 年代后战略上与苏联逐渐接近，其有限的对外贸易伙伴是苏联而非西方国家。1971 年印苏签署《苏印友好合作条约》，成为"准战略盟友"。1976 年，印度曾修宪，将印度变成"社会主义共和国"。印苏关系日益密切的结果，除了使印度在技术与资金上越来越依赖苏联之外，军事装备采购中的绝大多数也来自苏联。③ 而在此期间，印度与美国等西方国家的关系则渐行渐远，经济交往也不甚紧密。④ 简而言之，从印度独立到 1991 年经济自由化，印度面对一个相互依赖关系日益明显的世界，主动地选择了一个自给自足的计划经济体制与进口替代战略，这使印度偏安一隅，隔绝于世界市场之外。

进入 80 年代后期，全球化进入了一个全新阶段。这里的"新"主要表现

---

① T. N. Srinivasan and Suresh D. Tendulkar, *Reintegrating India with the World Economy*, Peterson Institute For International Economics, March 2003, pp. 11-12.

② 也有人将印度自独立后到 1991 年经济自由化之间的经济模式归纳为"混合经济"，既保留一些市场经济成分，也实施计划经济。也因此，印度国有化企业大行其道的同时，也保留了像塔塔集团这样的著名私有企业。

③ 除了苏联装备在印度军事装备的占比高之外，军事装备转让金额也极高。1960~1990 年的军备转让金额高达 350 亿美元。参见 Sameer Lalwani, "The Influence of Arms: Explaining the Durability of India-Russia Alignment," *The Journal of Indo-Pacific Affairs*, Vol. 4, No. 1, Special Issue, 2021。

④ Santosh Mehrotra, *India and the Soviet Union: Trade and Technology Transfer*, Cambridge University Press, 1990.

在两方面。第一，1989 年柏林墙倒塌，加速了冷战的终结。之后，国际格局发生了结构性变化，冷战中形成的两个相互隔离的经济体系迎来了融合的契机。尽管 60~70 年代全球化进程已经加速，但两个并存的经济体系使全球化只存在于西方主导的经济体系中。冷战的结束才使经济全球化超越美苏两个阵营成为可能。第二，冷战结束前后正值互联网与计算机技术从美国向全世界扩散，这使得 90 年代开始的新一轮全球化的广度和深度达到了一个新的水平。弗里德曼将现今的全球化阶段界定为由个人电脑和网络连接在一起的"全球化 3.0"状态，[1] 而 80 年代末 90 年代初已经出现了这一阶段的雏形。

就在这种历史转折之际，印度实行的计划经济模式出现严重问题，最终引发了 90 年代初以外汇危机为表征的经济危机。印度"内向型"经济需要具备日益增强的国内产业，但由于政府在国家安全与"社会正义"的口号下将财政投入国防工业并补贴农业等行业，国内产业因此一直发展乏力，最终造成财政枯竭。虽然拉吉夫·甘地政府尝试放松管控，但 90 年代初的国际重大事件将印度经济问题推向危机。一是苏东集团的解体让印度失去了以"以货易货"贸易和卢布—卢比结算的外贸环境，而只能通过美元等硬通货延续对外贸易和军备采购。这对印度本来就不充裕的美元外汇储备带来挑战。二是 1990 年美国对伊拉克的"沙漠风暴"战争，导致油价飙升，这使 70% 的石油依赖从中东进口的印度外汇储备捉襟见肘。最终，外汇枯竭引发经济危机。应该说，印度外汇危机是冷战结束后东西方经济从相互独立到融为一体的全球化的结果，也是印度选择如何回应全球化浪潮的关键契机。换句话说，外汇危机是全球化以一种特殊的形式打破了历届印度政府建构起来的经济藩篱，让印度与美国通过互联网及信息技术引领的新一轮全球化不期而遇。

新德里为了化解经济危机，向国际货币基金组织和世界银行申请了紧急贷款，而这两个国际经济机构则向印度提出以进行市场化改革换取贷款的条件。[2] 在这一背景下，在当时的印度财长曼莫汉·辛格的提议下，拉奥政府开启了"经济自由化"改革进程。这不仅标志着印度逐渐抛弃了长期推崇的"内向型"计划经济发展模式，对经济进行结构性调整；而且反映出印度选择

---

[1] *Thomas L. Friedman Lectures on the World is Flat* 3.0, Center for International and Regional Studies, Feb. 1, 2010, https://cirs.qatar.georgetown.edu/events-archive/? s=Thomas%20Friedman.

[2] Subhomoy Bhattacharjee, "How WB, IMF got India to Adopt Reforms in 1991," *The Indian Express*, Sept. 17, 2010.

了与国际经济接轨、融入全球化的发展之路。经济改革在"自由化、私有化与全球化"的口号下，试图通过终止许可证制度来减少政府干预、控制经济，让市场来调节供给平衡，激励竞争。具体措施包括：紧缩财政；卢比一次性贬值18.7%；向英格兰银行运送46.91吨黄金，换取4亿美元应急；取消许可证制度，除了军工、原子能等国家关键产业，在其他领域实施私有化；推进金融领域市场化，减少信贷配给；大幅降低进口关税，放松外汇管制；降低国际商品和资本的准入门槛；等等。以上改革措施得到了印度人的普遍赞誉，认为其为印度实现后来出现的"经济奇迹"奠定了基础，也对全球化采取不排斥的态度。①

综上所述，印度与不同阶段的全球化的互动并不都是愉快的经历。早期全球化浪潮来临时，印度被动地成为欧洲国家尤其是英国的殖民地。被殖民的历史至今仍是留在印度人记忆深处的伤痕，让印度珍视决策的独立性，更决定了印度与西方主导的国际"接轨"时显露出某种规避态度。这也是尼赫鲁在印度独立后推行不结盟政策、选择苏联式经济发展模式的内在动因。然而，苏联模式在印度的实践随着90年代初的经济危机和苏联的解体而宣告失败。深陷危机的印度无奈但也主动地选择了融入西方经济体系并敞开国门接纳西方的技术、资金。此后的30年人们见证了印度与全球化互动日益频繁与深入的过程。

二　印度与全球化：历届政府的应对之策

90年代开启的新一轮全球化至今已30年，其间印度更换了几届政府，分别由奉行世俗主义、声势大不如前的国大党和80年代崛起的印度教色彩十分浓厚的民族主义政党印度人民党组阁执政。两个政党在全球化问题上都持积极态度。从拉奥政府的经济"自由化、私有化与全球化"，到瓦杰帕伊政府的"印度大放异彩"，② 再到辛格政府的"经济黄金十年"，最后到莫迪现今的"印度制造"

---

① Vinay K Srivastava, "Reliving the Landmark 1991 Economic Reforms," *The Hindu Business Line*, Jul. 26, 2021.

② "印度大放异彩"（India Shining）是瓦杰帕伊率领的印度人民党在2004年选举中的口号和广告。该口号旨在让印度选民肯定瓦杰帕伊在1998~2004年的任期内取得的成绩，也给选民一个美好愿景，即一旦印度人民党连任成功，印度人将有更好的未来。

与"以人为本的全球化"，不仅彰显出印度雄心勃勃的发展目标而且也隐含着印度对全球化进程的积极回应。

（一）拉奥政府（1991~1996年）：开启改革进程

1991年，印度面临着两大危机。一个是上述提到的外汇危机，只能支撑两周进口的外汇储备让印度经济接近崩溃边缘。另外一个是国大党的政治危机，开国总理尼赫鲁的外孙拉吉夫·甘地作为国大党竞选人在当年5月的竞选活动中遇刺身亡。这一事件使曾在印度长期处于一党独大地位的国大党群龙无首。紧急时刻，纳拉辛哈·拉奥临危受命，组阁执政，并与财长辛格一起开启了印度经济自由化进程。新政府推出的两个措施也是印度对全球化的积极应对。其一是辛格发表的财政预算讲话。该讲话因从根本上改变了印度经济发展方向而让印度人将其发表讲话的那天称为"永远改变印度的一天"。[1] 其二是与预算一同出台的新的工业与外贸政策。新政策包括在工业许可证、外国投资、国外技术协定、国有部门以及贸易等领域放松对国内外资本的进入限制、取缔涉及国家安全以外所有部门的许可证制度。新政策的出台意味着政府不再强力插手印度商业运作，整体经济走向市场化、全球化。

在对国内经济政策进行大刀阔斧的调整之后，拉奥政府提出了"向东看"战略，以期兑现全球化与印度经济改革给国家带来的机遇与利益。尽管"向东看"战略通常被称为印度冷战结束后实施的外交战略转向，但该战略最初、最主要的动力则是经济因素。当时，印度面临着失去苏联这样的传统经济与贸易伙伴后的困难处境，而东南亚被视为一个拓展对外经济联系的选项。因为当时东南亚地区出现的经济"四小虎"既在地理上与印度接近而且可以为印度重启经济提供急需的投资与贸易机会，东南亚还可以作为桥梁让印度与地理上更远、经济最活跃的东亚地区连接起来。[2] 虽然印度接触东南亚的动因中包含对抗中国在东南亚影响上升的考量，但摆脱当时的经济困境、寻找启动经济的外国资金是印度的当务之急。拉奥政府期间（1991~1996年）印度与东南亚国家接触显著增强，1992年，印度获得了东盟的部分对话伙伴地位，对话领域包括贸易、投资和旅游。1996年，印度由部分对话伙伴地位提升到全面对

---

① "Manmohan Singh's 1991 Budget: The Day That Changed India Forever," *The Hindu*, July 24, 2016.
② Rajiv Sikri, "India's 'Look East' Policy," *Asia-Pacific Review*, Volume 16, Issue 1, 2009, pp. 131-132.

话伙伴地位。同年，印度也成为东盟地区论坛成员。印度领导人访问东南亚国家的频率也明显上升。1996 年，印度人民党在选举中获胜，但只执政 13 天就被迫下台，国大党组成过渡政府直到 1998 年的选举。在这短暂执政期间，印度与斯里兰卡、孟加拉国、缅甸及泰国推出了环孟加拉湾多领域经济技术合作倡议（BIMST-EC）。

尽管印度与东南亚地区的接触部分是出于牵制中国在该地区的影响力尤其是经济影响力的考虑，但冷战结束后，中国经济的快速发展和两国达成在解决边界争议的同时发展其他领域合作的共识带动了中印两国经贸关系的发展。1991 年，两国的贸易额只有 2.6 亿美元，但到 1996 年就达到 14 亿美元。尽管贸易量相对于两国的巨大市场来说非常低，但增长迅速，5 年间贸易量已经增长了 4 倍以上。

拉奥政府期间，印度也加入了多边贸易机构。尽管印度在 1948 年就加入了世界贸易组织的前身——关税及贸易总协定，但真正参与、扮演积极角色还是从 1995 年加入世界贸易组织开始。为了加入这一多边贸易体系，印度在国内颁布了一系列法律，包括《1992 年外贸（发展与管理）法案》《1993 年外贸（管理）规则》等。

（二）瓦杰帕伊政府（1998~2004 年）："印度大放异彩"

瓦杰帕伊在 1998 年上台不久就决定进行两轮核武器试验，试验后一段时间里，印度受到美国、日本等国的经济制裁，印度参与全球化进程因此出现了短暂停滞。2000 年之后，随着克林顿访印，印度"回归"国际舞台，而且"印度崛起"的说法也流行开来。

作为印度人民党领袖的瓦杰帕伊并没有被印度人民党长期持有的一些意识形态禁锢，将政治对手——国大党的拉奥政府开启的经济市场化进程转向，而是选择继续推进上届政府的经济自由化改革，把改革推向"深水区"。他在任期内坚持务实主义政策方向。与其他印度领导人相比，瓦杰帕伊对待全球化的态度更明确、更积极。在 2000 年印度举办的经济峰会上，他的致辞内容主要围绕全球化展开，并主张全球化给予各国挑战的同时更是一个机会。① 另外，

---

① Address by Prime Minister, Shri Atal Bihari Vajpayee, At India Economic Summit, November 26, 2000, https：//archivepmo. nic. in/abv/speech-details. php? nodeid=9094.

在其执政后首次访美的一次讲演中，也公开提到全球化，并表示印度对全球化持一种"谨慎、有原则以及稳步推进"的态度。[①]

在他的领导下，印度采取了几项重要措施，进一步推进市场化、自由化。私有化方面，政府大胆地从印度铝业（BALCO）、印度斯坦锌业（HZinc）等大型国营企业撤资。在基础设施方面，为了改善经济环境，筹资兴建"黄金四边形"的高速公路网，将四大城市新德里、孟买、钦奈、加尔各答连成一体；与该计划相匹配，印度将偏远的部落地区也通过 PMJDY 计划实现全天候的公路连接。在通信领域，成立信息技术与软件发展的研究团队，提出信息技术基础设施与网络建设计划。在税收领域，针对极为复杂、各邦各自征税的税务体系，瓦杰帕伊政府在拉奥政府之后再次成立税制改革委员会，讨论建立全国统一的商品服务税体系。在教育领域，改善初级教育、防止严重的辍学现象，印度重新分配联邦与邦之间的资金投入比例，并从世界银行和联合国教科文组织筹集资金投入初级教育。在经济驱动力方面，为了让贫困人口享受经济发展的红利，推行以就业为导向的经济增长代替以生产为导向的经济增长。除了以上措施以外，顶住联合政府中其他政党的压力强力推出措施吸引外国投资和促进贸易，包括接受国外的保险业和媒体投资印度、允许制造业免税进口燃料、取消金银等贵重金属的进口税，等等。

尽管核试验给印度对外关系带来困难，但瓦杰帕伊政府展开积极外交，打破外交困境。在对华关系上，核试验一年后，印度外长贾斯旺特·辛格对华展开破冰之旅，使中印关系重回正轨。[②] 2003 年瓦杰帕伊总理访华期间，两国在《联合宣言》中宣布双方相互开放市场和加强边境贸易。与他一同访华的 60 位印度工商界人士也掀起了印度企业对华的商业投资热潮，特别是软件业在华的扩张。[③] 到了瓦杰帕伊任内的最后一年，即 2004 年，两国双边贸易总额首次突破 100 亿美元大关，达到 136 亿美元，同比增长 79%，[④] 中国取代美国成

① "India, USA and the World: Let Us Work Together to Solve the Political-Economic Y2K Problem," Speech of India's Prime Minister Shri Atal Bihari Vajpayee at Asia Society, New York, September 28, 1998.

② John W. Garver, "The Restoration of Sino-Indian Comity Following India's Nuclear Tests," *The China Quarterly*, No. 168, 2001, pp. 865-889.

③ 《瓦杰帕伊中国行 印度软件业"凶狠"扩张》，《21 世纪经济报道》2003 年 7 月 2 日。

④ 《中印双边经贸》，https://news.sina.com.cn/c/2006-07-07/06339393540s.shtml。

为印度最大进口来源国。[1] 与此同时，印度也拓展与其他国家特别是与美国的关系，不仅促使美国将因印度核试验而实施的制裁逐渐取消，还积极利用小布什入主白宫后视印度为牵制中国的战略伙伴的机会争取外交突破。[2] 出于战略考量，美国逐渐解除了对印度的制裁，还将美印关系升级为"战略伙伴关系"。美印贸易随之增长，特别是印度的软件对美出口明显提速。[3] 与此同时，美国向印度的直接投资的增长也开始加速。[4] 在瓦杰帕伊任内，印度也开始接触日本，印日关系从疏远转向走近。虽然印日关系走近更多反映在战略方面，双边贸易增长滞后，但2003年印日贸易呈现平稳增长，2002年贸易额只有40亿美元，2006年就翻了一番。[5] 2003年印度也超越中国成为日本政府开发援助（ODA）的最大接受国。[6]

由于瓦杰帕伊政府期间印度经济的快速发展，印度在全球经济中的地位也随之提升。1999年，G20初创，逐渐成为G7后更具影响力的全球经济治理机制。印度则是G20的重要成员。2001年，美国高盛公司时任首席经济学家奥尼尔首次用"金砖四国"来特指世界新兴市场，[7] 印度又与中国、俄罗斯、巴西一道被认为是世界经济中不可忽视的力量。

（三）辛格政府（2004~2014年）：印度的黄金十年

尽管瓦杰帕伊政府在任5年中，印度经济增长强劲，平均增速达到8%，其在2004年试图连任的竞选纲领中更是提出"全球经济强国"的目标，但选

---

[1] Michael F. Martin, *India–U. S. Economic and Trade Relations*, CRS Report for Congress, August 31, 2007.

[2] Colin Powell, "Opening Statement before the Senate Foreign Relations Committee," January 17, 2001.

[3] Colin Powell, "Opening Statement before the Senate Foreign Relations Committee," January 17, 2001.

[4] "Direct investment position of the United States in India from 2000 to 2020," *Statista*, https://www. statista. com/statistics/188633/united–states–direct–investments–in–india–since–2000/.

[5] Victoria Tuke, "Japan's Relations with India–A Neoclassical Realist Analysis of Japan's Foreign Policy Behaviour and Regional Integration," Paper presented at Waseda University Global COE Program Summer Institute on "Asian Regional Integration," August 3, 2009, p. 13.

[6] "India Top Recipient of Japanese Financial Aid since 2003, Surpassing China," *Economic Times*, Mar. 26, 2021.

[7] Jim O'Neill, "Building Better Global Economic BRICS," Global Economics Paper No. 66, Goldman Sachs, Nov. 30, 2001.

举失败，国大党推举曼莫汉·辛格组成团结进步联盟政府执政，并在 2009 年成功连任。因此，辛格政府得以连续 10 年执政，这 10 年被许多印度人称作经济发展的"黄金十年"或者"印度奇迹"① 时期。的确，作为牛津经济学博士与 1991 年印度经济自由化的引领者，辛格曾经采用激进措施达到经济改革的目标，比如削减政府给予穷人的资助、从亏损的国有企业中撤资。与此同时，辛格对全球化也持"拥抱"态度，他在一次公开讲话中表示"全球化与我们同在"。② 然而，尽管辛格上台后也把经济发展作为政策优先，提出"21世纪要成为印度世纪"的发展目标，③ 但他吸取上届政府经济高速发展但大选却失利的教训，并照顾联合政府中其他党派（包括左翼政党）的利益，在继续推行经济改革的同时避免采取激进的改革措施，④ 也可表达为"包容性"发展。

辛格政府的发展战略反映在上台后不久颁布的《国家共同最低计划》（National Common Minimum Program，NCMP，以下简称《计划》）中。《计划》包括六项执政原则：保持社会和谐、维持经济增长与就业、提高劳动者福利、保障妇女权益、提供低种姓民众平等机会以及发挥专业人员的创造力。总体来说，《计划》是联合政府中各个党派利益妥协的结果，一方面反映出辛格政府深化改革、保持经济高速增长的决心；另一方面又要满足各个政党、各个利益集团的诉求。《计划》的落实主要体现在如下几个方面。①建设强大的私营与国营企业，并执行"有选择的国有股减持"政策，鼓励"合并"而不是"私有化"。例如，避免对印度石油与天然气公司和印度天然气管理局采取私有化。②强调经济均衡协调发展，即农业、制造业、服务业之间的平衡发展。特别是注重发展劳动密集型产业，以此在保证服务业稳固发展的同时，提高就业率和吸引投资。为此，印度经济计划委员会设立了国家制造业竞争委员

① Mohan Guruswamy, "This 'Voodoo Economics' has no Place," *Deccan Chronicle*, Dec. 15, 2016; Santosh Paul, "Why Dr. Manmohan Singh Deserves the Nobel Prize in Economics," *The Times of India*, Nov. 18, 2021.

② "Globalisation is Here to Stay, We Proved Sceptics Wrong: Manmohan Singh," *Business Standard*, Sept. 23, 2017.

③ Ravi Menon, "Singh: Reform with 'Human Face'," *India Today*, June 11, 2001.

④ 参见文富德《印度曼·辛格政府坚持谨慎经济改革》，《南亚研究》2007 年第 1 期；"Not Much to Write Home about: India's Reformist Prime Minister has Done Remarkably Little Reforming," *The Economist*, May 14, 2005。

会（NMCC）并发表了"国家制造业计划"（NMP）。③推动经济增长的红利普惠社会底层。辛格政府执政期间，印度的脱贫工作取得了显著成绩，贫困人口比例从 2004 年的 37.2% 下降至 2012 年的 21.9%。① ④加快基础设施建设，为此在 2007~2012 年的第 11 个"五年计划"中，印度政府在能源、机场、港口以及公路上的投入比上个"五年计划"翻了一番，而第 12 个"五年计划"又投入 1 万亿卢比。一系列政策措施使辛格政府前七年的经济表现亮眼——经济增速高达 8.5%，② 尽管其间经历了 2008 年全球金融危机，政府也设法使经济迅速回暖。

然而 2012 年后，经济增速放缓，只达到 4.5% 的增长率。③ 辛格的"印度奇迹"受到怀疑，对辛格政府的批评随之而来。工业发展低迷、通货膨胀带来的物价飞涨、失业率居高不下、外国直接投资额不升反降，加上几个大的腐败案曝光带来抗议声浪、辛格与联合政府中的左翼政党在印美核协议上的分歧等问题都让辛格及其政府声望下降，险些因议会的"不信任投票"而被迫下台。最后在 2014 年的议会选举中败给了印度人民党。

（四）莫迪政府（2014 年至今）："印度制造"

2014 年，印度人民党大选获胜后原古吉拉特邦首席部长莫迪出任总理，组建联合政府。凭着第一任期内的强人形象和在经济上的一些成绩，莫迪在 2019 年成功连任，人民党单独组阁至今。莫迪上台之初身上带有两个政治标签：一个是反穆斯林的印度教民族主义者，一个是经济上最发达的古吉拉特邦的领导人。后一个标签让印度人对莫迪怀有高期望值，期待他在总理任期内带领印度成为经济强国。

莫迪上任后就宣布了"经济优先"的发展战略，并誓言要在 2024 年成为总量达 5 万亿美元的经济体和全球经济强国。④ 他相信印度"3D"的优势——劳动力人口占比高、民主、需求能够实现既定目标，为此他推出了一系列措施

---

① "Poverty Recorded Steepest Fall in UPA Regime since 2004: Government," *The Economic Times*, Jan. 3, 2014.

② Anuj Srivas, "Now, 'New' Official GDP Math Says Growth under UPA was Actually Slower than Recorded," *The Wire*, Nov. 28, 2018.

③ Maitreesh Ghatak, "Growth in the Time of UPA: Myths and Reality," *Economic & Political Weekly*, Vol xlix, No. 16, April 19, 2014.

④ "Modi Says Wants to Make India a $5 Trillion Economy by 2024," *Reuters*, Nov. 14, 2019.

促进经济市场化与全球化。第一，推出以"印度制造"（Make in India）为重点的新一轮工业化进程，[①] 以此利用印度的人口优势来实现印度成为全球制造中心的雄心。具体来说，在印度经济结构上，让制造业占 GDP 的比例从 15% 提高到 2022 年的 25%。[②] 与此同时，用制造业带动就业，改变服务业在整体经济中占比过高的现状。为了实现"印度制造"的目标，莫迪力推税收、征地和劳工制度改革，降低制造业企业投资设厂门槛，并加快改善外商投资环境和基础设施。但为了实现"印度制造"、扶植国内制造业，莫迪政府也实施了比前任更加严格的贸易保护主义，提高了进口关税。第二，进一步放松政府对经济的管制，让经济进一步市场化。这反映在莫迪顶着压力撤销了经济计划委员会，让这个计划经济时期的产物仍存留在经济自由化改革之后体制中的状况得以改观，并代之以"印度国家转型研究所"（NITI Aayog）上。第三，进一步减少政府补贴，包括限制对底层民众的燃料补贴、取消对农民提供最低市场价格等措施，因为补贴导致政府财政负担加重。莫迪上台后提出计划减少补贴支出，使其占国内生产总值的比例从 2013 财年的 2.2% 降至 2017 财年的 1.6%，[③] 在第二任期内，莫迪更加强力地推出三部农业改革法案，即《农产品贸易和商业法案》、《农民价格保障与农业服务法案》和《必需品（修正）法案》，落实政府取消农产品收购保底价的意向。然而，这些农业改革法因为引发大规模农民抗议而被迫取消。

总之，莫迪政府自 2014 年执政后，经济上的表现时好时坏。执政第一年，印度的经济增长率高达 8%。2018 年，印度经济增长率高达 7.3%，超过中国成为增长最快的主要经济体。[④] 莫迪任内在吸引外国直接投资方面也取得了不小的成绩，平均每年吸引的投资额达 630 亿美元，远高于辛格政府的年均 300 亿美元和瓦杰帕伊政府的年均 30 亿美元。然而，由于莫迪在其任内推行大刀

① 莫迪提出的"印度制造"的英文 Make in India 有别于 Made in India。差别在于后者更多的是来料加工，但莫迪意在让国外的生产线、生产技术一同进入印度，而不只是来料加工。

② "PM's Speech at Inauguration of Make in India Week, Mumbai," *PMIndia*, Feb. 13, 2016, https：//www. pmindia. gov. in/en/news_ updates/prime－ministers－speech－at－inauguration－of－make-in-india-week-mumbai/.

③ "Budget 2015：Subsidy Reforms High on Modi Government's Agenda," *The Economic Times*, Mar. 2, 2015.

④ "Ahead of China, India to Remain Fastest Growing Economy in FY19 & FY20：ADB," *The Economic Times*, Jul. 19, 2018.

阔斧的改革，有些激进措施效果不佳，甚至成为经济发展的阻碍。例如，2016年为了打击逃税和伪造货币等行为，莫迪颁布废钞令，[①] 但一些分析家认为废钞令导致印度国内消费、私人投资、出口等重要的经济增长引擎受到抑制，政府也没有及时提出刺激措施止损。[②] 2019 年政府实施的农业法改革引发印度旁遮普和哈里亚纳等几个邦的农民长达一年多的抗议活动。尽管抗议在莫迪撤回改革计划后结束，但几个邦的经济受到负面影响，这使本来已经增长放缓甚至萎缩的印度经济雪上加霜。加上 2020 年全球新冠肺炎疫情导致的印度经济大滑坡，莫迪政府的经济表现大大低于人们的预期。[③]

三 印度与全球化：数据呈现的表现

如上所述，1991 年之后历届印度政府都在宏观经济层面抛弃了印度独立后长期奉行的社会主义计划经济模式，改而采取了积极推动印度与国际接轨的政策。尽管自 2019 年以来印度的经济增速减缓、一些根深蒂固的问题没有解决甚至更加严重，但 30 年来，这一改革已经给印度的政治、经济及社会带来了显著变化。在全球化背景下，印度取得了以下几个方面的成绩。

（一）印度在世界经济中的地位和影响力明显上升

具体表现为除了 2020 年因新冠疫情导致的负增长 23% 之外，印度经济增长明显提速。由表 1 可知，自印度独立以来到 20 世纪 90 年代初经济自由化期间，印度经济年均增速长期徘徊在 3.5% 左右，被戏称为"印度速度"。但自90 年代经济改革后近 20 年中经济增速加快至 5%~6%，而 2000 年之后的 8 年中经济年均增速更达到 7.1%。[④] 从国内生产总值来看，1991 年印度国内生产

---

① 废钞令是指莫迪政府在 2016 年突然宣布，终止 1000 卢比和 500 卢比两种大面值钞票在市场上流通。

② "Price of Modi's Economic Incompetence," *The Kathmandu Post*, Feb. 8, 2022, https：//kathmandupost. com/columns/2022/02/08/price-of-modi-s-economic-incompetence.

③ "Price of Modi's Economic Incompetence," *The Kathmandu Post*, Feb. 8, 2022, https：//kathmandupost. com/columns/2022/02/08/price-of-modi-s-economic-incompetence.

④ Poonam Gupta, "India's Remarkably Robust and Resilient Growth Story," *World Bank Blogs*, Apr. 12, 2018, https：//blogs. worldbank. org/endpovertyinsouthasia/india‒s‒remarkably‒robust‒and‒resilient‒growth‒story.

总值只有 2660 亿美元，而 2020 年达到了 2.6 万亿美元，[1] 近 30 年中增长了近 9 倍，世界各国中只有中国和越南比印度表现更佳。[2] 印度经济增长的亮眼表现也反映在其经济总量世界排名的迅速提升之中。1991 年，印度 GDP 排在世界各国的第 17 位，2010 年上升至第 9 位，而到 2020 年再升到第 5 位。[3] 尽管莫迪第二任期内印度经济增长放缓、2020 年遭到新冠肺炎疫情的冲击，一些机构还是坚持印度会在疫情后回到快速发展的轨道，而且将在 2030 年成为世界第三大经济体。[4] 随着印度经济发展的提速，其对全球经济的贡献率也在提升。具体来说，印度经济占世界经济的比重从 1991 年的 1.1% 到 2021 年的 3.3%，增加了 2.2 个百分点。[5]

表 1　不同时期印度经济年均增长率

时期	增长率(%)
1950~1980 年	3.5
1980~1992 年	5.5
1992~2003 年	6.0
2003~2015 年	8.0

数据来源：Swaminathan S. Anklesaria Aiyar, "Twenty-Five Years of Indian Economic Reform," Policy Analysis, CATO, No. 803, October 26, 2016。

在经济整体增长提速的同时，印度的人均国内生产总值也稳步增长。特别是近 10 年，年均增速达到 5.5%，即从 1991 年的 360 美元，到 2021 年的 2100 美元。[6] 经济增长的另一个溢出效应是印度中产阶层人数的增加。根据皮尤研

---

① "India GDP Annual Growth Rate," Trading Economics.com, https：//tradingeconomics.com/india/gdp-growth-annual.

② T N Ninan, "30 Years after 1991：What We Achieved as an Economy, and What was Possible," *Business Standard*, Jun. 18, 2021.

③ Joe Myers, "India is Now the World's 5th Largest Economy," The World Economic Forum, Feb. 19, 2020.

④ Surojit Gupta, "India to Become 3rd Largest Economy by 2030：Report," *The Times of India*, Dec. 27, 2020.

⑤ Uday Malik, "A Persistent Crisis in the Wake of Rapid Economic Improvement：A Breakdown of India's Farming Sector," *Medium*, Jul. 7, 2020.

⑥ SA Aiyar, "1991 Reforms Gave Us Miracle Growth, But Now It's Fading," *The Times of India*, July 24, 2021.

究中心所做的统计，如果按照每日收入在 10～20 美元来定义中产来计算，印度的中产阶层从 2001 年的 2900 万人快速上升到 2019 年的 8700 万。中产人数的增长是一个国家经济发展向好的关键指标，而中产人数在人口中的比例也决定着一个社会是否稳定、健康。另外，与中产人数的增加相伴的是印度在脱贫领域取得的成绩。从反映贫困状况的全球多维贫困指数（MPI）排名来看，印度在 2021 年的排名中处于 109 个参与排名的国家中的第 66 位。① 尽管印度的贫困状况有待改善，但过去 30 年中印度的脱贫努力已取得一定的成绩。这些成绩反映为贫困人口在总人口中比例的下降。具体来说，在印度独立的 1947年，印度的贫困率为 70%，是世界上贫困率最高的国家之一。② 到 1991 年经济自由化时，印度贫困率还维持在 55% 左右。而自 90 年代以来其贫困率降低了一半。其中，2006 年到 2016 年间，印度政府的脱贫努力让 2.7 亿人脱贫，贫困率几乎减半，从 55% 下降到 28%。③ 尽管在过去的 20 年里，印度减贫脱贫成绩显著，但在新冠肺炎疫情出现以前，印度脱贫人口的近一半就已经有重返贫困线的可能。而 2020 年疫情发生后，印度的贫困率又回到了 2016 年的水平。④ 在印度国内，贫困指数最高的是比哈尔邦（意味着贫困人口数量高），而克拉拉邦贫困指数最低。

（二）印度经济与全球经济日益接轨

过去 30 年见证了印度经济放弃"自给自足"的内向型经济，选择了融入世界经济的过程。印度融入国际经济的程度反映在几个重要指标中。①对外贸易额的增长。过去 30 年中印度的对外贸易整体上呈现出上升的态势，其中，2001 年之后增速明显加快。从 1991 年到 2014 年，印度的贸易总额增长了 18倍。⑤ 尽管进口的增速高于出口，贸易逆差问题突出，但这并不会从根本上动摇印度与世界经济的关系日益紧密的趋势。②外贸额在本国 GDP 中的占比。

---

① "Global MPI Country Briefing 2021," *Global Multidimensional Poverty Index*, OPHI, Oxford University, 2021, https：//ophi. org. uk/multidimensional-poverty-index/mpi-country-briefings/.

② "10 Facts about Poverty in India," *The Borgen Project*, 2017, https：//borgenproject. org/10-facts-poverty-in-india/.

③ "Global Multidimensional Poverty Index 2019," OPHI, Oxford University, 2019, https：//hdr. undp. org/system/files/documents/mpi2019publicationpdf_ 1. pdf.

④ "The World Bank in India, 2021", Overview, https：//www. worldbank. org/en/country/india/overview.

⑤ "India's Trade Deficit Jumps 22 Times since 1990-91," *The Economic Times*, Dec. 25, 2014.

外贸在 GDP 中占比越高说明该国的经济外向性越强，也就意味着与世界经济的联系越紧密。总体上说，印度外贸在 GDP 中的占比从 1991 年经济改革后呈现出日益提升的态势，尤其是 2001 年后，提升势头加速。然而，2008 年全球金融危机对印度外贸造成负面影响，随后一年中外贸占 GDP 的比例也相应下降。而 2012 年后，占比呈下降趋势，则与辛格政府后期和莫迪政府强调保护国内工业有关。③印度签署贸易协定的数量。如前所述，印度在 1991 年之前很长时间里采取"自给自足"的内向型经济模式，对外贸易有限。1991 年经济改革后，印度经济逐渐对外开放。而签署全球性、地区性及双边贸易协定是印度对外贸易增长的必要条件与印度全球化程度的参考指标。其中，印度的多边与双边贸易协定绝大多数是在 2000 年之后签署的，这与印度贸易量增长在 2001 年明显加快的趋势有非常紧密的关系。④接受外国直接投资量。印度作为人口第二大国与拥有大量中产阶层人口的国家，在经济改革后一直被认为是有巨大潜力的市场与经济体，加上印度政府为吸引外国投资推出的政策、新出台的法律以及软件业等新兴产业的发展，印度越来越成为外国投资者垂青的对象。2006 年之后外国对印投资额增长明显加速。到 2015 年印度首次超过中国，成为全球资本投资的头号目的地。① ⑤外汇储备的增长。外汇储备反映了一国贸易顺差与外国投资的情况。1991 年，印度的外汇储备处于近乎枯竭的状态，而 30 年后，其外汇储备量已经达到 6404 亿美元，在世界上排名第 4。② 过去的 30 年中，除了 2006～2007 年急速攀升与 2008～2009 年明显下降之外，印度的外汇储备呈现出稳步增加的态势。

从以上数据来看，1991 年经济自由化以来，印度在新一轮全球化过程中从一个人口众多、以传统农业为主、经济发展缓慢的国家转变成一个经济快速发展、潜力逐渐显现、对全球经济日益依赖的国家；从一个深陷国内族群分裂、种姓禁锢以及与邻国巴基斯坦长期对峙的国家变成了被美俄垂青、在南亚之外更大的地缘板块内扮演重要角色的崛起国家。这一变化为印度赢得了与中国等国一起被视为全球化的"获益者""推动者"的地位。③ 然而，一些分析

---

① "India Replaces China as Top FDI Destination in 2015：Report," *The Economic Times*，Apr. 21，2016.

② "India has 4th Largest Foreign Exchange Reserves in World：MoS Finance," *The Economic Times*，Dec. 6，2021.

③ Bernhard G. Gunter，"Three Decades of Globalization：Which Countries Won，Which Lost?" *The World Economy*，Wiley，Jan. 2020；Baldev Raj Nayar，"India's Globalization：Evaluating the Economic Consequences," Policy Studies 22，East-West Center，Washington，2006.

家却发现印度在全球化过程中获得整体收益的同时也存在一些问题。不可否认，这些问题并不是印度独有，在其他国家也存在，比如全球化可能加剧不平等，一些民族工业、农业在国际竞争中受到冲击，等等。但考虑到印度的政治、文化的多元性，经济转型带来的政府与私有企业的关系变化以及种姓制度等特殊的社会结构，印度参与全球化过程中暴露出的问题可能更加复杂。

印度全球化的不平衡性与社会不平等加剧。全球化并不意味着所有国家、国家中的所有群体都受益。按照诺贝尔经济学奖获得者斯蒂格利茨的观点，全球化虽然可能会使一国的整体财富增长，但市场驱动的经济会让经济不发达国家的财富分配更不平等。[①] 印度的情况也验证了这一观点。全球化让印度经济摆脱了缓慢的"印度增速"而步入了快行道，经济总量也翻了几番，但这并不意味着每个印度人都从中获益，反而是不平等现象更加严重。从体现财富是否平等分配的基尼系数来看，印度的基尼系数从 1991 年的 0.30 增长到 2010 年的 0.34，这说明在印度参与全球化的过程中财富不均的情况加剧了。[②] 而从 1922 年以来，占总人口 1% 的富人的财富在印度整体财富中的占比变化情况来看，很明显的是，经济改革后富人财富占比提升迅速，从 1994 年的 10% 上升到 2012 年的 21%。[③] 另一个反映印度财富向社会阶层顶端的富人集中的指标是印度富豪的财富积累速度。2018 年，印度信实集团老板安巴尼（Mukesh Ambani）超越中国的马云一跃成为亚洲第一、全球第五的富豪。而 2021 年，印度阿达尼集团的老板阿达尼（Gautam Adani）也跃升为排名亚洲第二的富豪。[④]

在全球化加剧印度贫富分化的总体趋势下，到底谁是全球化的"获益者"与"输家"？这要分几个层面看。

（1）从行业类型来看，"获益者"集中在以高科技、离岸外包与金融服务

① Joseph Stigliitz, *The Roaring Nineties: A New History of the World's Most Prosperous Decade*, W. W. Norton and Company, 2003.

② Rajeev Kumar Upadhyay, "Impact of Globalization on Distribution of Income, Poverty and Inequality in India," *Abhinav National Monthly Refereed Journal of Research in Commerce & Management*.

③ Hai-Anh H. Dang, "Inequality in India on the Rise," *WIDER Policy Brief*, UNU-WIDER, Volume 6, 2018.

④ "Gautam Adani Becomes Asia's Second Richest Person after Mukesh Ambani," *Business Standard*, May 21, 2021; "How Mukesh Ambani Changed the Game to Become World's 5th Richest Man with $80.9 Billion Net Worth," *Times Now News*, Jul. 25, 2020.

业为代表的"现代服务业"及其从业者群体，而传统支撑经济增长的行业，例如农业、制造业及其从业者群体，包括农民、产业工人，以及社会中的"弱势群体"，包括低种姓、穆斯林等群体并没有从全球化中获益，反而被全球化边缘化或者抛弃。尽管印度是个典型的发展中国家，但与多数发展中国家不同的是，印度的服务业而不是加工业在国家经济中占据着重要地位。近20年来，印度服务业可以说是支撑印度经济增长的部门。根据印度政府的经济调查机构的数据，在2011年之后的10年中，印度服务业的年平均增长率为9%，在全球主要经济体中仅次于中国（10.9%）。[1] 自1950年以来印度服务业相对于工业、采矿业以及农业来说对GDP的贡献比例明显增长，特别是超越农业，成为印度经济贡献最大的行业。如果将服务业细分为以高科技离岸外包为代表的现代服务业和以旅馆业、餐饮业为代表的传统服务业的话，现代服务业的发展速度明显比传统服务业快。班加罗尔这个印度"硅谷"就是印度信息技术产业快速发展的一个缩影。在这个与印度其他破败城市形成鲜明对比、现代化建筑林立的城市中，到处可见与外包技术部门和数据处理工厂相邻的电话中心，它们的服务对象是遍布全球的银行、大公司等客户。这里也是印度最富有群体的集中地。事实上，关注全球化的著名记者弗里德曼就谈及他在班加罗尔的一次采访激发了他"世界变平"的想法。[2]

然而，与欣欣向荣的现代服务业及其从业者收入稳步增长形成对照的是制造业与农业以及工人与农民群体的"弱势化"。薪资是反映不同行业的生活状况与社会地位的一个重要指标。其中，农民与城市居民薪资差距拉大。2009年以来，印度农民的收入增速下降，尤其是2011年之后，下降非常明显。[3]与薪资差距拉大相对应的是城市居民与农民的消费差距逐渐拉开。[4]

（2）从公司的性质与规模来看，印度的私有大公司是全球化的"获益者"，国有大公司不复往日风采，而中小企业则处境艰难。在1991年经济自由化之前，印度名列前茅的公司中绝大多数都是国有公司。而经济自由化后政府

① Yuthika BhargavaI，"India Has Second Fastest Growing Services Sector," *The Hindu*，July 09，2014.

② 〔美〕托马斯·弗里德曼：《世界是平的：21世纪简史》，第277页。

③ Ashok Dalwai，"More Than 55% of Indians Make a Living from Farming. Here's How We can Double Their Income," Oct. 04，2017.

④ Amitabh Kundu and P. C. Mohanan，"Poverty and Inequality Outcomes of Economic Growth in India," ResearchGate，August 2017，https：//www. researchgate. net/publication/239586486.

对国有公司私有化和鼓励私人公司参与并与国有企业竞争的激励政策使得一些私有公司通过收购国有企业扩充自己的商业版图，比如，塔塔公司购买印度国有的电信公司，加上这些私有企业本身具备强大的业务拓展能力，一些老牌公司重获新生，成为印度乃至全球500强的"独角兽"企业，财富也更加庞大，例如塔塔集团、信实公司。从印度前十大公司2010年和2021年的排名来看，最明显的变化是一些名列前茅的老牌国有公司被一些私人公司，如信实与塔塔赶超，而且这几家私人公司所积累的财富远远超过10年前的数额。2019年印度企业协会发布的一份报告称，该年潜在的独角兽公司数量已从2018年的15家增至52家，[①]其中私有公司占大多数。塔塔集团就是印度公司发展趋势的典型案例。塔塔是印度的老大公司，它的业务随着全球化进程的加速而得到进一步扩展，其中，塔塔咨询服务公司在1974年才签订了第一份海外客户合同，然而到2005年，公司已经聘用了4.5万名员工。而2021年，该公司已经成为印度最大的公司之一，员工人数超过了48万。[②]

与印度一些大企业在全球化过程中快速提升其市场份额形成对比的是中小企业的脆弱性凸显。历届印度政府都重视中小企业的发展，并专设"中小微企业部"负责中小微企业事务。过去30年中，中小企业成为印度就业、制造业、出口的主要力量。从2008年到2013年，印度中小企业数量明显增加。同年的数据也显示，印度有130万家中小型企业，占全部企业数量的95%。这些企业为印度提供了近40%的就业（仅次于农业）、45%的制造业（特别是对技能要求低的产业）的员工、40%的出口。[③]凭借这些指标，印度已跻身全球拥有众多中小企业的大国行列。而且，对印度这一发展中的人口大国来说，只依赖少数大型企业不能支撑经济的发展与就业，中小企业的健康发展是经济可持续发展的重要动力。然而，印度众多的中小企业给印度带来的财富却非常有限，对GDP的贡献度在很长时间里只有17%~30%。[④]中小企业一直面临着生产成本高、税赋负担重、受政策影响大以及投资来源有限等问题的困扰。例如，2018年莫迪政府推行的税制改革（GST）就迫使许多小企业倒闭、数万

---

① 《印度2019年潜在独角兽公司数量增至52家》，《新华财经》2019年11月6日。

② "Number of employees at Tata Consultancy Services（TCS）from 2005 to 2021," Statista, 2022, https：//www.statista.com/statistics/328244/tcs-employees-numbers/.

③ "SMBs the Linchpins of India's Growth, to be a USD 80 Bn Opportunity by 2024, Says Zinnov," *PR Newswire*, 19 Sep, 2019.

④ "MSME Sector-Imperative to Lift Indian Economy," IBEF BLOG, Dec. 30, 2021.

人失业。而 2020 年印度经历的严重疫情更令中小企业难以为继。据"全印度制造商组织"在 2021 年的调查显示，2020 年至少有 2200 万家中小微企业因疫情倒闭，而存活下来的企业也面临窘境。① 为了应对疫情对中小企业的毁灭性打击，莫迪政府提出了救市计划，但收效如何还有待观察。

（3）从社会不同群体看，印度全球化的 30 年正是印度教民族主义抬头的 30 年。尽管印度教的兴盛与全球化的关系并不十分清晰，但时间上的重叠并非纯属巧合。在印度，印度教的兴盛可以从印度人民党（简称印人党）的兴起窥见一斑。1996 年，印度教色彩浓厚的民族主义政党印度人民党第一次击败国大党并组阁，瓦杰帕伊出任总理，但只执政 13 天就被迫下台。两年后印人党再次在议会选举中获胜，瓦杰帕伊重新上台执政直至 2004 年。之后，从 2014 年至今，由印人党的莫迪执政。印度推出了一系列对印度社会带来深远影响的政策，其中包括对人口超过 2 亿的印度穆斯林具有不公平待遇的《公民身份修正案》、取消克什米尔地位的宪法修正案。这些政策对已经存在的印度教教徒与穆斯林族群矛盾来说无疑是提油救火，并使印度穆斯林进一步被边缘化。与此同时，印度的"印度教化"也阻碍了深植于印度教教义中的种姓制度在印度文化中逐渐淡化的过程，一些低种姓人口难以在全球化过程中摆脱种姓制度形成的桎梏而获得与高种姓一样的受教育、就业的平等机会。从性别上来说，女性特别是广大农村地区女性的地位没有得到明显提升，反而有所下降。从盖洛普公司所做的有关印度穆斯林的调查来看，与印度教教徒和所有其他族群相比，印度穆斯林是印度人中生活最苦、对现有生活水平的满意度最低、对未来最悲观的族群。其中，印度穆斯林最不满意现有的工资收入，认为以现有工资水平难以负担比较舒服的生活。②

另外，全球化进程也没有将性别平等的意识渗透进传统的印度社会。尽管《印度宪法》第 21 条规定，"妇女和男人平等享有生存权和自由权"，但在实际生活中宪法的效力比不上宗教和传统文化对人们行为的塑造力。印度妇女地位低的问题并不是一个新问题，随着全球化的推进、国家间经济的融合与边界

---

① Minaketan Behera, "COVID - 19 Pandemic and Micro, Small and Medium Enterprises（MSMEs）：Policy Response for Revival," *SAGE Journals*, August 27, 2021.

② "Muslims in India: Confident in Democracy Despite Economic and Educational Challenges," Gallup, 2011, https://news.gallup.com/poll/157079/muslims - india - confident - democracy - despite - economic-educational-challenges.aspx.

的开放，人们期待男女平等的观念能给印度带来变化。然而，情况没有显著改善。2021 年世界经济论坛的性别不平等报告对比了 2021 年与 2006 年的分数，并列入了性别不平等指数、经济参与机会、辍学率、健康状况以及政治参与等指标。从得分上看，印度虽然略有进步，但它仍是南亚国家中表现最差的国家之一。而在 156 个国家和地区中，它的排名下滑了 28 个位次，居于第 140 位。[1] 印度妇女的文盲率相对于男性也偏高。在文盲率最高的北方邦中，近一半的妇女不识字。[2]

种姓制度是历史上延续下来的一种文化等级制度，长期影响着印度社会秩序与分层。尽管对种姓制度不能简单地按照好坏评价，但许多人认为它是制约印度经济发展的一大障碍。虽然印度宪法明确认定种姓制度为非法，禁止任何形式的歧视，但种姓制度根深蒂固，影响着人们生活的方方面面。全球化的世界也无法根除这一将人分为三六九等的生活方式。其中，印度针对达利特，即所谓的"贱民"的犯罪在 2011~2016 年呈上升趋势。而在贫困度上，尽管印度贫困人口数量整体下降，但相比其他种姓，达利特处于贫困状态的人数仍然居高不下。达利特的受教育程度和营养状况也远低于其他种姓，而且在多年后仍没有改善。[3]

四　印度与全球化：独一无二的印度性

如前所述，全球化是一个全球范围的一体化、互联互通的现象与进程，每个国家对全球化的态度各有不同，但都要做出应对。而应对的策略不同又造成每个国家与全球化的互动过程呈现出各自的特征。其中，印度与全球化互动的特征不仅表现出发展中国家的相似性，也有只属于印度的特殊性。

（一）有选择的全球化

自经济自由化以来，历届印度政府都对全球化持正面的看法，而且态度

---

① Jagadish Shettigar, "How India Fared in Global Gender Gap Report 2021," *Mint*, Apr. 7, 2021.

② Sumanjeet Singh, "The State of Gender Inequality in India," *Gender Studies*, Vol. 15, No. 1, March 2016.

③ "India's Caste System Remains Entrenched, 75 Years after Independence," *The Economist*, Sep. 11, 2021.

越来越积极。不仅如此，印度人对全球化的认知也非常积极。在英国 Raconteur 调研公司对 19 个国家进行的对全球化认知的调查报告中，对全球化抱有积极态度的印度人比例高达 83%，持负面看法的只有 7%。持积极态度的人的比例比法国、挪威等高度全球化的国家高出很多。① 然而，在什么领域与用什么方式、以什么速度实现全球化问题上，印度政府和印度国内的有关机构、社团以及利益集团都有着自己的考量与选择。鉴于此，一些国际机构对印度的全球化程度给出了中等的评估。在 DHL 2020 年的评估报告中，印度全球化的表现是以 100 分为基准的 48 分，排在世界第 81 位。中国居第 70 位。② 而 The KOF Globalization Index 提供了印度 1970 年到 2019 年的全球化指数。其中，最低得分是 1970 年的 29.34 分，2019 年得到最高的 62.48 分。对比 2019 年世界平均分数 61.96，可以看出印度的全球化程度在各个经济体中处于居中位置。③

尽管全球化指数是否能衡量一国的全球化水平值得商榷，但其中某些指标仍能为观察一国在某些领域与全球经济接轨情况提供参考。具体到印度，全球化指标中呈现出印度选择性全球化的特征。第一，"重外国投资"与"轻贸易"。印度历届政府都是外国直接投资印度的"忠实推销员"，且在政策上做出各种调整来吸引外资。如前面所梳理的对印直接投资的确在过去几十年中特别是莫迪政府期间达到了创纪录的高位。即使 2020 年印度经历了严重疫情，但 2020~2021 财年，印度吸引了 817 亿美元的外国直接投资，成为世界上接受 FDI 第五多的国家。④ 在张开双臂欢迎外国投资的同时，印度在对外贸易上显得极为保守。这主要反映在印度对进口征收高关税的政策上。尽管印度在政策层面鼓励贸易、对外贸易在 GDP 中的比例明显增高，在辛格政府期间达到 40%以上，但莫迪政府上台后，印度的贸易保护主义明显回潮。虽然莫迪政府在国内推行统一税制，消除各邦之间的层层加税，推动国内贸易，但在外贸上却维持高关税。就连近年来升为印度第二大贸易伙伴、对印贸易中存在逆差的美国也对印度的贸易政策大加指责。2019 年美国贸易代表办公室发表的《外

① "Globalisation: What People Think," Raconteur, 2017, https://www.raconteur.net/infographics/globalisation-what-people-think/.

② Steven Altman and Caroline Bastian, *DHL Global Connectedness Index 2020 Country Book*, DHL, 2020.

③ "India Overall Globalization-data," chart, TheGlobalEconomy.com.

④ "Foreign Direct Investment into India to Stay Robust-Deloitte Survey," *Reuters*, Sept. 14, 2021.

贸壁垒报告》中指出印度的平均关税达到了 13.8%，是世界主要经济体中关税最高的国家。① 了解印度经济的美国专家罗素更直接将印度的政策形容为"重投资""反贸易"。②

第二，推服贸，保货贸。鉴于印度服务业发展迅速，而且服务业在与其他国家的竞争中保有一定优势，而印度在制造业上缺少竞争优势，印度对外贸易中呈现出一个明显特征：服务贸易特别是"现代服务业"成为印度贸易的新的驱动力。③ 另外，如前所述，印度制造业发展缓慢，为了保护民族工业，印度政府实施了高关税政策。因此，在与其他国家或地区谈判自贸协定时通常倾向于推广服务贸易，而保护货物贸易。这一特征在印度与其他 15 个亚太国家谈判《区域全面经济伙伴关系协定》期间就明显地显露出来。谈判过程中，印度谈判最大的难点就在"货贸"方面。印度担心一旦加入协定就意味着要降低关税，这会导致印度制造业遭受中国等国工业品的冲击。的确，2021 年中印贸易额为 1256 亿美元，而印度的逆差就达 694 亿美元。④ 中国出口到印度的产品中有一长串的货物种类：机电、化工、金属产品、纺织品以及运输设备等。一旦印度降低关税，印度的制造业可能会被价廉物美的中国货物击垮。

第三，推"印度制造"（Make in India），避"印度组装"（Made in India）。莫迪上台不久即提出雄心勃勃的"印度制造"倡议。该倡议有三个明确目标：让制造业达到 12%~14% 的年增长率，解决 1 亿劳动力的就业问题，让制造业在 GDP 中的占比从 16% 在 2022 年（后推延至 2025 年）提升至 25%。对莫迪来说，一旦这三个目标达成，印度就有望成为全球制造业中心。⑤ 有趣的是，莫迪特地将该倡议命名为"印度制造"，而不是"印度组装"。在通常情况下，各国多以"某国制造"来冠名本国的加工业，例如"中国制造""越南制造"等，但印度则用"Make in India"来命名自己的加工业。"Make in"与"Made

---

① *2019 National Trade Estimate Report on Foreign Trade Barriers*, United States Trade Representative, 2019.

② Szu Ping Chan, "Why India is One of World's Most Protectionist Countries," *BBC News*, 11 April 2019.

③ Markus Hyvonen and Hao Wang, "India's Services Exports," *Bulletin*, The Reserve Bank of Australia, December Quarter, 2012.

④ 《2021 年中印贸易总额 1256 亿美元，比去年增长了 43%，贸易顺差创新高》，南亚研究通讯，2022 年 1 月 29 日，http://user.guancha.cn/main/content?id=686711。

⑤ Suresh Babu, "Why 'Make in India' has Failed," *The Hindu*, Jan. 20, 2020.

in"两个提法的不同在于，来印度制造是吸引外国企业来印度投资设厂，但投资的同时必须引入外企的生产线、技术，利用印度当地的劳动力、场地和资源来生产。而印度人认为"Made in"制造意味着没有技术引进的纯来料加工。有观点认为，尽管印度强调要超越其他国家的"组装""来料加工"式的"制造"，要求投资的外商在印设厂、引进技术，而实际上莫迪的"印度制造"只是一种无奈的选择，因为印度缺乏打造"印度制造"所需的资金和企业家。[1]莫迪的"印度制造"倡议自提出至今已近7年，但倡议的三个目标都没有实现，因此，许多人认为该倡议已经失败。[2]

（二）在全球产业、供应以及价值链中的位置独特

全球化的一个重要组成部分是随着原有相互隔绝的国家与地区的边界被打破，全球的生产、流通和消费已经连接在一起，形成了一个全球分工体系与全球性市场，即全球产业链。而供应链则是生产资料获取、产品生产的分工、货物流动和销售、信息在全球范围内进行和实现，由此形成链条。而全球价值链是指为实现商品或服务价值而连接生产、销售、回收处理等过程的全球性跨企业网络组织，涉及从原料采购和运输、半成品和成品的生产和分销，直至最终消费和回收处理的整个过程，包括所有参与者和生产销售等活动的组织及其价值、利润分配。[3]总体上讲，不管是哪一个链条，经济实力强、先加入链条的国家通常在全球链条中会处于上游或有利位置，而发展中国家则往往处于链条的下游或底端。

在20世纪90年代初，美国克林顿政府在苏联解体、美国成为唯一超级大国的有利环境下推出了"国家信息高速公路倡议"。[4]该倡议强力推进了美国互联网技术的发展并引领了新一轮全球化浪潮。克林顿发布的倡议让美国在新的全球化浪潮中占据了上游位置。与此同时，美国保留了高端制造业，而将低端产业向其他国家转移。在美国推出"国家信息高速公路倡议"之时，印度

① Siddharth Banga，"Made in India Vs Make in India：What's the Ground Reality?" *ED Times*，Jan. 22，2021.

② Markus Hyvonen and Hao Wang，"India's Services Exports，" *Bulletin*，The Reserve Bank of Australia，December Quarter，2012.

③ "Agro-Value Chain Analysis and Development：The UNIDO Approach，" A Staff Working Paper，United Nations Industrial Development Organization，2009，p. 1.

④ 克林顿总统1993年提出了"国家信息高速公路倡议"（NII）。

刚刚开始其经济自由化进程。应该说，美国助力的新全球化与国际分工重组给印度快速进入全球产业链提供了一个难得的机会，然而，由于印美当时在印度核武器问题上分歧严重，印度没有及时抓住这一机会。但新千年以后，印度逐渐加快进入全球生产链和供应链的速度，试图弥补过去 10 年中失去的机会。经过多年的努力与积累，印度在全球产业链和价值链中开始扮演日益重要的角色。以下两个称呼显示出印度的角色。

"世界办公室"。伴随着中国"世界工厂"的称号从新千年开始在全球范围内流行开来，印度也有了一个新称呼——"世界办公室"。如果与中国做比较，中印都是世界人口大国，但印度适龄劳动人口数量多、工资水平低，印度在发展劳动密集型产业方面潜力巨大，但它却没有像中国一样成为"世界工厂"，而成为了"世界办公室"。印度利用其受教育人口英语水平高、数学基础扎实、想象力丰富、工资水准低的优势，加上美国在 90 年代将信息技术中低端技术外包的机会，大力发展软件、服务外包等服务业。在 2011 年之后的 10 年中，印度服务业蓬勃发展，成为超越工业、农业等传统行业的印度增长的重要引擎。在服务业在国内行业中占有日益重要的地位的同时，印度的服务业也在全球市场中异军突起，逐渐占据了突出位置。其中，信息技术外包与业务流程外包更是同行中的翘楚。2000 年之后，印度的外包服务在全球市场中占据了半壁江山，成为世界上呼叫中心服务出口最多的国家。在全球供应链中，印度服务业的突出表现与制造业的落后表现形成鲜明对比。[①]

"世界药房"。自新千年后，印度的制药业强劲增长。制药业的增长动力不仅来自国内日益增长的需求，也是抓住了全球市场对仿制药与生物制品需求日益增长而提供的机会。目前，印度已经成为国际领先的药物生产商。2020 年，印度在世界仿制药主要厂商中名列第 4，占全球仿制药出口的 20%，出口额高达 244 亿美元。[②] 印度之所以在仿制药出口上取得骄人成绩，在对药品质量有极高要求的欧美市场占有一定份额，有几个原因：廉价劳动力、政府支持力度大、较低的生产成本。其中，印度独立后，政府先后两次修改药品《专利法》，并颁布《药物价格控制法令》。这些法律、法令限制了跨国药企在印度医药市场中的份额和高价销售药品行为，而为本国制药企业创造了良好的发展环境。印度制

---

① Shyam Sankar, "Year 2025: Two Scenarios for the Indian IT Industry," *Journal of Futures Studies*, Sept. 2017, 22 (1), pp. 39-56.

② Vaneck, "Why India is so Important for Global Phama," *Market Realist*, Sep. 1, 2020.

造业最显著的优势是超低的药品价格。具体来说，印度生产药品的成本比美国低 60%，比欧洲低 50%。[1] 除价格亲民之外，印度制药公司还可以生产高端药品，特别是高端仿制药。价廉物美的药品引得跨国制药巨头纷纷在印度设立分支机构以采买印度的药品。与此同时，印度制药公司也设计出一套有效的国际市场推广模式，让它们的药品销往世界 180 多个国家和地区。由此，一些机构和专家对印度制药业的前途持乐观态度，认为印度将成为全球制药与研发中心。[2]

"世界办公室"与"世界药房"的确是印度与全球化连接起来的两个"名牌"，分别代表了印度的服务业和制造业在全球供应、价值链中的特殊甚至是不可或缺的位置。这让印度与其他许多处于全球价值链下游的发展中国家区别开来，在某些方面甚至比在全球价值链中有着很强存在感的中国还有优势。以 2015 年为例，印度信息服务业在国际"净出口显示性比较优势指数"（NRCA）中的指数为 1.29，而中国不到 1。[3] 然而，印度的信息/软件服务与制药业的发展都呈现出其在全球价值链中的"垂直"参与特征。换句话讲，印度参与全球价值链是"零星""碎片化"的。[4] 具体来讲，印度在信息外包服务领域的优异表现没有信息技术领域整体参与全球化的支撑；而高端仿制药的受欢迎度也缺乏创新药与制药业背后的化工业的全面竞争力的支撑。事实上，创新药还多来自西方制药巨头，而印度制药相关的化工品还依赖从中国等其他国家进口。因此，印度虽然是"世界办公室""世界药房"，但并不拥有与这两个品牌相称的高利润与高价值收益。这些特征导致了印度在全球价值链中也许不可或缺，但并不占据上游位置。

新冠肺炎疫情对全球供应链产生了严重冲击，一些印度人敏锐地意识到印度的机会来了。[5] 其中，一个机会是它的制药业。的确，疫情带来对疫苗的超高需求给作为"世界药房"的印度提供了空前的机会。印度总理莫迪就适时

① Vaneck, "Why India is so Important for Global Phama," *Market Realist*, Sep. 1, 2020.
② "Shifting Global Value Chains: The India Opportunity: White Paper," World Economic Forum, in collaboration with Kearney, June 2021, https://www3.weforum.org/docs/WEF_ Shifting_ Global_ Value_ Chains_ 2021. pdf.
③ 俞黄鑫、黄庆：《中国 IT 和其他信息服务业在全球价值链中的地位研究》，《中国经贸导刊（中）》2021 年第 3 期。
④ Amarendu Nandy, "Why Integrating with Global Value Chains Crucial for India," *Financial Express*, July 25, 2020.
⑤ Karishma Banga, "Reorienting India's Global Value Chains Post COVID-19," *ORF Research and Analyses*, Apr. 27, 2021.

地宣称印度要为世界提供疫苗做出贡献，为此，他利用各种机会，包括在与美、日、澳举行峰会的场合提出疫苗原料的供应链与资金支持的问题。[1] 另一个是制造业。新冠肺炎疫情使许多国家包括中国采取了封城、停工停产等措施。这对全球供应链产生的极大冲击，也让很多国家意识到国内物资供应对中国"过分依赖"的现实。一些西方国家的企业由此产生了将其在华产业、企业从中国转移至越南、印度等国的想法。这对一直想实现"印度制造"、取代中国成为"世界工厂"的莫迪政府来说无疑是个千载难逢的机会。在中国的工厂按下暂停键之际，莫迪政府就同超过 1000 家跨国企业接触，试图说服它们将在华产业转移至印度。[2] 尽管印度试图抓住机会，但目前为止在以上两个领域都没有取得令其满意的结果。

（三）缺乏地区化的全球化

全球化与地区化是一对既有内在张力又相辅相成的概念。全球化本身就是在地域上打破国家与地区边界的一体化、建立相互依赖关系的过程，因此，在某种程度上说地区化会成为全球化的障碍。但冷战结束后全球化与地区化却同时加速，电脑网络让全球的人、国家连接在一起的同时，以欧盟、东盟为代表的地区一体化也在加速。通常意义上，单个国家往往也都同时行驶在地区化与全球化的轨道上。例如，美国提出"国家信息高速公路倡议"的同时，也着手与墨西哥和加拿大谈判建立"北美贸易区"。东亚国家在冷战结束前后就加快了与本国所在地区的国家加强地区性的合作。最具代表性的例子是亚太经合组织、东盟、东盟"10+3"机制。相比之下，印度的"双化"进程呈现出明显的不平衡。1991 年的经济自由化让印度逐渐融入全球化的进程中的同时，地区化脚步明显滞后。理论上，作为南亚地区最大、整体实力日益提升的国家，印度过去 30 年的全球化进程应该带动其所在的南亚地区的经济合作、一体化。然而，到目前为止人口超过 18 亿的南亚地区的一体化程度被世界银行认定为世界各个地区中的最低之一，[3] 而地区内的几个国家还停留在经济最不

---

[1] Nayanima Basu, "India 'Raises' COVID Vaccine Concerns, Supply Chain Issues with Quad Partners as Cases Surge," *The Print*, 22 April, 2021.

[2] Nikhil Inamdar, "Coronavirus: Can India Replace China as World's Factory?" *BBC*, May 18, 2020.

[3] "Our Regional Strategy to Build a Stronger South Asia," The World Bank, https://www.worldbank.org/en/programs/south-asia-regional-integration/overview.

发达国家的行列。尽管 1985 年，在孟加拉国的倡议下，南亚地区合作同盟就已成立，但其一体化进程远远落后于东盟与欧盟，以至于一些人认为南盟绝不是地区一体化的好模板。① 这一判断并不意味着南亚国家没有做出努力来推进地区一体化。事实上，1993 年，南盟就达成了《南盟特惠贸易安排》（SAPTA）；2004 年，在《南盟特惠贸易安排》的基础上签订了《南盟自由贸易区协定》。然而，自贸区协定签订后，南亚地区国家间的贸易额没有明显提升，并与其他地区存在很大距离。②

南亚地区一体化程度低的背后原因有很多，比如印巴矛盾、地区内国家的经济发展水平偏低、区内国家间缺乏互补性等，但区域内一体化缺乏领导者无疑是原因之一。印度没有展现出积极推动南亚一体化的兴趣。相反，多年来，印度几次因为与巴基斯坦的紧张关系而决定不出席南盟峰会。这也是 2014 年后南盟没举办过峰会的一个原因。2022 年，作为峰会东道主的巴基斯坦向印度发出邀请，印度以自 2016 年取消峰会后巴基斯坦没有"事实性的变化"为由拒绝出席，南盟峰会再次流产，南盟内的互动、一体化也难以向前推进。在越来越对南盟失去兴趣的同时，印度对南亚以外的地区兴趣却日益提升。从印度的对外贸易就可窥见印度对南亚区内与区外的兴趣的差距。过去 30 年中，印度与南亚邻国的贸易额只占其贸易总额的 1.7%~3.8%。③ 其中，印度是除了孟加拉国以外对南亚贸易依赖度最低的国家。印度在进出口上与东亚—太平洋地区的贸易额明显高于与南亚地区的贸易额，这证明了印度在贸易上对南亚的忽视。④

除了南亚以外，如果从更广阔的亚太地区来看印度的"地区化"进程，拉奥政府在 20 世纪 90 年代初的经济自由化后不久就提出的"向东看"政策的演进是一个有意思的视角。虽然在"向东看"政策指导下，印度与东南亚以及东亚地区的经济联系的确日益紧密，"向东看"在莫迪上台后晋级为"向

① Tomislav Delinić, *SAARC – 25 Years of Regional Integration in South Asia*, KAS International Reports, 2｜2011, p.7.

② Prabir De and Durairaj Kumarasamy, "What Role should Connectivity Play in Reenergising South Asia?" ARTNeT Working Paper no. 188, UNESCAP Bangkok, Feb. 14, 2020, p.1.

③ Riya Sinha and Niara Sareen, "India's Limited Trade Connectivity with South Asia," Brookings Paper, May 26, 2020.

④ Saleh Shahriar, "India's Economic Relations with Myanmar: A Study of Border Trade," *Journal of Borderlands Studies*, Sep. 17, 2020.

东行动"，但印度与亚太地区的联系越来越体现在安全、战略层面，在参与该地区的经济整合与一体化进程方面表现得犹豫不决，有被边缘化的风险。这种状态典型地反映在 RCEP 的谈判过程中。尽管印度参加了长达 7 年的谈判，但在协议文本达成后，印度却在 2020 年做出坚持"保护国内产业"而拒绝加入这一世界最大贸易区的决定。

发现暨结语：印度全球化是发展模式的悖论？

综上所述，印度经济的快速发展与其全球化进程存在紧密联系，因此印度历届政府对全球化的态度越来越积极。的确，随着全球化的推进，印度整体经济摆脱了长期延续的"印度速度"，成为快速发展的新兴经济体。而印度的一些企业，如信实集团与塔塔集团，通过竞争成为佼佼者；一些行业，如以外包为代表的信息服务业和以仿制药为主的制药业都在全球价值链中成为不可或缺的存在。另外，印度的全球化进程带有强烈的印度色彩，不管是它选择性的全球化、全球供应链中的特殊角色与位置，还是缺乏地区化的全球化都使印度与其他的发展中国家有所区别。这些有印度特征的全球化表现——无论是优异表现还是短板——从本质上来说都是印度发展模式的必然反映。

2006 年，在印度发展势头正劲之际，"印度模式"的概念被提了出来，一时成为看好印度发展前景、讨论印度崛起的分析人士的学术与政策话语。[1] 印度模式的提出者达斯认为，印度的经济发展走出了一条不同于东亚、东南亚国家的道路。简单讲，东亚国家经济发展依靠的是出口导向的经济，而印度则依赖国内消费；东亚国家发展多由政府投资驱动，印度则靠大企业按市场规律投资；东亚经济中劳动密集型的制造业占据核心地位，而印度则避开了发展中国家的寻常发展之路，跳过制造业选择了资本密集型的服务业；等等。印度发展模式是否成立不是本章的讨论话题，但印度颇具特色的发展路径确实为其应对全球化带来的机会与挑战提供了基础与环境。"印度模式"与全球化的结合给印度带来了领先于其他发展中国家的一些结果。第一，特别反映在一批具有商业才干和前瞻性眼光的企业家，以及这些企业家造就的一些在亚洲或全球范围内知名的企业上。企业家的多少虽不能反映一国整体实力，但能为国家财富累

---

① Gurcharan Das, "The India Model," *Foreign Affairs*, Vol. 85, No. 4, Jul.–Aug. 2006, pp. 2–16.

积、经济可持续性发展做出贡献。在《2022 胡润全球富豪榜》中，全球 10 亿美元企业家人数中，印度排在美国和中国之后居第 3 位，共有 215 人，人数还在快速增加中。① 第二，印度在某些尖端科技领域取得了许多发展中国家望尘莫及的成就。在航空航天、核技术、航母制造以及前面提到的软件服务与制药业等方面，印度都挤进了由极少数国家组成的排他性俱乐部，在全球价值链中处于不可或缺的位置。这些领域后面都有着训练有素的科学家和技术团队的支撑。第三，在国际话语体系中有着自己的声音。在全球化时代，媒体、网络扮演着重要角色。一个国家如果掌握了关键的媒体与网络，就掌握了全球话语权，而话语权在信息时代也是国家综合实力的重要组成部分。印度在发展中充分利用了媒体、网络的作用，加上印度人比东亚人更善于"争鸣"的文化传统，② 在全球话语权中有一定的分量。

然而，与印度发展模式和全球化中的一些"亮点"相伴相生的是一些难以克服的问题。第一个问题是国内消费驱动发展模式对印度在全球价值链中争取到更多、更有利位置是否有促进作用值得商榷。尽管相对于出口导向型国家来说国内驱动发展模式的优点是印度受全球经济、金融危机的影响要小、经济发展更有韧性，但有限的出口限制了印度在全球供应链、价值链中的参与度。如果按世界银行《2020 年世界发展报告》中提出的观点，参与全球价值链反过来可以帮助发展中的经济体减少贫困、保持经济增长与提高就业率。③ 而像印度这样拥有世界上最多适龄就业人口、绝大多数就业都是临时性质、五分之一人口生活在贫困线下的国家，增加出口、系统性加入全球价值链应该是政府力推的措施。

第二个问题涉及印度能否靠资本密集型的服务业维持经济较快发展的问题。如上所述，印度在回应全球化的机遇与挑战时，信息服务业异军突起，表现优异，但制造业表现不佳。尽管制造业也有增长，而且一些企业也在供应链上占有重要位置，如除前面提到的制药业占全球市场 20% 以外，印度还是世界第二大皮衣制造国，但制造业整体增势较弱。以 2020 年为例，制造业占印

① 《2022 胡润全球富豪榜（搜索版）》，https://finance.sina.com.cn/zt_d/2022hurun/。
② 参见〔印〕阿马蒂亚·森《惯于争鸣的印度人：印度人的历史、文化与身份论集》，刘建译，上海三联书店，2007。
③ Amarendu Nandy & Jasmeet Singh Bindra, "Why Integrating with Global Value Chains Crucial for India," *Financial Express*, July 25, 2020.

度 GDP 的 17.4%，只比 2000 年的 15.3% 稍有增加。而越南制造业在同样的 10 年内对 GDP 的贡献率则翻了一番。[①] 与有"世界工厂"之称的中国相比更是相距甚远。没有制造业的印度除了无法解决就业问题之外，经济发展所需的资金、城市化、收入差距、财富再分配等问题也找不到其他杠杆来撬动和解决。尽管一些国际机构为印度制造业实现其长期被看好但至今没有实现的"潜力"提出了各种方案，但前景并不明朗。

第三个问题是印度政府与私人企业之间谁应该主导印度的全球化问题。达斯在《印度模式》一文中提出印度的经济快速发展不是像多数亚洲国家那样靠政府主导和政府投资驱动，而是靠印度私有企业通过市场竞争实现的。甚至一种说法指出印度经济是在深夜政府"睡觉"时发生的。[②] 这一观点值得深入推敲。如上所述，从印度政府在印度全球化过程中出台的各项政策、推行的发展战略来看，印度政府并不是达斯所认定的经济发展的旁观者，历届印度政府都通过出台政策、设置机构、财政分配等方式在宏观层面引导着印度经济发展的方向和节奏。同时，不可否认，比起其他一些亚洲国家的政府，印度政府的治理能力，包括社会动员力、决策效率以及调节资源的能力都有所欠缺。因此，过去 30 年中，印度政府在经济发展中的作用一直是经济学界和政界讨论的话题。但当印度经济出现严重问题时，政府的政策则是舆论批评的目标。最典型的例子是，近两三年的新冠肺炎疫情给印度经济造成致命冲击，导致 2020~2021 财年出现了 7.3% 的负增长，[③] 一些印度分析家开始批评莫迪政府在印度经济中扮演的角色与其经济政策。[④] 有关政府的作用至今仍在讨论中，2020 年印度财政部所出台的一份《经济调查》报告得出的结论是，政府过度介入市场运行对经济的危害大于益处；但如果市场运行出现问题，政府应该干预。[⑤] 无论有关政府在印度经济发展与全球化中的角色争论结果如何，全球化

---

① Rajat Dhawan and Suvojoy Sengupta, " A New Growth Formula for Manufacturing in India," McKinsey&Company, Oct. 30, 2020.

② Vivek Kaul, "How India Grows at Night while the Government Sleeps," *First Post*, Sept. 26, 2012.

③ "India's GDP Shrank by 7.3% in 2020-2021; Up by 1.6% in Last Quarter," *The Hindu*, May 31, 2021.

④ Shekhar Gupta, "It isn't the Economy, Genius. India Proves It by Voting for Modi again and again," *The Print*, Apr. 3, 2021.

⑤ "Economic Survey 2020 Says Govt Intervention does More Harm Than It Helps," *Business Today*, Jan. 31, 2020.

给印度政府提出了一个必须面对的问题，即提升政府治理能力。全球化不仅要求各国政府提高国内治理能力，包括应对空气污染的挑战，改善人民的健康、教育、医疗，调节联邦政府与各邦的关系等；也要求各国政府在全球治理中扮演更积极的角色，包括应对气候变暖、大规模杀伤性武器的扩散、能源安全等问题。

印度与新一轮全球化邂逅 30 年后的今天，全球化正处于一个关键节点。尽管反全球化的思潮与全球化浪潮相伴而生，但近年来，全球化中的问题逐渐显现，而新冠肺炎疫情又以一种极端的形式凸显了全球供应链的脆弱性，一些国家也将自身的贸易逆差、收入差距拉大以及政治极化等问题归咎于全球化，反思全球化与逆全球化的思潮由此迅速升温。英国脱欧、特朗普政府退出 TPP、中美经贸摩擦等都是"去全球化"或"逆全球化"的表现。

实际上，在 1991 年进行经济改革、融入国际经济体系后，印度国内反对全球化的声音就不绝于耳。反全球化的主要力量是印度左翼政党与人士、工会组织以及农民等。1996 年就发生过印度农民涌向班加罗尔市刚开张的肯德基快餐店，拒绝这个美国著名全球连锁店在印度落地的事件。在这些印度人眼中，肯德基等外国跨国公司在印度开设分支机构是"东印度公司"的翻版，代表了"新殖民主义"。[①] 2004 年，印度反全球化人士又发起"向孟买进发"的抗议行动。当时孟买这个印度的经济、金融中心正在举办"世界社会论坛"。抗议人士举着"世界贸易组织滚回去"等标语在论坛举办地聚集，他们抗议的理由是印度加入全球化导致 60 万个工厂倒闭，1.3 亿人失业。[②]

过去 30 年中，相对于对全球化持怀疑态度的印度左翼政党、工会、农民，历届印度政府——无论是世俗化、曾奉行过社会主义的国大党政府还是具有印度教民族主义色彩的印度人民党政府都对全球化保持了积极态度。莫迪政府同样延续了拥抱全球化的态度。莫迪在 2018 年达沃斯举办的世界经济论坛上发言时就坚定地站在了全球化一边。呼应习近平主席支持全球化的讲话，莫迪表示印度"能够成为全球化的旗手和自由贸易体系的领导者"。[③] 新冠肺炎疫情

① Thomas Brister, "'Swadeshis in Competition': Enron and India's Anti-globalization Movement," *Contemporary Politics*, Volume 13, Issue 4, 2007.

② Ramola Talwar Badam, "World's Biggest Anti-Globalization Conference Opens in India," *Associated Press Worldstream*, Jan. 16, 2004.

③ Paritosh Bansal, "Indian PM Modi Defends Globalization at Davos Summit," *Reuters*, Jan. 23, 2018.

发生后，尽管很多国家关闭国门、产业链断裂、一些政客呼吁与中国"脱钩"，但印度依然支持全球化，并认为疫情中一些国家将制造业从中国转移到其他国家的举动为印度提供了千载难逢的机会，[①] 印度也会在全球疫苗供应中扮演重要角色。[②]

在继续拥抱全球化的同时，印度在某些方面也试图"去全球化"，这一趋势尤其反映在与中国的贸易关系方面。近年来，印度政府采取了一系列措施限制中国与印度的经济联系。包括：①对中国在印直接投资进行严格审查；②限制包括电器、器材等中国产品的进口；③禁用中国的 APP，前后有 200 多个中国的 APP 被禁；④禁止中国公司参与印度的基础设施建设；等等。这些措施似乎显示出印度政府与中国"脱钩"的决心，也确实对中国企业在印度运营与中印经贸往来造成了一定的损害。[③] 然而，中印 2021 年双边贸易数据却让人感到吃惊，中印贸易总额达到了创纪录的 1256 亿美元，比 2020 年增长了43%。[④] 这似乎证明印度与中国"脱钩"的计划难以在短期内达成，相反，两国的经济相互依赖关系正在加强。

与此同时，印度致力于推进一个不同于现在的全球化的"新型全球化"。新型全球化要建立在"平等""公平"基础上，从以物质为中心的全球化转化为"以人为中心的全球化"。[⑤] 其中，平等与公平意味着印度不满意自身在现有供应链、价值链中的脆弱位置。由于目前印度依赖他国的产品供应，贸易逆差越来越大，比较优势难以发挥。解决这一问题，一是国际多边机构应该构建更加公平的规则与原则，给国家之间的竞争提供更平等的环境；二是印度本身要在进一步参与全球价值链的同时，立足于莫迪总理提出的"自力更生"，让

---

① Harsh V. Pant，"COVID-19：The Crisis will Strengthen Anti-globalisation Voices，" *The Hindustan Times*，Mar. 16，2020.

② "Prime Minister Modi Spotlights India's Role as a 'Reliable, Democratic Global Partner'，" *United Nations News*，Sept. 25，2021，https：//news. un. org/en/story/2021/09/1101302.

③ 《印度执意"去中国化"，要构建印版全球化？》，澎湃，2020 年 8 月 27 日，https：//m. thepaper. cn/baijiahao_ 8901053。

④ 《2021 年中印贸易总额 1256 亿美元，比去年增长了 43%，贸易顺差创新高》，南亚研究通讯，2022 年 1 月 29 日，http：//user. guancha. cn/main/content? id 686711。

⑤ Harsh Vardhan Shringla，"India Wants Globalisation Based on Equality in Post-Covid Era：Foreign Secy，" Business Standard，Sept. 22，2020；Elizabeth Roche，"Post Covid World Seen Pluralistic, India to Make a Difference，" *Mint*，Feb. 12，2021.

印度成为另一个全球制造业中心和吸引创新之地。① 另外，"以人为中心的全球化"表明印度期望新型全球化不能单纯以经济为尊，而是要以人为本。尤其是在近 14 亿人口的印度，全球化的目标应该是让更多人特别是贫困人口享受到全球化给人民改善生活带来的机会和红利，促进就业、增加收入。总之，印度提出了未来全球化的良好愿景，而愿景能否实现既取决于全球的整体地缘环境，也取决于印度是否可以在扩展现有优势的同时，将自身发展模式中存在的阻碍可持续、有韧性经济发展的问题加以纠正。特朗普政府宣告国际政治进入了"大国竞争"的时代，美国将中俄等国视为美国的威胁，并在此基础上与中俄进行"新冷战"。这一新的地缘政治现实使得全球化面临着巨大挑战。特别是疫情下，美国等西方国家开始炒作过度依赖中国的危险，并试图与中俄"脱钩"。特朗普政府及之后的拜登政府的做法正将美国从全球化的设计者、推动者转变为破坏者，而与之相伴的是全球产业链重组的迹象。在这一新环境下，印度似乎意识到了自身的机会，开始做各种努力以取代中国在全球产业链中的角色。② 然而，回到之前提到的问题，即印度是否能够抓住当今全球产业链重组所蕴藏的机遇最终要看印度自身是否做好了充分的准备。

---

① "New Form of Globalisation a Must Post-COVID：Shringla," *Hindustan Times*, Sep. 21, 2020.
② Unni Krishnan, "India Steps up Effort to Grab China's Title of the World's Factory," *Bloomberg News*, June 4, 2020.

四

全球化与中国方案

第二十二章　中国世界观的变迁：从改革开放到经济全球化

赫佳妮

内容提要　中国与经济全球化的关系经历了一个长期演变过程。中国不仅加入经济全球化的现实进程并从中受益，而且经济全球化也是中国话语表达的一个载体，用以传达中国"世界"观念的变化。中国改革开放和经济全球化政策的变化反映也带动着中国世界观念的转变，这不仅是中国作为一个国家的世界观念的变化，同样是中国社会、普通人群的世界观念的变化。如果从中国"世界"观念演变的角度观察，改革开放以来的中国同经济全球化的互动则不是简单的由封闭到开放、由浅入深的线性进程。中国对"世界"这个现实载体和概念的理解是多维度交织、多线重叠的。中国对"开放"和"世界"的认知逐步从以"革命"为追求转向以"实现现代化"为核心目标；从注重学习美西方国家的经验发展到站在人类共同命运的高度重新审视经济全球化的成就、挑战和未来。中国以"经济全球化"作为话语媒介展示自己的发展成就以及对国际社会承诺的履行，阐述中国对于时代问题、世界局势、国际秩序、国家历史的认识，表达中国自身的全球关切。在新时代的背景下，推动并引领经济全球化向着"开放、包容、普惠、平衡、共赢"的方向发展不仅是中国实行更加积极主动的开放战略的背景和依托，更是中国表达和践行对世界发展与人类前途命运的关切的主动选择。

1978 年，党的十一届三中全会决定中国开始实行改革开放。随着对外开放的扩大和深入，中国有关经济全球化的认识和实践也得到了发展，从最初设立若干沿海开放区，到认识并积极融入经济全球化进程，并在全球金融危机中发挥关键作用，乃至提出"一带一路"倡议和构建人类命运共同体，倡导建立"开放、包容、普惠、平衡、共赢"的经济全球化。2021 年 11 月，党的十九届六中全会通过的《中共中央关于党的百年奋斗重大成就和历史经验的决议》强调，"党中央深刻认识到，开放带来进步，封闭必然落后；我国发展要赢得优势、赢得主动、赢得未来，必须顺应经济全球化，依托我国超大规模市场优势，实行更加积极主动的开放战略"。① 中国的经济全球化政策和实践的演变过程亦是中国的开放观念以及对世界理解变迁的写照。在中国从改革开放走向经济全球化的进程中，如何实现现代化、平衡独立自主与对外开放的关系、理解经济全球化之于国家的积极作用与风险挑战一直是中国思考的关键问题。本章将回溯中国改革开放和经济全球化的政策变迁，探讨中国对"开放"和"世界"的理解如何演变，以及如何以"经济全球化"为话语媒介表达上述观念。

一　改革开放与中国世界观的转变

实现现代化是近代以来中国历次革命和改革运动的追求，也是中国实行改革开放的重要动力和思想源泉。中国对现代化的追求从一开始就同开放与外部世界的交往联系在一起。自 19 世纪以来，中国就加入了资本、商品、技术、人员等要素跨越国境的流动进程中，也成为正在孕育生成的全球体系中的一股重要力量。19 世纪晚期以来，追求国富民强、提升中国的国际地位是众多仁人志士的目标，各界人士对于中国如何追寻现代化、如何理解世界都给出了自己的答案。在同外部世界的交往中，中国各界接受了实现现代化是进步的、线性的、国家必须遵循的思想。而外部世界既是威胁与侵略的来源，也是沟通与借鉴的对象。

1949 年中华人民共和国成立之时，历经动荡的中国百废待兴，实现现代

---

① 《中共中央关于党的百年奋斗重大成就和历史经验的决议》（2021 年 11 月 11 日中国共产党第十九届中央委员会第六次全体会议通过），http://cpc.people.com.cn/n1/2021/1117/c64387-32284363.html，访问日期：2022 年 2 月 5 日。

化是中国共产党的一项重要使命。周恩来在 1954 年第一届全国人民代表大会上所作的《政府工作报告》中提出，要通过几个五年计划"把中国建设成为一个强大的社会主义的现代化工业国家"。① 中国在"一边倒"倒向苏联后，获得贷款援助，引进技术设备、援华专家，得以建立现代工业基础。与此同时，中国对世界的认识以美苏两大阵营冷战为基础、以"革命"为导向，但并非完全封闭。至六七十年代，中国对于革命的信仰和判断不仅左右了国家发展道路和对外政策，而且蔓延至更广泛的世界范围。追求世界革命并赋予无产阶级国际主义至高无上的地位一度深刻影响了中国的经济社会政策与世界观念，虽然现代化在该时期仍是中国的追求，② 但遭遇了重大挫折，中国与想象的"中心"地位相去甚远。

改革开放之于中国而言是中国世界观念的一次翻天覆地的变化。此次变化的起源是同中国长久以来对现代化的追寻以及 70 年代末中国对自身发展远远落后于世界的认知联系在一起的。1977 年，中共十一大宣布"文化大革命"结束，并提出要动员一切积极因素，团结一切可以团结的力量，努力实现"四个现代化"。1978 年 3 月，邓小平在全国科学大会开幕式的讲话中提出要把在 20 世纪内实现"四个现代化"作为中国的奋斗目标。③ 同年 12 月，中共十一届三中全会提出，将"全党工作的着重点应该从一九七九年转移到社会主义现代化建设上来"，并指出实现现代化"是一场广泛的、深刻的革命"。④ 以此为标志，实现现代化并为此进行改革开放成为中国的首要国家战略和任务。

实现现代化也再次成为中国认识外部世界、建立同外部世界联系的出发点和纽带。1978 年 10 月，邓小平在会见联邦德国新闻代表团的谈话中明确使用了"开放"一词，并再次表示："要实现四个现代化，就要善于学习，大量取

---

① 《把我国建设成为强大的社会主义的现代化的工业国家》，载《周恩来选集》（下卷），人民出版社，1984，第 136 页。

② 《建成社会主义强国，关键在于实现科学技术现代化》，载《周恩来选集》（下卷），第 412～413、479 页。

③ 《在全国科学大会开幕式上的讲话》，载《邓小平文选》（第二卷），人民出版社，1994，第 85～86 页。

④ 《中国共产党第十一届中央委员会第三次全体会议公报》，载中共中央文献研究室编《十一届三中全会以来党的历次全国代表大会中央全会重要文件选编》（上），中央文献出版社，1997，第 17、21 页。

得国际上的帮助。要引进国际上的先进技术、先进装备，作为我们发展的起点。"① 在推动科技、学术、贸易等领域的国际交流时，邓小平反复强调"独立自主不是闭关自守，自力更生不是盲目排外"。②

不同于 50 年代与苏联以及社会主义阵营国家的交往，70 年代末中国开放的最重要对象是当时科技更先进、现代工业更发达、发展更有优势的美国、西欧国家以及日本等东亚新兴国家。1979 年，中美正式建立外交关系，双方的经贸、科技、资金、人员、机构等往来全面展开。由此，中美关系正常化之后缺乏发展动力、徘徊不前的两国关系迅速升温、获得了更深刻持久的内部推动力，中国的开放更加积极主动。在当时中国决策者的心中，中国实现现代化最迫切的支持只能来自美国，即便在中苏关系正常化谈判过程中中美关系也是优先于中苏关系的。③

在这样的政策指导下，中国的对外开放起步发展。1980 年，中共中央决定在深圳、珠海、汕头、厦门设立经济特区；1984 年进一步开放了大连、秦皇岛、天津等 14 个沿海港口城市；1985 年把长三角、珠三角、闽南三角开辟为沿海经济开放区，后又增补辽东半岛、胶东半岛和环渤海地区；1988 年建立海南经济特区；1991 年开放满洲里、丹东、绥芬河、珲春四个北部口岸。在由沿海至内地的开放进程中，中国开始大力吸引外资，扩大外资利用规模并为鼓励和规范外资利用，依照开放的现实以及双边协议完善中国相关法律法规。同时，中国也在积极加入国际多边经济机构。1980 年，中国恢复了在国际货币基金组织和世界银行的席位。1986 年，中国向关税及贸易总协定申请恢复中国的缔约国地位，并在 80 年代的"复关"谈判中取得实质进展。

如若回顾更久远的历史，中国 70 年代末实行对外开放战略并非中国走入世界的起点，但却是中国改变其世界观念的一个转折点。进入 80 年代，中国以"革命"为中心所定义的"世界"在改革开放的背景中逐渐消解，相应地，中国对外部世界"革命形势"的认知和支持也在收缩。取而代之的是以实现现代化作为核心指标来定义世界，从实现现代化与各国经济相互联系的角度来定义世界以及国家间关系，为中国实现现代化和对外开放塑造和平有利的环境。80

① 《实行开放政策，学习世界先进科学技术》，载《邓小平文选》（第二卷），第 133 页。
② 《在全国科学大会开幕式上的讲话》，载《邓小平文选》（第二卷），第 91 页。
③ 牛军：《冷战时代的中国战略决策》，世界知识出版社，2019，第 553、569 页。

年代初期，中国领导人恢复了中共八大对国际局势的判断，邓小平提出中国需要和平的环境，维护世界和平是中国真实的政策，也是对外政策的纲领。① 1985年，邓小平在会见日本商工会议所访华团时表示，从经济角度来看，"现在世界上真正大的问题，带全球性的战略问题，一个是和平问题，一个是经济问题或者说发展问题。和平问题是东西问题，发展问题是南北问题"。② 欧美国家和日本的发展要为自己的资本、贸易、市场找出路，第三世界的贫困国家如果发展就要学习技术。③ 在同年召开的军委扩大会议上，邓小平进一步提出，"在较长时间内不发生大规模的世界战争是有可能的，维护世界和平是有希望的"。④

中国对时代主题的认知从战争与革命到和平与发展的转变为推进改革开放进一步注入了思想源泉，中国的外交实践也随之全面调整，致力于开展全方位和平外交。随着改革开放的展开，邓小平进一步指出，中国的开放是全方位的，是对西方发达国家、苏联和东欧国家、第三世界发展中国家三个方面的同时开放，而不是单一的。⑤ 虽然中国学习的核心对象是美国等西方国家，但同样对当时世界上其他地区、国家的多元发展模式展开讨论，对东欧模式、日本模式、北欧模式等都抱有兴趣。80 年代以来，随着对外开放成为一项基本国策，中国在三个联合公报基础上发展同美国的关系，同苏联实现关系正常化，发展与日本及西方发达国家的关系，恢复同东欧社会主义国家的关系，加强同第三世界国家的团结与合作，改善同周边国家的关系，积极参与多边外交，全面增强了中国与国际社会的互动。

20 世纪八九十年代之交，东欧剧变、苏联解体引发的国际局势深刻变化以及中国国内形势、遭受西方制裁的不利环境对改革开放形成了强烈冲击。在经济增速放缓、社会问题频现、法律问题突出的背景下，中国国内也出现了对改革开放的质疑。在内外问题交织的背景下，邓小平提出在和平与发展仍为时代主题的背景下，中国的国家战略和任务也没有根本变化，要"埋头实干，做好一件事，我们自己的事"，⑥ 也就是在世界政治大动荡时期，中国在"韬

① 《中国的对外政策》，载《邓小平文选》（第二卷），第 417 页。
② 《和平和发展是当代世界的两大问题》，载《邓小平文选》（第三卷），人民出版社，1993，第105 页。
③ 《和平和发展是当代世界的两大问题》，第 106 页。
④ 《在军委扩大会议上的讲话》，载《邓小平文选》（第三卷），第 127 页。
⑤ 《军队要服从整个国家建设大局》，载《邓小平文选》（第三卷），第 99 页。
⑥ 《改革开放政策稳定，中国大有希望》，载《邓小平文选》（第三卷），第 321 页。

光养晦、有所作为”的战略方针指导下，避开意识形态争论，重新打开外交局面，继续推进改革开放，专心致志发展经济，致力于实现现代化的目标。1992年1月至2月，邓小平在南方视察时发表了一系列谈话，核心是坚持改革开放，完成“三步走”发展战略。中国就此稳定了改革开放的航向，迎来了改革开放后新一波经济高速发展浪潮。

至此，中国的对外开放走上了全面发展的道路。就中国的世界观念而言，1978年中国改革开放的意义不止于从封闭走向开放，更在于通过明晰对谁开放、为什么开放重塑了中国人对世界的认知，从追求成为世界革命的中心过渡到在国家间经济联系的基础上实行开放战略、寻求同美国等外部世界的广泛交往、实现现代化目标。“开放”也成为中国政治话语体系之中引领方向的表述。《中共中央关于党的百年奋斗重大成就和历史经验的决议》指出，“党深刻认识到，只有实行改革开放才是唯一出路，否则我们的现代化事业和社会主义事业就会被葬送”。① 在不断扩大并规范的开放过程中，中国同国际社会的交往全方位增进。虽然中国此时并未明确使用“经济全球化”这样的词语，但追求“现代化”和“对外开放”是中国基于国内发展和建设的主动选择，塑造了中国对世界形势和时代主题的宏观判断，也是中国适应并逐步融入经济全球化进程的基础。

二 从改革开放到经济全球化

90年代中期以后，“经济全球化”开始作为固定、成熟的表述出现在党和国家的文件之中。中国注意到经济全球化是国际经济领域“一个引起人们普遍关注的趋势”，② 在经济全球化和区域经济一体化趋势中，“国际经济竞争愈来愈激烈，我国经济与世界经济的交往和联系越来越频繁”。③ 在此基础上，中国各界对经济全球化的内涵和特征有了更清晰的把握和定义，出现了大量有关经济全球化问题的报告和研究著作，强调国家间经济交流和相互依存日益加

---

① 《中共中央关于党的百年奋斗重大成就和历史经验的决议》（2021年11月11日中国共产党第十九届中央委员会第六次全体会议通过），http://cpc.people.com.cn/n1/2021/1117/c64387-32284363.html，访问日期：2022年2月5日。

② 江泽民：《当前的国际形势和我们的外交工作》，载中共中央文献研究室编《改革开放三十年重要文献选编》（下），中央文献出版社，2008，第973页。

③ 《做好经济发展风险的防范工作》，载《江泽民文选》（第一卷），人民出版社，2006，第538页。

深，党和国家领导人也更频繁地在讲话中谈到经济全球化的相关议题。

如果说在改革开放初期中国的对外开放仍然是在某种程度上有特定指向的对外开放或者双方和多方间的互通，那么90年代中期以来中国对经济全球化的理解则是基于国家之间更深入的全面交往。中国对世界的理解建立在一个经济上相互关联的整体之上，认为只有在融入这个整体的过程中才能获得发展的资源和动力，甚至也只有通过融入才能推动改革。自1995年起，中国开始为申请加入世界贸易组织展开谈判。2001年12月，中国正式成为世界贸易组织第143个成员。中国提出"将在更大范围、更深程度上参与经济全球化，对外开放进入新阶段"，[1] 推进"全方位、多层次、宽领域的对外开放，为我国经济发展提供新的强大动力"，[2] 要"更好地利用经济全球化带来的有利于生产力发展的因素，发挥我们的比较优势，加快我国经济发展"。[3] 加入世贸组织后的10年，也是中国全面履行"入世"承诺，参与世贸组织争端解决机制，制定并规范对外贸易领域以及与其相关的投资、服务、知识产权等领域的相关法律法规的过程，并以此进一步完善了中国的对外开放体制。

在以经济全球化为核心的话语中，"全球"成为经典的表达方式，依托经济全球化实现"经济增长"和"发展"成为关键词。今日中国在回顾90年代中期至21世纪最初10年的发展机遇和成就时仍遵循这样的表达范式，认为加入世贸组织后的10年是"中国经济增长最快的十年"，中国在2002年至2011年的经济年均增长率达到10.45%，利用外国直接投资和对外直接投资大幅增长，2010年成为世界第一大出口国、第二大进口国。[4] 同样，这种全球观念也是民众观念的一场深刻变革。"地球村""球籍"等说法深入人心，民众的世界观念发生了较大的转变，各国国民同时也是"地球村"的"村民"，国家似乎只有依赖全球这个整体才能生存和发展。

然而，这个流动要素更加丰富、国家地区联通更加紧密频繁的"全球"并非一个完全意义上扁平多元的共同体，"地球村"的各国以及不同制度、文

---

① 江泽民：《金融工作的指导方针和主要任务》，载中共中央文献研究室编《改革开放三十年重要文献选编》（下），第1220页。

② 江泽民：《在激烈的国际竞争中掌握主动》，载中共中央文献研究室编《改革开放三十年重要文献选编》（下），第1238页。

③ 同上。

④ 《当代中国外交》编写组：《当代中国外交》，高等教育出版社，2019，第213~214页。

化受到的关注也不可同日而语。随着苏联解体、冷战结束，多极化新格局并未立刻出现，苏联的影响迅速消退，美国仍然居于绝对的中心地位。从这个意义上而言，这一时期中国对"开放"和"发展"的理解反而更加简化了，尽管国家之间的交往渠道更加通畅、空间更广阔，但是各个国家所受到的关注并不均等，"在日常话语和意识中，美国基本等同于世界"。① 所谓向世界先进国家学习基本等同于向美国学习，同世界一流国家交流基本等同于与美国沟通。经济增长、资产丰盈、奢靡生活似乎一夜之间占据了大众传媒的话语主流，对现实中显著的贫困、差距问题却视而不见。② 新的全球观念更加丰富、视野更加宽广，但却远非真正完整的多元平等。

伴随中国全方位拥抱经济全球化，中国也开始批判地看待以美国为中心的经济全球化的影响，更加关注其带来的严峻挑战。然而，这些隐忧没有阻碍中国加入经济全球化，经济全球化这把"双刃剑"所带来的机遇和挑战更成为中国构建世界观念、表达对世界秩序的态度的新平台和语境。特别是在1997年亚洲金融危机爆发之后，中国强调西方发达国家是经济全球化的最大受益者，而广大发展中国家则"不仅面临着发达国家经济技术占优势的巨大压力，而且国家主权和经济安全也受到挑战"。经济全球化使二者的发展差距、贫富悬殊进一步扩大。③ 中国呼吁"各国应加强经济技术的交流合作，逐步改变不公正不合理的国际经济秩序，使经济全球化达到共赢和共存的目的"。④

在这个新语境之中，中国更加关注同发展中国家的合作，追求各国在合作交流基础上共享经济全球化之成果，实现互利共赢。2004年，胡锦涛在巴西国会的演讲中提出，中拉国家要在"经济上优势互补，成为在新的起点上互利共赢的合作伙伴"。⑤ 2005年，胡锦涛在亚非峰会上再次提出，亚非国家要"优势互补、互利共赢"。⑥ 2007年10月召开的党的十七大进一步指出，中国要"拓

---

① 项飚：《寻找一个新世界：中国近现代对"世界"的理解及其变化》，《开放时代》2009年第9期，第111页。

② 戴锦华：《大众文化的隐形政治学》，《天涯》1999年第2期，第32~41页。

③ 同上。

④ 江泽民：《在庆祝中国共产党成立八十周年大会上的讲话》，载中共中央文献研究室编《改革开放三十年重要文献选编》（下），第1185~1186页。

⑤ 胡锦涛：《携手共创中拉友好新局面》，载中共中央文献研究室编《十六大以来重要文献选编》（中），中央文献出版社，2006，第429页。

⑥ 《与时俱进，继往开来，构筑亚非新型战略伙伴关系》，载中共中央文献研究室编《十六大以来重要文献选编》（中），第850页。

展对外开放广度和深度，提高开放型经济水平"，要"完善内外联动、互利共赢、安全高效的开放型经济体系，形成经济全球化条件下参与国际经济合作和竞争新优势"，也要"共同推动经济全球化朝着均衡、普惠、共赢方向发展"。①

中国对于互利共赢的经济全球化的追求以中国对时代主题、世界局势、国际秩序的总体认识为根基，中国也通过经济全球化这一话语媒介进一步表达、印证、推广了中国的立场与主张。在和平与发展的时代主题之下，中国主张通过"相互尊重、求同存异的精神处理国际事务，促进世界多极化和国际关系民主化，促进经济全球化朝着有利于共同繁荣的方向发展，促进新安全观的树立，维护世界的多样性，推动建立公正合理的国际政治经济新秩序"。② 在这一新的话语媒介之下，中国对于 19 世纪以来所受到的不公正待遇、"受伤害大国"的情结以及对平等的追求都在对经济全球化的隐忧中得到了新的表达。中国在寻求国家发展的同时，更重视要让全世界，特别是发展中国家，能够"共享经济全球化和科技进步的成果"。③ 面对经济全球化深入发展所带来的硕果和问题，中国提出"经济全球化使各国相互依存、利益交织，建立平等、互利、共赢的新型全球发展伙伴关系应该成为我们共同的选择"。④

中国在几次重大金融危机中的表现也更加明确了中国作为负责任大国的态度。在 2008 年全球金融危机中，中国积极参与应对金融危机的国际合作，推动国际金融体系变革。胡锦涛在华盛顿举行的金融市场和世界经济峰会上提出，中国会"本着负责任的态度，参与维护国际金融稳定、促进世界经济发展的国际合作"，⑤ 并强调"尤其要关注和尽量减少危机对发展中国家特别是最不发达国家造成的损害"。⑥ 经济全球化已经成为中国向世界展示自身承诺

---

① 胡锦涛：《高举中国特色社会主义伟大旗帜，为夺取全面建设小康社会新胜利而奋斗》，载中共中央文献研究室编《十七大以来重要文献选编》（上），中央文献出版社，2009，第21、36 页。

② 胡锦涛：《中共中央关于加强党的执政能力建设的决定》，载中共中央文献研究室编《改革开放三十年重要文献选编》（下），第 1448 页。

③ 胡锦涛：《在纪念中国人民抗日战争暨世界反法西斯战争胜利六十周年大会上的讲话》，载中共中央文献研究室编《改革开放三十年重要文献选编》（下），第 1520 页。

④ 胡锦涛：《在八国集团同发展中国家领导人对话会议上的讲话》，载中共中央文献研究室编《改革开放三十年重要文献选编》（下），第 1697 页。

⑤ 胡锦涛：《通力合作，共度时艰》，载中共中央文献研究室编《十七大以来重要文献选编》（上），第 735 页。

⑥ 胡锦涛：《通力合作，共度时艰》，第 733 页。

和发展成果、展现中国国家形象的话语媒介，中国也在经济全球化的语境之下表达自己有关世界秩序重塑、不平等问题的诉求。

三　经济全球化的推动者和引领者：以经济全球化表达中国的全球关切

中国在 2008 年全球金融危机中的表现力证了中国对经济全球化的积极立场，中国承担责任、践行承诺的能力也更加受到世界瞩目，围绕中国的全球影响力的讨论也逐渐增多。2012 年 11 月，党的十八大报告明确指出，"中国将继续高举和平、发展、合作、共赢的旗帜，坚定不移致力于维护世界和平、促进共同发展"。① 中国在实践基础上使用更加多样、明确的话语表达自身推动和引领经济全球化的立场、责任与全球关切。

随着经济全球化的发展，其所暴露的缺陷和问题也被更多国家诟病，分配不公、贫富差距、金融监管缺失等问题日益突出。这些困扰世界的问题引起了国际社会对经济全球化前景的担忧。这些问题的出现恰印证了"全球"这一概念对"国家"概念的超越、挑战乃至威胁，也为学术研究和现实发展提供了新的议题和思考方向。伴随经济全球化进程的深入，资本、人员、商品、技术等非国家要素在全球范围内的流动说明了原本以国家为单位和核心的研究并不能完全概括真正的全球图景。所谓着眼"全球"的研究更为关注超越国家边界的不同要素之间的勾连与互通，而非仅一个由国家组成的世界。全球史研究早已有之，但在经济全球化进程深入的背景之中更受瞩目，充实也挑战着既有的以现代民族国家为主要研究对象和单位的外交史、国际关系史、世界史研究。早期的全球史研究更关注商品流动、思想传播、移民迁徙等议题，说明全球在经济、文化、社会等维度上是一个超越现代国家边界相互关联的统一体。近年的研究则更多探讨微观个体以及地方在跨境、跨文化交流中所展现的独特性，地方性与全球性之间的融合与矛盾、趋同与趋异、相互嫁接与挑战成为关注的重点。在现实环境里，经济全球化对国家也提出了这样的问题，即国家如何作为一个主要行为体处理与流动要素之间的关系、如何在经济全球化大潮流

---

① 胡锦涛：《坚定不移沿着中国特色社会主义道路前进，为全面建成小康社会而奋斗》，载中共中央文献研究室编《十八大以来重要文献选编》（上），中央文献出版社，2014，第 37 页。

中处理各地方所面临的独特性问题。

对中国而言同样如此，中国也以自己的话语给出了有关经济全球化、国家、人类之间关系的判断。针对全球化进程中产生的困扰世界的问题以及国际社会对经济全球化前景的担忧，中国强调经济全球化是不可逆转的时代潮流，各国分工合作和互利共赢仍是长期趋势。习近平指出，"经济全球化是社会生产力发展的客观要求和科技进步的必然结果，不是哪些人、哪些国家人为造出来的"①；"困扰世界的很多问题，并不是经济全球化造成的"②，各国应该"消解经济全球化的负面影响，让它更好惠及每个国家、每个民族"③。

更为重要的是，中国对于经济全球化的推动和引领将更丰富的地方性、个体性、人文关怀融入其全球关切之中，以中国方案破除西方中心主义，以人类的概念层次丰富并超越国家中心主义，站在全人类共同命运的高度破解"全球"与"国家"的难题。中国在 2013 年提出共建"丝绸之路经济带"和"21 世纪海上丝绸之路"倡议，旨在深化欧亚各国经济联系与合作，拓展发展空间，顺应经济全球化趋势，引领经济全球化潮流。2015 年李克强总理在《政府工作报告》中指出，"中国是负责任、敢担当的国家，我们愿做互利共赢发展理念的践行者、全球经济体系的建设者、经济全球化的推动者"。④ 习近平进一步指出，"二十年前甚至十五年前，经济全球化的主要推手是美国等西方国家，今天反而是我们被认为是世界上推动贸易和投资自由便利化的最大旗手，积极主动同西方国家形形色色的保护主义作斗争。这说明，只要顺应世界发展潮流，不但能发展壮大自己，而且可以引领世界发展潮流"。⑤ 习近平一再重申中国会"坚持和平发展道路，推动构建人类命运共同体"，⑥ 要

---

① 习近平：《引导好经济全球化走向》，载中共中央党史和文献研究院编《十八大以来重要文献选编》（下），中央文献出版社，2018，第 570 页。
② 习近平：《引导好经济全球化走向》，第 569 页。
③ 习近平：《引导好经济全球化走向》，第 570 页。
④ 李克强：《十二届全国人大三次会议政府工作报告》，载中共中央党史和文献研究院编《十八大以来重要文献选编》（中），中央文献出版社，2016，第 384 页。
⑤ 习近平：《深入理解新发展理念》，载中共中央党史和文献研究院编《十八大以来重要文献选编》（下），第 167 页。
⑥ 习近平：《决胜全面建成小康社会 夺取新时代中国特色社会主义伟大胜利——在中国共产党第十九次全国代表大会上的报告（2017 年 10 月 18 日）》，人民出版社，2017，第 57 页。

"把'一带一路'打造成为顺应经济全球化潮流的最广泛国际合作平台",① 面对人类的共同挑战，各国人民"要同舟共济，促进贸易和投资自由化便利化，推动经济全球化朝着更加开放、包容、普惠、平衡、共赢的方向发展"。②

十八大以来，中国在经济全球化进程中更积极地扮演了推动者和引领者的角色。中国对于全球化的认识已不止于经济层面，更是对世界形势与未来、人类共同命运的全方位概括。尽管世界仍存在诸多不确定性和挑战，但是中国认为在和平与发展为时代主题的背景下，"世界多极化、经济全球化、社会信息化、文化多样化深入发展"，③ 国家之间的相互联系和依存程度日益加深。在中国日益走近世界舞台中央的背景下，为引领推进普惠共赢的全球化，中国积极贡献"中国智慧""中国方案"，通过共建"一带一路"推动合作共赢，探索新的安全共识，推动以和平方式解决地区争端。中国的开放不仅是基于中国发展做出的战略抉择，而且希冀以实际行动推进经济全球化造福人类。

结　语

中国与经济全球化的关系经历了一个长期演变过程。如果从政策发展的角度看，它经历了由浅入深、由单向度到多维度、由几个领域到全方位的迅速发展和进步过程。从实行改革开放至今，中国从最初以追求现代化为目标、依托和适应经济全球化并从中受益，逐步发展为积极参与和融入经济全球化进程。在此过程中，中国也加深了对经济全球化作为"双刃剑"的全面认识，并主动参与国际合作以应对风险和挑战。进入 21 世纪以来，中国已经发展成为经济全球化进程中不容忽视的力量。特别是十八大以来，中国作为推动者和引领者的身份更加突出。经济全球化是中国推进改革开放的重要背景，中国不断扩大深入的全方位开放也为经济全球化注入活力、贡献能量。

中国改革开放和经济全球化政策的变化反映也带动着中国世界观念的转

---

① 习近平：《开放共创繁荣，创新引领未来——在博鳌亚洲论坛 2018 年年会开幕式上的主旨演讲（2018 年 4 月 10 日，海南博鳌）》，人民出版社，2018，第 14 页。

② 习近平：《决胜全面建成小康社会　夺取新时代中国特色社会主义伟大胜利——在中国共产党第十九次全国代表大会上的报告（2017 年 10 月 18 日）》，第 59 页。

③ 习近平：《决胜全面建成小康社会　夺取新时代中国特色社会主义伟大胜利——在中国共产党第十九次全国代表大会上的报告（2017 年 10 月 18 日）》，第 58 页。

变，这不仅是中国作为一个国家的世界观念的变化，同样是中国社会、普通人群的世界观念的变化。如果从中国"世界"观念演变的角度观察，改革开放以来的中国同经济全球化的互动则不是简单的由封闭到开放、由浅入深的线性进程。中国对世界这个现实载体和概念的理解的变化是多维度交织、多线重叠的。中国对"开放"和"世界"的认知逐步从以"革命"为追求转向以"实现现代化"为核心目标，从注重学习美国等西方国家的经验发展到打破"国家"的藩篱、站在人类共同命运的高度审视经济全球化的成就、挑战和未来。

就经济全球化与中国的关系而言，中国不仅加入了经济全球化的现实进程并从中受益，而且经济全球化也成为中国话语表达的载体，用以展示中国的发展成就和对国际社会承诺的履行，传递中国"世界"观念的变化，阐述中国对于时代问题、世界局势、国际秩序、国家历史的认识，并最终站在人类共同命运的高度表达自身的全球关切。《中共中央关于党的百年奋斗重大成就和历史经验的决议》强调，中国共产党"坚持胸怀天下。大道之行，天下为公。党始终以世界眼光关注人类前途命运，从人类发展大潮流、世界变化大格局、中国发展大历史正确认识和处理同外部世界的关系，坚持开放、不搞封闭，坚持互利共赢、不搞零和博弈，坚持主持公道、伸张正义，站在历史正确的一边，站在人类进步的一边"。① 在新时代背景之下，推动和引领经济全球化向着开放、包容、普惠、平衡、共赢的方向发展已经不仅是中国实行更加积极主动的开放战略的背景和依托，更是中国表达和践行对世界发展与人类前途命运的关切的主动选择。

---

① 《中共中央关于党的百年奋斗重大成就和历史经验的决议》（2021 年 11 月 11 日中国共产党第十九届中央委员会第六次全体会议通过），http：//cpc. people. com. cn/n1/2021/1117/c64387-32284363. html，访问日期：2022 年 2 月 5 日。

第二十三章 全球互联互通:"一带一路" 推进经济全球化的新标识

翟 崑

内容提要 在人类思想史上,存在一种十分普遍的现象:一个新概念形成之时,往往具有强大的刺激作用,从而使人们对问题的观察和研究出现新的跃进,并将与之相关的知识质量推进到一个新的高度。"一带一路"倡议之于经济全球化,无疑就属于这样一个概念。习近平总书记强调"加强一带一路建设学术研究、理论支撑、话语体系建设"。本章认为,"一带一路"是中国参与和引领经济全球化的体现,其政策实践已经成形,但还需要建构相应的理论框架:"一带一路"建设标志着中国参与和推进经济全球化的进程,已经从"借船出海"发展到"造船引航"阶段;"一带一路"的政策体系已经成形,服务于中国引领的经济全球化,具有鲜明的中国特色;"一带一路"与经济全球化关系的理论构建,可以全球互联互通为核心,重构各国关于经济全球化的共识和阶段性目标。

一 "一带一路"演进:中国参与经济全球化的新阶段

从 2013 年"一带一路"倡议提出到 2022 年初的 9 年,可谓中国参与并引导经济全球化的新阶段。"一带一路"是党中央和国务院统筹国内国际两个大局做出的重大战略决策。"一带一路"是中国发起的国际经济合作倡议,是当今世界国际经济合作的重要平台,服务于全球经济治理、全球治理和人类命运共同体建设。因此，"一带一路"可以被视为中国参与和推进经济全球化的主要平台和政策体系。"一带一路"的进展与经济全球化的起伏相互交织影响，在快速发展、得到广泛支持的同时，也遭遇了西方世界的抵制、逆全球化的考验以及新冠肺炎疫情的阻滞。中国坚持"一带一路"就意味着坚持经济全球化，并形成全球互联互通这一具有中国特色的经济全球化标识。

（一）"一带一路"标志着中国经济全球化政策进入新阶段

"一带一路"与经济全球化进程密切相关，相互影响。进入 21 世纪以来，中国积极融入和推进经济全球化，有三大标志性事件：一是 2001 年加入世贸组织，融入和推进经济全球化；二是 2008 年全球金融危机后，坚持经济全球化道路，应对逆全球化和反全球化浪潮；三是 2013 年底提出并推进"一带一路"倡议，引领经济全球化。新冠肺炎疫情暴发后，中国继续推进"一带一路"建设，致力于全球经济复苏和健康发展。由此可见：第一，中国参与和引导经济全球化的进程，与国家能力和国家自信的提升具有一致性；第二，"一带一路"是中国贯彻对外开放国策、实施对外经济战略、推进国际经济合作和全球经济治理的抓总的、具体的、有形的载体与平台；第三，"一带一路"建设也是中国正向推进经济全球化、应对逆全球化的进程。可以说，在提出"一带一路"倡议之前，中国参与经济全球化的模式是"借船出海"，借助国内国际两个大局中的国际大局，重视与国际接轨，融入国际体系，遵守国际规则，但这条"船"是别人的。之后，中国的经济全球化政策则是"造船出海"，更多发挥两个大局中的中国力量、中国方案和中国平台的作用，这条"船"——"一带一路"——是自己的。

（二）"一带一路"作为中国经济全球化政策的合法性来源

"一带一路"作为中国经济全球化政策的合法性来源于其能较为合理地统筹升级两个大局。一方面，"一带一路"成为中国国家发展战略的重要组成部分；另一方面，其已得到国际社会以及联合国等国际组织的广泛承认。这两方面内外融通，交织促进。在党的十八大之前，国内政策界和学术界就已经在讨论如何统筹升级国内国际两个大局，助力中国崛起和大国担当。党的十八大以后，"一带一路"应运而生，其统筹内外两个大局的地位和作用、服务于全球经济治理和人类命运共同体构建的使命不断被党的政策文件、重大国际场合、国际组织和众多国家确认。2013年9月和10月，习近平主席分别在哈萨克斯坦和印度尼西亚提出共建"丝绸之路经济带"和"21世纪海上丝绸之路"。10月，中央周边工作座谈会强调"一带一路"要服务于周边经济合作。11月，党的十八届三中全会将"一带一路"作为全面深化改革的一部分。2014年底，中央外事工作会议将"一带一路"提升到我党对外经济战略的高度。2015年初，中国正式对外发布《"一带一路"愿景与行动》，推进"一带一路"成为中国对外工作的重要任务之一。2017年9月，党的十九大报告和党章确立"一带一路"服务全球治理和构建人类命运共同体的使命。"十四五"规划和2035年远景目标纲要进一步将"一带一路"纳入国家经济社会发展和对外政策规划。此外，2016年、2018年、2021年三次中央"一带一路"座谈会，以及2017年、2019年两次"一带一路"国际合作高峰论坛，分别从内外两个维度确立和强化"一带一路"的上述地位、作用、使命、任务。其间，"一带一路"也得到联合国、世界银行、国际货币基金组织等的承认、支持与合作。截至2022年4月19日，中国已与149个国家和32个国际组织签署了200多份共建"一带一路"合作文件。①

（三）"一带一路"在经济全球化遭遇逆流的背景下发展

2008年全球金融危机之后经济全球化遭遇逆流，主要表现为美欧国家的保护主义、英国脱欧、特朗普的反全球化政策、新冠肺炎疫情冲击，以及各种"黑天鹅"事件和"灰犀牛"事件。"一带一路"作为中国为经济全球化正向发展提供的动力，能否顶住以上经济全球化逆流的挑战，是"一带一路"可持续发展的一大考验。这里的逻辑很简单，经济全球化发展相对顺利，共建"一带一路"则相对顺利，反之亦然。在"一带一路"建设顺利的时候，各方推进热情高，争论较少，动力足；反之，则热情下降，争论增多，动力下降。疫情期间，国际环境愈发恶劣，"一带一路"阻滞叠加，多方压力骤增。疫情引起各方对全球经济形势进行反思，对"一带一路"未来的对外开放战略展开讨论。疫情暴发初期，国内不少学者提出为应对国际形势的整体变化中国的对外开放应放慢脚步，缩小规模，聚焦目标。同时，疫情使"一带一路"建

---

① 国务院新闻办公室：《国家发展和改革委举行4月新闻发布会》，2022年4月19日，http://www.scio.gov.cn/xwfbh/gbwxwfbh/xwfbh/fzggw/Document/1723252/1723252.htm，访问日期：2022年2月12日。

设的整体外部环境恶化，西方国家趁机打压"一带一路"。"一带一路"建设还要继续下去吗？是降低目标，中断，还是放弃？……政府很快给"一带一路"建设是否还要持续的争论画上了句号。2020年3月27日，韩正副总理提出，要始终保持战略定力，积极应对新冠肺炎疫情影响，坚持稳中求进，集中力量推进"一带一路"建设高质量发展，更好服务国内发展大局和对外工作全局。[①] 11月3日，"十四五"规划对推动共建"一带一路"高质量发展做出部署。[②] 2021年11月19日，习近平总书记在第三次"一带一路"建设座谈会上强调，完整、准确、全面贯彻新发展理念，以高标准、可持续、惠民生为目标，巩固互联互通合作基础，拓展国际合作新空间，扎牢风险防控网络，努力实现更高合作水平、更高投入效益、更高供给质量、更高发展韧性，推动共建"一带一路"高质量发展不断取得新成效。[③] 这说明，"一带一路"建设并未中断，坚持"一带一路"就是坚持经济全球化。

（四）"一带一路"是积极推进全球经济治理的中国方案

"一带一路"希望优化全球经济治理，实现新的全球发展模式。一是针对以往经济全球化带来的发展不均衡问题，"一带一路"尽可能扩大互利共赢的范围，推进了中国与世界的共同发展。中国经济持续发展，截至2021年底，中国国内生产总值达1143670亿元，经济增速明显高于全球经济增速；[④] 2013

---

① 国家医疗保障局：《韩正在国家医疗保障局调研并主持召开座谈会》，2019年3月27日，http：//www.nhsa.gov.cn/art/2019/3/27/art_14_1044.html，访问日期：2022年2月19日。

② 1. 坚持共商共建共享原则，秉持绿色、开放、廉洁理念，深化务实合作，加强安全保障，促进共同发展。2. 推进基础设施互联互通，拓展第三方市场合作。构筑互利共赢的产业链供应链合作体系，深化国际产能合作，扩大双向贸易和投资。3. 坚持以企业为主体，以市场为导向，遵循国际惯例和债务可持续原则，健全多元化投融资体系。4. 推进战略、规划、机制对接，加强政策、规则、标准联通。深化公共卫生、数字经济、绿色发展、科技教育合作，促进人文交流。5.《中共中央关于制定国民经济和社会发展第十四个五年规划和二〇三五年远景目标的建议》还提出支持香港打造"一带一路"功能平台，支持台商台企参与"一带一路"建设。2021年11月举行的第三次"一带一路"建设工作座谈会为"一带一路"的未来发展最终定调。

③ 《习近平出席第三次"一带一路"建设座谈会并发表重要讲话》，中国政府网，2021年11月19日，http：//www.gov.cn/xinwen/2021-11/19/content_5652067.htm，访问日期：2022年11月14日。

④ 国家统计局：《2021年国民经济持续恢复：发展预期目标较好完成》，2022年1月17日，http：//www.stats.gov.cn/tjsj/zxfb/202201/t20220117_1826404.html，访问日期：2022年2月8日。

年至 2020 年，中国与"一带一路"沿线国家货物贸易额由 1.04 万亿美元增至 1.35 万亿美元，至 2021 年 6 月，中国与沿线国家货物贸易额累计达 9.2 万亿美元。① 二是针对以往经济全球化缺乏管理的弊病，中国政府根据形势和条件的变化，调整"一带一路"的政策目标和具体政策。2018 年 8 月，习近平总书记强调"一带一路"已经完成搭建大框架的"大写意"阶段，要进入做深做实的"工笔画"阶段。② 2021 年 11 月，习近平总书记强调高质量共建"一带一路"要侧重惠民生的"小而美"项目。③ 三是针对以往经济全球化的规则标准被西方国家把控的不公平局面，中国在重视中国标准和中国方案出海的同时，也与国际规则接轨，并创造新的规则标准。比如，中国发起建立亚投行，成立丝路基金，不断创新融资渠道和方式。四是针对以往经济全球化给发达国家和发展中国家带来的发展鸿沟，"一带一路"一方面大力推进南南合作，同时以第三方市场合作的方式吸引发达国家参与。"一带一路"贯穿亚欧非大陆，一头是活跃的东亚经济圈，另一头是发达的欧洲经济圈，中间是潜力巨大的腹地国家，并向所有伙伴开放。④ 五是针对以往的经济全球化重视发展而忽略可持续发展，"一带一路"以可持续为目标，对接联合国《2030 年可持续发展议程》。习近平主席 2021 年 9 月在联合国大会上宣布，不再新建海外煤电项目，建设"绿色一带一路"。⑤ 六是针对以往经济全球化带来的重资本轻民生问题，"一带一路"将"高质量、可持续、惠民生"作为目标，致力于推进民生导向的经济全球化。

（五）"一带一路"推进经济全球化的新标识：全球互联互通

互联互通是"一带一路"的核心。互联互通主要是指"一带一路"沿线

---

① 商务部：《2021 年中国"一带一路"贸易投资发展报告》，国际贸易经济合作研究院，2021。

② 《习近平出席第三次"一带一路"建设座谈会并发表重要讲话》。

③ 张晓松、安蓓：《实打实、沉甸甸的成就——习近平总书记出席第三次"一带一路"建设座谈会侧记》，中国政府网，http：//www.gov.cn/xinwen/2021-11/21/content_5652298.htm，访问日期：2021 年 2 月 12 日。

④ 国家发展和改革委员会：《一带一路"非独奏"，各国都是"好乐手"！》，2019 年 12 月 11 日，https：//baijiahao.baidu.com/s? id = 1652585949891045868&wfr = spider&for = pc，访问日期：2021 年 11 月 20 日。

⑤ 《习近平在 2021 年 9 月 21 日第七十六届联合国大会一般性辩论上的讲话》（全文），中共中央党校（国家行政学院）网站，https：//www.ccps.gov.cn/xxsxk/zyls/202109/t20210922_150601.shtml，访问日期：2022 年 1 月 9 日。

的基础设施的互联互通，最初并没有将互联互通的范围扩展到全球。但随着参与"一带一路"建设的国家越来越多，互联互通的全球性日益明显。因此，2019年第二次"一带一路"国际合作高峰论坛首次提出全球互联互通的概念。习近平主席指出，"推进'一带一路'建设，需要建立全球互联互通伙伴关系"。① 在2021年11月的第三次"一带一路"建设工作座谈会上，习近平再次明确提出，"为促进全球互联互通做增量"。提出全球互联互通的意义有三。首先，从范围看，"一带一路"旨在推进全球性的互联互通。之前"一带一路"被认为是地区性的，或只是针对发展中国家的基础设施建设和互联互通，而随着"一带一路"国际合作伙伴不断增加，全球互联互通将进一步加强。其次，从布局看，全球互联互通不只是打通亚欧大陆的海陆连接，而且要通过"六廊六路多国多港"的布局，完善陆、海、天、网"四位一体"互联互通布局，② 形成以中国为枢纽的全球互联互通大格局。最后，从性质看，全球互联互通是中国为经济全球化提供的公共产品。

二　"一带一路"政策：引领经济全球化的中国方案

"一带一路"是如何体现其作为中国引领经济全球化、落实全球经济治理的中国方案的呢？主要是形成一套具有鲜明中国特色的内外融通的政策体系。

（一）"一带一路"内外融通的政策体系

"一带一路"建设具有综合性，主要集中在经济和外交两大领域，也与各种类别的国家战略紧密衔接融合。"一带一路"涉及我国现代经济体系建设、国家治理体系建设、双循环新发展格局、对外开放战略、海洋强国战略、2030年议程等。随着"一带一路"进入党章、党的十九大报告、"十四五"规划、党的百年决议等，其内外覆盖面更广，需要统筹协调。国内层面，习近平总书记提出"一带一路"，并在国内、国际各种场合推动"一带一路"建设。中央成立了推进"一带一路"建设工作领导小组，负责"一带一路"的协调、部

---

① 《习近平出席第三次"一带一路"建设座谈会并发表重要讲话》。
② 同上。

署和总结工作。各省区市也分别成立了"一带一路"建设工作领导小组。各部委、地方、国企、金融机构、新疆生产建设兵团都制定了"一带一路"相关发展规划和实施方案，并进行阶段性更新。每年国家和地方的"两会"均把"一带一路"建设作为主要内容之一，习近平等国家领导人也会参与各省市区代表团的相关讨论。国际层面，"一带一路"的推进体系主要有如下层次：目前最大的平台是"一带一路"国际合作高峰论坛；与国际和地区组织建立合作关系；在一些重要的国际平台推广"一带一路"，如博鳌论坛、进博会、夏季达沃斯论坛等；建设各种地区性合作机制，如中国—中东欧国家经贸论坛、中国—东盟文化论坛、中非合作论坛、中国—阿拉伯国家合作论坛、中—拉共体论坛、中国—葡语国家经贸合作论坛等；以及中国与多个国家的双边合作。"一带一路"的国内政策体系比较完善，是国家治理体系的有机组成部分；而其国际政策体系则相对松散，还没有一个统一的制度化程度较高的协调管理机制。国内体系和国际体系的对接仍有很大空间。

（二）"一带一路"内外融通的圈层结构

"一带一路"是内外两个大局的对接和统筹，其对外延展和对内发展同步进行，形成地方发展、区域协调、国家整体对外开放格局的圈层架构。第一层也就是最里层是地方发展服务"一带一路"建设。2015 年 2 月 1 日，时任推进"一带一路"建设工作领导小组组长的张高丽副总理在部署会上称，要充分发挥地方、部门和市场主体的主动性。① 绝大部分省区市都确立了在"一带一路"建设中的定位、目标和任务。比如，新疆是"丝绸之路经济带"的核心区，福建是"21 世纪海上丝绸之路"的核心区，浙江是"一带一路"建设的排头兵，等等。第二层也就是中间层是区域发展与"一带一路"的对接。推动国家重大区域战略融合发展。以"一带一路"建设、京津冀协同发展、长江经济带发展、粤港澳大湾区建设等重大战略为引领，以西部、东北、中部、东部四大板块为基础，促进区域间相互融通补充。以"一带一路"建设助推沿海、内陆、沿边地区协同开放，以国际经济合作走廊为主骨架加强重大基础设施互联互通，构建统筹国内国际、协调国内东中西和南北方的区域发展

---

① 《张高丽：努力实现"一带一路"建设良好开局》，中国政府网，2015 年 2 月 1 日，http：// www.gov.cn/guowuyuan/2015-02/01/content_ 2812983.htm，访问日期：2021 年 3 月 28 日。

新格局。① 第三层也就是最外圈，是我国"东西双向互济，陆海内外联动"的对外开放格局和"六廊六路多国多港"的布局。由此，"一带一路"形成地方、区域、全国圈层式内生动力机制，与对外开放战略和外交总体布局协调呼应，形成内外联动的动力机制。中欧班列和西部陆海新通道快速发展，正在打通我国东西向和南北向两大互联互通大动脉，实现"一带一路"的海铁联运和海陆对接，中国作为全球海陆枢纽的地位和作用更加突出，有助于促进双循环发展格局。因此，习近平总书记在第三次"一带一路"建设座谈会上指出，"要统筹考虑和谋划构建新发展格局和共建'一带一路'，聚焦新发力点，塑造新结合点"。② 共建"一带一路"重点在国外，根基在国内。

（三）"一带一路"内外融通的使命表达

有关"一带一路"是什么、从哪儿来到哪儿去的问题自其提出就已存在并延续至今。要回答这些问题，需要了解"一带一路"政策语言的内涵。"路"是"一带一路"政策语言体系中的关键词，比如机遇之"路"、健康之"路"等，主要回答"一带一路"到底是条什么样的路，即"一带一路"的任务使命和建设方向问题。国家领导人会根据国内外形势的变化和任务，以某种"路"的政策语言表达，赋予"一带一路"新的使命。这是理解"一带一路""是什么"的钥匙。掌握了"一带一路"政策体系中"路"的变化，就能把握"一带一路"内涵的丰富性。2016 年 8 月 17 日，习近平总书记在出席推进"一带一路"建设工作座谈会时提出打造"绿色、健康、智力、和平"的丝绸之路。③ 在 2017 年首届"一带一路"国际合作高峰论坛上，习近平主席将其描绘为"和平、繁荣、开放、创新、文明"之路。④ 在 2019 年第二届

---

① 《中共中央　国务院关于建立更加有效的区域协调发展新机制的意见》，中国政府网，2018 年 11 月 29 日，http：//www.gov.cn/zhengce/2018-11/29/content_ 5344537.htm 访问日期：2021 年 4 月 9 日。

② 《习近平出席第三次"一带一路"建设座谈会并发表重要讲话》。

③ 《习近平在推进"一带一路"建设工作座谈会上发表重要讲话》，中国政府网，2016 年 8 月 17 日，http：//www.gov.cn/guowuyuan/2016-08/17/content_ 5100177.htm，访问日期：2021 年 4 月 15 日。

④ 习近平：《携手推进"一带一路"建设——在"一带一路"国际合作高峰论坛开幕式上的演讲》，"一带一路"国际合作高峰论坛网站，2017 年 5 月 14 日，http：//www.beltandroad forum.org/n100/2017/0514/c24-407.html，访问日期：2021 年 4 月 15 日。

"一带一路"国际合作高峰论坛上，习近平主席又补充了"绿色""廉洁"之路。① 2020年6月18日，新冠肺炎疫情肆虐期间，习近平主席在"一带一路"国际合作高级别视频会议上又赋予"一带一路"复苏之路、增长之路、合作之路、健康之路的新内涵。② 2021年4月20日，习近平主席在博鳌亚洲论坛上提出把"一带一路"建成"减贫之路""增长之路"。③ 而第三次"一带一路"座谈会的主题是"共建通向共同繁荣的机遇之路"。④ 虽然"路"多有变，但都是根据内外形势和需求的变化与时俱进，与国内发展目标密切连接，不断丰富"人类命运共同体"的内涵。

（四）"一带一路"内外融通的对接方式

"通"也是"一带一路"政策语言体系中的关键词。在"一带一路"政策体系中，"通"有沟通、联通、通达、通畅等多重含义；既是目的，又是手段；通既指基础设施的互联互通，也可指道路、规则、心灵的相通。"一带一路"的合作和对接主要通过"五通"来实现，"五通"是指"一带一路"的五个合作领域——政策沟通、设施联通、贸易畅通、资金融通、民心相通，是"一带一路"政策对接和战略规划的基本内容。"五通"为"一带一路"构建了稳定的合作框架，内容全面，长期不变，易于参照执行。习近平主席在两次"一带一路"国际合作高峰论坛上的演讲都以"五通"为基本框架，说明"一带一路"取得的进展和未来合作规划。一些部委和地方所做的参与"一带一路"的规划和年度计划也以"五通"为基础。比如辽宁在2017年8月27日推出的"一带一路"综合改革开放示范区的规划就以"五通"为框架具体展

---

① 《习近平出席第二届"一带一路"国际合作高峰论坛开幕式并发表主旨演讲》，第二届"一带一路"国际合作高峰论坛官方网站，2019年4月26日，http：//www.beltandroadforum.org/n100/2019/0426/c26-1260.html，访问日期：2021年4月15日。

② 《习近平向"一带一路"国际合作高级别视频会议发表书面致辞》，新华网，2020年6月18日，http：//www.xinhuanet.com/politics/leaders/2020-06/18/c_1126132341.htm，访问日期：2021年4月15日。

③ 习近平：《同舟共济克时艰，命运与共创未来——在博鳌亚洲论坛2021年年会开幕式上的视频主旨演讲》，新华网，2021年4月20日，http：//www.xinhuanet.com/politics/2021-04/20/c_1127350811.htm，访问日期：2021年4月22日。

④ 《共建通向共同繁荣的机遇之路——习近平总书记谋划推动共建"一带一路"述评》，新华社，2021年11月18日，https：//baijiahao.baidu.com/s？id=1716784244570502979&wfr=spider&for=pc，访问日期：2022年4月23日。

开。又如，国家发改委与原国家海洋局共同制定的《海上丝绸之路合作构想》、国家邮政局编制的“一带一路”行动规划和方案等，均以“五通”为基本合作框架。以上合作按属性又可以分为“三通”即硬联通、软联通和心相通，把基础设施“硬联通”作为重要方向，把规则标准“软联通”作为重要支撑，把同共建国家人民“心联通”作为重要基础。①

（五）“一带一路”内外融通的价值原则

共商、共建、共享，既是“一带一路”建设的原则，也是中国推进全球治理的原则，主要说明谁是“一带一路”的共建者以及如何形成共建者的认同。共商是大家一起商量，共建是大家一起建设，共享是大家一起分享成果，其底层逻辑是平等、协商、合作、共同体的共赢逻辑，而不是一家说了算的零和逻辑。为此，中国领导人和相关政策文件一再强调“一带一路”是大合唱、交响曲，不是独角戏和独奏；不是具有竞争排他意味的地缘政治战略，是开放包容的国际经济合作倡议；不是文明冲突而是文明互鉴。② 因此，“共”是“一带一路”政策语言体系中的第三个关键词，由此还可以产生合作共赢、风险共担等原则。“共”还说明共建“一带一路”需要志同道合的多利益相关方共同努力。“一带一路”将相关国家的政府、企业、国际机构、社会组织等联结在一起，形成巨型复杂多利益相关方网络，由此产生了“一带一路”的内外认同问题。在这方面，“一带一路”政策体系也做了精心设计。习近平主席在首届“一带一路”国际合作高峰论坛上提出自古至今一代又一代“丝路人”的概念，意在创造共建“一带一路”的认同。这有助于形成“一带一路”认同和共同软实力。习近平主席在第二届“一带一路”国际合作高峰论坛上又提出为推进“一带一路”建设，需要建立“全球互联互通伙伴关系”的主张。从“丝路人”到“全球互联互通伙伴关系”，将认同从古代丝绸之路延伸到现代“一带一路”，具有普适性和全球包容性。这同时也意味着，那些目前反对“一带一路”建设的国家只要愿意就也有可能成为全球互联互通伙伴。“路”“通”“共”都极具中国特色，又能进行全球性表达，是“一带一路”的政策语言和实践过程的创新。三者合在一起，就是“一带一路”的道“路”已“通”，使命“共”达。

---

① 《习近平出席第三次“一带一路”建设座谈会并发表重要讲话》。
② 《平“语”近人——习近平总书记用典》，央视网，2018 年 10 月 19 日，https://tv.cctv.com/2018/10/19/VIDEHIZR3A7DPVKyAeB5hvtp181019. shtml。

（六）"一带一路"内外融通的安全保障

一个国家在推行经济全球化政策时，须趋利避害，既要谋求利益，更要克服各种安全风险挑战。"一带一路"建设需要两翼均衡发展，即发展的"一带一路"和安全的"一带一路"。"一带一路"的目的是发展，但需要加强安全保障，否则"一带一路"的发展会失衡，共建者也会失去信心。随着"一带一路"建设的展开，各种安全风险上升，国家维护"一带一路"安全的政策也日益完善。"十四五"规划对"一带一路"建设提出了"加强安全保障，促进共同发展"的要求。习近平主席在第三次"一带一路"建设座谈会上提出，要全面强化风险防控，要探索建立境外项目风险的全天候预警评估综合服务平台，及时预警、定期评估。要加强海外利益保护、国际反恐、安全保障等机制的协同协作。① 新冠肺炎疫情暴发后，"一带一路"所面临的各种安全风险急剧上升叠加，安全环境整体恶化，加强安全保障是大势所趋。平衡"一带一路"的发展与安全有三层含义。一是应对各种一般性的风险，比如地缘政治、恐怖主义、政治法律等风险。这是任何一个国家在推行经济全球化政策时都必须面对的风险，既保护自己，又给东道国带来安全感。二是应对普遍性的国际经济合作安全化问题。受疫情和美国政策的影响，各国的产业链安全、战略性产业安全、关键基础设施安全、债务安全等经济安全意识均在增强，在经济合作政策中加大国家安全考量，势必增加"一带一路"维护国际产业链、价值链、数据链、人才链的交易成本和安全成本。三是应对西方故意扭曲"一带一路"发展属性的问题。以美国为代表的部分西方国家为抵制和破坏"一带一路"，不断抹黑"一带一路"，意在扭曲"一带一路"的发展属性。在加强"一带一路"安全保障的过程中，国家相关政策势必与国家总体安全观密切连接配合，形成内外融通的"一带一路"安全观和安全模式。

三 "一带一路"理论：经济全球化中的全球互联互通

"一带一路"是中国推进经济全球化和全球经济治理的中国方案，致力于

---

① 《习近平出席第三次"一带一路"建设座谈会并发表重要讲话》。

解决以往经济全球化带来的问题，建立并创新了内外融通的政策实践体系。"一带一路"要行稳致远，还需创新发展相关理论。目前，国内外学界已经出现研究"一带一路"与经济全球化关系的代表性作品。刘卫东提出"一带一路"包容性全球化理论的五个核心内涵：①充分发挥国家的"调节者"作用，使经济增长具有包容性；②关注连通性对经济全球化的重要意义，优先建设基础设施，推进互联互通；③拒绝单一的发展道路，强调国家自身发展条件与基础，包容多种发展道路；④保障各方平等地参与全球化，特别关注最不发达国家、内陆发展中国家和小岛屿发展中国家等，体现倡议对参与的包容性；⑤不以意识形态划线，不搞政治议程，包容性全球化要以文化包容为核心。① 奥地利学者多丽丝·奈斯比特等认为，"一带一路"对现有全球化的内涵与框架产生了革命性影响。保护主义和反全球化政策浪潮使世界格局不稳定因素增加、全球发展机遇大大减少。"一带一路"以互联互通为核心，不仅为现有全球性问题提供了新的解决方案，也为全球发展贡献了指导性原则，无论是发达国家还是发展中发达国家都能够受惠于中国的对内投资和国际贸易振兴。全球化概念不应仅为资本空间的扩张与积累服务，也需要涵盖全人类的基本生活需求。② 在此基础上，本章主张把全球互联互通作为"一带一路"驱动的经济全球化的核心概念，为过去和未来的经济全球化搭建理论桥梁，并为后疫情时代的经济全球化提供共同的阶段性共识和目标。

全球互联互通的核心是"通"，表示沟通、联通、通达之意。互联互通是"一带一路"的核心，主要是指基础设施的互联互通，广义上可以理解为物质、人员、制度、文明等的相互联通。全球互联互通强调全球范围内狭义和广义的互联互通。经济全球化是多个动力过程的结果，促进人类联系方式发展的不同因素，如技术、经济、政治和社会文化等均有不同的时间、空间衡量尺度，它们共同组合成当前多重、多进程的全球化。③ 将全球互联互通作为"一带一路"与经济全球化关系的核心概念，在纵向上能联通"一带一路"之前和之后的经济全球化，在横向上能将中国推进的全球互联互通与其他各方推进的互联互通联结起来。这样，既能突出全球互联互通的中国特殊性，也能突出

---

① 刘卫东：《"一带一路"：引领包容性全球化》，商务印书馆，2018，第67~69页。
② 〔奥〕多丽丝·奈斯比特、〔美〕约翰·奈斯比特、〔美〕龙安志：《世界新趋势："一带一路"重塑全球化新格局》，张岩译，中华工商联合出版社，2017，第83~89页。
③ 唐士其：《全球化与地域性：经济全球化进程中国家与社会的关系》，北京大学出版社，2008。

其全球普适性。此外，"一带一路"与全球互联互通均具有时代特征，既符合当下复杂的国际形势、满足多维度的可持续发展全球共识、包容各国多进程的经济全球化节奏，也在理论和概念发展上满足未来多元发展需求。

（一）全球互联互通概念的中国性

第一，全球互联互通是理解中国与世界关系的新线索。回顾过去，中国与世界的关系可被视作一部全球互联互通史，中国与世界具有越来越强的互融一体性。丝绸之路创建了亚欧交往模式，对古人而言就像是全球化对今天的我们一样意义重大。①"一带一路"是新时代中国发展驱动的经济全球化，创建了全球互联互通模式。而无论是丝绸之路还是"一带一路"，虽然中国是主要开辟者，但是它们都属于全球互联互通的一部分。而在这条中国与世界互联互通的大线索中，还可以进一步挖掘中国发展的基本模式——如何统筹内外两个大局，"内外融通"。其基本逻辑是，中国治国理政的目标历来是长治久安，长治久安需要解决内忧外患，解决内忧外患需要内外兼治，达到内外融通、天下太平的理想状态。中国的历史发展也证明，内外兼治、动态平衡，中国就能长治久安。新中国成立以来，我国内外统筹也经历了从解决内忧外患到统筹内外两个大局，再到内外联动融通的变迁。毛泽东通过革命建设解决内忧外患问题，寻求发展。邓小平通过改革开放融通内外关系，实现发展。江泽民、胡锦涛进一步统筹内外两个大局，促进发展。在新时代，习近平主席以"一带一路"为总抓手和实践平台融通内外、实现共同发展。在此过程中，中国与世界互联互通的国力基础更扎实、范围更广、联通程度更深。

第二，全球互联互通是中国力量驱动的经济全球化的新标识。历史上，英美等强国作为经济全球化的主要驱动者，为全球发展贡献科技、信息、教育、服务等公共产品。大国推动经济全球化的意愿和能力也随国力起伏和心态变化而有所波动。当一个大国充当全球领导国家的能力下降、提供全球公共产品的意愿下降时，世界经济往往会发展停滞、国际秩序则出现失序甚至动荡。这时，新兴大国虽然能力还不够强，难以企及领导国，但有意愿提供一部分经济全球化发展的驱动力，有能力承担一部分全球公共产品供给责任。进入 21 世

---

① 〔美〕米华健：《丝绸之路》，马睿译，译林出版社，2017。

纪以后，中美两国对经济全球化的认知和政策发生重大变化，有两大标志性事件。一个是 2008 年美国遭受金融危机重创，感受经济全球化的负面影响明显，从奥巴马到特朗普和拜登，不断回调经济全球化政策。另一个是中国在 2012 年党的十八大以后，提出"一带一路"倡议并扛起推动经济全球化的大旗，并以全球互联互通为中国驱动的经济全球化的主要标识。之所以把全球互联互通作为主要标识，是因为此为中国最擅长而世界最需要的，是中国推动的经济全球化的特征。新冠肺炎疫情是对中美两种经济全球化政策的考验。目前来看，双方都没有改变先前的政策。美国先是实施"脱钩—断链—退群"，后搞"小院高墙"，拉拢盟友推进排除中国的经济全球化。中国则坚持"一带一路"，推进双循环新发展格局和包容性的经济全球化，继续扩大全球互联互通的增量。目前，全球超过 2/3 的国家认可"一带一路"，说明其符合其他国家的需求。从这个角度看，当今的经济全球化是中国而非美国驱动的，以"一带一路"为抓手，以全球互联互通为特征。

第三，全球互联互通可以在中国政治哲学中找到依据。习近平主席强调中国古典政治哲学在现代治国理政中的转化应用。如泰通思想，即"泰通之理，大有之道"，意思是通过良性互联互通，提高民生福祉和实现共同发展。《周易》中的"通"具有贯彻、贯通、通达之意，"穷则思变，变则通，通则久"。"通"描绘了物与物之间的理想关系，揭示了国与国之间的相处之道，从源头上奠定了中国古代外交思想的开放心态。"一带一路"对泰通思想的体现包括以下几个方面。一是实现中国自古至今治国理政和对外交往经验的"贯通"，体现"一带一路"内外融通的历史传承和现代发展，如"共商共建共享""丝路精神""五通""硬联通—软联通—心相通"等。二是实现国内（外）政府机构治理跨越地域与层级，构建高效的政府治理和合作机制的"联通"与"沟通"。"一带一路"作为全面对外开放的总抓手，需要先在国内达成共识，部署安排，协力推进，区域协调，并实现与外部对接等。三是"会通"协调内外，主动构建国际关系、塑造国际秩序，体现"一带一路"推进全球治理和人类命运共同体建设。四是通过古今"贯通"、上下"联通"和内外"会通"，达到以开放心态与蓬勃往来为主要特征的"泰通"，实现"一带一路"正向发展，有益世界，融会贯通，为"大有之道"奠定基础。"泰通"思想包含了由物质基础强力支撑的全球互联互通、人类命运共同体的远景、文明价值观念的和谐共存以及和平和繁荣作为宗旨的世界秩序。

（二）全球互联互通概念的全球普适性

第一，全球互联互通应成为当今经济全球化的阶段性共同目标。互联互通是信息领域的概念，后来广泛应用于其他学科范畴并进入政策领域，成为各国普遍接受的政策理念。比如，东盟早在 2010 年就提出东盟互联互通整体规划。中国则于 2013 年提出"一带一路"框架下的互联互通。与此同时，其他国家和国际组织也提出了各种互联互通政策，尤其是有关基础设施互联互通的政策。目前，中国的"一带一路"、美国拜登政府的"印太经济框架"（IPEF）、G7 的 B3W、欧盟的全球联通欧洲、俄罗斯的大欧亚伙伴关系、印度的季风计划、东盟的东盟印太展望等，都以全球互联互通为主要目标。这说明全球互联互通正在成为全球性叙事。不过，各方的全球互联互通战略之间存在竞争甚至是替代性。比如"印太战略"和 B3W 明确提出要抵制抗衡"一带一路"。但是，各方很显然又都不具备单独推进全球互联互通的能力，尤其是融资能力，需要相互补充配合。另外，各方也有责任防止竞争性的全球互联互通政策演变为恶性的地缘政治战略竞争，从而破坏全球互联互通促进人类福祉的本意。既然现阶段各国对经济全球化在认识和策略方面存在分歧，而全球互联互通是各国都想做的事，那么全球互联互通应该作为一个兼容性的理念，成为现阶段各国经济全球化政策的共同目标。也就是说，以全球互联互通为目标的经济全球化，需要各方从冲突预防转变为治理交融，使经济全球化重新找到共识、目标感和意义感，进而影响经济全球化进程。

第二，全球互联互通应该遵循的基本原则。①可持续发展。当下主要国家对经济全球化的未来、目标和策略存在严重分歧。如果能就全球互联互通达成共识，恪守联合国《2030 年可持续发展议程》，则能改进以往经济全球化的弊端，为新的经济全球化共识积累经验。②"通而不统"。全球互联互通应该遵循"通而不统"的原则。在现阶段，各方可以在联合国框架下，设定全球互联互通的基本原则。鉴于各方之间存在竞争关系，无须设定硬性的统一标准和规则，而应尊重各方关于全球互联互通标准和规则的多样性和差异性。③包容竞争。全球互联互通作为大国之间新兴的竞合领域，需要确立一些竞争与合作的规范和原则。全球互联互通不应是竞争性的大分流，而应该是兼容并包的大合流。④探讨兼容性。各方应摒弃简单的非此即彼的思维模式，确立全球互联互通"共商共建共享"的可能性。如果中、美、欧等能就彼此的全球互联互通方案展开协调，互通有无，探讨兼容的可能性，则是全球互联互通的历史性进步。⑤系统优化，趋利避害。全球互联互通是经济全球化的一部分，全球互联互通的改善有助于优化经济全球化的整体进程。同时，不能指望全球互联互通能自动解决经济全球化的所有问题，还要防范全球互联互通产生新的生态问题、社会问题和认同冲突问题等，努力避免造成新的不公平和分化。总之，各方应致力于经济全球化全球互联互通时代的趋利避害，抓住新机遇，避开新陷阱。

第三，构建全球互联互通的初步理论框架。①全球互联互通史。着眼于全球互联互通的世界是如何诞生、如何发展的，并关注其发展阶段，基本动力，对人类发展、国际关系和文明互动所产生的影响。近年来，随着全球史研究的发展，这方面的成果已经有很多，可以进行新的系统集成。②全球互联互通的基本内涵。全球互联互通理论的创建需要有自己的核心概念和知识体系，需要跨学科的知识系统集成和理论生成。可以系统梳理古今中外关于"通""通达""连接""网络""互联互通"等概念的知识和智慧，提炼人类发展史中所呈现出来的全球互联互通的属性和特征，把握全球互联互通进展的过程和基本规律，掌握测度全球互联互通程度和层级的方法和指标。笔者与王继民教授编制了"一带一路"沿线国家五通指数，① 用来动态衡量中国与共建"一带一路"国家在五通领域的合作情况，但还没有覆盖全球互联互通，可以进一步进行系统升级。③经济全球化是将各方卷入的进程，是国际关系研究的重要问题，可以重点研究全球互联互通与国际关系的相互作用，前者如何影响国际关系中的传统和新兴议题，如权力转移、安全困境、规则制定、道义塑造、生态治理、社会网络。在数字化时代，去中心化、网络化、虚拟化、虚拟现实一体化等如何影响全球互联互通？如何在万物互联的新空间形态和人类发展的"新边疆"发展全球互联互通？在此过程中，全球互联互通如何将全球利益相关方连接在一起？能否形成全球互联互通伙伴关系、催生新的文明互动方式和新的全球认同政治？……都有待研究。

结　语

本章重点阐述了三个问题：为什么坚持"一带一路"就是坚持经济全球

---

① 翟崑、王继民主编《"一带一路"沿线国家五通指数报告（2017）》，商务印书馆，2018。

化，"一带一路"的政策体系如何支撑中国推进经济全球化，为什么将全球互联互通作为经济全球化的新共识和新标识。经济全球化过程就是一部全球互联互通史。后疫情时代，经济全球化的发展可将全球互联互通作为共同目标，追求大融合、大开放、大交流，而不应该是大分裂、大封闭、大倒退。如何使经济全球化获得充足的推动力，是当今世界的一个痛点。中国坚持"一带一路"就是坚持经济全球化。这是中国驱动的经济全球化过程，是后金融危机时代各种经济全球化版本中的一匹黑马，也是经济全球化发展的一条历史分界线。在此过程中，中国提出全球互联互通，这既是具有中国特色的经济全球化特征，也可以作为当今世界经济全球化的共同目标和新标识。"一带一路"和全球互联互通作为新的发展路径，肯定会经历内外环境的洗礼和全球化逆流的考验，产生波动性的变化，需要唯变所适、动态调节和转型发展。如果把全球互联互通作为人类发展的新的思想实验和行动纲领，只有在更长时间段，更大规模内使其接受洗礼和检验，才能验证其真实性、可行性和重要性。这需要各方共同努力，降低经济全球化过程中的国家交往成本和竞争成本，累积经验，层层递进，从局部优化到全球优化，实现经济全球化的正增长和各方的适应性共赢。

第二十四章 中国与全球发展治理[*]

陈沐阳

内容提要 近年来，中国在发展中国家修建了大量基础设施，为国际发展做出了重要贡献。中国在发展领域的崛起如何影响发达工业化国家主导的全球发展治理成为重要问题。本章探讨政府与市场在发展中的作用，阐述中、西方不同发展理念背后的政治与经济逻辑，并分析中国发展经验的全球化如何重塑全球治理。本章认为，中国的发展经验具有"政府性"与"市场性"双重属性。政府发挥积极作用为发展类项目增信，使得商业行为体不感兴趣的项目也能通过市场化的方式实施。对于既没有较好财政能力也没有完善资本市场的发展中国家而言，中国这一介于政府与市场之间的发展经验为其发展提供了另一种可能路径。中国发展经验的国际推广加快了全球发展治理的变革，原先倡导通过优惠性政府援助促进国际发展的发达工业化国家开始转而鼓励通过政府与市场相结合的方式开展发展合作。

导　言

近年来，中国在发展中国家修建了大量基础设施。伴随着海外项目输出到世界各地的不仅仅是中国的资金、人员和技术，更是中国的发展经验、发展理

---

* 本章第二节的部分内容节选自：陈沐阳：《对立还是趋同：试析发展融资领域的"美国方式"》，《美国研究》2022 年第 3 期。

念与发展政策。面对中国在全球发展领域的日益崛起，国际社会评价不一。一种观点认为，中国为发展中国家提供了实现发展所需的基本要素。当下，国际货币基金组织、世界银行、区域性多边发展机构等现有国际机构和机制不足以为发展中国家实现发展提供充足的资金。正如联合国秘书长古特雷斯在2018年融资高级别会议上指出的，实现《2030年可持续发展议程》的财政需求十分巨大，必须在区域和国家层面加强可持续融资。[1] 中国和其他非传统援助国为填补这一资金缺口做出了贡献，"南—南合作"也逐渐代替"北—南援助"，成为解决全球发展问题的主要方式之一。[2] 中国实现发展的理念与方式有其自身特点，也因其特殊性而遭到质疑。例如，美国的一些智库认为，中国输出的发展经验是"政府主导"的，主要由国有金融机构和国有企业推动，这意味着中国的发展项目背后可能存在政治、安全等其他意图。一些媒体报道、政策评论指责中国在第三世界国家实施"债务陷阱"外交。为抗衡"中国模式"，美国成立了国际发展金融公司，于2020年1月正式开始运营，旨在通过鼓励商业投资促进发展中国家的发展。[3]

那么，中国的发展经验是否真如一些分析评论所述，能够用"政府主导"来概括其主要特点？"政府主导"的发展在他国（特别是工业化国家）的经济发展过程中是否具有普遍性？中国发展经验的全球化会如何影响当下由欧美工业化国家主导的全球发展治理？本章将通过分析中国的发展经验并将之与他国的经验做比较而回答上述三个问题。具体而言，本章将分为四个部分。第一部分着眼政府和市场在发展过程中的作用，探讨中国发展经验的内涵与特点，并阐明中国的发展经验与更早实现发展的工业化国家相比有何差异。第二部分探讨全球发展治理，分析以工业化国家为主导的当下国际发展机制的主要特点和运作方式。基于前两部分的研究，第三部分探讨中国的持续快速发展如何重塑全球治理。第四部总结全文。

① 《联合国举行为"2030议程"融资高级别会议 启动前瞻性战略》，联合国新闻网，2018年9月24日，https://news.un.org/zh/story/2018/09/1018482，访问日期：2020年11月30日。

② Emma Mawdsley, "The Changing Geographies of Foreign Aid and Development Cooperation: Contributions from Gift Theory," *Transactions of the Institute of British Geographers*, Vol. 37, No. 2, 2012, pp. 256-272.

③ Daniel F. Runde, Romina Bandura and Owen Murphy, *Strategic Directions for the United States International Development Finance Corporation (DFC): Supporting Development and National Security*, Center of Strategic and International Studies, 2019.

通过研究，本章得出几个主要结论。首先，中国的发展的确是"政府主导"的，但"政府主导"并不能涵盖其全部内涵。在中国的发展过程中，市场行为体和市场机制也发挥了重要作用。中国发展经验中的"市场性"甚至比一些后发工业化国家高。这一特点在中国经验的全球化过程中也得到了充分体现：虽然中国的许多海外项目由国有金融机构融资、由国有企业承建，但在具体实施中，其遵循市场规律、参与市场竞争。因此，如果仅关注政府机制而忽略了市场机制的作用，可能会得出误导性结论。其次，这一"政府主导、基于市场"的中国发展经验与工业化政府主导的国际发展机制不同。由世界银行、经济合作与发展组织等西方国际机构所主导的国际发展机制倡导由国家财政出资、以优惠赠予的方式帮助发展中国家实现发展，而以中国为代表的新兴发展伙伴国则倡导基于市场交换的方式，实施更为互利对等的发展合作。也就是说，比起政府主导的"北—南援助"，"南—南合作"才是更为市场化的方式。最后，中国的经济崛起为既有的国际发展机制补充了新的资金来源，而传统援助国也因为财政负担等逐渐转变政策，用更加市场化的方式来实施国际发展项目。因此，中国的努力与既有的全球发展治理不是对立关系，前者为国际发展提供了新的路径。

一　中国的发展经验

（一）中国如何发展：一个比较研究的视角

自改革开放以来，中国经济高速发展，取得了举世瞩目的成绩。许多学术研究、政策分析认为，中国的发展经验是"政府主导"（state-led）的，与"市场主导"（market-led）的经济发展相对应，具体体现在两个方面：经济发展受党和国家的领导、调控与监管，主要经济行为体为国有银行、国有企业等。

那么，政府主导的发展方式究竟是中国独有的发展方式，还是具有一定普遍性的发展方式？事实上，既有研究已经指出，后发国家在实现发展的过程中，"政府"起了至关重要的作用。西方著名经济史学家亚历山大·格申克龙（Alexander Gerschenkron）在其经典著作《经济落后的历史透视》中对俄国、法国、德国、意大利、奥地利等欧洲国家在 19 世纪的产业发展经验进行了比较分析，并得出结论：发展越晚的国家，政府在其工业化过程中的作用越大。比如，在基础设施融资方面，发展最早的英国通过资本市场融资，法国的资本家通过建立专门的动产信贷银行（Crédit Mobilier）进行长期融资，德国建立了全能银行体系进行融资，而发展较晚的俄国则是通过政府税收的方式为产业发展和基础设施建设筹集资金。① 同样的结论在关于二战结束之后的日本、韩国等亚洲国家的经济腾飞的学术研究中也得到了充分体现：政府对特定产业的扶持（包括行政指导、资金支持、人事管理等）在国家的经济追赶过程中起了重要作用。② 虽然日本、韩国的大企业基本上是私有的，但是政府通过国有的长期金融机构（如日本的开发银行、长期信用银行，韩国的产业银行，等等）为私营企业提供成本低廉的资金，促进产业发展，使得其企业能够在与欧美国家企业竞争过程中获得明显的价格优势。也就是说，历史上后发国家的经济发展都不是单纯靠"市场"的力量而实现的，"政府"在其中起了举足轻重的作用。一般认为，越是发展较晚的国家，政府的作用越显著。

从上述研究可以得出结论，中国作为一个发展起步相对较晚的国家，其发展过程中政府发挥主导作用，可以说是基本符合历史规律的，并非特例。然而，中国的发展又有其特殊性：在改革开放之前，中国经济基本上是完全由政府主导的计划经济，之后出现的市场行为体，包括银行、企业以及其他机构都是多轮市场化改革的产物。因此，中国改革开放以来的经济发展具有两重特性：一方面，历史制度的韧性使得政府对市场的调控程度仍然较高；另一方面，不断深入的市场化改革使得主要经济行为体（即便是全资国有机构）也具有显著的市场属性。也就是说，"政府性"和"市场性"都是中国发展的重要属性。

（二）政府与市场之间：中国发展经验的全球化

在过去几十年中国发展过程中，"政府"和"市场"的双重属性得到了充分体现。在基础设施项目中，地方政府往往首先担当引导者的角色——提出项目。然而，并非所有地方政府都有足够的财政预算来支持项目的实施。因此，中国的金融机构——主要为政策性银行，也包括一些大型商业银行等——为地方政府支持下的融资平台提供贷款。该类贷款相当于项目的"启动资金"，撬动项目

---

① 〔美〕亚历山大·格申克龙：《经济落后的历史透视》，张凤林译，商务印书馆，2010。

② 关于以战后日本为代表的"发展型国家"（developmental state）的学术讨论有较多文献，经典著作参见〔美〕查默斯·约翰逊《通产省与日本奇迹——产业政策的成长（1925~1975）》，金毅、许鸿艳、唐吉洪译，吉林出版集团有限责任公司，2010；Alice H. Amsden, *Asia's Next Giant : South Korea and Late Industrialization*, Oxford University Press, 1992。

开展，从而加速产业化、城市化进程。在这个过程中，用来融资的"银行贷款"与传统的"财政拨款"有很大不同。拨款无须还款，难以实现资金的有效利用，而贷款则需要还款，因此必须在发放之前对项目的可行性和营利性进行市场评估。这一融资方式体现了中国特有的政府市场关系。一方面，计划经济下完全由政府决定资金流向的资金分配方式被主要由市场决定的资金分配方式所取代，可以说是政府将一部分职能让渡给了市场；另一方面，市场机制使得资金可以被更有效地利用，加速发展进程，反过来增强了政府的能力。

在获得融资之后，项目则由公司进行实施。在过去20年高速发展过程中，中国涌现了一批基础设施、基础产业和支柱产业的大型企业（如能源、铁路、公路、水利、港口、矿业等）。同样，这些企业也体现了"政府性"与"市场性"的双重属性。基于历史因素，这些企业大多为国有，其中的一部分由政府部门转化而来。然而在参与国际合作项目的过程中，它们通过竞争获取项目，运营方式也逐渐市场化。除了建设类企业之外，一些新兴产业（如电子通信产业）的企业也获得了发展的资源。它们并不通过直接参与基础设施建设而获得订单；然而基础设施的完善使得这些企业能够降低运作成本，从而更快地实现发展。一个典型的模式是产业园模式。[①] 政府提供土地担保和优惠税收政策，银行提供资金为企业打造适宜的条件，企业为政府提供税收收入，使得政府能够还款，形成良性循环。这一循环之所以能够实现，政府和市场的作用缺一不可。一方面，政府起了协调者的作用，为银行和企业追求商业利益提供可能性；另一方面，银行和企业的业务拓展使得政府实现了原本仅靠财政资金无法充分实现的公共职能。

随着中国企业"走出去"，这一"政府主导、基于市场"的发展经验也逐渐全球化。在中国的诸多海外发展项目中，政府机构、银行、企业三者合作，为发展中国家的基础设施、产业类项目提供资金支持、技术支持以及具有丰富经验的建设团队。在"海外版"的实践中，原先"地方政府"的作用由"东道国政府"替代。比如，2006年埃塞俄比亚政府、国家开发银行、中兴通讯公司展开三方合作，打造埃塞俄比亚通信市场。在合作过程中，国家开发银行提供贷款，中兴提供技术，埃塞俄比亚提供市场。这一案例被日本NHK纪录片《中国力量》拍摄记载。类似的案例举不胜举。中国经验的大规模输出使

---

① 参见 Justin Yifu Lin and Yan Wang, *Going Beyond Aid ： Development Cooperation for Structural Transformation*, Cambridge：University Press, 2016。

得许多像几十年前的中国一样既缺乏财政资金又缺乏成熟资本市场的发展中国家能够以一种介于"政府"与"市场"之间的方式为基础设施项目融资。

美国乔治·华盛顿大学学者史蒂芬·卡普兰（Stephen Kaplan）认为，中国的资本是一种具有长远眼光的"耐心资本"（patient capital），能够给予东道国政府更多财政空间。[①] 中国经济学家林毅夫、王燕指出"耐心资本"可以成为实现发展的"比较优势"。[②] 这些观点揭示了中国资金的本质特点：它既不是完全政府主导的财政资金，也不是完全趋利的市场资本，其具有双重属性的特点，能够帮助发展中国家突破瓶颈，为城市化与工业化融资。

综上所述，中国的发展经验具有"政府性"与"市场性"的双重属性。一方面，政府把部分职能让渡给市场，使得资本能够更有效地被运用；另一方面，政府发挥积极作用为项目增信，使得商业行为体不感兴趣的项目也能获得金融机构的资金支持。这一发展经验在后发国家中具有一定普遍性：诸多既有研究已经指出，发展时间越晚的国家，政府在发展中的作用往往越突出。然而，这一发展经验也反映出中国的特殊性：政府的作用并不是简单地"介入"市场、扭曲市场机制，而是创造市场、发挥市场分配资源的能动作用。也就是说，这一方式既不同于单纯的政府干预市场的方式，也不同于理想的自由市场方式，而是属于后发国家的一种特殊方式。中国的发展经验在扩散过程中，经常被片面地认为是政府实现地缘政治或外交战略的经济手段。然而如果从发展的视角出发，可以发现对于许多既没有充足的财政收入也没有完善的资本市场的发展中国家而言，中国这一介于"政府"与"市场"之间的方式为其发展提供了另一种可能路径。

二　全球发展治理

（一）战后国际发展机制的兴起

伴随中国的持续快速发展，这一具有中国特色的发展经验会如何影响全球

---

① Stephen B. Kaplan, "The Rise of China's Patient Capital: A Tectonic Shift in Global Finance in Developing Countries?" June 5, 2019, https://ssrn.com/abstract=3108215.

② Justin Yifu Lin and Yan Wang, "The New Structural Economics: Patient Capital as a Comparative Advantage," *Journal of Infrastructure, Policy and Development*, Vol. 1 No. 1, 2017, pp. 4-23.

发展治理？在回答这个问题之前，首先需要探讨当下发展领域的全球治理具有什么样的特征。一般认为，由美国主导的国际秩序是"基于市场规则"的。然而在发展领域，当下以美国为代表的发达工业化国家所主导的国际机制并不具备这一特点。恰恰相反，它在相当大程度上是政府主导的。

根据美国政治学家斯蒂芬·克拉斯纳（Stephan Krasner）的定义，国际机制指的是"在某个国际关系领域的一套明示或暗示的原则、规范、规则和决策程序；行为体的预期围绕之汇聚在一起"。[①] 在国际发展领域，也存在一套这样的机制。它出现于20世纪五六十年代，主要由美国和西欧国家推动。这一机制的一个主要特点是将"欠发达国家"与"优惠性发展融资"联系在一起，主要基于"赠与"逻辑：发达国家通过为"欠发达国家"提供具有低利率（或零利率）、长期限的赠款或贷款，帮助后者实现经济发展。这一逻辑看似可行，但实际上与市场的运行逻辑是相悖的。一般而言，市场金融机构为信用记录欠佳的借款方提供的是更为严格的贷款条件，而非更为优惠的贷款条件。

历史地看，这一"欠发达"与"优惠性"之间的联系实际上是被建构出来的。北京大学历史学教授牛可探讨了战后国际发展机制产生的历史原因。他指出，在美苏对立的冷战背景与非殖民化背景下，美国于20世纪50年代中期形成了以援助和发展政策为中心的第三世界政策，通过资金援助重构与第三世界国家的关系。[②] 世界银行的官方实践也表明，早期国际复兴开发银行用于欧洲重建的贷款并无显著的优惠性，而在50年代中期才开始使用软贷款为欠发达地区融资："发展"作为一个全球性事业出现，将贫穷国家与富裕国家通过互相对安全的追求联结在一起。[③] 这样的国际发展机制不但不遵循"市场规律"，反而具有强烈的"政府主导"色彩。一方面，优惠性的贷款和赠款本质上是一种补贴，其与市场贷款的差价部分实质上是由援助国的财政承担的；另一方面，资金主要是从富裕国家的政府流向贫穷国家的政府，在这一过程中市场行为体的参与程度较低。

---

① Stephan D. Krasner, "Structural Causes and Regime Consequences: Regimes as Intervening Variables," *International Organization*, Vol. 36, No. 2, 1982, pp. 185-205.

② 牛可：《自由国际主义与第三世界——美国现代化理论兴起的历史透视》，《美国研究》2007年第1期。

③ Devesh Kapur, John P. Lewis and Richard C. Webb, "Approaching the Poor: 1959-1968," in *The World Bank: Its First Half Century*, Vol. 1, *The History*, Brookings Institution Press, 1997, pp. 139-160.

（二）主导全球发展治理的主要国际机构

具体而言，战后国际发展机制的主要实施机构是一系列多边国际机构，包括联合国、世界银行、经济合作与发展组织（简称"经合组织"）、国际货币基金组织、巴黎俱乐部等。这些国际机构在促进国际发展方面发挥的作用各不相同。联合国是最为人们所熟悉的国际组织，主要通过传播规范和理念引导国际发展，如制定千年发展目标（Millennium Development Goals）和可持续发展目标（Sustainable Development Goals）。这些目标界定了"发展"的内涵，并将需要关注的议题纳入发展范畴，引导国家或市场行为体将资源投入相关发展类项目。然而在具体项目实施层面，它实际上没有太多物质资源，往往需要通过和政府部门、私营部门、基金会等组织机构合作来完成发展类项目。

与联合国不同，世界银行是拥有实际资源——资金的多边国际机制。世行集团旗下有五个机构，分别是国际复兴开发银行、国际开发协会、国际金融公司、多边投资担保机构和国际投资争端解决中心。其中，国际开发协会能够为发展中国家提供条件最为优惠的贷款，贷款利率近乎零，还款期限可长达几十年。[①] 同时，国际开发协会也只对全世界最不发达国家提供贷款。当一个国家的人均国民总收入达到一定阈值后，便从国际开发协会"毕业"，不再有资格享受优惠贷款条件。从国际开发协会"毕业"的国家仍有资格申请国际复兴开发银行的贷款。国际复兴开发银行自我定位为一家自给自足的发展金融机构，主要融资对象是中等收入国家以及有一定信用水平的贫困国家，其贷款条件并不如国际开发协会优惠，但比商业贷款优惠。

另一个在国际发展领域发挥重要作用的国际机构是经合组织。不同于世界银行，经合组织本身不为发展中国家提供资金，而是通过制定规则来约束、管理其成员为发展中国家提供资金的方式。经合组织通常又被称为"富人俱乐部"。它下属的发展援助委员会的成员主要是最富裕的工业化国家，也是双边官方发展援助的主要提供者。通过约束这些国家，经合组织在很大程度上能够决定发展中国家可以以何种条件获得何种资金支持。与世界银行类似，发展援助委员会的规则也强调援助资金的"优惠性"。它规定一国的官方对外援助必

[①] 参见国际开发协会官网，https：//ida. worldbank. org/about/what－is－ida#：~：text＝IDA%20 lends%20money%20on%20concessional，at%20risk%20of%20debt%20distress，访问日期：2020 年11月30日。

须达到一定的赠与成分（grant element），也就是说，援助资金必须足够优惠（否则与普通的商业贷款无异）。这意味着援助国的政府必须通过提供财政资金来补贴官方发展援助贷款的利率与市场利率之间的差额。与中国的发展融资资金（大部分为政策性银行贷款）相比，发展援助委员会成员的援助机构能够提供的资金价格低廉，具有显著的优惠性。以日本的国际协力机构为例，其资金来源包括政府财政拨款与低息政府财政投融资资金借款，其官方发展援助资金的贷款利率基本上不到1%，近乎零息，[①] 而中国政策性银行能够提供的最优惠的两优贷款的利率也高达2%。

国际货币基金组织与巴黎俱乐部则主导了发展中国家的债务治理。在新冠肺炎疫情全球流行的大背景下，一些发展中国家遭遇经济困难，无法偿还国际债务，这两个国际机构的作用也日益凸显。巴黎俱乐部成立于1956年，其主要成员为发达工业化国家，也就是发展中国家的主要"债主"。该机构通过实施债权国之间的信息分享和协同机制，避免债务国"拆东墙补西墙"，为共同处理债务问题提供平台。一般而言，一国若要获得巴黎俱乐部的债务重组支持（如减债、缓债、再融资等），必须先经过国际货币基金组织的"诊断"。在"诊断"过程中，国际货币基金组织会对债务国的宏观经济政策提出建议和调整方案，以确保用于债务治理的资金不会继续恶化债务国的经济状况。若债务国接受了国际货币基金组织的政策建议，则可以获得巴黎俱乐部的债务重组支持。历经半个多世纪的债务治理，巴黎俱乐部成员意识到了债务减免对于发展中国家的重要性。因此，对于人均收入较低的国家，发达国家提供的高利率市场化贷款较为有限，主要是提供发展援助。而中国近年来逐渐成为发展中国家的重要债权国，其提供的融资形式主要为银行贷款，大部分贷款的利率并不优惠，因而中国和巴黎俱乐部/国际货币基金组织在债务治理上有明显的偏好差异。中国通常以相对市场化的方式解决债务问题，包括延长还款期限、再融资等，也不要求债务国政府做出经济政策上的调整；而巴黎俱乐部成员则偏好直接减免债务，本质上是以政府财政资金补贴运营不善的项目。

综上所述，战后由美国等工业化国家主导的国际发展机制具有显著的"政府主导"的色彩。它将"欠发达"与"优惠性"绑在一起，主张发达国家政府

[①] "Terms and Conditions of Japanese ODA Loans," Japan International Cooperation Agency, https://www.jica.go.jp/english/our_ work/types_ of_ assistance/oda_ loans/standard/index.html，访问日期：2020年11月30日。

为发展中国家政府提供具有优惠条件的资金，从而帮助后者实现发展。从世界银行、经合组织、巴黎俱乐部等多边国际机构的运作方式和逻辑可以看出，当下发展领域的全球治理主要是基于政府的"赠与"，而非基于市场的"交换"。相比之下，中国实施发展融资和债务重组的方式实则更为市场化。

三 中国持续快速发展与全球发展治理的变革

那么，随着中国的持续快速发展，具有"政府性"与"市场性"双重属性的中国发展经验如何影响基于"政府主导"逻辑的全球发展治理？事实上，在中国的影响下，全球发展治理已经开始发生显著变化，主要体现在三个方面。第一个方面是主要行为体的变化。战后相当长一段时间内，全球发展治理主要由以美国为代表的发达工业化国家主导，因为这些国家提供了绝大部分用于发展的资金。而进入 21 世纪以来，来自发展中国家本身的发展资金规模越来越大，以中国为代表的南方发展伙伴（Southern Development Partner）开始成为全球发展领域的重要行为体。第二个方面是发展融资实践的变化。传统的发展融资机制依靠发达国家的优惠性贷款和赠款，且弱化资金的市场属性。而近十几年来，具有商业属性的资金越来越多地参与到发展合作中。第三个方面是国际发展话语体系的变化。冷战、非殖民化时期产生的发展话语体系强调富裕国家对贫困国家的"慈善性"单向赠予，而随着南方发展合作伙伴的出现与经济崛起，"互利双赢"的理念正逐渐进入国际发展合作的主流话语体系。

许多既有研究已经指出，主流话语体系不再一味强调发展资金的政府性与慈善性，而是开始探讨如何将市场资本和私营投资者纳入发展合作中。下村恭民、真智子·尼桑克（Machiko Nissanke）和玛丽·瑟德贝里（Marie Söderberg）等研究日本官方对外援助的学者指出，日本早期将发展援助与贸易、投资相结合的融资方式正在重新成为国际社会的主要发展合作方式，而中国的经济崛起加速了这一趋势。① 徐佳君和理查德·凯里（Richard Carey）则

---

① Yasutami Shimomura, "A New Mission of Japan's Infrastructure－FDI Nexus Model in the 'Beyond-Aid' Era," Japan Institute of International Affairs, 2020, https：//www. jiia. or. jp/en/ajiss_commentary/a-new-mission-of-japans-infrastructure-fdi-nexus-model-in-the-beyond-aid-era. html, 访问日期：2020 年 11 月 30 日；Machiko Nissanke and Marie Söderberg, *The Changing Landscape in Aid Relations in Africa：Can China's Engagement Make a Difference to African Development？*, Swedish Institute of International Affairs, 2011。

提出"公共创业"（public entrepreneurship）这一概念，用来归纳由以中国为代表的新兴经济体所带来的官方倡导而又同时基于市场机制的发展融资方式，并指出来自发展中国家的资本对既有的全球治理产生了"创造性破坏"（creative destruction）的效果。[①] 林毅夫和王燕则认为经合组织计算发展援助资金的方式过于狭隘，并指出非官方的、非优惠的资金也可以促进国际发展，超越了传统的、政府主导的援助。[②] 剑桥大学学者艾玛·莫兹利（Emma Mawdsley）则直接用了"南方化"（southernisation）一词概括当下全球发展治理的趋势，认为发达工业化国家开始逐渐采用"南方"国家的话语表述，实施"南方"国家的相关做法。[③]

具体而言，在国际层面，经合组织在近些年来扩展了发展融资资金的统计方法，提出"官方对可持续发展总支持"（TOSSD）概念，不仅计算官方发展援助，也囊括了出口信贷、政府撬动的私营资本、政府—市场合作资本等更加商业化的资金。[④] 类似地，世界银行也成立了"私营部门窗口"（private sector window），鼓励私营资本进入原先只有国际开发协会的贷款才会支持的贫穷国家。[⑤] 在国家层面，不少发达工业化国家开始采用更为市场化的方式开展国际发展合作。例如，日本国际协力机构在近些年来采纳了新的贷款工具，旨在通过官方发展援助促进日资企业在海外市场的业务。美国在 2018 年通过《善用投资促进发展》法案成立了美国国际开发金融公司，旨在通过鼓励私营部门和市场投资促进国际发展并提升美国在发展中国家的影响力。[⑥] 英国、荷兰、

---

① Jiajun Xu and Richard Carey, "Post-2015 Global Governance of Official Development Finance: Harnessing the Renaissance of Public Entrepreneurship," *Journal of International Development*, Vol. 27, 2015, pp. 856-880.

② Justin Yifu Lin and Yan Wang, *Going Beyond Aid: Development Cooperation for Structural Transformation*, Cambridge University Press, 2016.

③ Emma Mawdsley, "The 'Southernisation' of Development?" *Asia Pacific Viewpoint*, Vol. 59, No. 2, 2018, pp. 173-185.

④ 详见 Total Official Support for Sustainable Development (TOSSD), http://www.oecd.org/dac/tossd/, 访问日期：2020 年 11 月 30 日。

⑤ 详见 Private Sector Window, https://ida.worldbank.org/en/financing/ida-private-sector-window#:~:text=Through%20the%20Private%20Sector%20Window%20%28PSW%29%2C%20the%20International, investment%20in%20the%20poorest%20and%20most%20fragile%20markets, 访问日期：2020 年 11 月 30 日。

⑥ 详见 U. S. International Development Finance Corporation (DFC), https://www.dfc.gov/, 访问日期：2020 年 11 月 30 日。

澳大利亚、新西兰、加拿大等先进工业化国家也纷纷开始采用将援助与商业投资结合的方式来进行发展融资。[①] 总之，原本主张以政府主导方式实施优惠性发展融资的发达工业化国家开始逐渐偏离其早先倡导的发展理念与实践方式，开始鼓励市场资本、市场行为体在国际发展中发挥更大的作用。

2008 年全球金融危机之后，发达工业化国家在财政方面面临一定困难，一些传统援助国无法按照联合国和经合组织的规定每年将国民总收入的 0.7% 用于国际发展。也就是说，单纯靠富裕国家的"赠与"资金无法满足发展中国家和地区实现发展的资金需求。这一困境在全球新冠肺炎疫情发生之后更加凸显。传统援助资金的削减无疑意味着发展中国家在疫情中的处境将更为艰难，不得不寻求新的资金来源。在这样的大背景下，中国结合政府与市场的发展经验为其他发展中国提供了另一种可能的发展路径。

结　语

综上所述，由美国等发达工业化国家主导的全球发展治理具有较强的政府主导性。在这一治理框架下，发展中国家的资金主要来自发达国家的财政资金。主导全球发展治理的主要国际机构在分配资金时也实践了"逆市场"逻辑，为更贫穷的国家提供更优惠的贷款，为更困难的国家减免债务。而中国则倾向于将政府机制与市场机制相结合，在政府参与发展融资的同时，鼓励企业、金融机构加入，同时强调融资项目的商业可行性，促进互利互惠的发展合作。

发达工业化国家已经意识到中国在发展领域的崛起及其与日俱增的影响力，并对此做出反应。比如，日本近年来提出了"高质量基础设施"概念，应对"一带一路"倡议的国际影响力。美国政府提出了"重建更好世界"倡议（Build Back Better World Initiative），联合七国集团重构发展领域的"西方方案"。在这样的背景下，如何讲好中国发展故事，让中国的机构、企业、人员能够更顺利地实施海外项目成为重要问题。

目前，许多报告和分析将中国的发展经验归纳为"政府主导"。从本章分

---

① Emma Mawdsley, Warwick E. Murray, John Overton, Regina Scheyvens and Glenn Banks, "Exporting Stimulus and 'Shared Prosperity': Reinventing Foreign Aid for a Retroliberal Era," *Development Policy Review*, Vol. 36, 2018, pp. 25-43.

析可知，将中国与当下全球治理简单地看作"政府性"与"市场性"的二元对立的观点既未能准确地归纳中国的发展经验，也未能准确地归纳全球发展治理的逻辑。比起中国以及南方发展伙伴，西方传统援助国实践发展合作的方式才是更为"政府主导"的方式。而后者在 2008 年全球金融危机和新冠肺炎疫情全球大流行的大背景下正面临前所未有的挑战，经历重要变革。相应地，发展中国家的基础设施项目正面临巨大资金缺口。对于既没有充足财政能力为项目拨款，也没有完善的资本市场进行商业融资，又无法获得充足的来自西方援助机构和多边金融机构贷款的发展中国家而言，中国介于"政府"与"市场"之间的发展经验为其提供了另一种可能路径。

图书在版编目（CIP）数据

反思全球化：理论、历史与趋势／王正毅主编．--

北京：社会科学文献出版社，2023.3（2024.5 重印）

（北大国际关系理论创新丛书）

ISBN 978-7-5228-0889-5

Ⅰ.①反…　Ⅱ.①王…　Ⅲ.①全球化-研究　Ⅳ.

①C913

中国版本图书馆 CIP 数据核字（2022）第 194111 号

北大国际关系理论创新丛书

反思全球化：理论、历史与趋势

主　　编／王正毅

出 版 人／冀祥德
组稿编辑／高明秀
责任编辑／许玉燕
责任印制／王京美

出　　版／社会科学文献出版社·区域国别学分社（010）59367078
　　　　　　地址：北京市北三环中路甲 29 号院华龙大厦　邮编：100029
　　　　　　网址：www.ssap.com.cn
发　　行／社会科学文献出版社（010）59367028
印　　装／唐山玺诚印务有限公司

规　　格／开　本：787mm×1092mm　1/16
　　　　　　印　张：31.25　字　数：540 千字
版　　次／2023 年 3 月第 1 版　2024 年 5 月第 3 次印刷
书　　号／ISBN 978-7-5228-0889-5
定　　价／138.00 元

读者服务电话：4008918866